LA JURISDICCIÓN CONSTITUCIONAL EN VENEZUELA

RAFAEL J. CHAVERO GAZDIK

LA JURISDICCIÓN CONSTITUCIONAL EN VENEZUELA

VERDAD
HUMANIDAD
LEYES SOCIALES

ACADEMIA DE CIENCIAS
POLITICAS Y SOCIALES

Serie Estudios No. 150

editorial jurídica venezolana
international

2024

Ch398

Chavero Gazdik, Rafael J.

La jurisdicción constitucional en Venezuela / Rafael J. Chavero Gazdik; prólogo de Gustavo Linares Benzo. -- Caracas: Academia de Ciencias Políticas y Sociales; Editorial Jurídica Venezolana International, 2024

864 p.

Serie Estudios, 150

ISBN: 979-8-89342-853-7

1. DERECHO CONSTITUCIONAL 2. JURISDICCIÓN CONSTITUCIONAL EN VENEZUELA 3. JUSTICIA CONSTITUCIONAL I. Título

ISBN: 979-8-89342-853-7

Impreso por: Lightning Source, an INGRAM Content company
para: Editorial Jurídica Venezolana International Inc.
Panamá, República de Panamá.
Email: ejvinternational@gmail.com

Portada por: Alexander Cano

Diagramación, composición y montaje por: Mirna Pinto,
en letra Book Antiqua 11, Interlineado 12,
Mancha 11,5x18 (Tamaño libro 6x9 inch.)

Dedico este trabajo a mi familia, lo más importante en mi vida. Mi hermosa esposa y mis adorados hijos han sido mi permanente inspiración para no desvanecer en esta noble profesión, llena de muchas dificultades y retos.

A ellos les he robado tiempo invalorable, pero con la firme esperanza de haberles dejado el convencimiento de que, con redaño y constancia, pueden lograr lo que se propongan.

Igualmente, este trabajo que pretende servir de Tesis Doctoral se debe a todos mis alumnos que me han soportado por más de dos décadas en las aulas de la UCV. A ustedes mi enorme agradecimiento por el aprendizaje dejado.

Agradezco a mi tutor de tesis Gustavo LINARES BENZO *y a los excelsos Profesores Francisco* DELGADO, *Tulio* ÁLVAREZ, *Nelson* CHITTY *y Gonzalo* PÉREZ, *quienes amablemente sirvieron de jurado, realizando importantes aportes y comentarios*

Finalmente, mi agradecimiento a mis órdagos socios de Consultores Jurídicos, por ser los mejores y más honestos abogados que conozco.

UNIVERSIDAD CENTRAL DE VENEZUELA
FACULTAD DE CIENCIAS JURÍDICAS Y POLÍTICAS
CENTRO DE ESTUDIOS DE POSTGRADO

VEREDICTO

Quienes suscriben, miembros del jurado designado por el Consejo de la Facultad Ciencias Jurídicas y Políticas de la Universidad Central de Venezuela, para examinar **LA TESIS DOCTORAL**, presentada por: **RAFAEL CHAVERO**, cédula de identidad N° V-11.027.970 bajo el título "**LA JURISDICCIÓN CONSTITUCIONAL EN VENEZUELA**", a fin de cumplir con el requisito legal para optar al grado académico de **DOCTOR EN CIENCIAS, MENCIÓN DERECHO**, dejan constancia de lo siguiente:

Leído como fue dicho trabajo por cada uno de los miembros del jurado, se fijó el diecinueve (19) de marzo de 2024 a las 02:00 pm, para que al autor lo defendiera en forma pública, lo que éste hizo en la sala de Sesiones de Consejo de Facultad de Facultad de Ciencias Jurídicas y Políticas, mediante un resumen oral de su contenido, luego de lo cual respondió satisfactoriamente a las preguntas que le fueron formuladas por el jurado, todo ello conforme con lo dispuesto en el Reglamento de Estudios de Postgrado.

Finalizada la defensa del trabajo, el jurado decidió **APROBARLO** por considerar, sin hacerse solidario con las ideas expuestas por el autor, que se ajusta a lo dispuesto y exigido en el Reglamento de Estudios de Postgrado. El jurado, por unanimidad, decidió otorgar la calificación de **EXCELENTE**, por considerarse de excepcional calidad realizando una investigación profunda acompañada de mucha información e interpretación, lo cual hace que dicho trabajo sea suficientemente descriptivo, reflexivo y novedoso sobre los puntos tratados. El jurado se permite mencionar, que vería con agrado académico que este Trabajo especial de grado fuese objeto de su publicación.

En fe de lo cual se levanta la presente ACTA, a los diecinueve días (19) de marzo de 2024, conforme a la dispuesto en el Reglamento de Estudios de Postgrado, actuó como Coordinador del jurado el Dr. Gustavo Linares Benzo.

Nelson CHITTY — Francisco DELGADO

Tulio ÁLVAREZ — Gonzalo PÉREZ

Gustavo LINARES BENZO

PRÓLOGO

May the Force be with you.

La característica básica de esta obra es su objetividad, el enorme acopio de hechos (aquí, sentencias) y de sus alegadas bases, normas y "principios", sea lo que estos sean. Muy pocos adjetivos, los esenciales, y entre ellos nunca "monstruoso", "abyecto", "esperpéntico", "totalitario". Las conclusiones llegan por sí solas, mediante el análisis sereno de la normativa y de su lectura por la jurisprudencia, la cual es consciente de una evolución en el tiempo, de unas grandes líneas; inclusive, consciente de episodios extraordinarios que requieren de lecturas extraordinarias (por ejemplo, el tiempo en que la Asamblea Nacional estuvo en manos de la oposición, 2016-2021), lecturas en que el Derecho tiene muy poco o nada que decir.

Esta recopilación de material incluye bastante traído de fuera. Chavero utiliza muchísimos ejemplos de instituciones similares a las que va comentando, desde las sentencias ya legendarias de los Estados Unidos, hasta los más recientes desarrollos de ese país; el ya muy bien surtido almacén de la justicia constitucional europea de la posguerra; y las decisiones latinoamericanas más destacadas, sobre todo de la *influencer,* Corte Constitucional de Colombia.

La cantera de donde Chavero saca sus materiales contiene también la correspondiente doctrina clásica y reciente, venezolana y comparada. Doctrina, además, vocera de todas las voces, desde la más proclive a los tribunales constitucionales, hasta el extremo de quienes piden su eliminación, es decir, el dejar el control de la Constitución en órganos políticos.

En resumen, objetividad; *hard data*: examen y cita de decenas y decenas de decisiones de la Sala Constitucional; recurso al Derecho comparado, a múltiples y diferentes sistemas de justicia constitucional, no solo el norteamericano y los europeos, sino también los nuestros latinoamericanos e inclusive de otras regiones. A estas tres características añado una cuarta, la sistematización de todo este material dentro de un análisis fundamentalmente procesal.

En el bello acto de defensa de la tesis, el profesor Tulio Álvarez, uno de los jurados, afirmó que el más importante aporte de la tesis había sido la sistematización de los distintos materiales y procesos de la justicia constitucional venezolana, en un todo coherente. Y así es.

Chavero afirma en su obra, apenas al comenzar, que se trata de un estudio de Derecho Procesal y que sigue el clásico esquema de Jaime Guasp (hice lo mismo en mi tesis, hace ya casi 30 años): sujetos del proceso, requisitos del proceso, procedimientos y efectos del proceso. De allí Chavero saca su método y su sistema, son las categorías que permiten analizar sin dejar casi nada fuera todo el proceso: el juez, los actos, los plazos, la cosa juzgada, las partes, hasta las costas. Con esta herramienta, Chavero analiza uno por uno todos los procesos de la justicia constitucional venezolana, desde los más comunes, como los de la nulidad de normas, hasta algunos virtualmente desconocidos.

Que esta sea una obra de Derecho Procesal, sistematizada en los cánones clásicos de Guasp (que son los de Carnelutti, Chiovenda, Punzi) es sin duda uno de los principales valores del libro. Que sea procesal más que constitucional, o, mejor dicho, que lea la Constitución a la luz del proceso, permite y requiere a la vez mucha más técnica que el Derecho Constitucional al uso. Exige recurrir a modos y sistemas milenarios, codificados y discutidos por verdaderos genios del Derecho a través de los siglos.

En cambio, el Derecho Constitucional, por su propia definición, es fácil presa de habladores y comentaristas que ven en las Constituciones espejos de sí mismos y no textos con sustancia propia. Constitución-espejo que como tal justificaría hasta la interpretación más contraria al texto y su historia, precisamente, porque "lo que estamos interpretando es una Constitución", manida frase con la que da base a todo. Es decir, podemos decir cualquier cosa. Interpretar se convierte en crear de la nada y, como consecuencia fatal, sentenciar es legislar. La Constitución da para todo (la mejor prueba es este nuevo libro de Chavero).

En cambio, el *Código de Procedimiento Civil*, el *Código Orgánico Procesal Penal* o la *Ley Orgánica Procesal del Trabajo* son normas mucho más precisas, muy difíciles de usarse como espejos de la propia opinión, por ajena al texto que sea. De allí la gran ventaja del enfoque de Chavero, que permite poner una brida al caballo tantas veces enloquecido de lo que cada interés quiere leer en la Constitución. Cinco días para apelar dice el CPC: no pueden "hermenéuticamente" convertirse en seis; oír a la otra parte no puede interpretarse "heurísticamente" como silencio absoluto. Al menos no son conceptos tan dúctiles como "democracia participativa y protagónica", que dice lo que uno quiera, "libre desenvolvimiento de la personalidad", libertad que ha justificado la más atroz servidumbre, etcétera.

Esta serenidad, este cuidado de separar política y Derecho hasta el máximo posible, se hace con gran fuerza cuando se usa para la criba el molde procesal. Ante la omnipotencia de la Sala Constitucional, que Chavero bien dice, pero sobre todo justifica sentencia por sentencia, como por ejemplo en su detallada historia, casi día a día, del recurso de interpretación autónoma de la Constitución que hizo de la Sala Constitucional una Asamblea Constituyente permanente, sin exageración alguna y sin haber sacado un voto.

Destacadas estas cuatro grandes virtudes del libro: objetividad, profusión de datos, Derecho y doctrina comparada y sobre todo sistematicidad procesal, me atrevo a añadir que es también una historia de Venezuela reflejada en sentencias. Los grandes problemas nacionales, los enfrentamientos políticos, el aumento exponencial de los poderes del Presidente, la virtual eliminación de la protección de las minorías, de la descentralización (esta decisión es la mejor muestra de la Constitución-espejo del poder, pues de la exclusividad competencial de los estados expresada en la Constitución se convierte, por un fallo de la Sala Constitucional, en la exclusividad ¡de la República!).

La Constitución, en una de sus normas que se hizo la más importante, dice que las decisiones de la Sala constitucional son vinculantes para todos los tribunales, incluyendo las demás Salas del Tribunal Supremo. Una interpretación vinculante para todos es prácticamente la definición de ley, y desde el invento sin base constitucional de la interpretación de la Constitución, es la definición de Constitución. Pero, como bien demuestra Chavero, esa cláusula de la Constitución, a mi ver infeliz, está ahí y no es válido ignorarla. La principal fuente de Derecho ya no es la Constitución y la ley, sino la Sala Constitucional. En ella reside el verdadero poder legislativo y, si se me apura, hasta el poder constituyente.

Este estado de cosas no es sólo venezolano. Es la tendencia mundial. En este momento el Tribunal Constitucional alemán prohibió el déficit fiscal para financiar la guerra en Ucrania, la Corte

Constitucional colombiana constitucionalizó toda la agenda "*progre*" o "*woke*", a pesar de que la propia Constitución y la ley preveían otra cosa. Y esta misma Corte (la que le dio personalidad jurídica a un río, así mismo) llegó al paroxismo de prohibir consultarle al pueblo si deseaba permitir la reforma constitucional para dar paso a una tercera reelección. Ese fallo, contado en la obra, es una de las oportunidades más claras de debatir quien es el soberano, el pueblo o los jueces constitucionales.

Terminado de leer este libro (en mi caso, terminada de revisar la tesis doctoral que fue su origen), una de las tantas reflexiones a las que lleva es si todo este aparato vale la pena, si no sería mejor eliminarlo, si acaso no sería más sincero que la jurisdicción constitucional venezolana se convirtiese, pura y simplemente, en una actividad política. Conclusión que en modo alguno es la del autor, como me consta, y que mucho menos puede decirse que ha sido siquiera sugerida en este profundo libro. Tampoco es la mía. Pero esta reflexión va más allá. La existencia de los poderes sedicentemente jurídicos que aquí se describen, en manos de menos de diez seres humanos, cualesquiera sean, además no electos, excede con creces las capacidades de la especie y, sobre todo, usurpa los del único ente con algún título para reivindicarlos en una República, el pueblo.

Este exceso de poder, esta usurpación de la soberanía popular por los tribunales es un mal de nuestros días, aquí y afuera. El soberano es el pueblo, no la Sala Constitucional, y esa obviedad hay que reclamarla una y otra vez para encuadrar esa justicia constitucional en los moldes republicanos y democráticos. El gran aporte de Chavero es comenzar ese encuadramiento usando una herramienta probada por los siglos y portadora de muy sólidos valores de justicia, el Derecho Procesal.

La radicalización de los poderes de los tribunales constitucionales ha cambiado la dirección del péndulo. Del entusiasmo por controlar el poder y proteger a las minorías, se ha pasado al gobierno judicial. Y si gobiernan los jueces, dejamos de ser democracia y nos convertimos en aristocracia, al menos en los términos de los griegos clásicos. Esta construcción de la Sala Constitucional, primero por la Constitución y luego por sus propias decisiones, está a punto de cambiar al titular de la soberanía. Ya no sería el pueblo, el electorado, sino un Tribunal no electo que delibera en secreto. La soberanía ya no reside en el pueblo, sino en la Sala Constitucional.

Dramáticamente, en enero de 2016 la Asamblea Nacional decidió no aprobar la declaratoria de emergencia económica decretada por el Presidente de la República. Y la Sala, en el más grave de todos sus fallos, dijo que el texto expreso que atribuía esa competencia a la Asamblea, texto que tiene más de doscientos años en nuestras Constituciones, fue interpretado como que esa aprobación era meramente política, es decir, sin ningún valor jurídico ni práctico, y el estado de emergencia duró así varios años.

Carl Schmitt, en plena República de Weimar, dijo que soberano es quien decide sobre el estado de excepción. Aquí en Venezuela, desde el nacimiento de la República, entonces eran soberanos Presidente y Congreso (hoy Asamblea), porque tenían que acordarse en esa decisión.

Ya no más. Ahora, la soberanía corresponde a la Sala Constitucional, y ello no es democrático ni republicano.

El extenso libro de Chavero, exhaustivo como dije, es el mejor análisis hasta la fecha de esta historia del tribunal más poderoso del mundo. Y el más sereno análisis para dar su justo lugar a la justicia constitucional, cuya expansión inusitada ha sido impulsada desde hace décadas por lo más lúcido de la doctrina. De no lograrse un equilibrio, las voces que ya claman contra esta sustitución del pueblo por el Tribunal Constitucional, pasará a pedir su eliminación. Y entonces nos quedaremos sin Constitución. El libro de Chavero es una gran herramienta en esta lucha.

Termino agradeciendo a Rafael el honor de pedirme este prólogo. Una de las mentes jurídicas más brillantes de su generación (y de todas). He tenido el honor y el placer de trabajar junto a él por décadas, ser socios en el ejercicio profesional, vivir y luchar en la UCV y ahora ser tutor de su tesis doctoral. Rafael, en medio de un mundo de pillos, es un hombre de bien y de familia, brillante profesor y académico, implacable abogado y el mejor de lo amigos. Sólo un defecto le conozco después de tantos años: es magallanero.

Caracas, Mayo de 2024

Gustavo LINARES BENZO

INTRODUCCIÓN

La mayoría de los ordenamientos jurídicos se han inclinado por adoptar un sistema encargado de garantizar unas normas básicas (constitucionales) y atribuirle a un determinado órgano (u órganos) la defensa de lo que se conoce como la *supremacía constitucional,* que no es otra cosa que la protección de los derechos fundamentales y el control de los abusos o excesos del resto de los órganos del poder público.

En Venezuela, desde nuestra primera *Constitución* (1811) se decidió otorgarle esa facultad al Poder Judicial, y más concretamente, al Máximo Tribunal de la República. Con la evolución constitucional se ha ido variando el nombre y las competencias de este órgano encargado de velar por el fiel cumplimiento de la *Constitución.* Ello ha implicado un aumento paulatino y constante en las atribuciones y poderes de este órgano judicial, hasta llevarlo a un punto donde, sencillamente, se ha convertido en el más importante dentro de nuestra organización estatal.

Con la *Constitución* vigente de 1999, algunas leyes especiales y la jurisprudencia del órgano encargado de defenderla (Sala Constitucional), se ha configurado un sistema mediante el cual ésta puede conocer, a veces hasta de oficio, de cualquier acto, hecho u omisión, emanado de cualquier autoridad pública y sujetos particulares, a los fines de verificar todo cuestionamiento constitucional e imponer la última palabra en materia constitucional.

Nuestro sistema dispone de una serie de particularidades que lo diferencian de otros ordenamientos jurídicos, donde básicamente la característica principal ha sido la amplitud del control constitucional y los enormes, y hasta desmesurados, poderes de la Sala Constitucional. Esto ha implicado una serie de aciertos y desaciertos, como suele suceder en todo sistema judicial.

Entre los aciertos del funcionamiento de la Sala Constitucional, podemos mencionar la *unificación* de los criterios jurisprudenciales en materia de interpretación constitucional. Ahora no cabe duda que todo lo define ésta, obviamente para bien o para mal. Igualmente, hay que destacar la *velocidad* e *informalidad* con que puede asumir el conocimiento de cualquier asunto y producir una decisión preventiva o definitiva.

Pero también ha tenido desaciertos, entre los que podemos mencionar, el poco respeto hacia la autonomía de los demás poderes del Estado y hacia las reglas procedimentales prestablecidas; así como el excesivo rol político que ha asumido en determinados períodos, llegando incluso a imponer criterios que no guardan relación con las funciones judiciales.

Durante más de dos décadas, la Sala Constitucional parece haberse beneficiado de la ausencia de una ley de la jurisdicción constitucional, donde deberían imponerse regulaciones y límites a su funcionamiento. Si algo queda claro con la jurisprudencia de esta Sala es que ésta ha asumido labores legislativas para modificar a su antojo los aspectos sustantivos y adjetivos de cada una de las pretensiones procesales. Su copiosa jurisprudencia (46.053 decisiones hasta el mes de junio de 2023) pone en evidencia que se ha comportado, además, como un tribunal de instancia.

Pues bien, el objeto del presente trabajo es abordar todos los mecanismos procesales que tanto la *Constitución*, las leyes y la propia jurisprudencia de la Sala Constitucional le han atribuido, frente a todos los actos del poder público. Así, en una *primera parte* haremos algunas reflexiones sobre los principios de la justicia constitucional y las características principales de nuestro sistema de control constitucional; en una *segunda parte* haremos el estudio de las distintas pretensiones procesales frente a los actos y omisiones del Poder Ejecutivo, Moral y Legislativo; para luego en una *tercera parte*, revisar los mecanismos de control de las decisiones del Poder Judicial.

Para el análisis de cada una de estas pretensiones trataremos de abordar lo esencial de toda institución procesal, a saber, las partes que pueden incoar y/o intervenir en el proceso; el objeto y finalidad de la pretensión; el procedimiento a seguir; y los efectos de la decisión.

Es importante alertar al lector que estamos frente a un trabajo de naturaleza procesal, de allí que resulte necesario el análisis de la jurisprudencia de la Sala Constitucional, la cual resulta determinante para conocer los criterios básicos que deben seguir los operadores jurídicos que hacen vida en la jurisdicción constitucional. Obviamente, hay pretensiones más relevantes (o frecuentes) que otras, razón por la cual prestaremos más atención a las que ocupan más a los usuarios de esta jurisdicción.

PRIMERA PARTE

CAPÍTULO UNO

LA JUSTICIA CONSTITUCIONAL

El hombre, en su paso por el tiempo, ha venido consolidando una serie de valores y principios destinados a regular su interacción en sociedad, buscando siempre una mejor y más equilibrada relación entre quienes gobiernan y son gobernados. De unos tiempos con creencias divinas, por lo general supervisadas por unos pocos, se ha avanzado hacia el establecimiento de reglas claras y predeterminadas, donde un mayor número de personas puede colaborar en la toma de decisiones, legitimando éstas, para que así puedan ser respetadas por todos los que conviven en una sociedad.

Por lo general, las grandes conquistas humanas han venido siendo reflejadas en los textos destinados a establecer las reglas de juego de la sociedad. Y eso es, en definitiva, el rol de las Constituciones a lo largo de la historia. En este sentido, se podría afirmar que las Constituciones son el resultado de esas grandes conquistas humanas. Las experiencias, buenas o malas, de las sociedades van reflejándose en estos textos normativos, con la idea de repetir los aciertos y evitar los tropiezos.

Por ello, se dice que el establecimiento de una Constitución no es sino la consecuencia de una forma muy concreta de entender el orden político y supone, por ello, un intento de racionalizarlo, esto es, de organizar un tipo de Estado congruente con ese orden que se considera modélico o preferible[1].

---

1 Véase REYES ARAGÓN, Manuel, "*Estudios de Derecho Constitucional*", Centro de Estudios Políticos y Constitucionales, Madrid, 1998.

Afirmaba LOEWENSTEIN, al hablar de la Constitución como dispositivo de control del poder, que "las instituciones para controlar el poder no nacen ni operan por sí solas, sino que deberían ser creadas ordenadamente e incorporadas conscientemente en el proceso del poder. Han pasado muchos siglos hasta que el hombre político ha aprendido que la sociedad justa, que le otorga y garantiza sus derechos individuales, depende de la existencia de límites impuestos a los detentadores del poder en el ejercicio de su poder, independientemente de si la legitimación de su dominio tiene fundamentos fácticos, religiosos o jurídicos. Con el tiempo se ha ido reconociendo que la mejor manera de alcanzar este objetivo será haciendo constar los frenos que la sociedad desea imponer a los detentadores del poder en forma de un sistema de reglas fijas -la Constitución- destinadas a limitar el ejercicio del poder político. La Constitución se convirtió así en el dispositivo fundamental para el control del proceso del poder"[2].

En el mismo sentido, señala ARAGÓN REYES, que la idea de Constitución "implica, pues, necesariamente la idea de limitación. Si la comunidad política ha de persistir es imprescindible que el poder tenga, al menos, la limitación mínima de no alcanzar a destruirla; si la comunidad política ha de persistir en una determinada forma política, ésta será también un límite infranqueable para el poder"[3].

Uno de los más grandes legados de la revolución americana fue, precisamente, la costumbre de las Constituciones escritas. El mecanismo principal a través del cual las colonias inglesas recién llegadas a Norteamérica se convirtieron en estados independientes, era precisamente, mediante la redacción de una Constitución escrita donde de manera sistemática se establecía la organización política del estado y se distribuían atribuciones entre los diversos órganos de poder. Más tarde, en estos textos fueron apareciendo catálogos de derechos y libertades de distinta naturaleza, como límites infranqueables del poder[4].

---

2 LOEWENSTEIN, Karl, "*La Constitución*", traducido por Alfredo Gallego Anabitarte, Editorial Ariel, Barcelona, 1982.

3 REYES ARAGÓN, Manuel, *op. cit.* p. 88.

4 Obviamente muchos autores se han ocupado de ubicar orígenes más remotos a la idea de Constitución, sin embargo, hay que reconocer

Hoy en día, prácticamente todos los países del mundo tienen Constituciones escritas, donde se refleja, entre otras cosas, la forma de Estado, la distribución de competencias entre los órganos del poder público, los derechos fundamentales y hasta ciertas cláusulas intangibles que deben respetar quienes ejercen las funciones públicas.

I. LA SUPREMACÍA CONSTITUCIONAL

Obviamente, estos textos fundamentales escritos no resultaban de ninguna trascendencia si eran ignorados por los órganos de poder, aun cuando éstos representasen directamente al pueblo. Por ello, surgió la necesidad de darle una preponderancia mayor al texto normativo encargado de fijar las principales reglas de juego de la sociedad.

Se trata de un principio nodal para los sistemas constitucionales modernos, como señala LINARES QUINTANA, "el principio de la supremacía de la Constitución constituye el más eficiente instrumento técnico hasta hoy conocido para la garantía de la libertad, al imponer a los poderes constituidos la obligación de encuadrar sus actos en las reglas que prescribe la Ley Fundamental"[5].

También es en los Estados Unidos de Norteamérica donde hay que ubicar la génesis de este otro gran principio del constitucionalismo moderno, esto es, la supremacía constitucional. DE TOCQUEVILLE, en su obra "*La democracia en América*" fue uno de los primeros en resaltar esta característica del constitucionalismo norteamericano, al señalar que:

En los E.E.U.U., la Constitución está sobre los legisladores como lo está sobre los simples ciudadanos. Es la primera de las leyes y no

---

que quienes la universalizaron fueron las colonias norteamericanas. Sobre el tema del origen de la Constitución, puede verse MC ILWAIN, "*Constitutionalism; ancient and modern*", Cornell University Press, Ithaca, Nueva York, 1947.

5 LINARES QUINTANA, Segundo, "*Derecho Constitucional e Instituciones Políticas*", Editorial Plus Ultra, Buenos Aires, 1981.

puede ser modificada por una ley; es pues, justo que los tribunales obedezcan a la Constitución preferentemente a todas las leyes.[6]

Y el hito trascendental del principio de supremacía constitucional, es sin duda, la conocida sentencia del Juez Marshall *Madison v. Marbury,* donde se resalta la necesidad de darle aplicabilidad directa y preferente a las normas constitucionales[7]. En este fallo se sugiere que la labor de juzgar la contrariedad de los actos ejecutivos o legislativos a la Constitución debe corresponderle al Poder Judicial, y más concretamente a la Corte Suprema de Justicia. De allí, surge otra de las características más importantes de los sistemas de justicia modernos, esto es, el control judicial de la Constitución.

El caso *Madison v. Marbury* se inserta en un claro conflicto político entre los líderes de esas épocas revolucionarias estadounidenses. El Presidente John Adams, justo unos días antes de entregarle la presidencia a su adversario Thomas Jefferson, designó 42 jueces de paz, despachando las comisiones para cada uno de los designados. Cuando Jefferson asume el poder el 3 de marzo de 1801, instruye a su Secretario de Estado, James Madison, a que retenga las comisiones que no habían sido despachadas, incluyendo la de William Marbury. Éste demanda entonces a Madison, por ante la Corte Suprema de Justicia, a los fines de exigirle la entrega de la comisión que lo designaba como juez de paz.

La Corte Suprema de Justicia, con ponencia de Marshall falló en contra de Marbury, señalando que la Corte no tenía jurisdicción para conocer del caso[8]. Para ello, tuvo que considerar la inconsti-

---

6 DE TOCQUEVILLE, Alexis, "*La democracia en América*", Editorial Ariel, Barcelona, 1980.

7 A su vez, se dice que un antecedente del caso *Madison v. Marbury* fue el *Bonham case,* decidido por el Juez inglés Edward Coke en 1610, donde se afirma que las leyes deben ser consideradas como nulas, cuando sean contrarias al derecho común.

8 Probablemente era lo único que podía hacer la Corte para no perder su autoridad, pues una decisión a favor de Marbury seguramente hubiese sido ignorada por la administración de Jefferson, con lo cual hubiese perdido la Corte toda su autoridad. Para un comentario más profundo de esta trascendente decisión, puede verse CHEMERINSKY, Erwin, "*Constitutional Law. Principles and Policies*", Aspen Law & Business, 1997.

tucionalidad de la *Judiciary Act* de 1789, la cual le otorgaba jurisdicción para conocer de este tipo de casos. Sin duda, el Juez Marshall aprovechó una oportunidad brillante, pues para darle la razón al nuevo Gobierno, decidió desconocer la validez de una ley que no lo favorecía. Con ello, articuló el rol principal del Poder Judicial.

Para poder desaplicar la *Judiciary Act*, el Juez Marshall tuvo que responder a la pregunta de si una ley contraria a la Constitución debía ser obedecida. Al contestar esa interrogante desarrolló las nociones básicas de lo que hoy conocemos como el principio de supremacía constitucional. Uno de los argumentos principales de Marshall para justificar esta supremacía fue el de considerar que los jueces, antes de asumir sus cargos, juran cumplir fielmente la Constitución, por lo que sería una violación a ese juramento el tener que aplicar una norma contraria a ésta[9].

La trascendencia histórica de esta decisión es incuestionable, pues a partir de allí se consolidaron varias nociones que hoy simplemente damos por sentadas: i) la idea de que cualquier norma contraria a la Constitución debe ser declarada nula o desaplicada por los jueces; y ii) que corresponde a los tribunales (dentro o fuera del Poder Judicial) la decisión de determinar si una ley es constitucional o no.

II. LA CONSTITUCIÓN COMO NORMA JURÍDICA RÍGIDA

El principio de supremacía constitucional se nutre, a su vez, de la idea de una Constitución como norma jurídica concreta y directa, la cual surge con el cambio de paradigma experimentado en estos textos normativos, pues durante mucho tiempo se consideró que las normas constitucionales sólo eran programáticas y abstractas.

Así, afirma FAVOREAU, que por mucho tiempo "el derecho constitucional era un catálogo de recetas políticas de carácter vagamente obligatorio en el cual la ciencia política tenía más im-

---

9 Luego de esta decisión, la Corte Suprema de los Estados Unidos no volvió a declarar la inconstitucionalidad de una ley sino hasta 1857, cuando decidió el infame caso *Dred Scott v. Sandford*, el cual terminó precipitando la guerra civil, al convalidar la esclavitud.

portancia que el derecho" Es decir, se consideraba a la Constitución como una antología de recetas políticas sin efecto jurídico alguno[10].

Esta concepción fue cediendo, sobre todo, con el empuje que adquirió el derecho constitucional en Europa, luego de la segunda guerra mundial. Este cambio de paradigma lo expone magistralmente el profesor GARCÍA DE ENTERRÍA, en su trabajo "*La Constitución como norma y el Tribunal Constitucional*", donde señala:

> El carácter normativo de la Constitución vincula inmediatamente a la totalidad de los jueces y Tribunales del sistema y no sólo al Tribunal Constitucional, y esa vinculación directa incluye las siguientes necesarias aplicaciones de la norma suprema, que ha de entenderse que se incluyen entre las funciones preceptivas a que les obligan los principios de sometimiento "al imperio de la Ley" (artículo 117,1 de la Constitución española) y *iura novit curia*[11].

El carácter normativo de la Constitución, robustecido con el derecho de las postguerras, se justificó, entre otras cosas, por la necesidad de establecer catálogos de derechos fundamentales en las Constituciones, con la idea de evitar muchas de las causas de estos conflictos bélicos. Además de dársele el carácter normativo, se le dio un carácter supremo y un tanto alejado de las mayorías circunstanciales.

Precisamente por esta razón es que, entre otras cosas, deliberadamente se estableció, tanto en la Constitución estadounidense como en la de la mayoría de las Constituciones contemporáneas, un conjunto de derechos fundamentales y un sistema de cambios o modificaciones constitucionales difíciles o engorrosos, de modo de evitar la opresión de las minorías por parte de las mayorías. La Constitución se transforma, entonces, en un instrumento capaz de proteger los derechos elementales de las minorías y capaz de garantizar el predominio de la razón.

En los *Papeles Federales* puede encontrarse diversos argumentos que indican que, si la estructura de gobierno se estableciere en una

---

10 FAVOREAU, Louis, "*Legalidad y constitucionalidad. La constitucionalización del derecho*", Universidad Externado de Colombia, Bogotá, 2000, p. 66.

11 GARCÍA DE ENTERRÍA, Eduardo, "*La Constitución como norma y el Tribunal Constitucional*", Civitas, Madrid, 1991, pp. 66-67.

simple ley, existiría la irresistible tendencia de crear poderes dictatoriales en épocas de crisis. Si la protección de las libertades individuales se estableciera en una simple ley, un Gobierno tiránico sería capaz de obviarlas o pisotearlas. Si el término o plazo de duración en servicio de los principales funcionarios (Presidente, Senadores o Diputados) se regulara en una simple ley, los que se encuentran en el poder pudieran alterar fácilmente esas reglas para permanecer en él. Por ello, es necesario salvaguardar estos derechos y principios con normas que sólo puedan ser modificadas luego de un profundo consenso y siempre y cuando ello sea razonable, apropiado y perdurable[12].

En el caso particular de los sistemas democráticos de gobierno, se ha entendido que la democracia no puede verse reducida al tema del gobierno de las mayorías, con la posibilidad de que éstas, libre y fácilmente, dispongan de los derechos de las minorías, pues como señala TOURAINE la democracia no puede verse simplemente como el triunfo de lo universal sobre los particularismos, sino como el conjunto de garantías institucionales que permiten combinar la unidad de la razón instrumental con la diversidad de las minorías, el intercambio con la libertad. La democracia es una política de reconocimiento del otro[13].

El mismo autor citado entiende que la soberanía popular conduce a la democracia "a condición de que dicha soberanía no sea triunfante, que permanezca un principio de oposición al poder establecido, sea éste cual sea. Así, en lugar de dar una legitimidad sin límite a un poder popular, la democracia introduce en la vida política el principio moral de que quienes no ejercen el poder en la vida social disponen de un recurso para defender sus intereses y para mantener sus esperanzas...Sin esta presión social y moral, la democracia se transforma rápidamente en oligarquía, por la asociación del poder político con todas las otras formas de dominación social"[14].

---

12 Sobre todo, en Madison, *The Federalist Papers,* N° 10.

13 TOURAINE, Alain, *¿Qué es la democracia?,* Editorial Fayard, París, 1994. Este mismo autor señala que "imaginar que el pueblo sea un soberano que reemplaza al rey no es avanzar mucho sobre la vía de la democracia".

14 *Ibídem,* pp. 37-38.

Por su parte SARTORI, en su trabajo *"Teoría de la democracia"*, precisa que en los sistemas democráticos no cabe reconocer el supuesto "derecho absoluto de la mayoría de imponer su voluntad sobre la minoría", pues esto irá "a larga en contra del mismo principio que ensalza. El futuro democrático de una democracia depende de la convertibilidad de mayorías en minorías y, la inversa, de minorías en mayorías; consecuentemente, el principio de la mayoría relativa resulta ser el principio de la democracia que funciona democráticamente"[15].

Con base en estas motivaciones se justifican muchas de las formalidades y procedimientos establecidos en las Constituciones, pues éstos atienden a la necesidad de instrumentar los cambios de manera plural y racional, buscando canalizar no sólo los intereses de las mayorías, sino también la certeza y la razonabilidad de la gestión pública[16]. Quizás el holocausto sea el mejor ejemplo de que las mayorías no siempre tienen la razón, por lo que siempre se hace necesario un Gobierno deliberado que respete las garantías elementales del ciudadano, garantizando que las voces de las minorías sean escuchadas y que no haya un solo órgano tomando todas las decisiones.

En suma, la Constitución es la mejor fórmula de proteger valores destinados al largo plazo, de las pasiones de corto plazo.

III. EL CONTROL JUDICIAL DE LA CONSTITUCIÓN

Lógica consecuencia de la supremacía constitucional es atribuirle a algún órgano la potestad de defenderla, pues de lo contrario esta supremacía quedaría a la buena voluntad del gobernante o los órganos de poder. Por ello, los ordenamientos jurídicos consagran, con sus respectivas peculiaridades, medios de defensa de la supre-

---

15 SARTORI, Giovanni, *Teoría de la democracia* Alianza, 2 vols., Madrid, 1988. Citado por GARCÍA DE ENTERRÍA, Eduardo, *Democracia, Jueces y Control de la Administración*, Civitas, Madrid, 1996.

16 El autor estadounidense John HART ELY ha llegado a afirmar que el verdadero fundamento de la Constitución de los Estados Unidos no es el establecimiento de ideologías, sino el establecimiento de procedimientos legítimos para alcanzar esas ideologías. Véase su trabajo *Democracy and Distrust*, 73-84 (1980).

macía constitucional, creando mecanismos e instituciones especializados para cumplir con la tarea de encarrilar a todos los operadores jurídicos por la vía de la Constitución.

Pues bien, considerando las distintas alternativas, desde sus inicios el sistema constitucional estadounidense se separó de los modelos europeos, donde se desconfiaba del Poder Judicial como órgano encargado de tener la última palabra en materia de defensa de la Constitución, pues en varios de los ordenamientos europeos de la época, el Parlamento era quien debía asumir ese rol de garante de la Constitución, al contar con la representación popular.

Es importante hacer la salvedad que algunos ordenamientos jurídicos, sobre todo europeos, han dejado el control jurisdiccional de la Constitución a un órgano (Corte o Tribunal Constitucional), pero fuera de la estructura del Poder Judicial. Pero en todo caso, ese control de constitucionalidad sigue estando a cargo de un tribunal, el cual puede estar orgánicamente colocado dentro o fuera del Poder Judicial, lo que a nuestro juicio no es determinante para un efectivo control constitucional.

El control jurisdiccional de la Constitución fue una de las características fundamentales del siglo XX. Luego de las dos grandes guerras mundiales, la mayoría de los países de Europa, y por ende los países influenciados por ésta, se enfocaron en dos aspectos esenciales: i) el establecimiento de catálogos de derechos fundamentales en sus respectivas Constituciones, y ii) la creación de Cortes o Tribunales Constitucionales encargados de salvaguardar esos derechos fundamentales. Sin duda, una de las moralejas de estos conflictos bélicos fue la necesidad de desconfiar de las desproporcionadas apetencias de líderes populares, introduciendo un poder (judicial) contramayoritario, encargado de imposibilitar las violaciones de las garantías más esenciales de una sociedad[17].

Se trata de una opción que hoy damos por sentada, toda vez que es la acogida por la gran mayoría de los ordenamientos jurídicos mundiales. Por ello, el Poder Judicial ha pasado a ser una pieza

---

17 Lamentablemente, no siempre los poderes judiciales han sabido (o podido) servir de garantía frente a las mayorías arrolladoras que no reparan en atropellar derechos elementales a cambio de votos o poder político. En Latinoamérica hemos tenido varios ejemplos de esta afirmación.

clave en la defensa de la Constitución y de la democracia. En este sentido, afirma GARCÍA DE ENTERRÍA que no hay derecho sin juez, el "juez es una pieza absolutamente esencial en toda la organización de Derecho y esto no es excepción en el Derecho Público cuando se trata de la observancia del Derecho por la Administración"[18].

Esta tendencia ha sido multiplicada en los recientes sistemas democráticos surgidos en África y Asia, tal y como se demuestra en un excelente trabajo del profesor GINSBURG, donde se analiza comparativamente los distintos modelos de justicia constitucional que han surgido en estos dos continentes[19].

Esta idea del control jurisdiccional de la Constitución ha sido defendida por la gran mayoría de los juristas que se han ocupado del tema, entre los cuales cabe destacar a GAUCHET, quien para justificar la labor del Poder Judicial en la defensa del Derecho y la Constitución destaca que "El juez recuerda a la acción pública cuál es su regla, es un esfuerzo reflexivo para que la acción conducida en nombre del pueblo se remita a los principios, sólo por relación a los cuales toma sentido... Al recordar a los gobernantes y a los representantes el límite del Derecho de sus acciones y, en consecuencia, la fuente de sus poderes, el juez les hace ver la distancia que les separa del colectivo soberano del cual emana su mandato. Hace así visible la separación entre los delegados y el poder de delegación, poder del cual la opinión pública constituye la sombra durante los intervalos del sufragio"[20].

Otros argumentos interesantes en defensa del control judicial de la Constitución han sido expuestos por GINSBURG, quien resalta que en las democracias inmaduras se requiere muchas veces difundir entre varios actores el poder político. Y si bien muchas veces las Cortes Constitucionales no han sabido controlar efectivamente las decisiones de las mayorías, al menos sirvie-

---

18 GARCÍA DE ENTERRÍA, Eduardo, Democracia, "*Jueces y Control de la Administración*", 5ta Edición, Civitas, Madrid, 2000.

19 GINSBURG, Tom, "*Judicial Review in New Democracies. Constitutional Courts in Asian Cases*", Cambridge, 2003.

20 GAUCHET, Marcel, citado por GARCÍA DE ENTERRÍA, en el trabajo mencionado en la nota anterior.

ron para reducir las tensiones políticas y canalizar los ataques de las minorías por rieles pacíficos[21].

Incluso, hasta los países que habían depositado plenamente la soberanía en el parlamento, como es el caso de Inglaterra, han tenido que reconocer, al integrarse a ordenamientos supranacionales, que la última palabra en materia de protección de la Constitución es de los jueces, en este caso, de la Corte Europea de Derechos Humanos.

Sin embargo, esto no significa que no existan críticas al sistema moderno de justicia constitucional, pues en varios ordenamientos jurídicos comparados todavía se mantiene latente -y con bastante seriedad y profundidad- la vieja polémica de filosofía constitucional inaugurada en la segunda década del siglo pasado, entre Hans KELSEN y Carl SCHMITT, relacionada con quién debe ser el guardián de la Constitución y sobre la legitimación de un poder "*contramayoritario*" (Tribunales Supremos de Justicia o Cortes Constitucionales) para decidir sobre la constitucionalidad de los actos de los representantes del pueblo[22].

En este sentido, vale la pena destacar el esfuerzo académico del Profesor de la Universidad de Georgetown Mark TUSHNET "*Taking the Constitution Away from the Courts*"[23], donde trata de desvirtuar la legitimidad del control judicial de la Constitución, y en forma bastante radical. Al igual que otros interesantes trabajos sobre los límites de interpretación constitucional del juez, como es el caso

---

21 GINSBURG, Tom, *op. cit.*, pp 261 y ss. Entre nosotros puede verse el trabajo de CASAL, Jesús María "Algunos cometidos de la jurisdicción constitucional en la democracia", en la obra colectiva *La jurisdicción constitucional, democracia y Estado de Derecho*, UCAB, Caracas, 2005.

22 Sobre el tema puede verse el trabajo de Paula VITURRO, "*Sobre el Origen y el Fundamento de los Sistemas de Control de Constitucionalidad*", Editorial Ad-Hoc, Buenos Aires, 2002.

23 Mark TUSHNET, "*Taking the Constitution Away from the Courts*", Princeton University Press, New Jersey, 1999. Este trabajo nos parece bastante ingenioso, pero a nuestro juicio no es lo suficientemente convincente como para llegar a admitir las ventajas de un sistema sin control de constitucionalidad de los actos del poder público. Sin embargo, es una excelente crítica a los excesos del Poder Judicial en esta materia.

del conocido libro de Antonin SCALIA, "*A Matter of Interpretation*"[24], y el de Jeremy WALDRON "*The core of the case against judicial review*"[25].

Además, hay que reconocer que existen países como Francia y Holanda que funcionan bajo sistemas donde no existe -o existe pero en forma muy limitada- un sistema de control judicial de las normas constitucionales; lo que pareciera evidenciarnos que tampoco es indispensable la existencia de un Tribunal o Sala Constitucional para la existencia de un Estado de Derecho[26].

Pero a pesar de estas agudas críticas, enfocadas sobre todo en países con democracias consolidadas, es lo cierto que el sistema del control judicial de la Constitución, encomendado al Poder Judicial, y más concretamente a una Corte o Tribunal Constitucional es hoy en día la regla general.

Por último, es pertinente advertir que el Poder Judicial no tiene el monopolio del control constitucional de los actos estatales, toda vez que la Constitución también puede ser defendida a través de otras decisiones políticas o administrativas. Así, por ejemplo, un órgano de la Administración puede imponer sanciones a los particulares cuando éstos actúan en contravención con la Constitución. Igualmente, a través de un recurso administrativo se puede revocar un acto previo por considerarse contrario a un derecho fundamental establecido en la Constitución.

La Constitución también puede ser defendida con una omisión estatal deliberada. Piénsese, por ejemplo, en un Ministerio Público que se abstiene de procesar delitos que considera contrarios a la Constitución, como sería el caso en nuestro país de los delitos de vilipendio, destinados a castigar a quien "ofende" a un funcionario público o institución del Estado.

---

24 Antonin SCALIA, "*A Matter of Interpretation. Federal Courts and the Law*", Princeton University Press, New Jersey, 1997. En este trabajo el actual magistrado de la Corte Suprema de los Estados Unidos defiende la tesis de mantener, en la medida de lo posible, la interpretación textual y original de la Constitución, como forma de evitar que los jueces hagan o creen derecho con sus decisiones.

25 WALDRON, Jeremy, *Yale Law Journal*, 115 Yale L.J. 1346.

26 Si hay que destacar que, por ejemplo, la Corte Suprema de Justicia holandesa si tiene competencia para anular leyes cuando contraríen las normas consagradas en tratados internacionales.

Incluso, también la Constitución puede ser defendida por particulares, cuando, por ejemplo, un club social (asociación civil) decide abrir un procedimiento disciplinario para sancionar a uno de sus socios por alguna conducta indebida. Con ello, protege esa asociación el derecho a la defensa.

Por ello, cuando se habla del control judicial de la Constitución, en definitiva, lo que se quiere afirmar es que corresponde al Poder Judicial (o en su caso, a un Tribunal Constitucional fuera de la organización del Poder Judicial) la última palabra en materia de interpretación constitucional.

IV. DISTINTOS MECANISMOS DE CONTROL DE LA CONSTITUCIÓN

Una vez que se reconoce la Constitución como un cuerpo normativo vinculante y vivo; una vez que se reconoce su carácter preferente frente al resto de las normas jurídicas; y una vez que se admite que corresponde a los tribunales el rol principal de la defensa de la Constitución; resta por precisar la forma o los diversos mecanismos a través de los cuales se defiende o se hace valer la Constitución.

En este sentido, existen muy variados sistemas y mecanismos destinados a defender la Constitución. Así, mucho depende de frente a qué se quiere protegerla, pues ésta puede ser desconocida a través de leyes, actos administrativos, vías de hecho, omisiones legislativas o administrativas, sentencias judiciales, actos de particulares, etc. En fin, la Constitución puede ser confrontada a través de una infinidad de actos, hechos u omisiones provenientes de los distintos órganos estatales o de particulares.

Frente a cada uno de estos actos, hechos u omisiones existen diversos recursos o acciones que pueden ejercerse ante distintas jurisdicciones (constitucional, contencioso-administrativa, civil, penal, etc.). Aquí cada ordenamiento jurídico escoge su propia formula, atendiendo a sus particularidades y evolución jurídica.

Así, por ejemplo, frente al control constitucional de leyes y demás actos de similar jerarquía existen los sistemas de control *difuso, concentrado* y *mixto,* cada uno con sus principales características y consecuencias jurídicas, tal y como tendremos oportunidad de verificar más adelante.

En el mismo sentido, para controlar la constitucionalidad de las decisiones judiciales existen también distintos remedios ordinarios o extraordinarios destinados a anular las sentencias contrarias a la Constitución (casación, revisión extraordinaria, amparos constitucionales).

Al igual que frente a los ataques de derechos constitucionales de particulares, se suelen establecer remedios ordinarios y extraordinarios (demandas, recursos, amparos constitucionales) para tutelar estos derechos y restablecer la situación jurídica infringida.

Esto es importante advertirlo, toda vez que la gran mayoría de los trabajos referidos a la justicia constitucional suelen limitarse al análisis de los mecanismos de control de leyes o actos del mismo rango, cuando es lo cierto que existen muchos otros actos, hechos u omisiones estatales o de particulares que son controlados por los tribunales encargados de ejercer la jurisdicción constitucional. Como expusimos en la introducción, aquí abordaremos todas las pretensiones que pueden ventilarse ante la Sala Constitucional, frente a todos los actos u omisiones que pueden desafiar la *Constitución*.

Nos vamos a limitar al estudio de la *jurisdicción constitucional*, por lo que es importante al menos advertir que también el resto de las jurisdicciones pueden controlar la *Constitución*, pero frente a otro tipo de actos estatales (actos administrativos, sentencias, etc.) Así, por ejemplo, la jurisdicción contencioso-administrativa puede conocer de denuncias de inconstitucionalidad frente a actos administrativos; lo mismo sucede con la electoral, agraria, ambiental, laboral, etc.

V. JUSTICIA CONSTITUCIONAL, JURISDICCIÓN CONSTITUCIONAL Y DERECHO PROCESAL CONSTITUCIONAL

Hecha esta salvedad, vale la pena referirnos muy brevemente a los conceptos de justicia y jurisdicción constitucional[27]. Sobre este particular existen diversas posiciones, las cuales, muchas veces, se reducen a simples diferencias terminológicas.

El término *justicia constitucional* suele utilizarse para referirse al género, esto es, a la función jurisdiccional encargada de defender o

---

[27] Sobre esta distinción puede verse GONZÁLEZ PÉREZ, Jesús, "*Derecho Procesal Constitucional*", Civitas, Madrid, 1980.

hacer valer la *Constitución*, la cual, al menos en nuestro ordenamiento jurídico se encuentra encomendada a *todos los jueces* de la República. Por ello, cuando un tribunal de primera instancia conoce de un amparo constitucional, se entiende que se encuentra ejerciendo labores de justicia constitucional; al igual que al momento en que un juez penal decide desaplicar una norma penal, por considerarla contraria a un derecho fundamental[28].

En este sentido, los artículos 334 y 335 de la *Constitución* señalan:

> Artículo 334.- Todos los jueces o juezas de la República, en el ámbito de sus competencias y conforme a lo previsto en esta Constitución y en la ley, están en la obligación de asegurar la integridad de esta Constitución.
>
> En caso de incompatibilidad entre esta Constitución y una ley u otra norma jurídica, se aplicarán las disposiciones constitucionales, correspondiendo a los tribunales en cualquier causa, aún de oficio, decidir lo conducente.
>
> Corresponde exclusivamente a la Sala Constitucional del Tribunal Supremo de Justicia como jurisdicción constitucional, declarar la nulidad de las leyes y demás actos de los órganos que ejercen el Poder Público dictados en ejecución directa e inmediata de la Constitución o que tengan rango de ley, cuando colidan con aquella.
>
> Artículo 335. El Tribunal Supremo de Justicia garantizará la supremacía y efectividad de las normas y principios constitucionales; será el máximo y último intérprete de la Constitución y velará por su uniforme interpretación y aplicación. Las interpretaciones que establezca la Sala Constitucional sobre el

---

28 El profesor CANOVA define a la justicia constitucional como "la actividad de control de constitucionalidad de las leyes y otros actos de igual jerarquía o, de actos de rango inferior que sea realizada por órganos jurisdiccionales especiales o a través de medios procesales igualmente especiales". Véase CANOVA GONZÁLEZ, Antonio "*Rasgos generales de los modelos de justicia constitucional en el Derecho Comparado: (3) Europa Actual*", en Revista de Derecho Constitucional N° 7, 2003, p. 84.

contenido o alcance de las normas y principios constitucionales son vinculantes para las otras Salas del Tribunal Supremo de Justicia y demás tribunales de la República.

Como vemos, la propia *Constitución* señala que todos los jueces, incluyendo a todas las Salas del Tribunal Supremo de Justicia, tienen competencias constitucionales, pues están obligados a darle preferencia a ésta en todas las controversias que les corresponda decidir, a parte de otras competencias directas que puedan tener para controlar la constitucionalidad de determinados actos del poder público (por ejemplo, la jurisdicción contencioso-administrativa). Además, existen otras leyes especiales, como por ejemplo la *Ley Orgánica de Amparo sobre Derechos y Garantías Constitucionales*, que le asignan competencias constitucionales a determinados tribunales de otras jurisdicciones especiales.

Por su parte, el término *jurisdicción constitucional* suele considerarse como la especie dentro del género, es decir, cuando esa labor de justicia constitucional es realizada por el tribunal o el grupo de tribunales que los ordenamientos jurídicos han encargado para la defensa de la *Constitución*. Así, por ejemplo, en nuestro país, la jurisdicción constitucional podría decirse que está integrada, principalmente, por la Sala Constitucional del Tribunal Supremo de Justicia, pues la *Constitución* le asigna directamente competencias especiales, en su artículo 336.

Sin embargo, como vimos, no es la Sala Constitucional la única que conoce de asuntos constitucionales, sino la última en todo caso. A pesar que, por supuesto, sea la única que conoce del control concentrado de la constitucionalidad de leyes y demás actos del mismo rango, conforme a lo dispuesto en el mencionado artículo 336 de la *Constitución*.

Por ello, podría decirse, entonces, que en Venezuela no tiene sentido distinguir los términos justicia y jurisdicción constitucional, pues todos los tribunales tienen competencias para la defensa de la Constitución, en el ámbito de sus respectivas competencias. La Sala Constitucional sería, pues, el órgano judicial encargado de ejercer únicamente las competencias que la *Constitución* le asigna en el artículo 336 (y las que ella misma se ha atribuido); y, además, es quien tiene la última palabra en los temas constitucionales, pues a través de distintos mecanismos que expondremos en la presente obra, siempre podrá controlar o revisar las sentencias dictadas por el resto de los tribunales del país. Precisamente por ello, hemos denominado este trabajo *"La Jurisdicción Constitucional en Venezuela"*, toda vez que analizaremos todas las pretensiones procesales que pueden hacerse valer ante el órgano encargado del control concentrado de la constitucionalidad de los actos del poder público.

Por último, el auge que ha tenido la justicia constitucional en el mundo ha llevado a la necesidad de especializar nuevas ramas del derecho, por ello más recientemente se habla del *derecho procesal constitucional*, para referirse al estudio y sistematización de los distintos remedios, procedimientos y normas que regulan los mecanismos judiciales de defensa de la *Constitución*[29]. La importancia que ha adquirido esta relativamente nueva rama del derecho es primordial, pues tiene un impacto determinante sobre el resto de las ramas del derecho.

VI. LA CONSTITUCIONALIZACIÓN DEL DERECHO. LA ERA DE LOS DERECHOS FUNDAMENTALES

La universalización del control judicial de la *Constitución* ha traído enormes consecuencias para los sistemas de justicia en general. Hacer una evaluación sobre sus éxitos o fracasos es, sin duda, tarea ardua. Por eso, sólo nos permitiremos referirnos a una de esas consecuencias: la *constitucionalización* del derecho.

A partir de hace algunas décadas, la *Constitución* dejó de ser una norma programática para convertirse en una serie de disposiciones vivas y vinculantes para las distintas jurisdicciones. Las normas constitucionales son, entonces, enjuiciables y aplicables en cualquier proceso judicial.

---

29 ESCOBAR FORNOS define el derecho procesal constitucional como el "conjunto de normas y principios que tiene por objeto el estudio del proceso constitucional, sus tipos, naturaleza, principios, presupuestos procesales, el objeto del litigio, sus actos procesales, forma de iniciarse, tramitación, prueba, sentencia y recursos, en su caso. Sus normas aparecen en la Constitución, leyes constitucionales, normas ordinarias y últimamente en Códigos Procesales". ESCOBAR FORNOS, Iván, "*Introducción al Derecho Procesal Constitucional*" Editorial Porrúa, México, 2005.

Y, más aún, en la mayoría de los ordenamientos jurídicos, la revisión de las interpretaciones que hagan los jueces sobre la Constitución es cuestionable ante la jurisdicción constitucional, con miras a garantizar la uniformidad y certeza en estas interpretaciones.

A raíz de ello, en la gran mayoría de los procesos judiciales, sean estos penales, civiles, laborales, contencioso-administrativos, entre otros, se suele debatir sobre la aplicación o no de normas, valores o principios constitucionales. Los litigantes invocan las disposiciones constitucionales como cualquier otra norma de derecho aplicable al caso concreto. Y, lógicamente, los jueces deciden sobre la correcta aplicación de estas normas fundamentales en cada caso concreto.

Esta práctica ha traído como consecuencia la *constitucionalización* de los debates judiciales y ello ha implicado, entre otras cosas, i) el estudio masificado del derecho constitucional, tanto en sus aspectos adjetivos como sustantivos; ii) la multiplicación de las impugnaciones o recursos de naturaleza constitucional, bien sea a través de acciones de amparo, recursos de revisión constitucional, recursos de interpretación, entre otras acciones judiciales ante la jurisdicción constitucional; iii) la exacerbación de la supremacía de los tribunales, cortes o salas constitucionales de los distintos ordenamientos jurídicos; iv) la judicialización del fracaso de las políticas públicas expresadas en los textos constitucionales; y v) la interferencia, para bien o para mal, de los tribunales, cortes o salas constitucionales en las competencias de otras ramas del poder público, generando en muchos casos conflictos políticos de envergadura.

En pocas palabras, la *constitucionalización* del derecho implica que en la gran mayoría de los debates jurídicos influye la *Constitución* e intervienen los tribunales llamados a protegerla, los cuales, por lo general, se encuentran en la cúspide de la pirámide de las organizaciones judiciales de los distintos países. Esto implica que los tribunales, cortes o salas constitucionales terminan teniendo la última palabra en la mayoría de los debates judiciales de los distintos ordenamientos jurídicos, muchas veces para decidir asuntos intrascendentes e invadiendo el ámbito de competencia de otras jurisdicciones. Se ha despegado la justicia constitucional del resto de las jurisdicciones, su supremacía se ha venido marcando considerablemente.

Este fenómeno ha tenido sus aspectos positivos y negativos. En el caso venezolano, al margen de algunos buenos ejemplos de correcciones constitucionales, la Sala Constitucional ha invadido considerablemente el núcleo central de las competencias de otras ramas del poder público, llegando a generar situaciones completamente desconocidas en el ámbito de la justicia constitucional comparada. Su marcada interferencia política ha implicado que sus aciertos se vean claramente opacados por sus decisiones políticas, muchas de ellas de espalda al propio texto fundamental. Esta afirmación será abordada y evidenciada en los distintos capítulos del presente trabajo.

Pero lo que resulta evidente es que no hay debate judicial que escape de algún mecanismo de control constitucional. Figuras como el control difuso, el avocamiento, el amparo contra sentencias, recursos de interpretación, entre otras, suelen estar presentes en cualquier controversia de relativa importancia. Ello implica, como hemos dicho, denuncias de violación de derechos fundamentales o de normas organizativas. Esto convierte, prácticamente, al litigante en un experto en Derecho Constitucional, pues con frecuencia tendrá que acudir a normas, valores, principios, precedentes y doctrina constitucional para apoyar la resolución del asunto debatido.

CAPÍTULO DOS

EL MODELO DE JUSTICIA CONSTITUCIONAL VENEZOLANO

Venezuela fue el cuarto país del mundo y el primero en Latinoamérica en asumir el principio de la *supremacía constitucional*, lo que hoy en día es considerado uno de los principios más esenciales de cualquier Estado de Derecho. En efecto, en la *Constitución* de 1811[30], nuestro país recogió este principio cardinal que había comenzado a desarrollarse en los Estados Unidos, con la decisión *Madison v. Marbury* (1803), en virtud del cual cualquier acto estatal contrario a la *Constitución* debía considerarse como nulo. Y esa labor de control constitucional de los actos del poder público, desde nuestros inicios republicanos, se le asignó al Poder Judicial.

Pues bien, nuestro modelo de justicia constitucional asumió prontamente esta influencia norteamericana. De allí, que en el artículo 199 del Texto Fundamental de 1811, luego de la declaración de los derechos del hombre, se dispuso lo siguiente:

> Que todas y cada una de las cosas constituidas en la anterior declaración de derechos, están exentas y fuera del alcance del Poder general ordinario del gobierno y que conteniendo o apoyándose sobre los indestructibles y sagrados principios de

---

30 Si bien la Constitución de 1811 tuvo una vigencia de escasos meses, debido a las guerras de independencia, no cabe la menor duda que ésta condicionó notablemente la evolución de nuestro régimen constitucional. Al respecto, puede verse, BREWER-CARÍAS, Allan R. "*Las Constituciones de Venezuela*", Editorial Jurídica Venezolana, Caracas, 1997, pp. 95 y ss.

la naturaleza, toda ley contraria a ellas que se expida por la legislatura federal o por la provincia será absolutamente nula[31].

Disposiciones similares se fueron repitiendo, entre otras Constituciones, las de 1830, 1864, 1874, 1881, 1891 y 1893, y luego en las demás constituciones del siglo XX. Por lo que podría afirmarse que nuestro país supo recoger con particular premura la experiencia derivada del proceso revolucionario estadounidense y del precedente *Madison v. Marbury*.

Si es bueno precisar que nuestras Constituciones de la Gran Colombia recogieron tímidamente el sistema de control jurisdiccional de la Constitución, pues éstas se limitaron a reconocer el principio de supremacía constitucional, dando a entender que ningún funcionario (lo que incluye a los jueces) podía aplicar normas contrarias a la Constitución. Precisamente por esto, el profesor TOVAR TAMAYO señaló que nuestras primeras no consagraron un control jurisdiccional de la Constitución, sino más bien un *control político*, pues estos textos primigenios facultaban al Congreso para que fuese éste el tribunal natural para examinar todas las leyes provinciales opuestas a la autoridad de la Confederación[32].

Pero es justo reconocer que al menos nuestros primeros textos constitucionales consagraron el inicio de lo que hoy conocemos como el sistema de control difuso de la constitucionalidad de las leyes, pues sus textos sugerían a los jueces apartarse o desconocer normas contrarias a la Constitución.

Lo que sí es claro es que con la *Constitución* de 1858 nace el control concentrado de la constitucionalidad de leyes, pues su artículo 113.8 facultó directamente a la Corte Suprema de Justicia para de-

---

31 Para un análisis detallado del proceso constituyente de 1811, y en general, de la historia constitucional venezolana, puede verse LORETO GONZÁLEZ, Irene, "*Génesis del constitucionalismo en Venezuela*", Centro de Investigaciones Jurídicas, Caracas, 2005. Y sobre el tema de la evolución de la justicia constitucional venezolana, puede verse TOVAR TAMAYO, Orlando "*La Jurisdicción Constitucional*", Academia de Ciencias Políticas y Sociales, Caracas, 1983.

32 TOVAR TAMAYO, Orlando "*La Jurisdicción Constitucional*", *op. cit*, pp. 83 y ss. Véase, en el mismo sentido, el trabajo de ANDUEZA, José Guillermo, "*La Jurisdicción Constitucional en el Derecho Venezolano*", UCV, Caracas, 1955.

clarar la nulidad de los actos legislativos sancionados por las legislaturas provinciales, a petición de cualquier ciudadano (*acción popular*), cuando fuesen contrarias a la *Constitución*. A partir de allí, los textos constitucionales fueron aumentando los tipos de actos que podían ser juzgados, por contrariedad a la Constitución, por el más Alto Tribunal.

En todo caso, no es exagerado afirmar que, a lo largo de toda nuestra historia constitucional, siempre se ha desconfiado de los órganos de representación popular para la tarea del control y defensa de la *Constitución*, quizás siguiendo consejos que vienen desde ARISTÓTELES, quien advertía que la democracia es frágil y corre el riesgo de degradarse en demagogia, pues los líderes políticos suelen estar dispuestos a sacrificar cualquier cosa para conservar sus esferas de poder[33]. De allí, que para evitar el riesgo de la demagogia se confía más bien al reino de la ley y la Constitución. Y la defensa o garantía del reino de la ley y la Constitución se le ha atribuido siempre en nuestro sistema al Poder Judicial, como un poder *contramayoritario*, no elegido directamente por el pueblo. Claro está, sin que quiera decir esto que no haya (o esté), en buena medida, bajo el control de los factores políticos mayoritarios.

I. CARACTERÍSTICAS PARTICULARES DEL SISTEMA DE JUSTICIA CONSTITUCIONAL VENEZOLANO

El sistema de justicia constitucional venezolano siempre se ha caracterizado por disponer de algunas peculiaridades que lo diferencian de la gran mayoría de los sistemas comparados de control constitucional. Y, sin lugar a dudas, las peculiaridades se han venido incrementando en los últimos años, sobre todo, con la entrada en vigencia de la *Constitución* de 1999.

Así, nuestra tradición constitucional ha contado con algunas características particulares que diferencian a nuestro sistema de justicia constitucional; y con la *Constitución* de 1999 surgieron nuevos elementos también bastante curiosos para el derecho comparado. Así, como principales peculiaridades podemos resaltar: i) un *sistema mixto* de control constitucional de normas jurídicas; ii) la llamada

---

33 ARISTÓTELES, "*Política*", Editorial J. Marías y Mª Araujo, Madrid, 1951.

acción popular para cuestionar las leyes y demás normas jurídicas; iii) la posibilidad de actuar *de oficio* en determinadas pretensiones; y, iv) la *universalidad*, con respecto al resto de los sistemas de control constitucional de derecho comparado, la cual consiste, como veremos a lo largo del presente trabajo, en la posibilidad de asumir el conocimiento de cualquier controversia judicial, independientemente del lugar o estado en que se encuentre e, incluso, sin necesidad de que nadie se lo solicite y sin que exista una controversia como tal.

Analicemos brevemente estas particularidades:

1. *Sistema mixto de control constitucional de normas*

Las Constituciones suelen asignar a un órgano estatal el control y defensa de la Constitución frente a los actos normativos. En la gran mayoría de los casos, como hemos visto, esa competencia se le asigna al Poder Judicial. Ahora bien, existen sistemas donde sólo un órgano o tribunal del Poder Judicial es el encargado de ejercer ese control, por lo general un Tribunal Supremo o una Corte o Tribunal Constitucional; así como hay sistemas donde ese control de normas jurídicas se les atribuye a todos los jueces que conforman el Poder Judicial.

El sistema mixto de control constitucional tiene la particularidad de que combina los dos mecanismos tradicionales de defensa de la *Constitución*, esto es, el sistema concentrado y el difuso. De allí, que al lado de la competencia de un máximo tribunal (antes Corte Suprema de Justicia y ahora Sala Constitucional del Tribunal Supremo de Justicia) para anular normas jurídicas contrarias a la *Constitución*, con efectos *erga omnes*, existe también la atribución (y hasta obligación) de que todos los jueces de la República, así sea de oficio, ejerzan directamente el *control difuso* de la constitucionalidad de las normas, lo que implica dejar de considerar o aplicar en cualquier caso concreto, y sólo en ese caso particular, aquellas disposiciones que entiendan contrarias al Texto Fundamental.

Este sistema tiene ya larga tradición en Venezuela, y el mismo se reitera en la *Constitución* vigente[34]. En efecto, de conformidad con

---

[34] A pesar de que la *Constitución* fue aprobada por vía refrendaria, en diciembre de 1999, su publicación definitiva se efectuó en marzo del

lo dispuesto en los numerales 1° y 2° del artículo 336 de la *Constitución*, la Sala Constitucional tiene competencia para declarar la nulidad total o parcial de las leyes nacionales dictadas por la Asamblea Nacional, así como de las Constituciones o leyes estadales y Ordenanzas municipales.

Igualmente, en el artículo 334 de la *Constitución* se establece que todos los jueces de la República, en el ámbito de sus respectivas competencias están en la obligación de asegurar la integridad de la *Constitución*. De allí, que, en caso de incompatibilidad entre la Carta Magna y una ley u otra norma jurídica, se aplicarán las disposiciones constitucionales, correspondiendo a los tribunales en cualquier causa, aún de oficio, decidir lo conducente.

Este sistema ha venido siendo aplicado, más recientemente, por otros ordenamientos jurídicos latinoamericanos y europeos, como es el caso de Brasil, Colombia, Costa Rica, Perú, Portugal, entre otros.

Nuestro sistema mixto de control constitucional de normas jurídicas se perfeccionó con la *Constitución* de 1999, pues para entonces, ambos sistemas no se encontraban integrados entre sí, de forma tal que existían muchos casos donde diversos tribunales mantenían criterios de interpretación constitucional distintos, sin que fuera posible unificarlos u homogeneizarlos, toda vez que no existía un único tribunal que tuviese la última palabra en materia constitucional.

En efecto, antes de la Constitución de 1999, el control concentrado de la constitucionalidad de los actos del poder público lo ejercían, dependiendo del tipo de acto, o la Sala Plena de la Corte Suprema de Justicia, o la Sala Político-Administrativa de la misma Corte Suprema de Justicia. Igualmente, no existía ningún mecanismo que atribuyera a un único tribunal, el control constitucional de las decisiones judiciales, por lo que una sentencia definitiva dictada por un tribunal de instancia podía diferir y hasta contrariar otra de una Sala de la Corte Suprema de Justicia, en relación a temas constitucionales.

2000, lo que ocasionó severas críticas, pues esta publicación guardaba ciertas diferencias -algunas de gran relevancia- con la *Constitución* que había sido sometida a la aprobación del pueblo. Incluso, la también polémica *Exposición de Motivos* fue elaborada luego de la aprobación de la *Constitución*, y luego de que habían cesado en sus funciones los miembros de la Asamblea Nacional Constituyente.

De hecho, la Sala Plena de la Corte Suprema de Justicia no podía conocer o revisar las decisiones dictadas por el resto de las Salas de la Corte Suprema de Justicia y mucho menos las de tribunales de instancia. De allí, que podía darse el caso que cada una de las distintas Salas de la Corte Suprema de Justicia tuviesen un criterio distinto referente, por ejemplo, al contenido de algún derecho fundamental o al alcance de alguna norma constitucional.

Este problema se repetía también con los tribunales inferiores, pues no todos los casos podían llegar a la Corte Suprema de Justicia, por lo que los Juzgados Superiores de una determinada jurisdicción podían diferir de aquélla, con respecto a los criterios de interpretación constitucional. Así, por ejemplo, si una sentencia de un Tribunal Superior Civil ejercía el control difuso de la constitucionalidad de una norma jurídica, y por tanto tomaba una decisión desaplicando una norma de rango legal, por considerarla contraria a la *Constitución*, esa sentencia podía ser contraria a algún criterio constitucional expuesto por cualquiera de las Salas de la Corte Suprema de Justicia; e, incluso, podía ser contraria a una sentencia de las Salas que ejercían el control concentrado de la constitucionalidad de los actos normativos (Sala Plena y Político-Administrativa)

Esta situación, sin duda, generaba cierta inseguridad jurídica, pues una misma norma constitucional podía ser entendida o interpretada en forma distinta por diversos tribunales, sin la posibilidad de unificar o consolidar un criterio único de interpretación constitucional.

Como veremos más adelante, sobre todo a la hora de analizar el *recurso extraordinario de revisión constitucional*, con la *Constitución* de 1999 es difícil que ello ocurra, pues la Sala Constitucional puede, a través de diversos mecanismos, verificar los criterios de interpretación constitucional de cualquier tribunal del país, lo que incluye al resto de las Salas del Tribunal Supremo de Justicia. Incluso, esta potestad de control puede ejercerse durante la tramitación del caso, tal y como tendremos oportunidad de analizar al estudiar la figura del avocamiento.

De allí, que se puede decir que hoy en día el sistema mixto de control constitucional de normas se encuentra *integrado* o vertebrado, toda vez que ahora existe un órgano judicial (Sala Constitucional) que, para bien o para mal, tiene la última palabra en materia de interpretación constitucional. Ahora, si ocurren desigualdades en materia de interpretación constitucional, ya no será por una falla del sistema de justicia constitucional, sino por razones de otra índole que escapan al mundo de lo jurídico.

Si bien podemos afirmar que actualmente el sistema mixto se encuentra integrado, no podemos dejar de advertir que los distintos mecanismos de revisión de los criterios de interpretación constitucional, por parte de la Sala Constitucional, no se encuentran perfectamente relacionados y compatibilizados.

Quizás debido a la novedad y particularidad de muchos de los mecanismos de control constitucional utilizados por nuestra Sala Constitucional, y/o quizás debido a la audacia con que se han implementado estos remedios, no existen reglas claras en relación a cuál de ellos debe prevalecer en las distintas situaciones jurídicas que suelen presentarse ante nuestro Máximo Tribunal. Precisamente por ello insistimos en la necesidad de una ley especial que regule esta jurisdicción.

De allí, que, por ejemplo, frente a una decisión dictada por un Tribunal Superior Civil, donde se ha hecho uso del control difuso de la constitucionalidad de alguna norma jurídica, pueden ejercerse, de oficio y a instancia de parte, varios recursos, incidencias o acciones, a través de los cuales se puede poner en conocimiento a la Sala Constitucional del asunto. Por un lado, el juez tiene la obligación de enviar, de oficio, la sentencia a la Sala Constitucional, conforme a lo dispuesto en el artículo 25.12 de la *Ley Orgánica del Tribunal Supremo de Justicia;* y al mismo tiempo esa sentencia puede ser cuestionada por las partes mediante el ejercicio de una acción de amparo constitucional o mediante una solicitud de revisión extraordinaria de sentencias, de acuerdo a lo establecido en el numeral 10 del artículo 336 de la *Constitución*. O, incluso, si la sentencia no se considerase firme, al existir la posibilidad de ejercer el recurso de casación, se podría ejercer una solicitud de avocamiento.

Lo grave es que este solapamiento de mecanismos de control por parte de la Sala Constitucional no cuenta con ningún orden de prelación para resolver el problema, lo que puede generar importantes confusiones de índole procesal y hasta sustantivo, pues el alcance de cada uno de estos mecanismos son claramente distintos, tal y como veremos en el presente trabajo.

Estas confusiones deberían ser anticipadas y solucionadas por el legislador, principalmente al momento de dictar la tan esperada y requerida ley que regule esta jurisdicción. Mientras tanto, la jurisprudencia debería ir dando las pautas necesarias para evitar este tipo de confusiones.

2. *Acción popular frente al cuestionamiento de actos o normas jurídicas generales*

Otras de las peculiaridades más resaltantes del sistema de justicia constitucional venezolano, es que cualquier persona puede solicitar la nulidad de cualquier ley o acto del mismo rango, sin necesidad de demostrar ningún tipo de interés. Esto es lo que se conoce como la llamada *acción popular*. Es decir, no se requiere ningún tipo de legitimación especial para presentar una acción de inconstitucionalidad contra normas jurídicas[35].

Esta particularidad de nuestro sistema de justicia constitucional se remonta a la Constitución de 1858, donde se le otorgó a la Corte Suprema de Justicia la potestad de anular, con efectos generales, los actos legislativos sancionados por las Legislaturas provinciales, a petición de cualquier ciudadano, cuando sean contrarios a la Constitución"[36].

Si bien esta potestad de control constitucional no abarcaba las leyes nacionales, lo cierto es que las constituciones posteriores fueron agregándole más facultades a la Corte Suprema de Justicia, con miras a incluir el resto de los actos del poder público. Y si bien las posteriores Constituciones no hicieron referencia a la legitimación necesaria para presentar una acción de inconstitucionalidad, las leyes que desarrollaron las competencias de la Corte Suprema de Justicia ratificaron ese carácter popular o al menos así fue entendido por el Máximo Tribunal[37].

---

35 Incluso, la llamada acción popular ha sido extendida hasta para el caso de impugnación de actos administrativos de efectos generales, bien sea por razones de inconstitucionalidad o ilegalidad. Véase, al respecto, la sentencia de fecha 12 de febrero de 1987, caso: *Ramón Burgos Romero*, dictada por la Sala Político-Administrativa de la antigua Corte Suprema de Justicia.

36 Artículo 113.

37 Es pertinente destacar que en la Constitución de 1864 se reservó la posibilidad de impugnar los actos normativos a las legislaturas de los Estados miembros de la federación. Sin embargo, posteriormente, en la Constitución de 1893, y en las que le siguieron, se eliminó esta limitación.

Actualmente, la *Ley Orgánica del Tribunal Supremo de Justicia* recoge este carácter abierto y amplio, en forma expresa, cuando en el artículo 32 se establece que el control concentrado de la constitucionalidad se ejerce "mediante demanda popular de inconstitucionalidad".

Por su parte, la Sala Constitucional ha tenido oportunidad de referirse al tema del carácter popular y abierto de la acción de inconstitucionalidad, reiterando su amplitud con unas pequeñas precisiones, tal y como se analizará más adelante, al tratar el tema de la acción de inconstitucionalidad. Así, en la sentencia de fecha 3 de junio de 2003, caso: *Fresia Rincón*, se abordó este asunto con un nivel de detalle importante. Y luego de un extenso análisis de la llamada acción popular, la Sala concluyó señalando:

> Lo importante -resalta la Sala- en relación con los criterios expuestos, es dejar sentado que efectivamente, toda persona, en principio, posee legitimación para impugnar actos de efectos generales y de contenido normativo, de lo que se colige la consagración de una legitimación sin duda amplia y, por tanto, una *actio populatis* a favor de todos los ciudadanos, sin embargo, cuando ese interés es desvirtuado, o resulta muy evidente su ausencia desde un inicio, según la regulación del artículo 16 del Código de Procedimiento Civil, en concordancia con el 112 de la Ley Orgánica de la Corte Suprema de Justicia, no es posible admitir la cualidad del recurrente, pues ello se prestaría, al ejercicio irresponsable de acciones cuyos efectos en nada inciden sobre la esfera jurídica del accionante (ejercicio de acciones temerarias) y, por ende, redunda en gran cantidad de juicios ante esta Sala y demás órganos jurisdiccionales, excluyendo de paso la intervención de los verdaderos legitimados o de los funcionarios previstos por la Constitución y las Leyes, a quienes tales instrumentos les hubiese atribuido tal función, subrogación que esta Sala, como guardián de las normas constitucionales, no debe consentir.

La posibilidad de que cualquiera del pueblo (de allí el nombre de acción popular) pueda presentar una acción de inconstitucionalidad frente a una norma jurídica constituye una verdadera particularidad de nuestro sistema de control constitucional, pues la gran mayoría de los ordenamientos jurídicos comparados suelen restringir el ejercicio de las acciones de inconstitucionalidad de leyes o normas jurídicas a determinados órganos o cuerpos del Estado (v.g. Presidente, Congreso, etc.).

Así, por ejemplo, en el sistema constitucional europeo, sobre todo, en España, Austria, Italia y Portugal no se admite la participación ciudadana en los procesos judiciales frente a leyes, pues a lo sumo recientemente se ha admitido en algunos países que las Defensorías del Pueblo puedan ejercer este tipo de pretensiones. Ello, si se quiere, como una forma de evitar que los Tribunales Constitucionales puedan desconocer libremente las normas elaboradas por los órganos elegidos popularmente.

De allí, que el carácter popular de la legitimación para cuestionar judicialmente leyes y demás actos del mismo rango constituye una de las particularidades de nuestro ordenamiento jurídico.

3. *Actuaciones de oficio por parte de la sala constitucional*

Otra de las características particulares de nuestro sistema de justicia constitucional se refiere a la posibilidad de actuaciones de oficio por parte de la Sala Constitucional y los demás tribunales del país. Se trata de una peculiaridad que nació o adquirió relevancia, luego de la entrada en vigencia de la *Constitución* de 1999 y luego del desarrollo jurisprudencial de la Sala Constitucional.

Así, en primer lugar, debemos destacar que según lo dispuesto en el artículo 334 de la *Constitución*, el control difuso de la constitucionalidad de normas jurídicas puede ser ejercido *de oficio* por cualquier juez. Es decir, no es necesario que las partes argumenten una posible discrepancia entre una norma y la *Constitución* para que el juez la desaplique, pues éste, de oficio, está obligado a darle preferencia siempre a las normas constitucionales. El no ejercicio de este *control difuso* puede ser motivo de apelación y/o de una ulterior revisión constitucional extraordinaria por parte de la Sala Constitucional.

Como abordaremos más adelante, la *Constitución* de 1999 facultó expresamente a la Sala Constitucional para actuar *de oficio* en los casos de revisión de la constitucionalidad de los decretos que declaren estados de excepción dictados por el Presidente de la República (artículo 336.6). Se trata de un caso muy concreto que atiende a la indispensable necesidad de controlar los decretos presidenciales que puedan suspender las garantías constitucionales durante momentos de tensión interna o externa. Quizás la revisión *de oficio* se justifica en este caso debido a la urgencia que pueden requerir ciertas medidas gubernamentales de excepción y la necesidad de evitar que éstas afecten derechos fundamentales.

También la jurisprudencia de la Sala Constitucional y luego la *Ley Orgánica del Tribunal Supremo de Justicia*[38] se han encargado de atribuirle a la Sala Constitucional otras facultades para iniciar o asumir causas y controversias *de oficio*, esto es, sin que haya requerimiento de parte, para situaciones que no pueden considerarse como urgentes o determinantes. Ello resulta, a nuestro juicio, bastante cuestionable pues podría considerarse contrario a la esencia misma de las funciones jurisdiccionales.

En efecto, no es normal (ni lógico) que se les atribuyan facultades oficiosas a los tribunales de justicia, pues se entiende que el Poder Judicial sólo puede conocer de casos y controversias, debido a que función es la de resolver conflictos y no la de generarlos. Otros poderes y otras ramas del poder público son las que tienen competencias para asumir el protagonismo de las acciones estatales, y resulta muy peligroso que quien tiene la última palabra en materia de interpretación constitucional pueda, a la vez, asumir iniciativas estatales, pues con ello podría comprometerse el necesario equilibrio de poderes.

Sin embargo, en el sistema venezolano se ha comenzado a ver, con mucha regularidad y tranquilidad, la creación y resolución de conflictos judiciales por parte de los propios tribunales.

No se trata simplemente de la posibilidad de suplir, de oficio, las deficiencias o técnicas argumentativas de las partes dentro de un proceso judicial destinado a defender las normas constitucionales, lo que es ya aceptado sin objeciones por la jurisprudencia de la Sala Constitucional, pues ésta ha llegado hasta cambiar el tipo de acción ejercida por el accionante[39] o incluir denuncias para justificar la competencia de la Sala. En efecto, para citar un solo ejemplo bastante ilustrativo de esta afirmación, en la sentencia dictada por la Sala Constitucional, en fecha 27 de septiembre de 2005, caso: *María Pilar Hernández*, se señaló lo siguiente:

---

38 Artículos 34 y 89.

39 Esto fue exactamente lo que sucedió en el caso ASODEVIPRILARA, sentencia de la Sala Constitucional del 24 de enero de 2002, toda vez que dicha asociación ejerció una acción de amparo constitucional y la Sala entendió que se trataba más bien de una acción de protección de derechos colectivos y difusos, razón por la cual modificó el curso procedimental del caso.

> En este sentido, aprecia la Sala, luego de un análisis exhaustivo de las denuncias formuladas por la parte actora, que las mismas se circunscriben fundamentalmente a señalar que los actos administrativos cuestionados son el producto de la aplicación de una norma de rango legal (artículo 105 de la Ley Orgánica de la Contraloría General de la República y del Sistema Nacional del Control Fiscal), la cual estima violatoria del Texto Fundamental y en especial del principio constitucional de irretroactividad de las leyes, previsto en el artículo 24 de la Constitución de la República Bolivariana de Venezuela, según el cual "*Ninguna disposición legislativa tendrá efecto retroactivo, excepto cuando imponga menor pena*", toda vez que, según se expone, el ciudadano Contralor General de la República la destituyó con base a una facultad no contenida en la ley vigente para el momento en que ocurrieron los hechos.
>
> En razón de las circunstancias antes anotadas, considera la Sala que el *Thema Decidendum* se centra, en efecto, en la determinación por parte de la Sala, de la inconstitucionalidad o no del referido artículo 105 de la Ley Orgánica de la Contraloría General de la República y del Sistema Nacional del Control Fiscal, por lo que esta Sala considera, que, mas allá de la pretendida desaplicación de la norma, la verdadera finalidad es la nulidad de la misma. En consecuencia, esta Sala, con base al principio ***iura novit curia,*** estima que lo sometido a su conocimiento es un recurso de nulidad por inconstitucionalidad del mencionado artículo 105, respecto de lo cual la Sala es competente, de conformidad con la previsión contenida en el artículo 336, numeral 1 de la Constitución y el artículo 5, numeral 6 de la Ley Orgánica del Tribunal Supremo de Justicia. Así se decide[40].

Igualmente, en la sentencia dictada por la Sala Constitucional, en fecha 13 de marzo de 2001, caso: *Henrique Capriles Radonski*, la Sala declaró inadmisible una acción de amparo constitucional propuesta por el entonces Alcalde del Municipio Baruta; pero acto

40 Fíjese que de no haber considerado la Sala Constitucional que la verdadera intención de la recurrente era la nulidad del artículo 105 de la *Ley Orgánica de la Contraloría General de la República*, habría tenido que declinar su competencia en la Sala Político-Administrativa, pues el objeto del recurso era la nulidad de dos actos administrativos.

seguido, de oficio y luego de declarada la inadmisibilidad de la acción, pasó a decidir la controversia, básicamente dándole la razón al actor.

Las actuaciones *de oficio* permitidas en nuestro sistema constitucional van más allá de estas situaciones, pues le permiten a la Sala Constitucional la posibilidad de, por ejemplo, iniciar un proceso de revisión de una sentencia definitiva dictada por cualquier otro tribunal (facultad extraordinaria de revisión constitucional); o solicitar el envío de un expediente que se encuentra ante otro tribunal, para seguir conociendo del asunto o devolverlo luego de haber corregida alguna actuación procesal (avocamiento); y hasta iniciar una acción de inconstitucionalidad, tal y como lo prevé expresamente el artículo 34 de la *Ley Orgánica del Tribunal Supremo de Justicia.*

En efecto, tal y como tendremos oportunidad de detallar en el presente trabajo, la Sala Constitucional ha iniciado, de oficio, procesos judiciales destinados a revisar sentencias definitivamente firmes. Así, por ejemplo, en la decisión de fecha 15 de octubre de 2007, se señaló lo siguiente:

> Que conforme lo establece el numeral 10 del artículo 336 de la Constitución de la República Bolivariana de Venezuela, la Sala Constitucional tiene atribuida la potestad de "*(...) revisar las sentencias definitivamente firmes de amparo constitucional y de control de constitucionalidad de leyes o normas jurídicas dictadas por los tribunales de la República, en los términos establecidos por la ley orgánica respectiva (...)*".
>
> Que el artículo 5.4 de la Ley Orgánica del Tribunal Supremo de Justicia de la República Bolivariana de Venezuela, dispone: "(...) Es de la competencia del Tribunal Supremo de Justicia como más alto Tribunal de la República: 4. Revisar las sentencias dictadas por una de las Salas, cuando se denuncie fundadamente la violación de principios jurídicos fundamentales contenidos en la Constitución de la República Bolivariana de Venezuela, Tratados, Pactos o Convenios Internacionales suscritos y ratificados válidamente por la República, o que haya sido dictada como consecuencia de un error inexcusable, dolo, cohecho o prevaricación; asimismo podrá avocarse al conocimiento de una causa determinada, cuando se presuma fundadamente la violación de principios jurídicos fundamentales contenidos en la Constitución de la República Bolivariana de Venezuela, Tratados, Pactos o Convenios Internaciona-

les suscritos y ratificados válidamente por la República, aun cuando por razón de la materia y en virtud de la ley, la competencia le esté atribuida a otra Sala (...)".

Que en el fallo N° 93 del 6 de febrero de 2001 (caso: "*Corpoturismo*"), esta Sala determinó su potestad extraordinaria, excepcional, restringida y discrecional, de revisar las siguientes decisiones judiciales las sentencias definitivamente firmes dictadas por las demás Salas del Tribunal Supremo de Justicia y por cualquier juzgado o tribunal del país, apartándose u obviando expresa o tácitamente alguna interpretación de la Constitución contenida en alguna sentencia dictada por esta Sala con anterioridad al fallo impugnado, realizando un errado control de constitucionalidad y, estableció que la Sala posee la potestad de revisar, en forma extraordinaria y excepcional "*(...) de oficio las sentencias definitivamente firmes en los mismos términos expuestos en la presente decisión, esta Sala posee la potestad discrecional de hacerlo siempre y cuando lo considere conveniente para el mantenimiento de una coherencia en la interpretación de la Constitución en todas las decisiones judiciales emanadas por los órganos de administración de justicia. (...)*".

En virtud de las consideraciones antes expuestas, esta Sala Constitucional del Tribunal Supremo de Justicia, ACUERDA:

1.- ORDENAR a la Secretaría de la Sala Constitucional del Tribunal Supremo de Justicia, abrir el correspondiente expediente a los fines de que esta Sala en ejercicio de las competencias contenidas en los artículos 336.10 de la Constitución de la República Bolivariana de Venezuela, 5.4 de la Ley Orgánica del Tribunal Supremo de Justicia de la República Bolivariana de Venezuela y del criterio vinculante de su sentencia N° 93 del 6 de febrero de 2001 (caso: "*Corpoturismo*"), conozca de oficio la revisión de la sentencia N° 1.415/2007 de la Sala Político Administrativa del Tribunal Supremo de Justicia, para lo cual se ordena realizar todos los trámites de ley correspondientes a tal efecto.

2.- ORDENAR a la Secretaría de la Sala Constitucional del Tribunal Supremo de Justicia, oficiar a la Sala Político-Administrativa de este Tribunal, a los fines que remita copia certificada de la sentencia N° 1.415/2007, ya identificada, dentro del lapso de tres (3) días contados a partir de su notificación.

En el caso de la facultad de *avocamiento*, el artículo 106 de la *Ley Orgánica del Tribunal Supremo de Justicia* expresamente le confiere a todas las Salas del Tribunal Supremo, la facultad de avocarse a causas pendientes ante otros tribunales, *incluso de oficio*. Textualmente señala esta disposición:

> Cualesquiera de las Salas del Tribunal Supremo de Justicia en las materias de su respectiva competencia, de oficio o a instancia de parte, con conocimiento sumario de la situación, podrá recabar de cualquier tribunal, en el estado en que se encuentre, cualquier expediente o causa para resolver si la avoca y asume el conocimiento del asunto o, en su defecto, lo asigna a otro tribunal.

Como vemos, nuestra Sala Constitucional tiene la posibilidad no sólo de modificar las pretensiones de las partes en las controversias que se consideren de orden público, sino incluso puede dar inicio a procesos judiciales, a los fines de revisar (y anular) sentencias definitivamente firmes o interlocutorias, sin que ninguna de las partes se lo solicite, mediante el uso de las facultades de revisión constitucional y/o avocamiento.

Insistimos en que se trata de una nota bastante particular de nuestro sistema de justicia constitucional, pues el derecho comparado suele reservar las actuaciones del Poder Judicial a la resolución de casos y controversias, una vez que las partes accionan directamente ante los órganos judiciales.

Por último, vale la pena destacar que el artículo 89 de la *Ley Orgánica del Tribunal Supremo de Justicia* dispone:

> El Tribunal Supremo de Justicia conocerá de los asuntos que le competen, a instancia de parte interesada; no obstante, podrá actuar de oficio en los casos que disponga la ley.

Como vemos, pareciera que las facultades de oficio de los tribunales venezolanos, o al menos de las Salas del Máximo Tribunal, van más allá de la justicia constitucional, pues esta norma faculta a todas las Salas del Tribunal Supremo de Justicia a actuar de oficio cuando "así lo amerite", lo que sin lugar a dudas constituye un poder extremadamente excesivo para el Poder Judicial.

4. *La jurisdicción normativa e invasiva de la sala Constitucional*

Otra nota característica que podríamos destacar, luego de más de dos décadas de funcionamiento de la Sala Constitucional, es el carácter invasivo de su jurisprudencia, con respecto a las funciones legislativas. Tal y como tendremos oportunidad de revisar, a la hora de revisar los efectos de las decisiones en las acciones de inconstitucionalidad y de la inconstitucionalidad por omisión legislativa, la Sala ha ensayado prácticamente todos los tipos posibles de decisiones judiciales, llegando en no pocas ocasiones a sustituirse abiertamente en el legislador y hasta en el propio constituyente.

Una buena muestra de este tipo de sentencias, la encontramos desde el mismo momento de su creación. Así, en una de sus primeras decisiones, modificó (o más bien sustituyó) la *Ley Orgánica de Amparo sobre Derechos y Garantías Constitucionales*, por considerar que ésta no recogía los principios constitucionales incorporados en la *Constitución* que había sido recién promulgada. Hasta el día de hoy, luego de transcurrido más de dos décadas, el procedimiento para tramitar las acciones de amparo constitucional se encuentra consagrado en este fallo[41].

También en la sentencia, citada supra, de fecha 21 de abril de 2016, caso: *Juan Carlos Caldera*, donde la Sala Constitucional procedió a anular unas normas del *Reglamento Interno de la Asamblea Nacional*, para prácticamente impedir el debate de textos legales y la promulgación de leyes, considerando necesario para el proceso legislativo, la discusión y aprobación de un *informe económico* de todo proyecto de ley, el cual debía coordinarse con el Poder Ejecutivo; o el caso: *Cecilia García*, donde cautelarmente la Sala diseñó un procedimiento electoral, sumamente detallado, para permitir la realización de las elecciones de la Universidad Central de Venezuela.

En muchos otros casos vemos como la Sala Constitucional sustituye el criterio del legislador por el suyo propio, tal y como lo refleja la decisión N° 80 del 1 de febrero de 2001, caso: *José P. Barnola*, referido a la impugnación del artículo 197 del *Código de Procedimiento Civil*, referida a la forma de computar los lapsos procesales, donde se señaló lo siguiente:

---

41 Sentencia del 1° de febrero de 2000, caso: *José Amando Mejía*.

> De manera que, concluye esta Sala, que el debido proceso exige, tal como quedara expuesto, un plazo razonable para todos los actos sin excepción, y por ello, visto que tal como está redactada la norma contenida en el artículo 197 del Código de Procedimiento Civil, ésta resulta inconstitucional por ser contraria al debido proceso y al derecho a la defensa debe esta Sala DECLARAR SU NULIDAD PARCIAL en lo que respecta a la frase: " (...) los lapsos de pruebas, en los cuales no se computarán...". Así, ante la prohibición absoluta de actuación del Tribunal fuera de días y horas de despachos, conforme lo dispone el Código de Procedimiento Civil, debe entenderse, que por regla general los términos y lapsos a los cuales se refiere dicho artículo, tienen que computarse efectivamente por días consecutivos, en los cuales el Tribunal acuerde dar despacho, no siendo computables a esos fines aquellos en los cuales el Juez decida no despachar, ni los sábados, ni los domingos, ni el Jueves y Viernes Santos, ni los días declarados de fiesta o no laborables por ley, criterio que debe ser aplicado en concatenación con lo dispuesto en los artículos 199 y 200 del Código de Procedimiento Civil, que establecen (...)
>
> En virtud de lo expuesto, esta Sala declara parcialmente nula la norma contenida en el artículo 197 del Código de Procedimiento Civil, y a tal efecto, ordena que se tenga la redacción de la misma de la siguiente manera...

En este mismo fallo, la Sala Constitucional expone los argumentos que justificarían esa labor "integradora" que justificaría la decisión *normativa*, o más bien *sustitutiva*, cuando se declara parcialmente nula una disposición legal.

La sentencia afirma:

> se debe admitir que la relación jurídica condicionada por la norma de una u otra manera, se ve afectada con el control de constitucionalidad ejercido, ya que la norma impugnada, a través de la declaratoria de nulidad parcial, se ha convertido en una norma nueva y diferente de la norma inicial, lo cual implica aceptar, que al constituirse en una norma distinta, el operador jurídico debe plasmar en su sentencia el alcance del nuevo dispositivo normativo, pues, se parte de que dicha norma va integrada a un texto normativo sistemático, donde los preceptos establecidos en cada artículo, en reiteradas ocasiones guardan relación entre sí. De allí que, la determinación

del alcance de dicha norma se hace fundamental para establecer en qué afecta la misma la relación jurídica que condiciona, así como el esquema aplicativo del texto normativo que integra.

Así pues, al prosperar la nulidad parcial de la norma impugnada nace una nueva norma y para aplicar tal norma, resulta necesario e indispensable su interpretación, lo cual no es posible hacerlo sin desentrañar previamente el significado de los signos en los que exteriormente se manifiesta, obviamente, sin perder nunca de vista el todo del cual forma parte, debiendo la Sala, en su condición de operador jurídico, imprimirle a la norma los caracteres ideológicos que lo llevaron a determinar su nulidad parcial en resguardo de los derechos constitucionales.

En el mismo sentido, en el fallo dictado en fecha 27 de febrero de 2007, caso: *Adriana Vigilanza,* la Sala Constitucional anuló de oficio el artículo 31 de la *Ley de Impuesto sobre la Renta,* procediendo a establecer una nueva redacción. Así, sostuvo que al ejercer "su labor de máxima intérprete de la Constitución ajusta la disposición legal antes referida a los postulados constitucionales...".

Otros claros ejemplos de la jurisprudencia normativa lo vemos en las modificaciones realizadas en materia de divorcio, mediante decisiones de la Sala Constitucional. La primera de estas sentencias, la N° 446 del 15 de mayo de 2014, donde se modifica el procedimiento para tramitar los divorcios; y posteriormente, las decisiones N° 693 y 1070 del 2 de junio del 2015 y del 9 de diciembre del 2016 respectivamente, de la misma Sala Constitucional, traen una clara modificación del *Código Civil,* con relación a las causales de divorcio, pues a partir de allí las causales de divorcio pasan a ser enunciativas, pudiendo aquellos sujetos que no se encuentren dentro de los supuestos de hechos planteadas en el artículo 185 del *Código Civil,* alegar cualquier otra causal, como pudiera ser el desafecto, con lo cual quedan en desuso las causales taxativas que habían sido plasmadas en la menciona norma .

Precisamente frente al desarrollo desbordado de esta jurisprudencia normativa de la Sala Constitucional, la más reciente reforma de la *Ley Orgánica del Tribunal Supremo de Justicia* reconoció el exceso de la llamada *jurisprudencia normativa* de la Sala Constitucional, buscando poner coto a la llamada jurisprudencia normativa. Así, en la parte in fine del artículo 25 se señala lo siguiente:

> La facultad de la Sala Constitucional en su actividad de conocer y decidir los asuntos de su competencia no abarca la modificación del contenido de las leyes. En todo caso, en resguardo de la seguridad jurídica, si la interpretación judicial da lugar a una modificación legislativa, la Sala deberá así referirlo para que la Asamblea Nacional, en uso de sus facultades constitucionales realice las modificaciones o reformas a que hubiere lugar.

Esta norma fue objeto de una acción de inconstitucionalidad, con lo cual la Sala tuvo la oportunidad de insistir en sus poderes normativos. En efecto, en la sentencia de fecha 21 de marzo de 2022, caso: *Pedro Rondón*, la Sala precisó:

> Ahora bien, entiende esta Sala que la disposición *supra* transcrita no colide con las competencias que el texto de la Constitución de la República Bolivariana de Venezuela otorgó a este órgano de administración de justicia, ni suspende la llamada jurisprudencia normativa, siendo que lo que afianza dicho precepto legal es la colaboración de poderes, cuya noción fue suficientemente ya descrita en la decisión dictada por esta Sala n° 81 del 15 de marzo de 2022, con motivo de una demanda de nulidad ejercida contra la ley aquí examinada, razón por la que no se encuentra alguna incompatibilidad de esta norma de rango legal con el texto constitucional, por lo que los argumentos sostenidos por el accionante sobre esta materia no deben prosperar. Esta Sala considera importante, a los efectos de la adecuada comprensión del artículo 25 de la Ley Orgánica del Tribunal Supremo de Justicia, referir lo expuesto por el Constituyente en la Exposición de Motivos de la Constitución de 1999, concretamente en el Capítulo I del Título VIII del texto fundamental, que a la letra dice: "…Al respecto, se tuvo en cuenta que con posterioridad a la promulgación de una ley, todas las personas tienen a su alcance la acción popular clásica del sistema de justicia constitucional venezolano y, además, la Sala Constitucional tiene el poder cautelar propio de toda Corte o Tribunal Constitucional en derecho comparado, en virtud del cual puede dictar cualquier medida que fuere necesaria para proteger los derechos humanos y garantizar la integridad de la Constitución." Y así se decide.

Por tanto, pareciera que la jurisprudencia normativa de la Sala Constitucional seguirá siendo una característica esencial de nuestro sistema de justicia constitucional.

II. LA SALA CONSTITUCIONAL DEL TRIBUNAL SUPREMO DE JUSTICIA

Corresponde ahora abordar la forma como está constituida y organizada la Sala Constitucional, la cual, como hemos mencionado, es la encargada de ejercer la *jurisdicción constitucional*, mediante el monopolio del control concentrado de la constitucionalidad de los actos dictados en ejecución directa e inmediata de la *Constitución*, y mediante otras pretensiones procesales que la Carta Magna le atribuye, así como de otras que ella misma se ha autoasignado.

1. *La creación de la Sala Constitucional del Tribunal Supremo de Justicia*

La Sala Constitucional fue creada con la *Constitución* de 1999. Este texto constitucional fue el resultado de un proyecto elaborado por una Asamblea Nacional Constituyente elegida ese mismo año, el cual fue sometido a referendo popular, y aprobado por mayoría de los electores el 15 de diciembre de 1999. La *Constitución* fue inicialmente publicada en la Gaceta Oficial del 30 de diciembre de 1999, y finalmente, luego de algunas modificaciones (unas de forma y otras de fondo), se volvió a publicar en la Gaceta Oficial del 24 de marzo de 2000, donde también se incluyó la Exposición de Motivos.

Antes de la entrada en vigencia de la *Constitución* de 1999 y de la creación de la Sala Constitucional, el control concentrado de la constitucionalidad de las leyes y demás actos dictados en ejecución directa e inmediata de la *Constitución* lo venía realizando la Sala Plena de la antigua Corte Suprema de Justicia, la cual, junto con la Sala Político-Administrativa, compartía el rol de garante de ésta, frente a los actos gubernamentales.

Además de la Sala Plena, la antigua Corte Suprema de Justicia estaba conformada por otras 3 Salas (Casación Civil, Casación Penal y Político-Administrativa), cada una de ellas conformada por 5 Magistrados, de allí que los 15 Magistrados de la Sala Plena eran los que conformaban estas 3 Salas, razón por la cual, se podría decir, que no era una Sala especializada en asuntos constitucionales, sino simplemente una Sala que agrupaba a todos los Magistrados de la Corte Suprema de Justicia.

Las principales competencias y atribuciones de la Sala Plena de la antigua Corte Suprema de Justicia se encontraban consagradas en el artículo 42 de la *Ley Orgánica de la Corte Suprema de Justicia*, donde se recogía, entre otras, la competencia para anular leyes y demás actos del mismo rango contrarios a la *Constitución*. La Sala Plena (con los distintos nombres que se le asignaban en Constituciones y leyes anteriores) fue, entonces, la que vino ejerciendo durante casi todo el siglo XX el control concentrado de la constitucionalidad de las leyes en Venezuela. Su actuación estuvo rodeada de grandes aciertos y también desaciertos, pero sin duda alguna las dos principales críticas que se le hicieron fue: i) la falta de especialidad en materia constitucional de la mayoría de los Magistrados que la conformaban; y ii) la lentitud de sus decisiones, producto del gran número de Magistrados que la conformaban y la poca periodicidad de sus sesiones o reuniones.

Debido a éstas y a otras críticas y consideraciones, para el momento en que se realizó el debate constituyente que originó la *Constitución* de 1999, la gran mayoría de la doctrina venezolana apoyaba la idea de seguir la tendencia mundial de buscar un órgano especializado que tuviese la última palabra en materia constitucional. Así, la creación de la Sala Constitucional no tuvo la oposición que parece haber tenido en otras latitudes, pues se tuvo tiempo suficiente de ver las experiencias de muchas otras naciones, sobre todo dentro de nuestro hemisferio.

Quizás la única polémica existente en la doctrina venezolana giraba en torno a las distintas opciones que se podían asumir. Unos apoyaban la creación de una Sala dentro de la propia Corte Suprema de Justicia y otros la de una Corte o Tribunal Constitucional fuera del Máximo Tribunal, pero existía casi unanimidad en la necesidad de crear un órgano judicial especializado de control constitucional[42].

El producto final del debate constituyente fue el de una Sala Constitucional, dentro del mismo Tribunal Supremo de Justicia, conformada inicialmente por cinco (5) Magistrados, y con sus com-

---

42 Véase, por ejemplo, el trabajo de AYALA CORAO, Carlos M., "Algunas consideraciones sobre la jurisdicción constitucional en Venezuela", en *Una mirada a los Tribunales Constitucionales*, Comisión Andina de Juristas, Lima, 1995.

petencias claramente delimitadas en la *Constitución*. La *Exposición de Motivos* explica la escogencia final señalando que:

> Ante la Asamblea Nacional Constituyente se presentaron algunas propuestas con el objeto de crear una Corte o Tribunal Federal Constitucional, en lugar de una Sala Constitucional en el Tribunal Supremo de Justicia. No obstante, prevaleció por consenso esta última tesis. Sin embargo, la Constitución en el Capítulo referido a la Garantía de esta Constitución, dota a la Sala Constitucional del carácter y de las competencias que tiene en derecho comparado cualquier Corte o Tribunal Constitucional. Por ello se indica que el Tribunal Supremo de Justicia garantizará la supremacía y efectividad de las normas y principios constitucionales; será el máximo y último intérprete de la Constitución y velará por su uniforme interpretación y aplicación, cualidad y potestades que únicamente posee en Sala Constitucional dado que ésta ejerce con exclusividad el control concentrado de la constitucionalidad.

Con la *Constitución* de 1999 se reformó también toda la conformación del Alto Tribunal, pues pasó a denominarse Tribunal Supremo de Justicia, y se aumentó a 7 el número de Salas que lo conforman. A saber, según el artículo 262 de la *Constitución*, las Salas que integran el Tribunal Supremo son: la Sala Plena, la Constitucional, la Político-Administrativa, la Electoral, la de Casación Civil, la de Casación Social, la de Casación Penal. Las competencias de cada una de estas Salas se encuentran señaladas en la *Constitución*, en la *Ley Orgánica del Tribunal Supremo de Justicia*, en un conjunto de códigos y leyes especiales, así como en algunas decisiones judiciales que han permitido que algunas Salas, sobre todo la Constitucional, asuman otras competencias adicionales.

Luego de aprobada la *Constitución* de 1999, el nuevo Tribunal Supremo de Justicia, y dentro de éste, la recién creada Sala Constitucional no esperó sino un par de semanas para instalarse y comenzar a dictar sus decisiones[43].

---

43 Su primera decisión se publicó el 20 de enero de 2000, caso *Emery Mata Millán*.

A diferencia de lo ocurrido en otros países, donde se prefirió implementar las modificaciones luego de una etapa de transición, a medida que se iban renovando, eligiendo y nombrando a los representantes de los nuevos poderes del Estado[44].

Sin lugar a dudas, los acontecimientos políticos ocurridos en Venezuela en torno a la aprobación de la *Constitución* de 1999 produjeron un apresurado y hasta atropellado inicio de las funciones jurisdiccionales de la Sala Constitucional, sobre todo si tomamos en cuenta la voracidad con que decidió asumir un gran cúmulo de competencias, modificando, como vimos, una de las principales leyes del sistema de justicia constitucional, esto es, la *Ley Orgánica de Amparo sobre Derechos y Garantías Constitucionales*.

2. *La polémica designación de los primeros magistrados de la Sala Constitucional*

La *Constitución* que fue aprobada por la mayoría de los venezolanos el 15 de diciembre de 1999 dispuso en sus artículos 263, 264 y 265 los requisitos necesarios para poder ser elegido magistrado del Tribunal Supremo de Justicia; el procedimiento para la designación de los mismos; así como el procedimiento y condiciones para ser removidos. Textualmente disponen estas normas:

> Artículo 263. Para ser magistrado o magistrada del Tribunal Supremo de Justicia se requiere:
>
> 1. Tener la nacionalidad venezolana por nacimiento y no poseer otra nacionalidad.
>
> 2. Ser ciudadano o ciudadana de reconocida honorabilidad.

---

44 Por ejemplo, en Bolivia, el Tribunal Constitucional fue creado con la Constitución de 1994, sin embargo, no fue sino hasta el 5 de agosto de 1998 (4 años después) cuando se conformó el Tribunal; y luego se esperó varios meses para el inicio de sus funciones jurisdiccionales (1° de junio de 1999). Durante este tiempo se redactaron los reglamentos del Tribunal, se contrató el personal idóneo, se realizó el equipamiento técnico, etc. Sobre el particular puede verse BALDIVIESO GUZMÁN, René, "*El Tribunal Constitucional a los cinco años de su instalación. Visión institucional*", en La Justicia Constitucional en Bolivia 1998-2003, Ediciones del Tribunal Constitucional, Sucre, 2003, pp. 799 y ss.

3. Ser jurista de reconocida competencia, gozar de buena reputación, haber ejercido la abogacía durante un mínimo de quince años y tener título universitario de postgrado en materia jurídica; o haber sido profesor universitario o profesora universitaria en ciencia jurídica durante un mínimo de quince años y tener la categoría de profesor o profesora titular; o ser o haber sido juez o jueza superior en la especialidad correspondiente a la Sala para la cual se postula, con un mínimo de quince años en el ejercicio de la carrera judicial, y reconocido prestigio en el desempeño de sus funciones.

4. Cualesquiera otros requisitos establecidos por la ley.

Artículo 264. Los magistrados o magistradas del Tribunal Supremo de Justicia serán elegidos o elegidas por un único período de doce años. La ley determinará el procedimiento de elección. En todo caso, podrán postularse candidatos o candidatas ante el Comité de Postulaciones Judiciales, por iniciativa propia o por organizaciones vinculadas con la actividad jurídica. El Comité, oída la opinión de la comunidad, efectuará una preselección para su presentación al Poder Ciudadano, el cual efectuará una segunda preselección que será presentada a la Asamblea Nacional, la cual hará la selección definitiva.

Los ciudadanos y ciudadanas podrán ejercer fundadamente objeciones a cualquiera de los postulados o postuladas ante el Comité de Postulaciones Judiciales, o ante la Asamblea Nacional.

Artículo 265. Los magistrados o magistradas del Tribunal Supremo de Justicia podrán ser removidos o removidas por la Asamblea Nacional mediante una mayoría calificada de las dos terceras partes de sus integrantes, previa audiencia concedida al interesado o interesada, en caso de faltas graves ya calificadas por el Poder Ciudadano, en los términos que la ley establezca.

Ahora bien, es el caso que en las Disposiciones Transitorias de la *Constitución* no se estableció la forma cómo y cuándo se iban a implementar las distintas modificaciones en la estructura del Estado. Así, por ejemplo, el texto constitucional no señaló la forma cómo y el momento en que se iban a elegir los primeros Magistrados del recién creado Tribunal Supremo de Justicia, cuando lo lógico hubiese sido que la Corte Suprema de Justicia (y el resto de los órganos estatales) siguiese funcionando hasta tanto se nombrasen e instalasen los nuevos Magistrados del Tribunal Supremo de Justicia, conforme a los requisitos y condiciones establecidos en la *Constitución* recién promulgada. Sin embargo, la propia Asamblea Nacional Constituyente había dispuesto durante sus funciones el cese de operaciones de la Corte Suprema de Justicia, con lo que creó un *"vacío"* que luego aprovechó para *"llenar"* con el nombramiento apresurado y sin seguir las nuevas pautas constitucionales, de los Magistrados del Tribunal Supremo de Justicia.

En efecto, frente a ese "vacío" creado de manera deliberada o al menos consciente por la propia Asamblea Nacional Constituyente, 2 días después de aprobada la *Constitución* de 1999, y antes de su publicación en Gaceta Oficial, la Asamblea Nacional Constituyente dictó en fecha 22 de diciembre de 1999, el llamado *Régimen de Transición del Poder Público*[45], el cual tenía por finalidad "hacer efectivo el proceso de transición hacia el régimen establecido en la *Constitución* de 1999". Es dentro de estas normas de transición donde se eligen los Magistrados que van a conformar el Tribunal Supremo de Justicia (artículo 19)[46].

Como puede apreciarse, la elección de los Magistrados del recién creado Tribunal Supremo de Justicia no se hizo siguiendo las pautas constitucionalmente establecidas, sino que fue realizada discrecionalmente por la Asamblea Nacional Constituyente, la cual ya había terminado sus funciones, pues no sólo ya había culminado la redacción del proyecto de *Constitución*, sino que ésta ya había sido aprobada por la mayoría de los electores venezolanos, sin conocer la forma como se iba a implementar los nuevos cambios en la estructura del Estado[47].

---

45 Publicado en la Gaceta Oficial N° 36.859 del 29.12.99, y posteriormente modificado en la Gaceta Oficial N° 36.920 del 28-03-00.

46 El Decreto contentivo del *Régimen de Transición de Poder Público* fue objeto de varias acciones de inconstitucionalidad por ante la propia Sala Constitucional, conformada por los Magistrados recién elegidos en ese Decreto, y todos fueron declarados improcedentes, básicamente con el argumento de que se trataba de un acto constituyente exento de control constitucional. Véase, entre otras, la sentencia de fecha 26 de enero de 2000, caso: *Eduardo García*.

47 Una crítica detallada y contundente de este proceso constituyente y, en particular, de la forma como fueron elegidos los primeros Magis-

Estos Magistrados designados el 22 de diciembre de 1999 por la Asamblea Nacional Constituyente permanecieron en sus cargos, si se quiere, de manera provisoria, hasta que se llevó a cabo el proceso de ratificación y nueva designación por parte de la también recién creada Asamblea Nacional, conforme a lo dispuesto en *Ley Especial para la Ratificación o Designación de los Funcionarios o Funcionarias del Poder Ciudadano y Magistrados y Magistradas del Tribunal Supremo de Justicia para el Primer Período Presidencial*, dictada el 14 de noviembre de 2000.

Esta Ley modificó los términos y condiciones expuestos en la *Constitución* para la elección de los Magistrados del Tribunal Supremo de Justicia, al establecer, entre otras cosas, una fórmula *ad-hoc* de formulación de las listas de aspirantes. Así, a través de un procedimiento expedito y ajeno a los términos constitucionalmente previstos, la Asamblea Nacional organizó el proceso de ratificación y designación de los Magistrados del Tribunal Supremo de Justicia, el cual terminó con un Acuerdo parlamentario donde se designaron para un período de 12 años a los titulares y suplentes del Tribunal Supremo de Justicia[48].

Así, de los 5 Magistrados de la Sala Constitucional designados inicialmente por la Asamblea Nacional Constituyente, en fecha 22 de diciembre de 1999, 3 de ellos fueron ratificados por la Asamblea Nacional (Iván Rincón Urdaneta, Jesús Eduardo Cabrera, y José Manuel Delgado Ocando), incorporándose como nuevos Magistrados a Pedro Rondón Hazz y Antonio García García.

La otra polémica generada con la designación de los primeros Magistrados del Tribunal Supremo de Justicia tenía relación con los requisitos o condiciones para poder ser magistrado, según lo dispuesto en el artículo 263 de la *Constitución*.

En efecto, frente a esta designación atípica, por decir lo menos, se cuestionaba también el hecho de que la gran mayoría de los altos

---

trados del Tribunal Supremo de Justicia, puede verse BREWER-CARÍAS, Allan R., "*Crónica sobre la 'In' Justicia Constitucional. La Sala Constitucional y el Autoritarismo en Venezuela*", Editorial Jurídica Venezolana, Caracas, 2007.

48 Acuerdo publicado en la Gaceta Oficial N° 37.105 del 22 de diciembre de 2000.

jueces designados por la Asamblea Nacional Constituyente en el Decreto que estableció el *Régimen de Transición del Poder Público,* no cumplían con los requisitos establecidos por la propia *Constitución.*

Este tema fue elevado a la Sala Constitucional, a través de una acción de inconstitucionalidad ejercida por la Defensoría del Pueblo, la cual determinó, en una curiosa y apresurada sentencia, que los requisitos establecidos en la *Constitución* de 1999 no podían aplicarse a los Magistrados que habían sido designados por la Asamblea Nacional Constituyente, y que aspiraban a ser ratificados conforme a la *Ley Especial para la Ratificación o Designación de los Funcionarios o Funcionarias del Poder Ciudadano y Magistrados y Magistradas del Tribunal Supremo de Justicia para el Primer Período Presidencial,* por la Asamblea Nacional. El razonamiento de la Sala Constitucional fue el siguiente:

> El Régimen de Transición del Poder Público, emanado de la Asamblea Nacional Constituyente y publicado en la Gaceta Oficial de la República Bolivariana de Venezuela de fecha 28 de marzo de 2000 (N° 36920), previó en su artículo 21 que la Asamblea Nacional realizara las designaciones o ratificaciones definitivas de conformidad con la Constitución, de los Magistrados del Tribunal Supremo de Justicia y de sus suplentes, ya que los Magistrados nombrados en los artículos 19 y 20 del Régimen de Transición del Poder Público, ejercerían sus cargos en forma provisoria.
>
> La figura de la ratificación no está prevista en el Constitución vigente, sino en el Régimen de Transición del Poder Público, y ella fue tomada en cuenta solo con relación a los Magistrados del Tribunal Supremo de Justicia, mas no con respecto a los miembros del Poder Ciudadano, ya que los artículos 35, 36, 37 y 38 del Régimen de Transición del Poder Público no contemplaron la ratificación de quienes ejercían provisionalmente los cargos del Poder Ciudadano.
>
> Resultado de la aplicación necesaria del Régimen de Transición del Poder Público, el cual -como lo apunta esta Sala- es de rango constitucional, es que solo con respecto a los Magistrados del Tribunal Supremo de Justicia ha de utilizarse la figura de la ratificación, la cual carece de previsión en la Constitución, por lo que la frase del artículo 21 del Régimen de Transición del Poder Público, según la cual las ratificaciones definitivas se harán de conformidad con la Constitución,

> carece de aplicación, ya que como antes apuntó la Sala, la vigente Constitución no previno normas sobre ratificación de Magistrados del Tribunal Supremo de Justicia.
>
> En consecuencia, el régimen de ratificación debe ser especial, orientado hacia el cual ha sido el rendimiento de los Magistrados a ratificarse y la calidad de sus ponencias, ya que son éstos los parámetros que permiten conocer la calidad de quienes como Magistrados ya han impartido justicia desde la más alta Magistratura, y por tanto se han hecho o no dignos de ratificación.
>
> Exigírsele a dichos Magistrados, además, otros requisitos que ni la Constitución (que no previó la figura), ni ninguna otra ley contempla, es crear una discriminación en contra de los ratificables, en relación con quienes no han sido Magistrados, que aspiran integrar las Salas del Tribunal Supremo de Justicia.

Adicionalmente, la misma Sala Constitucional aprovechó la oportunidad para interpretar la forma cómo debían entenderse o interpretarse los requisitos o condiciones para ser Magistrados del Tribunal Supremo de Justicia, previstos en el artículo 263 de la *Constitución*[49]. En este sentido, señaló que:

> Se trata de un conjunto de requisitos que deben concurrir, pero que, para no violar derechos adquiridos, también de naturaleza constitucional, hay que analizar si para la fecha de graduación del abogado, existía o no organizado en el país un sistema de post grado a que pudiera acceder.
>
> 3-2) Haber sido profesor o profesora universitario en ciencias jurídicas durante un mínimo de quince años, y tener la categoría de profesor o profesora titular.
>
> La categoría de profesor titular no podría entenderse en el sentido de un grado dentro de la jerarquía de una carrera, ya que la norma para nada se refiere a la carrera universitaria, y a la necesidad de ser profesor a tiempo completo dentro de

---

[49] Nótese que los propios Magistrados de la Sala Constitucional cuyas designaciones estaban siendo cuestionadas fueron los que decidieron el caso, esto es, puede decirse que fueron jueces en sus propias causas.

ella, que es la que permite acceder a los grados superiores; y, además, quien ingresa a una Universidad como instructor difícilmente puede llegar a la más alta jerarquía en un lapso de quince años. De allí que la categoría de titular tiene que ser entendida como la condición de una persona respecto de las demás.

El autor Manuel Ossorio, en su Diccionario de Ciencias Jurídicas, Políticas y Sociales, al referirse a esta acepción menciona que "en este último sentido habría categorías de abogados, médicos, pintores, militares, albañiles. Es lo que CABANELLAS ha llamado la "categoría profesional" o "estatuto personal", con lo cual no estaríamos en presencia de jerarquías dentro de una profesión sino de la condición o estatuto de una profesión, "respecto de las demás"; en este caso hablaríamos de la categoría de profesor universitario por oposición a la categoría de médico o militar.

Por otra parte, la condición de titular tampoco denota exclusivamente un grado jerárquico. En efecto, el Diccionario de la Real Academia dice que titular es el que "ejerce cargo, oficio o profesión con cometido especial y propio", y agrega, a título de ejemplo, "juez, médico, profesor universitario TITULAR".

A este respecto OSSORIO aclara que el titular es "aquel que ejerce un cargo u oficio por derecho propio o nombramiento definitivo; a *diferencia de substitutos, reemplazantes o interinos*. (Diccionario de Derecho Usual de CABANELLAS)" (Subrayado de la Sala).

En virtud de lo expuesto, considera la Sala que este requisito para los profesores universitarios se interpreta como la exigencia de que el docente universitario tenga una antigüedad mínima de quince años como profesor y se trate de un profesor titular, es decir, ordinario activo o jubilado.

3.3) Ser o haber sido juez o jueza superior en la especialidad correspondiente a la Sala para la cual se postula, con un mínimo de quince años en el ejercicio de la carrera judicial, y reconocido prestigio en el desempeño de sus funciones.

Al respecto la Sala acota:

A) Es necesario que el aspirante tenga como mínimo quince años en el ejercicio de la carrera judicial. Dentro de este lapso deben computarse no sólo los años como juez de instancia sino, eventualmente, como Magistrado de la antigua Corte Suprema de Justicia o del actual Tribunal. En efecto, según el artículo 2° del "Régimen de Transición del Poder Público", los actuales Magistrados pueden ser ratificados de forma definitiva por la Asamblea Nacional

B) El requisito de haberse desempeñado como Juez Superior, es una exigencia mínima. Obviamente, si se han desempeñado como Magistrados de la antigua Corte o del Tribunal Supremo de Justicia, con mayor razón (por argumento **a fortiori**), el aspirante a ser designado o ratificado cumpliría con este requisito constitucional.

C) La "especialidad correspondiente a la Sala", a la que alude este numeral, debe ser interpretada de una manera amplia, al menos en lo que concierne a la Sala Constitucional y a la Sala Social.

La primera, porque las atribuciones y competencias de esta Sala, en materia de protección de la Constitución abarca varios ámbitos, que exceden la especialidad académica del Derecho Constitucional; y la segunda, porque las materias de que debe conocer la Sala Social exceden también el campo laboral **stricto sensu**, que es su competencia por excelencia, por lo cual, lo ideal es que sea integrada por especialistas en las distintas materias que la Constitución y la Ley le puedan asignar (Familia, Menores, etc.).

Como consecuencia de lo anterior, que destaca la diferencia entre ratificación de Magistrados y la postulación para ejercer primigeniamente el cargo, considera la Sala que la parte actora, conforme al artículo 19 de la Ley Orgánica de Amparo sobre Derechos y Garantías Constitucionales debe aclarar en un lapso de cuarenta y ocho horas a partir de la notificación de este auto, y en lo relativo al amparo, si la inconstitucionalidad alegada, en cuanto a la forma de nombramiento de los Magistrados del Tribunal Supremo de Justicia, donde se asevera "que la normativa recurrida no refleja el procedimiento establecido en la Constitución de la República en lo que respecta al rol protagónico y de participación directa de la sociedad", así como los otros argumentos señalados para la inconstitucionalidad de la ley impugnada, se refieren solo a la supuesta contradicción con las normas constitucionales contenidas en la vigente Constitución, o si ellas además, contradicen los artículos del Régimen de Transición del Poder Público, como normas de rango constitucional que conforman un solo bloque con la Constitución, ya que los alcances de la participación ciudadana podrían verse desde diversos ángulos de acuerdo a la normativa constitucional aplicable, y así se declara.

Como puede apreciarse, la Sala Constitucional relajó sustancialmente (por no decir eliminó) una buena parte de estos requisitos y condiciones para ser Magistrado del Tribunal Supremo de Justicia, para que de esta forma los Magistrados que la conformaban al momento de dictarse esa decisión pudiesen ser ratificados por la Asamblea Nacional, en diciembre del año 2000, como en efecto, 3 de ellos fueron ratificados.

Baste sólo con hacer referencia al argumento utilizado por la Sala para relajar el término "*profesor titular*", pues ello evidencia la clara distorsión de la letra de la *Constitución*. Al respecto, vale señalar que la definición de "profesor titular" estaba (y sigue estando) perfectamente clara en la *Ley de Universidades*, y allí se establece que este tipo de profesores son los que han cumplido con todos los ascensos correspondientes, de acuerdo con la normativa académica prevista en esta Ley. Eso es muy diferente a un "profesor activo".

Para el momento en que se dictó la *Constitución* de 1999 estaba muy clara la definición de "profesor titular", pues la *Ley de Universidades* es de vieja data, y si el constituyente quiso reservar el cargo de Magistrado del Tribunal Supremo de Justicia a este tipo de profesores, resultaba indispensable respetar esta condición. A todo evento, una interpretación relajada, pero más coherente, hubiese al menos señalado que a falta de profesores titulares podía escogerse entre los rangos académicos siguientes, pero nunca asimilar ese término al de un simple profesor activo.

Lo cierto del caso es que, a pesar de las graves objeciones jurídicas a los procedimientos utilizados, primero por la Asamblea Nacional Constituyente y luego por la Asamblea Nacional, en diciembre del año 2000, la Asamblea Nacional designó, conforme a lo dispuesto en la *Ley Especial para la Ratificación o Designación de los Funcionarios o Funcionarias del Poder Ciudadano y Magistrados y Magistradas del Tribunal Supremo de Justicia para el Primer Período Presiden-*

cial, a los Magistrados titulares y suplentes del Tribunal Supremo de Justicia, entre ellos, los 5 que conformaban la Sala Constitucional del Tribunal Supremo de Justicia.

3. *La polémica surgida con el aumento del número de magistrados con la promulgación de la Ley Orgánica del Tribunal Supremo de Justicia de 2004 y la clara inconstitucionalidad de esta ley*

Mucha mayor controversia trajo el siguiente aumento y nombramiento de Magistrados de la Sala Constitucional, al dictarse la *Ley Orgánica del Tribunal Supremo de Justicia* de 2004. Más aún si se adminicula todo el procedimiento y resultado de esta reforma legislativa, con los acontecimientos políticos que vivía Venezuela en el año 2003.

No pretendemos exponer aquí la compleja situación política que atravesaba el país en el 2003, pero baste con señalar que producto de una solicitud de *referéndum* revocatorio del Presidente de la República se produjo una serie de conflictos judiciales que derivaron en importantes transformaciones de nuestro ordenamiento jurídico, y dentro del tema que aquí nos interesa, se podría afirmar que se modificó sustancialmente el sistema de justicia constitucional venezolano[50].

En efecto, frente a unas decisiones de la Sala Electoral del Tribunal Supremo de Justicia, la Sala Constitucional tuvo que modificar sus criterios jurisprudenciales, y hasta la propia letra de la *Constitución,* a los fines de entrar a conocer unos casos relacionados con el *referéndum* revocatorio presidencial, y así suspender la continuación de esa consulta electoral[51].

A raíz de esos acontecimientos político-judiciales, y frente a la imposibilidad de postergar indefinidamente el referéndum revocatorio presidencial, la Asamblea Nacional decidió aumentar el nú-

---

50 Véase, CHAVERO GAZDIK, Rafael J., *La Justicia Revolucionaria. Una década de Reestructuración (o involución) Judicial en Venezuela,* Editorial Aequitas, Caracas, 2011.

51 Una narración de estos acontecimientos, con sus respectivos respaldos, puede verse en la obra colectiva *La Guerra de las Salas del TSJ frente al Referéndum Revocatorio,* Editorial Aequitas, Caracas, 2004.

mero de Magistrados de todas las Salas del Tribunal Supremo de Justicia, a través de un muy cuestionado procedimiento para la promulgación de la Ley Orgánica del Tribunal Supremo de Justicia. Decimos cuestionado, por decir lo menos, debido a las intenciones que tuvo y a la forma como fue discutida, redactada y aprobada esta Ley. Es por todos sabido, que la idea de los Diputados de la mayoría oficialista de la Asamblea Nacional, al aprobar esta Ley, fue la de aumentar el número de Magistrados en cada una de las Salas, con la idea de asegurar el control político sobre algunas Salas del Tribunal Supremo de Justicia que habían dictado decisiones contrarias a los intereses gubernamentales[52].

No sólo resultó cuestionable la verdadera intención de la reforma legislativa, sino también el procedimiento parlamentario que se siguió para la aprobación de la *Ley Orgánica del Tribunal Supremo de Justicia* de 2004, pues para ello se reformó varias veces el *Reglamento Interno de la Asamblea Nacional*, para de esta forma limitar el número de intervenciones de los parlamentarios y así poder atender a la urgencia requerida, esto es, la intervención política del Tribunal Supremo de Justicia antes que se realizara la consulta refrendaria pendiente para el momento. Además, y a los fines de apurar aún más la elaboración de esta Ley, se disminuyó considerable y hasta ridículamente el número de artículos del proyecto. De más de 200 artículos se pasó a 23, donde varios de estos artículos tienen más de 20 párrafos[53].

El resultado de este proceso legislativo fue una Ley que aumentó innecesariamente el número de Magistrados en todas las Salas del Tribunal Supremo de Justicia y que terminó modificando, a nuestro juicio inconstitucionalmente, la forma de postular, elegir y remover los titulares y suplentes de todas las Salas del Tribunal Supremo de Justicia.

---

52 *Ibidem.*

53 Al reducirse el número de artículos se reducían el número de intervenciones de los parlamentarios que se oponían a la ley. Ello permitió la discusión y aprobación de la ley en tiempo record. Véase sobre el particular DUQUE CORREDOR, Román J. "*Los poderes del juez y el control de la actividad judicial*", Academia de Ciencias Políticas y Sociales, Caracas, 2008.

Así, en el artículo 2 de la Ley Orgánica del Tribunal Supremo de Justicia se aumentó de 3 a 5 los Magistrados de las Salas Político-Administrativa, de Casación Civil, de Casación Penal, de Casación Social y Electoral, y de 5 a 7 los de la Sala Constitucional. Resultaba curioso este aumento lineal, cuando en el Informe Anual del año anterior (2002) elaborado por el Máximo Tribunal, se exaltaban los altos niveles de eficiencia y productividad en cada una de las Salas del Tribunal Supremo de Justicia[54]. Lo cierto es que este incremento en el número de Magistrados no fue producto de una decisión objetiva y suficientemente analizada, fuera de toda consideración política.

En relación a la forma de postulación de los candidatos a Magistrados del Tribunal Supremo de Justicia, la *Ley Orgánica del Tribunal Supremo de Justicia* de 2004 creó una distorsión ajena a la letra y espíritu de la Constitución. En efecto, vale recordar que el artículo 270 de la *Constitución* establece que el Comité de Postulaciones Judiciales es un *órgano asesor del Poder Judicial*, lo que implica que debe ser elegido o nombrado por el propio Poder Judicial, al igual que éste nombra a los miembros de la Dirección Ejecutiva de la Magistratura y a los demás órganos y funcionarios relacionados con la función de administrar justicia.

La idea de la *Constitución* fue tratar de despolitizar el proceso de selección de los jueces del máximo tribunal. Para ello, se quiso que la lista de postulados saliera del propio seno del Poder Judicial, con la idea de respetar la carrera judicial y los méritos de los profesionales del derecho. Sin embargo, el artículo 13 de la *Ley Orgánica del Tribunal Supremo de Justicia* de 2004 echó por la borda esa gran conquista constitucional, al señalar que ese Comité será designado por la Asamblea Nacional, y que además 5 de sus 11 miembros deberá ser Diputados de la misma Asamblea Nacional, cuando la propia *Constitución* señaló que ese Comité debía estar integrado por representantes de la sociedad civil, con lo cual debe entenderse que se quiso excluir a funcionarios de los distintos poderes del Estado[55].

---

[54] Informe consultado en la página web del Tribunal Supremo de Justicia.

[55] Los otros 6 miembros fueron nombrados por la Asamblea Nacional, atendiendo a un procedimiento de consulta pública que no se regula en ningún lado, lo que permita que sea el o los partidos políticos mayoritarios los que terminen designando a este Comité de Postulaciones Judiciales. Actualmente, bajo la vigencia de la *Ley Orgánica del Tribunal Supremo de Justicia* de 2022, el Comité de Postulaciones está

Es decir, la *Ley Orgánica del Tribunal Supremo de Justicia* de 2004 le arrebató al Poder Judicial la competencia para designar a los miembros del Comité de Postulaciones.

Pero aparte de esta clara usurpación, más grave resulta el hecho de que el mismo artículo 13 de la *Ley Orgánica del Tribunal Supremo de Justicia* de 2004 señaló que luego que el Comité de Postulaciones Judiciales elabore la respectiva lista de candidatos a Magistrados del Tribunal Supremo de Justicia, ésta deberá ser enviada al Poder Ciudadano, cuyos integrantes deberán revisar esa lista, respetándola "en lo posible", es decir, con la posibilidad de quitar y agregar nuevos candidatos, para luego entonces enviarla a la Asamblea Nacional para que sea ésta la que, finalmente, escoja los Magistrados del Tribunal Supremo de Justicia[56]. Y es el caso que, en la primera selección, una vez que entró en vigencia la *Ley Orgánica del Tribunal Supremo de Justicia*, se evidenció que también los Diputados de la Asamblea Nacional pudieron agregar y quitar candidatos de la lista de postulados, con lo cual perdió el sentido el Comité de Postulaciones Judiciales, pues si los Diputados pueden escoger Magistrados fuera de esta lista, no tiene sentido la existencia de ésta. Como vemos, lo que la *Constitución* hizo, por un lado, lo destruyó el legislador por el otro.

Por último, y para terminar de consolidar la politización del proceso de selección de Magistrados del Tribunal Supremo de Justicia y el desconocimiento de la letra y espíritu de la Constitución, la Ley Orgánica del Máximo Tribunal burló el *quórum* calificado de las dos terceras partes de los miembros de la Asamblea Nacional, exigido por la *Constitución*, para la designación de los jueces más importantes del país. Si bien el artículo 264 *eiusdem* no establece expresamente el *quórum* de Diputados necesario para la elección de los Magistrados del Tribunal Supremo de Justicia, una interpretación lógica, integral, coherente y democrática de la *Constitución* conllevaría a concluir que éstos deben ser seleccionados por una mayoría calificada de las dos terceras partes de los miembros de la Asamblea Nacional. Ello, en virtud de que i) todos los otros representantes de los poderes autónomos e independientes del poder público nom-

---

conformado por 21 miembros, de los cuales 11 son Diputados y 10 son representantes de la sociedad civil.

56 Artículo 14 de la *Ley Orgánica del Tribunal Supremo de Justicia* de 2004.

brados por la Asamblea Nacional (esto es, Fiscal General de la República, Contralor General de la República, Defensor del Pueblo y Rectores del Consejo Nacional Electoral) son elegidos por las dos terceras partes de los miembros de la Asamblea Nacional, previo cumplimiento de los procedimientos relacionados con los respectivos Comités de Postulaciones[57], razón por la cual una interpretación coherente y lógica de la *Constitución* llevaría a la conclusión de que también los Magistrados del Tribunal Supremo tienen que ser elegidos por esa mayoría calificada; y ii) el artículo 265 de la *Constitución* establece que los Magistrados del Tribunal Supremo pueden ser removidos por el voto de las dos terceras partes de los miembros de la Asamblea Nacional, previa calificación de falta grave realizada por el Poder Ciudadano. De allí, que es lógico pensar que debe exigirse el mismo *quórum* especial para nombrar a un Magistrado, que el exigido para removerlo.

No se trata de una discusión fútil, pues la exigencia de un *quórum* calificado de las dos terceras partes de los miembros de la Asamblea Nacional tiene consecuencias importantes para la autonomía e independencia del Poder Judicial. En este sentido, y para justificar la exigencia de las mayorías calificadas, en protección de la participación de las minorías en los asuntos trascendentes del Estado, la Sala Constitucional ha advertido que con ello se persigue:

> ...crear un acuerdo sobre ciertos temas fundamentales relacionados con la institucionalidad estatal (organización de los órganos del Poder Público) y con el ejercicio legítimo de dicho Poder (derechos fundamentales); y, en sentido negativo, evitar que cualquiera de estas materias de enorme trascendencia escapen o sean sustraídas a la discusión y al consenso de las eventuales mayorías legislativas[58].

Además, este argumento se complementa con los principios de separación de poderes y de la independencia del Poder Judicial, los cuales requieren de ciertos obstáculos indispensables para evitar que una mayoría simple y circunstancial en el Poder Legislativo pueda controlar a su antojo los otros órganos del Estado, con lo cual se desconocería el necesario chequeo y balance que debe existir entre los distintos órganos del Poder Público. Al permitirse la elección

---

57 Artículos 279 y 296 de la *Constitución*.

58 Sentencia del 16 de octubre de 2002, Expediente N° 02-2413.

de los Magistrados del Tribunal Supremo por una mayoría simple de la Asamblea Nacional se impide que se logre ese consenso necesario entre las fuerzas políticas mayoritarias y minoritarias para seleccionar profesionales del derecho debidamente capacitados y que no atiendan a los intereses de una determinada mayoría circunstancial. El hecho de exigir un *quórum* calificado de la Asamblea Nacional les permite a las minorías parlamentarias poder influir en la toma de tan importante decisión.

Pues bien, esta exigencia del *quórum* calificado de las dos terceras partes de los miembros de la Asamblea Nacional quedó desvirtuado con lo dispuesto en el artículo 8 de la *Ley Orgánica del Tribunal Supremo de Justicia* de 2004 (y artículo 38 de la Ley vigente), el cual señala lo siguiente:

> Los Magistrados o Magistradas del Tribunal Supremo de Justicia serán designados o designadas por la Asamblea Nacional mediante el procedimiento siguiente:
>
> Recibida la segunda preselección que consigne el Poder Ciudadano, de conformidad con lo dispuesto en el artículo 264 de la Carta Magna y en la presente Ley, en sesión plenaria, convocada, por lo menos, con tres (3) días hábiles de anticipación, la Asamblea Nacional, con el voto favorable de las dos terceras partes de sus miembros, hará la selección definitiva. En caso de que no se logre el voto favorable de la mayoría calificada requerida, se convocará a una segunda sesión plenaria, de conformidad con lo previsto en este artículo; y si tampoco se obtuviese el voto favorable, de la mayoría calificada requerida, se convocará a una tercera sesión, y si en esta, tampoco se consiguiera el voto favorable de las dos terceras partes de los miembros de la Asamblea Nacional, se convocará a una cuarta sesión plenaria, en la cual se harán las designaciones con el voto favorable de la mayoría simple de los miembros de la Asamblea Nacional.

Como vemos, el *quórum* calificado exigido por la *Constitución* se relaja, por decir lo menos, cuando los Diputados de la Asamblea Nacional no logren -o no hagan el esfuerzo necesario para obtener- el consenso necesario en una o varias sesiones parlamentarias. Ello constituye un fraude a las normas constitucionales a que hemos hecho referencia anteriormente, al principio de separación de poderes y al respeto de las minorías. En efecto, con esta norma se burla muy fácilmente el *quórum* especial de las dos terceras partes de los

Diputados de la Asamblea Nacional, con la simple intransigencia del o los partido(s) que manejen la mayoría de la Asamblea. Es decir, esta norma desestimula y hasta anula la necesidad de obtener un consenso importante en la Asamblea Nacional para la elección de los máximos representantes del Poder Judicial.

De hecho, el ejemplo de la primera designación de Magistrados del Tribunal Supremo de Justicia, una vez entrada en vigencia la *Ley Orgánica del Tribunal Supremo de Justicia* de 2004, fue bastante paradigmático, pues en esa oportunidad el partido de Gobierno que representaba la mayoría parlamentaria ni siquiera sometió a debate la lista de candidatos a Magistrados, sino que convocó las 3 sesiones para cumplir con la formalidad, y luego pasó a designarlos por mayoría simple.

A esta grave situación se le suma otra inconstitucionalidad, pues el artículo 9 de la *Ley Orgánica del Tribunal Supremo de Justicia* de 2004 (lo que repite la Ley vigente de 2022 en el artículo 45) establece una inexistente e injustificada diferencia entre los Magistrados *titulares* y *suplentes* del Tribunal Supremo de Justicia. Algo inédito en nuestra historia republicana, toda vez que siempre se ha exigido los mismos requisitos y las mismas condiciones para la elección de los altos funcionarios titulares y suplentes. Además, se trata de una distinción que no hizo la propia *Constitución*.

Textualmente señala el artículo 45 de la *Ley Orgánica del Tribunal Supremo de Justicia* vigente:

> Las y los suplentes de las Magistradas o Magistrados del Tribunal Supremo de Justicia serán designadas o designados por la Asamblea Nacional para un período de seis años, mediante el voto favorable de las dos terceras (2/3) partes de sus miembros y podrán ser reelegidas o reelegidos hasta por un período de igual duración. En caso que cumplidas tres sesiones consecutivas no haya acuerdo para la designación de las Magistradas o Magistrados suplentes, se convocará a una cuarta sesión en la cual serán designados por mayoría simple de los miembros de la Asamblea Nacional. Las Magistradas y Magistrados suplentes deberán cumplir con los requisitos de elegibilidad establecidos en el artículo 263 de la Constitución de la República Bolivariana de Venezuela y esta Ley. Las o los suplentes prestarán juramento ante la Asamblea Nacional de conformidad con lo que dispone esta Ley. En ningún caso se nombrarán conjueces para conformar las Salas, ni para cubrir faltas accidentales de las Magistradas o Magistrados.

Como puede observarse, esta norma pareciera partir de la idea de que los Magistrados *suplentes* son menos importantes que los *titulares*, para tratar de justificar su designación por un período de tiempo menor al previsto en el artículo 264 de la *Constitución*, para tratar así de vulnerar la autonomía e independencia de éstos, al permitir que un mal ejercicio del poder condicione la reelección de éstos a la obediencia de las tendencias políticas del o los partido(s) mayoritario(s). Además, con ello se pierde el efecto que busca obtener la *Constitución* con la designación de los Magistrados del Tribunal Supremo por un período superior a los demás cargos de elección popular, toda vez que con ello se busca evitar o matizar el control partidista sobre los integrantes de la más alta autoridad judicial.

Al haberse tergiversado las normas constitucionales que pretendían darle autonomía e independencia al Poder Judicial se abrió la puerta a su partidización. La mejor muestra de ello fue, precisamente, esa primera selección, una vez entrada en vigencia la *Ley Orgánica del Tribunal Supremo de Justicia* de 2004. En efecto, ese proceso de selección de los Magistrados del Tribunal Supremo de Justicia por la Asamblea Nacional estuvo signado por una sumisión clara y expresa al Presidente de la República. Ello puede evidenciarse del hecho de que, en vísperas del nombramiento de los nuevos Magistrados, el Diputado del partido de Gobierno y Presidente de la Comisión Parlamentaria encargada de escoger los candidatos[59], declaró a la prensa lo siguiente:

> Si bien los diputados tenemos la potestad de esta escogencia, el Presidente de la República fue consultado y su opinión fue tenida muy en cuenta... Vamos a estar claros, nosotros no nos vamos a meter autogoles. En la lista había gente de la oposición que cumple con todos los requisitos. La oposición hubiera podido usarlos para llegar a un acuerdo en las últimas sesiones, pero no quisieron. Así que nosotros no lo vamos a hacer por ellos. En el grupo de los postulados no hay nadie que vaya a actuar contra nosotros y, así sea en una sesión de 10 horas, lo aprobaremos[60].

---

59 Diputado Pedro Carreño, quien luego fue designado Ministro del Poder Popular de Interior y Justicia durante el año 2007.

60 Diario El Universal, lunes 13 de diciembre de 2004.

Como consecuencia de esta Ley fueron designados doce (12) nuevos Magistrados *titulares* (2 para cada una de las 6 Salas del Tribunal Supremo), a través de un procedimiento realizado en contravención con la *Constitución*.

Por último, y para colmo de males, la misma *Ley Orgánica del Tribunal Supremo de Justicia* de 2004 estableció la posibilidad de que los Magistrados del Tribunal Supremo pudiesen ser *removidos* por *mayoría simple*, mediante una fraudulenta y supuesta potestad revocatoria de las designaciones. Así, el numeral 4º del artículo 23 de la *Ley Orgánica del Tribunal Supremo de Justicia* de 2004 dispuso:

> 4.- La Asamblea Nacional por mayoría simple, podrá anular el acto administrativo mediante el cual se designa a un magistrado o magistrada, principal o suplente, cuando éste hubiere suministrado datos falsos con motivo de su postulación a la fecha de la misma, que impida conocer o tergiverse el cumplimiento de los requisitos exigidos en la presente ley y en la Constitución de la República Bolivariana de Venezuela; o cuando la actitud pública de éstos, que atente contra la majestad o prestigio del Tribunal Supremo de Justicia, de cualquiera de sus salas, de los Magistrados o del Poder Judicial; o cuando atente contra el funcionamiento del Tribunal Supremo de Justicia, de alguna de sus salas o del Poder Judicial. Estos actos administrativos de anulación tienen pleno valor y eficacia, y contra ellos sólo procede el recurso de nulidad[61].

A parte de la grave imprecisión terminológica de calificar de "acto administrativo" el nombramiento de un magistrado del Tribunal Supremo de Justicia, constituye una muy severa violación a la letra del artículo 265 de la *Constitución* el hecho de que se le permita a una mayoría simple de la Asamblea Nacional "anular" la designación de un Magistrado, sobre todo por las mismas causas que pueden dar lugar a la aplicación del procedimiento calificado previsto en la indicada norma.

En efecto, en primer lugar, la nulidad de un acto parlamentario por vicios o irregularidades debe corresponder al propio Poder Judicial, como garante de la constitucionalidad de los actos estatales.

---

61 Esta norma fue posteriormente derogada con las reformas de 2010 y 2022.

La *Constitución* faculta a la Asamblea Nacional para nombrar o designar a los Magistrados del Tribunal Supremo, pero no para anular su nombramiento. Por ello, una vez nombrado o designado el Magistrado, la Asamblea Nacional agota su competencia, a favor de la autonomía e independencia del Poder Judicial. Un proceso como éste de nulidad de un nombramiento de magistrado no puede ser dejado al poder político, debe sustanciarse con independencia de pasiones o argumentos políticos, debe respetar escrupulosamente el debido proceso, permitiendo ejercer el derecho a la defensa, la libertad de pruebas, etc. Por ello, la nulidad de los actos de nombramiento o designación de los Magistrados del Tribunal Supremo de Justicia es una competencia exclusiva y excluyente del Poder Judicial.

En segundo lugar, hay que señalar que carece de sentido y justificación la posibilidad de burlar el procedimiento calificado de remoción de un Magistrado del Tribunal Supremo, cuando se determina que proporcionó datos falsos durante el proceso de su selección, pues ello podría determinar una falta grave que debería dar lugar a su remoción, a través del procedimiento previsto en la *Constitución*. Piénsese, por ejemplo, en un caso realmente grave como sería el supuesto de que un Magistrado haya proporcionado títulos falsos como el de abogado o el de especialista en una determinada materia. La gravedad de esa actuación haría sumamente fácil aplicar el procedimiento de remoción previsto en la *Constitución*, toda vez que difícilmente el Poder Ciudadano y la mayoría calificada de Asamblea Nacional puedan aceptar que una persona que no es abogado o haya proporcionado relevantes datos falsos para cumplir con los requisitos que la *Constitución* exige para ser Magistrado. De allí, que no tiene ninguna justificación haber establecido un mecanismo distinto al previsto en el artículo 265 *eiusdem*, más aún cuando ello podía implicar el grave riesgo de que una mayoría circunstancial de la Asamblea Nacional pudiese distorsionar los fines de la norma para "anular" la designación de un determinado Magistrado, como en efecto ya ha sucedido.

Esta norma fue rápidamente puesta en práctica para remover al Magistrado Franklin Arrieche de la Sala de Casación Civil, quien tuvo a su cargo la ponencia de la sentencia dictada por la Sala Plena en fecha 14 de agosto del 2002[62], por medio de la cual se rechazó el

---

62 Esta sentencia de la Sala Plena fue posteriormente revisada y anulada por la Sala Constitucional. Sobre la posibilidad de que la Sala Consti-

antejuicio de mérito contra los oficiales señalados de estar involucrados en los hechos del 11, 12 y 13 de abril del 2002[63].

Una vez aprobada la *Ley Orgánica del Tribunal Supremo de Justicia* de 2004, la Asamblea Nacional *revocó*, con una mayoría simple de sus votos, la designación del Magistrado Arrieche, por considerar que éste había suministrado información falsa sobre el cumplimiento de los requisitos legales necesarios para ser Magistrado[64].

4. *Los intentos de revisar el proceso de selección de magistrados por la Asamblea Nacional de 2015-2021 y la nueva polémica derivada de la reducción del número de magistrados con la reforma de la Ley Orgánica del Tribunal Supremo de Justicia de 2022*

Al haberse elegido en el mes de diciembre de 2015 una Asamblea Nacional conformada por una gran mayoría de fuerzas políticas de oposición; los Diputados recién electos consideraron necesario revisar el proceso de designación parcial y expedita de Magistrados que se había realizado el 23 de diciembre de 2015, una vez conocida la derrota electoral del partido de Gobierno.

Para ello, la Asamblea Nacional designó una Comisión Especial para revisar el indicado proceso de selección de Magistrados (2015), es decir, a los fines de verificar si se cumplieron con todos los trámites procedimentales previstos en la *Constitución* y la *Ley Orgánica del Tribunal Supremo de Justicia* para su designación. Sin embargo, mediante sentencia N° 9 de fecha 1° de marzo de 2016, caso: *Gabriela Flores*, la Sala Constitucional anuló los actos parlamentarios que impulsaban la revisión de esa designación, por considerar que no existía la posibilidad de revocar el nombramiento

---

tucional pueda revisar sentencias de la Sala Plena, volveremos más adelante, al momento de tratar la facultad revisora de esa Sala.

63 En un discurso público el Presidente de la República, Hugo Chávez, luego de señalar que el Tribunal Supremo de Justicia había "puesto la plasta", consideró que ese fallo debía ser desobedecido por el pueblo y los Magistrados que la suscribieron debían ser investigados.

64 Es obvio el efecto perverso que una remoción de esta naturaleza generó en el resto de los Magistrados y jueces del país, pues el Gobierno mandó un mensaje muy claro: no iba tolerar jueces indóciles.

realizado por la Asamblea Nacional anterior. Es decir, la Sala anuló los actos preparativos de ese proceso de revisión, impidiendo su continuación.

Seguidamente, la Asamblea Nacional preparó un proyecto de reforma parcial de la *Ley Orgánica del Tribunal Supremo de Justicia,* mediante el cual se pretendía aumentar el número de Magistrados de las distintas Salas del Tribunal Supremo. Sin embargo, mediante sentencia Nº 341 del 5 de mayo de 2016, caso: *Nicolás Maduro,* la Sala Constitucional anuló, mediante el mecanismo de control preventivo de la constitucionalidad de las leyes, al cual haremos referencia en el capítulo correspondiente, el mencionado proyecto. Básicamente utilizó los argumentos: i) la iniciativa legislativa para reforma de la Ley Orgánica del Tribunal Supremo de Justicia debía venir, exclusivamente, del Tribunal Supremo de Justicia; ii) no se cumplió con el *quórum* necesario de las dos terceras partes de los integrantes de la Asamblea Nacional, al admitir el proyecto de reforma, lo que consideró indispensable frente a la modificación de una ley orgánica; y iii) consideró que no se justificaba, razonablemente, el aumento del número de Magistrados.

En suma, todos los intentos de la Asamblea Nacional (2016-2021) por modificar la conformación del Tribunal Supremo de Justicia fueron desarticulados por la Sala Constitucional. Consideramos que, por el altísimo contenido político de estos fallos, no tiene ningún sentido detenernos en su análisis[65].

Ahora bien, luego de elegida en el 2021 una nueva Asamblea Nacional, ahora conformada en forma casi absoluta por Diputados de las fuerzas del partido de Gobierno, ésta decidió reformar la *Ley Orgánica del Tribunal Supremo de Justicia* para, entre otras cosas, reducir nuevamente el número de Magistrados.

Con esta reforma, aprobada finalmente el 19 de enero de 2022, el número de Magistrados de la Sala Constitucional se redujo a 5 y las restantes Salas (Electoral, Político-Administrativa, Casación Civil, Casación Penal y Casación Social) pasarían a estar integradas

65 Sobre este tema puede verse AYALA CORAO, Carlos y CHAVERO GAZDIK, Rafael, *El Libro Negro del TSJ de Venezuela: Del secuestro de la democracia y la usurpación de la soberanía popular a la ruptura del orden constitucional (2015-2017),* Editorial Jurídica Venezolana, Caracas, 2017.

por 3 Magistrados cada una[66]. Es decir, se volvió a al número de (20) que tenía el Máximo Tribunal, antes de la *Ley Orgánica del Tribunal Supremo de Justicia* de 2004.

Esta reforma también trajo mucha polémica, toda vez que, entre otras cosas, en la Disposición Final Segunda se estableció que los Magistrados "que para la fecha de entrada en vigencia de esta Ley no hayan culminado el período para el cual fueron designadas y designados, podrán volver a postularse para ejercer estos cargos. Con ello, se burló lo dispuesto en el artículo 264 de la *Constitución*, donde se consagra que los Magistrados solo pueden ser elegidos por un período único de 12 años, lo que implica que en ningún caso pueden ejercer sus funciones por más de 12 años.

Con ello, varios Magistrados fueron reelectos y, por tanto, su nueva designación implicó una extensión en el período para el cual fueron electos, con lo cual permanecerán en sus cargos por más de 12 años.

5. *Recapitulación. La composición de la Sala Constitucional. La forma de elegir y remover sus magistrados. Sus deliberaciones*

En suma, actualmente la Sala Constitucional forma parte del Tribunal Supremo de Justicia y éste, a su vez, es la cúspide del Poder Judicial. Está compuesta por 5 Magistrados, a diferencia del resto de las Salas del Tribunal Supremo, las cuales están integradas por 3. Los *titulares* duran 12 años en el ejercicio de sus cargos, sin posibilidad de reelección; mientras que los *suplentes* 6 años, estos últimos con la posibilidad de ser reelegidos por otro período igual de 6 años.

El proceso de selección de los Magistrados del Tribunal Supremo de Justicia, y por ende de la Sala Constitucional, se encuentra previsto en los artículos 264 de la *Constitución* y 64 y siguientes de la *Ley Orgánica del Tribunal Supremo de Justicia*. Básicamente estos son seleccionados por la Asamblea Nacional, luego de que a ésta le es presentada una lista de postulaciones elaborada, primero, por el Comité de Postulaciones Judiciales y, luego, por el Poder Ciudadano. La *Constitución* sugiere que el nombramiento sea por las dos

---

66 Artículo 8.

terceras partes de la Asamblea Nacional, pero como vimos, la *Ley Orgánica del Tribunal Supremo de Justicia* permite que luego de la tercera oportunidad en que la Asamblea trate de escogerlos sin éxito, una *mayoría simple* de ésta puede imponerse en la cuarta oportunidad. También, hay que destacar que, en anteriores oportunidades, se ha permitido que la Asamblea Nacional pueda escoger Magistrados que no estén en las listas de postulaciones, con lo cual, en definitiva, es la Asamblea Nacional la que los termina escogiendo libremente.

Los requisitos para ser Magistrado de todas las Salas del Tribunal Supremo de Justicia se encuentran previstos en los artículos 263 de la *Constitución* y 37 de la *Ley Orgánica del Tribunal Supremo de Justicia*, con las matizaciones jurisprudenciales a que hemos hecho referencia anteriormente.

Cada Sala, incluyendo la Sala Constitucional, tiene un Presidente y un Vicepresidente, elegidos por sus propios miembros. Estos cargos son por dos (2) años, pudiendo ser reelegidos por otro período igual.

En cuanto a la remoción de los Magistrados del Tribunal Supremo de Justicia (incluyendo la Sala Constitucional), la *Constitución* diseñó una fórmula mediante la cual, primero, debe existir una calificación de falta grave[67], realizada por el Poder Ciudadano[68]; luego debe dársele audiencia y debido proceso al magistrado procesado por ante la Asamblea Nacional, la cual podrá destituirlo si reúne un *quórum* calificado de las dos terceras partes de sus integrantes.

El artículo 10 de la *Ley Orgánica del Tribunal Supremo de Justicia* establece que el *quórum* para la deliberación de cada una de las Salas es por mayoría absoluta de los miembros que la conforman, es decir, 3 Magistrados en el caso de la Sala Constitucional. Se requiere, igualmente, de una mayoría absoluta de sus miembros para la aprobación de sus decisiones.

---

67 Las faltas graves a que hace referencia la *Constitución* fueron definidas por la *Ley Orgánica del Tribunal Supremo de Justicia*, en su artículo 62. Allí se puede verificar que, básicamente, cualquier cosa podría ser calificado como falta grave.

68 Recuérdese que el Poder Ciudadano está integrado por el Fiscal General de la República, el Contralor General de la República y el Defensor del Pueblo.

Según lo dispuesto en el artículo 99 de la *Ley Orgánica del Tribunal Supremo de Justicia*, para decidir todos los asuntos sometidos a conocimiento de cada Sala, se designará un magistrado ponente, en estricto orden cronológico, de acuerdo con la fecha de presentación de las respectivas actuaciones. Sin embargo, el Presidente de la Sala puede reservarse, por decisión motivada, los asuntos que considere pertinente.

El Magistrado ponente es el encargado de redactar los proyectos de las decisiones que se le asignan. Para la aprobación del proyecto de sentencia se requiere el voto de la mayoría absoluta de sus miembros (3 en el caso de la Sala Constitucional). En caso de empates en las votaciones (por ejemplo, cuando hay sólo 4 Magistrados presentes), se suspenderá la deliberación y se convocará a una segunda reunión. Si el empate persiste, el voto del Presidente de la Sala será considerado doble.

El o los Magistrados que se encuentre en desacuerdo con la motivación de la decisión, anunciarán su voto salvado o concurrente[69], el cual deberán consignar dentro de los tres (3) días hábiles siguientes, para ser agregado a la sentencia. En caso de que un proyecto de decisión no cuente con la aprobación de la mayoría de los miembros de la Sala, la ponencia se reasigna a otro magistrado, siguiendo el mismo procedimiento de selección de ponentes.

---

69 El voto concurrente implica estar de acuerdo con la decisión, más no con su motivación.

SEGUNDA PARTE

CAPÍTULO TRES

EL CONTROL DIFUSO DE LA CONSTITUCIONALIDAD DE NORMAS JURÍDICAS

I. CONSIDERACIONES GENERALES

Como ya se adelantó en el capítulo precedente, en Venezuela conviven los dos sistemas tradicionales de control constitucional de normas jurídicas, esto es, el *difuso* y el *concentrado*. Si hay que destacar que ya no se trata de una característica exclusiva de nuestro sistema de justicia constitucional, toda vez que otros países también han venido incorporando este método dual, como, por ejemplo, el caso de Colombia, Brasil, Guatemala, Suiza, entre otros[70].

De acuerdo al profesor CAPPELLETTI, el control difuso de la constitucionalidad de normas jurídicas es aquél que no se concentra en un único órgano judicial, sino por el contrario corresponde, en general, a todos los órganos judiciales de un determinado país. Según el mismo CAPPELLETTI, su justificación radica en el hecho de que los jueces "están obligados a interpretar las leyes a fin de aplicarlas a los casos concretos que cotidianamente se someten a su decisión; uno de los cánones más obvios de la interpretación de las leyes, es aquel según el cual, cuando dos disposiciones legislativas contrastan entre sí, el juez debe aplicar la que tenga preeminencia; tratándose de disposiciones de igual fuerza normativa, la preeminencia será indicada por los usuales criterios tradicionales: *Lex posterior derogat legi priori; Lex specialis derogat legi generali*, etc., pero

70 Sobre este tema puede verse el formidable trabajo de CANOVA GONZÁLEZ, Antonio, "*El Modelo Iberoamericano de Justicia Constitucional*", Ediciones Paredes, 2012.

estos criterios carecen de validez cuando el contraste se presenta entre disposiciones de diversa fuerza normativa; y así, la norma constitucional, cuando la Constitución es '*rígida*', más bien que '*flexible*', prevalece siempre sobre la disposición ordinaria contrastante, del mismo modo, por ejemplo, que la propia ley ordinaria prevalece sobre el reglamento, es decir, en la terminología alemana, las *Gesetze* (Leyes) prevalecen sobre los *Verordnungen* (reglamentos); ergo, se concluye, que cualquier juez, encontrándose en el deber de decidir un caso en el cual tenga relevancia una norma legislativa ordinaria opuesta a la norma constitucional, debe desaplicar la primera, y aplicar, por el contrario, la segunda"[71].

Como vemos, la principal justificación de este mecanismo reside en la llamada *supremacía constitucional*, a la que también hicimos referencia en el capítulo anterior. Así, en la primera y famosa decisión donde se expone este principio, *Madison v. Marbury*, la Corte Suprema de los Estados Unidos señaló:

> Aquellos que aplican las normas a casos particulares, deben necesariamente exponer e interpretar aquella regla... de manera que si una Ley se encuentra en oposición a la Constitución... la Corte debe determinar cuál de las reglas en conflicto debe regir en el caso: Esta es la real esencia del deber judicial. Si, en consecuencia, los tribunales deben ver la Constitución, y la Constitución es superior a cualquier acto ordinario de la Legislatura, es la Constitución, y no tal acto ordinario, la que debe regir el caso al cual ambas se aplican.

Ahora bien, no es suficiente invocar el principio de supremacía constitucional para identificar el sistema difuso de control constitucional, pues también el sistema concentrado se inspira en este principio. La gran diferencia entre uno u otro sistema, a nuestro juicio, radica en si la decisión de preferir la norma constitucional sobre la ordinaria la asume un solo tribunal o todos.

En efecto, en los sistemas donde existe únicamente el control concentrado de la constitucionalidad de normas jurídicas también se presentan en los juicios concretos problemas relacionados con la

---

71 CAPPELLETTI, Mauro, "El control judicial de la constitucionalidad de las leyes en el Derecho Comparado", en *Revista de la Facultad de Derecho de la UNAM* N° 65, Tomo XVI, México, 1966.

posible aplicación de una norma que luce contraria a la Constitución. Lo único es que, en estos países que sólo tienen control concentrado, los jueces que detectan una posible contradicción entre una norma legal y una constitucional no pueden desaplicarla ellos mismos, ya que sólo les es permitido plantear lo que se conoce como una *cuestión de inconstitucionalidad*, esto es, someter la duda a la Corte o Tribunal Constitucional, para que sea éste el que decida desaplicar o no, al caso concreto, la norma legal que el juez de instancia presume inconstitucional.

Así, por ejemplo, en España, el Tribunal Constitucional tiene asignada la competencia para conocer de las *cuestiones de inconstitucionalidad*[72]. Éstas sólo pueden ser planteadas por los jueces ordinarios (y hasta por las Salas del Tribunal Supremo), lo que implica que las partes que se encuentran en un litigio concreto no tienen legitimación para plantearla, a lo sumo podrán pedirle al juez de la causa que lo haga. Es más, una vez planteada por el juez, las partes no tienen derecho a participar en la incidencia ante el Tribunal Constitucional[73].

Por tanto, es el juez de la causa el único que puede pedirle al Tribunal Constitucional español que considere si una norma que requiere aplicar en el caso concreto que está conociendo es constitucional o no. Ese planteamiento debe hacerlo una vez terminado el procedimiento y antes de sentenciar, aunque el Tribunal Constitucional ha admitido excepciones para ciertas sentencias interlocutorias[74].

Como vemos, también en el sistema español, donde sólo existe el control concentrado, el principio de supremacía constitucional justifica la desaplicación en casos concretos de las normas contrarias a la Constitución. Sólo que en esos sistemas la desaplicación no la pueden hacer los jueces ordinarios, sino sólo el Tribunal Constitucional, cuando aquéllos así lo soliciten.

---

72 Artículo 163 de la Constitución española y 35 y siguientes de la *Ley Orgánica del Tribunal Constitucional.*

73 Sobre este tema puede consultarse RUBIO LLORENTE, Francisco, "*La forma de poder*", Centro de Estudios Constitucionales, Madrid, 1997, pp. 418 y ss.

74 RUBIO LLORENTE, *op. cit.*

Por tanto, la verdadera característica del sistema *difuso* es que ese control de constitucionalidad que permite la desaplicación de una norma jurídica, por ser contraria a la Constitución, lo pueden hacer todos los jueces que conforman el Poder Judicial y no sólo el que conoce de las acciones de inconstitucionalidad.

1. *Consagración legal y constitucional*

Hasta la *Constitución* de 1999, el control difuso de la constitucionalidad de normas legales sólo disponía de rango legal. Así, en el *Código de Procedimiento Civil* de 1897 se consagró por primera vez este mecanismo de control constitucional, donde se le permitió a cualquier juez desaplicar una ley que estimase inconstitucional, aplicando preferentemente la *Constitución*, en un proceso que estuviese conociendo.

En esos mismos términos quedó planteado el *control difuso* en las sucesivas reformas del *Código de Procedimiento Civil* de 1904, 1916 y 1987. Actualmente, el artículo 20 del *Código de Procedimiento Civil* señala:

> Cuando la ley vigente, cuya aplicación se pida, colidiere con alguna disposición constitucional, los jueces aplicarán ésta con preferencia.

Igualmente, con la promulgación del *Código Orgánico Procesal Penal* en el año 2001 se incorporó en el artículo 19 la figura del control difuso dentro de la justicia penal, lo que fue un avance importante, toda vez que la mayoría de los jueces penales no consideraban aplicable el *Código de Procedimiento Civil* a los asuntos criminales, de allí que difícilmente puedan encontrarse sentencias en esta jurisdicción donde se haya aplicado el control difuso de la constitucionalidad de normas legales, antes de la entrada en vigencia del nuevo Código. Concretamente, la mencionada norma señala:

> Artículo 19.- Control de la constitucionalidad. Corresponde a los jueces velar por la incolumidad de la Constitución de la República. Cuando la ley cuya aplicación se pida colidiere con ella, los tribunales deberán atenerse a la norma constitucional[75].

---

[75] Este Código entró en vigencia el 23 de enero de 1998.

Con base en estas disposiciones del *Código de Procedimiento Civil* y del *Código Orgánico Procesal Penal* se vino aplicando el mecanismo de control difuso en Venezuela, hasta la *Constitución* de 1999. Incluso, la jurisprudencia de la antigua Corte Suprema de Justicia constantemente recordaba que esa potestad de desaplicar normas contrarias a la *Constitución,* en el caso concreto, no sólo estaba en manos del juez civil y mercantil, sino de todos los jueces de la República, al ser un principio general de derecho[76].

Pero, insistimos, este sistema encontró mucho escepticismo en la jurisdicción penal. Por eso, resultó de gran importancia la *constitucionalización* del sistema difuso, al establecerse en el artículo 334 de la *Constitución*:

> Todos los jueces o juezas de la República, en el ámbito de sus competencias y conforme a lo previsto en esta Constitución y en la ley, están en la obligación de asegurar la integridad de esta Constitución.
>
> En caso de incompatibilidad entre esta Constitución y una ley u otra norma jurídica, se aplicarán las disposiciones constitucionales, correspondiendo a los tribunales en cualquier causa, aún de oficio, decidir lo conducente.
>
> Corresponde exclusivamente a la Sala Constitucional del Tribunal Supremo de Justicia como jurisdicción constitucional, declarar la nulidad de las leyes y demás actos de los órganos que ejercen el Poder Público dictados en ejecución directa e inmediata de la Constitución o que tengan rango de ley, cuando colidan con aquella[77].

---

76 Véase, entre otras decisiones, la sentencia dictada por la Sala Político-Administrativa de fecha 14-10-90, caso: *Scholl Venezolana*. En esta sentencia se desaplicaron normas de *la Ley Orgánica de Aduanas* y de su *Reglamento,* las cuales consagraban el llamado sistema del *solve et repete.*

77 La incorporación de esta norma se debe al valioso aporte del constituyente Allan R. Brewer-Carías, quien propuso, entre otras cosas, constitucionalizar este mecanismo de control constitucional. Véase BREWER-CARÍAS, Allan R., "*Debate Constituyente (Aporte a la Asamblea Nacional Constituyente*)" Tomo II, Caracas, 1999.

Sobre este particular, la *Exposición de Motivos* de la *Constitución* señaló:

> En el mencionado Capítulo se describe el sistema venezolano de justicia constitucional y al efecto se indica que todos los jueces de la República están en la obligación de asegurar la integridad de la Constitución en el ámbito de sus competencias y conforme a lo previsto en su texto y en las leyes, reafirmándose de esta manera, que la justicia constitucional en Venezuela la ejercen todos los tribunales de la República, no sólo mediante el control difuso de la constitucionalidad, sino además, por otros medios, acciones o recursos previstos en la Constitución y en las leyes, como la acción de amparo constitucional, destinada a ofrecer una tutela judicial reforzada de los derechos humanos reconocidos y garantizados expresa o implícitamente en la Constitución.
>
> Como consecuencia de ello, se eleva a rango constitucional una norma presente en nuestra legislación desde 1887, característica de nuestro sistema de justicia constitucional y según la cual, en caso de incompatibilidad entre la Constitución y una ley u otra norma jurídica, serán aplicables en todo caso las disposiciones constitucionales, correspondiendo a los tribunales en cualquier causa, aun de oficio, decidir lo conducente. En otras palabras, se consagra el control difuso de la constitucionalidad de las leyes y de las disposiciones normativas.

Finalmente, como detallaremos *infra*, la *Ley Orgánica del Tribunal Supremo de Justicia* regula el mecanismo de información y revisión del control difuso de la siguiente forma:

> Artículo 25.12. Revisar las sentencias definitivamente firmes en las que se haya ejercido el control difuso de la constitucionalidad de las leyes u otras normas jurídicas, que sean dictadas por las demás Salas del Tribunal Supremo de Justicia y demás Tribunales de la República.
>
> Artículo 33. Cuando cualquiera de las Salas del Tribunal Supremo de Justicia y los demás tribunales de la República ejerzan el control difuso de la constitucionalidad deberán informar a la Sala Constitucional sobre los fundamentos y alcance de la desaplicación que sea adoptada, para que ésta proceda a efectuar un examen abstracto sobre la constitucionalidad de la norma en cuestión. A tal efecto deberán remitir copia certificada de la sentencia definitivamente firme.

Artículo 34. Conforme a lo que se dispone en el artículo anterior, cuando se declare la conformidad a derecho de la desaplicación por control difuso, la Sala Constitucional podrá ordenar el inicio del procedimiento de nulidad que dispone esta Ley. Igualmente procederá cuando el control difuso de la constitucionalidad sea ejercido por dicha Sala.

II. EL FUNCIONAMIENTO DEL CONTROL DIFUSO

Veamos ahora algunas consideraciones particulares relativas a la forma como puede implementarse el control difuso dentro de cualquier controversia judicial.

1. *El control difuso puede ser ejercido únicamente por los jueces, pero por todos los jueces*

El artículo 334 de la *Constitución* señala que todos los jueces, en el ámbito de sus respectivas competencias, pueden ejercer el control difuso de la constitucionalidad de normas jurídicas. Esto es, como vimos, una de las características principales de nuestro sistema de justicia constitucional, por lo que cualquier juez, desde el de menor jerarquía en nuestra organización judicial hasta las propias Salas del Tribunal Supremo de Justicia, puede ejercer el control difuso.

Cabría preguntarse, sin embargo, si esa facultad puede ser ejercida por la propia Sala Constitucional, pues ésta tiene asignada la competencia para ejercer el control concentrado de la constitucionalidad de los actos dictados en ejecución directa e inmediata de la *Constitución*. Así, se podría entender que al ser la Sala que conoce del control concentrado, con efectos *erga omnes*, ello le impide desaplicar normas a un caso concreto.

La jurisprudencia de la Sala Constitucional no fue lo suficientemente clara, al menos en un principio, pues en algunos casos se señaló expresamente que la Sala Constitucional no podía ejercer el control difuso de la constitucionalidad de normas jurídicas. Sin embargo, más recientemente lo ha ejercido sin ningún tipo de limitaciones.

En efecto, en la sentencia de fecha 24 de septiembre de 2004, caso: *Henry León*, la Sala Constitucional señaló lo siguiente:

> En el presente caso, la solicitud que se examina pretende, por una parte, que se aplique el control difuso, por parte de esta Sala, respecto de situaciones procesales ya cumplidas, el cual, como se ha expresado, corresponde sólo a los tribunales de instancia y a las demás Salas de este Máximo Tribunal; ello, porque a la presente juzgadora compete el control concentrado que establece el artículo 334 de la Constitución, de conformidad con lo que dispone el segundo párrafo del artículo 5 de la Ley Orgánica del Tribunal Supremo de Justicia que reza: *De conformidad con la Constitución de la República Bolivariana de Venezuela, el control concentrado de la constitucionalidad sólo corresponderá a la Sala Constitucional en los términos previstos en esta Ley, la cual no podrá conocerlo incidentalmente en otras causas, sino únicamente cuando medie un recurso popular de inconstitucionalidad,...".* En este sentido, un pronunciamiento de esta Sala, explícito o implícito -este último, por la vía de la desaplicación que pretende el accionante- sobre la conformidad o disconformidad constitucional del artículo 54 de la Ley para el Control de Casinos, Salas de Bingo y Máquinas Traganíqueles, tendría efectos jurídicos sobre la validez de dicha disposición legal que son ajenos e incompatibles con los de la mera desaplicación de la misma en el caso concreto. Con base en el criterio que se acaba de reproducir, estima esta Sala que es improcedente la solicitud que se examina. Así se declara *in limine litis.*

Vale la pena destacar que esta sentencia contó con dos votos salvados, precisamente referidos a esta supuesta prohibición· Así, el entonces magistrado Cabrera Romero justificó su voto señalando que:

> Quien disiente considera que la motivación contenida en el fallo que antecede para negar la solicitud de desaplicación de una norma por control difuso es totalmente contraria a los postulados constitucionales, según los cuales esta Sala es la competente para: *"ejercer la jurisdicción constitucional conforme al Título VIII de esta Constitución"* (artículo 266.1); interpretar con carácter vinculante para las otras Salas del Tribunal Supremo de Justicia y demás tribunales de la República, el contenido o alcance de las normas y principios constitucionales (artículo 335); y *"revisar las sentencias definitivamente firmes de amparo constitucional y de control de constitucionalidad de leyes o normas jurídicas dictadas por los Tribunales de la República, en los términos establecidos por la ley orgánica respectiva".*

De modo que no puede afirmarse como se hace en el fallo del cual se discrepa, que la Sala Constitucional por el hecho de ejercer el control concentrado de la constitucionalidad no pueda ejercer el control difuso, pues por el contrario a la interpretación hecha por la mayoría sentenciadora, la atribución expresa del control concentrado en lugar de excluir la posibilidad de aplicación de control difuso, arropa dicha facultad inherente al órgano judicial garantizador del orden constitucional.

De tal manera que quien disiente estima contrario a la Constitución, el motivo esgrimido por la mayoría sentenciadora para negar la solicitud de desaplicación del artículo 54 de la mencionada Ley, máxime cuando tal decisión choca abiertamente con el proceder de esta Sala de desaplicar por control difuso una norma como la contenida en el parágrafo 15 del artículo 19 de la Ley Orgánica del Tribunal Supremo de Justicia, resuelta en reciente sentencia del 5 de agosto de 2004 (caso: Presidente del Consejo Legislativo del Estado Aragua), y como se hizo en la sentencia del 24 de enero de 2002 (caso: *Asodeviprilara*) donde se desaplicaron por control difuso un conjunto de normas.

Y es que, en efecto, la Sala Constitucional ha desaplicado (y sigue haciéndolo) normas jurídicas vía control difuso, y no sólo en los casos mencionados por el magistrado disidente, sino en muchos otros. Así, en una de las primeras decisiones de la Sala Constitucional, se desaplicó, vía control difuso, el artículo 181 de la entonces *Ley Orgánica de la Corte Suprema de Justicia*. Nos referimos a la sentencia N° 194 de fecha 4 de abril de 2000, donde señaló lo siguiente:

> ...considera esta Sala Constitucional que el primer aparte del artículo 181 de la Ley Orgánica de la Corte Suprema de Justicia, al impedir a los Juzgados Superiores con competencia en lo Contencioso-administrativo el conocer de la nulidad de los actos administrativos (generales o particulares), cuando se aleguen vicios de inconstitucionalidad, contradice lo dispuesto en el artículo 259 de la Constitución, por cuanto éste otorga facultades a los Tribunales en lo contencioso-administrativo para anular los actos administrativos generales o individuales por contrariedad a derecho, que comprende - sin lugar a dudas - tanto la inconstitucionalidad como la ilegalidad.

> Por otro lado, la norma a que se contrae dicho aparte del citado artículo 181 se aparta de la verdadera intención del legislador al regular temporalmente la jurisdicción contenciosa-administrativa que era, por una parte, desconcentrar las competencias que tenía la Sala Político-Administrativa, como el único tribunal contencioso-administrativo, y por la otra parte, acercar más la justicia al ciudadano, sobre todo cuando existen controversias entre éstos y los entes estadales y municipales.
>
> De manera que, por tales circunstancias y en especial a que por mandato constitucional los tribunales de la jurisdicción contencioso administrativa son competentes para anular actos administrativos por contrariedad al derecho, esta Sala Constitucional estima que la disposición contenida en el primer aparte del referido artículo 181 es a todas luces contraria a la Constitución, motivo por el cual, en uso de la potestad prevista en el artículo 334 de la Constitución, *inaplica a los fines de determinar la competencia en el caso de autos,* el primer aparte del artículo 181 de la Ley Orgánica de la Corte Suprema de Justicia por ser inconstitucional, al enfrentar de manera incontestable la disposición establecida en el segundo aparte del artículo 259 de la Constitución, en cuanto sustrae a los tribunales contencioso administrativos distintos a la Sala Político-Administrativa de este Tribunal Supremo, la competencia que le fuera otorgada por la propia Constitución para conocer de la nulidad de los actos administrativos (generales o particulares) contrarios a Derecho.

En este mismo sentido puede mencionarse la sentencia de fecha 28 de julio de 2006, caso: *Consejo Nacional Electoral,* donde la Sala Constitucional destacó:

> Todo ello debe concatenarse con la tradición constitucional comparada, en la que los funcionarios susceptibles de ser reelegidos no están obligados a separarse de sus cargos, como sería el caso de España, Colombia, Estados Unidos y Gran Bretaña, entre otros. De modo que debe concluirse que lo dispuesto en la parte *in fine* del artículo 126 de la Ley Orgánica del Sufragio y Participación Política es contraria a la Constitución y en consecuencia es inaplicable en el supuesto citado, y así se decide.

Criterio confirmado por la decisión de fecha 1 de marzo de 2016, caso: "*Gabriela Florez*", donde se desaplicaron una serie de normas legales; ordenando luego, de oficio y conforme a lo previsto en el artículo 34 de la Ley Orgánica del Tribunal Supremo de Justicia, el inicio de un proceso "de nulidad de los artículos 3, 11, 12 y 21 al 26 de la Ley sobre el Régimen para la Comparecencia de Funcionarios y Funcionarias Públicos ...".

Por tanto, pareciera dominar la tesis de que la Sala Constitucional si puede ejercer el control difuso de constitucionalidad de normas jurídicas, lo que la ha llevado luego a ordenar el inicio, de oficio, de un juicio de inconstitucionalidad de las normas desaplicadas, a los fines de darle efectos erga omnes. A nuestro juicio, el principal argumento para admitir esta facultad radica en el hecho de que la Sala Constitucional tiene asignada una serie de competencias jurisdiccionales, distintas al control concentrado de normas jurídicas, por lo que en esos procedimientos especiales puede detectar la necesidad de desaplicar una norma jurídica, lo que a nuestro juicio puede hacer perfectamente, como cualquier otro juez. Así, por ejemplo, la Sala Constitucional podría estar conociendo de una controversia constitucional entre dos órganos de la Administración Pública, y para decidir esa controversia podría ser necesaria la desaplicación de una norma legal que haya desarrollado una competencia constitucional.

De allí, que, al momento de ejercer otras competencias jurisdiccionales, la Sala Constitucional puede desaplicar, para un caso concreto, una determinada norma jurídica vinculada al caso bajo análisis.

Ahora bien, donde suele haber más consenso es en la imposibilidad que tienen otros órganos del Estado de ejercer el control difuso de la constitucionalidad de normas jurídicas. Así, por ejemplo, la Sala Constitucional ha señalado expresamente, que los órganos de la Administración Pública no pueden desaplicar normas jurídicas, vía control difuso. Concretamente, en la sentencia N° 331 del 13 de marzo de 2001, dicha Sala precisó lo siguiente:

> En tal sentido, esta Sala observa que, en el presente caso, la Comisión Nacional de Casinos, Salas de Bingo y Máquinas Traganíqueles procedió a otorgar la Licencia de Funcionamiento y la Licencia de Instalación identificadas CNC-B-00-014 y CNC-B-00-022, de fechas 14 de abril y 4 de julio de 2000, respectivamente, por medio de las cuales se autorizó el fun-

cionamiento de la 'Sala de Bingo Las Mercedes' y la instalación de la 'Sala de Bingo La Trinidad', en ese orden de mención, con prescindencia total y absoluta de los requisitos establecidos en el artículo 25 de la Ley para el Control de los Casinos, Salas de Bingo y Máquinas Traganíqueles, haciendo uso del denominado por la doctrina y la jurisprudencia 'control difuso de la Constitución', por considerar que la mencionada norma legal, contradecía lo estipulado en el artículo 71 de la Constitución de la República Bolivariana de Venezuela.

Al respecto, considera la Sala necesario precisar el contenido del artículo 334 del Texto Fundamental, el cual es del tenor siguiente:

Todos los jueces o juezas de la República, en el ámbito de sus competencias y conforme a lo previsto en esta Constitución y en la ley, están en la obligación de asegurar la integridad de la Constitución.

En caso de incompatibilidad entre esta Constitución y una ley u otra norma jurídica, se aplicarán las disposiciones constitucionales, correspondiendo a *los tribunales en cualquier causa,* aún de oficio, decidir lo conducente

Corresponde *exclusivamente* a la Sala Constitucional del Tribunal Supremo de Justicia como jurisdicción constitucional, declarar la nulidad de las leyes y demás actos de los órganos que ejercen el Poder Público dictados en ejecución directa e inmediata de la Constitución o que tengan rango de ley.' (Destacado de la Sala)

Visto el contenido de la norma constitucional transcrita, considera esta Sala evidente que la Comisión Nacional de Casinos, Salas de Bingo y Máquinas Traganíqueles, incurrió en una flagrante violación de lo dispuesto en la misma, al ejercer un control difuso de la constitucionalidad de la norma contenida en el artículo 25 de la Ley para el Control de los Casinos, Salas de Bingo y Máquinas Traganíqueles, al desaplicarla y no dar estricto cumplimiento a los requisitos previstos en la misma para el otorgamiento de las Licencias cuestionadas, por estimarla contraria a lo dispuesto en el artículo 71 constitucional; atribución que conforme a lo dispuesto en el transcrito artículo 334, es exclusiva de los jueces o juezas de la República, quienes la ejercen con ocasión de un caso concreto sometido a su conocimiento, al verificar la incompatibilidad entre el texto fundamental y otra ley o norma jurídica, cuya aplicación se les solicita.

En efecto, son los jueces y juezas de la República quienes al constatar la existencia de una colisión entre una norma de menor rango a la Constitución, y ésta, aplicarán la última preferentemente, al caso concreto de que se trate, quedando a cargo de esta Sala, la declaratoria de inconstitucionalidad de la ley o la norma, con efectos *erga omnes*, por ser ésta una atribución exclusiva y excluyente de la misma, conforme lo dispone el mismo artículo 334 del Texto Fundamental, el cual le inviste la condición de órgano que ostenta el monopolio del "control concentrado de la Constitución".

Así pues, establece esta Sala que la violación del artículo 334 aludido no versa sobre la inconstitucionalidad del artículo 25 de la Ley para el Control de los Casinos, Salas de Bingo y Máquinas Traganíqueles, sino sobre el ejercicio por parte de la Comisión de Casinos, Salas de Bingo y Máquinas Traganíqueles de una atribución que no le correspondía, ni le corresponde, por prescripción expresa del citado artículo 334[78].

En el mismo sentido, en la sentencia de fecha 25 de mayo de 2001, caso: *Instituto Autónomo Policía de Chacao*, la Sala Constitucional dio un paso más, al prohibir el uso del control difuso por parte de la Administración Pública, incluso en los casos donde ejerce actividades jurisdiccionales. Textualmente afirmó la Sala:

> Conforme a lo expuesto, la defensa y protección de los derechos fundamentales corresponde a todos los jueces, los que los ejercen desde diversas perspectivas: mediante el control difuso y, otros, mediante el control concentrado; pero todo este control corresponde exclusivamente a actos netamente jurisdiccionales, sin que otros órganos del Poder Público, ni siquiera en la materia llamada cuasi-jurisdiccional, puedan llevarlo a cabo. El artículo 334 constitucional es determinante al respecto.

---

78 Criterio reiterado luego, por la misma Sala Constitucional en el fallo N° 752 de 2005.

Como puede observarse, la Sala Constitucional ha reiterado que los órganos de la Administración Pública no pueden desaplicar normas que consideren inconstitucionales, ni siquiera cuando ejercen actividades jurisdiccionales, como sería el caso, por ejemplo, de las decisiones dictadas por Procompetencia o las Inspectorías del Trabajo, cuando les corresponde conocer y decidir una controversia entre particulares.

Esa prohibición resulta extensible a cualquier otro órgano estatal, como sería el caso de los integrantes del Poder Ciudadano y Electoral. De allí, que, conforme a la doctrina jurisprudencial de la Sala Constitucional, sólo los jueces pueden ejercer el control difuso de la constitucionalidad de normas jurídicas.

Obviamente, si bien el resto de los órganos del Estado no pueden desaplicar normas que consideren inconstitucionales, hay circunstancias fácticas que producen las mismas consecuencias. Por ejemplo, si bien un fiscal del Ministerio Público no puede desaplicar una norma jurídica que considera contraria a la *Constitución*, podría, con su silencio o no actuación, generar los mismos efectos, pues perfectamente podría dejar de iniciar una investigación penal frente a un ciudadano, cuando considera que un determinado delito es contrario a la *Constitución*.

Igualmente, un órgano de la Administración Pública podría dejar de aplicar multas o sanciones frente a conductas prohibidas mediante ley, cuando considera que esa prohibición es contraria a la *Constitución*.

En estos casos no estamos en presencia de control difuso, aunque sus efectos son bastante similares.

Finalmente, vale la pena destacar que el control difuso si puede ser ejercido, perfectamente, por los tribunales arbitrales, conforme a lo dispuesto en los artículos 253 y 258 de la *Constitución*. Así, en la sentencia de fecha 18 de octubre de 2018, caso: *Irma Lovera*, se señaló lo siguiente:

> A modo de conclusión, resulta de aplicación extensiva a los árbitros el deber que tienen los jueces de asegurar la integridad de la Constitución en el ámbito de sus competencias y conforme a lo previsto en nuestra Carta Magna y en la ley, mediante el ejercicio del control difuso siempre que consideren que una norma jurídica de cualquier categoría (legal, sublegal), colidiere o es incompatible con alguna disposición

constitucional, debiendo aplicar ésta con preferencia (*ex* artículo 334 de la Constitución de la República Bolivariana de Venezuela).

Se trata de una posición acertada, pues a los árbitros se les encarga la resolución de las controversias a través del ordenamiento jurídico vigente, lo que incluye la *Constitución*, y dentro de ésta, el sistema de control difuso previsto en el artículo 334 *eiusdem*[79].

2. *Las normas que pueden ser objeto de control difuso*

Durante mucho tiempo existió la duda sobre el tipo de norma jurídica que podía ser objeto de desaplicación, vía control difuso. Básicamente debido a la interpretación literal que se pretendió darle al artículo 20 del *Código de Procedimiento Civil*, el cual se refiere a "la *ley* vigente". Ello llevó a que algunos autores y alguna jurisprudencia entendieran que el control difuso sólo podía ejercerse frente a leyes, y no frente a otras normas de rango sublegal.

A nuestro juicio, esa posición no era la adecuada, y, es más, ni siquiera contaba con respaldo jurisprudencial sólido, pues, por ejemplo, la Sala Político-Administrativa había admitido en varios casos, la desaplicación de normas contenidas en reglamentos, tal y como sucedió con la sentencia de fecha 14.10.90, caso: *Scholl Venezolana*, donde se desaplicó un artículo del *Reglamento de la Ley Orgánica de Aduanas*.

Nos resulta obvio que, si una norma de rango legal puede ser obviada o reinterpretada por un juez, cuando éste considera que es incompatible con la *Constitución*, con más razón podría ignorarse otra norma de inferior rango, pues, por ejemplo, los reglamentos no sólo deben respetar la ley que desarrollan, sino también la *Constitución*, al ser esta última la cúspide del ordenamiento jurídico.

---

79 Sin embargo, diferimos de la posición sostenida en ese fallo de la Sala Constitucional, cuando considera que también los laudos arbitrales definitivos que hayan desaplicado alguna norma legal, vía control difuso, deben enviar el laudo a la Sala Constitucional para su revisión. Consideramos que ello implica el desconocimiento mismo de la voluntad de las partes de evitar acudir a los tribunales de justicia.

En todo caso, esa discusión pareciera hoy claramente superada con la letra del artículo 334 de la *Constitución*, el cual admite el control difuso cuando se presenta una incompatibilidad entre la *Constitución* "y una ley u otra norma jurídica", con lo cual se deja ver claramente que es posible la desaplicación de cualquier norma jurídica, independientemente de su rango. Obviamente, las únicas normas que no pueden ser desaplicadas son las consagradas en la propia *Constitución*, y ello por razones obvias.

Este carácter general del control difuso implica, entre otras cosas, que los jueces pueden desaplicar normas de cualquier naturaleza, y no sólo las afines a su jurisdicción. Así, en la sentencia dictada por la Sala Político-Administrativa del 13 de agosto de 2002, caso: *Almacenadora Mercantil*, se precisó lo siguiente:

> En el contexto debatido, es pertinente observar las particularidades del control difuso, que radica en la posibilidad que tiene todo juez de causa en los asuntos sometidos a su consideración, de señalar que una norma jurídica de cualquier categoría, bien legal o sublegal, es incompatible con el texto constitucional, procediendo dicho juzgador, bien de oficio o a instancia de parte, a desaplicar y dejar sin efecto legal la señalada norma en el caso concreto, tutelando así la norma constitucional que resultaba vulnerada. De igual forma, esta desaplicación ocurre respecto a la causa en particular o caso concreto que esté conociendo el sentenciador, más no así con efectos generales, por cuanto ello entrañaría otro tipo de pronunciamiento que escaparía del ámbito competencial de los mismos.
>
> Luego, el control concentrado o control por vía de acción se ejerce a través de la máxima jurisdicción constitucional (conformada por Sala Constitucional y en algunos casos por la Sala Político Administrativa del Tribunal Supremo de Justicia), mediante éste se logra la declaratoria de inconstitucionalidad de una ley o conjunto de ellas, vista su colisión con el texto fundamental; dicha declaratoria de nulidad se produce *erga omnes*, es decir, con efectos generales, distinta de la situación que se configura al desaplicar una normativa en una controversia determinada a través del control difuso, caso en el cual, tal como se señaló *supra*, la norma sólo deja de tener aplicación para el caso en concreto por colidir con la Constitución. (...)

> Por otra parte y respecto a la jurisdicción y competencia de los Tribunales Superiores de lo Contencioso Tributario, a los cuales toca decidir sobre la legalidad o no de los actos de naturaleza tributaria que sean sometidos a su consideración, esta Sala no comparte la opinión hecha valer por la representación fiscal respecto a que no podía el Tribunal de la causa pronunciarse sobre la constitucionalidad o no de la Resolución N° 32, a la luz de lo previsto en el artículo 20 del Código de Procedimiento Civil; ello por cuanto tal como se indicó, todos los jueces de la República son sujetos del deber-potestad de velar por la integridad y estricto cumplimiento de la Carta Magna, a través del denominado control difuso de la constitucional, según el cual pueden estos desaplicar, una vez advertida la colisión entre la normativa denunciada y las disposiciones constitucionales, la primera de éstas y hacer valer las últimas con preferencia. Negar la posibilidad a los jueces venezolanos de ejercer el control difuso consagrado en el artículo 334 constitucionalidad y en el artículo 20 del Código de Procedimiento Civil, sería hacer nugatoria la prevalencia de la Constitución sobre cualquier otra norma que atente contra la misma; en este sentido debe recordarse que conforme al artículo 7 del propio texto constitucional, ésta resulta: *"... la norma suprema y el fundamento del ordenamiento jurídico. Todas las personas y los órganos que ejercen el Poder Público están sujetos a esta Constitución"*. En consecuencia, debe concluir esta alzada que el alegato esgrimido por la representación fiscal según el cual sólo podrían los jueces tributarios desaplicar normas cuyo contenido sea tributario, resulta totalmente improcedente. Así se decide.

Igualmente, es pertinente destacar que también las cláusulas contractuales podrán ser objeto de desaplicación, si el juez que se encuentra resolviendo la controversia contractual entiende que éstas son contrarias a una disposición de orden público de la *Constitución*. Si bien las partes pueden relajar ciertas normas jurídicas cuando así mutuamente lo han pactado, ello no permite desconocer normas de ineludible aplicación, como es el caso de las constitucionales.

En este sentido, la Sala Constitucional señaló, en sentencia de fecha 25 de mayo de 2001, caso: *Instituto Autónomo Policía de Chacao*, lo siguiente:

Conforme al artículo 334 aludido, el control difuso sólo lo efectúa el juez sobre normas (lo que a juicio de esta Sala incluye las contractuales) y no sobre actos de los órganos que ejercen el poder público, así ellos se dicten en ejecución directa e inmediata de la Constitución.

No debe confundirse el control difuso, destinado a desaplicar normas jurídicas, con el poder que tiene cualquier juez como garante de la integridad de la Constitución, de anular los actos procesales que atenten contra ella o sus principios, ya que, en estos casos, el juzgador cumple con la obligación de aplicar la ley, cuya base es la Constitución.

Distinta es la situación del juez que desaplica una norma porque ella colide con la Constitución, caso en que la confrontación entre ambos dispositivos (el constitucional y el legal) debe ser clara y precisa.

Esto último, conlleva a la pregunta ¿si en ejercicio del control difuso un juez puede interpretar los principios constitucionales, y en base a ellos, suspender la aplicación de una norma?

Fuera de la Sala Constitucional, debido a las facultades que le otorga el artículo 335 de la Constitución vigente, con su carácter de máximo y última intérprete de la Constitución y unificador de su interpretación y aplicación, no pueden los jueces desaplicar o inaplicar normas, fundándose en principios constitucionales o interpretaciones *motu proprio* que de ellas hagan, ya que el artículo 334 comentado no expresa que, según los principios constitucionales, se adelante tal control difuso. Esta es función de los jueces que ejercen el control concentrado, con una modalidad para el derecho venezolano, cual es que sólo la interpretación constitucional que jurisdiccionalmente haga esta Sala es vinculante para cualquier juez, así esté autorizado para realizar control concentrado.

Ahora bien, el juez al aplicar el derecho adjetivo, debe hacerlo ceñido a la Constitución, adaptándose en sus actuaciones a lo constitucional, y por ello sin que se trate de un control difuso, sino de aplicación de la ley, puede anular los actos procesales que contraríen a la Constitución, y sus principios. Este actuar amoldado a la Constitución es parte de su obligación de asegurar la integridad constitucional y, dentro de la misma, el juez debe rechazar en su actividad todo lo que choque con la Constitución.

Por último, vale la pena destacar que la Sala Constitucional ha señalado que sólo las normas jurídicas y no las sentencias pueden ser objeto de desaplicación vía control difuso. Así, en la decisión de fecha 20 de febrero de 2008, caso: *Pedro Córcega*, se señaló:

> Asimismo, la Sala observa con preocupación que el Juez Arturo José Luces Tineo, a cargo del Juzgado Primero de Primera Instancia en lo Civil y Mercantil de la Circunscripción Judicial del Estado Monagas, haya desaplicado por control difuso el contenido de *"la sentencia dictada por la Sala de Casación Civil del Tribunal Supremo de Justicia en fecha 06 de Julio del 2004"* (*sic*) supuesto éste que no está previsto en nuestro ordenamiento jurídico, pues la desaplicación por control difuso está referida únicamente a normas de rango legal (*ex* artículo 20 del Código de Procedimiento Civil) y no a criterios sentados por la Sala de Casación Civil, respecto de los cuales sólo es posible que el Juez se aparte, es decir, no los acoja en su decisión, tal como se deduce de lo que preceptúa el artículo 321 del Código de Procedimiento Civil cuando señala que *"Los jueces de instancia procurarán acoger la doctrina de casación establecida en casos análogos, para defender la integridad de la legislación y la uniformidad de la jurisprudencia."*

3. *El control difuso no implica o conlleva a un procedimiento especial o adicional*

El mecanismo de control difuso de la constitucionalidad de normas jurídicas no implica, *per se*, un procedimiento autónomo que requiera de sistematización y estudio, pues se trata simplemente de una potestad que tiene el juez, a la hora de sentenciar, de desaplicar una norma que considera contraria a la *Constitución*. Es decir, más bien, se trata de una valoración que hace el juez a la hora de decidir la controversia judicial que está conociendo, ante la escogencia y análisis de las normas jurídicas que considera aplicables al caso. Por tanto, el control difuso se implementa en cualquier proceso judicial, y se rige por las pautas procesales de ese determinado juicio, pues ni siquiera implica una incidencia adicional o especial.

Al tratarse de un argumento de derecho, ni siquiera tiene que haberse hecho valer en alguna oportunidad procesal determinada. Las partes pueden solicitar la desaplicación de una norma que consideran inconstitucional en cualquier estado y grado de la causa. Ese argumento deberá ser considerado por el juez, de la misma forma como debe considerar el resto de los argumentos jurídicos de derecho presentados por las partes. Y, a todo evento, el juez puede hacer valer el control difuso *de oficio*, esto es, sin que nadie se lo haya solicitado.

Pero, en definitiva, para desechar o aceptar un argumento referido a la necesidad de desaplicar una norma jurídica, no se requiere de ninguna incidencia o trámite adicional dentro del juicio en que se haga valer.

4. *Algunos ejemplos acertados y desacertados de control difuso*

El ejercicio del control difuso implicará, entonces, el obviar, total o parcialmente, una determinada norma jurídica, o interpretarla de manera que pueda hacerse compatible con la *Constitución*.

Así, por ejemplo, la Sala de Casación Civil, en su sentencia de fecha 30 de septiembre de 2003, caso: *Inversiones NKM, C.A.*, dio una interpretación que consideró más pertinente y garantista al artículo 602 del *Código de Procedimiento Civil*, haciendo valer para ello, el control difuso de la constitucionalidad de las leyes. Concretamente señaló esa Sala:

> *Segundo*: Se desaplica en el presente caso, por control difuso de la constitucionalidad, el contenido del artículo 602 del Código de Procedimiento Civil, solo en lo que respecta a la oportunidad procesal para efectuar la oposición al decreto de medida cautelar dictado, en el sentido que dicha norma debe interpretarse en que la oposición formulada puede interponerse "contra el decreto", sin necesidad de esperar la ejecución de la medida de secuestro acordada en fecha 10 de marzo de 2003. Todo en aras del ejercicio al derecho fundamental a la defensa.

En el mismo sentido, la Sala Político-Administrativa, en una decisión del 28.04.05, caso: *Aeropostal*, consideró necesario desaplicar el artículo 259 del *Código Orgánico Tributario*, señalando lo siguiente:

> Sin embargo, resulta nuevamente de obligada consideración para este Supremo Tribunal observar, que el acto administrativo que contiene la norma impugnada es un acto sublegal de carácter general cuyos efectos se presentan de igual forma generales, emanado de una autoridad pública estadal; motivos por los cuales, de una parte, en lo que se relaciona

con su carácter general, paradójicamente escaparía del ámbito de dicha jurisdicción, en su primer grado de conocimiento, de conformidad con lo dispuesto en el artículo 259 del Código Orgánico Tributario, en tanto que éste limita el control de los Tribunales Superiores de lo Contencioso Tributarios a los actos de efectos particulares; y de la otra, por emanar de una autoridad estadal, escaparía a su vez de la competencia, en única instancia, de esta Sala Político-Administrativa, al no existir disposición expresa alguna de rango legal que le atribuya su conocimiento, siendo que, por el contrario, las disposiciones que regulan la competencia de esta Sala, le limitan -en principio- el conocimiento a los actos sublegales de las autoridades de rango Nacional.

También en la sentencia N° 124 del 13.02.01, la Sala Político-Administrativa consagró una interpretación más adecuada del artículo 252 del *Código de Procedimiento Civil*, señalando:

> ...esta Sala conforme a lo previsto en el artículo 334, primer aparte, de la Constitución desaplica en el presente caso, con efectos ex nunc, el artículo 252 del Código de Procedimiento Civil, que limita el inicio del lapso para interponer los recursos en dicho artículo previstos, a la oportunidad que el mismo señala y, en consecuencia, establece que la oportunidad para ejercer la corrección de sentencias consagrado en el artículo 252 del Código de Procedimiento Civil, podrá ejercerse: (i) vencido como se encuentre el lapso para sentenciar, aún cuando la sentencia se ha publicado dentro de los lapsos respectivos, (ii) o a partir del vencimiento del lapso único de diferimiento, cuando la sentencia se publica dentro del mismo o a partir de la última notificación de las partes, notificación que se practicara de conformidad con el artículo 233 del Código de Procedimiento Civil, cuando la sentencia se publique fuera del lapso para sentenciar, o del de su único diferimiento y no a partir de la publicación misma, como literalmente indica el artículo 252 del Código de Procedimiento Civil.

Este mismo criterio de la Sala Político-Administrativa, con respecto a la desaplicación del lapso previsto en artículo 252 del *Código de Procedimiento Civil*, había sido ya expuesto por la Sala de Casación Social, en un fallo de fecha 15 de marzo de 2000, caso: *María Velasco Avellaneda*, donde se señaló lo siguiente:

La precisión de la Constitución, al establecer el derecho de toda persona a ser oída dentro de un "plazo razonable determinado legalmente" evidencia que no se trata de cualquier plazo determinado legalmente, sino que éste debe razonablemente garantizar la posibilidad de ser oído.

Por su brevedad, el lapso para solicitar la aclaratoria, no es razonable, dada la importancia que adquiere este medio procesal con la interpretación que hace la Sala, por tanto, debe ser desaplicado, por su colisión con las reglas constitucionales citadas.

A partir de la publicación de esta sentencia, esta Corte considerará que el lapso para solicitar aclaratoria o ampliación de la decisión que ponga fin al proceso, es el mismo establecido para la apelación, si se trata de la aclaratoria de la sentencia de primera instancia, o para la casación, en el supuesto de la solicitud de aclaratoria o ampliación de la decisión de Alzada, sin que en ningún caso la solicitud interrumpa el lapso para recurrir.

Sin embargo, debe el Juez, de ser solicitada una aclaratoria o ampliación, postergar el pronunciamiento sobre la admisión del recurso de apelación o casación, según sea el caso, hasta la decisión de la solicitud, pudiendo la parte que considere ilegal la aclaratoria o ampliación, por haber excedido el Juez los límites legales, recurrir contra ésta, en forma autónoma o acumulada al eventual recurso interpuesto contra la definitiva.

De acuerdo con el artículo 321 del Código de Procedimiento Civil, los jueces de instancia procurarán acoger la doctrina de casación establecida en el presente caso, para defender la integridad de la legislación y la uniformidad de la jurisprudencia, cuya observancia no es discrecional, sino que constituye una directriz de conducta.

En efecto, tal como lo observa Ronald Dworkin (Los derechos en serio), al lado de las normas existen directrices y principios que también son derecho. "Las directrices hacen referencia a objetivos sociales que se deben alcanzar y que se consideran socialmente beneficiosos".

Por tanto, infringe el derecho el juez que no procure acatar las decisiones de casación[80].

Vale la pena destacar también un laudo arbitral muy importante, emanado del Centro de Arbitraje de la Cámara de Caracas, siendo Irma Lovera el árbitro único, donde se desaplicó una norma de la *Ley de Regulación del Arrendamiento Inmobiliario para Uso Comercial*. En el indicado laudo se destacó lo siguiente:

> Con fundamento en las dos normas constitucionales ya citadas, artículos 253 y 258, que consideran al arbitraje como parte integrante del Sistema de Justicia (sic), y en la sentencia de la Sala Constitucional del Tribunal Supremo de Justicia citada y en las otras decisiones de esa misma Sala cuyas menciones están contenidas en la cita antes incluida, consideramos que debe ser desaplicada la prohibición de 'arbitraje privado' contenida en el literal j del artículo 41 del Decreto con Rango, Valor y Fuerza de Ley Regulación del Arrendamiento Inmobiliario para Uso Comercial, publicada en la Gaceta Oficial de la República Bolivariana de Venezuela N° 40.418 del 23 de mayo de 2014, por ser contraria a normas constitucionales explícitas y la jurisprudencia emanada de la Sala Constitucional cuya función específica es la interpretación misma del texto constitucional. En consecuencia, se desaplica dicha prohibición y se declara válida la cláusula arbitral y el procedimiento arbitral desarrollado en el presente caso.

Este laudo luego fue sometido a revisión ante la Sala Constitucional, a través del mecanismo procesal que examinaremos *infra*, y la Sala ratificó el criterio sostenido en el laudo arbitral, señalando lo siguiente:

> Es por ello, que el empleo del arbitraje como medio alternativo de solución de conflictos es admisible para debatir y resolver aquellos casos de arrendamientos de locales comerciales en los que las partes decidan acudir al mismo, contando el árbitro con todas las potestades propias de un juzgador independiente y autónomo, conocedor del derecho, que debe velar de igual manera por su correcta interpretación y aplica-

80 Laudo Arbitral Exp. CA01-A-2016-000005, dictado el 15 de septiembre de 2016.

> ción, dándole prevalencia a los principios y normas constitucionales, en atención a lo cual se declara conforme a derecho la desaplicación por control difuso de la constitucionalidad del artículo 41, literal "j" del Decreto con Rango, Valor y Fuerza de Ley de Regulación del Arrendamiento Inmobiliario para el Uso Comercial que se hizo en el laudo arbitral dictado el 15 de septiembre de 2016, suscrito por la abogada Irma Lovera de Sola, inserto en el expediente distinguido con el alfanumérico CA01-A-2016-000005, nomenclatura del Centro de Arbitraje de la Cámara de Caracas, en el que es parte demandante la ciudadana Miriam Josefina Pacheco Cortés y parte demandada la ciudadana Carmen Cárdenas de Rodríguez.
>
> Finalmente, y como consecuencia del pronunciamiento anterior, esta Sala ordena abrir de oficio el procedimiento de nulidad por inconstitucionalidad contra el artículo 41, literal "j" del Decreto con Rango, Valor y Fuerza de Ley de Regulación del Arrendamiento Inmobiliario para el Uso Comercial, de acuerdo a lo previsto en el artículo 34 de la Ley Orgánica del Tribunal Supremo de Justicia[81].

En algunas oportunidades consideramos que el mecanismo del control difuso se ha desvirtuado y se ha aprovechado para justificar una modificación legislativa por vía jurisprudencial, aduciéndose una supuesta contradicción con alguna norma constitucional. Eso fue, a nuestro juicio, lo que sucedió en el caso de la desaplicación de la última parte del artículo 185 de la antigua *Ley Orgánica de la Corte Suprema de Justicia*, donde la Sala Constitucional consideró que determinados procedimientos contencioso-administrativos no podían ser conocidos en primera y única instancia por algunos tribunales de esa especial jurisdicción.

Así, en la sentencia de fecha 14 de marzo de 2000, caso: *Elecentro*, la Sala Constitucional señaló lo siguiente:

> En consecuencia, visto que el último aparte, primer párrafo, del artículo 185 de la Ley Orgánica de la Corte Suprema de Justicia, dispone lo siguiente: "*Contra las decisiones que dicte dicho Tribunal en los asuntos señalados en los ordinales 1 al 4 de este artículo no se oirá recurso alguno*"; visto que la citada disposi-

---

81 Sentencia del 18 de octubre de 2018, caso: *Irma Lovera*.

ción es incompatible con las contenidas en el artículo 8, numerales 1 y 2 (literal h), de la Convención Americana sobre Derechos Humanos, las cuales están provistas de jerarquía constitucional y son de aplicación preferente; visto que el segundo aparte del artículo 334 de la Constitución de la República establece lo siguiente: *"En caso de incompatibilidad entre esta Constitución y una ley u otra norma jurídica, se aplicarán las disposiciones constitucionales, correspondiendo a los tribunales en cualquier causa, aun de oficio, decidir lo conducente"*; esta Sala acuerda dejar sin aplicación la disposición transcrita, contenida en el último aparte, primer párrafo, del artículo 185 de la Ley Orgánica en referencia, debiendo aplicarse en su lugar, en el caso de la sentencia que se pronuncie, de ser el caso, sobre el recurso contencioso administrativo de anulación interpuesto por la parte actora ante la Corte Primera de lo Contencioso Administrativo (expediente N° 99-22167), la disposición prevista en el último aparte, segundo párrafo, del artículo 185 *eiusdem*, y la cual es del tenor siguiente: *"Contra las sentencias definitivas que dicte el mismo Tribunal ... podrá interponerse apelación dentro del término de cinco días, ante la Corte Suprema de Justicia* (*rectius*: Tribunal Supremo de Justicia)". Así se decide.

Decimos que a nuestro juicio se trata de una modificación legal, con la excusa del ejercicio del control difuso de la constitucionalidad de las leyes, por el hecho de que el derecho a la doble instancia no es absoluto, de allí que existen muchos procesos que conoce tanto la Sala Constitucional como la Sala Político-Administrativa, en primera y única instancia. Por ello, la doble instancia en los procesos constitucionales y contencioso-administrativos siempre ha sido considerada en nuestro ordenamiento jurídico como una opción del constituyente o del legislador.

Igualmente, otro fallo donde se evidencia el uso del control difuso de la constitucionalidad de normas jurídicas para modificar leyes fue el N° 6.162, dictado por la Sala Político-Administrativa, en fecha 9 de noviembre de 2005, a través del cual se desaplicó el artículo 205 de la *Ley Orgánica de Telecomunicaciones*. En esa oportunidad la Sala Político-Administrativa consideró que la suspensión automática del acto impugnado, prevista en la indicada norma, vulneraba el derecho a la defensa, razón por la cual siempre el juez debía examinar los requisitos de procedencia de toda cautela. Afortunadamente, como veremos más adelante, este criterio fue anulado por la Sala Constitucional, por considerar que no existe ninguna contradicción entre la *Constitución* y la opción del legislador de consagrar, en determinadas actividades administrativas, que la impugnación de los actos administrativos en sede judicial suspende sus efectos.

Por su parte, la Sala Constitucional también ha abusado de este mecanismo de control constitucional, para obtener modificaciones legales, a nuestro juicio, en clara contradicción con la *Constitución,* tal y como lo refleja la sentencia N° 9 de fecha 1° de marzo de 2016, caso: *Gabriela Florez,* donde desaplicó unas normas de la *Ley sobre el Régimen para la Comparecencia de Funcionarios y Funcionarias Públicos,* en los siguientes términos:

> Como puede apreciarse, el Reglamento Interior y de Debates de la Asamblea Nacional, de forma similar a los artículos 3, 11, 12 y 26 de la Ley sobre el Régimen para la Comparecencia de Funcionarios y Funcionarias Públicos y los o las particulares ante la Asamblea Nacional, no circunscribe el control parlamentario allí señalado a los límites previsto en los artículos 187.3, 222 y 223 del Texto Fundamental, y a la jurisprudencia de esta Sala, es decir, no circunscribe tal control de forma exclusiva a los funcionarios y funcionarias del Poder Ejecutivo Nacional, circunstancia que obliga a esta Sala a desaplicar por control difuso de la constitucionalidad el aludido artículo 113 de Reglamento Interior y de Debates de la Asamblea Nacional, en lo que respecta a funcionarios ajenos al Ejecutivo Nacional. Así se declara.
>
> Esta Sala observa que la desaplicación por control difuso de la constitucionalidad de las normas antes referidas, no afectarían las funciones contraloras de la Asamblea Nacional, al estar vigentes el artículo 187 Constitucional (en particular, en la materia, los cardinales 3 y 10); y los artículos 222 al 224 *eiusdem*. Asimismo, también está vigente el Reglamento Interior y de Debates de la Asamblea Nacional, en especial el Título VIII (*De los instrumentos de control e información*), artículos 114 al 125.

Vale la pena destacar que en otras oportunidades la Sala Constitucional ha modificado u obviado una determinada norma jurídica no a través del control difuso de la constitucionalidad de normas jurídicas, sino mediante la consideración de la *derogatoria tácita*.

Eso fue lo que sucedió con la eliminación de la llamada *consulta obligatoria* prevista en el artículo 35 de la *Ley Orgánica de Amparo sobre Derechos y Garantías Constitucionales*, cuando la Sala Constitucional, en su sentencia de fecha 22 de junio de 2005, caso: *Ana Mercedes Bermúdez*, consideró que ese mecanismo de control obligatorio era contrario al derecho a la defensa. En esa oportunidad señaló:

> La consulta que se dispone en el artículo que se transcribió, a diferencia del recurso de apelación, es una institución procesal por la cual el superior jerárquico del juez que emitió una providencia, en ejercicio de la competencia funcional de que está dotado, se encuentra habilitado para la revisión o examen oficioso, esto es, sin que medie petición o instancia de parte, de la decisión de primera instancia. La competencia funcional del superior que conoce de la consulta opera de pleno derecho, porque no requiere de una petición o de un acto procesal de la parte para el conocimiento, en alzada, del asunto. Así, la consulta suple la inactividad de la parte en cuyo favor ha sido instituida cuando ésta no interpone apelación.
>
> Así mismo, en la disposición legal que se transcribió se recogió el recurso de apelación, el cual integra la garantía general y universal de impugnación que se reconoce a quienes han intervenido o están legitimados para la intervención en una causa para la obtención de tutela a favor de un interés jurídico propio, con el fin de que el juez de grado superior revise y corrija los defectos, vicios o errores jurídicos del procedimiento o de la sentencia, en que hubiere incurrido el *a quo*.
>
> El establecimiento del doble grado de jurisdicción tiene un vínculo estrecho con el debido proceso y el derecho de defensa, ya que busca una protección plena de los derechos de quienes acuden al aparato estatal, en busca de justicia, como forma de garantía de una recta administración de la misma.
>
> Ahora bien, los expedientes que se remiten en consulta contienen decisiones en relación con las cuales se presume, por falta de apelación, que todas las partes están conformes. Además, se observa que en la aplicación histórica de la Ley Orgánica de Amparo sobre Derechos y Garantías Constitucionales por parte de la Corte Suprema de Justicia y, ahora de la Sala Constitucional del Tribunal Supremo de Justicia, *la consulta ha constituido, más que una garantía, una limitación al principio de economía procesal.*

En efecto, es evidente que las causas en consulta *recargan en forma significativa los ya muy abultados deberes del Poder Judicial* y, con ello, estimulan retardos procesales, en cuanto restan tiempo y esfuerzo para el conocimiento de otros procesos en los cuales sí existe controversia o disconformidad. Al respecto, resulta relevante que, en la mayoría de los casos, las sentencias objeto de consulta se confirman porque se determina que fueron pronunciadas conforme a derecho, como hacía presumir, *ab initio*, la falta de apelación.

Con la acumulación de causas en consulta pendientes de decisión, se contraría el precepto del artículo 26 de la Constitución de la República Bolivariana de Venezuela que garantiza el derecho *"a obtener con prontitud la decisión correspondiente"* y a una justicia *"expedita, sin dilaciones indebidas, sin formalismos o reposiciones inútiles"* y el del artículo 27 *eiusdem* que garantiza, para el amparo, un procedimiento *breve, no sujeto a formalidad* y capaz de garantizar el *restablecimiento inmediato* de *la situación jurídica infringida*. Y es que, según el artículo 257 de la Carta Magna: *"El proceso constituye un instrumento fundamental para la realización de la justicia. Las leyes procesales establecerán la simplificación, uniformidad y eficacia de los trámites y adoptarán un procedimiento breve, oral y público..."*. Resulta evidente que, por muy bien que el legislador diseñe los procesos, a la luz de este imperativo constitucional, ellos no ofrecerán la garantía de instrumentos idóneos para la realización de la justicia si se acumulan en los archivos judiciales sin que haya una posibilidad real, material, de su tramitación a tiempo, a causa de su elevado número.

Los valores de la Constitución de la República Bolivariana de Venezuela, propios de un Estado de Derecho y de Justicia, que se acogieron en normas como las que se citaron, imponen la revisión de las normas infra y pre constitucionales que impidan u obstaculicen la garantía de una justicia con las características que describe el Texto Constitucional.

En la actualidad, es un hecho notorio que el Sistema de Justicia presenta un serio problema de insuficiencia de recursos, ante el gran cúmulo de asuntos que tiene pendientes de atención. La carga de trabajo del Poder Judicial, junto a la falta de capacitación continua, bajos salarios y escasez de recursos –problemas todos estos a cuya solución está abocado este Tribunal Supremo de Justicia como cabeza del Sistema de Justicia-, limitan la posibilidad de que se imparta una justicia expedita, eficiente, pronta, completa y adecuada para los justiciables.

En este sentido, se observa que la norma derogatoria de la Constitución de la República Bolivariana de Venezuela dispone:

"Única. Queda derogada la Constitución de la República de Venezuela decretada el veintitrés de enero de mil novecientos sesenta y uno. El resto del ordenamiento jurídico mantendrá su vigencia en todo lo que no contradiga esta Constitución".

Así, con la entrada en vigencia de la Constitución, se produjeron efectos derogatorios respecto del ordenamiento jurídico preconstitucional contrario a sus normas. La consecuencia de tales efectos es que *el ordenamiento jurídico preconstitucional, que contradiga las normas de la Constitución, se considera tácitamente derogado, y mantienen vigencia solamente los preceptos que no estén en contradicción con la Constitución.*

Los artículos 26, 27 y 257 de la Constitución de la República Bolivariana de Venezuela expresan: (...)

La Sala considera, después de un cuidadoso análisis del asunto y de la observación, a través del tiempo, de las circunstancias que fueron expuestas, que la consulta a que se refiere el artículo 35 de la Ley Orgánica de Amparo sobre Derechos y Garantías Constitucionales, tal como se razonó, *antagoniza con lo que disponen los artículos 26, 27 y 257 de la Constitución* de la República Bolivariana de Venezuela, *por lo que se declara que ella, la consulta, fue derogada por la disposición Derogatoria Única de la Constitución vigente. Así se declara.* (...)

Por cuanto la presente declaratoria de derogatoria tácita se formula por primera vez por este Tribunal Supremo de Justicia, no se aplica en el caso de autos y, en salvaguarda de los intereses de quienes tienen causas de amparo pendientes ante esta Sala y ante otros tribunales constitucionales de la República, en protección al derecho a la tutela judicial eficaz que la Constitución garantiza a todos los justiciables y en respeto, por último, a la confianza legítima que tienen éstos en la estabilidad de las decisiones judiciales, la Sala ordena la publicación de la presente decisión en la Gaceta Oficial de la República Bolivariana de Venezuela y no aplicará -ni lo hará ningún tribunal del país- este criterio a las causas que se encuentren pendientes en las circunstancias que se expusieron en el presente fallo, sino luego del transcurso de treinta (30) días posteriores a dicha publicación -en aplicación analógica del lapso que dispone el artículo 267.1 del Código de Procedimiento Civil-, para que, dentro de ese período, las partes manifiesten su interés en que la consulta que esté pendiente se decida. En el caso de que las partes no concurran, se remitirá el expediente al tribunal de origen mediante un auto, ya que quedará definitivamente firme la decisión que hubiere dictado. Así se declara.

III. LA REVISIÓN DE LAS DECISIONES DEFINITIVAMENTE FIRMES QUE DESAPLIQUEN NORMAS JURÍDICAS

Si bien el control difuso puede ser ejercido por todos los jueces de la República, la revisión o consulta de las sentencias que hacen uso de este mecanismo de control constitucional si corresponde, única y exclusivamente, a la Sala Constitucional.

Bajo nuestro sistema de justicia constitucional actual, la *Constitución* y la *Ley Orgánica del Tribunal Supremo de Justicia* han querido que cualquier declaratoria definitivamente firme que haya aplicado el control difuso y, por ende, desaplicado alguna norma jurídica, sea revisada por la Sala Constitucional. Ello, a los fines de darle integridad y coherencia al sistema, pues se entiende que el pronunciamiento de inconstitucionalidad de una norma jurídica es un asunto relevante que debe ser conocido o avalado por el último y máximo intérprete de la *Constitución*, esto es, la Sala Constitucional.

Por ello, una sentencia *definitivamente firme* que haya hecho uso del control difuso de la constitucionalidad de una norma jurídica puede (y más bien debe) ser revisada o consultada ante la Sala Constitucional, a través de dos posibles caminos.

El primero de ellos es a través de una solicitud de revisión extraordinaria de una sentencia definitivamente firme, presentada por alguna de las partes del proceso judicial que originó el fallo definitivo. Aquí estamos ante el supuesto previsto en el numeral 10º del artículo 336 de la *Constitución*, el cual luego se repite y desarrolla en los numerales 10 y 11 del artículo 25 de la *Ley Orgánica del Tribunal Supremo de Justicia*.

Ahora bien, a parte de esa posibilidad que tienen las partes de un juicio culminado, de pedirle directamente a la Sala Constitucional que revise un fallo definitivo, la misma *Ley Orgánica del Tribunal Supremo de Justicia* establece que los jueces que han dictado decisiones definitivamente firmes se encuentran *obligados* a remitir dicha sentencia definitiva a la Sala Constitucional, a los fines de que ésta determine, en forma abstracta, si ese ejercicio del control difuso fue realizado correctamente.

Así, los artículos 25.12, 33 y 34 de la *Ley Orgánica del Tribunal Supremo de Justicia* establecen lo siguiente:

> Artículo 25.12. Revisar las sentencias definitivamente firmes en las que se haya ejercido el control difuso de la constitucionalidad de las leyes u otras normas jurídicas, que sean dictadas por las demás Salas del Tribunal Supremo de Justicia y demás Tribunales de la República.
>
> Artículo 33. Cuando cualquiera de las Salas del Tribunal Supremo de Justicia y los demás tribunales de la República ejerzan el control difuso de la constitucionalidad deberán informar a la Sala Constitucional sobre los fundamentos y alcance de la desaplicación que sea adoptada, para que ésta proceda a efectuar un examen abstracto sobre la constitucionalidad de la norma en cuestión. A tal efecto deberán remitir copia certificada de la sentencia definitivamente firme.
>
> Artículo 34. Conforme a lo que se dispone en el artículo anterior, cuando se declare la conformidad a derecho de la desaplicación por control difuso, la Sala Constitucional podrá ordenar el inicio del procedimiento de nulidad que dispone esta Ley. Igualmente procederá cuando el control difuso de la constitucionalidad sea ejercido por dicha Sala.

Ya antes de esta regulación legal que apareció por primera vez en la *Ley Orgánica del Tribunal Supremo de Justicia* del 2004[82], la Sala Constitucional había dispuesto, vía jurisprudencia normativa, esta revisión o consulta obligatoria de sentencias que hayan ejercido el control difuso. Así, en la sentencia de fecha 19 de octubre de 2000, caso: *Ascander Contreras*, la Sala señaló:

---

82 Artículo 5.

> En atención a la incidencia en el ordenamiento jurídico de tal cuestión, el Tribunal o Sala desaplicante deberán remitir a esta Sala Constitucional copia de la decisión, a la cual anexarán copia de los autos, con el fin de someterlo a la revisión correspondiente, todo en obsequio de la seguridad jurídica y de la coherencia que debe caracterizar al ordenamiento jurídico en su conjunto.

En el mismo sentido, y también antes de la entrada en vigencia de la primera *Ley Orgánica del Tribunal Supremo de Justicia*, en la sentencia de fecha 22 de julio de 2003, caso: *Bernabé García*, se dispuso lo siguiente:

> Por todo ello, y para la mayor eficacia de la conexión entre el control concentrado, que corresponde a esta Sala, y el control difuso, que corresponde a todos los jueces de la República, debe darse, como se dio en la sentencia que antes se citó, un trato diferente a la remisión *ex oficio* que, para su revisión, haya hecho el juez que la dictó; se obtendrá así una mayor protección del texto constitucional y se evitará la aplicación general de normas inconstitucionales o la desaplicación de normas ajustadas a la Constitución en claro perjuicio para la seguridad jurídica y el orden público constitucional. Por las razones que preceden se reitera que, no sólo el juez puede remitir las sentencias definitivamente firmes en las cuales, en resguardo de la constitucionalidad, desaplique una norma, sino que está obligado a ello.
>
> Si, por el contrario, no se aceptara la remisión hecha de oficio antes aludida, el control difuso no tendría más efecto práctico que el que deviniese de su aplicación al caso concreto, en perjuicio del orden público constitucional, pues, su canal de conexión con el control concentrado -que tiene efectos *erga omnes*- estaría condicionado a la eventual solicitud de revisión de la persona legitimada para ello, con la consiguiente disminución del alcance potencial de los instrumentos con que el nuevo texto constitucional ha provisto a esta Sala (carácter vinculante de sus decisiones y facultad de revisión), con la finalidad de hacer más eficaz el resguardo de la incolumidad constitucional. Es por ello, que esta Sala acepta la remisión de las presentes actuaciones, y así se decide.

De allí que, como vemos, la *Ley Orgánica del Tribunal Supremo de Justicia* no hizo otra cosa que recoger esta competencia que ya la Sala Constitucional se había arrogado e impuesto por vía jurisprudencial.

Ahora bien, sobre esta obligación de consulta de las sentencias definitivamente firmes que han desaplicado normas jurídicas, vía control difuso, corresponde hacer algunas precisiones.

1. *La remisión debe realizarse cuando la sentencia haya adquirido firmeza*

En primer lugar, hay que destacar que las sentencias que deben remitirse a la Sala Constitucional, a los fines de cumplir con lo dispuesto en el artículo 33 de la *Ley Orgánica del Tribunal Supremo de Justicia*, son sólo las sentencias *definitivamente firmes*, pues si se trata de un fallo contra el cual es aún posible el ejercicio de recursos (por ejemplo, apelación o casación), entonces no resulta procedente la remisión.

Esto lo ha destacado la Sala Constitucional en diversas oportunidades. Concretamente, en la sentencia N° 3126 del 15 de diciembre de 2004, caso: *Ana Victoria Uribe*, argumentó las razones de esta posición:

> Es clara la Ley: todo juez venezolano tiene el poder de desaplicación de normas (inexistente en los países que siguen el llamado modelo austríaco de control de constitucionalidad) y sus fallos son impugnables por las vías que prevea el derecho positivo (apelaciones y otros medios). Es clara también al destacar que la existencia de ese poder y su control por las vías reconocidas en el ordenamiento no implica negar la revisabilidad de los fallos *definitivamente firmes* por parte de esta Sala. Así, la Sala puede controlar a los jueces en el ejercicio de su poder de desaplicación de normas, cuando, por no existir recursos ordinarios o extraordinarios, el fallo ha adquirido firmeza. El control concreto queda, entonces, en manos de los jueces (de instancia y de apelación). Sólo ante fallos firmes intervendría la Sala Constitucional.
>
> Por su lado, el cuarto aparte del artículo 5 se dedica al caso en que la desaplicación la haya efectuado una de las Salas y no un tribunal inferior. Se separan los casos, pues el legislador quiso distinguir el poder de esta Sala: si bien los fallos de instancia son revisables en su totalidad, los de las otras Salas del Tribunal Supremo sólo provocarían el examen del problema de la constitucionalidad de la norma desaplicada, sin posibilidad de entrar en el mérito de la controversia.

Se trata de una diferencia enorme: los fallos de instancia (definitivamente firmes) son revisables y, de ser procedente, anulables, con lo que el fondo se decide nuevamente, si fuera necesario; los fallos de las otras Salas de este Alto Tribunal quedan inalterados: sólo se activa el mecanismo de control abstracto de la constitucionalidad, desvinculado ya de un caso concreto, de manera similar a lo que habría ocurrido en caso de impugnación directa. (...)

Ya lo ha sostenido la Sala en su abundante jurisprudencia: sus poderes de revisión sobre fallos definitivamente firmes, incluidos los de otras Salas del Máximo Tribunal, han sido definidos por esta misma Sala, pero están sometidos a los límites que imponga el legislador. Como se observa, la Ley Orgánica del Tribunal Supremo de Justicia, si bien aún se espera la sanción de una ley para la jurisdicción constitucional, restringe el poder de la Sala cuando la desaplicación la ha efectuado una de las otras Salas que integran el órgano que se encuentra en la cúspide del Poder Judicial.

Lo importante de toda esta reseña es que los fallos de los que conoce esta Sala son sólo aquellos que estén definitivamente firmes. Ningún fallo que sea aún susceptible de recurso puede ser objeto el mecanismo extraordinario de revisión; lo contrario sería desconocer expresa disposición constitucional.

Además, en el caso del control difuso de la constitucionalidad, la limitación de la revisión de la Sala a las sentencias definitivamente firmes tiene especial sentido.

Al respecto observa la Sala: (...)

El caso venezolano, al contrario del alemán, el italiano o el español, no necesita de la intervención inmediata del órgano monopolizador del poder anulatorio, es decir, de esta Sala. No se requiere por cuanto cualquier tribunal puede desaplicar, sin consultas. En caso de desaplicar, el fallo estará sometido al control ordinario por los jueces que sean superiores, los cuales podrán bien confirmar, bien revocar la decisión.

De esta manera, el control de la constitucionalidad queda entregado, sin problemas, a los órganos judiciales ordinarios, siempre que la decisión sea sólo de desaplicación para el caso concreto. El sistema lo permite: los propios tribunales de instancia analizan el asunto de constitucionalidad y lo resuelven.

Sólo en caso de que, superados todos los recursos, el fallo definitivamente firme contenga una desaplicación es que se justifica la intervención de la Sala. No es necesaria una intervención preventiva, como si los jueces de instancia no tuvieran poder suficiente para resolver el caso.

Si al final la norma no es desaplicada por el juez cuya decisión se convierte en firme -que es la que importa en definitiva para cada caso concreto- habrá quedado inalterado el ordenamiento legal. Debe recordarse que, aunque la Constitución esté en la cúspide del ordenamiento jurídico, las leyes se presumen válidas. Por ello, la aplicación de la norma legal (o sublegal) a casos concretos no tiene que ser preocupante, sino que la inquietud debe surgir cuando no se aplique por reputarse violatoria de la Carta Magna. Ello no impide, claro está, que cualquier persona (en virtud de la acción popular existente en nuestro país) impugne directamente la norma ante la Sala, por vía de acción abstracta. En este último supuesto, el caso concreto pierde importancia, siendo sustituido por un recurso objetivo.

Como se ve, aunque pueda sostenerse que la intervención de la Sala desde un primer momento, sin esperar una sentencia definitivamente firme, tendría beneficios -en particular el hecho de que exista un pronunciamiento sin necesidad de agotar las vías procedentes para la controversia concreta-, lo cierto es que ello no se corresponde con la esencia de nuestro sistema de control constitucional.

En efecto, estima la Sala que no debe desconocerse el poder de los jueces de instancia para desaplicar normas que reputen inconstitucionales y que, en caso de ejercerse, tampoco puede olvidarse que el derecho positivo reconoce mecanismos de control de las decisiones de instancia, todo lo cual hace innecesario que se rompa con el orden procesal con la introducción de un elemento perturbador, como lo sería una intervención de la Sala cuando el proceso todavía tiene etapas que cumplir. (...)

El caso venezolano es muy distinto, según lo indicado: el juicio continuaría, incluso si se plantease la cuestión a esta Sala, porque nada puede impedir los recursos ordinarios que procedan en el caso concreto. En una situación así, es obvio que el sistema desaconseja una participación adelantada de la

Sala, ni siquiera como medio para dar seguridad a los jueces de instancia. Se hace necesario vincular el control difuso con el concentrado, ciertamente, pero no de manera de desnaturalizar al primero, que es tan relevante como el segundo, si bien sus efectos si mas limitados.

Por tanto, la restricción que contiene el número 10 del artículo 336 de la Constitución, repetida en el número 16 del artículo 5 de la Ley Orgánica del Tribunal Supremo de Justicia, tiene fundamento en el sistema mismo de control que el Constituyente ha escogido y que ya es de larguísima tradición en el país. No es, pues, una limitación injustificada, sino una manifestación de la relevancia del control difuso, que permite a los jueces de instancia ser jueces constitucionales, aunque sea para casos concretos.(…)

Esta Sala sólo conoce, por mandato constitucional y legal, de la revisión de fallos definitivamente firmes. Cualquier fallo en el que efectivamente se haya ejercido el control difuso, remitido sin la firmeza requerida escapa de la revisión de la Sala, pues es objeto de los recursos a que haya lugar ante los órganos jurisdiccionales que corresponda. Para la determinación de la firmeza del fallo, la Sala ordena, a partir de la fecha de publicación del presente fallo, que la remisión la efectúe, con la mención debida a ese carácter, el órgano judicial que quede encargado del archivo del expediente de manera definitiva, único que puede dar fe de que ya contra la decisión no procede recurso alguno; bien porque ya fueron ejercidos los existentes o precluyeron los lapsos para ello. En otros términos, el control de esta Sala se realizará respecto de aquellos fallos en los que efectivamente se haga un pronunciamiento definitivamente firme sobre la desaplicación de una norma por control difuso, independientemente de que el juez de alzada confirme o no el fallo que sobre esta materia dicte el tribunal de la primera instancia.

Lo anterior no impide que, cuando así lo amerite, la Sala haga uso de su poder de actuación de oficio, previsto en el artículo 18, sexto aparte, de la Ley Orgánica del Tribunal Supremo de Justicia, y decida conocer de un asunto relativo a la constitucionalidad de una norma legal aun antes de la firmeza de los fallos. Será la Sala, como es natural, la única con el poder de determinar la necesidad de esa actuación de oficio, lo que se juzgará atendiendo a las circunstancias particulares de cada caso.

Como puede observarse, entonces, sólo será procedente la remisión prevista en el artículo 33 de la *Ley Orgánica del Tribunal Supremo de Justicia*, cuando el juez que dictó el fallo tenga claro que contra su decisión no cabe recurso alguno, es decir, cuando entienda que la sentencia se encuentra definitivamente firme.

Sin embargo, han existido decisiones de la Sala Constitucional que dejan abierta la posibilidad de que esa remisión se haga en casos de sentencias interlocutorias. Nos referimos concretamente a la sentencia dictada por la Sala Constitucional en fecha 11 de mayo de 2006, caso: *Telcel, C.A.*, donde la empresa accionante había solicitado la revisión de un fallo de la Sala Político-Administrativa que había declarado improcedente una solicitud de suspensión de efectos, conforme a lo dispuesto en el artículo 205 de la *Ley Orgánica de Telecomunicaciones*, el cual consagra una especie de suspensión automática, frente a la impugnación judicial del acto respectivo.

En este caso, la Sala Constitucional señaló lo siguiente:

> Como quedó apuntado anteriormente, la sentencia que pretenden los solicitantes se revise, declaró improcedente la suspensión de los efectos de la Providencia Administrativa N° PADS-453, dictada por el Director General de la Comisión Nacional de Telecomunicaciones (CONATEL), en lo que se refiere a la sanción impuesta a la parte accionante consistente en una multa de veinticinco mil unidades tributarias (25.000UT) de conformidad con lo dispuesto en el numeral 1 del artículo 166 de la Ley Orgánica de Telecomunicaciones, a la vez que desaplicó para el caso en concreto el artículo 205 de la Ley Orgánica de Telecomunicaciones.
>
> Ahora bien, estando en presencia de la desaplicación de normas, el artículo 5 numeral 22 de la Ley Orgánica del Tribunal Supremo de Justicia le impone a esta Sala Constitucional, como máximo garante e interprete de la Constitución, el deber de efectuar un examen abstracto y general sobre la constitucionalidad de la norma previamente desaplicada mediante control difuso -en este caso- por otra Sala de este alto Tribunal, absteniéndose de conocer sobre el mérito y fundamento de la sentencia pasada en autoridad de cosa juzgada.
>
> Esa labor de juzgamiento atribuida a esta Sala, trae como consecuencia, que mientras esté pendiente por decidir lo acertado o no de la aplicación del control difuso -en este caso- del artículo 205 de la Ley Orgánica de Telecomunicaciones, no es

admisible una solicitud de revisión a instancia de parte sobre la licitud de la constitucionalidad de la sentencia dictada, como medio de control, toda vez que, si esta Sala, en su labor de juzgamiento considera que el control difuso fue ejercido incorrectamente, el dispositivo de la sentencia que de ella emane, lógicamente debe ordenar se dicte una nueva sentencia con sujeción a lo que se dictamine en el fallo, y obviamente los efectos de la sentencia analizada quedarían enervados. Es decir, que el pronunciamiento que se efectúe por parte de esta Sala Constitucional sobre control difuso aplicado en determinada sentencia, tiene prelación, a cualquier medio extraordinario de control que se ejerza sobre la licitud de la referida sentencia, pues se trata como refiere el artículo 5 numeral 22 de la Ley Orgánica del Tribunal Supremo de Justicia, de un análisis general y abstracto de la constitucionalidad de la norma previamente desaplicada que interesa al orden público general, y no de la constitucionalidad de la sentencia como tal, que sólo tendrá incidencia en el caso en concreto.

Debe acotar esta Sala, sin embargo, que no se trata de que en el supuesto de que considere incorrectamente ejercido el control difuso, se esté interfiriendo sobre el mérito y fundamento de la sentencia dictada -en este caso- por la Sala Político-Administrativa. Se trata de que, ante un incorrecto ejercicio del control difuso efectuado por dicha Sala en la interpretación de una norma, debe necesariamente advertirse y corregirse. Tal es el propósito y razón de ser de esa labor de juzgamiento pues de lo contrario, ¿que sentido tendría que esta Sala, actuase como máxima autoridad en la interpretación de la Constitución, y, sin embargo, las decisiones que advirtieran una incorrecta interpretación de alguna de sus normas por parte de otra Sala no surtieran ningún efecto jurídico?

Es oportuno señalar, que para que la Sala efectúe el examen a que se refiere el tantas veces citado numeral 22 del artículo 5 de la Ley Orgánica de este Tribunal Supremo de Justicia, es necesario que sean remitidas las copias certificadas del expediente donde fue dictada la sentencia que va a ser sometida al análisis correspondiente. Sin embargo, como quiera que, a la presente fecha, no se ha recibido a tal fin las referidas copias, se ordena oficiar a la Sala Político-Administrativa de este Tribunal Supremo de Justicia, a los fines de que procedan a su remisión.

> Como consecuencia de lo anteriormente expuesto, la presente solicitud de revisión no puede ser resuelta de inmediato, pues como antes se dijo se encuentra pendiente la consulta de un fallo emanado de la Sala Político-Administrativa, a la cual se exhorta -en lo adelante- a cumplir en tiempo oportuno con lo dispuesto en el párrafo cuarto del artículo 5 de la Ley Orgánica del Tribunal Supremo de Justicia. Así se decide.

Para luego en el dispositivo de esa decisión, señalar que:

> Por los razonamientos antes expuestos, este Tribunal Supremo de Justicia, en Sala Constitucional, administrando justicia en nombre de la República y por autoridad de la Ley, se *ordena* oficiar a la Sala Político-Administrativa de este Tribunal Supremo de Justicia, a los fines de que se sirva remitir copia certificada del expediente N° 2004-2881, a los fines de proceder al examen de oficio del control de constitucionalidad de la norma desaplicada, en cumplimiento del artículo 5.22 de la Ley Orgánica del Tribunal Supremo de Justicia. Líbrese oficio. Publíquese, regístrese, déjese copia.

Como vemos, la Sala Constitucional ordenó la remisión del expediente respectivo, a los fines de realizar la consulta a que se refería el numeral 22 del artículo 5 de la entonces *Ley Orgánica del Tribunal Supremo de Justicia*, a pesar de que no se trataba de un fallo definitivo, sino de una sentencia interlocutoria, mediante la cual se había declarado improcedente, la solicitud de suspensión de efectos de un acto administrativo dictado por CONATEL[83]. Pareciera que siempre hay alguna excepción a las reglas jurisprudenciales de la Sala Constitucional.

También vale la pena destacar, con respecto a la obligación de enviar una sentencia definitiva que haya desaplicado una norma, vía control difuso, lo dispuesto en la sentencia de fecha 15 de julio

---

83 Ante este requerimiento, la Sala Político-Administrativa envió copia certificada del expediente; lo que terminó derivando en la declaratoria de nulidad de la sentencia (interlocutoria) dictada por la Sala Político-Administrativa, mediante la cual se había desaplicado el artículo 205 de la Ley Orgánica de Telecomunicaciones (Véase, la sentencia de fecha 6 de febrero de 2007, dictada por la Sala Constitucional, en el mismo caso: *Telcel, C.A.*). Ello, a pesar de que se trataba, en principio, de un examen abstracto y ajeno a la controversia.

de 2005, caso: *Rosa Luisa Mémoli*, donde la Sala Constitucional señaló lo siguiente:

> Se trata de una serie de irregularidades en cuanto a la aplicación del control difuso por parte del Juez de Control, que necesariamente requieren de un correctivo. Este ha podido provenir del Tribunal de alzada, que es tan juez constitucional como el de Control; pero, la Sala No. 2 de la Corte de Apelaciones del Circuito Judicial Penal del Área Metropolitana de Caracas, al rechazar la apelación por extemporánea, no reparó en el fondo del asunto, lo que tenía que hacer independientemente de que oyera o no la apelación, por tratarse de una cuestión constitucional, que antes de la vigencia de la Ley Orgánica del Tribunal Supremo de Justicia ya había sido resuelta por esta Sala, y que obligaba a la referida Sala No. 2 de la Corte de Apelaciones, al menos a enviar los autos a esta Sala Constitucional, para que revisara la desaplicación.

Como vemos, la Sala Constitucional consideró en este caso que la Corte de Apelaciones que declaró extemporánea una apelación, ha debido, a pesar de ello, enviar a la Sala Constitucional la sentencia de primera instancia, en virtud de que había desaplicado una norma, vía control difuso. Y hay que destacar que en el fallo que estamos comentando, la Sala llegó a considerar de muy grave esta omisión de la Corte de Apelaciones, pues ordenó la apertura de un procedimiento disciplinario en contra de sus integrantes.

De allí, que debe entenderse que todo juez que ha dictado un fallo definitivamente firme, donde se ha ordenado la desaplicación de una norma jurídica, vía control difuso, se encuentra obligado a remitir en consulta obligatoria su decisión definitiva, a los fines de dar cumplimiento a lo previsto en el tantas veces mencionado del artículo 33 de la *Ley Orgánica del Tribunal Supremo de Justicia*.

2. *Legitimación para solicitar la consulta obligatoria*

El artículo 33 de la *Ley Orgánica del Tribunal Supremo de Justicia* le impone la obligación al juez que ha dictado un fallo definitivamente firme, de remitir su sentencia a la Sala Constitucional, cuando ha desaplicado una norma, vía control difuso. Es decir, lo tiene que hacer el juez *de oficio*.

Ahora bien, nada obsta para que, ante la sorna del tribunal, las partes puedan instar al juez, mediante algún escrito o diligencia, a que envíe su fallo a la Sala Constitucional, en cumplimiento de la ley. Incluso, frente a la contumacia del tribunal que dictó el fallo, la parte interesada en su consulta pudiera hasta solicitarle a la propia Sala Constitucional que requiera el fallo, bien sea para su consulta (vía artículo 33 de la *Ley Orgánica del Tribunal Supremo de Justicia*); o para que la revise de oficio, conforme a lo dispuesto en el numeral 10 del artículo 336 de la *Constitución*.

3. *Procedimiento*

Nada dispone la *Ley Orgánica del Tribunal Supremo de Justicia* sobre la necesidad o no de tramitar un procedimiento ante la Sala Constitucional, a los fines de decidir la consulta presentada conforme a lo dispuesto en el artículo 33 *eiusdem*. Más bien, el último párrafo de ese mismo artículo pareciera sugerir que no es necesario procedimiento alguno, pues allí se señala que la revisión que hará la Sala Constitucional es abstracta, por lo que, en principio, debe abstenerse de revisar el mérito y alcance de la sentencia dictada por el tribunal remitente, la cual debería seguir conservando fuerza de cosa juzgada.

Este criterio de la no necesidad de un procedimiento contradictorio se confirma cuando en el artículo 128 de la *Ley Orgánica del Tribunal Supremo de Justicia* se dispone un procedimiento común para una serie de competencias de la Sala Constitucional, mencionadas en el artículo 25 *eiusdem*, dejándose fuera lo dispuesto en el numeral 12, el cual se refiere a la revisión de sentencias definitivamente firmes que hayan aplicado el mecanismo del control difuso.

En efecto, al tratarse de un examen abstracto, al menos en principio, ajeno a la controversia de donde surgió el fallo, pareciera que no sería necesario tramitar procedimiento alguno[84]. Así lo ha entendido la Sala Constitucional, al menos implícitamente, ya que este tipo de casos se tramitan sin incidencias procesales. Simplemente, ante el recibo de una sentencia enviada en consulta, la Sala da entrada, designa número de expediente, nombra al magistrado ponente y se dicta la decisión correspondiente.

---

84 Más adelante veremos si en efecto ese examen que realiza la Sala Constitucional es realmente abstracto y ajeno a la controversia que originó el fallo.

Ahora bien, nada obsta a que las partes puedan presentar escritos ante la Sala Constitucional, frente a la remisión del expediente para la consulta sobre la forma cómo fue ejercido el control difuso. Si bien la Sala no está obligada a considerarlos, perfectamente pudiera utilizar algún argumento expuesto por las partes del juicio original.

Vale la pena destacar que la Sala Constitucional ha exigido que la remisión de la sentencia a ser consultada, vaya acompañada de una copia certificada de las *actuaciones relevantes*, requisito que luego se incorporó en la *Ley Orgánica del Tribunal Supremo de Justicia*[85]. Sin duda, ello puede ser relevante, si se toma en consideración que para la desaplicación o no de una norma jurídica, resulta muy pertinente ubicarla en el contexto de una determinada controversia. Por ello, los hechos del caso pueden ser muy importantes para que la Sala Constitucional pueda ejercer un efectivo control de la desaplicación de una norma.

4. *Los efectos de la revisión de fallos que hayan ejercido control difuso*

Algo más complejo resulta el análisis del alcance o contenido que podría contener una decisión de la Sala Constitucional, en ejercicio de la competencia que le atribuye los artículos 25.12, 33 y 34 de la *Ley Orgánica del Tribunal Supremo de Justicia.*

Así, en principio, una sentencia consultada a la Sala Constitucional, a los fines de verificar si la desaplicación de una norma, vía control difuso, se ha realizado en forma acertada o no, puede derivar en las siguientes soluciones:

A. *Que se confirme la sentencia del tribunal remitente*

En este supuesto no habría mayores inconvenientes, pues la Sala Constitucional simplemente confirmaría la decisión consultada, convalidando la sentencia dictada por el juez remitente, en el curso de una determinada controversia. Aquí no habría mayores conse-

---

85 Véase sentencia de fecha 11 de mayo de 2006, caso: *Telcel, C.A.* Véase también la parte final del artículo 33 de la *Ley Orgánica del Tribunal Supremo de Justicia.*

cuencias jurídicas, salvo la consolidación de un criterio jurisprudencial, ahora con carácter vinculante, de acuerdo a lo establecido en el artículo 335 de la *Constitución*.

Como ejemplo de este tipo de decisiones podemos citar el fallo dictado por la Sala Constitucional, en fecha 20 de diciembre de 2007, caso: *Edilberto Moreno*, donde se ratifica el criterio asumido por el Tribunal remitente, mediante el cual se desaplicó, vía control difuso, una norma del *Código Orgánico Procesal Penal*.

B. *Que se considere necesario desaplicar la norma con efectos erga omnes*

Como consecuencia de una consulta presentada a la Sala Constitucional, conforme a lo dispuesto en los artículos 25.12, 33 y 34 de la *Ley Orgánica del Tribunal Supremo de Justicia*, ésta podría considerar que la desaplicación de la norma no sólo debe realizarse con respecto al caso concreto, sino que es necesario extender los efectos de la declaratoria de inconstitucionalidad al resto de los operadores jurídicos, es decir, declarar de forma general la inconstitucionalidad de la norma.

Así lo dispone la Ley del Máximo Tribunal, cuando señala expresamente lo siguiente:

> Artículo 34. Conforme a lo que se dispone en el artículo anterior, cuando se declare la conformidad a derecho de la desaplicación por control difuso, la Sala Constitucional podrá ordenar el inicio del procedimiento de nulidad que dispone esta Ley. Igualmente procederá cuando el control difuso de la constitucionalidad sea ejercido por dicha Sala.

Este supuesto implica, básicamente, que la Sala Constitucional considere de oficio la inconstitucionalidad general de una norma jurídica, pues la estaría extrapolando de un proceso judicial concreto, para considerar que la misma no es compatible con la *Constitución* ni en ese caso concreto, ni en ningún otro.

Un ejemplo de esta situación lo pudiéramos encontrar con el supuesto de la sentencia de la Sala Político-Administrativa de fecha 14.10.90, caso: *Scholl Venezolana*. En esta sentencia se desaplicaron normas de la *Ley Orgánica de Aduanas* y su *Reglamento*, las cuales consagraban el llamado sistema del *solve et repete*, en virtud del cual, para poder admitir un recurso contra una multa aduanera, había que primero pagarla. A nuestro juicio, en este tipo de casos, la norma desaplicada no podría ser considerada constitucional para ningún otro operador jurídico.

Pues bien, en ese supuesto, lo más lógico sería que la Sala Constitucional le de carácter *erga omnes* a la desaplicación realizada en el fallo cuya revisión se encuentra realizando, conforme a lo dispuesto en el artículo 34 de la *Ley Orgánica del Tribunal Supremo de Justicia.*

Es bueno insistir en que no siempre una desaplicación de una norma en un caso concreto puede conllevar a la declaratoria general de su inconstitucionalidad, pues una norma puede perfectamente ser considerada inconstitucional para un caso concreto y constitucional para otro. Así, por ejemplo, en varias oportunidades las Cortes de lo Contencioso Administrativo han desaplicado en algunos casos concretos, el artículo 54 de la *Ley para Promover y Proteger la Libre Competencia,* por considerar que la suspensión automática de los efectos del acto podría generar una situación inconstitucional. Sin embargo, en muchos otros casos la aplicación de la norma sería perfectamente constitucional.

Resulta muy importante referirnos a la necesidad o no de tramitar un procedimiento en el supuesto que estamos analizando, esto es, en el caso que la Sala Constitucional decida aplicar lo dispuesto en el artículo 34 de la *Ley Orgánica del Tribunal Supremo de Justicia.*

En este sentido, el profesor BREWER-CARÍAS ha afirmado lo siguiente:

> Por supuesto, en este caso, la Sala Constitucional estaría obligada a iniciar el proceso constitucional de inconstitucionalidad de las leyes, abriendo el contradictorio y citando mediante cartel, a todos los que puedan tener interés en ello, aplicando analógicamente el procedimiento del proceso constitucional de inconstitucionalidad de las leyes regulado para cuando se inicia mediante acción popular[86].

---

86 BREWER-CARÍAS, Allan, *Crónica sobre la "In" Justicia Constitucional. La Sala Constitucional y el Autoritarismo en Venezuela,* Editorial Jurídica Venezolana, Caracas, 2007.

Como vemos, el profesor BREWER-CARÍAS ha sugerido la necesidad de abrir un procedimiento contradictorio, cuando la Sala Constitucional considera que debe dársele efectos *erga omnes* a la desaplicación realizada de una norma jurídica en un caso concreto.

Al respecto, la Sala Constitucional había considerado que para darle efectos *erga omnes* a un fallo que desaplicó una norma jurídica, no resultaba necesario tramitar procedimiento alguno, al considerar que se trataba de un control objetivo de sentencias definitivamente firmes. Entendía la Sala que no resulta necesaria la opinión de las partes involucradas en el juicio que originó la sentencia, toda vez que la decisión de la Sala Constitucional no afectaría su esfera jurídica.

Un ejemplo jurisprudencial de esta afirmación lo podemos encontrar en la sentencia de fecha 14 de marzo de 2000, caso: *Elecentro*, antes citada, donde la Sala Constitucional dispuso lo siguiente:

> En consecuencia, visto que el último aparte, primer párrafo, del artículo 185 de la Ley Orgánica de la Corte Suprema de Justicia, dispone lo siguiente: *"Contra las decisiones que dicte dicho Tribunal en los asuntos señalados en los ordinales 1 al 4 de este artículo no se oirá recurso alguno";* visto que la citada disposición es incompatible con las contenidas en el artículo 8, numerales 1 y 2 (literal h), de la Convención Americana sobre Derechos Humanos, las cuales están provistas de jerarquía constitucional y son de aplicación preferente; visto que el segundo aparte del artículo 334 de la Constitución de la República establece lo siguiente: *"En caso de incompatibilidad entre esta Constitución y una ley u otra norma jurídica, se aplicarán las disposiciones constitucionales, correspondiendo a los tribunales en cualquier causa, aun de oficio, decidir lo conducente";* esta Sala acuerda dejar sin aplicación la disposición transcrita, contenida en el último aparte, primer párrafo, del artículo 185 de la Ley Orgánica en referencia, debiendo aplicarse en su lugar, en el caso de la sentencia que se pronuncie, de ser el caso, sobre el recurso contencioso administrativo de anulación interpuesto por la parte actora ante la Corte Primera de lo Contencioso Administrativo (expediente N° 99-22167), la disposición prevista en el último aparte, segundo párrafo, del artículo 185 *eiusdem*, y la cual es del tenor siguiente: *"Contra las sentencias definitivas que dicte el mismo Tribunal ... podrá interponerse apelación dentro del término de cinco días, ante la Corte Suprema de Justicia* (*rectius*: Tribunal Supremo de Justicia)". Así se decide.

Es pertinente acotar que esa desaplicación con efectos *erga omnes* no fue producto de una revisión de sentencia definitiva, sino en virtud del conocimiento directo de un caso concreto donde tenía que resolver un conflicto de competencias. Sin embargo, se aprecia en este fallo como la Sala anula con carácter general una norma sin que se haya tramitado un procedimiento judicial previo.

Sin embargo, el artículo 34 de la *Ley Orgánica del Tribunal Supremo de Justicia* parece haber modificado ese criterio jurisprudencial, quizás entendiendo que no puede descartarse el interés que pudiera tener el órgano o cuerpo legislativo que dictó la norma o cualquier otro operador jurídico distinto a las partes involucradas en el juicio que dio lugar al control difuso, quienes pudieran tener interés en mantener o no la vigencia de la norma para atender determinadas políticas públicas.

La *Ley Orgánica del Tribunal Supremo de Justicia* considera ahora necesario un procedimiento previo para darle efectos *erga omnes* a la desaplicación de una norma, vía control difuso, pues es claro que existen situaciones donde no resulta sencillo determinar la necesidad de darle efectos *erga omnes* a la declaratoria de inconstitucionalidad de una determinada norma, por lo que se considera relevante tramitar el procedimiento de nulidad, previsto en los artículos 129 y siguientes *eiusdem*.

Así, en la sentencia de fecha 1° de marzo de 2016, caso: *Gabriela Florez*, la Sala Constitucional, luego de desaplicar unas normas de la *Ley sobre el Régimen para la Comparecencia de Funcionarios y Funcionarias Públicos*, ordenó la apertura del procedimiento de nulidad de leyes, previsto en los mencionados artículos 129 y siguientes de la *Ley Orgánica del Tribunal Supremo de Justicia*. Textualmente señaló:

> Ser ORDENA la Secretaría de la Sala Constitucional la apertura del expediente respectivo, a los fines de que esta instancia jurisdiccional, en ejercicio de la competencia contenida en el artículo 336, cardinal 1 de la Constitución de la República Bolivariana de Venezuela y en el artículo 25, cardinal 1 de la Ley Orgánica del Tribunal Supremo de Justicia, y de conformidad con lo previsto en el artículo 34 *eiusdem* conozca de oficio el proceso de nulidad de los artículos 3, 11, 12 y 21 al 26 de la Ley sobre el Régimen para la Comparecencia de Funcionarios y Funcionarias Públicos o los y las particulares ante la Asamblea Nacional o sus Comisiones, y del artículo 113 de Reglamento Interior y de Debates de la Asamblea Nacional.

C. *Que se considere inadecuada la desaplicación realizada por el tribunal remitente*

Otra alternativa frente al ejercicio de la facultad prevista en el artículo 33 de la *Ley Orgánica del Tribunal Supremo de Justicia* es que la Sala Constitucional considere inadecuada la desaplicación realizada por el tribunal remitente.

En estos casos, la Sala Constitucional estaría considerando que la aplicación de la norma resultaba necesaria, y por ende no podía ser obviada o desaplicada en ese caso concreto.

Ahora, en este supuesto el gran problema radica en determinar si los efectos de la decisión anulatoria de la Sala Constitucional tendrán incidencia sobre el caso concreto que originó la consulta, o si por el contrario debe la Sala limitarse a advertir la situación a casos futuros, tal y como lo sugería la parte *in fine* del numeral 22 del artículo 5 de la derogada *Ley Orgánica del Tribunal Supremo de Justicia* de 2004, donde se establecía que la Sala debía abstenerse "de conocer sobre el mérito y fundamento de la sentencia pasada con fuerza de cosa juzgada"[87].

Como vemos, la derogada *Ley Orgánica del Tribunal Supremo de Justicia* de 2004 pretendió dejar intactos los efectos de la cosa juzgada de la sentencia cuya revisión se solicitaba, en los casos de revisión de sentencias que aplicaban el control difuso de normas jurídicas. Sin embargo, bajo la vigencia de esa ley, la Sala Constitucional hizo caso omiso a esa limitación, entendiendo que se encontraba obligada a anular el fallo concreto objeto de revisión y evitar la consolidación de un criterio que consideraba inadecuado.

De allí que, paradójicamente, la Sala pareciera haber desaplicado las limitaciones que la ley le impuso frente a la competencia para revisar las desaplicaciones por control difuso.

En efecto, en varios casos donde la Sala Constitucional consideró que la desaplicación de normas jurídicas en un caso concreto se realizó erradamente, ordenó la nulidad de la sentencia objeto de revisión, entrando claramente al mérito o fondo del asunto planteado, con lo cual obvió la limitación contemplada en la parte final del numeral 22 del artículo 5 de la derogada *Ley Orgánica del Tribunal Supremo de Justicia* de 2004.

---

87 Disposición que se repetía también en la parte final del mismo artículo 5 de la derogada ley.

Así, por ejemplo, en la sentencia de fecha 9 de abril de 2008, caso: *Edwar Trejo*, se señaló lo siguiente:

> Tomando en cuenta las anteriores consideraciones y en armonía con el criterio jurisprudencial sostenido respecto de la desaplicación aquí efectuada, resulta forzoso para esta Sala declarar no ajustada a derecho la desaplicación del segundo aparte del artículo 376 del Código Orgánico Procesal Penal, por no ser contraria dicha norma al principio constitucional previsto en el artículo 19 de la Constitución de la República Bolivariana de Venezuela. En consecuencia, se anula el fallo dictado el 27 de abril de 2005 por el Juzgado Undécimo de Primera Instancia en Función de Juicio del Circuito Judicial Penal del Área Metropolitana de Caracas, mediante el cual se condenó al ciudadano Edwar José Trejo Rojas, a cumplir la pena de dos (2) años y ocho (8) meses de presidio por la comisión del delito de robo agravado en grado de tentativa; en tal sentido, se repone la causa al estado de que sea dictada nueva sentencia con sujeción al contenido del presente fallo; y así se decide.
>
> Ahora bien, como quiera que desde la fecha en que se dictó el fallo aquí anulado, esto es el 27 de abril de 2005, hasta la presente fecha, han transcurrido más de dos (2) años, advierte la Sala que el período de reclusión que haya cumplido el referido ciudadano deberá ser tomado en cuenta por el Tribunal de Ejecución respectivo, una vez se haya dictado la sentencia correspondiente en caso de que ésta resulte condenatoria; y así se decide[88].

La misma posición se reitera en la sentencia de fecha 26 de agosto de 2013, caso: *Sindicato Único de Obreros de la Gobernación del Estado Falcón*, donde la Sala Constitucional destacó que:

> Siendo ello así, toda desaplicación por control difuso amerita un análisis de contraste entre el Texto Fundamental y las disposiciones cuya aplicación se considera lesiva de la

---

88 Véase también las decisiones dictadas por la Sala Constitucional en fecha 12-05-06, 02-11-07 y 11-11-08, casos: *José Mogollón*, *Carlos Suarez* y *Miriam Dugarte*, respectivamente, donde se anulan fallos revisados mediante la atribución contenida en el numeral 22 del artículo 5 de la *Ley Orgánica del Tribunal Supremo de Justicia* de 2004.

Carta Magna y, en tal sentido, del examen de la sentencia sobre la cual versan las presentes consideraciones se observa, que la Sala Electoral de este Alto Tribunal obvió cualquier análisis que permita deducir alguna colisión entre el artículo 406 de la Ley Orgánica del Trabajo, las Trabajadoras y los Trabajadores y la Constitución de la República Bolivariana de Venezuela.

En efecto, la referida decisión se limitó a establecer que es evidente que "la jurisdicción" que debe conocer del asunto planteado es la que pertenece a la Sala Electoral, sin precisar, cuál o cuáles son los preceptos constitucionales vulnerados y en qué consiste la eventual vulneración.

En tal virtud, resulta patente que la decisión bajo examen no hizo el debido contraste entre la Constitución y la norma desaplicada, razón por la cual, se hace necesario declarar no conforme a derecho la desaplicación y, en consecuencia, anular la decisión sometida a consulta y ordenar a la Sala Electoral de este Alto Tribunal, que vuelva a emitir un pronunciamiento tomando en consideración la doctrina vertida en el presente fallo. Con lo cual, deberá precisar en qué consiste la eventual inconstitucionalidad del artículo 406 de la Ley Orgánica del Trabajo, las Trabajadoras y los Trabajadores y cuáles son las disposiciones constitucionales vulneradas. Así se decide[89].

Quizás por ello, en la reforma de la *Ley Orgánica del Tribunal Supremo de Justicia* de 2010 y en la vigente de 2022, se eliminó esa prohibición que estaba contenida en el numeral 22 del artículo 5 de la derogada *Ley Orgánica del Tribunal Supremo de Justicia* de 2004.

Por tanto, cuando la Sala Constitucional considera que la desaplicación de una norma jurídica, vía control difuso, ha sido realizada en forma errada, entra a analizar el fondo o mérito del asunto, para considerar si es necesario anular la sentencia respectiva y disponer lo necesario para que el juicio retome su curso en el estado más adecuado, una vez corregido el error de derecho. Es decir, no tiene ninguna limitación, por lo que esa supuesta revisión abstracta no se compadece con la realidad jurisprudencial.

---

89 Véase también el fallo del 10 de agosto de 2006, caso: *Movilnet*.

D. *La declaratoria de prejudicialidad*

Además de los supuestos anteriores, la Sala Constitucional ha dictado decisiones por medio de las cuales se abstiene de ejercer el control de sentencias a que hace referencia el artículo 33 de *la Ley Orgánica del Tribunal Supremo de Justicia*, cuando se encuentra pendiente una acción de inconstitucionalidad (control concentrado) frente a la norma cuya revisión se solicita.

Así, en la sentencia de fecha 15 de julio de 2008, caso: *Gerardo González*, la Sala Constitucional señaló lo siguiente:

> En relación al caso bajo estudio, se debe señalar previamente, que la norma contenida en el último aparte del 31 artículo de la Ley Orgánica contra el Tráfico Ilícito y el Consumo de Sustancias Estupefacientes y Psicotrópicas, cuya desaplicación pretendió llevar a cabo el señalado Juez de Juicio en la decisión remitida a esta Sala para su revisión, fue suspendida mediante sentencia n° 635 del 21 de abril de 2008, como medida cautelar dentro del procedimiento correspondiente al recurso de nulidad por inconstitucionalidad ejercido contra dicha norma. En esa oportunidad la Sala señaló lo siguiente: (...)
>
> En vista de la citada decisión, esta Sala Constitucional en casos análogos al presente (ver sentencias 3.205/2005, del 25 de octubre; 3.336/2005, del 4 de noviembre; 3.928/2005, del 7 de diciembre; 8/2006, del 20 de enero; 191/2006, del 16 de febrero; 537/2006, del 14 de marzo, entre otras), ha declarado la existencia de una cuestión prejudicial, como lo es la causa relativa al referido recurso de nulidad contra el mencionado artículo 31 de la Ley Orgánica contra el Tráfico Ilícito y el Consumo de Sustancias Estupefacientes y Psicotrópicas, dentro de la cual fue dictada tal providencia cautelar, situación que le ha impedido emitir pronunciamiento respecto a las desaplicaciones de la señalada norma adjetiva, que han sido sometidas a revisión de esta Sala. Así se decide.

Obviamente, para declarar la prejudicialidad en este caso fue determinante el hecho de que la norma en cuestión se encontraba suspendida cautelarmente por una sentencia previa de la Sala Constitucional, pues de lo contrario pareciera que la Sala si podría (y hasta debería) ejercer la revisión, pues si la desaplicación de la norma fue inadecuada en un caso concreto, no tendría por qué esperarse un juicio de carácter abstracto destinado a verificar la constitucionalidad o no de la misma norma. El control difuso es distinto al concentrado, por ello no siempre una desaplicación a un caso concreto determina la necesidad de desaplicarla con efectos *erga omnes.*

5. *Relación de la consulta obligatoria del control difuso con la revisión extraordinaria de sentencias definitivamente firmes*

Otra de las principales competencias de la Sala Constitucional se refiere a la posibilidad de revisar sentencias definitivamente firmes, conforme a lo dispuesto en el numeral 10 del artículo 336 de la *Constitución* y los numerales 10 y 11 del artículo 25 de la *Ley Orgánica del Tribunal Supremo de Justicia.* Facultad que, como se expone en este trabajo, también puede ser ejercida de oficio por la propia Sala Constitucional.

Pues bien, es el caso que ambas competencias, esto es, la prevista en el artículo 33 de la *Ley Orgánica del Tribunal Supremo de Justicia* y la prevista en el numeral 10 del artículo 336 de la *Constitución,* pueden solaparse y confundirse, generando no pocos problemas prácticos. Más aún si tomamos en consideración la forma como la Sala Constitucional ha ejercido la primera, pues -como hemos visto- no se ha limitado a corregir errores hacia futuro, sino que ha ordenado la anulación de fallos concretos que han realizado un errado control difuso de la constitucionalidad de normas jurídicas.

Así, por ejemplo, frente a una sentencia definitivamente firme que haya utilizado el mecanismo del control difuso, el juez que la dictó podría (y hasta debería) ordenar su remisión a la Sala Constitucional, conforme a lo previsto en el artículo 33 de la *Ley Orgánica del Tribunal Supremo de Justicia;* y al mismo tiempo alguna de las partes podría solicitar su revisión, conforme a lo previsto en el numeral 10 del artículo 336 de la *Constitución.*

Se trataría de una misma sentencia definitiva revisada por la misma Sala Constitucional, a través de dos mecanismos o potestades distintas.

Así, cabría preguntarse: ¿podrían las partes solicitar una revisión si ya la sentencia fue verificada y corroborada al haber sido remitida por el juez que dictó la sentencia definitiva, conforme al artículo 33 de la *Ley Orgánica del Tribunal Supremo de Justicia*? ¿Podrían las partes solicitar la revisión de una sentencia definitiva (vía numeral 10 del artículo 336 de la *Constitución*) si todavía la Sala Constitucional no se ha pronunciado sobre el ejercicio del control difuso efectuado, conforme al indicado artículo 33 *eiusdem*?

Nótese que ambos mecanismos no necesariamente deben producir los mismos resultados, pues podría suceder que el ejercicio del control difuso haya sido ejercido acertadamente, pero entienda la Sala Constitucional que la sentencia debe ser anulada por haber omitido la aplicación de una norma constitucional o haber dejado de aplicar algún precedente vinculante. En este caso, pareciera que la Sala no podría anular el fallo conforme al artículo 33 de la *Ley Orgánica del Tribunal Supremo de Justicia*, pero sí cuando la revisión haya sido solicitada conforme al numeral 10 del artículo 336 de la *Constitución*.

Sin duda, el hecho de que una misma sentencia pueda ser revisada mediante dos mecanismos constitucionales distintos genera confusión, y lamentablemente la situación se agrava cuando no disponemos de una ley especial que regule la jurisdicción constitucional, así como tampoco de precedentes lo suficientemente claros y uniformes.

Sin embargo, por la audacia con que normalmente actúa la Sala Constitucional y ante los poderes de oficio que ella misma se ha impuesto, no es de extrañar que ésta pase a revisar una sentencia que está conociendo por remisión frente al uso del control difuso, y la corrija o anule, aun cuando el motivo no tenga que ver con la desaplicación de una norma jurídica. La jurisprudencia de la Sala ha corroborado que esas facultades abstractas, sin referirse al caso concreto, no se compadecen con la forma como ha venido realizando el control de las decisiones judiciales, donde más bien suele intervenir y hasta comportarse como un tribunal de instancia más.

CAPÍTULO CUATRO

EL CONTROL CONCENTRADO DE LA CONSTITUCIONALIDAD DE NORMAS JURÍDICAS

I. CONSIDERACIONES GENERALES

Tal y como expusimos antes, las primeras constituciones venezolanas establecieron un control político de las normas constitucionales, pues éstas se limitaron a reconocer el principio de *supremacía constitucional*, dando a entender que ningún funcionario (lo que incluye a los jueces) podía aplicar normas contrarias a la Constitución. En lugar de establecerse un procedimiento dirigido a cuestionar judicialmente la inconstitucionalidad de las leyes, más bien se establecieron procedimientos para exigir la responsabilidad de los funcionarios que dictasen actos contrarios al Texto Fundamental[90].

Por ello, la primera Constitución en establecer un procedimiento destinado a cuestionar normas inconstitucionales fue la de 1858. Concretamente, su artículo 113.8 facultó directamente a la Corte Suprema de Justicia para declarar la nulidad de los actos legislativos sancionados por las legislaturas provinciales, a petición de cualquier ciudadano, cuando fuesen contrarias a la Constitución. A partir de allí, los textos constitucionales fueron aumentando los tipos de actos que podían ser juzgados, ante el más Alto Tribunal, por contrariedad a ésta.

Luego, en la Constitución Federal de 1864, ese control constitucional se puso al servicio de la defensa de las competencias de los Estados miembros de la federación, eliminándose también la legitimación amplia para ejercer las acciones de inconstitucionalidad. Así, el artículo 92 consagró:

---

90 Véase, por ejemplo, el artículo 186 de la Constitución de 1830.

> Todo acto del Congreso o del Ejecutivo Nacional que viole los derechos garantizados a los Estados en esta Constitución o ataque su independencia, deberá ser declarado nulo por la Alta Corte, siempre que así lo pida la mayoría de las Legislaturas.

Este sistema se mantuvo, con ligeras modificaciones, hasta la Constitución de 1893, cuando se volvió a consagrar la potestad de la Alta Corte Federal para anular cualquier ley, decreto o resolución contraria a la Constitución[91]. De allí en adelante, las Constituciones venezolanas fueron agregando nuevas facultades a la Corte Suprema de Justicia, consolidando así, paulatinamente, la universalidad del control constitucional de todos los actos del poder público.

Actualmente, y como hemos adelantado ya, la función de controlar judicialmente, con carácter general y abstracto, la constitucionalidad de las leyes y demás actos del mismo rango, la tiene atribuida la Sala Constitucional del Tribunal Supremo de Justicia. Así, en primer término, el artículo 334 de la Constitución consagra:

> Corresponde exclusivamente a la Sala Constitucional del Tribunal Supremo de Justicia como jurisdicción constitucional, declarar la nulidad de las leyes y demás actos de los órganos que ejercen el Poder Público dictados en ejecución directa e inmediata de la Constitución o que tengan rango de ley, cuando colidan con aquella.

Seguidamente, y en forma más detallada, los primeros 4 numerales del artículo 336 de la *Constitución* establecen lo siguiente:

> Son atribuciones de la Sala Constitucional del Tribunal Supremo de Justicia:
>
> 1. Declarar la nulidad total o parcial de las leyes nacionales y demás actos con rango de ley de la Asamblea Nacional, que colidan con esta Constitución.
>
> 2. Declarar la nulidad total o parcial de las Constituciones y leyes estadales, de las ordenanzas municipales y demás actos de los cuerpos deliberantes de los Estados y Municipios dictados en ejecución directa e inmediata de esta Constitución y que colidan con ella.

---

91 Artículo 110.8

3. Declarar la nulidad total o parcial de los actos con rango de ley dictados por el Ejecutivo Nacional, que colidan con esta Constitución.

4. Declarar la nulidad total o parcial de los actos en ejecución directa e inmediata de esta Constitución, dictados por cualquier otro órgano estatal en ejercicio del Poder Público, cuando colidan con ésta.

Esta competencia se repite luego en la *Ley Orgánica del Tribunal Supremo de Justicia,* donde se establece en el artículo 25, como competencias de la Sala Constitucional.

De igual forma, el artículo 32 de la misma *Ley Orgánica del Tribunal Supremo de Justicia,* señala:

> De conformidad con la Constitución de la República Bolivariana de Venezuela, el control concentrado de la constitucionalidad sólo corresponderá a la Sala Constitucional en los términos previstos en esta Ley, mediante demanda popular de inconstitucionalidad, en cuyo caso, no privará el principio dispositivo, pudiendo la Sala suplir, de oficio, las deficiencias o técnicas del demandante por tratarse de un asunto de orden público. Los efectos de dicha sentencia serán de aplicación general, y se publicará en la Gaceta Oficial de la República Bolivariana de Venezuela, y en la Gaceta Oficial del Estado o Municipio según corresponda.

Y más adelante, como veremos, la misma *Ley Orgánica del Tribunal Supremo de Justicia* (artículo 128) establece el procedimiento a través del cual debe tramitarse las acciones de inconstitucionalidad contra los actos dictados en ejecución directa e inmediata de la *Constitución*, es decir, los contenidos en los numerales antes citados.

II. LOS ACTOS OBJETO DE CONTROL CONCENTRADO

Tal y como puede evidenciarse de las normas transcritas anteriormente, la Sala Constitucional ejerce el control concentrado sobre: las leyes nacionales y demás actos con rango de ley de la Asamblea Nacional; las Constituciones y leyes estadales, las ordenanzas municipales y demás actos de los cuerpos deliberantes de los Estados, Municipios y del Distrito Capital; los actos con rango de ley dictados por el Ejecutivo Nacional; los actos dictados por cualquier órgano en ejercicio del Poder Público, en ejecución directa e inmediata de la *Constitución*.

Esto quiere decir que la *Constitución* utilizó como criterio clave para delimitar el ámbito de competencia de la Sala Constitucional el rango o jerarquía de los actos cuestionados. Por ello, básicamente entiende que los actos que pueden ser objeto de acciones de inconstitucionalidad por ante esa Sala son aquellos que tienen el mismo rango que las leyes, al ser dictados *en ejecución directa e inmediata de la Constitución*.

Se trata de una posición que ya venía siendo acogida por la jurisprudencia anterior a la *Constitución* de 1999, a la luz de la interpretación de las normas que distribuían la competencia entre las distintas Salas de la entonces Corte Suprema de Justicia. La mejor muestra de ello fue la sentencia dictada por la Sala Político-Administrativa, en fecha 31 de agosto de 1993, recaída en el caso: *Carlos Andrés Pérez*, donde al cuestionarse el acuerdo mediante el cual el Congreso había declarado la falta absoluta de la Presidencia de la República, se descartó la competencia de la jurisdicción contencioso-administrativa señalándose lo siguiente:

> En efecto, puede evidenciarse que según la distribución de competencias que establece la propia Ley Originaria para hacer efectiva la garantía objetiva de la constitucionalidad en su artículo 216, todas las acciones de nulidad interpuestas contra actos dictados en ejecución directa e inmediata de la Carta Magna, y que -por tanto, desde el punto de vista de su rango, son equiparables a la ley- los cuales están comprendidos expresa o implícitamente, como se ha dicho, en los ordinales 3º, 4º y 6º de su artículo 215-, son del conocimiento exclusivo de la Corte Suprema de Justicia en Pleno; mientras que cuando se impugne un acto administrativo del Poder Público, de carácter general o particular, -pero de rango sublegal, realizado en función administrativa- por contrariedad al derecho -y aún por razones de inconstitucionalidad, la competencia corresponderá siempre a un órgano de la jurisdicción contencioso-administrativa, sea la Sala Político-Administrativa de la Corte Suprema de Justicia o cualquier otro tribunal de los que la ley determina. Luego de las precisiones anteriores, y partiendo del hecho de que el artículo 216 de la Constitución atribuye a la Corte en Pleno el exclusivo conocimiento de acciones de nulidad interpuestas contra actos con rango o jerarquía equiparable a la ley, sean éstos dictados por los cuerpos legislativos nacionales (ordinal 3º), por los cuerpos deliberantes de los Estados o Municipios (ordinal 4º), o por el Ejecutivo Nacional (ordinal 6º, y todos del artículo 215 de la

Constitución), se encuentra la Sala en capacidad, y en la obligación, de determinar previamente la competencia para conocer del recurso de anulación y la solicitud de amparo constitucional conjuntamente incoados. No sin antes dejar precisado y reiterar que -tal como ha quedado expresado en la jurisprudencia de Sala, y aún en la de instancia inferior a ésta-, las Exposiciones de Motivos, si bien contribuyen en mucho a esclarecer el sentido de la ley y la intención del legislador, no pueden sustituirlos. El espíritu de la ley no es otro que el que se desprende de la propia normativa, ésta interpretada racional y objetivamente, de conjunto. Idea propiciada por la doctrina, sobre todo española, especialmente GONZÁLEZ PÉREZ siguiendo a CASTRO y BRAVO.

Determinar entonces la naturaleza del acto cuestionado resulta de suma importancia, toda vez que no siempre están claros los límites entre la jurisdicción constitucional (en manos de la Sala Constitucional) y la jurisdicción contencioso-administrativa (en manos de la Sala Político-Administrativa y demás tribunales que ejercen estas funciones).

En efecto, la *Constitución* establece en su artículo 259 que la jurisdicción contencioso-administrativa es competente "para anular los actos administrativos generales o individuales contrarios a derecho, incluso por desviación de poder; condenar al pago de sumas de dinero y a la reparación de daños y perjuicios originados en responsabilidad de la Administración; conocer de reclamos por la prestación de servicios públicos; y disponer lo necesario para el restablecimiento de las situaciones jurídicas subjetivas lesionadas por la actividad administrativa".

Esto quiere decir que la Sala Constitucional no es la única que ejerce el control constitucional de los actos del poder público, pero si es la que lo hace con exclusividad frente a los actos dictados en ejecución directa e inmediata de la *Constitución;* mientras que el control de la constitucionalidad de los actos de rango sublegal (administrativos) le corresponde a la jurisdicción contencioso-administrativa.

La jurisprudencia de la Sala Constitucional ha corroborado el ámbito de la jurisdicción constitucional, destacando siempre que éste está limitado a la revisión de actos dictados en ejecución directa e inmediata de la *Constitución*. Así, en una sentencia de fecha 16 de noviembre de 2005, caso: *Electricidad de Caracas,* la Sala Constitucional dispuso que:

En efecto, ha dejado sentado esta Sala que la Constitución de 1999 deslindó claramente, a diferencia del régimen anterior, la jurisdicción constitucional -atribuida a esta Sala- de la contencioso-administrativa, de manera que sólo se incluye dentro de la primera a los actos que sean dictados en ejecución directa e inmediata de la Constitución y dentro de la segunda a todo acto sub-legal, aunque en él se denuncien vicios de inconstitucionalidad.

Por tanto, hoy en día frente a las pretensiones de anulación de actos del poder público resulta de suma relevancia verificar la naturaleza del acto impugnado, pues de ello dependerá la jurisdicción adecuada para conocer del asunto.

Ahora bien, con este criterio no siempre resulta fácil determinar con precisión ante qué jurisdicción debe acudirse contra determinados actos del poder público, pues lamentablemente la Sala Constitucional no ha sostenido posiciones firmes, claras y uniformes. Un buen ejemplo de esta afirmación lo encontramos en la decisión de fecha 16 de marzo de 2005, caso: *Municipio Libertador del Estado Carabobo,* donde se estaba impugnado un Decreto dictado por el Gobernador del Estado Carabobo, relacionado con temas expropiatorios. A pesar de ser un clarísimo acto administrativo, la Sala Constitucional justificó su competencia señalando lo siguiente:

> Previo a cualquier otra consideración debe esta Sala determinar su competencia para decidir el presente caso y, a tal efecto, observa que, de acuerdo a lo dispuesto en el numeral 4 del artículo 336 de la Constitución, corresponde a esta Sala "*(d)eclarar la nulidad total o parcial de los actos en ejecución directa e inmediata de esta Constitución, dictados por cualquier otro órgano estatal en ejercicio del Poder Público, cuando colidan con ésta*", norma transcrita casi a la letra por el artículo 5, numeral 9 de la Ley Orgánica del Tribunal Supremo de Justicia.
>
> En consecuencia, siendo que, en el presente caso, ha sido ejercido recurso de nulidad por razones de inconstitucionalidad contra los artículos 5, 7 y 8 del Decreto N° 198, dictado por el Gobernador del Estado Carabobo, publicado en la Gaceta Oficial de ese Estado, Extraordinaria N° 1.771 del 28 de enero de 2005, el cual ha sido dictado en ejecución directa e inmediata de la Constitución, esta Sala resulta competente para conocer del caso de autos, y así se decide.

A esta inconsistencia jurisprudencial se le suma otro problema, y es que no siempre resulta fácil determinar cuándo un acto es dictado en ejecución directa e inmediata del Texto Fundamental. Sobre todo, a la luz de las genéricas e imprecisas competencias que la *Constitución* le asigna al Presidente de la República. Así, por ejemplo, el artículo 236 de la Carta Magna le asigna al mandatario nacional atribuciones como las siguientes:

> 1. Cumplir y hacer cumplir esta Constitución y la ley.
>
> 2. Dirigir la acción del Gobierno. (...)
>
> 11. Administrar la Hacienda Pública Nacional. (...)
>
> 16. Nombrar y remover a aquellos funcionarios o aquellas funcionarias cuya designación le atribuyen esta Constitución y la ley.

Como se aprecia, se trata de competencias sumamente genéricas, al punto que cualquier acto del Presidente relacionado con esas materias podría considerarse como en ejecución directa e inmediata de la *Constitución*, pues, por ejemplo, si el Presidente dicta un decreto donde fija el monto del salario mínimo, podría pensarse que está dirigiendo la acción de gobierno; o cuando concede una exoneración, podría decirse que está administrando la hacienda pública. Sin embargo, difícilmente podrían justificarse estas actuaciones si no existiesen leyes que expresa y concretamente le den esas facultades al Presidente.

A nuestro juicio, lo determinante debería ser la ubicación del contenido esencial de la competencia que se encuentre ejerciendo el órgano o funcionario. Es decir, habría que determinar si la competencia se encuentra claramente delimitada en la *Constitución* o es necesario verificar la ley que la desarrolla para precisar el alcance de dicha competencia. Así, por ejemplo, para dictar decretos de estados de excepción, no hace falta ver la ley que regula la materia para verificar el alcance y contenido de esa competencia, por lo que sería un clarísimo acto dictado en ejecución directa e inmediata de la *Constitución*. Mientras que cuando el Presidente concede una exoneración, si bien está administrando la hacienda pública, no es menos cierto que habría que verificar las normas contenidas en el *Código Orgánico Tributario* para delimitar el contenido y alcance de esa competencia, por lo que no deberíamos estar hablando de un acto en ejecución directa e inmediata de la *Constitución*, sino más bien de un acto administrativo.

También vale la pena mencionar el caso de los Reglamentos dictados por el Presidente de la República, pues si bien es una de las competencias que expresamente la *Constitución* le atribuye directamente (numeral 10° del artículo 236), no es menos cierto que la propia *Constitución* los califica de *actos administrativos*, y por tanto impugnables ante la Sala Político-Administrativa (numeral 5° del artículo 266). Si bien para reglamentar una ley el Presidente no requiere de ninguna otra atribución legal, la propia *Constitución* entiende que los Reglamentos son actos administrativos, al ser los típicos actos de rango sublegal, por lo que su cuestionamiento será ante la Sala Político-Administrativa[92].

Asimismo, la Sala Constitucional ha tenido la oportunidad de destacar que las decisiones dictadas por el Tribunal Supremo de Justicia no pueden ser objeto de acciones de inconstitucionalidad, pues para el control de las decisiones judiciales definitivamente firmes existe el recurso extraordinario de revisión, el cual será objeto de estudio en el presente trabajo[93].

Existen también varias decisiones donde la Sala Constitucional ha reiterado que cuando el objeto de la acción de inconstitucionalidad es una norma jurídica, la misma debe encontrarse vigente, salvo que se mantengan sus efectos en una nueva disposición. Así, por ejemplo, en el fallo N° 1266 de fecha 27 de octubre de 2015, caso: *Morris Sierralta*, se señaló lo siguiente:

> Ahora bien, la jurisprudencia de esta Sala admite que persiste el interés en declarar la inconstitucionalidad de un texto derogado cuando la norma impugnada se traslada a un nuevo texto, que sí esté vigente; y cuando, aun sin ese traslado, la disposición recurrida mantiene sus efectos en el tiempo (*vid.* Entre otros, sentencias de esta Sala N° 1397 del 21 de noviembre de 2000, caso: *"Heberto Contreras Cuenca"*; 1588 del 19 de diciembre de 2000, caso: *"Isabel Cecilia Delgado de Rodríguez"*; y 3.311 del 1 de noviembre de 2005, caso: *"FEDEAGRO")*.

---

92 Nótese que antes de la entrada en vigencia de la *Constitución*, los Reglamentos del Presidente de la República eran impugnados en la Sala Plena de la Corte Suprema de Justicia, por lo que estaban fuera del ámbito de la jurisdicción contencioso-administrativa. Lo que cambió expresamente con lo dispuesto en el numeral 5° del artículo 266 de la *Constitución*.

93 Sentencia N° 108 de fecha 9 de febrero de 2018, caso: *Romel Guzamana*.

> Conforme con lo expuesto, teniendo en cuenta que el decreto-ley impugnado no está vigente por cuanto el mismo fue derogado y, aun cuando de la revisión de la ley en vigor puede apreciarse que las normas hoy impugnadas fueron incluidas, las mismas sufrieron reformas sustanciales y las aludidas normas fueron sancionadas mediante leyes formales aprobadas por la Asamblea Nacional, en el ámbito de sus competencias constitucionales; por tanto, en el presente caso se configura un decaimiento del objeto. Así se decide.
>
> Por otra parte, se advierte que los efectos jurídicos de dichas normas no fueron impugnados, por lo que están excluidas, en principio, de la posibilidad de ejercer contra ellas el recurso de inconstitucionalidad por no ser leyes vigentes; razón por la que esta Sala estima que no existe interés para decidir el recurso de nulidad ejercido contra los artículos (...) de Ley de Reforma de la Ley General de Bancos y otras Instituciones Financieras (...), toda vez que la pérdida de vigencia en el ordenamiento jurídico hace que la acción no tenga objeto (Vid. Sentencia de esta Sala N° 281 del 13 de marzo de 2012, caso: *"Gustavo Hernández y otros"*).

Por otra parte, la Sala Constitucional ha admitido la impugnación, vía acción de inconstitucionalidad de distintos actos que ha calificado como *actos parlamentarios sin forma de ley*. En algunas oportunidades estamos frente a actos que, en efecto, pueden considerarse en ejecución directa e inmediata de la *Constitución*; mientras que en otros se trata más bien de actos que, en principio, serían inimpugnables.

Así, por ejemplo, la Sala se ha declarado competente para conocer del cuestionamiento de las elecciones de las juntas directivas de los Consejos Legislativos. Concretamente, en la sentencia N° 923 del 8 de junio de 2011, caso: *Daniel Ceballos*, se precisó lo siguiente:

> En el caso que nos ocupa, observa la Sala que el objeto del recurso de nulidad por razones de inconstitucionalidad queda representado en el acto parlamentario sin forma de ley dictado por el Consejo Legislativo del Estado Táchira, para elegir la junta directiva para el período 2011, dictado en la sesión de instalación de dicho cuerpo, celebrada el día cinco (05) de enero de 2011, lo cual constituye un acto emanado de un órgano deliberante estadal el cual se dicta en ejecución directa e inmediata de la Constitución, motivo por el cual esta Sala, de

conformidad con lo expuesto precedentemente, resulta competente para conocer del recurso de nulidad interpuesto, y así se declara[94].

También se ha considerado como un acto parlamentario, sin forma de ley, la aprobación de informes emanados de las comisiones parlamentarias. Así, en la sentencia de fecha 19 de julio de 2016, caso: *Héctor Rodríguez*, se admitió la impugnación de la aprobación del informe final de la denominada "Comisión Especial para el rescate de la institucionalidad del Tribunal Supremo de Justicia".

Este criterio luce claramente contrario a lo que había señalado en otra oportunidad la misma Sala Constitucional, al momento de considerar "*improponible*" una acción de inconstitucionalidad, en contra de una norma incluida en el *proyecto de reforma constitucional*. Así, en la sentencia de fecha 27 de noviembre de 2007, caso: *Alberto Nieves*, la Sala precisó que:

> En efecto, como así lo prescribe el artículo 345 de la Constitución vigente, los efectos jurídicos de aquellos actos previos a la reforma constitucional se hallan supeditados a la aprobación popular de las modificaciones propuestas, esto es, en un último estadio al mecanismo procedimental final de la reforma constitucional, que somete a la consideración del pueblo el proyecto de reforma, que atiende preponderante-mente a la materialización del principio relativo a la soberanía popular y al derecho de participación política de todos los ciudadanos (*ex* artículo 62 de la Constitución de la República Bolivariana de Venezuela), razones por las cuales, la Sala considera que la demanda de nulidad dirigida contra la "(…) *normativa sancionada por la Asamblea Nacional en fecha 2 de noviembre de 2007, bajo el nombre de '**Reforma Constitucional**' (…) que tuvo su origen en la iniciativa que ejerció el Presidente de la República, mediante un 'Proyecto de la Primera Reforma Constitucional' presentado a la Asamblea Nacional el 15 de agosto de 2007 (…), así como contra el acto de convocatoria por el Consejo Nacional Electoral (…), a un denominado 'Referendo Constitucional', hecho público, notorio y comunicacional ocurrido en la cadena de radio y televisión, en el cual la Presidenta del CNE, ciudadana Tibisay Lucena, anunció la*

[94] En el mismo sentido puede verse la sentencia N° 345 del 16 de abril de 2013, caso: *Grace Lucena (Consejo Legislativo del Estado Lara).*

convocatoria oficial a ese Referendo, para someter a votación la referida 'Reforma Constitucional', el día domingo 2 de diciembre de 2007 (...), junto con todos los actos posteriores que se hayan derivado de esa convocatoria (...)", carece de la entidad suficiente para ser impugnada, hasta tanto se verifiquen los efectos definitivos del procedimiento previo a la consulta popular a celebrarse el venidero 2 de diciembre de 2007, una vez aprobadas o no las normas constitucionales propuestas, en caso de subsistir el interés jurídico de cualquier ciudadano en su impugnación podrían ser objeto de un eventual control por parte de esta Sala. En consecuencia, se declara improponible en derecho la solicitud de nulidad en los términos planteados por los actores, y así se decide[95].

---

95 Como vemos, la Sala consideró que al no haberse aprobado aún la reforma constitucional, vía referendo aprobatorio, la norma contenida en el proyecto no podía ser objeto de cuestionamiento, al no tratarse de un acto definitivo. Curiosamente, esta decisión señala que, a todo evento, una vez aprobada la norma constitucional podría ser objeto de un "eventual control por parte de la Sala", pero no se aclara de qué forma podría "controlarse" una norma constitucional ya aprobada, pues evidentemente ello no podría hacerse a través de una acción de inconstitucionalidad, toda vez que esta pretensión está reservada para actos dictados en ejecución directa e inmediata de la *Constitución*; lo que excluye a las propias normas constitucionales. En este sentido, resultan muy atinados los votos salvados de los Magistrados Cabrera y Rondón. El primero afirmó, entre otras cosas, que hasta por el principio de economía procesal es necesario que la Sala Constitucional impida el desarrollo de un proceso que nació viciado. Fue muy contundente al afirmar que un proyecto de enmienda o reforma es muy distinto a un proyecto de ley, pues la *Constitución* exige la determinación del alcance de la modificación, a los fines de verificar si se alteran o no principios fundamentales. En el mismo sentido, el magistrado Rondón fue muy claro al alertar que una aprobación por referéndum popular no podría convalidar una inconstitucionalidad. Resulta perfecto el símil que éste realiza con las causales de inelegibilidad de un candidato, pues si éste no puede ser elegido no es necesario esperar votación alguna. Nos adherimos plenamente a la tesis del magistrado Rondón, quien entiende que para este tipo de casos resulta necesario ampliar todas las posibilidades de control judicial, pues está en juego nada más y nada menos que una Constitución. Aquí es cuando la tutela judicial tiene que ser mucho más efectiva. Para más detalles,

De igual forma, en la sentencia N° 797 del 19 de agosto de 2016, caso: *Pedro Carreño*, se admitió la impugnación de las sesiones parlamentarias celebradas durante varios días, donde se llegó a declarar la nulidad de todas esas sesiones de la Asamblea Nacional y de las decisiones tomadas en las mismas.

Y en la sentencia N° 893 del 25 de octubre de 2016, caso: *Rafael Ramírez*, se consideró que los actos realizados en el marco de una investigación aprobada por la plenaria de la Comisión Permanente de Contraloría de la Asamblea Nacional, era una actuación en ejercicio de las funciones constitucionales, y por tanto, se estaba en presencia de actos dictados en ejecución directa e inmediata de la *Constitución*, lo que determinaba la competencia de la Sala Constitucional, conforme a lo dispuesto en el numeral 4° del artículo 336 de la *Constitución*.

No podemos dejar de advertir, tal y como haremos en varios puntos de este trabajo, que estas tres últimas decisiones de la Sala Constitucional se enmarcan dentro de un período histórico muy particular, donde a través de "decisiones" claramente cuestionables y hasta calificadas de golpe de Estado institucional, la Sala se dio a la tarea de desmantelar todo el funcionamiento de la Asamblea Nacional elegida en el mes de diciembre de 2015, donde las fuerzas políticas de la oposición obtuvieron una mayoría calificada de las dos terceras partes del parlamento. Ello llegó al punto de que, durante ese período parlamentario, la Sala Constitucional anuló absolutamente todas las leyes y demás decisiones dictadas por la Asamblea Nacional, generando graves y claras distorsiones en materia de derecho procesal constitucional[96].

---

véase, CHAVERO GAZDIK, Rafael J., "El control judicial del Proyecto de Reforma Constitucional", *Revista de Derecho Público* #112, Editorial Jurídica de Venezuela, octubre-diciembre 2007.

96 Sobre las distorsiones generadas en este período, puede verse AYALA CORAO, Carlos y CHAVERO GAZDIK, Rafael, "El Libro Negro del TSJ de Venezuela: Del secuestro de la democracia y la usurpación de la soberanía popular a la ruptura del orden constitucional (2015-2017)", Editorial Jurídica Venezolana, Caracas, 2017. Aquí se recoge todo ese conjunto de "sentencias" por medio de las cuales la Sala Constitucional desmanteló el parlamento y evitó que los Diputados que había ganado legítimamente unas elecciones pudiesen ejercer sus

III. LOS SUJETOS QUE INTERVIENEN EN LAS ACCIONES DE INCONSTITUCIONALIDAD

1. *Legitimación activa. La llamada acción popular*

Como hemos adelantado ya, la acción popular apareció por vez primera en nuestro ordenamiento jurídico con la Constitución de 1858, donde se le otorgó a la Corte Suprema de Justicia la potestad de anular, con efectos generales, los actos legislativos sancionados por las Legislaturas provinciales, a petición de *cualquier ciudadano,* cuando sean contrarios a la Constitución"[97].

Esta potestad de control constitucional fue incrementándose en las posteriores Constituciones y leyes reguladoras de las funciones del más alto tribunal, a los fines de ir sometiendo más actos del poder público al control jurisdiccional. También hemos adelantado ya que las posteriores Constituciones no hicieron referencia a la legitimación necesaria para presentar una acción de inconstitucionalidad, sin embargo, las leyes que desarrollaron las competencias de la Corte Suprema de Justicia ratificaron ese carácter popular o al menos así fue entendido por el Máximo Tribunal.

Pudiéramos decir que el carácter popular de la acción de inconstitucionalidad o la legitimación abierta frente al cuestionamiento de leyes y demás actos generales y/o dictados en ejecución directa e inmediata de la *Constitución,* se convirtió en una característica muy peculiar de nuestro sistema de control constitucional, sin que haya existido respaldo constitucional expreso, al menos en las más recientes Constituciones.

Decimos que se trata de una peculiaridad, toda vez que la gran mayoría de los ordenamientos jurídicos comparados suelen restringir el ejercicio de las acciones de inconstitucionalidad de leyes o normas jurídicas a determinados órganos o cuerpos del Estado (v.g. Presidente, Congreso, etc.).

---

funciones. Dejando así a nuestro país, nada más y nada menos, que sin Poder Legislativo.

97 Artículo 113.

Actualmente, la *Ley Orgánica del Tribunal Supremo de Justicia* recoge este carácter abierto y amplio en materia de legitimación, al señalar en el artículo 32 lo siguiente:

> De conformidad con la Constitución de la República Bolivariana de Venezuela, el control concentrado de la constitucionalidad sólo corresponderá a la Sala Constitucional en los términos previstos en esta Ley, *mediante demanda popular de inconstitucionalidad*, en cuyo caso, no privará el principio dispositivo, pudiendo la Sala suplir, de oficio, las deficiencias o técnicas del demandante por tratarse de un asunto de orden público. Los efectos de dicha sentencia serán de aplicación general, y se publicará en la Gaceta Oficial de la República Bolivariana de Venezuela, y en la Gaceta Oficial del Estado o Municipio según corresponda. (Cursivas añadidas)

La Sala Constitucional ha reiterado el carácter popular y abierto de la acción de inconstitucionalidad, confirmando su amplitud con unas pequeñas precisiones. Así, en la sentencia de fecha 3 de junio de 2003, caso: *Fresia Rincón*, se abordó este asunto con un nivel de detalle importante, donde se hace una muy extensa referencia a la historia de la acción popular. A continuación, nos permitimos transcribir los párrafos más importantes de esa decisión:

> En cuanto a la vigente regulación en materia de legitimación, que es el asunto discutido en el caso *sub júdice*, observa la Sala que la entrada en vigencia de la nueva Carta Magna, la consecuente creación de la jurisdicción constitucional y la inclusión del referido precepto constitucional no produjo modificación alguna al régimen relativo a la legitimación activa. Es así como, en la actualidad, la legislación aplicable en materia de legitimación para el control judicial de la constitucionalidad de efectos generales es la misma que regía la situación pre-constitucional, prevista en la Ley Orgánica de la Corte Suprema de Justicia, aplicable sin alteración alguna, por estar acorde con los nuevos postulados constitucionales (salvo la inclusión expresa de la defensa de los derechos e intereses colectivos y difusos (...).
>
> Con fundamento en la última referida previsión no se ha exigido, entonces, a quien acciona, en defensa de aquél interés, una especial condición o cualidad que lo legitime, basta con que resulte afectado con la aplicación de la norma, incluso eventualmente; sencillamente, y ese es el norte del esquema

vigente, se quiere salvar, con una legitimación ampliada, cualquier contradicción que se presente entre una actuación del Poder Público, de carácter general, y el máximo texto normativo, para lo cual se le dota a cualquier ciudadano de una acción para asegurar la defensa de la Constitución. Siguiendo este criterio esta misma Sala Constitucional ha admitido en diversas oportunidades, como en efecto lo confirma en esta ocasión, la existencia de una acción popular para la impugnación de actos de efectos generales, no exigiéndole en tales casos la demostración de un especial interés, pues ha supuesto que dada la naturaleza de la actuación atacada, quien la cuestiona ostenta el mismo y ha presumido, en tal sentido, que en efecto la norma recurrida le es adversa a quien la impugna al resultar afectado en sus derechos o intereses.

Nótese, entonces, que el criterio de esta Sala ha sido admitir la existencia de una legitimación amplia para el control de la constitucionalidad de actos del Poder Público (véase al respecto, decisiones 1.112 y 1.109/00; 2.104/01; 67, 1.571, 2.402/02; entre otras), cuya aceptación obedece a ese objetivo explicado en la sentencia transcrita, pero al mismo tiempo ha exigido expresamente un interés, aunque sea simple, que por cierto, debe presumirse que cualquier persona lo ostente, pero en tanto presunción el mismo puede ser desvirtuado, es decir, ante su impugnación es preciso analizarlo y evidenciar si el mismo es relevante, así como también determinar la incidencia de los efectos del acto en la persona que obra, aunque sea en potencia, como lo sugeriría, en principio, cualquier acto normativo. Es decir, en principio cualquier ciudadano puede impugnar actos normativos de efectos generales, sin que necesite demostrar un especial interés, pero una vez objetada su cualidad, opera la imposición de una carga probatoria, salvo que del contexto de la normativa impugnada se desprenda su carácter general y de aplicación eventual a ese sujeto.

Sin embargo, existe una categoría de actos que, aun cuando puedan ser considerados como generales, y se cumplan en ejecución directa e inmediata de la Constitución, no están dirigidos a un universo indeterminado de personas, en tal caso, la exigencia de la demostración de ese interés, cuando el mismo es cuestionado resulta indefectible, y entonces es menester afirmar y comprobar esa afectación, pues, de lo contrario, se estaría permitiendo a cualquier persona el cuestionamiento de un acto, cuya legitimidad si bien se presume dada la naturaleza del acto, no necesariamente dicha persona deba realmente estar afectada o pudiere llegar a estarlo, como si se tratase del ejercicio profiláctico de un recurso o haciendo uso de atribuciones que no le corresponde.

Sobre la base de una presunción relativa de que el acto de efectos generales recurrido de alguna manera afecta los derechos o intereses del recurrente, en su condición de ciudadano venezolano, la jurisprudencia de la Corte Suprema de Justicia había sostenido la popularidad de la acción para impugnar los actos normativos, sin embargo, esa misma postura que ampliaba la legitimación y entendía que cualquiera que tuviera un simple interés poseía la acción, y que esta Sala Constitucional comparte, pues así lo ha manifestado en diversas sentencias, dejaba a salvo *"que del contexto del recurso aparezca manifiestamente lo contrario"*. (...)

Como corolario, puede pensarse el caso de la impugnación de una ordenanza municipal, destinada a regular un asunto especifico de la entidad de que se trate (el monto a pagar para cubrir los impuestos municipales, exigibles en para ese período, de los vehículos registrados en ese Municipio), actuación que si bien se dicta en ejecución directa e inmediata de la Constitución por el órgano correspondiente, no supone, que en principio, cualquier persona de la República esté legitimada para atacarla sin que se encuentre afectada en sus derechos o intereses, por no encontrarse en una especial situación de hecho en relación con la regla que se pretende enervar. Tal carácter, en principio, no tiene por qué ser demostrado, pero si su cualidad es objetada deberá forzosamente evidenciarla.

Naturalmente, habrá casos en que cualquier persona que sin estar residenciada en un determinado Municipio se encuentre legitimada, si demuestra que puede ser afectado en sus derechos o intereses gozaría de legitimación, pero esa será su carga procesal, si fuere objetada su cualidad, no de quien la impugne. (...)

Lo importante -resalta la Sala- en relación con los criterios expuestos, es dejar sentado que efectivamente, toda persona, en principio, posee legitimación para impugnar actos de efectos generales y de contenido normativo, de lo que se colige la consagración de una legitimación sin duda amplia y, por tanto, una *actio populatis* a favor de todos los ciudadanos, sin embargo, cuando ese interés es desvirtuado, o resulta muy evidente su ausencia desde un inicio, según la regulación del artículo 16 del Código de Procedimiento Civil, en concordancia con el 112 de la Ley Orgánica de la Corte Suprema de Justicia, no es posible admitir la cualidad del recurrente, pues ello se prestaría, al ejercicio irresponsable de acciones cuyos efectos en nada inciden sobre la esfera jurídica del accionante (ejercicio de acciones temerarias) y, por ende, redunda en gran cantidad de juicios ante esta Sala y demás órganos jurisdiccionales, excluyendo de paso la intervención de los verdaderos legitimados o de los funcionarios previstos por la Constitución y las Leyes, a quienes tales instrumentos les hubiese atribuido tal función, subrogación que esta Sala, como guardián de las normas constitucionales, no debe consentir.

No debe abrigarse ninguna duda entonces, que la acción popular está consagrada en nuestro ordenamiento, pero en las anotadas condiciones, esto es: amplia cuando deba ser amplia, para la impugnación de la validez de los actos del Poder Público que, por tener carácter normativo y general obra *erga omnes* y, por tanto, su vigencia afecta e interesa a todos por igual.

Ahora bien, aprecia la Sala que, en el presente caso, la normativa cuya impugnación se hace, no obra *erga omnes*, pues es claro que el instrumento atacado tiene por objeto renovar la dirigencia sindical existente, es decir, que su aplicación sólo puede incidir sobre los sujetos pasivos y activos del proceso electoral sindical, esto es, de los ciudadanos inscritos en una organización sindical con constitución previa a la emisión de las normas cuestionadas, o que pretendan ocupar un cargo dentro de la dirigencia sindical, o por lo menos, ser trabajador, aunque sea no dependiente.

Salvo las precisiones contenidas en este fallo, la Sala Constitucional reconoce y mantiene la tesis del carácter popular de la acción de inconstitucionalidad frente a actos dictados en ejecución directa e inmediata de la *Constitución*. La precisión que hace la Sala Constitucional, a todo evento, no es nada clara, pues entiende que pueden existir casos donde sea manifiesta la falta de legitimación del accionante, en cuyo caso, la representación estatal o cualquier otra parte en el proceso, podría cuestionar el interés, así sea simple, del actor.

En este sentido, se nos ocurre pensar en actos individuales, pero dictados en ejecución directa e inmediata de la *Constitución*, como sería el caso de un indulto o la designación de un magistrado. Pero aún en estos casos, pareciera que la trascendencia del asunto es tal que habría que admitir la legitimación popular, pues cualquier ciudadano podría estar interesado en este tipo de asuntos, al igual que lo estaría para impugnar una ley. El fallo transcrito cita el caso de la impugnación de una ordenanza municipal por parte de alguien completamente ajeno a ese Municipio o a esa situación jurídica, pero nos luce que aún en esos casos siempre podría demostrarse el "*simple interés*", pues podría ser suficiente la necesidad de velar por la constitucionalidad de los actos del poder público.

A nuestro juicio, la acción es popular o no lo es, pues si hay precisiones o limitaciones la acción dejaría de ser popular para convertirse en otra cosa. Por ejemplo, una legitimación amplia, pero con ciertas restricciones. A todo evento, solo conocemos de un caso donde la Sala Constitucional negó la legitimación del recurrente en una acción de inconstitucionalidad, y el mismo atendía a una situación evidentemente política, por lo que resulta muy cuestionable este precedente. Nos referimos al fallo de fecha 22 de julio de 2010, caso: *SÚMATE*, donde se señaló lo siguiente:

> Por supuesto que los partidos o grupos políticos electorales son constitucionalmente permitidos, lo que no está permitido es el financiamiento de naciones extranjeras para desarrollar actividad política en los términos expuestos anteriormente.
>
> Por ello, en salvaguarda de la plena soberanía de la República, de su independencia y del deber que tienen los órganos del Estado de no someterse a un poder extranjero (artículos 1 y 5 del Texto Fundamental), esta Sala, a los fines de garantizar que las funciones del Estado se desarrollen de forma unilateral en provecho de los particulares y no de intereses otro Estado, de conformidad con el artículo 19.6 de la Ley Orgánica que rige las funciones de este Alto Tribunal, desestima la cualidad de la "Asociación Civil SÚMATE" para interponer la presente demanda de nulidad, por carecer de legitimidad para actuar en defensa de intereses extranjeros sobre asuntos de política interna y pasa a proveer sobre la admisibilidad de la pretensión incoada sólo respecto de los ciudadanos FRANCISCO JAVIER SUÁREZ, RICARDO LUDWIG ESTÉVEZ y EDGAR JOSÉ SALDIVIA, y así se declara.

Como vemos, la decisión niega la legitimación de esta organización para ejercer una acción de inconstitucionalidad, por considerar que recibía aportes o financiamiento de organizaciones extranjeras. Se trata de un peligroso y muy cuestionable precedente, el cual afortunadamente no ha sido repetido.

Por otra parte, es importante advertir que el carácter popular de la acción de inconstitucionalidad ha sido extendido hasta el contencioso administrativo de nulidad, donde la jurisprudencia también ha admitido la legitimación abierta en los recursos de anulación ejercidos contra actos administrativos de efectos generales[98].

También vale la pena destacar que el carácter popular de las acciones de inconstitucionalidad implica que también el Fiscal General de la República y otros funcionarios a quienes las leyes les atribuyen tal facultad, podrán solicitar la nulidad del acto, cuando éste afecte un interés general. De allí que también las instituciones estatales pueden activar procedimientos de nulidad contra actos dictados en ejecución directa e inmediata de la *Constitución*, tal sería el caso de la Defensoría del Pueblo, un Consejo de Protección del Niño y el Adolescente, un Procurador del Trabajo, entre otros.

Por último, y de conformidad con lo previsto en el artículo 34 de la *Ley Orgánica del Tribunal Supremo de Justicia*[99], la Sala Constitucional ha ordenado la apertura, *de oficio*, de acciones de inconstitucionalidad en casos donde previamente ha confirmado la desaplicación, vía control difuso, de normas jurídicas; o en casos donde ella misma ha ejercido, primero, una desaplicación por control difuso y luego ha decidido iniciar el proceso de inconstitucionalidad, a los fines de darle efectos *erga omnes* a la desaplicación concreta. Ello ha

---

98 Véase la sentencia dictada por la Sala Político-Administrativa, en fecha 12 de febrero de 1987, caso: *Ramón Burgos Romero*, y en especial el voto salvado del magistrado Farías Mata, quien hace del conocimiento del pleno de la Sala, el hecho de que la acción popular nunca estuvo pensada para los casos de impugnación de actos administrativos.

99 Artículo 34.- Conforme a lo que se dispone en el artículo anterior, cuando se declare la conformidad a derecho de la desaplicación por control difuso, la Sala Constitucional podrá ordenar el inicio del procedimiento de nulidad que dispone esta Ley. Igualmente procederá cuando el control difuso de la constitucionalidad sea ejercido por dicha Sala.

implicado la tramitación de un proceso ante la Sala Constitucional sin demandante, pero donde igualmente participan los sujetos pasivos y demás órganos institucionales, a los cuales haremos referencia *infra*.

Un ejemplo del primer caso lo encontramos en la decisión N° 725 del 9 de junio de 2023, caso: *Rosa Vásquez*, donde se señaló lo siguiente:

> Precisado lo anterior, tal y como se evidencia de la sentencia que dictara esta Sala el 11 de marzo de 2015, en la cual ordenó la apertura de oficio del procedimiento de nulidad por inconstitucionalidad del Decreto número 058 del 3 de noviembre de 2000, dictado por el Alcalde del Municipio Girardot del Estado Aragua y publicado en la Gaceta Municipal número 989 Extraordinario del 13 de noviembre de 2000, el objeto a discutir se centra en determinar si los entes descentralizados territorialmente -en el caso de autos los municipios- pueden regular la materia de las jubilaciones de sus funcionarios. Es decir, haciendo el cuestionamiento al presente caso, ¿podría el Alcalde del Municipio Girardot del Estado Aragua dictar los Decretos objeto de nulidad en la cual reguló el derecho a la jubilación por vía de gracia de los funcionarios que trabajan para ese ente territorial?
>
> En torno a este punto, esta Sala Constitucional en un caso análogo dictado en sentencia número 432 del 18 de mayo de 2010, caso: Glenys Maritza Méndez Macias vs Alcaldía del Municipio Autónomo Girardot del Estado Aragua, (ratificada su decisión 183/11) en el que se desaplicó en ejercicio del control difuso de la constitucionalidad, el Decreto número 006 del 27 de febrero de 2003, dictado por el Alcalde del Municipio Girardot del Estado Aragua y publicado en la Gaceta de ese Municipio número 2244 Extraordinario de la misma fecha, sostuvo que: "...a la Asamblea Nacional en representación del Poder Nacional, le corresponde la potestad de legislar en materia de previsión y seguridad social, uno de cuyos aspectos es la jubilación del funcionario público. Y sobre esta base, las jubilaciones y pensiones de los funcionarios y empleados públicos, sean estos funcionarios de carrera o de elección (...), forman parte de los sistemas de previsión y seguridad social, materia ésta sobre la cual la Asamblea Nacional tiene potestad genérica de legislar por disposición expresa los artículos 156 numerales 22, 32 y 187 numeral de la Carta Magna.

> En virtud de las anteriores consideraciones de las cuales es evidencia la incuestionable intención del Constituyente de excluir de la autonomía de los entes descentralizados territorialmente, el régimen de seguridad social, jubilaciones y pensiones de los empleados públicos (sin menoscabo del principio de colaboración reglamentaria. Vid., sentencia número 433 del 25 de marzo de 2008, caso: Bernardo Domingo Huisse Blanco), por lo tanto, el Alcalde del Municipio Girardot no podía dictar los Decretos objeto de nulidad en la cual reguló el derecho a la jubilación por vía de gracia de los funcionarios que trabajan para esa Alcaldía, es por ello, que esta Sala Constitucional del Tribunal Supremo de Justicia, declara ha lugar la de nulidad de oficio por inconstitucionalidad, y en consecuencia nulo los textos normativos, con efectos ex nunc, a partir de su publicación en la mencionada Gaceta Municipal del Municipio Girardot del Estado Aragua. Así se decide.

Como vemos, en un primer momento la Sala conoció de la revisión de una sentencia que había aplicado el control difuso (confirmando la desaplicación), conforme a lo previsto en el artículo 33 de la *Ley Orgánica del Tribunal Supremo de Justicia*; para luego ordenar el inicio de una acción de inconstitucionalidad *de oficio*, de acuerdo al artículo 34 *eiusdem*, con la finalidad de darle efectos *erga omnes* a la declaratoria de inconstitucionalidad.

El otro supuesto se refiere a casos donde la propia Sala Constitucional ha desaplicado primero unas disposiciones legales, vía control difuso (artículo 334 de la *Constitución*), para luego ordenar el inicio, *de oficio*, de la respectiva acción de inconstitucionalidad. Eso fue precisamente lo que ocurrió con el fallo Nº 9 del 1 de marzo de 2016, caso: *Gabriela Flores*, cuando la Sala Constitucional, conociendo de un recurso de interpretación constitucional, desaplicó unos artículos de la *Ley sobre el Régimen para la Comparecencia de Funcionarios y Funcionarias Públicos o los y las particulares ante la Asamblea Nacional*, y del *Reglamento Interior y de Debates de la Asamblea Nacional*[100].

En suma, en ambos supuestos la acción de inconstitucionalidad ha sido iniciada *de oficio* por la propia Sala Constitucional, lo que la convierte en legitimada activa. Obviamente, se trata de una situa-

---

[100] Véase, en el mismo sentido, la sentencia de fecha 7 de octubre de 2014, referido al artículo 46 del *Código Orgánico Tributario*.

ción bastante *sui generis*, pues en definitiva el propio accionante es quien va a decidir la acción, con lo cual estamos en presencia de un proceso judicial peculiar, donde, en principio, se sabe el resultado del juicio desde su propio inicio.

2. *La legitimación pasiva*

En cuanto a la legitimación pasiva, el artículo 135 de la *Ley Orgánica del Tribunal Supremo de Justicia* establece que al admitirse la acción de inconstitucionalidad debe ordenarse la *citación* del representante del organismo o del funcionario que haya dictado el acto. Por tanto, en principio, el principal sujeto activo será el órgano que dictó el acto en ejecución directa e inmediata de la *Constitución*, esto es, cualquiera de los mencionados en los primeros 4 numerales del artículo 336 de la *Constitución*.

Pero adicionalmente, la misma ley ordena la *notificación* del Fiscal General de la República, del Procurador General de la República y del Defensor del Pueblo. Además, la norma dispone que la Sala Constitucional podrá notificar a cualquier otra autoridad que estime pertinente. Se busca con ello incorporar a estos organismos del Estado en estos juicios de interés general, para que acompañen a las partes principales, atendiendo a las funciones que tienen asignadas.

Es importante destacar que, en la primera *Ley Orgánica del Tribunal Supremo de Justicia* de 2004, se señalaba que la notificación al Procurador General de la República sólo debía realizarse cuando estuviesen comprometidos los intereses patrimoniales de la República. Sin embargo, esa condición fue eliminada en la ley vigente, con lo cual la notificación de esta institución debe realizarse en *todas* las acciones de inconstitucionalidad contra actos dictados en ejecución directa e inmediata de la *Constitución*.

Esta modificación no es baladí, pues hay que tomar en cuenta que al notificarse al Procurador General de la República surgen una serie de prerrogativas y privilegios procesales a favor del Estado que, sin lugar a dudas, retrasan notablemente el proceso. Muchas de estas prerrogativas pueden considerarse como exageradas, pues no responden a justificaciones relevantes.

Así, por ejemplo, la *Ley Orgánica de la Procuraduría General de la República* recoge estos privilegios procesales, entre los que podemos mencionar los siguientes:

Artículo 94. Consignado por el Alguacil el acuse de recibo de la citación en el expediente respectivo comienza a transcurrir un lapso de quince (15) días hábiles, a cuya terminación se considera consumada la citación del Procurador o Procuradora General de la República, iniciándose el lapso correspondiente para la contestación de la demanda.

Artículo 98. En los juicios en que la República sea parte, los funcionarios judiciales, sin excepción, están obligados a notificar al Procurador o Procuradora General de la República de toda sentencia interlocutoria o definitiva. Las notificaciones deben ser hechas por oficio y estar acompañadas de copias certificadas de las decisiones o de todo lo conducente para formar criterio sobre el asunto y ejercer las acciones pertinentes según el caso. Transcurrido el lapso de ocho (8) días hábiles, contados a partir de la consignación en el expediente de la respectiva constancia, se tiene por notificado el Procurador o Procuradora General de la República y se inician los lapsos para la interposición de los recursos a que haya lugar.

La falta de notificación es causal de reposición y ésta puede ser declarada de oficio por el Tribunal o a instancia del Procurador o Procuradora General de la República.

Ahora bien, la *notificación* de la Procuraduría General de la República es independiente de la *citación* que debe realizarse en cabeza del órgano del Estado que dictó el acto cuestionado, pues en muchos casos se refiere al poder legislativo nacional, estadal o municipal. En estos casos, son estos órganos los que debe designar su representante judicial para atender el proceso. Sin embargo, en una injustificada decisión, inmiscuida dentro de un caso de altísimo contenido político[101], la Sala Constitucional, llegó a considerar que la representación del Presidente de la Asamblea Nacional "solo se

101 Nos referimos al fallo N° 269 del 21 de abril de 2016, caso: *Juan Carlos Caldera*, el cual se encuentra dentro de ese cuestionable período histórico donde la Sala Constitucional se dio a la tarea de impedir el funcionamiento de la Asamblea Nacional. Consideramos que este precedente no debe repetirse y, por tanto, la legitimación pasiva frente a la impugnación de un acto parlamentaria debe corresponderle a la propia Asamblea Nacional.

refiere a los asuntos propios de la función del Poder Legislativo... mas no así al otorgamiento de poder de representación judicial". En tal sentido, determinó que en virtud de los artículos 247 de la *Constitución* y 2 de la *Ley Orgánica de la Procuraduría General de la República* "la representación judicial de los órganos del Poder Público la ejerce legal y constitucionalmente el Procurador General de la República y cualquier órgano que pretende ejercerla deberá contar con previa y expresa sustitución del Procurador".

Con esta decisión se pretendió eliminar la posibilidad que la Asamblea Nacional pudiera defender sus actos ante la Sala Constitucional, dejando su defensa al órgano asesor del Ejecutivo Nacional, lo que implicó un claro desconocimiento del texto de la *Constitución*, del principio de separación de poderes y una clara violación del derecho a la defensa del parlamento[102].

Igualmente, es pertinente destacar que la *Ley Orgánica del Tribunal Supremo de Justicia* exige que se notifique al Ministerio Público de toda acción de inconstitucionalidad que haya sido admitida. Ello, a pesar de que, con la entrada en vigencia de la *Constitución* de 1999, las potestades judiciales más importantes parecen haber quedado en manos del Defensor del Pueblo. En efecto, el mayor peso de atribuciones, en lo que a protección judicial de derechos fundamentales se refiere, ha quedado ahora en manos del Defensor del Pueblo (artículo 281, numerales 1°, 2° y 3°), por lo que pareciera más lógico dejarle a la Defensoría del Pueblo esta competencia de participación objetiva en los procesos constitucionales de nulidad. En todo caso, la *Ley Orgánica del Tribunal Supremo de Justicia* ordena también la necesaria notificación de la Defensoría del Pueblo.

Claro está, el rol del Ministerio Público y la Defensoría del Pueblo en las acciones de inconstitucionalidad consiste en participar como terceros institucionales garantes de los derechos fundamentales y el Estado de Derecho[103]. Esta participación no es obligatoria,

---

[102] Esta insólita posición fue objeto de un pronunciamiento especial de la Academia de Ciencias Políticas y Jurídicas, el cual puede verse en: http://www.acienpol.org.ve/cmacienpol/Resources/Noticias/Pronunciamientos

[103] El caso de la Procuraduría General de la República es diferente, pues a ésta le corresponde la defensa del órgano estatal que ha sido deman-

de modo que aun cuando no se hayan presentado en las audiencias respectivas, el proceso no debe detenerse bajo ese pretexto. De allí que la única obligación de la Sala Constitucional es la de notificar a estas instituciones de la admisión de una acción de inconstitucionalidad, pero la participación de éstas en el juicio es facultativa.

Igualmente, es de hacer notar que la opinión que pudiera presentar el representante del Ministerio Público o de la Defensoría del Pueblo no resulta vinculante para la Sala Constitucional, quien puede diferir libremente del criterio sostenido por el órgano garante de la constitucionalidad, y esto obedece al respeto del principio de control imparcial de la constitucionalidad ejercido por los jueces.

3. *La convocatoria a posibles terceros interesados*

Los artículos 136 y 137 de la *Ley Orgánica del Tribunal Supremo de Justicia* disponen, de forma obligatoria, la necesidad de publicar un cartel de emplazamiento, en un diario de circulación nacional, a los fines de que los interesados concurran, dentro de los 10 días de despacho siguientes a la fecha en que conste en autos la publicación en prensa.

Para ello, la ley no establece cuál es el criterio que deberá utilizarse para admitir o rechazar una tercería, pero debe presumirse que, al tratarse de un proceso con legitimación popular, no debería requerirse otras condiciones distintas para los terceros intervinientes, quienes podrían estar interesados en la declaratoria o no de inconstitucionalidad de las normas impugnadas[104].

IV. EL PROCEDIMIENTO PARA TRAMITAR LAS ACCIONES DE INCONSTITUCIONALIDAD

1. *La interposición y admisión de la demanda de inconstitucionalidad*

Debemos comenzar por recordar que, a pesar de haber transcurrido más de dos décadas desde que entró en vigencia la actual

---

dado. Su rol no es objetivo e imparcial, sino más bien de parte interesada.

104 Más adelante haremos referencia al momento en que deben incorporarse estos terceros al proceso.

Constitución, seguimos sin una ley especial que regule los aspectos adjetivos y sustantivos del control constitucional de los actos del poder público. Como hemos señalado, actualmente las pocas disposiciones que se refieren a los temas procedimentales en materia de jurisdicción constitucional, las encontramos en las Disposiciones Transitorias de la *Ley Orgánica del Tribunal Supremo de Justicia.*

Y conforme a lo dispuesto en el artículo 128 de esta ley, el procedimiento para tramitar las acciones de inconstitucionalidad es el consagrado en los artículos 129 y siguientes *eiusdem*. Se trata de un procedimiento común para varias pretensiones procesales, como es el caso de las omisiones legislativas, las colisiones de leyes, las controversias constitucionales y los recursos de interpretación de normas constitucionales.

Las acciones de inconstitucionalidad se inician mediante demanda, la cual puede presentarse directamente ante la Sala Constitucional o ante cualquier tribunal donde el actor tenga su residencia, cuando se encuentre fuera del Área Metropolitana de Caracas. En este último caso, el tribunal respectivo deberá dejar constancia de la fecha de recepción y remitir el expediente debidamente foliado, dentro de los 3 días hábiles siguientes.

La *Ley Orgánica del Tribunal Supremo de Justicia* no consagra ningún requisito formal para la interposición de la demanda, más allá de señalar que ésta debe acompañarse de la *documentación indispensable* para considerar su admisibilidad. No aclara la ley cuáles son esos documentos indispensables, pero debemos presumir que se trata de: i) el poder que acredite la representación, de ser el caso; ii) y un ejemplar o copia de la norma o acto objeto de impugnación[105].

En cuanto al contenido de la demanda, consideramos que la misma no sólo debe indicar las normas cuya inconstitucionalidad se demandan, sino además debe señalarse al menos una breve narrativa de los argumentos jurídicos que justifiquen la acción.

A pesar de que la ley no exige mayores consideraciones en cuanto al contenido de la demanda, en el artículo 134 se establece el llamado "*despacho saneador*", lo que implica que, en el supuesto que el escrito resulte de algún modo inteligible, la Sala Constitucional

---

105 Estos eran los únicos requisitos que se mencionaban en el antiguo artículo 113 de la *Ley Orgánica de la Corte Suprema de Justicia.*

deberá darle una oportunidad al accionante para que, dentro de un plazo de 3 días de despacho, corrija o aclare el contenido del escrito. En caso que ello no suceda dentro de ese plazo, se declarará la inadmisibilidad de la demanda.

En caso que la demanda sea lo suficientemente clara; o que el accionante corrija acertadamente su solicitud, si se le haya pedido alguna aclaratoria vía *despacho saneador*, la Sala Constitucional designará el Ponente respectivo y se pronunciará sobre la *admisión* o no de la demanda, dentro de los 5 días de despacho siguientes, conforme a lo previsto en el artículo 132 de la *Ley Orgánica del Tribunal Supremo de Justicia*.

El artículo 133 de la *Ley Orgánica del Tribunal Supremo de Justicia* establece las *causales de inadmisibilidad* para este tipo de demandas, las cuales no distan mucho de las normalmente previstas para todos los procesos judiciales.

Así, el primer supuesto se refiere a la acumulación de demandas o pretensiones que se *excluyan mutuamente* o cuyos procedimientos sean *incompatibles*. Se trata de una causal muy común en todos los procesos judiciales. En la sentencia N° 754 del 14 de octubre de 2022, caso: *Carlos Vivas*, la Sala Constitucional señaló lo siguiente:

> En consecuencia, visto que en el caso de autos se han interpuesto pretensiones cuyo conocimiento corresponde a tribunales distintos y a la vez, se tramitan por procedimientos diferentes, se evidencia que estamos en presencia de una inepta acumulación y que, en consecuencia, de conformidad con el artículo 78 del Código de Procedimiento Civil y 133.1 de la Ley que rige las funciones de este Máximo Tribunal, se declara la inadmisibilidad de las demandas. Así se decide.

En el mismo sentido, puede citarse la decisión de fecha 10 de julio de 2012, caso: *Roberto Orta*, donde la Sala declaró inadmisible la demanda de inconstitucionalidad ejercida contra una Ley y su respectivo Reglamento, al mismo tiempo, toda vez que la competencia para conocer de ambas pretensiones les corresponde a dos jurisdicciones distintas (la primera a la constitucional y la segunda a la contencioso-administrativa). Textualmente señaló la Sala:

> Así pues, observa la Sala que la acumulación de pretensiones de tales procedimientos (nulidad de la Ley para la Regularización y Control de los Arrendamientos de Vivienda y

> nulidad del Reglamento de dicha ley) y de cualquier otro que se encuentre dentro de los supuestos de las normas antes citadas, no puede darse en ningún caso, por cuanto se trata de asuntos que deben ser conocidos por jurisdicciones distintas en razón de la materia o por mandato expreso de la ley.

Es importante destacar que la impugnación conjunta de una norma legal y otra reglamentaria había sido admitida por la Sala Constitucional, aun cuando la propia *Constitución* califica a los Reglamentos como actos administrativos, y, por tanto, impugnables ante la Sala Político-Administrativa del Tribunal Supremo de Justicia. Así, la sentencia N° 1986 del 23 de octubre de 2007, caso: *Juan Carlos Velásquez,* evidencia como la Sala tramitó y anuló unas normas contenidas en la *Ley sobre la Academia de Ciencias Políticas y Sociales* y otras de su *Reglamento,* luego de haber tramitado un mismo procedimiento para ambos tipos de disposiciones.

A nuestro juicio, consideramos que cuando se impugnan normas legales y las reglamentarias que las desarrollan, no tienen sentido alguno que se tramiten demandas separadas, ante dos tribunales (y jurisdicciones) distintas. En estos casos, debe admitirse la acumulación de ambas pretensiones, al estar estrechamente vinculadas. Los principios de economía y concentración procesal así lo exigen.

El segundo supuesto se refiere al caso en que no se acompañen los documentos indispensables para verificar si la demanda es admisible. Como hemos visto, estos documentos serían, básicamente, el poder que acredite la representación, de ser el caso, y un ejemplar o copia de la norma o acto objeto de impugnación. Así, por ejemplo, en la sentencia N° 923 del 8 de junio de 2011, caso: *Daniel Ceballos,* la Sala declaró:

> Vista las causales de inadmisibilidad previstas en la norma transcrita, esta Sala advierte, de un estudio preliminar, que en el presente caso los recurrentes no cumplieron con su deber de acompañar, conjuntamente con el escrito contentivo del recurso de nulidad por inconstitucionalidad, copia, por lo menos simple, del Acta de Instalación del Consejo Legislativo del Estado Táchira donde tuvo lugar la elección de la Junta Directiva para el período constitucional 2011, recaudo fundamental para verificar la admisibilidad del recurso de nulidad solicitado, motivo de ley que hace a esta Sala Constitucional, conforme a lo señalado en el artículo 133 numeral 2 de

la Ley Orgánica del Tribunal Supremo de Justicia, declarar inadmisible el presente recurso de nulidad por inconstitucionalidad. Así se decide.

En nuestro criterio, de no acompañarse estos documentos indispensables, la Sala debería aplicar el *despacho saneador*, a los fines de darle oportunidad al demandante para traer a los autos estos documentos. Con ello se evitaría una nueva interposición de la demanda, una vez obtenido el instrumento omitido.

La tercera causal se refiere a la *falta de legitimidad* del demandante, pero como ya hemos señalado, en estos procesos existe una legitimación abierta o popular, razón por la cual no resulta aplicable esta causal a este tipo de pretensiones[106].

La cuarta causal de inadmisibilidad se refiere a la *cosa juzgada* o *litispendencia*, atendiendo a los principios de seguridad jurídica y economía procesal, pues resulta incompatible con un Estado de Derecho que se pretenda volver sobre un mismo asunto que ya ha sido decidido mediante sentencia definitiva[107].

Un ejemplo de la aplicación de esta causal de inadmisibilidad lo encontramos en el fallo N° 673 del 2 de agosto de 2016, caso: *Reinaldo Guilarte*, donde se señaló lo siguiente:

> Por consiguiente, es evidente que la norma impugnada (contenida hoy en el Decreto con Rango, Valor y Fuerza de Ley de Reforma Parcial del Decreto con Rango, Valor y Fuerza de Ley de Impuesto sobre la Renta 2015) fue objeto de interpretación e integración por esta Sala, en virtud de lo cual dicha labor interpretativa e integradora desarrollada en la sentencia N° 301 del 27 de febrero de 2007, se encuentra investida de la autoridad de la cosa juzgada, por cuanto la misma a pesar de haberse realizado conforme al otrora Parágrafo Segundo y Cuarto del artículo 133 de la Ley Orgánica del Trabajo de 1997 (aplicable en razón del tiempo), hoy igualmente encuentran sustento en el supuesto normativo previsto en los

106 Queda salvo lo expuesto sobre la muy cuestionable decisión de fecha 22 de julio de 2010, caso: *SÚMATE*, donde se aplicó esta causal de inadmisibilidad a una acción de inconstitucionalidad.

107 Sobre las particularidades de la cosa juzgada en este procedimiento, volveremos *infra*.

artículos 104, segundo aparte, y 107 de la vigente Ley Orgánica del Trabajo, los Trabajadores y Trabajadoras de 2012, toda vez que dicha norma fue concebida por el legislador en los mismos términos.

De igual forma, la misma causal hace referencia a la *litispendencia,* para considerar como inadmisible una nueva demanda que verse sobre los mismos hechos de otra que cursa ante la misma Sala. Sin embargo, debe destacarse que esta causal de inadmisibilidad debe aplicarse con sumo cuidado, pues más bien podría derivar en graves injusticias. En efecto, cuando se interpone una nueva acción de inconstitucionalidad que guarda relación con otra que está pendiente ante la misma Sala Constitucional, lo conducente más bien es declarar la *acumulación,* a los fines de que ambos casos se decidan en una misma sentencia.

No es ajeno a la Sala Constitucional la acumulación de acciones de inconstitucionalidad, mediante la aplicación de las normas del *Código de Procedimiento Civil,* las cuales resultan compatibles analógicamente, conforme a lo dispuesto en el artículo 98 de la *Ley Orgánica del Tribunal Supremo de Justicia.* Así, conforme a estas disposiciones sólo estaría prohibida la acumulación en los casos previstos en el artículo 81 del *Código de Procedimiento Civil,* y en particular, cuando el caso que previno ya se encuentra en estado de sentencia. Una muestra de este criterio podemos observarlo en el fallo Nº 377 del 11 de mayo de 2010, caso: *Flota Pesquera Mujica Ruiz,* donde se precisó lo siguiente:

> Esta Sala, por notoriedad judicial, conoce del trámite simultáneo de otro expediente contentivo del recurso de nulidad ejercido contra los artículos 23 y 30 del *"Decreto N° 5.930 con rango, Valor y Fuerza de la Ley de Pesca y Acuicultura, publicado en la Gaceta Oficial de la República Bolivariana de Venezuela N° 5.877 Extraordinario del 14 de marzo de 2008".* Así, en expediente distinguido con el Nº 2009-0353, en el cual se dictó la sentencia Nº 912/09, que admitió la demanda de nulidad.
>
> En atención a tal situación y a la posible conexión de dichas causas, se observa que la institución de la acumulación permite agrupar causas o procesos cuando coinciden algunos de los elementos integrantes de la acción procesal, a saber: los sujetos, la pretensión y el título o causa *petendi.* Dicha institución encuentra sentido en la intención de que se dicte una sola sentencia, en la cual se abarquen todas las causas iniciadas, en

aras del principio de economía procesal, así como para evitar que cursen causas por separado que podrían llevar a sentencias contrarias.

La Ley Orgánica del Tribunal Supremo de Justicia, si bien no regula expresamente lo atinente a la acumulación sí prevé, en el primer aparte de su artículo 19, lo siguiente: "*Las reglas del Código de Procedimiento Civil regirán como normas supletorias en los procedimientos que cursen ante el Tribunal Supremo de Justicia. Sin embargo, cuando en el ordenamiento jurídico no se contemple un procedimiento especial a seguir, se podrá aplicar el que juzgue más conveniente para la realización de la justicia, siempre que tenga su fundamento jurídico legal*".

Por su parte, el Código de Procedimiento Civil, en sus artículos 51 y 79, establece lo siguiente:

"Artículo 51.- Cuando una controversia tenga conexión con una causa ya pendiente ante otra autoridad judicial, la decisión competerá a la que haya prevenido.

La citación determinará la prevención.

En el caso de continencia de causas, conocerá de ambas controversias el Juez ante el cual estuviere pendiente la causa continente, a la cual se acumulará la causa contenida".

"Artículo 79.- En los casos de los artículos 48 y 51, habiendo quedado firme la declaratoria de accesoriedad, de conexión, o de continencia, las causas se acumularán y se seguirán en un solo proceso ante el Juez declarado competente, y se suspenderá el curso de la causa que estuviere más adelantada hasta que la otra se halle en el mismo estado, terminándolas con una misma sentencia".

Así, visto que el recurso de nulidad contenido en el expediente N° 2009-0353, guarda una incuestionable vinculación con la presente causa, ya que presentan similares elementos objetivos de la pretensión, esto es título y objeto; en efecto, los fundamentos de hecho y de derecho de la causapetendi, es decir, el título en cada uno de los referidos expedientes al igual que el objeto, que se circunscribe a la declaratoria de nulidad de varias disposiciones que conforman el Decreto N° 5.930 con Rango, Valor y Fuerza de la Ley de Pesca y Acuicultura y, en particular del artículo 23 *eiusdem*. Por consiguiente, las causas a que se contraen dichos procedimientos son conexas entre sí, conforme al cardinal 3 del artículo 52 del Código de Procedimiento Civil, según el cual: "Se entenderá también que existe conexión entre varias causas a los efectos de la primera parte del artículo precedente (...) 3° Cuando haya identidad de título y de objeto, aunque las personas sean diferentes".

De ello resulta pues, que precisado lo anterior y visto que la causa contenida en el expediente N° 2009-0353 previno en relación con la presente causa, esta Sala en atención a lo previsto en el artículo 51 del Código de Procedimiento Civil y no existiendo supuesto alguno de los contemplados en el artículo 81 *eiusdem* que impida la acumulación, procede a acordar ésta, a fin de evitar sentencias contradictorias y en aras de la celeridad y economía procesal.

Con base en este criterio, consideramos que la declaratoria de inadmisibilidad, por litispendencia, debe limitarse a los casos donde el ordenamiento jurídico prohíbe la acumulación de causas.

La quinta causal se refiere a los casos donde las demandas contengan conceptos *ofensivos o irrespetuosos*. A nuestro juicio, se trata de una causal que solo podría utilizarse en casos donde la ofensa o irrespeto no se refiera a vicios o argumentos jurídicos contra las actuaciones de los funcionarios públicos, pues ello podría generar la absolución de la instancia injustificadamente, vulnerando el derecho a la libertad de expresión y al acceso a la justicia.

Esta causal debería limitarse a supuestos donde se utilicen palabras obscenas o insultos ajenos o innecesarios frente a los argumentos de hecho o de derecho que se hagan valer en la demanda, pues es un deber ético de los abogados el uso correcto del lenguaje y el respeto a los órganos de administración de justicia y los abogados de la contraparte. Pero esto no impide la posibilidad de alegar determinados vicios (por ejemplo, desviación de poder); cuestionar o criticar decisiones previas de los tribunales, incluso al funcionamiento mismo del sistema de justicia, pues ello conllevaría a una clara vulneración del derecho a la libertad de expresión.

Una buena muestra del mal uso de esta causal de inadmisibilidad la encontramos en la decisión dictada por la Sala Constitucional, el 7 de agosto del 2013, en el caso: *Henrique Capriles,* en donde se cuestionaba el proceso comicial presidencial del 14 de abril de 2013. En ese caso, se negó la admisibilidad del recurso contencioso-electoral, ventilado curiosamente ante la Sala Constitucional, por considerar que el actor había cuestionado (en declaraciones públicas, ajenas al debate de ese caso) la imparcialidad de los jueces y del Tribunal Supremo.

En ese importante caso, la Sala señaló lo siguiente:

> En el caso de autos, no sólo la representación actora incurrió en la mencionada falta a la majestad del Poder Judicial al que, paradójicamente, acudió en su defensa, sino que en diversas oportunidades y a través de distintos medios ha acusado expresa y radicalmente a la judicatura y, en particular, a esta Sala Constitucional, como un órgano completamente parcializado y llegó incluso a afirmar que este Máximo Juzgado obedecía la línea del partido de gobierno.
>
> Como antes se indicará, afirmaciones de tal suerte, fundadas en el cuestionamiento del ejercicio de las potestades que a esta Sala corresponden por mandato constitucional y legal, no sólo deben ser desechadas en tanto desconocen la función garantista que a ella fue encomendada, sino porque -con su afrenta- trivializa el debate democrático que canalizan las instituciones que integran el Poder Público, buscando minar su credibilidad ante los ciudadanos.
>
> Resulta, cuando menos, desajustado al propósito de tutelar una situación jurídica constitucional y legalmente establecida acudir ante un órgano jurisdiccional para señalar, como premisa, que no se confía en los mecanismos establecidos y con el fin de minar y comprometer el actuar de la Magistratura, se señale públicamente a sus integrantes de incumplir con su mandato constitucional, buscando comprometer su autonomía e imparcialidad gracias a la mediatización de un conflicto.
>
> En estas circunstancias, el acceso a la jurisdicción obra como un mecanismo velado para interferir en el ejercicio de la Administración de Justicia; de manera que -como recoge la doctrina citada ***supra***- el interés procesal que, en la mayoría de los casos, se presumiría legítimo, se ve trastocado y deviene en ausencia absoluta de acción: no se acude a los tribunales con el ánimo de resolver una disputa, sino para acusar al árbitro por no someterse a sus designios y voluntades.

> En razón de lo anterior, de conformidad con lo dispuesto en el artículo 133.5 de la Ley Orgánica del Tribunal Supremo de Justicia, la demanda contencioso electoral objeto de estos autos debe ser declarada inadmisible, por contener conceptos ofensivos e irrespetuosos en contra de esta Sala y otros órganos del Poder Público. Por este mismo motivo, de conformidad con lo dispuesto en el artículo 121 ***eiusdem***, la Sala impone al ciudadano HENRIQUE CAPRILES RADONSKY, titular de la cédula de identidad n° 9.971.631, multa por la cantidad de cien (100 U.T.) unidades tributarias, equivalentes a diez mil setecientos bolívares (Bs. 10.700,00) correspondientes al límite máximo establecido en el referido artículo de la Ley Orgánica del Tribunal Supremo de Justicia, por cuanto la Sala estima de la mayor gravedad los pronunciamientos ofensivos contenidos en el escrito libelar. Así se decide.

En el mismo sentido, en la decisión N° 311 de fecha 28 de abril de 2016, caso: *Robert Rodríguez*, se declaró la inadmisibilidad de la acción de inconstitucionalidad ejercida en contra del acto de designación del Magistrado Maikel Moreno, por considerar que se habían utilizado conceptos ofensivos e irrespetuosos, cuando en realidad solo se había cuestionado los requisitos necesarios para optar a ese cargo. También aquí se le impuso una multa al accionante.

La resistencia a la crítica de las decisiones judiciales, incluso fuera de los estrados ha sido objeto, incluso de un Acuerdo de la Sala Plena, de fecha 16 de julio de 2003, donde se expresó lo siguiente:

> *PRIMERO:* De conformidad con lo dispuesto en el artículo 171 de la Ley Orgánica de la Corte Suprema de Justicia, a partir de la publicación del presente Acuerdo, las Salas del Tribunal Supremo de Justicia y demás tribunales del país podrán rechazar cualquier demanda o solicitud que contenga conceptos irrespetuosos u ofensivos a su majestad y la de sus integrantes, así como inadmitir escritos que si bien no irrespeten u ofendan, tales agravios se comprueben con declaraciones públicas hechas por las partes, sus abogados apoderados o asistentes, sobre el caso.
>
> *SEGUNDO:* En caso de expresiones ofensivas en el recinto del Tribunal Supremo de Justicia y demás tribunales del país, se autoriza a los Alguaciles para que desalojen a cualquier persona agente de los mismos, para lo que podrán recurrir al

empleo de la fuerza pública, si fuere necesario; asimismo se ordena a las secretarías de las Salas o tribunales levanten un registro que recoja la identificación del emitente de las expresiones ofensivas contra la majestad de la justicia o irrespeten a los jueces o magistrados.

TERCERO: De conformidad con lo establecido en el artículo 17 del Código de Procedimiento Civil, los Magistrados o Jueces podrán, en caso de que se concreten las interferencias u ofensas que fueron señaladas en los puntos anteriores, solicitar ante los organismos correspondientes, la apertura de los procedimientos civiles, penales, administrativos o disciplinarios a que hubiere lugar, y declarar excluidos del respectivo juicio al responsable de los hechos, si fuere abogado".

Consideramos que forma parte del núcleo a la libertad de expresión el que todos los ciudadanos tengan la libertad suficiente para poder cuestionar las gestiones de sus servidores, lo que incluye a los integrantes del Poder Judicial. Por ende, no se puede utilizar la función jurisdiccional para sancionar a algún abogado o particular que ha cuestionado, fuera de la sede del tribunal, a un juez o funcionario judicial. Esto escapa de la función jurisdiccional.

En suma, rechazamos la posibilidad que se inadmita alguna demanda de inconstitucionalidad, por supuestamente contener conceptos irrespetuosos, por el hecho de que los abogados hayan cuestionado los fallos o decisiones judiciales o la actuación o desempeño de los jueces o Magistrados a través del algún medio de comunicación. Ello, principalmente, por el hecho de que los jueces son también servidores del Estado y deben estar expuestos, por el bien de la democracia, a la crítica de su desempeño.

La última causal de inadmisibilidad, prevista en el numeral 6 del artículo 133 de la *Ley Orgánica del Tribunal Supremo de Justicia*, se refiere a casos donde *no exista legitimación pasiva*. Se trata de una causal bastante curiosa y hasta inaplicable a los casos de acciones de inconstitucionalidad, pues en este tipo de pretensiones, la legitimación pasiva recae en el órgano que emitió la norma o acto dictado en ejecución directa e inmediata de la *Constitución*. Por tanto, si el demandante indica y consigna el acto objeto de impugnación, quedará claro entonces cuál es el sujeto pasivo que deberá venir a juicio. No conocemos de algún caso donde se haya declarado inadmisible una acción de inconstitucionalidad basada en esta norma.

Por otra parte, y estrechamente ligado a la aplicación de causales de inadmisibilidad, vale la pena mencionar que la Sala Constitucional ha declarado inadmisible una reforma de la demanda de nulidad, cuando esta se presenta luego de haberse dictado el auto de admisión de la acción original. Así, en la sentencia N° 512 del 28 de abril de 2015, caso: *Cándida Suárez*, se destacó lo siguiente:

> En atención a ello, debe determinar esta Sala Constitucional si la reforma del libelo de demanda de nulidad por inconstitucionalidad, presentada el 11 de junio de 2013, debe ser admitida y considerada o inadmitida por extemporánea.
>
> Al respecto, se observa que Ley Orgánica del Tribunal Supremo de Justicia no consagra una norma especial en cuanto a la posibilidad de la reforma del libelo contentivo del recurso de nulidad por inconstitucionalidad. En tal sentido, debe esta Sala precisar cuál es la oportunidad procesal para admitir la reforma del libelo.
>
> Ello así, se advierte que el artículo 343 del Código de Procedimiento Civil, el cual resulta aplicable en virtud de la remisión expresa que efectúa el artículo 98 de la Ley Orgánica del Tribunal Supremo de Justicia, dispone lo siguiente:
>
> "El demandante podrá reformar la demanda, por una sola vez, antes que el demandado haya dado la contestación a la demanda, pero en este caso se concederán al demandado otros veinte días para la contestación, sin necesidad de una nueva citación".
>
> Vista la norma antes transcrita, se observa que la aplicación de normas procesales de otros textos normativos a la demanda de nulidad debe ser adecuada a la naturaleza del recurso de nulidad, ya que éste, a diferencia del procedimiento civil, no tiene una contestación escrita a la cual se refiere el citado artículo.
>
> En atención a ello, se observa que la presentación de la reforma del libelo de nulidad por inconstitucionalidad, ante la inexistencia de un acto de contestación de la demanda, debe ser sólo admisible antes del auto de admisión previsto en el artículo 135 de la Ley Orgánica del Tribunal Supremo de Justicia, por ser éste, el momento procesal donde se determina el objeto del recurso de nulidad, y con base en el cual se ordena librar la citación al ente emisor de la norma impugnada, las

> notificaciones de la Fiscalía General de la República y de la Defensoría del Pueblo, así como el cartel de emplazamiento para los terceros interesados, aunado a que la admisión de la reforma del libelo con posterioridad al auto de admisión, podría vulnerar los derechos constitucionales al debido proceso y a la igualdad de las partes en el mismo, consagrados en los artículos 21 y 49 de la Constitución de la República Bolivariana de Venezuela.

Finalmente, vale la pena destacar que la *caducidad* no forma parte de las causales de inadmisibilidad de las acciones de inconstitucionalidad, toda vez que se entiende que estas demandas pueden presentarse en cualquier momento, es decir, no existe ningún plazo para ejercerlas.

La decisión sobre la admisibilidad o no de la acción de inconstitucionalidad debe producirse dentro de los 5 días de despacho siguientes a la presentación de la demanda[108]. En caso de ser admitida la demanda se ordena la remisión del expediente al Juzgado de Sustanciación, al cual le corresponde llevar toda la tramitación del expediente, hasta la oportunidad en que se celebre la audiencia pública. Es importante destacar que, conforme a lo dispuesto en el artículo 17 de la *Ley Orgánica del Tribunal Supremo de Justicia*, las decisiones del Juzgado de Sustanciación son apelables por ante la Sala Constitucional.

El auto de admisión deberá ordenar las citaciones y notificaciones correspondientes, esto es, la citación de la parte demandada (órgano que dictó el acto); la notificación del Ministerio Público; Procurador General de la República; Defensor del Pueblo y de cualquier otra autoridad que se estime pertinente. Igualmente, deberá disponer todo lo referente a la publicación del cartel de emplazamiento para posibles terceros interesados.

2. *El llamado a terceros y su participación en el juicio*

Como mencionamos anteriormente, los artículos 136 al 139 de la *Ley Orgánica del Tribunal Supremo de Justicia* se refieren a la forma como debe llamarse a los posibles interesados en participar en una

---

108 En caso de que la decisión se dicte fuera de ese plazo, la ley dispone que debe notificarse al demandante (artículo 135).

acción de inconstitucionalidad. Básicamente, ello se hace a través de la publicación de un cartel de emplazamiento en un diario de circulación nacional.

Conforme a estas disposiciones, es el accionante quien tiene la carga de retirar, publicar y consignar el cartel de emplazamiento, para lo cual dispone de 10 días de despacho, contados a partir de la fecha en que emite el respectivo cartel. En caso que no lo haga dentro de esta oportunidad se declarará la perención de la instancia, salvo que se trate de un asunto que afecte al orden público, en cuyo caso será el Juzgado de Sustanciación de la Sala Constitucional el encargado de la publicación.

Luego, una vez que los terceros se hayan hecho parte dentro de los 10 días de despacho a que hace referencia el artículo 137 de la *Ley Orgánica del Tribunal Supremo de Justicia*, el artículo 138 *eiusdem* dispone que hay que dejar transcurrir otros 10 días de despacho para que todos los terceros se entiendan como notificados. Y una vez transcurrido este plazo, el Juzgado de Sustanciación deberá, dentro de los 3 días de despacho siguientes, admitir o no la participación de los intervinientes.

La ley señala que, en una vez admitida la participación de los terceros, éstos tendrán un plazo de 10 días de despacho para consignar sus respectivos escritos de argumentos, plazo que servirá también para que las partes promuevan sus respectivos medios probatorios.

En cuanto a la forma de llamar a los terceros en este proceso, consideramos que la fórmula prevista en la ley no responde a la realidad actual, en cuanto a los medios de información pertinentes. En efecto, consideramos que en nuestro país la prensa escrita se encuentra en proceso de extinción, por lo que publicar carteles en los pocos medios de circulación nacional que todavía existen es sencillamente insuficiente. Consideramos que lo más recomendable es utilizar la página web del Tribunal Supremo de Justicia; sus redes sociales y la de los organismos demandados, con lo cual pudiera lograrse una mayor divulgación de la existencia de estos procesos abiertos y que pueden interesar a un buen número de personas. Para ello no haría falta ni siquiera modificar la ley, pues bastaría que la Sala Constitucional ordenara la instalación de alguna pestaña informativa en su página, para ampliar esta forma de divulgar la existencia de procesos judiciales.

3. *Las pruebas en las acciones de inconstitucionalidad*

Debemos comenzar destacando que la forma como la *Ley Orgánica del Tribunal Supremo de Justicia* estableció la fase probatoria en estos procedimientos es algo confusa, pues confunde la oportunidad que tienen los terceros interesados para presentar sus escritos de argumentos y pruebas, con el plazo que tiene el resto de las partes para presentar sus escritos de promoción de pruebas.

Una lectura detenida de las disposiciones contenidas en los artículos 139 y 140 *eiusdem* permite deducir que una vez vencido el plazo de 10 días de despacho a que se refiere el artículo 138 de la misma ley (notificación de terceros), se inicia otro lapso de 10 días de despacho para que todas las partes presenten sus escritos de promoción pruebas y consignen las documentales que consideren pertinentes.

Luego, las partes disponen de un plazo de 3 días de despacho para oponerse a las pruebas de sus adversarios, en el caso que las consideren ilegales o impertinentes. Vencido este plazo, el Juzgado de Sustanciación dispondrá de 5 días de despacho para dictar el respectivo auto de admisión de pruebas, donde admitirá y negará las pruebas de las partes y dictaminará los hechos que han quedado convenidos entre éstas, y que por tanto no serán objeto de prueba.

Dentro de ese mismo plazo para la admisión de las pruebas, el Juzgado de Sustanciación deberá fijar la oportunidad en que habrá de celebrarse la audiencia pública y una vez publicados ambos autos deberá remitir el expediente a la Sala Constitucional.

No dice nada la *Ley Orgánica del Tribunal Supremo de Justicia*, sobre los medios probatorios admisibles en este tipo de demandas, pero si establece el artículo 98 *eiusdem*, que serán de aplicación supletoria las normas del *Código de Procedimiento Civil*, por lo que serán admisibles todos los medios probatorios allí previstos. Ello, sin descartar cualquier otro medio probatorio previsto en otras leyes procesales y que no menciona el *Código de Procedimiento Civil*, como es el caso de los testigos expertos o todo el tema de los correos electrónicos y mensajes telefónicos.

En todo caso, cualquier incidencia sobre el control y contradicción de la prueba debe ser resuelta en la audiencia pública a la que haremos referencia de seguidas.

En cuanto a la forma de evacuar las pruebas promovidas por las partes y admitidas por el Juzgado de Sustanciación, el artículo 142 de la *Ley Orgánica del Tribunal Supremo de Justicia* dispone que al inicio de la audiencia la Sala Constitucional debe pronunciarse sobre la evacuación de las pruebas, disponiendo que ello deberá realizarse en esa misma audiencia o en otra oportunidad.

En todo caso, los principios que deben guiar la etapa probatoria en estos procesos son los de informalidad, igualdad, concentración e inmediación de la prueba, de tal manera que las partes deben escoger los medios probatorios más compatibles con este procedimiento y la Sala Constitucional debe ordenar la evacuación sólo de aquellas que sean estrictamente necesarias para el proceso y en la forma más inmediata posible.

Por tanto, la forma de evacuar las pruebas dependerá de múltiples factores, como son, la claridad o complejidad de los hechos, su aceptación o no por las partes intervinientes, el tipo de medios probatorios promovidos y admitidos, así como la forma y tiempos para evacuar esos medios probatorios. Ello puede implicar que las pruebas se terminen de evacuar en la audiencia pública o que se requiera de oportunidades adicionales para hacerlo.

Por otra parte, el mismo artículo 142 de la *Ley Orgánica del Tribunal Supremo de Justicia* señala que la Sala Constitucional, al terminar de escuchar los argumentos de las partes, podrá ordenar, *de oficio*, las pruebas que considere necesarias para el esclarecimiento de los hechos que le resulten dudosos.

En suma, al igual que sucede en los procesos de amparo constitucional, en este tipo de demandas la materia probatoria dispone de ciertas incertidumbres, pues no hay plazos fijos para la evacuación, sino que dependerá de la forma como se lleve la audiencia pública, el número de partes intervinientes y la complejidad del asunto.

En todo caso, las partes deben ir preparadas para evacuar sus pruebas en la audiencia pública y tener presente la posibilidad de diferimientos o nuevas audiencias, dada la complejidad que puede existir en algunos casos.

4. *La audiencia pública*

La audiencia pública es una fase muy importante dentro de las acciones de inconstitucionalidad, pues es la oportunidad para que todas las partes (demandante, órgano demandado, terceros institucionales y particulares) expongan sus argumentos de hecho y de derecho; y donde además se llevará a cabo la evacuación de las pruebas debidamente admitidas por el Juzgado de Sustanciación. Como lo dispone el artículo 141 de la *Ley Orgánica del Tribunal Supremo de Justicia*, al iniciarse esta audiencia la Sala deberá indicarle a las partes el tiempo que disponen para exponer sus alegatos y ejercer su derecho de réplica o contrarréplica[109].

Nótese que el artículo 143 de la *Ley Orgánica del Tribunal Supremo de Justicia* establece que la inasistencia de la parte demandante a la audiencia pública se entenderá como *desistimiento tácito* y se dará por terminado el proceso, salvo que la Sala considere que el asunto debe continuar, al estar afectándose el orden público.

Adicionalmente, en esa misma audiencia pública debe resolverse todo el tema de la evacuación de las pruebas, lo que puede implicar también el diferimiento de la audiencia para la oportunidad pertinente, luego de que se hayan evacuado todos los medios probatorios necesarios.

Como puede apreciarse entonces, la audiencia es un acto bastante complejo, donde además la Sala Constitucional puede valerse de sus potestades inquisitivas y del carácter de orden público del proceso para formular las preguntas que consideren pertinentes, aclarar las dudas surgidas de la lectura del expediente, y ordenar las pruebas adicionales que estimen necesarias, con miras siempre a la obtención de la verdad y el control efectivo de la *Constitución*.

La audiencia adquiere también una importancia significativa, ya que hasta ese momento el caso viene manejándose exclusivamente por el Ponente y no por el resto de los Magistrados. Por ello, esta es la mejor ocasión que tienen las partes para despertar inquietudes en el resto de los Magistrados que van a decidir el conflicto.

Por otra parte, y conforme a lo previsto en el artículo 88 de la *Ley Orgánica del Tribunal Supremo de Justicia* y 258 de la *Constitución*, también la audiencia pública puede servir de plataforma para ensayar la posibilidad de llevar adelante algún proceso de conciliación

---

109 Lo usual es otorgar un plazo de 10 minutos para las intervenciones iniciales y unos 5 minutos para la réplica y contrarréplica. Pero la Sala es libre de fijar el tiempo que considere necesario.

entre las partes involucradas. Ello puede ser perfectamente traído a la audiencia por alguna de las partes o por la propia Sala Constitucional.

Finalmente, al concluir la audiencia pública, la Sala Constitucional deberá levantar un Acta, la cual deberá ser firmada por las partes intervinientes. Con ello, concluye la actuación de las partes, entrando el caso en fase de sentencia. Incluso, como veremos de seguidas, es también en la audiencia pública donde puede producirse la sentencia definitiva, si la complejidad del caso así lo permite.

No queremos dejar pasar en este punto la discusión sobre la posibilidad de que las audiencias públicas en este tipo de procesos llevados ante el más alto organismo judicial del país puedan ser transmitidas por medios de comunicación. Se trata de la posibilidad que tiene la comunidad de acceder en forma oportuna, veraz y efectiva a la información pública, más aún cuando se trata de un proceso de legitimación abierta, y donde pueden estar involucrados los intereses de muchos ciudadanos.

Resulta evidente que la mera posibilidad de asistencia de algunas (pocas) personas a la sala de audiencias de la Sala Constitucional podría no representar una medida adecuada o efectiva para satisfacer la necesidad republicana de someter a control y escrutinio público el cuestionamiento de un acto estatal de relativa importancia.

Por ello, somos del criterio que la verdadera publicidad del juicio sólo puede lograrse con la posibilidad de que los medios de comunicación puedan ingresar a los recintos de las audiencias, con el objeto de multiplicar el conocimiento de un determinado proceso judicial. Lo contrario sería reducir el concepto de "juicio público" a la posibilidad de que un par de decenas de personas puedan presenciar el proceso directamente.

Y es lógico que, dentro de los distintos tipos de medios de comunicación, el video o la televisión constituye el mecanismo más inmediato e idóneo para generar ese efecto multiplicador. Sin lugar a duda, es el medio que puede lograr la reproducción más fiel y fidedigna de lo acontecido en un proceso judicial abierto y público.

En este sentido, el Tribunal Constitucional español, en sentencia del 23 de febrero de 1982 dispuso:

> El principio de la publicidad de los juicios, garantizado por la Constitución (Artículo 120.1) implica que éstos sean conocidos más allá del círculo de los presentes en los mismos,

> pudiendo tener una proyección general. Esta proyección no puede hacerse efectiva más que con la asistencia de los medios de comunicación social, en cuanto tal presencia les permite adquirir la información en su misma fuente y transmitirla a cuantos, por una serie de imperativos de espacio, de tiempo, de distancia, de quehacer, etc., están en la imposibilidad de hacerlo. Este papel de intermediario natural, desempeñado por los medios de comunicación social entre la noticia y cuantos no están, así, en condiciones de conocerla directamente, se acrecienta con respecto a acontecimientos que por su entidad pueden afectar a todos y por ello alcanzan una especial resonancia en el cuerpo social, como ocurre indiscutiblemente con el desarrollo de la vista de la causa que nos ocupa.

Igualmente, en abril de 2004, el mismo Tribunal Constitucional español, en sendas sentencias, anuló un acuerdo de la Sala de Gobierno del Tribunal Supremo que prohibía con carácter general el acceso de periodistas con cámaras de fotos, de vídeo o televisión a su sede y a las vistas que en ella se celebran. Además, en el mes de junio de 2005, el Tribunal Constitucional español anuló la prohibición con carácter general del acceso de periodistas con cámaras de fotos, de vídeo o televisión a los juicios que se celebran en la Audiencia Nacional, acordada por la Sala de Gobierno de ésta. Con ello, ha quedado claro que no puede prohibirse el acceso de la televisión en ninguna instancia judicial española[110].

De hecho, en un estudio realizado sobre el impacto de las cámaras de televisión en los juzgados, durante los procesos judiciales llevados ante el Tribunal Penal Internacional para la antigua Yugoslavia se determinó que la actuación de los abogados mejoró notablemente debido a la responsabilidad que asumían al estar en frente de cientos de miles de espectadores.

---

110 También la Corte Interamericana de Derechos Humanos, en la sentencia de fecha 30 de mayo de 1999, recaída en el caso: *Castillo Petruzzi*, tuvo la oportunidad de referirse a la garantía del juicio público, consagrada en el artículo 8.5 de la *Convención Americana*, considerando que en las audiencias orales no sólo se debe contar con la asistencia del público en general, sino, además, debe darse participación a los medios de comunicación.

Por cierto, en ese mismo estudio, de todos los encuestados, sólo un 4% consideraron que los jueces podrían haberse visto influenciados en sus decisiones por la presencia de las cámaras de televisión[111].

Sin lugar a dudas, la publicidad del proceso y, más concretamente de las audiencias públicas en procesos trascendentes como las acciones de inconstitucionalidad contra actos emanados de las más altas autoridades del poder público, tiene un fin formativo, pues ayuda a educar al público de las realidades y particularidades de los procesos judiciales y del rol que juega la ley en nuestra sociedad. Ello permite evaluar a nuestros servidores y buscar los correctivos necesarios para lograr un sistema de justicia óptimo.

De hecho, nuestra Sala Constitucional ha permitido, en algunas ocasiones, el acceso de la televisión y la transmisión en vivo de algunas audiencias públicas de interés. Así, por ejemplo, la audiencia pública en la controversia constitucional surgida entre el Ministro de Interior y Justicia y el Alcalde Metropolitano de Caracas, relacionada con la designación de las autoridades de la Policía Metropolitana de Caracas fue transmitida en vivo por canales de televisión. Lo mismo sucedió en el caso del cuestionamiento de sistema de representación proporcional ("las morochas"), donde también se permitió la transmisión directa de esa importante discusión constitucional.

Por tanto, consideramos que la naturaleza de los procesos de control concentrado de constitucionalidad, llevados ante la Sala Constitucional, son ideales para que las audiencias orales sean transmitidas por medios de comunicación de alcance masivo, por lo que la Sala debería garantizar el acceso de los medios, en condiciones de igualdad, para de esta forma darle una divulgación suficiente y amplia a las discusiones constitucionales de interés, lo que sin duda repercutirá favorablemente en nuestra sociedad. Es decir, la publicidad real de las audiencias debería ser la regla y la reserva (siempre que sea debidamente justificada) la excepción.

---

111 MASON, Paul, "Report on the Impact of Electronic Media Coverage of Court Proceedings at the International Criminal Tribunal for the former Yugoslavia", www.un.org/icty/pressreal/final.

5. *Forma y oportunidad para dictar sentencia en las acciones de inconstitucionalidad*

Las decisiones en las acciones de inconstitucionalidad pueden dictarse y publicarse de varias formas. Así, la primera posibilidad es que, en la propia audiencia pública, una vez terminada la intervención de las partes, la Sala Constitucional decida sobre el fondo del asunto en forma oral, indicando los términos del dispositivo del fallo. En caso contrario, la Sala puede diferir por una sola vez y hasta por un lapso de 5 días de despacho, el pronunciamiento del dispositivo del fallo, cuando la complejidad del asunto así lo exija.

Igualmente, la Sala Constitucional puede dictar la decisión en forma oral, en la oportunidad que va a publicar el texto íntegro de la sentencia. El texto definitivo de la sentencia debe publicarse dentro de los 10 días de despacho siguientes a la culminación de la audiencia pública.

Como vemos, la sentencia puede anunciarse de una vez en la propia audiencia pública, con o sin el dispositivo del fallo, o puede diferirse por 10 días de despacho para su publicación final. Todo ello dependerá de la complejidad del asunto, del tiempo disponible y de la urgencia necesaria para el restablecimiento de la situación jurídica infringida.

La realidad es que no es normal que la Sala Constitucional dicte sus decisiones en materia de acciones de inconstitucionalidad en las propias audiencias públicas. Al punto que nos atreveríamos a afirmar que en prácticamente todas las ocasiones la decisión se produce en forma escrita, pasado unos días, y a veces meses o años, después de culminada la audiencia pública.

Más adelante abordaremos los temas relacionados con el contenido y efectos de la sentencia que decide una acción de inconstitucionalidad.

6. *Las medidas cautelares en las acciones de inconstitucionalidad*

En todo proceso jurisdiccional, incluyendo lógicamente aquellos destinados a impugnar los actos de contenido normativo se requiere que el órgano decisor esté dotado de un amplio y efectivo poder cautelar que evite que el transcurso del tiempo necesario para obtener una sentencia de fondo se convierta en un daño excesivo para el que parece va a obtener la razón.

Se trata de una afirmación que no siempre fue aceptada libremente por nuestra doctrina y nuestro ordenamiento jurídico, al punto que, durante muchos años, en la *Ley Orgánica de la Corte Suprema de Justicia* sólo se admitía la medida cautelar de suspensión de efectos, pero únicamente en los casos de impugnación de actos administrativos de *efectos particulares*.

De allí, que la jurisprudencia comparada colaboró en la divulgación de la necesidad de reconocer ese poder cautelar amplio y contundente, capaz de suspender, en la etapa inicial del proceso, la vigencia misma de leyes u otros actos normativos, cuando éstos se presuman contrarios a la *Constitución*, o cuando puedan poner en peligro la efectividad del fallo definitivo.

El poder cautelar para suspender leyes o actos de efectos generales comenzó a ser reconocido por el Tribunal de Justicia de las Comunidades Europeas y por los propios tribunales constitucionales europeos desde finales del siglo pasado. Concretamente, tal y como lo refleja GARCÍA DE ENTERRÍA, a raíz de las sentencias *Factortame* y *Zuckerfabrik*, el Tribunal Europeo señaló que tanto el Tribunal de Justicia de las Comunidades Europeas como los propios tribunales nacionales "podrán, pues, a partir de ahora, e incluso, deberán, si las circunstancias así lo imponen, suspender las Leyes de sus propios Estados, en los procesos en que actúen como jueces ordinarios del Derecho Comunitario..."[112].

Ello, en virtud de que se ha venido entendiendo que un sistema de medidas cautelares es imprescindible para que una jurisdicción pueda ser verdaderamente eficaz, pues sin la existencia de estas medidas se frustra totalmente toda posibilidad de prestar una tutela protectora efectiva. Y en este sentido concluye GARCÍA DE ENTERRÍA señalando que "conviene tener en cuenta que el poder de ordenar medidas cautelares no es un poder distinto del jurisdiccional, no es un *quid alium* respecto de éste; por el contrario, es un simple componente del poder jurisdiccional plenario, que resulta ser inexcusable para que éste mismo pueda ser eficaz, útil, esto es, para que cumpla su función propia.

---

112 GARCÍA DE ENTERRÍA, Eduardo, "*La Batalla por las Medidas Cautelares*", Civitas, Madrid, 1995.

Es, por tanto, innecesario exigir para ese subpoder ancilar o implícito una cláusula de reconocimiento y atribución expresa, que cabe perfectamente entender inherente a cualquier jurisdicción digna de este nombre"[113].

Probablemente hoy en día nadie discuta las potestades cautelares que dispone la Sala Constitucional para acordar medidas provisionales, a los fines de suspender la vigencia y aplicación de leyes u otros actos normativos, mientras se tramita una determinada acción de inconstitucionalidad.

De hecho, nuestra *Ley Orgánica del Tribunal Supremo de Justicia* recoge en el artículo 130 este poder cautelar amplio y suficiente de la Sala Constitucional para disponer preventivamente lo necesario, en los procesos de acciones de inconstitucionalidad. Textualmente dispone esta norma:

> En cualquier estado y grado del proceso las partes podrán solicitar, y la Sala Constitucional podrá acordar, aun de oficio, las medidas cautelares que estime pertinentes. La Sala Constitucional contará con los más amplios poderes cautelares como garantía de la tutela judicial efectiva, para cuyo ejercicio tendrá en cuenta las circunstancias del caso y los intereses públicos en conflicto.

Incluso, antes de la entrada en vigencia de esta *Ley Orgánica del Tribunal Supremo de Justicia,* la jurisprudencia de la Sala Constitucional reconocía ese poder cautelar amplio y robusto en las acciones de inconstitucionalidad, aun cuando advertía -como es lógico- la necesidad de utilizar rigurosamente los requisitos de procedencia de las mismas, a los fines de no desconocer la presunción de validez de los actos normativos. Así, por ejemplo, en sentencia del 25 de abril de 2000, caso: *Gertrud Frías* se precisó lo siguiente:

> (...) no debe olvidarse que la inaplicación de un instrumento normativo como medida cautelar colide con la presunción de validez de los actos legales y su obligatoriedad desde su publicación en la Gaceta Oficial de la República, de los Estados o Municipios, de modo que si no se maneja con equilibrio aquella inaplicación el principio de autoridad quedaría quebrantado, de allí que, para que pueda ser acordada, tiene

113 *Op. cit.*

que existir una verdadera y real justificación. Esta puede venir dada no sólo por los perjuicios materiales irreparables que puedan originarse de actos administrativos ejecutados con fundamento en el instrumento normativo conocido, sino por la jerarquía y la entidad de los derechos en juego. De tal forma, que si con la aplicación del instrumento normativo se afectan derechos consustanciales y fundamentales de la persona humana, que ontológicamente forman parte de la misma definición de los seres humanos, considerados como integrantes de una sociedad, como serían: el derecho a la libertad, al libre tránsito y a ser juzgados por sus jueces naturales, la inaplicación del artículo 82 del Código de Policía del Estado Yaracuy está justificada, en resguardo de la seguridad e interés del colectivo del Estado Yaracuy que desde el punto de vista estatal constituyen un interés público, atemperándose entonces el principio de la obligatoriedad de los actos normativos una vez publicados en la Gaceta Oficial así como el principio de autoridad.

Para ese momento, es decir, antes de la entrada en vigencia de la *Ley Orgánica del Tribunal Supremo de Justicia,* la Sala Constitucional utilizaba por vía analógica las disposiciones contenidas en el *Código de Procedimiento Civil,* referidas a las medidas cautelares innominadas, pues no existía una disposición expresa que la habilitara para disponer de medidas preventivas en las acciones de inconstitucionalidad. Así lo refleja la sentencia, de fecha 6 de febrero de 2001, caso: *Henrique Salas,* donde se señaló lo siguiente:

> Es por estas razones que esta Sala Constitucional del Tribunal Supremo de Justicia acuerda medida cautelar innominada, de conformidad con lo dispuesto en los artículos 585 y 588 del Código de Procedimiento Civil, en concordancia con el texto del artículo 88 de la Ley Orgánica de la Corte Suprema de Justicia, en el sentido de suspender los efectos de la Ley de Protección y Defensa del Patrimonio Cultural del Estado Carabobo, hasta tanto sea dictada sentencia definitiva en el presente juicio. Así se decide.

Insistimos, hoy en día este sistema cautelar amplio y robusto se ha consagrado expresamente en la *Ley Orgánica del Tribunal Supremo de Justicia,* donde se establece la posibilidad de acordar las medidas que se consideren necesarias, para evitar que la sentencia definitiva de estos procesos de inconstitucionalidad pueda generar gravámenes de difícil reparación. Incluso, como destaca la norma transcrita, este poder cautelar puede ejercerse hasta *de oficio.*

Esto ha implicado que la Sala Constitucional ha ordenado, en una importante cantidad de casos, la suspensión de las normas cuestionadas o la inaplicación de las mismas a determinados sujetos. Así lo refleja, por ejemplo, en sentencia de fecha 15 de julio de 2003, caso: *Humberto Bauder*, donde se ordenó la inaplicación de unas disposiciones de la *Ordenanza de Actividades Económicas del Municipio Chacao* a las personas que prestan servicios profesionales. Por su parte, en la decisión de fecha 17 de noviembre de 2010, caso: *Hotel Tamanaco*, se ordenó la suspensión de los artículos que consagraban el remedio procesal de *juridicidad*, previsto en la nueva *Ley Orgánica de la Jurisdicción Contencioso Administrativa*; al igual que el fallo de fecha 24 de mayo de 2011, caso: *Jesús Mendoza*, donde se ordenó la suspensión provisional de unas penas accesorias previstas en el *Código Penal*.

En algunas oportunidades la decisión cautelar de la Sala Constitucional no se ha limitado a la suspensión de la norma impugnada, sino que ha implicado el establecimiento de una interpretación provisional de la norma cuestionada. Así, en la sentencia N° 537 de fecha 12 de julio de 2017, caso: *Oscar Borges*, la Sala señaló que:

> Conforme a las amplias potestades de esta Sala Constitucional, se observa que se ha invocado una disposición de orden público, relacionada con el régimen constitucional atinente a la independencia de la actuación del Poder Judicial, lo que determina la presunción de un buen derecho o *fumus boni iuris* en los términos invocados por la parte recurrente. Asimismo, al advertirse una posible vulneración de derechos constitucionales que pudiera conllevar a una lesión jurídica irreparable, esta Sala, ante la necesidad de no comprometer la independencia de la actuación de los jueces y juezas que integran el sistema de justicia penal, así como a las víctimas en los procesos penales, a los fines de evitar que durante la tramitación de la presente causa se dicten actos que vulneren derechos constitucionales que pueden dejar ilusoria la ejecución del fallo de fondo, determinándose un verdadero *periculum in mora; acuerda* la medida cautelar solicitada mientras dure el presente juicio, razón por la cual, *SUSPENDE la aplicación del único aparte del artículo 305 del Código Orgánico Procesal Penal publicado en la Gaceta Oficial de la República Bolivariana de Venezuela n° 6.078 Extraordinario, del 15 de junio de 2012,* hasta tanto esta Sala dicte sentencia definitiva en la presente causa.

> En consecuencia, esta Sala establece en forma temporal un régimen procesal transitorio, referido a la señalada suspensión, esto es, que, *no decretado el sobreseimiento*, el Juez debe ordenar al Ministerio Público continuar con la investigación, sin perjuicio de su autonomía para concluir la investigación nuevamente (ver sentencias n° 1335 del 4 de agosto de 2011, caso Mercedes Ramírez y n° 1405 del 27 de julio de 2004, caso Pérez Recao). Por tal motivo, el artículo 305 antes señalado debe leerse de la siguiente manera:
>
> "Presentada la solicitud de sobreseimiento, el Juez o Jueza la decidirá dentro de un lapso de cuarenta y cinco días. La decisión dictada por el Tribunal deberá ser notificada a las partes y a la víctima, aunque no se haya querellado".

En otras ocasiones la medida cautelar acordada por la Sala ha implicado la suspensión *total* de la ley u ordenanza impugnada, tal y como lo refleja la decisión de fecha 13 de agosto de 2002, caso: *Seguros Guayana*, donde se dispuso la suspensión total de la vigencia de la *Ley de Empresas de Seguros y Reaseguros*; o el caso de la decisión N° 108 del 16 de abril de 2021, caso: *Superintendencia de Actividades Hípicas*, donde también se suspendió la Ordenanza cuestionada en su totalidad, al afirmarse que:

> Ello así, luego de ponderar los intereses en conflicto en el caso sub iúdice, esta Sala, estima pertinente señalar -sin que ello implique un pronunciamiento sobre el fondo del asunto planteado- que resulta procedente la medida cautelar solicitada y, en consecuencia, suspende los efectos de la Ordenanza de Impuestos sobre Juegos y Apuestas Lícitas dictada por el Municipio Bolivariano Libertador del Distrito Capital el 30 de mayo de 2019, publicada en la Gaceta Municipal N° 4443-A del 31 del mismo mes y año. Publíquese el presente fallo en la Gaceta Judicial y en la Gaceta del Municipio Bolivariano Libertador del Distrito Capital con la siguiente leyenda: Sentencia de la Sala Constitucional del Tribunal Supremo de Justicia que ordena cautelarmente suspender los efectos de la Ordenanza de Impuestos sobre Juegos y Apuestas Lícitas dictada por el Municipio Bolivariano Libertador del Distrito Capital el 30 de mayo de 2019, publicada en la Gaceta Municipal N° 4443-A del 31 del mismo mes y año. Así se decide.

A. *Requisitos de procedencia*

En cuanto a los requisitos de procedencia de las medidas cautelares en las acciones de inconstitucionalidad debe destacarse que el artículo 130 de la *Ley Orgánica del Tribunal Supremo de Justicia* se limita a señalar que la Sala debe tomar en cuenta "las circunstancias del caso y los intereses públicos en conflicto". A nuestro juicio, ello no es suficiente para admitir la procedencia de una medida cautelar, por lo que consideramos que, de conformidad con lo dispuesto en el artículo 98 *eiusdem*, deben aplicarse los requisitos de procedencia previstos en el artículo 585 del *Código de Procedimiento Civil*, esto es, la presunción de buen derecho (*fumus boni iuris*) y el peligro de daño por la demora en la sentencia definitiva (*periculum in mora*).

En este sentido, consideramos que el pronunciamiento sobre la procedencia o no de una medida cautelar frente a la impugnación de un acto dictado en ejecución directa e inmediata de la *Constitución*, no puede quedar al simple arbitrio o discrecionalidad de la Sala Constitucional. No basta con analizar en abstracto "las circunstancias del caso", pues ello atentaría contra el principio de legalidad, legitimidad y separación de poderes, pues no le es dado al órgano jurisdiccional imponer su criterio sobre el ente competente para dictar el acto o norma, sin que exista una razón jurídica de peso que justifique la suspensión provisional de la disposición impugnada.

Esto requiere de un análisis casuístico y detenido de los dos requisitos clásicos de procedencia de las medidas cautelares, y en este sentido es la Sala Constitucional la que debe dar el ejemplo, frente al resto del Poder Judicial, sobre la necesaria motivación que debe preceder a cualquier decisión que decrete una medida cautelar. Insistimos en que acordar o no una medida preventiva no es un acto discrecional del órgano jurisdiccional, sino más bien debe responder a un detenido análisis de los requisitos de procedencia. Más aun cuando la medida implica la suspensión de una ley u otro acto dictado en ejecución directa e inmediata de la *Constitución*, por parte de las más altas autoridades del Estado.

Por tanto, no resulta admisible que se otorgue o niegue una protección cautelar, sin realizar el correspondiente análisis motivado de la decisión, lo que implica verificar la existencia de una presunción de buen derecho y un peligro de daño por la espera de la sentencia definitiva. Con ello, deben rechazarse los pronunciamientos genéricos como "considerando los intereses públicos involucrados" o "dada la importancia del caso", pues resulta indispensable considerar los argumentos jurídicos y las circunstancias demostradas en el proceso judicial, a los fines de extraer las presunciones necesarias que justifiquen o no la medida cautelar solicitada.

Lamentablemente en algunas oportunidades la Sala Constitucional no ha sido contundente a la hora de justificar las decisiones cautelares en estas pretensiones procesales. Existen casos donde se ha realizado un análisis sucinto pero contundente de los requisitos de procedencia y otros donde simplemente se han utilizado frases trilladas como "luego de ponderar los intereses en conflicto" o "tomando en cuenta las razones de orden público", entre otras.

Así, por ejemplo, en la sentencia N° 1172 del 17 de agosto de 2015, caso: *Tarek Willians S.*, la Sala decretó una medida de amparo cautelar, dentro de una acción de inconstitucionalidad, limitándose a señalar lo siguiente:

> En el caso concreto, entre otros argumentos, el solicitante justificó la solicitud de amparo cautelar en la necesidad de garantizar los derechos de la infancia y adolescencia a la integridad física, psíquica y moral y, en general el derecho fundamental a la salud, así como la protección de la disposición contenida en los artículos 78 y 83 de la Constitución de la República Bolivariana de Venezuela, toda vez que estima que presenciar directamente los espectáculos taurinos pudiera influenciar en el bienestar psicológico y emocional de los niños, niñas y adolescentes que asistan a los mismos.
>
> Al respecto, esta Sala considera ajustado a derecho, sin que ello implique adelantar opinión respecto de la resolución del mérito de la pretensión de nulidad, declarar procedente el amparo cautelar solicitado por la Defensoría del Pueblo y, en consecuencia, mientras dure este proceso, prohíbe el ingreso de niños, niñas y adolescentes a las corridas de toros, en la Plaza de Toros "Monumental Ramón Eduardo Sandia" Municipio Libertador de ciudad de Mérida, estado [Bolivariano] Mérida, y en cualquier otro lugar dentro del referido Municipio, al cual se circunscribe el presente proceso de nulidad, lo que no obsta el posible ejercicio de acciones similares respecto de los demás municipios de la República Bolivariana de Venezuela, relacionadas con el tema a decir en el presente caso.

De igual forma, en la decisión N° 696 del 9 de junio de 2023, caso: *Weatherford Latín América*, se justificó la medida acordada señalando:

> Esta Sala observa de los argumentos expuestos por el demandante, relativos a los hechos y al derecho que se invocan son suficientes para lograr la convicción respecto de la procedencia de la cautelar solicitada, ya que para realizar las reformas de las respectivas ordenanzas, esta Sala estableció unos parámetros de procedencia mediante sentencia n° 0118 del 18 de agosto del 2020, a los fines de verificar su adecuación de los acuerdos alcanzados, en consecuencia, se suspenden los efectos de las reformas parciales de las Ordenanzas Sobre Actividades Económicas de Industria, Comercio, Servicio y de Índole Similar...

Y más clara fue la inexistente justificación dada por la Sala Constitucional, en el fallo N° 269 del 21 de abril de 2016, caso: *Juan Carlos Caldera*, referente a la impugnación de unas normas del *Reglamento de la Asamblea Nacional*, donde se limitó a señalar:

> Atendiendo a lo dispuesto en el artículo 130 de la Ley que rige sus funciones, esta Sala observa que con respecto al numeral 5 del artículo 64 del Reglamento Interior y de Debates, procede de oficio y mientras se decida el mérito del recurso principal, el decreto de medida cautelar, que supone que la orden del día una vez incluida en el sistema automatizado no admitirá modificación, en aras de preservar la seguridad jurídica como principio que debe imperar en el ejercicio de la función legislativa. En consecuencia, se suspende de oficio, hasta tanto se decida el fondo del presente recurso, el numeral 6 del artículo antes indicado, al colidir con lo antes establecido. Así se decide.
>
> Igualmente, esta Sala observa que mientras se decida el fondo del recurso de nulidad es necesario decretar de oficio, atendiendo a sus amplios poderes cautelares, la suspensión provisional del numeral 8 del artículo 64, en virtud de que la postergación permitida en el mismo, *a priori*, no cumple con el principio de exhaustividad de la labor parlamentaria. Así se decide.

También en algunos casos la justificación para negar la medida cautelar ha sido extremadamente simple, como ocurrió con el fallo de fecha 9 de junio de 2023, caso: *Alberto Zanardi*, donde se dispuso:

> Al respecto, esta Sala, conforme a lo previsto en el precitado artículo 130 de la Ley Orgánica del Tribunal Supremo de Justicia, considera que no existen suficientes motivos que justifiquen la suspensión de los efectos de actos que están revestidos de una presunción de constitucionalidad; por lo que resulta procedente y ajustado a derecho negar la medida cautelar solicitada, sin que ello prejuzgue sobre el pronunciamiento de mérito. Así se decide.

En estos fallos no se ha realizado un análisis, al menos sumario, de los requisitos de procedencia de las medidas cautelares, lo que impide conocer los argumentos jurídicos que sustentan estas decisiones, con lo cual se utilizan las potestades cautelares en forma extremadamente discrecional y hasta superficial.

Obviamente, en otras oportunidades la Sala si ha realizado un análisis sencillo, pero con contundencia suficiente para conocer las razones determinantes para acordar o negar una medida cautelar. Un buen ejemplo de esta afirmación lo vemos en el fallo, citado *supra*, N° 108 del 16 de abril de 2021, caso: *Superintendencia de Actividades Hípicas*, donde la Sala

> Así las cosas, partiendo de las premisas fundamentales para el otorgamiento o no de solicitudes cautelares innominadas en procedimientos de nulidad por motivos de inconstitucionalidad, como son (i) el carácter excepcional de la inaplicación de una norma, (ii) la verosimilitud del derecho que se dice vulnerado o amenazado, (iii) la condición de irreparable o de difícil reparación por la definitiva de la situación jurídica o derecho que se alega como propio, (iv) la posibilidad efectiva de que se produzcan nuevos daños a la parte actora u otras personas por la aplicación de la norma cuya nulidad se pretende, y (v) la necesidad de evitar perjuicios en la satisfacción de intereses comunes a todos los integrantes de la sociedad.
>
> En el presente caso, se ha impugnado la reforma de la Ordenanza de Impuestos sobre Juegos y Apuestas Lícitas dictada por el Municipio Bolivariano Libertador del Distrito Capital el 30 de mayo de 2019, publicada en la Gaceta Municipal N° 4443-A del 31 del mismo mes y año. Al respecto, dicha ordenanza no pareciera estar sujeta a las potestades tributarias originarias que tienen los Municipios, pues *prima facie* versa sobre materias reservadas al Poder Público Nacional, según lo dispuesto en el artículo 156.32 del Texto Fundamental. Luego,

la ordenanza objeto de nulidad impone cargas tributarias que podrían implicar una doble tributación por parte de los contribuyentes del municipio, lo cual, permite constatar un fundado temor en la difícil reparación de los daños que pudieran producirse hasta tanto se dicte la correspondiente decisión de fondo, pues de ser declarado con lugar el presente recurso, la repetición de los tributos y multas impuestas no tendría carácter inmediato, con la consecuente lesión a la esfera jurídica y económica de los contribuyentes.

Como vemos, se trata de un análisis sumario, pero preciso y acertado, de los requisitos de procedencia de las medidas cautelares, donde se exponen las consideraciones esenciales para justificar la procedencia de la medida, sin que ello implique un estudio exhaustivo y detallado del asunto, lo cual no es necesario en esta etapa del proceso[114].

En suma, consideramos que resulta indispensable que la Sala Constitucional analice, al menos sucintamente, en cada caso concreto, los requisitos de procedencia de las medidas cautelares que se encuentran definidos en el artículo 585 del *Código de Procedimiento Civil*, esto es, la presunción de buen derecho y el peligro de daño por la demora en la sentencia definitiva.

Por otra parte, consideramos que otro de los aspectos que deben considerarse a la hora de decidir un pronunciamiento cautelar es el de la *instrumentalidad* de la medida requerida, pues el carácter cautelar de la decisión judicial supone que la misma debe estar circunscrita y limitada a garantizar la ejecución de la sentencia definitiva, mediante la conservación, prevención o aseguramiento de los derechos que corresponde dilucidar en el proceso. Al respecto, afirma CALAMANDREI, que "como efecto del matiz servicial de las medidas cautelares, éstas deben ser homogéneas con el petitorio de fondo, ya que alcanzan su mayor eficacia en cuanto más similares sean a las medidas que habrán de adoptarse para la satisfacción

---

114 Este análisis adecuado lo encontramos también entre otras decisiones, en las del 15 de julio de 2003, caso: *Humberto Bauder*, donde se ordenó la inaplicación de unas disposiciones de la *Ordenanza de Actividades Económicas del Municipio Chacao;* la del 25 de abril de 2000, caso: *Gertrud Frías;* y la N° 537 de fecha 12 de julio de 2017, caso: *Oscar Borges.*

de la pretensión definitiva pues, se reitera, constituyen la garantía de la ejecución del fallo definitivo"[115].

En el mismo sentido, el principio de *instrumentalidad* de la medida conlleva también la *reversibilidad* de la misma, esto es, que el mandamiento que provisionalmente se conceda pueda posteriormente -en caso de que se desestime la pretensión principal- revocarse y revertir sus efectos, sin mayor inconveniente, a la situación jurídica que con él se modificó, volviendo las cosas a su estado original.

B. *Procedimiento o incidencia cautelar*

En cuanto al procedimiento para tramitar las medidas cautelares, antes de la entrada en vigencia de la *Ley Orgánica del Tribunal Supremo de Justicia*, la jurisprudencia de la Sala Constitucional había establecido los trámites que debían seguirse para el pronunciamiento de la medida; la apertura y tramitación del cuaderno separado; y la incidencia de oposición. Este procedimiento puede verse, entre otras, en la decisión N° 1795 del 19 de julio de 2005, caso: *Inversiones M7441, C.A.* Básicamente, la Sala aplicaba analógicamente lo previsto en los artículos 602 y siguientes del *Código de Procedimiento Civil*, para resolver la oposición a la medida.

Ahora bien, con la entrada en vigencia de la *Ley Orgánica del Tribunal Supremo de Justicia* se estableció un procedimiento especial y más expedito para la tramitación de las incidencias de oposición a las medidas cautelares dictadas por la Sala Constitucional, en las acciones de inconstitucionalidad.

Así, el artículo 131 de la *Ley Orgánica del Tribunal Supremo de Justicia* dispone lo siguiente:

> Cuando se acuerde alguna medida cautelar, transcurrirá un lapso de tres días de despacho para la oposición. Si hubiere oposición, se abrirá cuaderno separado y se entenderá abierta una articulación de tres días de despacho para que los intervinientes promuevan y evacuen pruebas. Dentro de los cinco días de despacho siguientes la Sala sentenciará la incidencia cautelar.

---

115 CALAMANDREI, Piero, "*Providencias Cautelares*", Editorial Bibliográfica Argentina, Buenos Aires, 1984.

La diferencia fundamental la encontramos en que la apertura del cuaderno separado se ordena, únicamente, si se ha declarado con lugar la providencia cautelar solicitada y se ha ejercido la respectiva oposición, dentro de los 3 días de despacho siguientes[116]. En este supuesto, luego de ejercida la oposición, las partes disponen de un plazo común de 3 días de despacho para promover y evacuar las pruebas que consideren pertinentes[117].

Se trata, en definitiva, de una incidencia bastante comprimida, pero donde al menos se permite que la parte afectada por la medida cautelar decretada pueda solicitar su revocatoria, mediante argumentos y pruebas. Sin embargo, consideramos que, de acuerdo al principio de instrumentalidad de las medidas cautelares, nada obsta para que la parte afectada por una medida preventiva pueda solicitar su revocatoria, luego de haberse tramitado esta incidencia de oposición; o incluso a pesar de que no se haya ejercido la oposición en su oportunidad.

7. *La declaratoria de urgencia y mero derecho. La peligrosa tendencia de obviar el procedimiento de la acción de inconstitucionalidad*

La *Ley Orgánica del Tribunal Supremo de Justicia* consagró unos procedimientos especiales para tramitar algunas de las pretensiones que se ventilan ante la Sala Constitucional. Así, como hemos visto, para el caso de las acciones de inconstitucionalidad se aplica el procedimiento previsto en los artículos 129 y siguientes.

Es el caso que estas normas no consagran la figura de declaratoria de urgencia y/o de mero derecho, lo que permitiría, de ser el caso, eliminar la fase probatoria y acortar las fases del procedimien-

---

116 Si bien la norma no dice nada al respecto, consideramos que esos 3 días de despacho deben contarse a partir de la citación del legitimado pasivo, pues normalmente, para el momento en que se acuerda la medida, todavía no se han realizado las citaciones y notificaciones correspondientes.

117 En algunos supuestos este lapso común para promover y evacuar pruebas puede ser excesivamente corto, por lo que habría que admitir la posibilidad de que alguna de las partes solicite la extensión de este plazo probatorio.

to[118]. Por tanto, en principio, el procedimiento previsto en la ley debería tramitarse siempre en forma integral.

Antes de la entrada en vigencia de la *Ley Orgánica del Tribunal Supremo de Justicia*, esto es, bajo la vigencia de la *Ley Orgánica de la Corte Suprema de Justicia*, la Sala Constitucional podía admitir o rechazar las solicitudes de declaratoria de urgencia o mero derecho, en cuyo caso, podía reducir o abreviar el procedimiento previsto en esa ley. Muestra de ello la encontramos en la sentencia de fecha 13 de agosto de 2002, caso: *Luis Martín*, donde se negó una solicitud de declaratoria de urgencia y mero derecho, con base en los siguientes argumentos:

> Considera la Sala respecto de tal solicitud, que es pacífica jurisprudencia de éste Máximo Tribunal, que para la procedencia de la reducción de lapsos establecida en el artículo 135 de la Ley Orgánica de la Corte Suprema de Justicia, cuando son invocadas por el recurrente circunstancias fácticas o jurídicas que justifiquen dispensar una tramitación rápida y con omisión de algunos de los lapsos procesales, establecidos en la dicha ley, se requiere principalmente que del propio asunto planteado se derive la necesidad de no aplicar la tramitación ordinaria establecida; ello, por afectar los hechos sometidos a la litis, intereses colectivos, constituyendo una amenaza sobre los bienes o intereses particulares, o bien que los mismos produzcan daños que, por el transcurso del tiempo, sean de difícil o imposible reparación o, por último, cuando se amenacen servicios imprescindibles.

Sin embargo, a pesar que la ley vigente no prevé esta facultad, la Sala Constitucional se ha atribuido la potestad de declarar un asunto como de *mero derecho*, a los fines de prescindir del procedimiento legalmente establecido, pasando a dictar decisiones referidas a acciones de inconstitucionalidad, en forma *in limine litis*.

Sobre este particular debemos destacar que, aun cuando se admita la potestad tácita de decretar un determinado proceso judicial

---

118 Debe destacarse que, en el pasado, la antigua *Ley Orgánica de la Corte Suprema de Justicia* consagraba la posibilidad de declarar ciertas causas como de mero derecho, con lo cual se podía suprimir la fase probatoria de los procedimientos judiciales previstos en dicha ley.

como de *"mero derecho"*, ello implicaría, a lo sumo, la supresión de la etapa probatoria, por considerar que se trata de asuntos donde no es necesario determinar o precisar "hechos". Pero en forma alguna ello justificaría la eliminación de al menos una oportunidad para que los organismos afectados o terceros interesados presenten alegatos de derecho.

En la antigua *Ley Orgánica de la Corte Suprema de Justicia* también existía la figura de la *urgencia* del caso, lo que facultaba a las Salas a abreviar, en determinados asuntos, el procedimiento aplicable, considerando la necesidad de una decisión inminente. Esta potestad no existe en la actual *Ley Orgánica del Tribunal Supremo de Justicia*. Sin embargo, la Sala Constitucional ha entendido que al considerar un asunto como de *"mero derecho"* puede proceder directamente a dictar sentencia, sin necesidad de abrir a trámite el juicio y sin permitir la presentación de argumentos y pruebas por parte del sujeto pasivo y demás interesados. Con ello, se ha impedido que la Asamblea Nacional y el resto de los terceros puedan participar en los juicios donde se cuestionan sus actos, lo que va en contra de las más esenciales garantías del debido proceso.

Así, en la sentencia del 21 de marzo de 2022, caso: *Pedro Rondón*, la Sala señaló, al momento de la admisión de la acción de inconstitucionalidad, lo siguiente:

> Ante lo declarado, es necesario señalar que el pronunciamiento sobre la admisibilidad no limita las potestades decisorias del juez constitucional, en virtud de que este puede, en atención a las circunstancias fácticas y jurídicas del caso concreto, emitir un pronunciamiento de fondo, si cuenta con los elementos probatorios suficientes o el asunto se restringe a una cuestión de mero derecho que hace factible el pronunciamiento *in limine litis* o, en fin, sin continuar la tramitación de la causa, para garantizar una justicia oportuna, así como también, en definitiva, la tutela judicial efectiva (*vid.* En este sentido sentencia de esta Sala N° 88 del 24 de febrero de 2017).
>
> En la presente causa, esta Sala, en atención a la facultad discrecional que posee y ante la urgencia en la resolución del presente caso, dado que hay razones de interés público para un pronunciamiento oportuno sobre la aplicación de las normas aquí impugnadas considera pertinente entrar a emitir pronunciamiento sobre el fondo del asunto planteado, sin necesidad de continuar la tramitación de su procedimiento, por

estimar que cuenta con todos los elementos probatorios para ello, además de apreciar que el asunto es, en esencia, de mero derecho, por lo que pasará a pronunciarse sobre su procedencia; y así se deja establecido.

En el mismo sentido, en la sentencia N° 652 de fecha 26 de noviembre de 2021, caso: *Wilmer Partidas*, la Sala pasó a decidir la acción de inconstitucionalidad, en forma *in limine litis*, al considerar que:

> En consonancia con los fallos anteriormente transcritos, así como en los precedentes jurisprudenciales de esta Sala contenidos en sentencias números 155/2017, 545/2017 y 170/2019, considerando, por una parte, que el presente asunto no requiere la evacuación de prueba alguna, al estar centrado en la obtención de un pronunciamiento objetivo sobre la constitucionalidad o no de una disposición normativa, la Sala considera resolver la presente demanda sin más trámites al tratarse de un asunto de mero derecho. Así se decide.

En otras oportunidades ha llegado a la misma conclusión (juicio sin trámites), con la justificación de que se cuestiona una norma reeditada, donde ya existió un pronunciamiento previo de la misma Sala. Así en la decisión del 2 de agosto de 2016, caso: *Reinaldo Guilarte,* se señaló:

> Ahora bien, considera esta Sala que la acción de nulidad aquí propuesta debe ser decidida sin necesidad de procedimiento, por cuanto el contenido de la disposición impugnada, esto es, el artículo 31 de la Ley de Impuesto sobre la Renta, ya fue interpretado, valorado constitucionalmente y correctivamente integrado por esta Sala Constitucional en sentencia N° 301/2007 (caso: *Adriana Vigilanza García y otro*) y en su posterior aclaratoria en la sentencia N° 390/2007; lo que denota que el presente asunto es de mero derecho y sobre el cual ya se pronunció en esencia esta Sala, por lo que no se requiere de actividad probatoria ni de contradictorio alguno previo a la decisión respectiva. Así se decide.

De igual forma, todas las decisiones dictadas por la Sala Constitucional referentes a la impugnación de las leyes dictadas por la Asamblea Nacional, en los años 2016 y 2017, fueron dictadas sin procedimiento alguno, con lo cual, la Asamblea Nacional nunca pudo presentar alegatos o pruebas para desvirtuar los argumentos de los recurrentes[119].

8. *Perención de la instancia y la pérdida del interés procesal*

La figura de la perención de la instancia se consagra en las distintas normas procesales para castigar la inactividad de las partes, o, mejor dicho, del accionante, cuando éste no impulsa el proceso hasta la oportunidad de la sentencia. Se considera una carga procesal del recurrente la permanente insistencia en la continuación del juicio.

En lo que aquí nos atañe, los artículos 94 y 95 de la *Ley Orgánica del Tribunal Supremo de Justicia* disponen lo siguiente:

> Artículo 94. La instancia se extingue de pleno derecho en las causas que hayan estado paralizadas por más de un año por inactividad de parte actora, antes de la oportunidad de los informes o de la fijación de la audiencia, según el caso.
>
> Artículo 95. No se podrá declarar la perención de la instancia en los procesos que comprendan materia ambiental; o cuando se trate de pretensiones que estén dirigidas a sancionar los delitos contra los derechos humanos, el patrimonio público, o el tráfico de estupefacientes o sustancias psicotrópicas.

Como puede apreciarse, conforme a estas disposiciones, la perención de la instancia sólo puede decretarse cuando la paralización del juicio se debe a *causas imputables al actor* y ello solo puede ocurrir antes de que la causa haya entrado en estado de sentencia. Así, por ejemplo, si luego de admitida la acción de inconstitucionalidad, el actor no impulsa la continuación del procedimiento, y este se paraliza por más de un año, opera de pleno derecho la perención de la instancia. Al respecto, en el fallo N° 511 de fecha 28 de abril de 2015, caso: *Consorcio Guaritico,* la Sala Constitucional señaló:

---

119 Insistimos en que este triste episodio de la elección de una Asamblea Nacional integrada mayoritariamente por fuerzas políticas opositoras trajo lo peor de nuestro sistema de justicia constitucional. Al respecto, AYALA CORAO, Carlos y CHAVERO GAZDIK, Rafael, "*El Libro Negro del TSJ de Venezuela: Del secuestro de la democracia y la usurpación de la soberanía popular a la ruptura del orden constitucional (2015-2017)*", *op. cit.*

> Al efecto, se aprecia que, en el presente caso, la inactividad procesal se encuadra después de la admisión de la causa sin haber culminado el procedimiento para dictar sentencia. En atención a ello, debe citarse lo dispuesto en el artículo 94 de la Ley Orgánica del Tribunal Supremo de Justicia, que dispone:
>
> "Artículo 94.- La instancia se extingue de pleno derecho en las causas que hayan estado paralizadas por más de un año por inactividad de la parte actora, antes de la oportunidad de los informes o de la fijación de la audiencia, según el caso".
>
> La norma citada tiene como finalidad que, de oficio, el Tribunal sancione procesalmente la inactividad de la parte accionante, sanción que se verifica de pleno derecho una vez que se compruebe el supuesto de hecho que la sustenta, esto es, la inacción de la parte demandante por más de un año. Ahora bien, tal sanción encuentra su excepción en el contenido del artículo 95 *eiusdem*, cuando se refiere a causas en materia ambiental, o en procesos dirigidos a sancionar delitos contra derechos humanos, el patrimonio público o el tráfico de sustancias estupefacientes o psicotrópicas.
>
> En el caso de autos, se aprecia que desde la diligencia consignada por la abogada Lucía Casañas, apoderada judicial del Consorcio Guaritico-Guaritico III, en fecha 17 de noviembre de 2011, -mediante la cual solicitó se ordenara lo conducente para la práctica de las citaciones y notificaciones acordadas mediante auto de fecha 8 de noviembre de 2011-, hasta la presente fecha, la parte actora no manifestó interés alguno en la causa, excediendo dicho lapso del año establecido en el artículo 94 de la Ley Orgánica del Tribunal Supremo de Justicia.

De acuerdo a lo dispuesto en la ley, no puede haber perención de la instancia cuando la causa ha estado paralizada, luego de haber entrado en estado de sentencia. Concretamente, en el caso de las acciones de inconstitucionalidad, como hemos visto antes, la última oportunidad de actuación de las partes es la audiencia pública a que se refieren los artículos 141 y 142 de la *Ley Orgánica del Tribunal Supremo de Justicia*, por lo que una vez celebrada ésta, el caso entra en estado de sentencia.

Ahora bien, al margen de lo dispuesto en la ley, la Sala Constitucional ha creado la figura de la pérdida del interés procesal o abandono del trámite, lo que da lugar a la terminación del proceso, incluso cuando la causa se encuentra en estado de sentencia. Así, por ejemplo, en la decisión N° 1457 del 17 de noviembre de 2015, caso: *Tobías Bolívar*, se dispuso lo siguiente:

> Sin embargo, tal y como lo dejó sentado esta Sala en su sentencia del 7 de agosto de 2014 (caso: "*José Rafael García*"), el hecho de que la causa haya entrado en estado de sentencia no obsta para que la parte actora solicite sentencia y, con ello, haga constar el interés jurídico actual que debe mantenerse a lo largo del procedimiento (*Vid.* Sentencias de esta Sala nros. 1742/2014, 1743/2014, 1836/2014, 622/2015 y 1012/2015, entre otras).
>
> En efecto, tal como estableció esta Sala en la sentencia n.° 2673 del 14 de diciembre de 2001 (caso: *DHL Fletes Aéreos, C.A.*), el interés procesal no sólo debe manifestarse al momento de la interposición del recurso, sino a todo lo largo del devenir del juicio, pues de lo contrario, ocurre la extinción de la acción y, con ello, la terminación anormal del proceso por la pérdida del interés procesal, incluso estando la causa en estado de sentencia, si se verifica la inactividad de la parte accionante por más de (1) un año (*vid.* Sentencias N° 132 del 22 de febrero de 2012, caso: *Henry Pereira Gorrín;* N° 972 del 10 de julio de 2012, caso: *Baker Hughes S.R.L. y de Schlumberger Venezuela S.A;* N° 212 del 4 de abril de 2013, caso: *Rosa Castro de Mogollón; José Tomás Manzanares; Alfredo Pérez y otros* y N° 1483 del 29 de octubre 2013, caso: *Gerardo Alberto Blyde Pérez,* entre otras).

En nuestro criterio, se trata de una gravísima posición jurisprudencial, mediante la cual la Sala Constitucional castiga a las partes por su propia demora en decidir. Es decir, entiende que, si el accionante no está permanentemente pidiendo que se dicte sentencia, de ello se deduce que abandona el trámite y con ello termina el juicio sin sentencia sobre el fondo del asunto.

Se trata de una posición no solo contraria a la letra de la propia ley, sino que además vulnera el derecho a la defensa y a la tutela judicial efectiva. En efecto, recordemos que el artículo 142 de la *Ley Orgánica del Tribunal Supremo de Justicia* establece que la audiencia pública "será la última actuación de las partes en materia litigiosa", por ello, no puede exigírsele al actor la insistencia en emitir la sentencia, la cual según la ley debe ocurrir o en la propia audiencia o dentro de los diez días de despacho siguientes a la celebración de ésta. Pero, además, el artículo 85 *eiusdem* destaca que no "se sacrificará la justicia por la omisión de formalidades no esenciales"; y resulta evidente que presentar una diligencia recordándole a la Sala su deber de decidir es, sin lugar a dudas, un formalismo innecesario.

Por otra parte, el derecho a la tutela judicial efectiva implica el derecho a obtener una resolución sobre el fondo del caso, una vez que las partes han concluido su actuación, por lo que no puede imponérsele al actor una carga inexistente (formalismo innecesario) frente a la tardanza en el pronunciamiento de la sentencia definitiva.

Lamentablemente, con base en este criterio, la Sala Constitucional ha dictado centenares de decisiones en las cuales da por abandonado el trámite y terminado el procedimiento (sin sentencia definitiva), cuando transcurre un año sin que el accionante presente una diligencia solicitando sentencia.

Si la finalidad de aplicar tan injusto criterio es optimizar el tiempo de los servidores de la justicia, mediante la eliminación de los casos donde ya no hay interés de las partes en obtener una decisión sobre el fondo del asunto; lo que debería hacer la Sala es ordenar la notificación del accionante, exigiéndole que manifieste su interés en obtener una decisión, y solo en caso que no haya respuesta del actor (o esta sea negativa) es que debería justificarse una declaratoria de abandono del juicio.

En definitiva, estamos ante un gravísimo criterio *contra legem* frente a lo cual es poco lo que se puede hacer, pues, en definitiva, como han advertido los derroteros del sistema de justicia constitucional imperante en la mayor parte del mundo, nadie puede controlar a los controladores.

9. *Poderes de oficio de la Sala Constitucional*

Finalmente, en cuanto al procedimiento se refiere, queremos destacar que la jurisprudencia de la Sala Constitucional ha sido constante en señalar que sus poderes para dirigir el proceso trascienden la posición o argumentos de las partes, lo que conlleva a la posibilidad de usar sus potestades de oficio para suplantar o complementar las pretensiones de las partes, y así garantizar la vigencia de la *Constitución*.

Ello, de acuerdo a lo previsto en el artículo 34 de la *Ley Orgánica del Tribunal Supremo de Justicia*, el cual señala que ante el ejercicio del control concentrado de los actos con rango de ley "no privará el principio dispositivo, pudiendo la Sala suplir, de oficio, las deficiencias o técnicas del demandante por tratarse de un asunto de orden público".

Con ello, la Sala Constitucional, en no pocas ocasiones, ha declarado la inconstitucionalidad de normas que no fueron demandadas, incluso en procedimientos distintos a las acciones de nulidad; y en otras oportunidades ha llegado a modificar radicalmente la pretensión de los actores, utilizando el proceso para fines distintos a los originalmente buscados por éstos.

Un primer ejemplo de esta afirmación es la decisión Nº 2588 del 11 de diciembre de 2001, caso: *Yrene Martínez*, donde se declaró de oficio la inconstitucionalidad de los artículos 42.24 y 43 de la *Ley Orgánica de la Corte Suprema de Justicia*, las cuales se referían a la competencia para conocer los recursos de interpretación de leyes. Ello, dentro de un procedimiento de interpretación de unas normas que no guardaban relación con las disposiciones anuladas.

En el mismo sentido, en la sentencia Nº 379, de fecha 7 de marzo de 2007, caso: *Representaciones Piel Dorio*, la Sala, "ante la evidente inconstitucionalidad" del principio *solve et repete*, pasó a analizar parte de una norma de la *Ley Orgánica del Trabajo*, que no estaba siendo objeto de discusión, a los fines de realizar una interpretación compatible con la *Constitución*. De igual forma, en el fallo Nº 1986 del 23 de octubre de 2007, caso: *Juan Carlos Velásquez*, la Sala Constitucional pasó a anular unas disposiciones de la *Ley sobre la Academia de Ciencias Políticas y Sociales* y su *Reglamento*, las cuales no habían sido objeto de impugnación.

Más conocido fue el caso: *Adriana Vigilanza* (sentencia Nº 301 del 27 de febrero de 2007), relacionado con la impugnación de unas normas de la *Ley de Impuesto sobre la Renta*; donde luego de haberse declarado la inadmisibilidad de la acción de inconstitucionalidad, por pérdida del interés procesal, la Sala pasó a anular otra norma que no estaba siendo objeto de impugnación. En esa oportunidad la Sala justificó su actuación señalando:

> No obstante, el anterior pronunciamiento, de conformidad con el artículo 5, segundo aparte, in fine de la Ley Orgánica del Tribunal Supremo de Justicia de la República Bolivariana de Venezuela, en las causas relativas al control con-

centrado de la constitucionalidad no priva el principio dispositivo, por tratarse de un asunto de orden público, dada la enorme relevancia y el intenso grado de afectación colectiva que caracteriza a los actos normativos. Conforme a ello, este máximo exponente de la Jurisdicción Constitucional está autorizado para apreciar, de oficio, la violación de la Norma Fundamental, no obstante que la parte impugnante no haya advertido tales infracciones, o su técnica recursiva haya sido deficiente.

Por otra parte, siendo la Sala Constitucional el garante de la supremacía y efectividad de las normas y principios constitucionales, y máximo y último intérprete de la Constitución, correspondiéndole velar por su uniforme interpretación y aplicación, tal como lo dispone el artículo 335 constitucional, la Sala tiene el deber de interpretar el contenido y alcance de las normas y principios constitucionales, y por ello, si bien puede declarar inadmisible una demanda de nulidad, como en el caso de autos, la Sala puede, para cumplir su función tuitiva y garantista de la Constitución, y con miras a evitar interpretaciones erradas, analizar de oficio la norma legal cuya nulidad ha sido solicitada, a fin de señalarle una lectura que la haga congruente con los principios constitucionales, evitando así una errada interpretación por las otras Salas o los otros Tribunales de la República.

Se trata de una facultad de la Sala, derivada de la función que le asigna el artículo 335 constitucional, y del segundo aparte del artículo 5 de la Ley Orgánica del Tribunal Supremo de Justicia, que le permite a la Sala no sólo suplir de oficio deficiencias o técnicas del recurrente, sino que al considerar que la nulidad de normas es de orden público, autoriza al Juez -como principio general del derecho- a proceder de oficio en resguardo del orden público (artículo 11 del Código de Procedimiento Civil) y dictar cualquier providencia legal.

De allí, que, a juicio de la Sala, cuando no procede la nulidad de una norma por inconstitucional, la Sala puede no limitarse a declarar sin lugar la demanda, sino que, al declarar la validez de la norma, puede señalar la interpretación obligatoria que la adapta a la Constitución, tal como lo ha señalado entre otros, en sentencia N° 2573 del 16 de octubre de 2002.

> Esta potestad de la Sala, que emerge de su función constitucional, y que en otras oportunidades ha efectuado no decae porque se declare inadmisible la acción del particular y no sin lugar la solicitud, ya que, por protección al orden público, la acción queda viva, impulsada de oficio, máxime cuando lo que la Sala va a efectuar es una interpretación en beneficio de la constitucionalidad de una norma, y por ello la Sala deja viva a la acción y entra a analizar las normas cuestionadas.

Y, finalmente, el caso más emblemático de estos poderes o actuaciones de oficio de la Sala Constitucional, lo encontramos en la sentencia N° 473 del 14 de junio de 2016, caso: *Juan Carlos Caldera*, referente a la impugnación de unas normas del *Reglamento Interior y de Debates de la Asamblea Nacional*, donde la Sala Constitucional no homologó el desistimiento de los recurrentes y modificó sustancialmente la pretensión de éstos, ordenando unas medidas preventivas claramente contraria a los intereses de los actores.

Como vemos, la Sala Constitucional ha utilizado sus "poderes de oficio" para modificar el contenido de las pretensiones procesales de los actores, llegando a anular normas que no fueron objeto de impugnación, y donde no hubo contradictorio sobre la constitucionalidad de estas.

V. LOS MOTIVOS DE IMPUGNACIÓN Y LAS PAUTAS NECESARIAS PARA RESOLVER LOS CONFLICTOS CONSTITUCIONALES

Corresponde ahora revisar someramente los motivos de impugnación en las acciones de inconstitucionalidad. En este sentido, podría decirse, en resumen, que las razones que justificarían la pretensión del demandante sería la contrariedad a la *Constitución*. Esto implica que en estos procesos la Sala Constitucional debe verificar si la norma o acto de rango legal cuestionado es contraria al Texto Fundamental, lo que, lógicamente implica, realizar una interpretación de la *Constitución*.

Como lo señala MARTÍNEZ-PUJALTE, en el análisis de los conflictos constitucionales, los órganos judiciales están obligados a realizar "una labor de interpretación que pueda elucidar cuál es ese contenido constitucionalmente declarado, sin contentarse con acatar y aplicar la interpretación que en su caso haya hecho el legislador. Si el legislador se ha pronunciado, al juez le corresponderá evaluar si su configuración del derecho fundamental es realmente adecuada a su contenido constitucionalmente declarado, en caso contrario, será el propio juez, sin otro parámetro escrito que la Constitución, el que deberá realizar esa labor de configuración en el caso concreto"[120].

Esta particularidad trae como consecuencia que en todo litigio constitucional se presente, pues, una intensa actividad interpretativa, a los fines de verificar si un determinado acto, hecho u omisión infringe una norma constitucional. En el caso particular de las acciones de inconstitucionalidad será necesario verificar si la lesión denunciada afecta el contenido esencial de un derecho fundamental; si es contraria a algún principio o valor constitucional; si desconoce algún criterio de distribución de competencias; y, en fin, si hay alguna contrariedad con la Carta Magna. Se trata de un análisis casuístico donde deben valorarse y ponderarse las situaciones fácticas particulares, asumiendo la Sala Constitucional una importante tarea creativa de concreción y configuración, que no puede ser reducida a una simple aplicación mecánica de normas jurídicas.

Ahora bien, ese análisis interpretativo del contenido y alcance de las normas constitucionales debería realizarse con ciertas pautas que le sirvan de guía al resto de los operadores jurídicos, a la hora de resolver casos concretos que involucren conflictos constitucionales. Siguiendo con la terminología de ALEXY, se busca dotar de ciertos procedimientos regulares a la difícil labor de decidir un caso concreto que involucra la interpretación del alcance de un derecho o principio constitucional[121].

No puede obviarse que la actividad de administrar justicia tiene una doble función. La primera y más importante consiste en resolver una determinada controversia, pero, en segundo lugar, y no por ello menos importante, servir de guía y ejemplo para el resto de la colectividad, a los fines de ir configurando un sistema completo y

---

120 MARTÍNEZ-PUJALTE, Antonio L., "*La garantía del contenido esencial de los derechos fundamentales*", Centro de Estudios Constitucionales, Madrid, 1997, pp. 104-105.

121 ALEXY, Robert, "*El concepto y la validez del derecho*", Editorial Gedisa, Barcelona, 1997; quien sostiene que, si se quiere obtener un modelo completo, es necesario añadir al sistema de normas y principios, un procedimiento para la aplicación de estas reglas y principios.

descubierto que les permita a los operadores jurídicos conocer de antemano cuáles son las reglas de juego, para así tratar de prevenir futuros conflictos judiciales y orientar su argumentación jurídica en sus casos.

Con esta segunda función nos referimos, básicamente, a la necesidad de generar *seguridad jurídica,* la cual se va configurando en la medida que los conflictos constitucionales se van presentando ante los estrados y éstos se van resolviendo, creándose así precedentes jurisprudenciales que sirven de guía para futuras controversias. En la medida en que la justicia constitucional vaya cumpliendo con la doble función de administrar justicia y crear precedentes claros se va reduciendo la necesidad de tener que litigar todas y cada una de las discrepancias interpretativas que se generan en una determinada sociedad.

Para generar esta claridad y certeza a la hora de argumentar y decidir la contrariedad a la *Constitución;* la jurisprudencia comparada utiliza ciertas herramientas judiciales (estándares o *test*) que sirven como criterios homogéneos para reducir, al menos en cierta medida, la arbitrariedad judicial en la decisión del caso concreto. Se trata de utilizar algunas *pautas interpretativas* que les permitan a las partes y al funcionario judicial precisar si un determinado acto, hecho u omisión puede considerarse como violatorio de una norma constitucional. Obviamente, no se trata de desconocer las singularidades de cada caso concreto, pero sí de consagrar la necesidad de utilizar estándares que permitan guiar las funciones de subsumir e interpretar el alcance y contenido de los derechos fundamentales.

Por tanto, en todo conflicto constitucional, la argumentación de las partes y la motivación de los fallos deberían utilizar pautas, estándares o *test* que sirvan no sólo para resolver la concreta controversia, sino también para guiar al resto de la colectividad en la metodología que se debe seguir para resolver futuras discrepancias.

Lamentablemente, son muy pocas las veces donde nuestra Sala Constitucional utiliza pautas interpretativas o estándares que pretendan servir de guía para las partes y el resto de los operadores jurídicos, de modo de indicarles los criterios y valores que fueron utilizados para llegar a una determinada conclusión. En este sentido, nuestra jurisprudencia adolece de un excesivo casuismo y una enorme *inmotivación*, en lo que al análisis del núcleo del conflicto se refiere, lo que impide generar un sistema de estándares valorativos que puedan servir de norte a las partes y al resto de los intérpretes.

Demostremos esta afirmación con un par de ejemplos.

En la decisión de fecha de fecha 11 de abril de 2002, caso: *Clodosvaldo Rusián*, la Sala Constitucional consideró que un artículo de un *Reglamento de la Ley Orgánica de la Contraloría General de la República*, mediante el cual consagraba la figura de la *jubilación de oficio*, vulneraba el derecho a la autonomía de la institución a su cargo. Para justificar la declaratoria de nulidad de la norma impugnada, la Sala se limitó a señalar:

> Ahora bien, al estar atribuida constitucionalmente potestad reglamentaria a los órganos con autonomía funcional para dictar sus propios reglamentos en materia de previsión y seguridad social, la Corte Primera de lo Contencioso Administrativo yerra al desaplicar por inconstitucional el artículo 5 del Reglamento sobre el Régimen de Jubilaciones y Pensiones de los Funcionarios de la Contraloría General de la República de 1994, motivo por el cual, en ese aspecto debe ser revocado el fallo impugnado. Así se declara.

Como puede apreciarse, el fallo en cuestión omite la explicación del porqué se entendió que ese supuesto error en la interpretación de una norma jurídica se consideró como violatoria del "derecho constitucional" a la autonomía de la Contraloría General de la República; es más, el fallo en cuestión ni siquiera menciona que norma constitucional consideró como vulnerada; tampoco precisó el alcance y/o contenido de ese derecho; ni mucho menos utilizó algún tipo de estándar o regla para llegar a esa conclusión.

La misma inmotivación la encontramos en un importante fallo de la Sala Electoral, referido a la impugnación de una norma de la *Ley Orgánica del Sufragio y Participación Política* que les imponía a las organizaciones políticas, una especie de *acción afirmativa* para restablecer una desigualdad social histórica, con la obligación de conformar en sus listas de postulación a los cuerpos deliberantes, un porcentaje mínimo de treinta por ciento (30%) de mujeres[122].

Para resolver ese complejo conflicto, en la sentencia del 19 de mayo de 2000, caso: *Sonia Sgambatti*, esa Sala se limitó a señalar:

---

122 Artículo 144 de esa ley, el cual fue anulado por este fallo.

Ahora bien, advierte esta Sala, que si bien dicho dispositivo pudo ser congruente, o estar en sintonía con la Constitución de 1961, no es posible afirmar lo mismo cuando se confronta con la constitución de 1999, ya que no ha sido esa la intención plasmada en nuestra Carta Magna, por cuanto la situación en la que se encuentra la sociedad venezolana ha variado notablemente, motivo por el cual se estableció plena igualdad entre el hombre y la mujer, al dotársele de los mismos derechos incluyendo los políticos, y colocándolos en el mismo plano de igualdad, esto es, identidad de condiciones y oportunidades para ejercer derechos especialmente atinentes a los cargos de elección popular, sin que exista norma alguna que restrinja, limite o menoscabe el ejercicio de estos derechos de las mujeres. Más aún, reconoce ambos géneros indistintamente, en cada una de las normas referidas a cargos públicos...".

A nuestro juicio, este caso abordaba un cerrado conflicto constitucional que ameritaba un análisis mucho más profundo. Pero lo que nos interesa resaltar es que se decide este conflicto constitucional relacionado con el derecho a la igualdad y no discriminación, sin utilizar ningún tipo de regla o criterio general que les haya servido a las partes para convencerse de que no se trató de un mero capricho o arbitrariedad de la Sala; y que de paso hubiese permitido servir de guía para los futuros conflictos de la misma naturaleza. Del fallo en cuestión no puede precisarse si estamos en presencia de una infracción constitucional, o si más bien, la Sala ha expresado simplemente su opinión sobre la legitimidad de este tipo de acciones afirmativas.

En fin, podríamos seguir utilizando ejemplos jurisprudenciales donde sencillamente se llega a una determinada conclusión, haciéndose abstracción de todo tipo de herramientas o pautas que puedan servir de guía para futuras controversias e incluso para las mismas partes que participaron en los procesos concretos, a pesar de que muchas veces se llega a utilizar hasta extensos párrafos en la parte motiva de las sentencias. En efecto, bastaría con preguntarnos, ¿del análisis de las sentencias antes citadas, podemos extraer algún parámetro o regla que nos permita precisar para futuros casos, cuando se viola el derecho a la autonomía de los entes públicos (si es que existe ese derecho) o el derecho a la igualdad y no discriminación?

Si bien esta forma de decidir es la más común en nuestra jurisprudencia constitucional, existen excepciones donde la Sala Constitucional ha utilizado pautas o criterios de interpretación jurídica para resolver el conflicto constitucional. Veamos un par de ejemplos.

En la decisión del 7 de marzo de 2002, caso: *Agencia Ferrer Palacios*, se analizó una denuncia sobre la violación de la garantía fundamental de la justicia sin dilaciones indebidas, al haberse anulado toda una instancia judicial, al verificarse que el libelo de la demanda no había sido firmado por la parte actora. En este fallo la Sala Constitucional precisó lo siguiente:

> El propio Texto Constitucional se ha encargado de desarrollar las garantías y principios que deben imperar en todo proceso, dentro de las cuales se encuentran la garantía de una justicia "sin formalismos o reposiciones inútiles" o la del no sacrificio de la justicia por "la omisión de formalidades no esenciales", previstas expresamente en sus artículos 26 y 257.
>
> De allí que, por mandato constitucional, el principio de la informalidad del proceso se constituye en una de sus características esenciales.
>
> El principio de la informalidad del proceso ha sido estudiado por la doctrina y la jurisprudencia constitucional, como un elemento integrante del derecho a la tutela judicial efectiva, específicamente al derecho de acceso a la justicia, pues debe garantizársele a todo ciudadano que desee someter un asunto a los órganos jurisdiccionales, que obtendrá una respuesta motivada, proporcionada y conforme al ordenamiento legal preexistente.
>
> A la par del derecho del justiciable a obtener un pronunciamiento de fondo, el propio ordenamiento jurídico ha establecido una serie de formalidades que pueden concluir con la terminación anormal del proceso, ya que el juez puede constatar que la irregularidad formal se erige como un obstáculo para la prosecución del proceso.
>
> Así, el juez puede constatar el incumplimiento de alguna formalidad y desestimar o inadmitir la pretensión de alguna de las partes, sin que ello se traduzca, en principio, en una violación al derecho a la tutela judicial efectiva, ya que esas formalidades han sido establecidas como una protección de la integridad objetiva del procedimiento.

Pero no todo incumplimiento de alguna formalidad puede conducir a la desestimación o inadmisión de la pretensión, ya que para ello *el juez debe previamente analizar: a) la finalidad legítima que pretende lograse en el proceso con esa formalidad; b) constatar que esté legalmente establecida, c) que no exista posibilidad de convalidarla; d) que exista proporcionalidad entre la consecuencia jurídica de su incumplimiento y el rechazo de la pretensión.*

Solamente cuando el juez haya verificado que no se cumplan con los elementos antes descritos es que debe contraponer el incumplimiento de la formalidad con el derecho fundamental a la tutela judicial efectiva, específicamente de acceso a la justicia, para desechar o inadmitir la pretensión del justiciable y en caso de dudas interpretarse a favor del accionante, ello en cumplimiento del principio del *pro actione*. (...)

De allí que para poder desestimar o inadmitir la pretensión del justiciable tenga que analizarse los elementos descritos en párrafos anteriores, para luego determinar si esos eran formalismos intrascendentes o no esenciales, caso en el cual el proceso debe seguir, o por el contrario si esos formalismos eran trascendentes o esenciales, caso en el cual, puede terminarse el proceso anticipadamente.

Precisado lo anterior, esta Sala observa que el caso de autos el Juzgado Sexto de Primera Instancia en lo Civil, Mercantil y del Tránsito de la Circunscripción Judicial del Área Metropolitana de Caracas incurrió en un excesivo formalismo y desproporcionalidad, al declarar la nulidad de todo un proceso que se había desarrollado con toda normalidad hasta el pronunciamiento de la sentencia definitiva de segunda instancia, por falta de firma del libelo de demanda por el apoderado judicial de la Agencia Ferrer Palacios C.A., cuando resulta evidente de autos que dicha profesional del derecho, si bien, no firmó en la parte final del libelo, estampó su firma y sello de abogado en todas y cada una de las páginas del mismo, por lo que fue un error referirse a inexistencia de firma.

Resulta entonces desproporcionado y excesivamente formalista que, por el hecho de no firmar al pie del libelo de la demanda, el fallo impugnado haya declarado la inexistencia del escrito y de todo un proceso donde hubo cuestiones previas, contestación, pruebas, sentencia de primera instancia y apelación, sin que la cualidad de la apoderada de la actora fuera de modo alguno cuestionada..." (Cursivas añadidas).

Puede verse del fallo trascrito que además de haberse resuelto la controversia particular, la Sala ha dejado ver cuál es el proceso de interpretación que deben seguir los operadores jurídicos, a la hora de analizar ciertos formalismos, para lo cual se requiere evitar de reposiciones inútiles. En efecto, el fallo determina que cuando exista una duda sobre la necesidad o no de disponer la reposición de una causa, ante el incumplimiento de alguna formalidad, se debe ponderar y considerar: a) la finalidad legítima que pretende lograse en el proceso con esa formalidad; b) constatar que esté legalmente establecida, c) que no exista posibilidad de convalidarla; d) que exista proporcionalidad entre la consecuencia jurídica de su incumplimiento y el rechazo de la pretensión.

Es obvio que con este estándar será mucho más fácil para los operadores jurídicos concluir si un determinado formalismo puede dar lugar o no a la reposición de la causa. Bastará con subsumir cualquier caso concreto en las pautas antes referidas, para así poder determinar, al menos con algunos márgenes de certeza, cuál debería ser la respuesta de los órganos de administración de justicia. Es claro, y en esto hay que insistir, que las pautas interpretativas no eliminan las posibles dudas o discrepancias, pero al menos sirven para reducir la arbitrariedad a la hora de decidir controversias de naturaleza similar, pues se le da al intérprete al menos una referencia de cómo va a evaluarse su caso ante las instancias judiciales.

También puede citarse una decisión dictada por la Sala Político-Administrativa, en fecha 3 de mayo de 2000, caso: *Francisco Hurtado León*, donde se cuestionó los criterios utilizados por la Universidad de Carabobo, para determinar los cursos de postgrado que podían ser considerados como válidos para los concursos de credenciales. En el caso concreto, la descalificación del profesor se debió a que su postgrado había sido realizado en la Universidad Santa María, la cual no fue considerada como adecuada por los criterios de selección utilizados por la Universidad de Carabobo.

Como vemos, el caso planteaba un conflicto constitucional entre el derecho de una casa de estudio a escoger los candidatos para llenar las cátedras de estudios bajo los criterios que libremente considere, frente al derecho a la igualdad y no discriminación de los aspirantes. En particular, se trataba de un conflicto que involucraba a un profesor que había realizado un postgrado en una universidad, el cual no era considerado como apropiado por el empleador.

Así, para analizar las denuncias de violación al derecho a la igualdad, la Sala Político-Administrativa consideró que debían observarse los siguientes parámetros:

> De forma tal, que identificada y alegada, la existencia o amenaza, aun mediante indicios de una condición de tratamiento discriminatorio o, de una condición de impacto discriminatorio, ambos de efectos directos o indirectos, presentes o futuros en relación al trabajo como hecho social, corresponderá a quien acciona, practica o se beneficia de la misma, la probanza plena de a) su justificación como condición para el trabajo al cual se aplica, probadamente necesarísima y probadamente eficaz para el objetivo de la prestación del servicio; b) la necesidad fundamental de la organización o empresa cuya realización se hace necesaria la exigencia de la probada justificación de la condición discriminatoria requerida; c) el carácter predictor que tal condición posee para alcanzar ambas necesidades, mediante métodos profesionalmente probados y aceptados; y, d) la imposibilidad de alcanzar los objetivos señalados sin el establecimiento de la condición discriminatoria y la inexistencia de otro medio, vía o condición mediante el cual sería sustancialmente efectivo alcanzar tales objetivos, sin incurrir en la situación discriminatoria prohibida o, menos discriminatoria que la derivada de la condición de igual naturaleza alegada.

Como puede observarse, la Sala precisó los criterios que deben analizarse y valorarse para determinar cuándo se está en presencia de una clasificación legítima o una discriminación prohibida[123]. De esta forma se le da a las partes y a los futuros intérpretes unas guías, lineamientos o herramientas que permiten orientarlos en el análisis de una determinada violación al derecho a la igualdad.

La mayoría de los casos de justicia constitucional comparada utilizan estos estándares o criterios de interpretación que permiten reducir la arbitrariedad judicial e ilustrar mejor a los operadores

---

123 Sin ánimos de polemizar, la decisión en cuestión utiliza un estándar que en derecho comparado se conoce como "estricto", el cual suele reservarse al caso de discriminaciones basadas en raza, nacionalidad o sexo; más no se utiliza para otros tipos de clasificaciones, como es el caso de la condición social, edad, etc. Sobre esto volveremos más adelante.

jurídicos sobre la forma como debe abordarse el conflicto. Así, por ejemplo, cuando se denuncia la violación de un derecho constitucional, suelen utilizarse como pautas interpretativas, al menos, cuatro preguntas claves: i) si la denuncia se refiere a la violación de un derecho calificado como "fundamental"; ii) si se ha producido una limitación del derecho constitucional alegado; iii) si se encontraba justificada la acción estatal por una razón suficiente; iv) si los medios utilizados para lograr el fin perseguido se encuentran realmente relacionados con esa finalidad.

Son éstas las preguntas que suelen plantearse todos los operadores a la hora de resolver cualquier conflicto constitucional. Las mismas suelen matizarse dependiendo de la trascendencia del derecho fundamental de que se trate; y a veces hasta dependiendo de algunas particularidades de cada uno de esos derechos fundamentales. Así, en determinadas situaciones se diseñan pautas interpretativas donde se le exige a los operadores un estándar bastante riguroso (*strict scrutiny*), para lo cual, por ejemplo, se exige que la razón o justificación de la limitación del derecho fundamental concreta sea no sólo suficiente, sino *indispensable*. Igualmente, en estos casos de *estándares rigurosos* se suele exigir también que los medios utilizados por quien se encuentra afectando el derecho fundamental sean los *únicos* posibles para lograr una determinada finalidad.

Así, por ejemplo, Igualmente, en el caso *Takahashi v. Fish and Game Commission*[124], el Tribunal Supremo de los Estados Unidos invalidó una norma del Estado de California que impedía que los extranjeros obtuviesen licencias para la pesca comercial en aguas de la zona costal. Utilizando la pauta interpretativa rigurosa a que hemos hecho referencia, el Tribunal consideró que la norma era violatoria del derecho a la igualdad, rechazando el argumento del Estado de California consistente en sostener que había un interés público especial en conservar los recursos naturales, destinándolos sólo para el uso de los ciudadanos americanos[125].

---

124 334 U.S. 410 (1948).

125 Más que el análisis del caso concreto, lo que nos interesa destacar es que la decisión se toma con la utilización de las herramientas o pautas que la jurisprudencia va colocando para cada tipo de derecho, y a veces, como sucede en el caso del derecho a la igualdad, atendiendo al tipo de discriminación de que se trate.

En pocas palabras, se determinó que la discriminación planteada no buscaba cumplir con una finalidad esencial o trascendente para el Estado.

Pero en todo caso, siempre existe alguna referencia a pautas generales o especiales creadas por los mismos precedentes jurisprudenciales, con la idea de reducir los significativos riesgos de las decisiones caprichosas o arbitrarias. Sin lugar a duda, la utilización de métodos interpretativos para tomar decisiones disminuye el riesgo de la arbitrariedad, incluso cuando se llega a soluciones justas, a través de mecanismos poco ortodoxos. En efecto, tal y como lo afirma CALSAMIGLIA, "la justicia no es el único valor importante en el derecho. Junto a él existen otros como la equidad, el proceso debido, el principio de legalidad y la coherencia"[126].

Muchas veces estos criterios de interpretación se reducen al análisis de la *proporcionalidad* o *necesidad* de las medidas legislativas o sancionatorias que son objeto de cuestionamiento constitucional. Aquí los tribunales constitucionales se detienen en cada caso a considerar si realmente una ley es necesaria para salvaguardar el fin público perseguido por la norma; junto a la revisión de su proporcionalidad. De manera que, si existen otras fórmulas menos gravosas para un derecho fundamental, y que permiten cumplir con los mismos objetivos estatales, debe entonces anularse la norma cuestionada y buscarse opciones que restrinjan de la menor manera posible el derecho constitucional en juego.

En suma, consideramos que nuestra jurisprudencia constitucional requiere de la utilización de estándares o criterios de interpretación uniformes, para de esta forma reducir la arbitrariedad judicial y servir de guía para el resto de los operadores jurídicos en sus denuncias y argumentos. Aquí hay un buen trecho por recorrer en nuestro país[127].

---

126 CALSAMIGLIA, Albert, "*Racionalidad y Eficiencia del Derecho*", Biblioteca de Ética, Filosofía del Derecho y Política, México, 1997, p. 88.

127 Sobre este importante tema puede verse, CASAL, Jesús María, "*Los Derechos Fundamentales y sus Restricciones*", Legis, Caracas, 2010. También puede verse nuestro trabajo, "*Pautas Interpretativas para la Resolución de Conflictos de Derechos Fundamentales*", en el Libro Homenaje al Profesor Gustavo Planchart Manrique, UCAB, 2003.

Ello permitirá, a su vez, clarificar los motivos de impugnación en las acciones de inconstitucionalidad, permitiendo un debate jurídico más atinado y coherente.

VI. LOS EFECTOS DE LA DECISIÓN

Corresponde ahora verificar el contenido, alcance y efectos de las sentencias que resuelven las acciones de inconstitucionalidad, como respuesta al ejercicio del control concentrado de las normas jurídicas. Como es obvio, la pretensión principal en este tipo de procedimientos es la de anular o erradicar del ordenamiento jurídico una norma[128] por ser contraria a la *Constitución*. De allí que, en principio, la decisión debería ser declarativa, bien sea: i) estimando la demanda y por ende anulando el acto impugnado; o ii) desestimando la acción, y con ello confirmando la validez y constitucionalidad del acto dictado en ejecución directa e inmediata de la *Constitución*.

Sin embargo, como veremos, la esencia misma de la justicia constitucional impide encajonar las resultas de sus procesos judiciales en categorías cerradas. La complejidad que rodean las pretensiones constitucionales suele reflejarse también en el acto que recoge la resolución del asunto. Además, los efectos *erga omnes* intrínsecos al control concentrado de la constitucionalidad de actos jurídicos conlleva características propias que distinguen sus fallos del resto de las sentencias ordinarias.

Tampoco puede negarse el alto impacto jurídico y político que suelen producir las decisiones constitucionales, sobre todo cuando van dirigidas a resolver las pretensiones de nulidad de actos dictados por los principales órganos del Estado. Es un hecho irrefutable que la jurisprudencia emanada de los distintos tribunales constitucionales surgidos en Europa, luego de la segunda guerra mundial, y asumidos posteriormente en Latinoamérica, marcó una nueva etapa en el conocimiento jurídico, y en particular frente al contenido y alcance de sus decisiones.

---

128 Decimos "*norma*" pero como hemos visto antes, el objeto de las acciones de inconstitucionalidad puede ser muchos otros actos dictados en ejecución directa e inmediata de la *Constitución*, de acuerdo a lo dispuesto en los primeros 4 numerales del artículo 336 del Texto Fundamental.

Si algo ha quedado claro con el desarrollo de la jurisprudencia constitucional, y sobre todo la de la Sala Constitucional de nuestro país, es que la concepción *kelseniana*, consistente en entender la labor del juez constitucional como un legislador negativo, ha quedado ampliamente superada, lo que se refleja claramente en la tipología de las sentencias constitucionales.

El tema del contenido, alcance y efectos de las decisiones de las acciones de inconstitucionalidad adquiere un cierto grado de complejidad; pues no pueden reducirse a simples sentencias estimatorias y desestimatorias, cuando la realidad demuestra otros contenidos *atípicos* y *mixtos*. Y más aún en el caso de nuestra Sala Constitucional, la cual se ha caracterizado por romper todos los esquemas, incluso de las posiciones más agresivas, llegando muchas veces a traspasar los límites de lo razonable y constitucionalmente aceptable.

No es ningún secreto que la Sala, al menos en determinados períodos, ha dejado a un lado las nociones más elementales del derecho procesal constitucional, para ponerse al servicio intereses ajenos a la justicia. Al punto que se haya llegado hasta dudar del carácter de "*sentencia*" de algunas de las resoluciones dictadas para desarticular a la Asamblea Nacional, cuando estuvo conformada, mayoritariamente, por fuerzas políticas de oposición.

Por tanto, en primer lugar, nos detendremos a verificar el alcance de las decisiones en esta materia; luego revisaremos las tipologías de las decisiones en el control concentrado; seguidamente pasaremos a verificar los efectos en el tiempo de las decisiones, lo que implica precisar si estos deben retrotraerse hacia el pasado o son únicamente hacia el futuro.

Y finalmente, revisaremos el contenido de la cosa juzgada constitucional, y los remedios que suelen utilizarse para garantizar los efectos de las decisiones en materia de control concentrado de la constitucionalidad de actos jurídicos.

1. *Los efectos erga omnes de la sentencia de inconstitucionalidad de actos de rango legal*

Lo primero que hay que destacar es que, en Venezuela, los efectos de la sentencia de inconstitucionalidad tienen carácter *erga omnes*, tal y como expresamente lo indica el artículo 32 de la *Ley Orgánica del Tribunal Supremo de Justicia*, el cual señala:

> De conformidad con la Constitución de la República Bolivariana de Venezuela, el control concentrado de la constitucionalidad sólo corresponderá a la Sala Constitucional en los términos previstos en esta Ley, mediante demanda popular de inconstitucionalidad, en cuyo caso, no privará el principio dispositivo, pudiendo la Sala suplir, de oficio, las deficiencias o técnicas del demandante por tratarse de un asunto de orden público. *Los efectos de dicha sentencia serán de aplicación general, y se publicará en la Gaceta Oficial de la República Bolivariana de Venezuela, y en la Gaceta Oficial del Estado o Municipio según corresponda.* (Cursivas añadidas).

Se trata de una realidad que ha sido parte del constitucionalismo venezolano desde mediados del siglo XIX, cuando nuestros textos constitucionales comenzaron a dotar al Máximo Tribunal de competencias para anular leyes con efectos generales[129], constituyéndose en pioneros en Latinoamérica. Ya hoy en día, salvo Argentina y Uruguay, todo el resto de los países de nuestro continente reconoce los efectos generales de la sentencia en el ejercicio del control concentrado de la constitucionalidad de normas legales[130].

Nuestra jurisprudencia ha recogido desde entonces estos efectos generales. Así, vale la pena mencionar el fallo de la antigua Corte Suprema de Justicia en Sala de Casación Civil del 21 de diciembre de 1963, donde se precisó:

> El control absoluto de constitucionalidad lo ejerce en primer término la Corte Suprema de Justicia, en pleno, cuando declara la nulidad total o parcial de una Ley nacional por inconstitucional. Tal decisión deja sin efecto la Ley o la parte de ella que sea anulada, y tiene fuerza de cosa juzgada erga omnes. Esta nulidad es pronunciada en virtud de la llamada acción popular.

---

129 Incluso mediante acción popular o legitimación abierta, desde la Constitución de 1858.

130 Para un estudio profundo de derecho comparado, puede verse CANOVA GONZÁLEZ, Antonio, "*El Modelo Iberoamericano de Justicia Constitucional*", Editorial Paredes, Caracas, 2012.

Una atribución similar, pero sólo en cuanto a leyes estadales y ordenanzas municipales, es ejercitada por la Sala Político-Administrativa de este Supremo Tribunal, también por acción popular, y su declaratoria produce igualmente cosa juzgada erga omnes.

Quiere esto decir que la declaratoria de constitucionalidad o inconstitucionalidad de una Ley, por acción principal (popular) es definitiva y surte efectos contra todos, pues tal presunta Ley deja de serlo desde el momento de ser declarada inconstitucional. Lo mismo ocurre en los casos de Leyes estadales y ordenanzas municipales, cuya inconstitucionalidad sea pronunciada.

Precisamente para dar a conocer estos efectos *erga omnes*, la ley exige que las decisiones se publiquen en Gaceta Oficial; generando, además, como veremos *infra*, el efecto de cosa juzgada. Nótese, además, como lo señala NOGUEIRA ALCALÁ, que las decisiones en esta materia, más que un acto procesal que pone término a un conflicto jurídico, como ocurre con las sentencias de los tribunales ordinarios de justicia, es además una decisión con trascendencia política, ya que realiza una labor de interpretación de valores y principios y una actividad integradora del derecho[131].

2. *La tipología de las sentencias en materia de control concentrado*

Una vez realizada la advertencia de las particularidades propias de las decisiones en materia de control concentrado, sigue revisar los distintos tipos de sentencias que pueden existir frente a las pretensiones de inconstitucionalidad contra actos dictados en ejecución directa e inmediata de la *Constitución*. Comencemos por las tipologías tradicionales, para luego destacar los matices que éstas van desarrollando.

---

131 NOGUEIRA ALCALÁ, Humberto, "*Consideraciones sobre las sentencias de los Tribunales Constitucionales y sus efectos en América del Sur*", ponencia presentada en las II Jornadas Iberoamericanas de Derecho Procesal Constitucional, San José, Costa Rica, julio/2004.

A. *Las sentencias desestimatorias*

Probablemente la sentencia más simple sea la que declara inadmisible o sin lugar una acción de inconstitucionalidad[132]. En estos casos, al rechazarse la pretensión del accionante básicamente se confirma la validez y constitucionalidad de la norma o acto impugnado. En algunos casos la decisión se limita a rechazar la pretensión, pura y simplemente; y en otros se realiza alguna interpretación de la norma, para compatibilizarla con la *Constitución*.

Así, un ejemplo del primer supuesto lo encontramos en la decisión N° 1447 del 3 de junio de 2003, caso: *Rafael Badell*, donde se cuestionó la constitucionalidad del artículo 22 de la *Ley Orgánica del Trabajo*. La Sala, luego de realizar sus consideraciones jurídicas desestimó los argumentos de los accionantes, sin ningún otro tipo de consideraciones, con lo cual el dispositivo del fallo se limitó a señalar que se "declara SIN LUGAR el recurso", de lo que se deriva que la norma mantiene su plena vigencia[133].

El otro tipo de sentencias desestimatorias implica mantener la vigencia de la norma (o acto de rango legal) impugnada, pero destacando la interpretación que debe dársele a ésta para hacerla compatible con la *Constitución*. Un ejemplo lo encontramos en la sentencia N° 192 del 28 de febrero de 2008, caso: *Bernardo Weininger*, donde la Sala señaló lo siguiente:

> En criterio de esta Sala, esa norma (artículo 6 de la Ley de Arbitraje Comercial) es plenamente compatible con la que aquí se impugnó y, ambas, con el Texto Constitucional: así,

---

132 En algunas ocasiones la Sala ha utilizado el término "*improponible*" para referirse a supuestos donde el acto cuestionado no puede ser objeto de impugnación (por ejemplo, norma contenida en un proyecto de reforma constitucional). Véase, sentencia de fecha 27 de noviembre de 2007, caso: *Alberto Nieves*.

133 En el mismo sentido, la sentencia N° 1383 del 9 de agosto de 2011, caso: *Petro Canarias*, donde se declaró SIN LUGAR una acción de inconstitucionalidad contra la *Ordenanza sobre Actividades Económicas del Municipio Chacao*; y la sentencia N° 1327, de fecha 16 de octubre de 2014, caso: *Roberto Orta*, donde se desestimó la acción contra la disposición transitoria quinta y los artículos 84 y 88 de la *Ley para la Regularización y Control de los Arrendamientos de Vivienda*.

cuando el artículo 87, ordinal 4°, de la Ley de Protección al Consumidor y al Usuario dispone que *se considerarán nulas de pleno derecho las cláusulas o estipulaciones establecidas en el contrato de adhesión que impongan la utilización obligatoria de arbitraje,* ha de entenderse que la norma se refiere a las cláusulas *principales* del contrato por adhesión, no así a las cláusulas que sean documentadas separadas e independientes de dicha convención, las cuales, según el artículo 6 de la Ley de Arbitraje Comercial, pueden establecer válidamente cláusulas arbitrales.

Es esa la debida interpretación de la norma cuya nulidad se solicitó, acorde con el régimen jurídico venezolano del arbitraje comercial y, más importante aún, es la interpretación que, a la luz de la Constitución de la República Bolivariana de Venezuela, ha de dársele a ese artículo, de manera que su contenido sea acorde con los preceptos que dan asidero constitucional al arbitraje, como son los artículos 253, 258, 26 y 29 del Texto Magno, interpretación que parte, como se dijo anteriormente, del principio *pro arbitraje,* tributario del principio *pro actione* en el ámbito de los sistemas alternativos de solución de conflictos.

Se pudiera decir, siguiendo los criterios de clasificación de FERRER MAC-GREGOR y SÁNCHEZ GIL, que este caso refleja una tipología distinta o matizada, pues se trata de una sentencia *desestimatoria,* pero *interpretativa* a la vez; donde la constitucionalidad de la disposición se mantiene, siempre y cuando se le atribuya determinado significado. Con ello, se les impone a todos los operadores jurídicos el deber de asumir la interpretación acogida en el fallo, descartando cualquier otra[134].

Como afirma DÍAZ REVORIO, "la idea esencial es que no debe declararse la inconstitucionalidad de una disposición si ésta admite alguna o algunas interpretaciones conforme con la Constitución;

---

134 FERRER MAC-GREGOR, Eduardo y SÁNCHEZ GIL, Rubén, "Efectos y Contenidos de las Sentencias en Acción de Inconstitucionalidad. Análisis Teórico referido al caso Ley de Medios", UNAM, México, 2009.

pero tampoco debe permitirse que el mantenimiento de dicha disposición permita lesionar la Constitución"[135].

La doctrina y jurisprudencia comparada han tratado de insistir en la necesidad de considerar el *principio de conservación* de la norma jurídica o la *presunción de constitucionalidad* de las normas; de manera que el órgano encargado del control concentrado debe buscar salvar la norma, así ello implique una única interpretación posible[136]. En definitiva, debe tratarse de respetar la decisión del legislador o autor del acto, evitando cualquier interpretación que pueda lidiar con la *Constitución*[137].

Adicionalmente, las sentencias *desestimatorias* pueden, a su vez, ser también *exhortativas*, de manera que pueden desechar la pretensión de inconstitucionalidad, pero al mismo tiempo encomendarle al legislador una tarea para acomodar, revisar o complementar la norma declarada constitucional[138]. Un ejemplo de este tipo de fallos lo encontramos en la decisión N° 2704 del 9 de octubre de 2004, caso: *Shell*, donde luego de desestimarse la acción de inconstitucionalidad ejercida contra la *Ordenanza de Patente de Industria y Comercio del Distrito Carirubana del Estado Falcón*, la Sala hizo un llamado a la Asamblea Nacional, en los siguientes términos:

---

135 DÍAZ REVORIO, F. Javier, "La Interpretación Constitucional de la Ley. Las sentencias interpretativas del Tribunal Constitucional", Editorial Palestra, Lima, 2003.

136 Sin embargo, algunos han cuestionado este tipo de fallos, señalando que implica una condición ilegítima al intérprete. Al respecto, PIZZORUSSO, Alessandro, "*Las sentencias manipulativas del Tribunal Constitucional italiano*"; citado por EGUIGUREN PRAELI, Francisco, "*Efectos de las Sentencias sobre Inconstitucionalidad*", en *Tribunales y Justicia Constitucional. Memoria del VII Congreso Iberoamericano de Derecho Constitucional,* Instituto de Investigaciones Jurídicas, México, 2002.

137 Al respecto, puede consultarse, FERNÁNDEZ RODRÍGUEZ, José Julio, "*La Justicia Constitucional Europea ante el Siglo XXI*", Editorial Tecnos, Madrid, 2002, pp. 128 y ss.

138 Sobre este tema puede verse, SILVA ARANGUREN, Antonio, "*Los exhortos de la Sala Constitucional*", en la obra colectiva que recoge el *VI Congreso de Derecho Procesal Constitucional, en Homenaje a Carlos Ayala Corao*, FUNEDA, Caracas, 2016.

Por ello, la guía para los Municipios debe ser la prudencia, a fin de no exigir una cantidad excesiva de dinero, que incluso desestimule a los particulares a ejercer su actividad en su territorio. Debe evitarse, pues, el supuesto de una tributación excesiva, peligroso para el propio ente local, que podría ahuyentar a industriales y comerciantes o, en general, a todo aquel que se dedique a una actividad lucrativa no laboral.

Además, a esa prudencia municipal que es manifestación de una autolimitación, nuestro actual ordenamiento constitucional permite a la Asamblea Nacional dictar la legislación para evitar el fenómeno de la excesiva tributación. Es la competencia que prevé el artículo 156, numeral 13, del Texto Fundamental, según se ha destacado antes, conforme al cual es poder del parlamento nacional armonizar tributos. En tal virtud, esta Sala reitera el deber del órgano parlamentario nacional de dictar esa legislación. Así se declara.

B. *Las sentencias estimatorias*

Cuando la Sala Constitucional determina que una norma o acto de rango legal es contrario a la *Constitución* produce entonces la decisión anulatoria o *estimatoria* de la acción de inconstitucionalidad. Aquí también podemos partir de sentencias simples que se limitan a erradicar del ordenamiento jurídico el acto inconstitucional; para luego ver algunos matices o complementos que van más allá de una sentencia declarativa. También hay que considerar que la declaratoria de inconstitucionalidad de una norma o acto puede ser total o parcial.

En efecto, un primer ejemplo de una sentencia *estimatoria simple* lo podemos encontrar en la sentencia N° 780 del 24 de mayo de 2011, caso: *Julián I. Rodríguez,* donde se cuestionaba unas normas de la *Constitución del Estado Yaracuy* que habilitaban al Gobernador para dictar decretos de emergencia o estados de excepción. La Sala, luego de exponer los argumentos que justificaban la inconstitucionalidad de esas normas, concluyó señalando:

> Por las razones expuestas, esta Sala Constitucional del Tribunal Supremo de Justicia, administrando justicia, en nombre de la República, por autoridad de la ley, declara CON LUGAR el recurso de nulidad por inconstitucionalidad interpuesto por el abogado JULIÁN ISAÍAS RODRÍGUEZ DÍAZ, actuando en su entonces carácter de Fiscal General de la Re-

> pública Bolivariana de Venezuela, ya identificado, contra los artículos 156.24 y 222 de la Constitución del Estado Yaracuy, publicada en la Gaceta Oficial del Estado Yaracuy N° 0039 del 18 de agosto de 2003, los cuales se declaran NULOS.

En otros casos, la declaratoria de inconstitucionalidad puede ser parcial, es decir, puede referirse a algunas de las normas impugnadas y a otras no; o puede referirse a la misma disposición, pero no en forma completa, sino a solo una parte de ésta. Un ejemplo lo vemos en la decisión N° 1942 del 15 de julio de 2003, caso: *Rafael Chavero*. En este caso, la Sala Constitucional declaró Sin Lugar la acción con respecto a varios artículos del *Código Penal*; y parcialmente Con Lugar la acción de inconstitucionalidad, pero únicamente con respecto a los artículos 223, 224 y 225 del *Código Penal*, y sólo frente a una parte de esas disposiciones.

Textualmente afirmó la Sala:

> Pero la Sala observa que los artículos 223, 224 y 225 del Código Penal crean responsabilidad a quien atente contra el honor, la reputación y el decoro de miembros de la Asamblea Nacional y de funcionarios públicos, no para evitar el daño a las instituciones, sino como una protección extra de los valores del artículo 60 constitucional debido a la función pública.
>
> Considera la Sala, que tanto la difamación como la injuria, a las que estén expuestos todos los ciudadanos, responden a ofensas al honor, a la reputación y al decoro de las personas, así sean Asambleístas o funcionarios públicos y, ante estas ofensas de palabra (orales o escritas), ellas pueden acudir a los tipos de los artículos 444 y 446 del Código Penal y exigir la responsabilidad penal de los ofensores (difamación e injuria).
>
> Tal trato especial, otorgado por los artículos 223, 224 y 225 del Código Penal a los funcionarios públicos, es, a juicio de esta Sala, violatorio del numeral 1 del artículo 21 constitucional, el cual reza (...)En consecuencia, las normas impugnadas son parcialmente nulas, sólo en cuanto a las ofensas de palabra (oral o escrita), ya que en cuanto a la obra ofensiva, acompañada de violencia o amenaza, y que a juicio de esta Sala, se refiere a la vía de hecho o al accionar, al ataque gestual o mímico, que ridiculiza y ofende al funcionario, la norma sigue vigente, ya que este tipo de ofensa, así sea al honor, la repu-

tación o la dignidad, no se subsume ni en la difamación (imputación de un hecho determinado a la víctima) ni en la injuria (comunicación de un hecho ofensivo)[139].

En el mismo sentido podemos citar la decisión N° 163 del 28 de febrero de 2008, caso: *Ciro Araujo*, donde se cuestionaban unas normas de la *Ley Orgánica de la Defensa Pública*. Una de las disposiciones impugnadas fue anulada parcialmente, con lo cual la Sala pasó a reescribir la norma, ordenando la consecuente publicación en Gaceta Oficial. Textualmente dispuso la Sala:

> Se *ANULA parcialmente* el artículo 3 de la Ley Orgánica de la Defensa Pública, promulgada el 29 de diciembre de 2006 y publicada en la Gaceta Oficial No. 38.595 del 2 de enero de 2007, en lo que respecta a la adscripción de la Defensa Pública a la Defensoría del Pueblo, y el cual queda redactado de la siguiente forma:
>
> "*Artículo 3. Naturaleza, autonomía y adscripción de la Defensoría Pública.* La Defensoría Pública es única e indivisible. Los Defensores Públicos o Defensoras Públicas señalados en esta Ley la representan íntegramente.
>
> La prestación de los servicios de orientación, asistencia, asesoría y representación judicial señalados en esta Ley, serán brindados por la Defensoría Pública, órgano del sistema de justicia, la cual goza de autonomía funcional, administrativa y organizativa, adscrita al Tribunal Supremo de Justicia, al cual le corresponde su inspección y vigilancia.
>
> Esta bajo la dirección de un Director Ejecutivo o Directora Ejecutiva quien, ejerce sus atribuciones directamente o a través de los funcionarios que designe.
>
> La autoridad del Director Ejecutivo o Directora Ejecutiva se extiende a todos los funcionarios o funcionarias y demás personal de la Defensoría Pública en el territorio nacional".

---

139 Una crítica de esta polémica sentencia puede verse en la obra colectiva, "*Sentencia 1.942 vs. Libertad de Expresión*", Editorial Aequitas, Caracas, 2003, donde se encuentran trabajos de Alberto Arteaga Sánchez, Carlos Ayala Corao, Héctor Faúndez Ledezma y Rafael Chavero Gazdik.

Al igual que la decisión N° 1264, del 11 de junio de 2002, caso: *Jesús Rendón*, referido a la norma del *Código de Procedimiento Civil* que consagra las vacaciones judiciales. En ese fallo se señaló:

> De acuerdo con todas las consideraciones expuestas, estima esta Sala que un sistema coherente que garantice el derecho de los jueces y demás funcionarios al goce de las vacaciones y que, a su vez, permita a los usuarios del sistema judicial su derecho al libre acceso a la jurisdicción para el ejercicio de sus derechos, no tiene por qué paralizar las actividades del Tribunal. Por tanto, visto que el órgano legislativo nacional no demostró que las restricciones contenidas en el artículo 201 del Código de Procedimiento Civil y en la Resolución N° 53, emanada del entonces Consejo de la Judicatura, el 3 de febrero de 1976, que fue dictada con fundamento en el equivalente normativo del artículo 201 del Código de Procedimiento Civil de 1987 en el Código de Procedimiento Civil de 1916, eran el único medio para alcanzar la eficacia del proceso judicial durante los períodos comprendidos entre el 15 de agosto y el 15 de septiembre y entre el 24 de diciembre y el 6 de enero, estima esta Sala, que el sistema actual de las llamadas "vacaciones judiciales", al obedecer a los referidos períodos, es contrario al espíritu de la Constitución, la cual atiende al logro de un Estado de Derecho y de Justicia, informado, entre otros, por los valores de la igualdad, la justicia y preeminencia de los derechos humanos, al cual está obligado, por disposición del propio texto constitucional, garantizando así una justicia accesible, gratuita, imparcial, idónea, transparente, autónoma, independiente, responsable equitativa y expedita, sin dilaciones indebidas, sin formalismos y reposiciones inútiles. Por ello, la paralización de las actividades de los órganos de administración de justicia durante los referidos períodos, por la sola razón de que se tratan de "vacaciones judiciales", constituye una transgresión flagrante al derecho al acceso a la justicia que acogió el artículo 26 de la Constitución de 1999 y al derecho a la defensa establecido en su artículo 49 *eiusdem*, y al mismo tiempo atenta contra la norma que contiene su artículo 257 *ibídem*, por cuanto se suspende el proceso judicial, que, como lo establece el citado artículo, constituye el instrumento fundamental para la realización de la justicia (...)

> Por tanto, en atención a tal circunstancia, esta Sala declara la nulidad parcial de la norma contenida en el artículo 201 de la Ley de Reforma Parcial del Código de Procedimiento Civil, publicado en la Gaceta Oficial N° 34.522 del 18 de septiembre de 1990, en lo que respecta a la frase *"del 15 de Agosto al 15 de Septiembre y"*, quedando en consecuencia la redacción de la referida norma de la siguiente manera...

Por otra parte, hay sentencias *estimatorias más complejas*, como la recaída en la decisión N° 1444 del 14 de agosto de 2008, caso: *CAVEDAL*, donde se señaló:

> Por las razones expuestas, esta Sala Constitucional del Tribunal Supremo de Justicia, administrando justicia, en nombre de la República, por autoridad de la ley, declara: PARCIALMENTE CON LUGAR el recurso de nulidad por inconstitucionalidad de los artículos 13, numeral 10; 28, 58, 61 y 74; Disposición Transitoria Segunda; y Disposiciones Finales Primera, Segunda, Tercera y Cuarta de la Ley de Silos, Almacenes y Depósitos Agrícolas, (...), en los siguientes términos:
>
> 1). Se declara el DECAIMIENTO DEL OBJETO, respecto al artículo 74 de la Ley de Silos, Almacenes y Depósitos Agrícolas, publicada en la Gaceta Oficial de la República N° 37.801 del 21 de octubre de 2003.
>
> 2) Se declara NULA la prohibición contenida en el artículo 56 de la Ley de Silos, Almacenes y Depósitos Agrícolas, referida a que "(...) Los Certificados de Depósito no podrán negociarse separadamente de los Bonos de Prenda (...)", por lo que el mencionado artículo 56, se mantendrá vigente en los siguientes términos: "Artículo 56: No podrán constituirse los depósitos a que se refiere esta ley, con bienes muebles cuyo valor sea inferior a doscientas cincuenta unidades tributarias (250 U. T.)".
>
> 3) Se declara NULO el artículo 59 Ley de Silos, Almacenes y Depósitos Agrícolas.
>
> 4) Se declara SIN LUGAR, el recurso de nulidad por inconstitucionalidad del artículo 12.10, la Disposición Transitoria Segunda y de las Disposiciones Finales Primera, Segunda, Tercera y Cuarta.

> 5) Respecto a la ausencia del respectivo Reglamento de la Ley de Silos, Almacenes y Depósitos Agrícolas, la Sala cumple con EXHORTAR al Ejecutivo Nacional a los fines que dicte el correspondiente Reglamento, en orden a desarrollar aquellas materias en las cuales se requiera a su juicio una mayor precisión normativa.
>
> Visto que en el cuerpo del presente fallo se realizó una interpretación constitucionalizante del artículo 26 y de las Disposiciones Finales Primera, Segunda y Tercera de la Ley de Silos, Almacenes y Depósitos Agrícolas, se ORDENA la publicación del texto íntegro del fallo en la Gaceta Oficial ...

Nótese la complejidad de este fallo, pues no sólo declara parcialmente con lugar la demanda y anula unas normas; sino que también es *interpretativa* y *exhortativa*, al producir una interpretación necesaria de una de las normas que deja vigente, y, además, realiza un llamado al Ejecutivo Nacional para que dicte el Reglamento de ley, para con ello ampliar la regulación correspondiente.

Otro ejemplo de una sentencia *estimatoria* y *exhortativa* lo vemos en la decisión N° 1353 del 16 de octubre de 2014, caso: *Defensoría del Pueblo*, donde luego de anularse parcialmente la norma contenida en el artículo 46 del *Código Civil*, al ser discriminatoria, realizó un llamado a la Asamblea Nacional, a los fines de revisar la regulación sobre la edad mínima para contraer matrimonio. Textualmente dispuso la Sala:

> En definitiva, no es posible la anulación íntegra de la norma habida consideración de que su eliminación dejaría sin parámetro el establecimiento de una edad mínima para hombre y mujer, a partir de la cual no es posible contraer matrimonio, siendo que su desaparición del mundo jurídico crearía una incertidumbre acerca de la capacidad matrimonial. Lo conveniente es que el matrimonio sólo sea posible luego de que la persona adquiriese la mayoría de edad (18 años), como acertadamente lo señalan múltiples informes de organismos internacionales relacionados con la materia. Por lo cual esta Sala Constitucional exhorta a la Asamblea Nacional a considerar la reforma del artículo 46 del Código Civil y valore las preocupaciones vertidas por la Sala en esta sentencia. A tal efecto, se ordena remitir copia certificada del presente fallo al Presidente de la Asamblea Nacional y al Presidente de la Comisión Permanente de la Familia de la Asamblea Nacional. Así se decide.

C. *Sentencias aditivas y sustitutivas*

Las sentencias *aditivas* se refieren a situaciones donde el órgano de control concentrado, en nuestro caso la Sala Constitucional, establece la inconstitucionalidad de un precepto con rango legal, pero agregando supuestos no contemplados en la norma jurídica. En principio, no se busca necesariamente eliminar la norma impugnada o establecer la interpretación correcta, sino más bien introducir nuevos elementos para hacerla compatible con la *Constitución*. Como afirma VECINA CIFUENTES, en estos casos "la oposición con la Constitución no resulta, por tanto, de lo que el precepto dice, sino de lo que no dice, de una omisión relativa o parcial del legislador, y aquí radica precisamente el problema que suscita el restablecimiento del orden constitucional perturbado en estos supuestos"[140].

El caso de las decisiones *sustitutivas* se refiere normalmente a supuestos donde luego de declararse la inconstitucionalidad del acto impugnado, la Sala pronuncia la regla que debe sustituir a la norma eliminada. En estos casos, como afirma DÍAZ REVORIO, lo más relevante no es tanto la declaratoria de inconstitucionalidad total o parcial, sino la consagración del nuevo contenido normativo[141].

Obviamente, estos son los tipos de sentencias más cuestionables, toda vez que se entra en el mundo del activismo judicial o gobierno de los jueces, donde estos pasan a ejercer funciones legislativas, mediante la incorporación de elementos que no estuvieron previstos en las normas cuestionadas. En este sentido, afirma STERN que:

> El Tribunal Constitucional no puede conducirse como un super legislador, y el Parlamento tiene que valorar debidamente sus tareas legítimas como órgano estatal supremo que es elegido directamente por el pueblo en la regulación general de los intereses de la comunidad; en ambos encontramos el Derecho Constitucional como regla suprema. Este es el fundamento

140 VECINA CIFUENTES, Javier, "*Las sentencias aditivas del Tribunal Constitucional y el respeto al legislador*", Justicia, núm. III-IV, 1993, p. 482. Sobre el tema de las sentencias aditivas volveremos infra, al tratar el tema de las acciones de inconstitucionalidad por omisión.

141 DÍAZ REVORIO, F. Javier, "La Interpretación Constitucional de la Ley. Las sentencias interpretativas del Tribunal Constitucional, *op. cit.*

del Estado constitucional. Ni el estado jurisdiccional constitucional ni el Estado de los jueces es el ideal del Estado constitucional. Los efectos beneficiosos de la jurisdicción constitucional, que prevalecen en conjunto para nuestro Estado, no pueden ocultar la aparición de peligros, que residen precisamente en esta jurisdicción[142].

Nuestra jurisprudencia está repleta de sentencias *aditivas* y *sustitutivas*, sobre todo, frente al ejercicio de otros remedios procesales como los recursos de interpretación constitucional y las acciones de inconstitucionalidad por omisión. Pero también frente a acciones de inconstitucionalidad la Sala ha emitido sentencias de este tipo, con claras intenciones de interferir en las funciones legislativas del parlamento.

Y es de hacer notar que este rol agresivo de nuestra Sala Constitucional, frente a las competencias del legislador, ha sido una constante desde el mismo momento de su creación. Así, en una de sus primeras decisiones, modificó (o más bien sustituyó) la *Ley Orgánica de Amparo sobre Derechos y Garantías Constitucionales*, por considerar que ésta no recogía los principios constitucionales incorporados en la *Constitución* que había sido recién promulgada. Hasta el día de hoy, luego de transcurrido más de dos décadas, el procedimiento para tramitar las acciones de amparo constitucional se encuentra consagrado en este fallo[143].

Una buena muestra de este tipo de sentencias, la encontramos en la decisión, citada *supra*, de fecha 21 de abril de 2016, caso: *Juan Carlos Caldera*, donde la Sala Constitucional procedió a anular unas normas del *Reglamento Interno de la Asamblea Nacional*, para prácticamente impedir el debate de textos legales y la promulgación de leyes.

---

142 STERN, K. "*Jurisdicción Constitucional y Legislador*", Editorial Dykinson, Madrid, 2009.

143 Nos referimos a la sentencia Nº 7 del 1º de febrero de 2000, caso: *José A., Mejía*. Para una crítica a esta decisión puede verse nuestro trabajo "*El Nuevo Régimen del Amparo Constitucional en Venezuela*", Editorial Sherwood, Caracas, 2001.

Así, entre otras cosas, la Sala Constitucional consideró necesario para el proceso legislativo, la discusión y aprobación de un *informe económico* de todo proyecto de ley, el cual debía coordinarse con el Poder Ejecutivo. Con ello, *añadió* una condición (claramente ilegítima) que hacía depender las funciones legislativas del Poder Ejecutivo.

Otro claro ejemplo de la jurisprudencia normativa (*aditiva*) de la Sala Constitucional, lo vemos en la sentencia Nº 324 del 27 de agosto de 2019, caso: *Cecilia García,* donde cautelarmente la Sala diseñó un procedimiento electoral para permitir la realización de las elecciones de la Universidad Central de Venezuela. Así, en el dispositivo del fallo se estableció lo siguiente:

> SE DECRETA CAUTELARMENTE, a los fines de elegir las autoridades universitarias de la UNIVERSIDAD CENTRAL DE VENEZUELA y hasta que la Sala resuelva en sentencia definitiva el mérito de la demanda de nulidad interpuesta contra el artículo 34.3 de la Ley Orgánica de Educación, el siguiente régimen transitorio para la convocatoria y celebración de las elecciones de las autoridades universitarias con período académico vencido, en un plazo de seis (6) meses contados a partir de la publicación del presente fallo, y a tal efecto, de oficio, SUSPENDE cautelarmente la aplicación de los artículos 31,32 y 65 de la Ley de Universidades en cuanto a la forma de elección de las autoridades universitarias hasta tanto se dicte decisión definitiva en el caso de autos, en razón de lo cual el Consejo Nacional de Universidades establecerá un cronograma para la realización de las elecciones de las autoridades universitarias de las demás Universidades Nacionales, distintas a la Universidad Central de Venezuela, cuyos periodos se encuentren vencidos, en los términos siguientes:
>
> 1.- La igualdad de condiciones para elegir las autoridades universitarias, consagrada en el artículo 34.3 de la Ley Orgánica de Educación, se entiende aplicada a la relación entre cada sector electoral constitutivo de la comunidad universitaria, a saber: a) profesores; b) estudiantes; c) egresados; d) personal administrativo; y e) personal obrero. Por tanto: el Registro Electoral Universitario de cada Universidad comprenderá cinco (5) registros; el acto eleccionario se hará en forma única para todos los cargos rectorales universitarios y en todos los sectores electorales; y los votos de los sectores se sumarán o

contarán -de forma simultánea- por cada sector electoral, esto es: 1) *votos de profesores*, 2) *votos de estudiantes*, 3) *votos de egresados*, 4) *votos de personal administrativo* y 5) *votos de personal obrero*.

2.- Se proclamará candidato electo únicamente a quien haya resultado ganador en al menos tres (3) de los cinco (5) sectores electorales y haya obtenido, a la vez, la mayoría absoluta de votos (mitad más uno) sumados los votos de todos los sectores electorales.

2.a.- En el caso de que ningún candidato haya logrado la mayoría de los sectores electorales y la mayoría absoluta de los votos sumados de todos los sectores, se procederá a una segunda vuelta con los dos candidatos que hayan obtenido la mayor cantidad de sectores electorales.

2.b.- En caso de que dos o más candidatos hayan ganado en la misma cantidad de sectores electorales, se escogerá al candidato o a la candidata que haya obtenido la mayor cantidad de votos electorales, e irán a la segunda vuelta solo los dos que hayan obtenido mayor cantidad de votos válidos.

2.c.- La segunda vuelta se celebrará dentro de los 30 días hábiles siguientes a la primera elección, con dos candidatos para cada uno de los cargos rectorales y decanales aptos para una segunda vuelta.

2.d.- En la segunda vuelta se proclamará candidato electo a quien haya ganado en tres (3) de los cinco (5) sectores electorales. En caso de un empate intra-sector electoral que impida decidir quién ganó en tres (3) de los cinco (5) sectores, se proclamará candidato electo a quien haya obtenido la mayoría absoluta de votos válidos, sumando los votos válidos de todos los sectores electorales.

3.-Estas elecciones se celebrarán con las Comisiones Electorales existentes.

4.-Tendrá derecho a un (1) solo voto, cada uno los profesores ordinarios y contratados indistintamente de su escalafón, incluyendo a los jubilados.

5.- Tendrá derecho a un (1) solo voto, cada uno de los estudiantes de pre y de postgrado activos, que se hayan inscrito en la universidad al menos seis (6) meses antes de la convocatoria al proceso electoral. Los estudiantes que hayan aprobado las asignaturas necesarias para obtener el correspondiente título o certificado y para el momento de las elecciones no hayan obtenido el respectivo grado tendrán derecho a voto, a los efectos de esta medida cautelar.

6.- Tendrá derecho a un (1) solo voto, cada uno de los egresados del nivel de pregrado de la Universidad cuyas autoridades se eligen, y que adicionalmente cumplan, de forma conjunta, con los siguientes requisitos: *i*) ejerzan la profesión en el lugar donde la Universidad tenga su sede, núcleo o afines; y *ii*) se hayan inscrito en el registro electoral que la Comisión Electoral de cada Universidad elaborará para tal fin dentro de los treinta (30) días hábiles siguientes a la convocatoria de la elección.

El ejercicio de la profesión en el mismo lugar donde la Universidad tenga su sede se acreditará mediante la colegiatura profesional vigente para el momento de la convocatoria del proceso comicial. En cualquier caso, la carta de residencia servirá subsidiariamente a todos los efectos.

6.a.-El Registro Electoral de Egresados estará conformado por personas que sólo tengan la condición de egresados, de conformidad con lo establecido en el punto 6 señalado *supra*.

7.- Tendrá derecho a un (1) solo voto, cada uno de los integrantes del personal administrativo (activo o jubilado) de la nómina de la Universidad.

8.- Tendrá derecho a un (1) solo voto, cada uno de los integrantes del personal obrero (activo o jubilado) de la nómina de la Universidad.

9.- Cada elector tiene derecho a un solo voto indistintamente de que forme parte de más de un sector de la Comunidad Universitaria. En consecuencia, los electores solamente podrán inscribirse en uno de los sectores del Registro Electoral Universitario.

10.- En las Universidades cuyas autoridades tengan el período vencido, sus comisiones electorales deberán convocar a elecciones, elaborar el Registro Electoral Universitario, celebrar las elecciones, totalizar votos, adjudicar y proclamar a los ganadores con base en las presentes reglas en un plazo que no podrá exceder de seis (6) meses a partir de la publicación de la presente decisión. Transcurrido dicho lapso, cesa la permanencia legal de las autoridades universitarias con período vencido, quedando la vacante absoluta de dichos cargos.

11.- Lo no previsto será resuelto por las Comisiones Electorales de las Universidades con base en la Ley de Universidades siempre que no contradiga lo dispuesto en este fallo.

Hemos hecho esta larga transcripción para evidenciar el nivel de detalle al que llega esta labor legislativa de la Sala Constitucional, pues como se observa, básicamente se dictó un estatuto electoral universitario.

En muchos otros casos vemos como la Sala Constitucional *sustituye* el criterio del legislador por el suyo propio, tal y como lo refleja la decisión N° 80 del 1 de febrero de 2001, caso: *José P. Barnola*, referido a la impugnación del artículo 197 del *Código de Procedimiento Civil*, norma que aborda la forma de computar los lapsos procesales. Al respecto, se señaló lo siguiente:

> De manera que, concluye esta Sala, que el debido proceso exige, tal como quedara expuesto, un plazo razonable para todos los actos sin excepción, y por ello, visto que tal como está redactada la norma contenida en el artículo 197 del Código de Procedimiento Civil, ésta resulta inconstitucional por ser contraria al debido proceso y al derecho a la defensa debe esta Sala DECLARAR SU NULIDAD PARCIAL en lo que respecta a la frase: " (...) los lapsos de pruebas, en los cuales no se computarán...". Así, ante la prohibición absoluta de actuación del Tribunal fuera de días y horas de despachos, conforme lo dispone el Código de Procedimiento Civil, debe entenderse, que por regla general los términos y lapsos a los cuales se refiere dicho artículo, tienen que computarse efectivamente por días consecutivos, en los cuales el Tribunal acuerde dar despacho, no siendo computables a esos fines aquellos en los cuales el Juez decida no despachar, ni los sábados, ni los domingos, ni el Jueves y Viernes Santos, ni los días declarados de fiesta o no laborables por ley, criterio que debe ser aplicado en concatenación con lo dispuesto en los artículos 199 y 200 del Código de Procedimiento Civil, que establecen (...)
>
> En virtud de lo expuesto, esta Sala declara parcialmente nula la norma contenida en el artículo 197 del Código de Procedimiento Civil, y a tal efecto, ordena que se tenga la redacción de la misma de la siguiente manera...

En este mismo fallo, la Sala Constitucional expone los argumentos que justificarían esa labor "*integradora*" que justificaría la decisión *aditiva* o *sustitutiva*, cuando se declara parcialmente nula una disposición legal. La sentencia afirma:

> se debe admitir que la relación jurídica condicionada por la norma de una u otra manera, se ve afectada con el control de constitucionalidad ejercido, ya que la norma impugnada, a través de la declaratoria de nulidad parcial, se ha convertido en una norma nueva y diferente de la norma inicial, lo cual implica aceptar, que al constituirse en una norma distinta, el operador jurídico debe plasmar en su sentencia el alcance del nuevo dispositivo normativo, pues, se parte de que dicha norma va integrada a un texto normativo sistemático, donde los preceptos establecidos en cada artículo, en reiteradas ocasiones guardan relación entre sí. De allí que, la determinación del alcance de dicha norma se hace fundamental para establecer en qué afecta la misma la relación jurídica que condiciona, así como el esquema aplicativo del texto normativo que integra.
>
> Así pues, al prosperar la nulidad parcial de la norma impugnada nace una nueva norma y para aplicar tal norma, resulta necesario e indispensable su interpretación, lo cual no es posible hacerlo sin desentrañar previamente el significado de los signos en los que exteriormente se manifiesta, obviamente, sin perder nunca de vista el todo del cual forma parte, debiendo la Sala, en su condición de operador jurídico, imprimirle a la norma los caracteres ideológicos que lo llevaron a determinar su nulidad parcial en resguardo de los derechos constitucionales.

En el mismo sentido, en el fallo dictado en fecha 27 de febrero de 2007, caso: *Adriana Vigilanza*, citado *supra*, la Sala Constitucional anuló *de oficio* el artículo 31 de la *Ley de Impuesto sobre la Renta*, procediendo a establecer una nueva redacción. Así, el fallo dispuso:

> Por tal razón, con el objeto de adecuar el régimen impositivo a la renta aplicable a las personas naturales con ocasión de los ingresos devengados a título salarial, con los presupuestos constitucionales sobre los que se funda el sistema tributario; ponderando, por una parte, el apego al principio de justicia tributaria y, por la otra, la preservación del principio de eficiencia presente en tales normas, en los términos bajo los

> cuales han sido definidos a lo largo de este fallo, esta Sala Constitucional modifica la preposición del artículo 31 de la Ley de Impuesto sobre la Renta, en el siguiente sentido:
>
> «Artículo 31. Se consideran como enriquecimientos netos los salarios devengados en forma regular y permanente por la prestación de servicios personales bajo relación de dependencia. También se consideran como enriquecimientos netos los intereses provenientes de préstamos y otros créditos concedidos por las instituciones financieras constituidas en el exterior y no domiciliadas en el país, así como las participaciones gravables con impuestos proporcionales conforme a los términos de esta Ley.
>
> A los efectos previstos en este artículo, quedan excluidos del salario las percepciones de carácter accidental, las derivadas de la prestación de antigüedad y las que la Ley considere que no tienen carácter salarial» (Subrayados de la nueva redacción).
>
> De esta manera, la Sala ejerciendo su labor de máxima intérprete de la Constitución ajusta la disposición legal antes referida a los postulados constitucionales, la cual además se adecua a la letra y espíritu del parágrafo cuarto del artículo 133 de la Ley Orgánica del Trabajo, que dispone "cuando el patrono o el trabajador estén obligados a cancelar una contribución, tasa o impuesto, se calculará considerando el salario normal correspondiente al mes inmediatamente anterior a aquél en que se causó". Así se decide.

Otros claros ejemplos de la jurisprudencia *aditiva* y *sustitutiva* lo vemos en las modificaciones realizadas en materia de divorcio, mediante decisiones de la Sala Constitucional. La primera de estas sentencias, la N° 446 del 15 de mayo de 2014, modificó el procedimiento para tramitar los divorcios; y posteriormente, las decisiones N° 693 y 1070 del 2 de junio del 2015 y del 9 de diciembre del 2016 respectivamente, de la misma Sala Constitucional, traen una clara modificación del *Código Civil*, con relación a las causales de divorcio, pues a partir de allí éstas pasan a ser enunciativas, pudiendo aquellos sujetos que no se encuentren dentro de los supuestos de hechos planteadas en el artículo 185 del *Código Civil*, alegar cualquier otra causal, como pudiera ser el *desafecto*[144], con lo cual quedan en desuso las causales taxativas que habían sido plasmadas en la menciona norma[145].

Precisamente frente al desarrollo desbordado de esta jurisprudencia normativa de la Sala Constitucional, la más reciente reforma de la *Ley Orgánica del Tribunal Supremo de Justicia* parece haber reconocido este exceso, buscando poner coto a esta interferencia en el principio de separación de poderes. Así, en la parte *in fine* del artículo 25 se señala lo siguiente:

> La facultad de la Sala Constitucional en su actividad de conocer y decidir los asuntos de su competencia no abarca la modificación del contenido de las leyes. En todo caso, en resguardo de la seguridad jurídica, si la interpretación judicial da lugar a una modificación legislativa, la Sala deberá así referirlo para que la Asamblea Nacional, en uso de sus facultades constitucionales realice las modificaciones o reformas a que hubiere lugar.

Se trata de una norma que busca rescatar el principio de la separación de poderes, así como evitar la proliferación de sentencias *aditivas* y *sustitutivas* de las funciones legislativas del parlamento (jurisprudencia normativa)[146]. Quedará por ver si la Sala Constitucional atiende este llamado del legislador, pues al final, el problema del sistema de justicia constitucional que existe en la mayoría de los ordenamientos jurídicos del mundo es que es muy difícil controlar al controlador.

---

144 En nuestro criterio, la posición asumida por la Sala Constitucional es razonable y más conforme con la evolución de la institución del matrimonio, pero lo que ha debido realizar es dirigir una orden al legislador, a los fines de modificar el *Código Civil*, con base en los criterios expuestos en sus decisiones.

145 Para un análisis de estas decisiones, puede verse, INNECO DURÁN, María Fernanda, en "Consideraciones sobre las Sentencias N° 446, 693, 1070 de la Sala Constitucional y la N° 136 de la Sala de Casación Civil en el Procedimiento de Divorcio en Materia de Protección", consultado en la web en Downloads/guwale,+Maria+Fernanda+Inecco +CONSIDERACIONES+SOBRE+LAS+SENTENCIAS+N.pdf

146 Obviamente, esta norma se dicta dentro de un contexto político donde el partido de Gobierno controla absolutamente todo el parlamento.

Esto es, suele ser cuesta arriba evitar los excesos de los tribunales constitucionales, por parte del resto de los poderes del Estado.

De hecho, con motivo de la acción de inconstitucionalidad de la mencionada parte *in fine* del artículo 25 de la *Ley Orgánica del Tribunal Supremo de Justicia,* la Sala dejó claro que, en su criterio, no había quedado proscrita la llamada jurisprudencia normativa. En efecto, en la sentencia de fecha 21 de marzo de 2022, caso: *Pedro Rondón*, la Sala precisó:

> Ahora bien, entiende esta Sala que la disposición *supra* transcrita no colide con las competencias que el texto de la Constitución de la República Bolivariana de Venezuela otorgó a este órgano de administración de justicia, ni suspende la llamada jurisprudencia normativa, siendo que lo que afianza dicho precepto legal es la colaboración de poderes, cuya noción fue suficientemente ya descrita en la decisión dictada por esta Sala n° 81 del 15 de marzo de 2022, con motivo de una demanda de nulidad ejercida contra la ley aquí examinada, razón por la que no se encuentra alguna incompatibilidad de esta norma de rango legal con el texto constitucional, por lo que los argumentos sostenidos por el accionante sobre esta materia no deben prosperar. Esta Sala considera importante, a los efectos de la adecuada comprensión del artículo 25 de la Ley Orgánica del Tribunal Supremo de Justicia, referir lo expuesto por el Constituyente en la Exposición de Motivos de la Constitución de 1999, concretamente en el Capítulo I del Título VIII del texto fundamental, que a la letra dice: "*...Al respecto, se tuvo en cuenta que con posterioridad a la promulgación de una ley, todas las personas tienen a su alcance la acción popular clásica del sistema de justicia constitucional venezolano y, además, la Sala Constitucional tiene el poder cautelar propio de toda Corte o Tribunal Constitucional en derecho comparado, en virtud del cual puede dictar cualquier medida que fuere necesaria para proteger los derechos humanos y garantizar la integridad de la Constitución.*" (Subrayado de este fallo). Y así se decide.

Por tanto, pareciera que las llamadas sentencias *aditivas* y *sustitutivas* seguirán siendo una constante en nuestro sistema de justicia constitucional.

D. *Sentencias diferidas y condicionadas*

También suele encontrarse en la doctrina, y con algún respaldo jurisprudencia, otras tipologías de sentencias constitucionales, en las cuales se manipula el momento en que dejará de tener efectos la norma cuestionada. Se trata de situaciones menos frecuentes, pero que al menos vale la pena mencionarlas.

Así, si bien por lo general la declaratoria de inconstitucionalidad implica el retiro inmediato de la norma contraria a la *Constitución*, pudiera suceder que el órgano de control concentrado determine que la norma debe mantener su vigencia por un tiempo adicional determinado (*diferimiento*), con el fin de proporcionar en ese período el tiempo necesario para que el legislador asuma una nueva disposición[147].

En Colombia existen algunos ejemplos, como el fallo de la Corte Constitucional C-737 del 11 de julio de 2001, donde se declaró inexequible (inconstitucional) una norma, básicamente por vicios formales en el proceso de formación de la disposición, toda vez que el proyecto de ley presentado ante la cámara fue distinto al que posteriormente aprobó el senado. De allí, que la Corte si bien consideró que la norma era contraria a la Constitución, debía mantener temporalmente sus efectos, hasta tanto el Congreso corrigiera los errores formales[148].

Igualmente, en España, el Tribunal Constitucional en algunas ocasiones ha llegado a establecer que una norma debía seguir siendo provisionalmente aplicable después de haber sido declarada inconstitucional, a fin de evitar un vacío normativo que dejara desprotegidos y propiciara la lesión de intereses constitucionalmente relevantes[149].

---

147 Véase, al respecto, ROMERO PÉREZ, Xiomara, "*El efecto diferido de algunas sentencias de la Corte Constitucional*", en V Jornadas de Derecho Constitucional y Administrativo, Universidad Externado, Bogotá, 2005.

148 *Op. cit.*

149 Sentencias del Tribunal Constitucional 195/1998, 208/1999 y 13/2015.

El caso de las sentencias *condicionadas* podría implicar la declaratoria de constitucionalidad de la norma impugnada, siempre y cuando el ente que la dictó cumpla con algún requerimiento adicional impuesto por el tribunal constitucional. En nuestro país conocemos de un solo caso donde se pretendió, consideramos que, sin éxito, configurar una decisión *condicionada*, cuando en realidad pareciera que lo buscado era minimizar el repudio social al anularse una ley de altísimo respaldo popular.

Nos referimos al fallo N° 327 del 28 de abril de 2016, caso: *Nicolás Maduro*[150], mediante la cual se anuló la *Ley de Bono para Alimentos y Medicinas*. En la decisión, la Sala señaló lo siguiente:

> Sobre la base de lo antes expuesto, es evidente la inviabilidad económica de la aplicación inmediata del proyecto sancionado y que no se ha cumplido con las previsiones de los artículos 208, 311, 312, 313 y 314 constitucionales, en lo concerniente a la debida concertación entre el Poder Legislativo y el Poder Ejecutivo para obtener los recursos necesarios a los fines de que la ley pueda ser ejecutada y determinar si dicha ejecución puede hacerse de manera inmediata o progresiva. Por otra parte, el proceso de formación de la ley concluye con lo dispuesto en el artículo 215 de la Constitución que pauta que: "*La Ley quedará promulgada al publicarse con el correspondiente 'Cúmplase' en la Gaceta Oficial de la República Bolivariana de Venezuela*" (Subrayado de este fallo). En consecuencia, la promulgación, la publicación y el cumplimiento o efectividad del proyecto constituyen una sola etapa, salvo que se hubiera previsto una "*vacatio legis*", que, para colofón, no fue prevista por el legislador en este caso, en desmedro de los principios de unidad, coherencia y estabilidad del ordenamiento jurídico, así como también de una correcta técnica legislativa. (...)
>
> De lo expuesto se concluye que es imprescindible garantizar la viabilidad económica de la ley *sub examine* a los efectos de su perfeccionamiento.

150 Se trataba de un caso donde el Presidente de la República ejerció el control preventivo de la constitucionalidad de las leyes, previsto en el numeral 5° del artículo 336 de la *Constitución*.

> En razón de ello, se insta a la Asamblea Nacional a que proceda, de conformidad con lo dispuesto en la sentencia n° 269/2016, a la concertación con el Ejecutivo Nacional a los efectos de estudiar las vías para el financiamiento del beneficio social acordado en el proyecto de ley sancionado.

Para finalmente declarar:

> Que es conceptualmente CONSTITUCIONAL la Ley de Bono para Alimentos y Medicinas a Pensionados y Jubilados. Sin embargo, el cumplimiento pleno del artículo 215 de la Constitución y, en consecuencia, la entrada en vigencia de esta ley está supeditada a la viabilidad económica que permita garantizar el cumplimiento de la finalidad social que involucra tal ley, todo de conformidad con el criterio de derecho asentado por esta Sala en sentencia número 269 de 21 de abril de 2016. En virtud de ello, SE ANULA, de conformidad con lo previsto en el artículo 214 del mismo texto fundamental, la Disposición Final Única del texto de la ley analizado.

Nótese que se trata de un dispositivo bastante contradictorio, pues declara la constitucionalidad de la ley, pero al mismo tiempo la anula en forma indefinida, sujeto a la condición de que se produzca un acuerdo entre el parlamento y el Ejecutivo Nacional, sobre la viabilidad económica de la normativa. Pero en principio, y siguiendo la argumentación del fallo, de haberse logrado ese hipotético acuerdo, la Asamblea Nacional hubiese podido solicitar, sin necesidad de un nuevo proceso, la puesta en vigencia de la ley.

Finalmente, hay que aclarar que no existe, ni de cerca, unanimidad en la doctrina sobre las tipologías de sentencias constitucionales, pues suelen existir tantas clasificaciones como autores especializados en el ámbito del derecho procesal constitucional. Al lado de los tipos de decisiones que hemos mencionado, se destacan otras modalidades como las *manipulativas*, *integradoras*, *apelativas* o de *aviso*, entre otras. Además, en muchos casos, se suelen utilizar estas técnicas en forma combinada, lo que complica aún más su sistematización.

En todo caso, lo importante es tener presente que al lado de las sentencias tradicionales que maneja el derecho procesal civil, existen en el ámbito constitucional otras claramente *atípicas*, las cuales suelen justificarse -en algunos casos- por las particularidades a que hemos hecho referencia sobre la justicia constitucional.

3. *Los efectos de la decisión en el tiempo*

Corresponde ahora verificar los efectos en el tiempo de las sentencias que resuelven las acciones de inconstitucionalidad. Al respecto, habría que comenzar destacando que luego de derogada la *Ley Orgánica de la Corte Suprema de Justicia*[151], no ha existido ninguna disposición legal, con carácter general, que le atribuya a la Sala Constitucional la facultad de determinar los efectos temporales de sus fallos[152].

Sin embargo, la Sala Constitucional ha entendido, y con mucha razón, que se trata de una potestad implícita en la función jurisdiccional, atendiendo a los principios de seguridad jurídica, protección de la buena fe y conservación de los efectos producidos por los actos jurídicos. Cuando le corresponde determinar si un acto de rango legal es constitucional o no, debe ponderar los efectos jurídicos producidos por la norma, pues de lo contrario podría producirse un enorme caos jurídico, donde el remedio terminaría siendo peor que la enfermedad.

De hecho, prácticamente todos los tribunales constitucionales del mundo se consideran facultados para precisar los efectos en el tiempo de las sentencias que declaran la invalidez de las leyes y, en particular, para declarar la conservación de algunas de las situaciones jurídicas a las que su aplicación ha dado lugar, a pesar de que,

---

151 Artículo 131.

152 Sin embargo, es importante destacar que el artículo 38 de la *Ley Orgánica sobre Estados de Excepción* dispone lo siguiente:

"La Sala Constitucional del Tribunal Supremo de Justicia declarará la nulidad total o parcial del decreto que declara el estado de excepción, acuerda su prórroga o aumenta el número de garantías restringidas, cuando no se cumpla con los principios de la Constitución de 33 la República Bolivariana de Venezuela, tratados internacionales sobre derechos humanos y la presente Ley".

Se trata de una norma que, en principio, está destinada a regular, únicamente, el control de la constitucionalidad de los decretos de estados de excepción, los cuales tienen unas características propias que los pueden diferenciar de otros actos de rango legal.

por lo general, sus respectivas legislaciones no han previsto de manera expresa esa facultad[153].

Vale la pena mencionar que, precisamente reconociendo esta potestad intrínseca de fijar los efectos temporales de la decisión, la Corte Constitucional colombiana anuló, mediante sentencia C-113/93 de 25 de marzo de 1993, el artículo 21 del Decreto 2067 de 1991, que fijaba de modo absoluto los efectos *ex nunc* o hacia el futuro de las decisiones de inconstitucionalidad, al entender que le correspondía a la Corte y no al legislador, la determinación de las consecuencias en el tiempo de sus fallos[154].

La realidad es que existen argumentos que justifican las dos posturas. En el caso de los efectos hacia el futuro o *ex nunc* de la declaratoria de inconstitucionalidad, ya hemos mencionado que ello encuentra asidero en la necesidad de proteger principios como la seguridad jurídica, la buena fe y la presunción de constitucionalidad. Por ello se sostiene que los ciudadanos pudieron haber orientado su comportamiento confiado en la validez de ley.

De igual forma, la justificación de los efectos retroactivos de la sentencia anulatoria encuentra un sólido respaldo en el principio de supremacía constitucional y la protección de otros valores o principios contenidos en ella. Al tratarse de vicios que afectan la validez de la norma, sus efectos deben ser *ex tunc*, es decir, desde siempre, como si se tratara de una nulidad para deshacer las consecuencias nocivas derivadas de la aplicación de ciertas normas inconstitucionales.

De allí, que en nuestro país no hay ninguna regla o criterio preponderante, en cuanto a los efectos de los fallos constitucionales. Es decir, no es posible considerar que, salvo disposición contraria, los efectos deban ser *ex tunc* (hacia el pasado) o *ex nunc* (hacia el futuro). Sencillamente ello dependerá de cada situación concreta, donde la Sala deberá determinar, ponderando todas las circunstancias pertinentes, a partir de qué momento debe surtir efectos la declaratoria de inconstitucionalidad.

---

153 DOMENECH, Gabriel, "Sobre los efectos en el tiempo de las sentencias del Tribunal Constitucional", en su página web, http://www.uv.es/gadopas

154 Véase, CANOVA GONZÁLEZ, Antonio, "*El Modelo Iberoamericano de Justicia Constitucional*", *op. cit.* p. 242.

Un par de ejemplos hipotéticos nos permitirá reflejar mejor esta afirmación. Piénsese el caso de la declaratoria de inconstitucionalidad de una normativa que haya implementado un peaje en una carretera estadal. Aquí resultaría evidente la imposibilidad de retrotraer todos los efectos de la decisión, como si nunca hubiese existido, pues difícilmente se pueda implementar un sistema de reintegros de los montos pagados por los usuarios de la carretera, sobre todo si no se contó con mecanismos audiovisuales para verificar el tráfico de vehículos. Mientras que, en otros supuestos, el carácter retroactivo de la decisión sería indispensable para hacer efectiva justicia. Por ejemplo, una decisión que declara la nulidad de un delito contrario a los más esenciales derechos fundamentales. En estos casos, lo procedente es darle carácter retroactivo a la sentencia, lo que debería implicar la puesta en libertad de todos los que fueron condenados por la disposición anulada.

Nuestra jurisprudencia muestra ejemplos de todo tipo. Así, en la sentencia de fecha 1° de julio de 2010, caso: *Hugo Medina*, se consideró que la declaratoria de nulidad debía equipararse a la inexistencia de la norma impugnada, dándole entonces efectos retroactivos. Textualmente se consideró lo siguiente:

> Para la Sala es obvio que los citados cuerpos normativos progresivamente han venido reconociendo mejoras de los proventos que corresponden a los beneficiarios de la pensión de sobreviviente del jubilado y del pensionado. Las normas reformadas consagran un trato igualitario -respecto del monto más alto- en materia de pensión de sobrevivientes, lo cual ratifica la tendencia del Estado hacia la protección social preferente de los causahabientes del trabajador, con lo que tal empleador cumple teleológicamente su obligación constitucional de establecer la igualdad de los que deben ser igualados ante la Constitución y la Ley.
>
> Precisado este punto, considera la Sala que al haberse anulado el artículo 23 del Reglamento de la Ley del Estatuto sobre el Régimen de Jubilaciones y Pensiones de los Funcionarios o Funcionarias o Empleados o Empleadas de la Administración Pública Nacional, de los Estados y de los Municipios, la consecuencia jurídica de tal anulación es que dicha norma *debe tenerse como inexistente* en el ordenamiento jurídico, es decir, *como si nunca se hubiere dictado*. Ergo, ese Reglamento debe aplicarse sin considerar en absoluto la norma que desapareció por esta declaratoria de nulidad.

> Por tales razones, los efectos de esta sentencia son *ex tunc*, locución latina que significa "desde siempre" y "entonces" (...)
>
> La razón fundamental respecto de los efectos temporales de aplicabilidad con carácter *ex tunc*, consiste en que la norma anulada por inconstitucional ha de tenerse como nula "desde siempre", ya que desde siempre -se reitera-, desde su origen atentaba contra los derechos humanos de trabajadores y el hecho social trabajo, impetrando "entonces", desde cuando existía en el ordenamiento jurídico, un régimen prestacional injusto que afectaba a los sobrevivientes del trabajador incapacitado fenecido, entre los cuales (los herederos) casi siempre hay niños, niñas y adolescentes, cuyos derechos espirituales y económicos, en el ámbito jurídico, son de elevado rango constitucional, en atención al interés superior de quienes no han arribado a la mayoría de edad, y que además de su natural debilidad jurídica, quedan en la orfandad. Es evidente, pues, que, de mantenerse esa inconstitucional norma en el tiempo, millares de niños, niñas y adolescentes perderían junto con su progenitor o progenitora fallecido o fallecida por efecto de discapacitación, perderían -reafirmamos- también su derecho de rango constitucional superior a la manutención económica por falencia de la pensión que les corresponde.
>
> Por lo tanto, procede la aclaratoria respecto del punto N° 2 de la solicitud, referida a que los efectos de esa sentencia son *ex tunc*, es decir, que se retrotraen al pasado. Así se decide. (Cursivas añadidas).

El mismo criterio se siguió en el fallo del 16 de marzo de 2023, caso: *Alfredo Ruíz*, donde también se le dio efectos retroactivos a la decisión:

> En razón de ese pronunciamiento, se fijan efectos retroactivos de la presente declaratoria, en tanto la misma implica una decisión abolitiva (supuesto de sucesión de actos normativos penales) y, por ende, más favorable; así como también efecto hacia el futuro de la presente decisión, sin que ello obste las potestades reguladoras del Poder Legislativo Nacional.

Mientras que, en otras situaciones, la Sala Constitucional ha considerado que los efectos deben ser únicamente *ex nunc* o hacia el futuro, es decir, a partir de la publicación del fallo. Concretamente en la decisión del 25 de noviembre de 2022, caso: *Rosana Bielinis*, la Sala dispuso:

> Dada la inconstitucionalidad de la ordenanza objeto de análisis, esta Sala, en aras de la seguridad jurídica, fija los efectos del presente fallo anulatorio a partir de la publicación en Gaceta Municipal de Valencia N° 16/5107 Extraordinario, del 05 de diciembre de 2016, en la que se le dio publicidad a la Ordenanza de Rezonificación del Sector Las Chimeneas de la Parroquia San José del Municipio Valencia del Estado Carabobo.

A la misma conclusión se llegó en la sentencia N° 278 del 29 de abril de 2014, caso: *Julio Díaz*, donde se señaló que:

> Por último, estima la Sala oportuno referir que, atendiendo a lo dispuesto en los artículos 32 y 126 de la Ley Orgánica del Tribunal Supremo de Justicia, dados los múltiples actos que eventualmente pudieron haber sido dictados por la Administración del Municipio Heres del Estado Bolívar en aplicación de las normas cuya nulidad fueron acordadas de forma definitiva, con el ánimo de preservar la seguridad jurídica, fija el inicio de los efectos del presente fallo a partir de su publicación, salvo la nulidad declarada respecto a los artículos 12.14 de la Ordenanza y los Códigos de Actividades N° 22-15 y 22-16 del Clasificador de Actividades Económicas de la Ordenanza sobre Actividades Económicas de Industria, Comercio, Servicios o de Índole Similar del Municipio Heres del Estado Bolívar. Así se decide.

Como vemos, en esta última decisión la Sala dispuso que una parte de la decisión debía tener efectos hacia el pasado y otra hacia el futuro, considerando la situación jurídica concreta y la necesidad de ponderar la declaratoria de inconstitucionalidad con los principios de seguridad jurídica y conservación de los actos. Con ello, se pone de manifiesto que en este tema no puede haber criterios absolutos o modelos únicos, sino más bien hay que atender a las necesidades del caso concreto.

4. *La cosa juzgada en el control concentrado de la constitucionalidad de los actos con rango legal*

La cosa juzgada constituye un principio elemental de justicia que implica, básicamente, que los jueces no pueden volver de nuevo sobre lo ya decidido, pues cualquier sociedad organizada requiere que sus conflictos terminen y no se mantengan en forma indefinida. La administración de justicia, incluso cuando yerra, debe tener su fin. Como afirma GUASP, la cosa juzgada implica "la imposibilidad de que se formule un nuevo juicio sobre una pretensión ya decidida (aspecto negativo) o que se decida una pretensión procesal en sentido distinto a como fue resuelta en un proceso anterior (aspecto positivo)[155].

Como hemos visto antes, la *Ley Orgánica del Tribunal Supremo de Justicia*, en el propio procedimiento que estamos analizando, establece como causal de inadmisibilidad, la *cosa juzgada*[156]. Lo que debería tener, en principio, efectos definitivos para los casos donde se rechace o acepte una demanda de inconstitucionalidad.

Así, en caso de una decisión de la Sala Constitucional declarando *sin lugar* una acción de inconstitucionalidad, debe dársele efectos *erga omnes* y valor de cosa juzgada, lo que implica que la constitucionalidad de esa norma debe ser admitida por todos los operadores jurídicos, al estar obligados a seguir los criterios del último intérprete de la *Constitución*. Ello implica, entre otras cosas, la imposibilidad de que el resto de los jueces puedan hacer uso del control difuso de la constitucionalidad de las normas, frente a la que ha sido considerada válida por la Sala Constitucional.

En el mismo sentido, el efecto negativo de la cosa juzgada implica, en principio, que la norma declarada constitucional por la Sala, no podría ser objeto de un nuevo recurso, pues su compatibilidad con la *Constitución* ya fue previamente verificada. Claro está, los efectos de la cosa juzgada se aplican cuando la norma impugnada ha sido objeto de un análisis de fondo, pues si la decisión se limitó a declarar la inadmisibilidad de la acción o se refirió a vicios de forma en el procedimiento de elaboración del acto, no existe entonces prohibición de formulación de un nuevo juicio.

---

155 Citado por BERTOLINO, Pedro., "*La cosa juzgada en el amparo*", Abeledo. Perrot, Buenos Aires, 1968.

156 Artículo 133.4. Véase, al respecto, el fallo N° 673 del 2 de agosto de 2016, caso: *Reinaldo Guilarte*.

Por otra parte, el efecto de cosa juzgada constitucional no genera mayor debate cuando la acción se declara *con lugar*, y, por tanto, la norma demandada es declarada inconstitucional, toda vez que con ello se produce la desaparición de la norma del ordenamiento jurídico, con lo cual, no existiría objeto sobre el cual pronunciarse en un nuevo juicio. Sin embargo, es posible que el órgano que dictó la norma anulada la reproduzca, en cuyo caso la Sala Constitucional debe extender los efectos de su decisión previa, lo que incluso ha hecho, sin necesidad de tramitar un nuevo juicio.

En efecto, en la decisión N° 181 del 16 de febrero de 2006, caso: *Rafael Chavero*, la Sala señaló lo siguiente:

> ...la Sala considera que los efectos de la cosa juzgada que declare la nulidad, operan de pleno derecho, sin que reediciones, o la aprobación de nuevas leyes que dupliquen lo anulado, puedan menoscabar la cosa juzgada, y que por tanto, de oficio, -como aplicación de la institución de la cosa juzgada y sus efectos extensivos- dentro del proceso donde se dictó la nulidad, puede anular cualquier ley o acto que contradiga la cosa juzgada, limitándose, sin necesidad de citar a nadie, a cotejar lo declarado en la sentencia con las nuevas disposiciones que reproducen las anuladas, una vez que por cualquier vía constate la existencia del desacato a la nulidad declarada.
>
> A juicio de esta Sala, ante la situación objetiva que se comprueba con la confrontación que demuestra la identidad entre lo anulado y lo reeditado, y como preservación de la cosa juzgada, no hace falta citar a nadie, sino verificar su burla.(...)
>
> Ahora bien, constatada la divergencia entre lo sentenciado por esta Sala Constitucional respecto de las normas anuladas del Código Penal de 2000, y las contenidas en estos últimos artículos transcritos, la Sala no reconoce efecto alguno a los artículos 222 y 225 de la Ley de Reforma del Código Penal, toda vez que son repetición de los anulados en el fallo N° 1942, el cual dejó delimitado el contenido de dichas normas como antes se apuntó, sin que pueda entenderse la declaración de este fallo como la nulidad incidental a que se refiere el artículo 5, segundo aparte de la Ley Orgánica del Tribunal Supremo de Justicia, toda vez que se trata de la ejecución de un fallo dictado por esta Sala que ha sido contrariado por el órgano legislativo nacional.

> Como extensión y aplicación de la cosa juzgada existente, se declara la reedición de las normas contenidas en los artículos 222 y 225 y, en consecuencia, nulos los artículos 223 y 226 en los términos establecidos en la sentencia N° 1942 de 2003

Y, lógicamente, al tratarse de un proceso abierto de legitimación popular, los efectos de la cosa juzgada alcanzan no solo al accionante que ejerció previamente la acción de inconstitucionalidad, sino también al resto de la colectividad. Precisamente por ello, en estos procesos es importante la tramitación de un juicio con garantías plenas, donde se permita la participación de todos los interesados.

Ahora bien, hemos dicho, en principio, para advertir que los efectos de la cosa juzgada constitucional *no son absolutos*, toda vez que ello pareciera atentar contra la evolución del derecho y la posibilidad de volver sobre precedentes que han interpretado la *Constitución* y que luego son superados por el transcurso del tiempo o la evolución de la sociedad. Ha sido ampliamente reconocido que la interpretación constitucional no puede ser estática, entre otras razones, debido a que los textos constitucionales contienen, mayoritariamente, principios y normas abiertas y flexibles, lo que impide mantener posiciones absolutas en cuanto la estabilidad del precedente. Ello implica que se trata de un ámbito normativo que siempre debe promover un balance entre estabilidad y cambio social, por el dinamismo que trae en sí misma la realidad social. Es evidente que las razones políticas, económicas y sociales impactan el debate constitucional y lo que en un momento ha podido ser constitucionalmente aceptable, puede dejar de serlo, y viceversa.

Hay que reconocer la posibilidad de que el máximo intérprete de la *Constitución* cambie de criterio frente a la aplicación de alguna norma, valor o principio constitucional. Claro está, ello debe hacerse en forma mesurada y con la debida justificación Así, por ejemplo, si en algún momento la Sala Constitucional consideró que podía imponer penas privativas de libertad, sin juicio penal previo, ante el desacato de un mandamiento de amparo constitucional; o si ha considerado que el Contralor General de la República puede inhabilitar funcionarios públicos, como una pena accesoria y sin procedimiento alguno; o si ha declarado el abandono del trámite, a pesar que el caso se encontraba en fase de sentencia; es factible y hasta necesario que corrija su posición, ante nuevas consideraciones jurídicas, políticas y sociales.

Como es de esperar, esta amplia ventana que se le deja a los órganos encargados del control concentrado para volver a analizar una norma demandada puede causar preocupación sobre la seguridad jurídica; pero admitir la imposibilidad de modificar precedentes constitucionales es sencillamente incompatible con la evolución del derecho y la realidad jurídica.

En este sentido, la Corte Suprema de los Estados Unidos ha tenido la oportunidad, a lo largo de su historia, de dejar a un lado sus precedentes, luego que considera que los mismos ya no son aplicables, al resultar incorrectos o injustos. Así, esta Corte, ha revocado precedentes cuando considera que han existido cambios significativos en las circunstancias fácticas o legales relevantes, nuevas interpretaciones de la ley o la *Constitución*, o la demostración de que la decisión anterior es incorrecta o no consideró factores importantes.

Un buen ejemplo de ello lo vemos en las conocidas decisiones *Brown v. Board of Education*[157], la cual revocó el precedente de *Plessy v. Ferguson*[158], en donde se dejó a un lado la doctrina de *separados pero iguales*, como un paso importante para la superación del racismo. Y más recientemente, en el caso *Dobbs vs. Jackson Women's Health Organization*, donde se revocó el precedente de *Roe vs. Wade*, en el cual se había establecido el derecho de las mujeres a tener acceso a un aborto seguro y legal, dentro de los primeros 6 meses de gestación. En esta última decisión se hace un análisis bastante pormenorizado de los requisitos y condiciones necesarios para modificar o abandonar un precedente de la misma Corte Suprema; es decir, para desconocer los efectos de la cosa juzgada.

Obviamente, la seriedad de un tribunal constitucional implica que la revisión de sus precedentes debe ser rigurosa y únicamente después de una cuidadosa consideración de todos los factores relevantes, para así respetar el carácter vinculante de sus fallos y la seguridad jurídica. Pero es lo cierto que existen modificaciones de los precedentes constitucionales, lo que implica reconocer que no existe cosa juzgada absoluta en materia del control concentrado de constitucionalidad de actos de rango legal.

---

157 1954

158 1896

Nuestra Sala Constitucional ha modificado sus propios criterios en distintas ocasiones. En algunos casos lo reconoce y afirma expresamente en el nuevo fallo; mientras que en otras ocasiones guarda silencio absoluto, sin ni siquiera hacer mención del criterio anterior. Un ejemplo del primer caso lo vemos en el fallo N° 1582 del 21 de octubre de 2008, caso: *Hernando Díaz*, donde se modificó el criterio de interpretación constitucional que había fijado la Sala, sobre el derecho a la igualdad, ante la posibilidad de que los particulares pudiesen ser condenados en costas procesales, pero la República no. En esta decisión, la Sala anuncia el cambio de criterio y procede a modificar su posición, manteniendo la constitucionalidad del entonces artículo 76 de la *Ley Orgánica de la Procuraduría General de la República*. Textualmente señaló:

> En la decisión parcialmente transcrita se consideró que la ausencia de condenatoria en costas como privilegio procesal implicaba, para los particulares que litiguen en contra de la República y demás entes públicos privilegiados, una merma a los derechos constitucionales a la igualdad y tutela judicial efectiva establecidos en los artículos 21 y 26 de la Constitución de la República Bolivariana de Venezuela, y que el mismo constituye una desigualdad injustificable, criterio éste que la Sala considera necesario revisar. (...)
>
> Así las cosas, a juicio de esta Sala el privilegio en cuestión no es contrario a los artículos 21 y 26 de la Constitución, ya que, el trato diferente obedece a un objetivo constitucionalmente válido, además, el mismo resulta coherente y proporcional con el fin perseguido y la singularización se encuentra perfectamente delimitada en cada una de las leyes que lo establecen. Por consiguiente, la Sala juzga que no constituye una desigualdad injustificada, el que la República, y los entes que gozan de tal privilegio, no puedan ser condenados en costas, y en cambio si puedan serlo los particulares que litigan contra ella y resulten totalmente vencidos, por lo que la Sala abandona el criterio sentado en sentencia n° 172 del 18 de febrero de 2004, caso: *Alexandra Margarita Stelling Fernández*, de conformidad con los criterios establecidos en la jurisprudencia de esta (*Vid.* p. 22 y 23). Así se decide.

Mientras que en otras ocasiones la Sala Constitucional ha modificado su criterio de interpretación constitucional, utilizando sucintas motivaciones, incluso sin reconocer la evidente desviación de su propio precedente. Así, en la sentencia del 24 de marzo de 2004, caso: *Ismael García*, la Sala pasó a conocer un recurso extraordinario de revisión de sentencia, frente a una medida cautelar dictada por la Sala Electoral; cuando unos meses antes había afirmado, en la sentencia de fecha 29 de octubre de 2003, caso: *Tulio Álvarez*, que una medida preventiva de la Sala Electoral "no podía adquirir la condición de una sentencia definitivamente firme, lo cual constituye un requisito *sine qua non* para que esta Sala pueda ejercer la potestad extraordinaria...".

De igual forma, en la sentencia de fecha 12 de abril de 2004, también en el caso: *Ismael García*, la Sala Constitucional, sin ningún tipo de motivación suficiente y sin al menos anunciar y justificar que estaba abandonando criterios anteriores se avocó al conocimiento de un recurso contencioso electoral relacionado con el referéndum revocatorio del Presidente de la República; cuando antes había dictado varias decisiones señalando que no podía ejercer la facultad de avocamiento frente a casos tramitados ante otras Salas del Tribunal Supremo de Justicia[159].

En suma, hay que reconocer que la cosa juzgada en materia de control concentrado de normas no puede admitirse en forma absoluta y permanente; pues la realidad indica que los tribunales constitucionales cambian de criterio, cuando determinadas circunstancias políticas, sociales o económicas así lo exigen. Ello puede implicar que una norma que ha sido examinada y afirmada su constitucionalidad, puede luego ser objeto de una nueva impugnación, dando lugar a su nulidad.

Sin embargo, consideramos que estos cambios de precedentes deben ser debidamente razonados y justificados, de modo de generar la confianza y seguridad jurídica que requiere un sistema efectivo de control constitucional.

5. *La extensión in limine litis de los efectos de un fallo anterior*

Finalmente, la Sala Constitucional ha considerado, en materia de control concentrado de constitucionalidad, que los efectos anulatorios de una decisión previa pueden extenderse, sumariamente, a

159 Como veremos *infra*, las facultades de avocamiento y revisión extraordinaria de sentencias cambió sustancialmente después de estos fallos.

otros supuestos similares, sin necesidad de tramitar una nueva acción de inconstitucionalidad. En efecto, si, por ejemplo, una norma contenida en una ordenanza municipal ha sido anulada por inconstitucional, y la misma disposición se repite en otras ordenanzas de otros municipios; la Sala puede extender los efectos de la declaratoria anterior de nulidad a las otras ordenanzas, sin necesidad de tener que tramitar un nuevo proceso de inconstitucionalidad.

Este fue el criterio sostenido en la, sentencia del 8 de abril de 2010, caso: *Germán Mundaraín,* donde se señaló lo siguiente:

> Por tanto, observa esta Sala Constitucional que es necesario considerar la naturaleza universal del juicio de nulidad, del cual hace parte el presente caso, así como también promover la economía procesal, con el fin de optimizar los recursos jurisdiccionales que pueda emplear este Máximo Tribunal en aras de brindar de manera satisfactoria lo dispuesto el artículo 26 de la Carta Magna, es decir, la tutela judicial efectiva, lo cual brinda la posibilidad de hacer extensivos los efectos de la presente decisión.
>
> Por las razones expuestas esta Sala Constitucional estima que es posible extender los efectos de la presente decisión, siempre que se solicite formalmente y se acredite estar en idéntica situación frente a un Código de Policía estatal contentivo de la normativa anulada por inconstitucionalidad en el presente fallo.
>
> Asimismo, en las causas de nulidad que se encuentren en curso de Códigos de Policía, y en las que aún no se haya celebrado el acto oral, la Defensoría del Pueblo o quien funja como accionante adherente de la acción o tercero interviniente, podrá solicitar la extensión de los efectos de la presente decisión y, al efecto, la Sala, previa verificación sumaria, decidirá si ha lugar la extensión de efectos solicitada pudiendo acordarla; en caso de no acordar la extensión de efectos solicitada se ordenará el trámite de ley para decidir la nulidad. Así se declara.

Si bien la decisión hace referencia a las acciones que se encuentren en curso, no vemos ninguna objeción a que esta misma extensión de efectos pueda realizarse frente a otra disposición donde no se ha demandado su inconstitucionalidad.

En estos casos, el nuevo accionante podría solicitar la extensión de los efectos del fallo en el propio expediente donde se tramitó el juicio anterior; o también requerir una decisión, con procedimiento abreviado o incluso sin ningún tipo de trámite, mediante una nueva solicitud de inconstitucionalidad, en un proceso separado. En uno u otro caso, la Sala Constitucional podría extender los efectos del fallo anterior, como forma de garantizar el principio de economía procesal.

CAPÍTULO CINCO

EL CONTROL CONSTITUCIONAL DE LOS DECRETOS SOBRE ESTADOS DE EXCEPCIÓN

I. CONSIDERACIONES GENERALES

El numeral 6° del artículo 336 de la *Constitución* señala que compete a la Sala Constitucional:

> Revisar en todo caso, aún de oficio, la constitucionalidad de los decretos que declaren estados de excepción dictados por el Presidente de la República[160].

Igualmente, el artículo 339 de la misma *Constitución* dispone:

> El Decreto que declare el estado de excepción, en el cual se regulará el ejercicio del derecho cuya garantía se restringe, será presentado, dentro de los ocho días siguientes de haberse dictado, a la Asamblea Nacional, o a la Comisión Delegada, para su consideración y aprobación, y a la Sala Constitucional del Tribunal Supremo de Justicia, para que se pronuncie sobre su constitucionalidad. El Decreto cumplirá con las exigencias, principios y garantías establecidos en el Pacto Internacional de Derechos Civiles y Políticos y en la Convención Americana sobre Derechos Humanos. El Presidente o Presidenta de la República podrá solicitar su prórroga por un plazo igual, y será revocado por el Ejecutivo Nacional o por la Asamblea Nacional o por su Comisión Delegada, antes del término señalado, al cesar las causas que lo motivaron. La declaración del estado de excepción no interrumpe el funcionamiento de los órganos del Poder Público.

---

160 Esta redacción se repite, en forma idéntica, en el numeral 6° del artículo 25 de la *Ley Orgánica del Tribunal Supremo de Justicia*.

Esta atribución de la Sala Constitucional se encuentra desarrollada en la *Ley Orgánica sobre los Estados de Excepción*, donde se detalla la forma como debe realizarse este control constitucional *obligatorio*, el cual puede, incluso, ser ejercido *de oficio*, cuando el decreto correspondiente no es enviado a la Sala Constitucional, dentro de los 8 días siguientes a su publicación.

Se trata de un control de la constitucionalidad *inmediato* y *obligatorio* de la Sala Constitucional, pues la *Constitución* consideró que, debido a lo delicado del contenido de estos decretos, deben, necesariamente, intervenir en su elaboración y revisión los principales poderes del Estado (Ejecutivo, Legislativo y Judicial). Ya no será necesaria una eventual y posterior impugnación de los mismos, pues en ese caso la decisión podría no se ser tempestiva, lo que pudiera derivar en perniciosas consecuencias para el Estado de Derecho.

De allí, que la *Constitución* ha dispuesto que el control constitucional de los decretos que imponen un estado de excepción deben ser revisados, siempre e inmediatamente por la Sala Constitucional, esto es, dentro de los 8 días siguientes a su publicación.

Recordemos que los actos que decretan estados de excepción se presentan como medidas imprescindibles destinadas a afrontar crisis de distinta naturaleza, como podrían ser políticas, sociales, económicas, entre otras; y es el caso que las normas legales preexistentes podrían ser insuficientes o contraproducentes para atender esas situaciones atípicas, donde se requiere de la necesaria velocidad y efectividad en las decisiones gubernamentales, para de esta forma salirle al paso a las causas y consecuencias derivadas de esos "estados excepcionales".

Conforme a nuestra *Constitución*, y dependiendo de las circunstancias que justifiquen la actuación del Presidente de la República, éste podrá decretar estados de *alarma* (frente a catástrofes o calamidades públicas); estados de *emergencia económica* (frente a la afectación de la vida económica de la Nación); o estado de *conmoción interior o exterior* (frente a conflictos políticos o sociales internos o externos)[161].

---

161 Artículo 338 de la *Constitución*.

Es lo que denominó CASAL *"el derecho de excepción"*, como "respuesta del ordenamiento jurídico frente a esa realidad que se escurre entre los preceptos legales del derecho común, y se compone de un conjunto de normas jurídicas que establecen los poderes extraordinarios que posee el gobernante durante los estados de excepción y que delimitan el uso de esos poderes[162].

A lo largo de nuestra historia, al menos en los últimos dos siglos, los distintos Presidentes han utilizado la figura de los decretos de estados de excepción para atender crisis particulares. Desde Cipriano Castro, pasando por Juan Vicente Gómez, Eleazar López Contreras, Isaías Medina Angarita, Rómulo Gallegos, Carlos Delgado Chalbaud, Rómulo Betancourt, Raúl Leoni, Carlos Andrés Pérez, Rafael Caldera, Hugo Chávez, hasta Nicolás Maduro, han utilizado las normas constitucionales que prevén la posibilidad de restringir derechos y garantías constitucionales, y sobre todo, interrumpir el *principio de reserva legal*, para atender a las circunstancias excepcionales que requieren de una regulación urgente y particular[163].

Como lo ha destacado la Sala Constitucional, en sentencia N° 3567 de fecha 6 de diciembre de 2005, caso: *Javier Elichiguerra*:

> ...se reconoce, por tanto, la existencia de un derecho de necesidad con miras a enfrentar aquellas "circunstancias de orden social, económico, político, natural o ecológico, que afecten gravemente la seguridad de la Nación, de las instituciones y de los ciudadanos y ciudadanas, a cuyo respecto resultan insuficientes las facultades de las cuales se disponen para hacer frente a tales hechos" (artículo 337).
>
> Para ello, se le otorga al Presidente de la República la excepcionalísima potestad de restringir temporalmente derechos y garantías constitucionales, salvo los denominados derechos humanos intangibles, lo que si bien supone un reforzamiento de las potestades brindadas en condiciones de

---

162 CASAL, Jesús María, *"Dictadura Constitucional y Libertades Públicas"*, Editorial Jurídica Venezolana, Caracas, 1993.

163 Para una revisión de los distintos decretos de estados de excepción, puede consultarse FIGUEROA, Inocencio, *"Estado de Excepción"*, Caracas, 2021.

normalidad al Poder Ejecutivo, encuentra justificación «cuando concurran elementos de necesidad y urgencia derivados de circunstancias fácticas que requieran una pronta intervención normativa que se dicte y aplique con una celeridad que supere al tiempo en que se tarda el riguroso proceso de formulación de las leyes» (stc. N° 1507/2003, caso: *María Ríos Oramas*). Aunque ello deba siempre efectuarse respetando las restricciones de nuestro ordenamiento constitucional, incluyendo aquellas preceptuadas por los principales instrumentos de derechos humanos suscritos por la República: el Pacto Internacional de Derechos Civiles y Políticos (artículo 4.1) y la Convención Interamericana de Derechos Humanos (artículo 27.1).

Ahora bien, como queda reflejado en la *Constitución* y en la *Ley Orgánica sobre Estados de Excepción*, este derecho excepcional ya no se encuentra exento de control constitucional, tal y como en su momento se pregonó. Con tesis como la de "*actos de gobierno*" o "*actos institucionales*" la justicia constitucional se mantuvo al margen, durante muchos años, de la posibilidad de verificar el apego al Texto Fundamental de los decretos de estados de excepción. Básicamente, estas teorías consideraban que se trataba de actos discrecionales, con móvil político y referidos a la subsistencia del Estado, donde la justicia no tenía ninguna función.

Esta posición fue superada, incluso antes de la entrada en vigencia de la *Constitución* de 1999, al reconocerse que en un Estado de Derecho no pueden existir actos exentos de control. Así, en sentencia de fecha 11 de marzo de 1993, la Sala Plena de la Corte Suprema de Justicia, en el caso: *Hernán Gruber Odremán*, donde se cuestionaba, precisamente, un decreto de restricción de garantías destacó que:

> Ahora bien, ¿cabe dentro del marco constitucional venezolano sostener la no enjuiciabilidad de actuaciones de la Administración, de rango ejecutivo o legislativo, en razón de su contenido político? Para llegar a una respuesta adecuada, se hace imperativo, en primer término, acudir a la construcción que sobre el tema ha hecho esta Corte a través de decisiones donde se pone en evidencia, una vez más, la nunca suficientemente entendida relación de causalidad existente entre el avance del sistema de control jurisdiccional sobre los actos del Poder Público y el desarrollo institucional democrático de un país. En efecto, no es esta la primera ocasión que se pre-

senta a la Corte de discernir sobre la teoría de los actos exentos de control pues, no pocas veces, ha ido su Sala Político-Administrativa extendiendo pausada pero invariablemente, su ámbito de control -como órgano de la jurisdicción contencioso-administrativa- a toda la actividad del Poder Público; y así igualmente, en cuanto al control constitucional directo, este Alto Tribunal en Pleno ha traspasado barreras conceptuales antes defendidas por la preeminencia de un Estado todopoderoso, criterio hoy francamente superado. (...)

Luego, en Venezuela, el problema de los "actos de gobierno" no se contrae a una categoría jurídica revestida de inmunidad jurisdiccional, pues como se ha visto, existe frente a estos la posibilidad de recurrirlos con base a una garantía constitucional. La cuestión se circunscribe entonces al mayor o menor grado de sujeción al cuerpo normativo, asunto atinente a la competencia reglada y al poder discrecional del funcionario que, en ejecución de la Ley Fundamental, dicta el acto.

Este control de constitucionalidad ha implicado, como lo reconoce la jurisprudencia comparada, la anulación de decretos de estado de excepción. Así, como lo reporta SAGUES, en la sentencia de la Corte Suprema de los Estados Unidos, caso: *Duncan vs. Kahanamoku*, se concluyó que los motivos que justificaron la *martial law* ya no se encontraban vigentes, lo que conllevó a la anulación del decreto[164]. En el mismo sentido, y más recientemente, el Tribunal Constitucional español, en su sentencia 148/2021, de 14 de julio de 2021, declaró la inconstitucionalidad parcial del decreto de estado de alarma, referido a la libertad de circulación frente a la pandemia del coronavirus.

En el caso venezolano, hasta los momentos no conocemos de ninguna decisión donde se haya anulado un decreto de estado de excepción, ni siquiera frente al uso abusivo de esta institución, tal y como sucedió durante muchos años, cuando se mantuvo la vigencia de la restricción de la garantía a la libertad económica desde el año

164 Citado por, CASAL, Jesús María, "*Dictadura Constitucional y Libertades Públicas*", *op. cit.* p. 69.

1961 hasta 1991[165]; o en el caso de los decretos de estado de emergencia económica dictados por el Presidente Nicolás Maduro, luego de haberse celebrado las elecciones parlamentarias de 2015, con resultados adversos para el partido de Gobierno, donde la Asamblea Nacional había desaprobado el decreto y sus respectivas prórrogas, lo que conforme al artículo 33 de la *Ley Orgánica sobre Estados de Excepción* debe dar lugar a la extinción de la instancia[166].

Ello pone en evidencia que si bien, procesalmente hablando, existe en nuestro país el control constitucional obligatorio de los decretos de estados de excepción, todavía existe una clara deferencia de la Sala Constitucional frente a estas potestades políticas del Presidente de la República.

II. ASPECTOS PROCESALES DE ESTE CONTROL CONSTITUCIONAL OBLIGATORIO

Pasemos ahora a revisar algunos aspectos procesales relacionados con el control constitucional inmediato y obligatorio de los decretos de estados de excepción.

1. *Las partes que intervienen en el proceso*

Lo primero que hay que destacar es que conforme a lo dispuesto en la *Constitución* y la *Ley Orgánica sobre Estados de Excepción*, el proceso de revisión de la constitucionalidad del decreto de estado de excepción se inicia normalmente por remisión que hace el Presidente de la República o la Asamblea Nacional a la Sala Constitucional.

---

165 Como afirma CASAL, esa "prolongada duración de tal restricción revela que la misma se apartó del fin que constitucionalmente corresponde a toda técnica del derecho de excepción: afrontar una situación extraordinaria para restablecer la normalidad tan pronto como sea posible". CASAL, Jesús María, "*Dictadura Constitucional y Libertades Públicas*", *op. cit.* p. 131.

166 Sentencia dictada por la Sala Constitucional N° 4 del 20 de enero de 2016. Como veremos, en una decisión posterior, de fecha 11 de febrero de 2016, la Sala Constitucional desaplicó, vía control difuso, el artículo 33 de la *Ley Orgánica sobre Estados de Excepción.*

Por tanto, pudiéramos decir que la legitimación activa viene otorgada por la propia *Constitución* y la tiene, en principio, el Presidente de la República y/o la Asamblea Nacional; lo que genera una situación *sui generis*, pues son esos mismos organismos los que tendrían la legitimación pasiva, al ser quienes emitieron el decreto y/o su aprobación.

Ahora bien, podría darse el caso que la Asamblea Nacional realice modificaciones al decreto de estado de excepción, por ejemplo, reduciendo el plazo del mismo o desincorporando alguna garantía constitucional cuya restricción se pretende. En ese caso, pudiéramos decir que habría un contradictorio, y por tanto quedarían diferenciados los sujetos activos y pasivos.

Por otra parte, como señala el artículo 31 de la *Ley Orgánica sobre Estados de Excepción*, si ninguna de estas dos autoridades remite el decreto a la Sala Constitucional, dentro de los 8 días siguientes a su publicación; la Sala iniciará *de oficio* la revisión constitucional del decreto.

En cuanto al resto de las partes que pueden intervenir en este proceso, hay que destacar que el artículo 34 de la *Ley Orgánica sobre Estados de Excepción* dispone que los interesados podrán, durante los 5 primeros días del lapso establecido en el artículo 32 de la Ley, consignar alegatos y elementos de convicción que sirvan para demostrar la constitucionalidad o la inconstitucionalidad del decreto.

Es decir, la ley reconoce la posibilidad de que terceros interesados puedan participar en esta revisión inmediata y obligatoria de los decretos de estados de excepción. Consideramos que, siguiendo la lógica de nuestro sistema abierto y popular de justicia constitucional, no debería exigirse ninguna condición o calificación particular a estos terceros, lo que puede implicar que sean personas naturales o jurídicas u otros organismos estatales.

La ley define la oportunidad en que deben hacerse parte los terceros, pero debe tomarse en cuenta que no se dispone la obligación de publicar algún cartel de emplazamiento, por lo que la participación ciudadana dependerá de la notoriedad comunicacional del caso. Ello, sin descartar la posibilidad de que la propia Sala Constitucional divulgue la recepción del decreto y el inicio del plazo de 10 días para la decisión del asunto[167]. Lo que si no pareciera prudente es dilatar el proceso, por la necesidad de publicar carteles de emplazamiento, dada la velocidad que se requiere en la decisión de un asunto tan urgente y delicado.

En todo caso, se observa que la Sala Constitucional ha considerado inadmisible la participación de terceros en este procedimiento, cuando considera que sus escritos no aportan elementos o pruebas de convicción relevantes para la decisión sobre el fondo del asunto[168].

2. *El procedimiento para tramitar la revisión de los decretos de estados de excepción*

Considerando que la *Ley Orgánica sobre Estados de Excepción* es la especial por la materia, el procedimiento debe ser el consagrado en los artículos 31 y siguientes de esta ley. Conforme a éstos y a lo dispuesto en el artículo 339 de la *Constitución*, el proceso se inicia con la remisión del decreto a la Sala Constitucional, dentro de los 8 días siguientes a su publicación.

Sobre este particular hay que destacar que la *Constitución* hace referencia a un plazo común de 8 días para que el Presidente de la República remita el decreto a Asamblea Nacional y a la Sala Constitucional. Es decir, no queda claro si esa remisión debe hacerse en forma simultánea o primero al órgano legislativo y luego al judicial.

Sin embargo, el artículo 27 de la *Ley Orgánica sobre Estados de Excepción* dispone que la Asamblea Nacional debe decidir sobre la aprobación o no del decreto, dentro de las 48 horas luego de su publicación. Con ello, pareciera entender el legislador que primero debe remitirse el decreto al parlamento, para luego ser enviado a la Sala Constitucional.

---

167 Por ejemplo, pudiera pensarse en la posibilidad que se haga mención de la recepción del decreto e inicio del plazo, en la página web oficial del Tribunal Supremo de Justicia.

168 Véase sentencia del 21 de noviembre de 2016, caso: *Nicolás Maduro*. En este extraño fallo pareciera sugerirse que la razón por la cual la participación del tercero resulta inadmisible, es debido a la falta de representación (numeral 3° del artículo 133 de la *Ley Orgánica del Tribunal Supremo de Justicia*)

Pero la verdad es que la práctica ha sido la remisión simultánea a ambos organismos, lo que ha derivado en claros conflictos, pues tal y como sucedió en el caso del decreto de emergencia económica dictado por el Presidente Nicolás Maduro, el 14 de enero de 2016, la Sala Constitucional produjo su decisión, confirmando la constitucionalidad del decreto, dos días antes de que la Asamblea Nacional decidiera no aprobarlo, y ordenándose su publicación en Gaceta Oficial[169]. Con ello se negó la potestad del legislativo de decidir sobre la aprobación o no del mismo.

En nuestro criterio, lo lógico sería que, al margen de lo dispuesto en el artículo 27 de la *Ley Orgánica sobre Estados de Excepción,* la Sala Constitucional deje transcurrir el plazo de 8 días a que se refieren los artículos 339 de la *Constitución* y 31 de la *Ley Orgánica sobre Estados de Excepción* o decida una vez que recibe la aprobación de la Asamblea Nacional, para permitirle así al parlamento considerar la aprobación o no del decreto de estado de excepción. Esa pareciera haber sido la interpretación del legislador, cuando señaló en el artículo 33 *eiusdem,* que en caso de que la Asamblea Nacional no aprobare el decreto, la Sala Constitucional debe omitir su pronunciamiento, al extinguirse la instancia[170].

Ahora bien, conforme a lo dispuesto en los artículos 32, 34 y 35 de la *Ley Orgánica sobre Estados de Excepción* una vez que la Sala Constitucional recibe el decreto y/o su aprobación, dispone de un plazo de 10 días para dictar su decisión. Nótese que la misma ley califica de falta grave para los Magistrados, el dictar su decisión fuera del plazo de 10 días a que hace referencia el artículo 32 *eiusdem*.

De acuerdo a las normas mencionadas, durante los 5 primeros días del indicado plazo, los interesados pueden hacerse parte, para hacer valer sus argumentos y pruebas; y durante los 2 días siguientes a este plazo, la Sala debería pronunciarse sobre la admisión de los alegatos y elementos probatorios que considere pertinente, para luego dictar su decisión, dentro de los 3 días siguientes. Este es, insistimos, el procedimiento previsto en la ley especial en la materia.

---

169 Sentencia N° 4 del 20 de enero de 2016.

170 Como veremos, este artículo 33 de la *Ley Orgánica sobre Estados de Excepción* fue desaplicado, vía control difuso, por la Sala Constitucional.

Como puede observarse, la *Ley Orgánica sobre Estados de Excepción* no sólo previó un lapso máximo para dictar sentencia, sino que, además, incorporó la posibilidad de un verdadero contradictorio, con pluralidad de partes, dentro de este procedimiento breve y especial, señalando además que todos los días y horas son hábiles[171]. Es decir, a pesar de la importancia en una decisión urgente sobre un tema tan relevante, se consideró necesario dar la posibilidad de que los interesados pudiesen alegar y probar sus consideraciones.

Sin embargo, la jurisprudencia de la Sala Constitucional nos muestra que ésta entiende que la potestad de revisión de estos decretos de estados de excepción se debe realizar *in limine litis* e *inaudita alteram parte*. Así, como vimos, en el fallo de fecha 20 de enero de 2016, la Sala produjo su decisión, antes de transcurrido el plazo de 10 días a que hace referencia el artículo 32 de la *Ley Orgánica sobre Estados de Excepción*. De igual forma, en las sucesivas prórrogas de este decreto de estado de excepción, las cuales fueron también remitidas a la Sala Constitucional, se dictó sentencia incluso el mismo día en que se recibió el decreto, con lo cual no sólo se impidió que la Asamblea Nacional se pronunciase sobre la aprobación o no del mismo, sino también la posibilidad de que terceros interesados se hiciesen parte.

En efecto, en la sentencia N° 810 del 21 de septiembre de 2016, caso: *Nicolás Maduro*, puede verificarse que la Sala Constitucional se pronunció sobre la constitucionalidad de la prórroga del decreto de estado de emergencia económica, el mismo día en que lo recibió.

No es este el lugar para analizar el carácter vinculante o no de la aprobación de los decretos de estados de excepción, lo que si nos luce evidente es que no puede reducirse a un simple trámite, tal y como lo ha sugerido la jurisprudencia de la Sala Constitucional.

3. *La sentencia y sus efectos*

Como hemos indicado, de acuerdo a lo dispuesto en el artículo 32 de la *Ley Orgánica sobre Estados de Excepción,* la Sala dispone de 10 días para dictar su decisión, incluso con la amenaza de constituir una falta grave, en caso de excederse de este límite temporal.

---

171 Artículo 39 de la Ley Orgánica sobre Estados de Excepción.

Según lo dispuesto en el artículo 37 de la misma ley, la sentencia declarará la nulidad total o parcial del decreto que declare el estado de excepción, acuerde su prórroga o aumente el número de garantías restringidas, cuando no se cumpla con los principios de la *Constitución*, tratados internacionales sobre derechos humanos o la propia *Ley Orgánica sobre Estados de Excepción*.

Es decir, en principio, la Sala Constitucional debe verificar si el decreto de estado de excepción cumple con las exigencias constitucionales, lo que puede implicar, entre otras cosas, verificar si son ciertos los hechos invocados por el Presidente de la República para establecer un estado de excepción; si éstos son lo suficientemente graves como para justificar medidas de emergencia; si no se disponen en la legislación ordinaria de medios efectivos para afrontar la crisis alegada; si las garantías afectadas en el decreto, son susceptibles de restricción. Y en caso de prórroga, la Sala deberá verificar si las condiciones que justificaron el decreto original aún se mantienen.

Como vemos, se trata de un efectivo control constitucional que lleva a la Sala a determinar y revisar hasta el mérito y conveniencia del decreto de estado de excepción; pues la verificación de los hechos que justifican la emergencia puede dar lugar a interpretaciones estrictas que eviten la cesación temporal del principio de reserva legal, y por tanto se determine la nulidad del decreto de estado de excepción.

Por otra parte, cabría preguntarse si ese control constitucional puede implicar la revisión de la aprobación parlamentaria a que se refiere el artículo 339 de la *Constitución*, pues pudiera entenderse que esa "consideración y aprobación" es un acto estrictamente político.

Una respuesta negativa a esta interrogante implicaría que, ante la no aprobación parlamentaria, la Sala Constitucional debería evitar pronunciarse sobre el asunto o limitarse a extinguir la instancia, al tratarse de una decisión exenta de control. Esta pareciera haber sido la posición del legislador, si tomamos en cuenta lo dispuesto en el artículo 33 de la *Ley Orgánica sobre Estados de Excepción*, el cual textualmente dispone:

> La Sala Constitucional del Tribunal Supremo de Justicia omitirá todo pronunciamiento, si la Asamblea Nacional o la Comisión Delegada desaprobare el decreto de estado de excepción o denegare su prórroga, declarando extinguida la instancia.

Una posición intermedia pudiera conllevar a entender que, en caso de desaprobación parlamentaria, la Sala Constitucional debería limitar su intervención a la verificación del cumplimiento de las formalidades de la intervención parlamentaria, es decir, verificar la convocatoria, el *quórum* de participación, etc.

Y una posición afirmativa es la que pareciera haber asumido la Sala Constitucional, no sólo al controlar la constitucionalidad o no del acto parlamentario en varias oportunidades; sino incluso hasta llegar a desaplicar, vía control difuso, el mencionado artículo 33 de la *Ley Orgánica sobre Estados de Excepción*.

En efecto, mediante sentencia N° 7 de fecha 11 de febrero de 2016, la Sala Constitucional conoció de un recurso de interpretación del artículo 339 de la *Constitución*, en concordancia con el mencionado artículo 33 de la *Ley Orgánica sobre Estados de Excepción*, no sólo para determinar el contenido y alcance de esta disposición, sino también para referirse al caso concreto del decreto de estado de emergencia económica que motivó la sentencia que declaró la constitucionalidad del Decreto del Presidente de la República, del 14 de enero de 2016. Textualmente señaló la Sala:

> Sin embargo, la aprobación o desaprobación del decreto de estado de excepción, por parte de la Asamblea Nacional, lo afecta desde la perspectiva del control político y, por ende, lo condiciona políticamente, pero no desde la perspectiva jurídico-constitucional, pues, de lo contrario, no tendría sentido que el constituyente, en correspondencia con los principios de supremacía constitucional y del Estado Constitucional (no del otrora Estado Legislativo de Derecho), hubiere exigido, además de aquel control, el examen constitucional del mismo, por parte de esta Sala, como máxima protectora de la Constitucionalidad (vid. Artículos 335 y 339 del Texto Fundamental); de allí que aquel control, sobre la base de los principios y normas mencionados, además de la autonomía del Poder Público, no invalida la tutela definitoria de la constitucionalidad. (...)
>
> Así pues, ese control político, además de ser un control relativo, está sometido al control constitucional, que además de ser un control jurídico y rígido, es absoluto y vinculante, al incidir en la vigencia, validez, legitimidad y efectividad de los actos jurídicos, incluyendo los decretos mediante los cuales se establecen estados de excepción; razón por la cual la Sala

> Constitucional siempre debe pronunciarse sobre la constitucionalidad o no de tales decretos, circunstancia que, se reitera, explica que dicha omisión apareje sanciones disciplinarias en la Ley Orgánica sobre Estados de Excepción (que remite al único supuesto de remoción de magistrados o magistrados y, en fin, de alteración de la constitución de este Máximo Tribunal de la República que prevé la Constitución -artículo 265-) y no se disponga en la misma, la convalidación de la constitucionalidad de tales decretos por la referida inactividad; lo que resulta especialmente claro si se advierte, tal como lo hiciere el jurista Manuel García Pelayo, que en un Estado Constitucional "Todo deriva de la Constitución y todo ha de legitimarse por su concordancia directa o indirecta con la Constitución". (...)
>
> Finalmente, sintetizando las respuestas a las inquietudes interpretativas presentadas, esta Sala debe señalar que, como ha sido acreditado en diversas fuentes materiales y formales del derecho aquí citadas, comenzando por el Texto Constitucional, el control político de la Asamblea Nacional sobre los decretos que declaran estados de excepción no afecta la legitimidad, validez, vigencia y eficacia jurídica de los mismos; y el Texto Fundamental prevé de forma expresa que la Asamblea Nacional puede revocar la prórroga del decreto de estado de excepción, antes del término señalado, al cesar las causas que lo motivaron, actuación que pudiera ser objeto de control de la constitucionalidad por parte de esta Sala, sea, por ejemplo, como acción en ejecución directa e inmediata de la Constitución o como controversia constitucional entre poderes públicos.

De seguidas, la Sala Constitucional pasó a desaplicar el mencionado artículo 33, señalando:

> Ello así, lo ajustado al orden constitucional es desaplicar por control difuso de la Constitución, conforme a lo ordenado en el artículo 334 del Texto Fundamental, la disposición contenida en el artículo 33 de la Ley Orgánica sobre Estados de Excepción, tal como lo hizo esta Sala, por ejemplo, en sentencia n° 1881 del 8 de diciembre de 2011, en la cual, desaplicó, parcialmente y por control difuso de la Constitucionalidad, algunos artículos del Código Penal. Así se declara. (...)

Se desaplica, en ejercicio del control difuso de la Constitucionalidad, conforme a lo ordenado en el artículo 334 del Texto Fundamental, la disposición contenida en el artículo 33 de la Ley Orgánica sobre Estados de Excepción.

Es importante destacar que en este fallo la Sala Constitucional consideró que el plazo de 48 horas a que hace referencia el artículo 27 de la *Ley Orgánica sobre Estados de Excepción* es *perentorio*, de manera que, si transcurre sin decisión parlamentaria, debe entenderse que fue aprobado, por una especie de silencio positivo. Se trata, a nuestro juicio, de una posición claramente contraria a lo dispuesto en el artículo 339 de la *Constitución*.

Igualmente, ratificando las potestades de control constitucional sobre la aprobación parlamentaria de los decretos de estados de excepción, la Sala Constitucional, en sentencia N° 113 del 20 de marzo de 2017, caso: *Nicolás Maduro*, expresamente declaró la nulidad de un acto parlamentario que improbó la prórroga del decreto de estado de emergencia económica. Textualmente señaló la Sala:

> Al respecto, esta Sala estima pertinente reiterar que para el día 17 de enero de 2017, fecha en la cual se produjo el acto de desaprobación del Decreto n° 2.667 del 13 de enero de 2017, emanado del Presidente de la República en Consejo de Ministros, la Asamblea Nacional se encontraba (y aún se encuentra) en desacato al Poder Judicial, específicamente, a las decisiones dictadas por la Sala Electoral de este Tribunal Supremo de Justicia (ss. SE n° 260/30-12-2015; 01/11-01-2016 y 108/01.08.2016); toda vez que, aún no se ha producido el acto formal de desincorporación de ese órgano legislativo, por parte de la plenaria del mismo, de la ciudadana Nirma Guarulla y de los ciudadanos Julio Haron Ygarza y Romel Guzamana, cuya proclamación se encuentra suspendida por la Sala Electoral de este máximo tribunal de la República; razón por la cual, dicho acto de desaprobación del decreto sub examine es nulo, inexistente y carente de validez, en correspondencia con lo dispuesto por esta Sala en su sentencia n° 808, el 2 de septiembre de 2016, mediante la cual declaró, entre otros pronunciamientos, que: "...resultan manifiestamente inconstitucionales y, por ende, absolutamente nulos y carentes de toda vigencia y eficacia jurídica, los actos emanados de la Asamblea Nacional, incluyendo las leyes que sean sancionadas, mientras se mantenga el desacato a la Sala Electoral del Tribunal Supremo de Justicia"; razón por la cual, el acto emana-

do de la Asamblea Nacional, en el cual se desaprueba el Decreto n° 2.667 del 13 de enero de 2017, dictado por el Presidente de la República, en Consejo de Ministros, es nulo, inexistente y carente de validez. Así se declara.

No podemos dejar de observar, tal y como hemos hecho a lo largo de este trabajo, que estas decisiones de la Sala Constitucional relacionadas con la revisión constitucional de los decretos de estados de excepción dictados entre los años 2016-2017 se enmarcan dentro de un período histórico muy particular, donde a través de "decisiones" claramente cuestionables, la Sala se dio a la tarea de desmantelar todo el funcionamiento de la Asamblea Nacional elegida en el mes de diciembre de 2015, donde las fuerzas políticas de la oposición obtuvieron una mayoría calificada de las dos terceras partes del parlamento. Ello llegó al punto de que, durante ese período parlamentario, la Sala Constitucional anuló absolutamente todas las leyes y demás decisiones dictadas por la Asamblea Nacional[172].

Finalmente, en cuanto a los efectos en el tiempo de las decisiones de la Sala Constitucional, dentro de este especial control inmediato y obligatorio de los decretos de estados de excepción, hay que destacar lo dispuesto en el artículo 38 Ley *Orgánica sobre Estados de Excepción,* el cual es del tenor siguiente:

> La decisión de nulidad que recaiga sobre el decreto tendrá efectos retroactivos, debiendo la Sala Constitucional del Tribunal Supremo de Justicia restablecer inmediatamente la situación jurídica general infringida, mediante la anulación de todos los actos dictados en ejecución del decreto que declare el estado de excepción, su prórroga o aumento del número de garantías constitucionales restringidas, sin perjuicio del dere-

---

172 Sobre ese período conformado entre los años 2015 y 2017, donde la Sala Constitucional se dedicó a desmantelar al parlamento, ocasionando una clara ruptura constitucional, puede verse AYALA CORAO, Carlos y CHAVERO GAZDIK, Rafael, "*El Libro Negro del TSJ de Venezuela: Del secuestro de la democracia y la usurpación de la soberanía popular a la ruptura del orden constitucional (2015-2017)*", Editorial Jurídica Venezolana, Caracas, 2017. Aquí se recoge todo ese conjunto de "sentencias" por medio de las cuales la Sala Constitucional desmanteló el parlamento y evitó que los Diputados que había ganado legítimamente unas elecciones pudiesen ejercer sus funciones. Dejando así a nuestro país, nada más y nada menos, que sin Poder Legislativo.

cho de los particulares de solicitar el restablecimiento de su situación jurídica individual y de ejercer todas las acciones a que haya lugar. Esta decisión deberá ser publicada íntegramente en la Gaceta Oficial de la República Bolivariana de Venezuela.

A nuestro juicio, se trata de una disposición bastante cuestionable, y precisamente por ello la Sala Constitucional ha entendido, y con mucha razón, que la potestad de determinar los efectos de las decisiones en el tiempo debe atender a los principios de seguridad jurídica, protección de la buena fe y conservación de los efectos producidos por los actos jurídicos. Por ello, la determinación de los efectos jurídicos producidos por la norma anulada debe realizarse en forma casuística, pues de lo contrario podría producirse un enorme caos jurídico, donde el remedio terminaría siendo peor que la enfermedad.

Vale la pena reiterar, sobre este tema de la potestad intrínseca de fijar los efectos temporales de la decisión, el fallo de la Corte Constitucional colombiana donde se anuló, mediante sentencia C-113/93 de 25 de marzo de 1993, el artículo 21 del Decreto 2067 de 1991, que fijaba de modo absoluto los efectos *ex nunc* o hacia el futuro de las decisiones de inconstitucionalidad, al entender que le correspondía a la Corte y no al legislador, la determinación de las consecuencias en el tiempo de sus fallos[173].

---

173 Véase, CANOVA GONZÁLEZ, Antonio, "El Modelo Iberoamericano de Justicia Constitucional", *op. cit.* p. 242.

CAPÍTULO SEIS

EL CONTROL PREVENTIVO DE LA CONSTITUCIONALIDAD DE LEYES

I. CONSIDERACIONES GENERALES

Si algo pone en evidencia este trabajo es la copiosa cantidad de mecanismos de control constitucional que existen en Venezuela; donde además en muchos de ellos se dispone de la más abierta legitimación posible y con una Sala Constitucional con los más amplios poderes que se conocen en derecho comparado. Pues bien, al lado de la posibilidad de que cualquier ciudadano pueda ejercer una acción de inconstitucionalidad contra una norma legal o acto administrativo de efectos generales, nuestra *Constitución* consagra también la figura del *control preventivo de constitucionalidad de las leyes*, lo que constituye una competencia exclusiva del Presidente de la República.

En efecto, el artículo 214 de la *Constitución* dispone lo siguiente:

> El Presidente o Presidenta de la República promulgará la ley dentro de los diez días siguientes a aquél en que la haya recibido. Dentro de ese lapso podrá, con acuerdo del Consejo de Ministros, solicitar a la Asamblea Nacional, mediante exposición razonada, que modifique alguna de las disposiciones de la ley o levante la sanción a toda la ley o a parte de ella.
>
> La Asamblea Nacional decidirá acerca de los aspectos planteados por el Presidente o Presidenta de la República, por mayoría absoluta de los diputados o diputadas presentes y le remitirá la ley para la promulgación.
>
> El Presidente o Presidenta de la República debe proceder a promulgar la ley dentro de los cinco días siguientes a su recibo, sin poder formular nuevas observaciones.

> Cuando el Presidente o Presidenta de la República considere que la ley o alguno de sus artículos es inconstitucional solicitarán el pronunciamiento de la Sala Constitucional del Tribunal Supremo de Justicia, en el lapso de diez días que tiene para promulgar la misma. El Tribunal Supremo de Justicia decidirá en el término de quince días contados desde el recibo de la comunicación del Presidente o Presidenta de la República. Si el Tribunal negare la inconstitucionalidad invocada o no decidiere en el lapso anterior, el Presidente o Presidenta de la República promulgará la ley dentro de los cinco días siguientes a la decisión del Tribunal o al vencimiento de dicho lapso.

Por su parte, el numeral 15 del artículo 25 de la *Ley Orgánica del Tribunal Supremo de Justicia* igualmente señala que es competencia de la Sala Constitucional:

> Conocer la solicitud que formule la Presidenta o Presidente de la República, en el lapso de diez días que tiene para promulgar la misma, acerca de la inconstitucionalidad de una ley que sea sancionada por la Asamblea Nacional o de algunos de sus artículos, de conformidad con el artículo 214 de la Constitución de la República Bolivariana de Venezuela.

Vale la pena destacar que este control preventivo de la constitucionalidad de las leyes fue el único mecanismo que permitía la impugnación de normas legales en Francia, pues bajo este sistema constitucional sólo el Presidente de la República y otros altos funcionarios del Estado podían cuestionar las leyes ante el Consejo Constitucional, pero únicamente antes de la promulgación de la ley[174]. Sin embargo, con la reforma del 2008, ahora se permite, excepcionalmente, el cuestionamiento de la constitucionalidad de normas ya promulgadas[175].

---

174 El peculiar sistema francés atiende a sus motivos históricos, donde el rechazo a la injerencia del Poder Judicial en las funciones de gobierno derivó en este particular mecanismo de control constitucionalidad. Al respecto, puede verse, BREWER-CARÍAS, Allan R., "*El control concentrado de la constitucionalidad de las leyes (Estudio de derecho comparado)*", Editorial Jurídica Venezolana, Caracas, 1994.

175 El artículo 61-1 de la vigente Constitución francesa dispone: Cuando con motivo de una instancia pendiente ante una jurisdicción se alegue que una disposición legislativa perjudica a los derechos y las liberta-

Igualmente, en Chile, solo se permite el control preventivo para cuestionar leyes, es decir, no existe el control posterior de leyes, salvo los decretos ejecutivos que tengan fuerza de ley. En tal sentido, el artículo 82 de la Constitución, atribuye al Tribunal Constitucional competencia para juzgar, antes de su promulgación, la constitucionalidad de las leyes orgánicas o las que interpretan preceptos de la Constitución. El Tribunal está igualmente autorizado, para ejercer el control preventivo sobre toda cuestión que surja durante la discusión de los proyectos de ley, de los proyectos de reforma de la Constitución y de las leyes aprobatorias de los Tratados Internacionales sometidos a la sanción del Congreso[176].

En Venezuela, esta facultad se suma a todos los mecanismos adicionales de cuestionamiento de leyes (control posterior, concentrado y difuso, incluso, bajo acción popular). Así, este control preventivo se enmarca dentro de las atribuciones que tiene el Presidente de la República para vetar las leyes una vez sancionadas por la Asamblea Nacional. Así, dentro del plazo de 10 días que tiene el Presidente de la República para promulgar las leyes remitidas por el parlamento, éste puede, en acuerdo con el Consejo de Ministros, pedirle a la propia Asamblea Nacional que modifique algunas de las disposiciones de la ley, la cual deberá decidir sobre estas modificaciones por mayoría simple.

Pero dentro de ese mismo término, si el Presidente de la República considera que las objeciones a la ley sancionada se refieren a vicios de inconstitucionalidad, puede entonces pedirle a la Sala Constitucional que se pronuncie sobre la inconstitucionalidad invocada, lo cual deberá suceder dentro del término de 15 días siguientes al recibo de la comunicación presidencial.

---

des que garantiza la Constitución se podrá someter el asunto, tras su remisión por parte del Consejo de Estado o del Tribunal de Casación, al Consejo Constitucional que se pronunciará en un plazo determinado. Una ley orgánica determinará las condiciones de aplicación del presente artículo.

176 Véase, BREWER-CARÍAS, Allan R., *"Mecanismos Nacionales de Protección de los Derechos Humanos (Garantías judiciales de los derechos humanos en el derecho constitucional comparado latinoamericano)"*, Instituto Interamericano de Derechos Humanos, San José, 2005.

En criterio de la Sala Constitucional, se trata de facultades excluyentes, es decir, el Presidente tiene la potestad de devolverla a la Asamblea Nacional o pedirle a la Sala Constitucional la revisión de los vicios de inconstitucionalidad que denuncie. Lo que implica que no puede hacer las dos cosas. Así, en la decisión de fecha 18 de noviembre de 2002, caso: *Hugo Chávez*, se señaló lo siguiente:

> A los fines de la inteligencia correcta del artículo 214 constitucional, la Sala aclara que dicha norma contiene dos supuestos excluyentes el uno del otro.
>
> El primero es que dentro de los diez días siguientes a aquél cuando el Presidente de la República recibió la ley de la Asamblea Nacional, con el fin de promulgarla, previo acuerdo del Consejo de Ministros, la devuelva a la Asamblea, a fin de que modifique alguna disposición de la ley, o levante la sanción a toda la ley o parte de ella. Tal petición será acompañada de una exposición motivada que contenga la razón de las modificaciones, las cuales pueden tener base constitucional o legal.
>
> La Asamblea Nacional decidirá acerca de los aspectos planteados y remitirá la ley al Presidente para su promulgación, conforme a lo decidido.
>
> El otro supuesto es que el Presidente considere que la ley recibida de la Asamblea, o alguno de sus artículos, sea inconstitucional, caso en que, en el mismo término de diez días a partir de la recepción de parte de la Asamblea Nacional, la enviará a la Sala Constitucional del Tribunal Supremo de Justicia, para que decida sobre la inconstitucionalidad que fue invocada.
>
> Si la decisión del Tribunal es la constitucionalidad de la ley o sus artículos, el Tribunal devolverá la ley a la Presidencia para su promulgación.
>
> A juicio de esta Sala, se trata de dos procedimientos que, debido a que tienen un mismo lapso para incoarse y cuyo resultado puede ser en ambos la promulgación de la ley, *resultan excluyentes*.
>
> Es claro, que, si se acoge el primer supuesto, corrija o no la Asamblea Nacional los vicios que sean denunciados, la ley debe ser promulgada según la decisión de la Asamblea Nacional.

> Si la decisión de la Asamblea Nacional sobre la ley objeto de este procedimiento resultara inconstitucional, el Ejecutivo, o cualquier interesado, puede incoar la acción de inconstitucionalidad ordinaria.
>
> Si el Presidente opta por el otro control, cual es acudir a la Sala Constitucional para que examine la inconstitucionalidad de la ley o algunos de sus artículos, y la Sala decidiere en sentido positivo o negativo, el Ejecutivo obligatoriamente debe promulgar la ley, *lo que significa que no puede acudir al primer supuesto, ya que la norma (artículo 214 constitucional) ordena –en este último supuesto- que la ley se promulgue dentro de los cinco días siguientes a la decisión del Tribunal, sin excepción alguna, por lo que el Ejecutivo mal podría incumplir el mandato constitucional y enviar la Ley a la Asamblea Nacional.* (Cursivas añadidas).

Se trata entonces de una competencia exclusiva del Presidente de la República, quien puede dirigirse a la Sala Constitucional, para que ésta decida sobre la constitucionalidad o no de las normas objetadas por el mandatario nacional.

En efecto, este carácter exclusivo de la competencia del Presidente de la República lo destaca la Exposición de Motivos del Texto Fundamental, al señalar que:

> Otra competencia de la Sala Constitucional en materia de control preventivo será la de verificar la constitucionalidad de las leyes antes de su promulgación, conforme al procedimiento establecido en el Título V Capítulo I Sección Cuarta de la Constitución, para el caso del reparo presidencial fundamentado en razones de inconstitucionalidad. En esta materia, la Asamblea Nacional Constituyente consideró inconveniente extender la legitimación para activar el mecanismo de control preventivo a otras personas con determinado interés u órganos del Poder Público distintos al Presidente de la República. Al respecto, se tuvo en cuenta que, con posterioridad a la promulgación de una ley, todas las personas tienen a su alcance la acción popular clásica del sistema de justicia constitucional venezolano y, además, la Sala Constitucional tiene el poder cautelar propio de toda Corte o Tribunal Constitucional en derecho comparado, en virtud del cual puede dictar cualquier medida que fuere necesaria para proteger los derechos humanos y garantizar la integridad de la Constitución.

La verdad es que desde que fue promulgada la *Constitución*, esta facultad no había sido ejercida por los Presidentes de la República, salvo en el caso mencionado anteriormente. Pero luego, en el año 2016, el partido de Gobierno perdió la mayoría en el parlamento, lo que dio lugar a un conjunto de polémicas decisiones de la Sala Constitucional, las cuales, incluso, nos apartaron del hilo constitucional. Varias de esas decisiones se produjeron con ocasión al ejercicio del control preventivo de la constitucionalidad de las leyes, a petición del Presidente de la República[177].

En efecto, fue durante este período comprendido entre el 2015 y 2017, donde se ejerció activamente este mecanismo de control preventivo, el cual trajo como resultado la anulación de todas las leyes que fueron remitidas a la Sala Constitucional por el Presidente de la República, conforme a esta facultad prevista en el artículo 214 de la *Constitución*.

II. EL OBJETO DEL RECURSO

En cuanto al objeto del recurso, según lo dispuesto en el artículo 214 de la *Constitución* debe tratarse de una ley sancionada por la Asamblea Nacional, y aún no promulgada por el Presidente de la República. Esto excluye, en criterio de la propia Sala Constitucional, la posibilidad de ejercer el control preventivo de leyes estadales u ordenanzas municipales.

Así lo ha destacado la Sala Constitucional, mediante decisión N° 194 de 15 de febrero de 2001, caso: Gobernador del Estado Trujillo:

> Adicionalmente, la Sala Constitucional tiene dentro de sus competencias el control preventivo de la constitucionalidad de los tratados internacionales, la cual es ejercida a instancia del Presidente de la República o de la Asamblea Nacional; las de control preventivo de la constitucionalidad de los proyectos de leyes nacionales, también a instancia del Presi-

---

177 Para una revisión de estas decisiones, puede verse AYALA CORAO, Carlos y CHAVERO GAZDIK, Rafael J., en *El Libro Negro del TSJ de Venezuela: Del secuestro de la democracia y la usurpación de la soberanía popular a la ruptura del orden constitucional (2015-2017)*, Editorial Jurídica Venezolana, Caracas, 2017.

dente de la República; y el control preventivo en cuanto al pronunciamiento de la constitucionalidad del carácter orgánico de las leyes calificadas como tales por la Asamblea Nacional.

Ahora bien, en el caso de autos se somete a conocimiento de esta Sala una solicitud de control preventivo de un proyecto de ley estadal denominado "Reforma Parcial de la Ley Especial de Conservación, Administración y Aprovechamiento de la Vialidad del Estado Trujillo", ejercido por el Gobernador del Estado Trujillo, en ejercicio de la facultad que le confiere el artículo 67 de la Constitución de ese Estado, que regula entre otros aspectos el proceso de formación de las leyes de ese Estado.

Al respecto, cabe indicar que a juicio de esta Sala no existe duda acerca de la existencia del control preventivo de proyectos de leyes nacionales a instancia del Presidente de la República, medio cuyo conocimiento está atribuido al Tribunal Supremo de Justicia en Sala Constitucional por mandato del numeral 11 del artículo 336, en concordancia con el último aparte del artículo 214 de la Constitución de 1999, es decir, existe una norma constitucional expresa atributiva de competencia.

Sin embargo, para el caso del control preventivo de proyectos de leyes estadales no existe disposición constitucional alguna o contenida en alguna ley en sentido formal, que expresamente atribuya su conocimiento a la Sala Constitucional, como sí ocurre expresamente en el caso de proyectos de leyes nacionales, por mandato del artículo 214 del Texto Fundamental.

En el presente caso lo que existe es una disposición consagrada en el artículo 67 de la Constitución del Estado Trujillo que coincide con el contenido del artículo 214 de la Constitución de la República Bolivariana de Venezuela, que faculta al Gobernador de ese Estado a solicitar ante la suprimida Corte Suprema de Justicia, hoy Tribunal Supremo de Justicia, el control preventivo de proyectos de leyes estadales cuando considere que el texto o alguno de las disposiciones contenidas en él son inconstitucionales.

De lo anterior se infiere, que la norma atributiva de competencia de esta Sala para conocer de la presente solicitud de control preventivo de la constitucionalidad de un proyecto de ley dictado por la Comisión Legislativa del Estado Trujillo, deriva del artículo 67 de la Constitución de ese Estado y no de una disposición Constitucional o Ley en sentido formal, por lo que esta Sala debe proceder a analizar si el numeral 11 del artículo 336 de la Constitución de la República Bolivariana de Venezuela, el cual indica que son atribuciones de la Sala Constitucional las demás que establezca la ley, se refiere a ley en sentido formal o material, para poder concluir acerca de su competencia para conocer o no de la presente solicitud.

Al respecto, cabe señalar que, conforme a la exposición de motivos de la Constitución de la República Bolivariana de Venezuela, la Asamblea Nacional Constituyente consideró excluir a toda persona distinta al Presidente de la República del ejercicio del control preventivo de los proyectos de leyes, ya que se consideró que, con posterioridad a su promulgación, cualquier ciudadano podía activar la jurisdicción constitucional mediante la acción popular de nulidad por inconstitucionalidad.

Otro aspecto que resulta contrario a la posición de aceptar la existencia del control preventivo de la constitucionalidad de proyectos de leyes estadales, es que la Constitución de la República Bolivariana de Venezuela sólo lo consagra respecto a los proyectos de leyes nacionales (artículo 214), respecto a los tratados internacionales (numeral 5, del artículo 336) y de las leyes orgánicas dictadas por la Asamblea Nacional (artículo 203).

En este sentido es menester señalar que la Ley Orgánica de la Corte Suprema de Justicia, no prevé expresamente la existencia del control preventivo de proyectos de leyes estadales.

Ahora bien, a juicio de esta Sala, cuando el numeral 11 del artículo 336 Constitucional utiliza la expresión "Las demás que establezcan ... y la Ley", se refiere en un principio a la Ley de la Jurisdicción Constitucional, la cual aun no ha sido dictada, y en un segundo momento a disposiciones contenidas en otras leyes de carácter formal, es decir, a las que hace referencia el artículo 202 *eiusdem*.

> Lo anterior es así, ya que es materia de reserva legal, lo referente a la legislación sobre "organización y funcionamiento" de los órganos del Poder Público Nacional, dentro de los cuales se encuentra el Tribunal Supremo de Justicia como más alto Tribunal de la República y cabeza del sistema judicial venezolano, tal como lo consagra el numeral 32 del artículo 156 del Texto Fundamental, en concordancia con el ordinal 1° del artículo 187, respecto a las competencias del Poder Legislativo para legislar sobre las competencias del Poder Nacional.
>
> De lo precedentemente expuesto, deriva que una Ley o Constitución estadal, no puede atribuir competencias a esta Sala Constitucional mediante la previsión de un medio de protección constitucional y la regulación de su procedimiento, por ser materias de reserva legal (en sentido formal) lo concerniente a la "organización y funcionamiento" del Tribunal Supremo de Justicia como integrante del Poder Público Nacional, a tenor de lo previsto en el numeral 32 del artículo 156 de la vigente Constitución.
>
> Así las cosas, pretender que esta Sala conozca de un medio de control o protección constitucional no consagrado en la propia Constitución o en una ley en sentido formal, como ocurre en el presente caso donde la norma atributiva de competencia para conocer de una solicitud de control preventivo de constitucionalidad de un proyecto de ley estadal, está contenida en el artículo 67 de la Constitución del Estado Trujillo, norma que no puede considerarse ley de carácter nacional, sería incurrir en una violación al principio constitucional de la reserva legal, motivo por el cual, esta Sala, haciendo uso del control difuso de la Constitución consagrado en el artículo 334 del Texto Fundamental, desaplica por inconstitucional el referido artículo 67 de la Constitución del Estado Trujillo, sólo en lo referente al establecimiento del control preventivo de la constitucionalidad de proyectos de leyes estadales y su procedimiento, y en consecuencia inadmisible la presente solicitud. Así se declara.

Como vemos entonces, solo el Presidente de la República puede activar este mecanismo de control preventivo y únicamente frente a leyes sancionadas por la Asamblea Nacional y pendientes de promulgación.

III. PROCEDIMIENTO PARA TRAMITAR EL CONTROL PREVENTIVO DE LEYES

Ni la *Constitución* ni la *Ley Orgánica del Tribunal Supremo de Justicia* establecen pautas procesales para tramitar el ejercicio de este control preventivo de la constitucionalidad de leyes sancionadas por la Asamblea Nacional, pero aún no promulgadas por el Presidente de la República.

Lo único que establece la *Constitución* es que: i) el Presidente de la República debe presentar su solicitud de inconstitucionalidad ante la Sala Constitucional, dentro de los 10 días que tiene para su promulgación; y ii) la Sala Constitucional debe decidir el recurso dentro de los 15 días siguientes al recibo de la solicitud enviada por el Presidente de la República. Si la Sala no decide dentro de ese lapso, el Presidente se encuentra obligado a promulgar la ley, de manera que el silencio de la Sala se entiende como rechazo a la solicitud de inconstitucionalidad de la ley.

Con relación al primer lineamiento procesal, la Sala Constitucional ha admitido, tácitamente y sin hacer referencia a ello, la solicitud de inconstitucionalidad del Presidente de la República, luego de haber pasado el plazo de los 10 días que tiene el mandatario nacional para promulgar la ley, es decir, permitió el ejercicio del control preventivo, luego de vencido el término que tenía el Presidente para promulgar la ley.

En efecto, en el caso de la decisión N° 939 del 4 de noviembre de 2016, caso: *Ley Orgánica de la Contraloría General de la República*, se puede apreciar de la narrativa del fallo, que el Presidente de la República recibió esta ley para su promulgación, en fecha 25 de agosto de 2016 y luego presentó la solicitud de inconstitucionalidad preventiva ante la Sala Constitucional, el día 21 de octubre del mismo año. Es decir, varios días después de haberse vencido el plazo que tenía el Presidente de la República para la activación de este mecanismo de control constitucional.

Sin embargo, la Sala no hizo ninguna mención a esto y sencillamente declaró la inconstitucionalidad de toda esta ley, antes de su efectiva promulgación[178].

Como señalamos anteriormente, ni la *Constitución* ni la *Ley Orgánica del Tribunal Supremo de Justicia* establecen el procedimiento para tramitar las solicitudes de inconstitucionalidad preventiva, presentadas por el Presidente de la República. Tampoco la Sala Constitucional ha querido establecer ningún procedimiento especial, sino simplemente procede a decidir la solicitud, en forma *in limine litis*.

En este sentido, compartimos la posición del profesor BREWER-CARÍAS, quien considera que la Sala Constitucional debería divulgar la recepción de esta solicitud, a los fines de que los interesados puedan hacerse parte, dentro del plazo de 15 días que dispone la Sala para decidir. Igualmente, la Sala debería al menos notificar a la Asamblea Nacional, a los fines de que ésta presente sus consideraciones sobre las razones de inconstitucionalidad alegadas por el Presidente de la República[179].

Si bien la Sala Constitucional no ha ordenado nunca notificaciones sobre la recepción de la solicitud ni citaciones a la Asamblea Nacional, si al menos ha reconocido la posibilidad de que Diputados u otras autoridades del Estado puedan participar en este tipo de solicitudes, cuando se enteran de la existencia del proceso por notoriedad comunicacional o cualquier otra vía.

Así, en la sentencia del 31 de marzo de 2016, caso: *Ley del Banco Central de Venezuela*, la Sala Constitucional se refirió a un escrito presentado por un diputado y miembro de la Comisión de Finanzas de la Asamblea Nacional, quien alegó la extemporaneidad de la solicitud del Presidente de la República. La Sala rechazó esta solicitud, pero dejando ver, al menos tácitamente, que consideró el escrito presentado.

---

178 Insistimos en que el carácter político de estas decisiones no permite fijar realmente un criterio o precedente confiable de la Sala Constitucional.

179 BREWER-CARÍAS, Allan R., "Mecanismos Nacionales de Protección de los Derechos Humanos (Garantías judiciales de los derechos humanos en el derecho constitucional comparado latinoamericano)", *op. cit.* En nuestro criterio, estas notificaciones podrían hacerse a través de la página web del Tribunal Supremo de Justicia.

Pero más claro fue la Sala en la decisión de fecha 4 de noviembre de 2016, caso: *Ley de la Contraloría General de la República*, donde admitió la participación del Contralor General, señalando textualmente lo siguiente:

> Como punto previo debe esta Sala pronunciarse en cuanto al escrito de consideraciones consignado por la representación de la Contraloría General de la República, debiendo aclarar que la legitimación activa de control previo de constitucionalidad es exclusiva y excluyente del Presidente de la República, quien, de conformidad con lo previsto en el artículo 214 de la Constitución, es el único que puede solicitar el pronunciamiento de esta Sala sobre la constitucionalidad de una ley sancionada por la Asamblea Nacional previo a su promulgación, para lo cual la Sala tiene un lapso perentorio de 15 días.
>
> Ahora bien, en cuanto a la participación del algún órgano del Poder Público, éstos pueden tener intervención para dar su opinión en el expediente donde se ventile un control objetivo de la constitucionalidad, de conformidad con los postulados constitucionales de acceso a la justicia, debido proceso, defensa y del proceso como instrumento para el logro de la justicia, señalados en los artículos 26, 49 y 257 del Texto Constitucional, al observar que sus atribuciones constitucionales están desarrolladas en la ley sancionada sujeta al control, como lo es en el presente caso la Contraloría General de la República, en cuanto al escrito presentado; no obstante, dado lo acotado del lapso para dictar pronunciamiento, no es obligatorio para esta Sala tomar en cuenta dichas consideraciones para la determinación del apego a la Norma Fundamental de la Ley sancionada. Así se declara.

Con ello, al menos se deja claro que pueden existir intervenciones de autoridades públicas relacionadas con el caso, lo que debe incluir, lógicamente, la Asamblea Nacional. Queda pendiente conocer la posición de la Sala sobre la participación de particulares interesados en la ley cuya inconstitucionalidad se solicita.

IV. LOS EFECTOS DE LA DECISIÓN

Los efectos de la decisión que conoce de estas solicitudes de control preventivo dependerán de i) si la solicitud es declarada improcedente o no hay pronunciamiento dentro del plazo de 15 días que dispone la Sala Constitucional para decidir el asunto; o ii) si es declarada procedente la solicitud.

En el primer supuesto, el texto constitucional es muy claro, si la Sala negare la inconstitucionalidad invocada o no decidiere en el lapso previsto, el Presidente debe promulgar la ley dentro de los 5 días siguientes a la decisión del Tribunal o al vencimiento de dicho lapso.

En el segundo supuesto, esto es, que se declare procedente la solicitud del Presidente de la República, habría que considerar los términos y contenido de la sentencia, pues la misma se puede referir a una o varias normas, o a todo el texto legal. Así, por ejemplo, si la decisión se limita a declarar la inconstitucionalidad de uno o varios artículos, el Presidente debe promulgar la ley con el contenido restante.

En todas las decisiones que hemos citado sobre el control preventivo de la constitucionalidad de leyes, la decisión de la Sala Constitucional fue la de anular la totalidad del texto, con lo cual, los efectos se limitaron a eliminar todas esas leyes dictadas por la Asamblea Nacional, básicamente por las razones que hemos expuesto a lo largo de este trabajo y que nublan la objetividad de nuestro sistema de justicia, al menos en ese controversial período histórico.

Sobre ese conjunto de sentencias, vale la pena destacar la contenida en la decisión de fecha 28 de abril de 2016, caso: *Ley de Bono para Alimentos y Medicinas a Pensionados y Jubilados*, donde quizás con algo de ironía, la Sala Constitucional declaró constitucional el texto de la ley, pero nula la norma que ordenaba la entrada en vigencia de la ley, con lo cual, supeditó su promulgación a unos futuros estudios que dependían básicamente del propio Ejecutivo Nacional. Textualmente señaló la Sala:

En definitiva, en atención a los principios de estabilidad de la legislación, tutela integral de los derechos humanos, autonomía de los poderes públicos, transparencia, responsabilidad y equilibrio fiscal, supremacía constitucional y legalidad presupuestaria, el cumplimiento del artículo 215 de la Constitución de la República Bolivariana de Venezuela en lo que respecta a la *Ley de Bono para Alimentos y Medicinas a Pensionados y Jubilados*, y, en consecuencia, su entrada en vigencia, está supeditada a la previsión y existencia de recursos en el Tesoro Nacional, así como también al debido análisis fáctico y económico, junto a la armonización de la propuesta legislativa, con los indicadores y variables que arrojan los sistemas integrados de la administración financiera del sector público, lo que se vincula de forma directa, inmediata e indisoluble con la competencia del Presidente de la República referida a la administración de la Hacienda Pública Nacional, contemplada en el artículo 236.11 de la Constitución de la República Bolivariana de Venezuela; circunstancia que hace evidente y necesaria la debida concertación con el Poder Ejecutivo Nacional, a cuyo cargo se encuentra la rectoría de los referidos sistemas integrados de la administración financiera del sector público, sobre la base de la observancia de los principios de organicidad, colaboración y funcionalidad del Poder Público en la realización de los fines del Estado (ver artículos 3, 7, 136 y 137 Constitucional). Ello permite garantizar la viabilidad económica y el cumplimiento de la finalidad social que involucra tal ley, todo de conformidad con el criterio de derecho asentado por esta Sala en sentencia n° 269 de 21 de abril de 2016, en verdadera garantía de los derechos de todas las venezolanas y todos los venezolanos; para lo cual es esencial el respeto a las normas que orientan la Hacienda Pública Nacional, así como, a los aludidos sistemas financieros del sector público; pues el correcto funcionamiento del orden económico nacional, viabiliza el funcionamiento de los diversos servicios públicos, la satisfacción del interés general y la garantía del bien común.

CAPÍTULO SIETE

EL CONTROL PREVENTIVO DE LA CONSTITUCIONALIDAD DE LOS TRATADOS INTERNACIONALES

I. CONSIDERACIONES GENERALES

Una de las innovaciones de la *Constitución* de 1999, en materia de control de la constitucionalidad de los actos del poder público, se refiere a la *opción* que tienen tanto la Asamblea Nacional como el Presidente de la República de solicitarle a la Sala Constitucional, el examen de la constitucionalidad de los tratados internacionales, antes de su ratificación. Otra de las competencias de control preventivo que existen en nuestro sistema de justicia constitucional.

En efecto, el numeral 5° del artículo 336 de la *Constitución* dispone lo siguiente:

> Verificar, a solicitud del Presidente o Presidenta de la República o de la Asamblea Nacional, la conformidad con esta Constitución de los tratados internacionales suscritos por la República antes de su ratificación[180].

Igualmente, el artículo 154 del mismo Texto Fundamental señala:

> Los tratados celebrados por la República deben ser aprobados por la Asamblea Nacional antes de su ratificación por el Presidente o Presidenta de la República, a excepción de aquellos mediante los cuales se trate de ejecutar o perfeccionar obligaciones preexistentes de la República, aplicar principios

---

180 La misma redacción dispone el numeral 5° del artículo 25 de la *Ley Orgánica del Tribunal Supremo de Justicia.*

expresamente reconocidos por ella, ejecutar actos ordinarios en las relaciones internacionales o ejercer facultades que la ley atribuya expresamente al Ejecutivo Nacional.

Sobre esta atribución constitucional, la Exposición de Motivos del Texto Fundamental dispuso lo siguiente:

> En materia de control preventivo, se atribuye a la Sala Constitucional la potestad de verificar la constitucionalidad de los tratados internacionales suscritos por la República antes de su ratificación.
>
> En derecho comparado, una de las principales funciones de la justicia constitucional es el control de la constitucionalidad de los acuerdos y tratados internacionales, a través de un control preventivo que se ejerce antes de su ratificación y entrada en vigencia. Particularmente en las constituciones europeas, así como en varias constituciones de países de América Latina, se prevé ese mecanismo con el objeto de que las relaciones entre el derecho internacional público o el derecho comunitario, por una parte, y el derecho interno de cada Estado, por la otra, se presenten con la mayor armonía y uniformidad posible.
>
> Se consideró necesario el control preventivo de la constitucionalidad de los tratados internacionales dado que luego del proceso de conclusión de un tratado internacional, es decir, de su ratificación y entrada en vigencia por las vías previstas en el derecho constitucional y en el derecho internacional público, la eventual y posterior declaración de inconstitucionalidad del mismo o de alguna de sus disposiciones por parte de la Sala Constitucional no podría, en principio, ser opuesta como una justificación para incumplir dicho tratado sin que se comprometa la responsabilidad internacional de la República.
>
> En todo caso, el objetivo de ese mecanismo de control preventivo, no sólo es que se verifique la constitucionalidad de un acuerdo o tratado internacional sin que se comprometa la responsabilidad internacional de la República, sino además que, en el caso de que alguna de sus disposiciones resulte inconstitucional, se ratifique con la debida reserva, siempre que se desee su ratificación, o si el mismo no admite reservas, se evalúe la necesidad y conveniencia de ratificarlo luego de una enmienda o reforma de la Constitución, en los aspectos que

> sean necesarios, para lograr así la mayor armonía posible en las relaciones entre el derecho internacional o comunitario y el derecho interno venezolano.
>
> La potestad de activar el control preventivo de los tratados internacionales corresponderá al Presidente de la República o a la Asamblea Nacional, siendo facultativo su ejercicio. Se descartó así la posibilidad de un control preventivo con carácter obligatorio, dado que podría traducirse en un obstáculo para la fluidez y la buena marcha de las relaciones internacionales de la República.

Como destaca la *Exposición de Motivos*, el control preventivo de constitucionalidad pretende evitar la posibilidad de que los tratados internacionales contraríen el orden jurídico interno, a los fines de realizar las reservas necesarias o impedir la ratificación del tratado, y con ello evitar las contradicciones entre el derecho interno y el internacional.

La opción que escogió nuestra *Constitución* fue la del control preventivo *opcional*, a diferencia del control obligatorio que existe en otros países, como Colombia, Ecuador, República Dominicana, entre otros. Es decir, si la Asamblea Nacional o el Presidente no elevan el asunto a la Sala Constitucional no habrá control preventivo de la constitucionalidad del tratado internacional. Lo que podría suceder es que, luego de ratificado, cualquier ciudadano puede ejercer la respectiva acción de inconstitucionalidad (control posterior) frente al tratado, de conformidad con lo previsto en el numeral 1° del artículo 336 de la *Constitución*.

II. EL OBJETO DEL CONTROL PREVENTIVO DE TRATADOS

Es importante tener presente que el objeto de control son los tratados internacionales que han sido aprobados y que se encuentran pendientes de ratificación. Según lo dispuesto en el artículo 154 de la *Constitución* hay tratados que requieren de ley aprobatoria y otros que no. En uno u otro caso, es posible el ejercicio de este control preventivo, antes de la ratificación del tratado, por parte del Presidente de la República (numeral 4° del artículo 236 de la *Constitución*).

La importancia de este control preventivo de la constitucionalidad de los tratados internacionales es que, conforme al principio de *pacta sunt servanda*, el Derecho Internacional es el resultado de la actuación de los propios Estados; pero una vez aprobado y ratificado el tratado, éste tiene que ser cumplido de buena fe, independientemente de lo que pueda disponer su propio ordenamiento jurídico, y no puede ser objeto de cuestionamientos posteriores, salvo los previstos en los propios tratados[181].

Incluso, mucho más relevante se vuelve el asunto en los casos de tratados relativos a derechos humanos, los cuales pasan a tener, por expresa disposición constitucional, jerarquía constitucional y prevalecen en el orden interno, cuando contengan normas más favorables para los derechos ciudadanos[182]. Adicionalmente, la misma *Constitución* dispone que el Estado adoptará las medidas que sean necesarias para dar cumplimiento a las decisiones emanadas de los órganos internacionales en materia de derechos humanos, lo que implica que las sentencias de los organismos internacionales derivadas de tratados suscritos por Venezuela en materia de derechos humanos son de obligatorio cumplimiento por todos los órganos del Estado[183].

Por otra parte, es importante destacar que el objeto de la solicitud debe ser un tratado ya celebrado y firmado por el Ejecutivo Nacional, pero que esté pendiente de ratificación. Consideramos que no tiene sentido el control preventivo cuando el tratado está en proceso de discusión, pues de lo contrario estaríamos hablando más bien de un proyecto de tratado.

III. OTROS ASPECTOS PROCESALES

Según la disposición constitucional que estamos analizando, la legitimación activa se encuentra restringida, únicamente, a la Asamblea Nacional y al Presidente de la República.

---

181 Artículos 26 y 27 de la Convención de Viena sobre Derecho de los Tratados.

182 Artículo 23 de la Constitución.

183 Artículo 31 de la Constitución.

No existe entonces acción popular para el ejercicio de esta potestad de verificación preventiva de la constitucionalidad de los tratados internacionales[184].

En el caso de la Asamblea Nacional consideramos, en primer lugar, que esta facultad de requerir el control preventivo de la constitucionalidad del tratado la puede ejercer, aún en los casos de tratados internacionales que no requieran de ley aprobatoria (artículo 154 de la *Constitución*). En segundo lugar, entendemos que esta solicitud debe realizarse luego del respectivo Acuerdo, aprobado por la mayoría del parlamento, donde se decida institucionalmente ejercer el control preventivo. Ello excluye la posibilidad de que una fracción parlamentaria minoritaria o cualquier diputado pueda solicitar el ejercicio de este control preventivo de la constitucionalidad de los tratados. La legitimación es de la *institución*, por lo que se requiere un pronunciamiento formal, aprobado por la mayoría de sus integrantes.

Lo lógico sería que quien requiera la intervención de la Sala Constitucional fundamente la respectiva solicitud, mediante las denuncias de inconstitucionalidad que considere pertinentes, o al menos alegando las dudas que tengan sobre la constitucionalidad de algunas disposiciones del tratado.

La solicitud debe formularse ante la Sala Constitucional una vez suscrito el tratado, pero siempre antes de su ratificación. En el caso que ésta sea realizada por la Asamblea Nacional pudiera ser antes de la respectiva ley aprobatoria o, incluso, luego de la respectiva ley aprobatoria del tratado, a que hace referencia el artículo 154 de la *Constitución*. Es decir, la Asamblea puede dictar la ley aprobatoria y, seguidamente, pedirle a la Sala Constitucional que revise la constitucionalidad del tratado, antes de la ratificación por parte del Presidente de la República.

En el caso que la solicitud sea presentada por el Presidente de la República también éste puede realizarla antes de la ley aprobatoria o luego de ésta.

---

184 Obviamente, una vez promulgada la ley de aprobación del tratado y ratificado el mismo, cualquier ciudadano podrá demandar la inconstitucionalidad de la ley aprobatoria, si considera que el tratado vulnera nuestro Texto Fundamental.

Lo importante es que sea siempre antes de su ratificación, conforme a lo previsto en los artículos 154, numeral 4° del artículo 236 y numeral 5° del artículo 336 de la *Constitución*.

Si bien la *Constitución* no dice nada al respecto, una vez interpuesta la solicitud de revisión de la constitucionalidad del tratado, debe entenderse que el Presidente no podrá ratificar el respectivo tratado, antes de la decisión de la Sala Constitucional. Es decir, la interposición de la solicitud debería interrumpir el proceso de ratificación del tratado.

Por otra parte, y a diferencia de lo que sucede con el control preventivo de leyes (veto presidencial) y del control del carácter orgánico de las leyes, aquí la *Constitución* no establece un plazo para decidir la solicitud de control preventivo del tratado. Por ello, de conformidad con lo previsto en los artículos 128 y 145 de la *Ley Orgánica del Tribunal Supremo de Justicia*, la Sala Constitucional deberá decidir dentro de un plazo de 30 días, contados a partir del día en que se dé cuenta del recibo de la solicitud.

Hasta los momentos, no conocemos de casos donde se haya solicitado la revisión preventiva de la constitucionalidad de un tratado internacional, por lo que no sabemos qué posición asumiría la Sala Constitucional, con respecto a la posibilidad de abrir un procedimiento y/o publicar una notificación general de la recepción de la solicitud, a los fines de permitir la intervención de terceros (autoridades públicas o incluso particulares). Pero nos atrevemos a asegurar que la Sala Constitucional pasaría a decidir estas solicitudes en forma *in limine litis*, tal y como lo hace en los otros supuestos de control preventivo previstos en la *Constitución*.

Sin embargo, en nuestro criterio, nada impide que, frente a una solicitud de control preventivo de constitucionalidad de un tratado, otras autoridades del Estado; o incluso particulares interesados puedan participar, mediante la consignación de escritos, dentro del plazo que dispone la Sala para dictar la sentencia. Incluso, ello podría dar lugar a escritos contradictorios entre los dos órganos legitimados para solicitar el control preventivo.

Es importante destacar que el propio 145 de la *Ley Orgánica del Tribunal Supremo de Justicia*, dispone que la Sala Constitucional, si lo considera pertinente, puede convocar a una audiencia pública, a los fines de fijarse un mejor criterio sobre el asunto.

En cuanto a los efectos de la decisión, consideramos evidente que, si la Sala Constitucional considera que el tratado es contrario a la *Constitución*, bien sea total o parcialmente, el mismo no debería ser ratificado por el Presidente de la República, a menos que se permitan las reservas correspondientes.

Como afirma el profesor BREWER CARÍAS, la declaratoria de inconstitucionalidad del tratado pudiera conllevar a una iniciativa de reforma o enmienda constitucional, tal y como sucedió en Francia y en España, luego de suscribirse el Tratado de la Unión Europea en 1992, pues en ambos países sus respectivos organismos de control constitucional consideraron que ese tratado violaba sus constituciones; por lo que ello derivó en reformas constitucionales para adaptarlas al Tratado de la Unión Europea[185].

---

185 BREWER-CARÍAS, Allan R., "Mecanismos Nacionales de Protección de los Derechos Humanos (Garantías judiciales de los derechos humanos en el derecho constitucional comparado latinoamericano)", Instituto Interamericano de Derechos Humanos, San José, 2005.

CAPÍTULO OCHO

EL CONTROL PREVENTIVO SOBRE EL CARÁCTER ORGÁNICO DE LAS LEYES DICTADAS POR LA ASAMBLEA NACIONAL

I. CONSIDERACIONES GENERALES

Otra de las competencias que tiene asignada la Sala Constitucional, en forma preventiva, se refiere a la verificación del carácter orgánico de las leyes que así decida sancionar la Asamblea Nacional. Como veremos, la *Constitución* estableció un número cerrado de tipos de leyes que pueden ser consideradas como orgánicas, y para ellas se exige un *quórum* especial (dos terceras partes de la Asamblea Nacional) a la hora de admitir los proyectos para iniciar el debate de este tipo de leyes.

En efecto, el artículo 203 de la *Constitución* dispone lo siguiente:

> Son leyes orgánicas las que así denomina esta Constitución; las que se dicten para organizar los poderes públicos o para desarrollar los derechos constitucionales y las que sirvan de marco normativo a otras leyes.
>
> Todo proyecto de ley orgánica, salvo aquel que esta Constitución califique como tal, será previamente admitido por la Asamblea Nacional, por el voto de las dos terceras partes de los o las integrantes presentes antes de iniciarse la discusión del respectivo proyecto de ley. Esta votación calificada se aplicará también para la modificación de las leyes orgánicas.
>
> Las leyes que la Asamblea Nacional haya calificado de orgánicas serán remitidas, antes de su promulgación a la Sala Constitucional del Tribunal Supremo de Justicia, para que se pronuncie acerca de la constitucionalidad de su carácter orgánico. La Sala Constitucional decidirá en el término de diez

> días contados a partir de la fecha de recibo de la comunicación. Si la Sala Constitucional declara que no es orgánica la ley perderá este carácter.
>
> Son leyes habilitantes las sancionadas por la Asamblea Nacional por las tres quintas partes de sus integrantes, a fin de establecer las directrices, propósitos y marco de las materias que se delegan al Presidente o Presidenta de la República, con rango y valor de ley. Las leyes habilitantes deben fijar el plazo de su ejercicio. (Cursivas añadidas).

Por su parte, el numeral 14 del artículo 25 de la *Ley Orgánica del Tribunal Supremo de Justicia* establece que corresponde a la Sala Constitucional:

> Determinar, antes de su promulgación, la constitucionalidad del carácter orgánico de las leyes que sean sancionadas por la Asamblea Nacional, o de los decretos con Rango, Valor y Fuerza de ley que sean dictados por la Presidenta o Presidente de la República en Consejo de Ministros.

Hay que recordar que fue la Constitución de 1961 la que, por primera vez, introdujo esta categoría especial de leyes, con la finalidad de darle una especie de carácter "superior". Así, en el artículo 163 de ese Texto Fundamental se señalaba que las "leyes que se dicten en materias reguladas por leyes orgánicas se someterán a las normas de éstas". Con ello, parecía asumir dicha Constitución que las leyes orgánicas se colocaban en un peldaño intermedio entre las leyes ordinarias y la Carta Magna.

Sin embargo, un sector importante de la doctrina siempre sostuvo que ese carácter "superior" de las leyes orgánicas no era tal; y para ello utilizaron como respaldo argumentativo algunos precedentes de la antigua Corte Suprema de Justicia, donde, por ejemplo, negaron la supremacía de la *Ley Orgánica de la Corte Suprema de Justicia* sobre el *Código de Procedimiento Civil*[186].

---

186 Véase, al respecto, el importante trabajo del profesor PEÑA SOLIS, José, "*Los Tipos Normativos en la Constitución de 1999*", Tribunal Supremo de Justicia, Caracas, 2005.

Lo cierto es que en la *Constitución* vigente desapareció esa mención contenida en el último aparte del artículo 163 de la Constitución de 1961, con lo cual pareciera haberse eliminado la discusión sobre la superioridad de las leyes orgánicas. Sin embargo, a pesar de que, en efecto, no existe esa mención sobre la necesidad de que las leyes ordinarias se sujeten a las orgánicas, si es regularmente aceptado que, frente a una colisión de leyes entre una orgánica y una ordinaria, deba, en principio, dársele prioridad a la orgánica, al menos en los aspectos expresamente regulados por ésta[187].

Pues bien, la competencia de la Sala Constitucional objeto de estas líneas se refiere a la verificación sobre la correcta calificación que debe hacer la Asamblea Nacional, a la hora de darle el carácter de orgánico a una determinada ley. La Sala debe revisar que la ley se encuadre materialmente dentro de algunos de los tipos de leyes orgánicas expresamente mencionados en el artículo 203 de la *Constitución*.

Y allí está, en nuestro criterio, la principal diferencia entre la *Constitución* de 1961 y la vigente. En aquella se dejaba a la discreción de la mayoría absoluta de las Cámaras de Diputados y senado la calificación de una ley como orgánica; mientras que, en la vigente, solo pueden ser calificadas de orgánicas las leyes que así denomine la *Constitución*; las que se dicten para organizar los poderes públicos o para desarrollar los derechos constitucionales y las que sirvan de marco normativo a otras leyes.

Por tanto, insistimos en que la verdadera justificación de esta competencia de la Sala Constitucional es verificar si la ley calificada como orgánica por la Asamblea Nacional se encuadra dentro de alguno de estos cuatro supuestos mencionados en el encabezado del artículo 203 de la *Constitución*. En caso contrario, perderán el

---

187 Al respecto, LARES MARTÍNEZ señala que "no puede afirmarse que las leyes orgánicas tengan un rango superior a todas las leyes no investidas de ese carácter, la supremacía de la ley orgánica sólo existe respecto a las leyes dictadas en materias reguladas por ella, no obstante que esas estén destinadas a regir supuestos de hecho de mayor singularidad y aunque entre en vigor después de aquella". LARES MARTÍNEZ, Eloy, "*Manual de Derecho Administrativo*", UCV, Caracas, 1990. Véase también la decisión dictada por la Sala Constitucional N° 34 del 26 de enero de 2004, caso: *Vestalia Sampedro*.

mencionado carácter orgánico, pues no es admisible la utilización indiscriminada de esta calificación de ley orgánica por parte del parlamento.

II. LOS TIPOS DE LEYES ORGÁNICAS

La Sala Constitucional ha tenido la oportunidad de revisar el carácter orgánico de las leyes calificadas como tales por la Asamblea Nacional, analizando los distintos supuestos enunciados en el mencionado artículo 203 de la *Constitución*; y salvo un par de casos que conocemos, en todos los demás ha confirmado el carácter orgánico de la ley[188].

2.1.- Así, en cuanto al primer supuesto establecido en la citada norma constitucional, esto es, las *así denominadas por la Constitución*, podemos citar el caso de la *Ley Orgánica de Hidrocarburos*, donde el artículo 302 *eiusdem* dispone que "El Estado se reserva, mediante la ley orgánica respectiva… la actividad petrolera…"[189].

Como vemos, la propia *Constitución* establece que la normativa que desarrolle la actividad petrolera debe estar contenida en una ley orgánica. Sin embargo, en la decisión que conoció sobre el carácter orgánico de esta ley, la Sala no justificó su decisión en este primer supuesto, sino que básicamente trató de encuadrar la ley en todos los tipos previstos en el artículo 203 de la *Constitución* e, incluso, en algunos otros completamente irrelevantes. En efecto, en la sentencia N° 2264 del 13 de noviembre de 2001, se señaló lo siguiente:

> Ahora bien, esta Sala, luego de analizar los fundamentos teóricos anteriormente anotados, considera que el Decreto con Fuerza de Ley Orgánica de Hidrocarburos es constitucionalmente orgánico, por los motivos siguientes:

---

188 Los casos que conocemos donde se ha negado el carácter orgánico de la ley son los de la *Ley contra la Corrupción*, sentencia del 16 de octubre de 2002; y el de la *Ley Orgánica del Sistema Venezolano para la Calidad*, sentencia N° 1723 del 31 de julio de 2002.

189 Según la cuenta del profesor PEÑA SOLÍS, la *Constitución* menciona 25 leyes orgánicas. PEÑA SOLÍS, José, "*Los Tipos Normativos en la Constitución de 1999*", *op. cit.*

1.- Se trata de un Decreto Legislativo dictado por el Presidente de la República, en Consejo de Ministros, en ejercicio de la atribución que le confiere el numeral 8, del artículo 236 de la Constitución de la República Bolivariana de Venezuela, en concordancia con el artículo 1, numeral 2, literales e, f, g, h de la Ley que Autoriza al Presidente de la República para dictar Decretos con fuerza de Ley en las materias delegadas.

2.- Es un Decreto Legislativo dictado de conformidad con lo dispuesto en el artículo 302 de la Constitución de la República Bolivariana de Venezuela, que consagra los Principios que rigen la actividad petrolera y la manufactura nacional de materias primas provenientes de la explotación de los recursos naturales no renovables, las cuales se alcanzarán privilegiando y desarrollando la actividad primaria, de refinamiento y comercialización, e industrialización de los recursos naturales no renovables.

3.- Se trata de una Ley que promueve el crecimiento económico, la participación de las personas y capital nacional en la actividad propia de hidrocarburos, ofrece garantías a los derechos de aquellas personas que participan en tal actividad o que se vean afectadas por la misma, y de los trabajadores de las empresas que igualmente la desarrollen, y define el papel del Estado como ente garantizador y ejecutor de políticas económicas.

4.- Se trata de una ley marco que constituye la base para el desarrollo de una legislación específica que regirá cada tipo de actividad destinada a la materia de hidrocarburos;

5.- Se trata de un Decreto Legislativo que satisface las exigencias técnico-formales de la prescripción general sobre la materia que regula, mediante principios normativos válidos para otras leyes que se sancionen, en materia de hidrocarburos.

Con base en las anteriores consideraciones, este Máximo Tribunal se pronuncia, conforme a lo previsto en el artículo 203 de la Constitución de la República Bolivariana de Venezuela, en el sentido de declarar la constitucionalidad del carácter orgánico del Decreto con Fuerza de Ley Orgánica de Hidrocarburos, y así se declara.

Como vemos, la justificación del carácter orgánico no se limitó a lo dispuesto en el artículo 302 de la *Constitución*, sino que se argumentó el carácter marco de la ley; el contenido de supuestas garantías constitucionales; y hasta su origen derivado de una ley habilitante. Es decir, no hay una clara motivación concreta y precisa para justificar este carácter orgánico que, sin duda, posee esta legislación, por una expresa disposición constitucional.

2.2.- El segundo tipo o supuesto de ley orgánica previsto en el artículo 203 de la *Constitución* se refiere a las que se dicten para *organizar los poderes públicos*. Al respecto, la jurisprudencia de la Sala Constitucional ha sido muy relajada a la hora de verificar este tipo de leyes orgánicas, admitiendo esa mención para casos de leyes que tangencialmente regulan algún ente del Estado.

Un buen ejemplo de esta afirmación lo vemos en la sentencia del 22 de junio de 2007, caso: *Decreto N° 5.330, con Rango, Valor y Fuerza de Ley Orgánica de Reorganización del Sector Eléctrico*, donde se avaló el carácter orgánico de esta ley, con la siguiente argumentación:

> Las anteriores consideraciones son necesariamente trasladables al caso de autos, toda vez que el Decreto N° 5.330 regula el mismo sector que la Ley Orgánica del Sector Eléctrico, si bien se limita a una reorganización del mismo, estatizándolo en su totalidad, sin incidir en la regulación sobre el ejercicio de las diferentes actividades de generación, transmisión, distribución y comercialización de energía, lo cual sigue siendo objeto de la referida Ley Orgánica del Servicio Eléctrico.
>
> De esa manera, siendo un Decreto-Legislativo que reserva al Estado una actividad, exigiendo no sólo la fusión en la nueva empresa que se constituye (CORPOELEC) de todas las empresas totalmente públicas, sino también de las empresas mixtas e incluso de las privadas que se encuentren en el supuesto del artículo 7 del Decreto, es evidente que su carácter ha de ser orgánico, por disposición expresa del artículo 302 de la Constitución de la República.
>
> En consecuencia, esta Sala, con base en el criterio expuesto en el fallo N° 2542/2001 y en especial con fundamento en el artículo 302 del Texto Fundamental, estima que es constitucional el carácter orgánico que se le ha concedido al Decreto N° 5.330. Así lo declara.

De igual forma, en la decisión de fecha 12 de junio de 2000, caso: *Ley Orgánica de Telecomunicaciones*, por cierto, el primer caso que conocemos sobre el ejercicio de esta facultad de la Sala Constitucional, también se justificó el carácter orgánico de la normativa con una breve referencia a la creación de un ente público (CONATEL). Textualmente señaló la Sala:

> 2.- Se trata de una Ley que prescribe la organización o estructuración de órganos del Poder Público Nacional, destinada a establecer el régimen del servicio de telecomunicaciones y la administración del espectro electromagnético;

Y más recientemente, en el fallo de fecha 6 de julio de 2022, caso: *Ley Orgánica de las Zonas Económicas Especiales*, la Sala señaló:

> Conforme al criterio fijado por esta Sala en su sentencia n° 537 del 12 de junio de 2000, caso: *"Ley Orgánica de Telecomunicaciones"*, la Ley Orgánica de las Zonas Económicas Especiales ostenta el carácter técnico-formal que la erige en una ley que regula la creación, organización, funcionamiento, administración y desarrollo de las Zonas Económicas Especiales, así como los incentivos económicos, fiscales y de otra índole que resulten aplicables, en función de un modelo de desarrollo económico soberano y de producción nacional que garantice el encadenamiento productivo, la seguridad jurídica, la justicia social y los medios ambientalmente sustentables (*ex* artículo 299 de la Constitución de la República Bolivariana de Venezuela), desarrollando la aplicación de los derechos económicos en este tipo de régimen económico especial, *y creando estructuras organizativas públicas* (ex artículo 300 Constitucional), subsumibles, en su orden, en la segunda, tercera y cuarta categoría normativa prevista en el artículo 203 constitucional. (Cursivas añadidas).

Al respecto, PEÑA SOLÍS ha cuestionado este tipo de calificaciones de leyes orgánicas, pues no es suficiente justificar ese carácter por el hecho de que la normativa cree o regule las competencias de cualquier organismo público.

En este sentido, el mencionado autor se inclina por limitar la calificación de orgánica a las leyes que realmente van a establecer la estructura organizativa de los poderes públicos de relevancia constitucional, como podría ser el Ministerio Público, la Contraloría General de la República, el Consejo Federal de Gobierno, entre otros[190].

Sin embargo, vemos como la jurisprudencia de la Sala Constitucional pareciera conformarse con cualquier regulación y hasta mención de algún ente público, para encuadrar el carácter orgánico de la ley en este segundo supuesto constitucional.

2.3.- El tercer supuesto previsto en el artículo 203 de la *Constitución* se refiere a las leyes que *desarrollen derechos fundamentales.* Aquí, igualmente, la Sala Constitucional ha sido algo inconsistente y poco rigurosa con la exigencia constitucional, pues si bien en algunas decisiones ha destacado que no cualquier vinculación con un derecho fundamental es suficiente para darle el carácter orgánico a una ley; en otros fallos ha considerado suficiente una simple vinculación tangencial con algún derecho constitucional. Es decir, no se ha reservado el carácter orgánico para los casos de leyes que realmente regulen el contenido y alcance de los derechos constitucionales.

Sobre este particular, vale la pena comenzar citando la sentencia de fecha 14 de febrero de 2007, caso: *Ley Orgánica sobre el Derecho de la Mujer a una Vida Libre de Violencia,* donde a nuestro juicio la Sala Constitucional realiza un acertado análisis sobre las leyes que realmente pueden considerarse como reguladoras de derechos fundamentales. En este fallo se precisó lo siguiente:

> Observa la Sala que el problema central consiste en determinar qué conexión debe existir entre el derecho constitucional y la ley para que ésta deba tener carácter orgánico por constituir desarrollo del derecho constitucional. Resulta claro para esta Sala que *no toda ley que tenga relación con un derecho constitucional debe tener carácter orgánico.* Por tal razón, se estima que puede resultar inevitable aproximarse a esta cuestión con un cierto casuismo, teniendo en cuenta que la gran heterogeneidad de contenidos que se incluyen en el Título III, denominado "De los Deberes, Derechos Humanos y Garantías", de la Constitución de 1999, desde el punto de vista de la estructura del derecho de que se trate y del tipo de relación que la ley guarda con el mismo, ha de conducir a esta Sala a de-

190 PEÑA SOLÍS, José, "Los Tipos Normativos en la Constitución de 1999", *op. cit.*

terminar que hay derechos constitucionales no susceptibles de desarrollo en el sentido del artículo 203 constitucional, y bien que hay derechos constitucionales cuyo desarrollo por ley orgánica no agotaría el correspondiente sector normativo, el cual debe ser complementado con disposiciones legales de carácter ordinario en todo lo que no sea estrictamente desarrollo del derecho constitucional.

A partir de la *tesis interpretativa restrictiva* del precepto constitucional que regula a las leyes orgánicas para desarrollar los derechos constitucionales, que permite la armonización conceptual de las variables "desarrollo" y "derechos constitucionales" y reducir al mínimo su contenido, ha de construirse, a juicio de esta Sala, el ámbito material reservado a este nuevo subtipo de leyes orgánicas. Acerca del significado de tales expresiones, salvando las diferencias, pueden encontrarse abundantes precisiones de orden concreto en la doctrina y jurisprudencia constitucional españolas acerca del alcance que debe darse al supuesto de reserva constitucional de ley orgánica para el desarrollo de derechos fundamentales, en razón de que, como ha dicho la doctrina patria, el precepto constitucional que regula las leyes orgánicas en Venezuela, tiene su fuente en la Constitución española de 1978 (PEÑA SOLÍS, José, *ob. cit.*, pp. 92-93). En este sentido, el mencionado autor destaca que, a partir de la teoría "minimalista" o del "complemento indispensable" manejada por la doctrina y la jurisprudencia española (*vid.*, entre otros, SANTAMARÍA PASTOR, Juan Alfonso, *Principios de Derecho Administrativo*. Volumen I. Centro de Estudios Ramón Areces, S.A., 4ta. Ed., Madrid, 2002, p. 242; y GARCÍA DE ENTERRÍA, Eduardo y Tomás-Ramón Fernández, *Curso de Derecho Administrativo I*. Editorial Civitas, S.A., 5ta. Ed., Madrid, 1989, pp. 155-159), y con las que guarda congruencia la posición seguida por el constituyente venezolano de 1999, las normas que reservan al Poder Legislativo Nacional el desarrollo de derechos constitucionales, específicamente mediante leyes orgánicas, aluden a que la regulación de un derecho sea efectuada de forma directa, frontal y global, excluyendo todo intento tendente a disciplinarlo de manera indirecta.

De modo que, observa la Sala, si cualquier regulación que de forma incluso parcial o indirecta afecta el régimen de los derechos y libertades se encuentra reservada a la ley orgánica, llevaría sin duda al absurdo de considerar que la inmensa mayoría de las leyes formales deberían ser leyes orgánicas, descartando toda posibilidad de que el legislador, mediante la aprobación de leyes a través de un procedimiento menos reforzado, pueda incidir, aun indirectamente, en el efectivo ejercicio de derechos constitucionales. En otras palabras, interpretado el término "desarrollo" en un sentido estricto, sólo cabe atribuir a la ley orgánica toda regulación general de la norma constitucional que reconoce un derecho o lo que afecta a cuestiones básicas y esenciales de dicha regulación, que contribuya a la mejor aplicación del precepto constitucional porque incida en aspectos propios de la eficacia del mismo; pero no así cualquier supuesto en que se incida de manera más o menos directa en la esfera de un derecho constitucional, ni siquiera todo lo que se pueda considerar regulación de su ejercicio. De esta forma, la Sala debe reiterar el criterio sentado en sentencia N° 1723 del 31 de julio de 2002, que declaró que el "Proyecto de Ley Orgánica del Sistema Venezolano para la Calidad" no tiene el carácter orgánico que le atribuyó la Asamblea Nacional, luego ratificado en sentencia N° 2573 del 16 de octubre de 2002 ("Ley Orgánica contra la Corrupción"), de acuerdo con el cual no podrá extenderse el sentido del primer párrafo del artículo 203 de la Constitución de 1999 con el fin de dar cabida en él a normativas calificadas por la Asamblea Nacional como leyes orgánicas que "...b) rocen aspectos secundarios de algún derecho fundamental, ya sea por consagrar alguna modalidad en su ejercicio o por establecer ciertas condiciones o restricciones a su goce, sin que tal regulación constituya un desarrollo directo, global o en aspectos esenciales de tales derechos fundamentales, o una restricción no autorizada por la propia Constitución de los mismos, pues, una hipersensibilidad respecto a este tema 'convertiría al ordenamiento jurídico entero en una mayoría de Leyes Orgánicas, ya que es difícil concebir una norma que no tenga una conexión, al menos remota, con un derecho fundamental' (*cf.* Pérez Royo, Javier, *Curso de Derecho Constitucional*, Madrid, Marcial Pons, 2000, p. 791)". (...)

En efecto, observa la Sala que la Ley Orgánica en cuestión desarrolla, de manera centralizada y convergente, la protección constitucional a la que se refiere el artículo 21.2 de la Constitución de 1999 a favor de las mujeres, por ser éstas, como ya indicó esta Sala, un grupo poblacional tradicionalmente vulnerable. Con independencia de las razones de conveniencia observadas por la Asamblea Nacional para dictar la Ley cuya naturaleza orgánica se examina bajo la calificación otorgada y de las competencias que, al respecto, tiene dicho órgano legislativo, esta Sala, luego de apreciar la importancia del contenido del texto normativo, advierte que éste incluye una regulación sobre las condiciones básicas o esenciales que garantizan a las mujeres una igualdad ante la ley real y efectiva; no contiene, por consiguiente, un diseño completo y acabado de su régimen jurídico, así como tampoco de otros derechos constitucionales afectados. De modo que, con la referida Ley Orgánica se pretende disciplinar el contenido primario, las facultades elementales y los límites esenciales de todo aquello que sea necesario para asegurar una igualdad ante la ley de las mujeres en el ejercicio efectivo de sus derechos exigibles ante los órganos jurisdiccionales y la Administración Pública.

Además, observa la Sala que la regulación sobre aspectos fundamentales, como los derechos constitucionales a la integridad personal (artículo 55), a la vida (artículo 43) y a la igualdad (artículo 21), entre otros, dirigidos a la protección de la población de mujeres, puede adquirir una vigencia transversal en los distintos ámbitos jurídicos de su vida ciudadana, a través de una ley orgánica que sirva de marco legal al ordenamiento ordinario, no por tener -se insiste- rango superior a la ley ordinaria en el sistema de fuentes del Derecho, sino por su preeminencia lógica e indispensable para la construcción del resto del ordenamiento jurídico, cuando se delimita a las disposiciones legislativas posteriores que desarrollan los principios que ella pauta. De esto se evidencia que la legislación ordinaria, siendo consecuente consigo misma cuando se incida en una concreta modalidad de ejercicio del derecho fundamental o sirva como fórmula de colaboración internormativa -siempre que no se trate de un reenvío en blanco que persiga defraudar la reserva constitucional a favor de las leyes orgánicas-, deberá atenerse al marco general trazado por la denominada "Ley Orgánica sobre el Derecho de la Mujer a una Vida Libre de Violencia" en la materia en ella discurrida, al reglar las instituciones cuyos principios han sido colocados en tal encuadramiento.

> Con base en las anteriores consideraciones, este Máximo Tribunal se pronuncia, conforme a lo previsto en el artículo 203 de la Constitución de la República Bolivariana de Venezuela, en el sentido de declarar la constitucionalidad del carácter orgánico de la "Ley Orgánica sobre el Derecho de la Mujer a una Vida Libre de Violencia". Así se declara.

Nótese que se trata de una posición que califica la Sala de *restrictiva*, para limitar el carácter orgánico únicamente a las leyes que realmente desarrollen el contenido de un derecho fundamental. En el mismo sentido, en una de las dos decisiones que han negado el carácter orgánico de la ley (*Ley contra la Corrupción*)[191], la Sala Constitucional se apoyó en la una cita de doctrina española, contenida en la sentencia que había interpretado en abstracto el artículo 203 de la *Constitución*[192], y donde se afirma que no es suficiente una regulación parcial o tangencial de derechos constitucionales, para darle el carácter orgánico a la ley.

Textualmente dispuso:

> Por lo tanto, las categorías materiales que erigen una ley en orgánica contenidas en el primer párrafo del artículo 203 constitucional, deben interpretarse de manera cabal, es decir, a tales enunciados debe dárseles el sentido estricto que se deriva de la función que los justifica y del lugar que ocupan en el conjunto de las normas y principios constitucionales. Por lo mismo, y al hilo del razonamiento seguido hasta ahora, se declara que no podrá extenderse el sentido del primer párrafo del citado artículo 203 con el fin de dar cabida en él a proyectos de leyes orgánicas que, por ejemplo, a) creen o estructuren entes subalternos del Poder Público; o b) *rocen aspectos secundarios de algún derecho fundamental, ya sea por consagrar alguna modalidad en su ejercicio o por establecer ciertas condiciones o restricciones a su goce, sin que tal regulación constituya un desarrollo directo, global o en aspectos esenciales de tales derechos fundamentales, o una restricción no autorizada por la propia Constitución de los mismos*, pues, una hipersensibilidad respecto a este tema 'convertiría al ordenamiento jurídico entero en una mayoría de Leyes Orgánicas, ya que es difícil concebir una norma que

191 Sentencia del 16 de octubre de 2002.

192 Sentencia N° 34 del 26 de enero de 2004, caso: *Vestalia Sampedro*.

no tenga una conexión, al menos remota, con un derecho fundamental' (*cf.* Pérez Royo, Javier, *Curso de Derecho Constitucional,* Madrid, Marcial Pons, 2000, p. 791). (Cursivas añadidas).

Este carácter orgánico resultaba también indiscutible en el caso de la sentencia de fecha 13 de agosto de 2021, donde se analizó la *Ley Orgánica para la Atención y Desarrollo Integral de las Personas Adultas Mayores.* Allí la Sala Constitucional argumentó que:

> En tal sentido, en dicho marco normativo se observa que tiene como finalidad garantizar un derecho fundamental intrínseco a la dignidad humana como puede ser considerada la igualdad, la libertad o la salud, ya que atiende a la necesidad del hombre que permita su desarrollo y crecimiento personal como adulto mayor como parte de un núcleo familiar y, por ende, de la misma sociedad, por lo que es pertinente que el Estado, como manifiesta evolución natural, garantice la protección progresiva de este derecho y de otros derechos que se interrelacionan con otra serie de garantías y/o derechos constitucionales como lo pueden ser la salud, la seguridad, la protección a la familia, entre otros derechos que guardan cierta conexidad con el desarrollo de la dignidad humana. (...)

Sin embargo, en otras ocasiones la Sala Constitucional ha obviado, al menos en nuestro criterio, esta posición restrictiva, para avalar el carácter orgánico de leyes que no tienen por objeto regular el contenido y alcance de derechos fundamentales. Un buen ejemplo de esta afirmación lo vemos en la sentencia del 28 de abril de 2023, caso: *Ley Orgánica de Extinción de Dominio,* donde se señaló:

> Ello así, la Ley Orgánica de Extinción de Dominio, contiene normas que buscan fortalecer las capacidades del Estado para combatir con eficiencia estas prácticas delictivas, incorporando al ordenamiento jurídico venezolano un instrumento de política criminal como la "extinción de dominio", que complementa el conjunto de medidas institucionales y legales adoptadas por la República Bolivariana de Venezuela en esta materia, conforme a las previsión referida a los derechos económicos (artículo 116).
>
> Tal circunstancia circunscribe la citada Ley en la categoría establecida en el tercer supuesto que dispone el artículo 203 de la Constitución de la República Bolivariana de Venezuela, es decir, en la atributiva del carácter orgánico sobre el fundamento del desarrollo de derechos constitucionales, comen-

zando por el aludido derecho a la protección por parte del Estado, cuya garantía implica la tutela de otros tantos derechos fundamentales, como ha podido apreciarse. (...)

Efectivamente, en el caso de la Ley Orgánica de Extinción de Dominio, el legislador ha querido desarrollar el derecho constitucional a la protección patrimonial y de otros intereses del Estado, habida cuenta de que éste constituye un derecho irrenunciable con clara incidencia en el resto de los derechos fundamentales, debido a que tiene la obligación indeclinable de tomar todas las medidas necesarias y apropiadas, frente a situaciones que constituyan amenaza, vulnerabilidad o riesgo para la integridad patrimonial de la República y sus propiedades, instituyendo un elemento de suprema importancia para el desenvolvimiento y la correcta administración de todos los bienes que quedaran bajo la administración del órgano especializado en virtud de la adopción vía cautelar, de acuerdo con los principios de eficiencia y transparencia de la función pública.

Lo mismo sucede con el caso citado *supra* de la *Ley Orgánica de las Zonas Económicas Especiales,* donde se pretende justificar su carácter orgánico afirmando que la misma se encuentra "desarrollando la aplicación de los derechos económicos en este tipo de régimen económico especial"; o en el caso del *Decreto con Rango de Ley Orgánica de Turismo*, donde se menciona que el mismo está destinado a desarrollar "parcialmente el derecho constitucional a la recreación establecido en el artículo 111"[193]; o en el caso de la *Ley Orgánica de la Jurisdicción Contencioso Administrativa*, cuando se destaca que esa ley "complementa con el desarrollo exhaustivo del derecho constitucional a la tutela judicial efectiva"[194].

Por tanto, realmente no hay la suficiente uniformidad de criterios en estos precedentes de la Sala Constitucional, lo que deriva en una falta de rigurosidad científica a la hora de determinar el verdadero carácter orgánico de las leyes.

---

193 Sentencia N° 2265 del 13 de noviembre de 2001.

194 Sentencia del 23 de abril de 2010.

2.4.- El último tipo de leyes orgánicas previsto en el artículo 203 de la *Constitución* son las que sirvan de marco normativo a otras leyes. Consideramos que en este caso la intención del constituyente giraba en torno a leyes generales que establecen principios fundamentales que luego deben ser desarrollados en leyes especiales.

Un ejemplo de ello podría ser el *Código Orgánico Tributario*, donde se establecen los principios fundamentales del derecho financiero e impositivo, el cual deriva en un conjunto de leyes especiales, como serían la *Ley de Impuesto sobre la Renta*, la *Ley de Impuesto al Valor Agregado*, etc.

No conocemos de un caso donde se haya utilizado este supuesto como el único fundamento para la determinación del carácter orgánico de la ley, pero si existen varias decisiones donde se utiliza el argumento de que la ley examinada puede servir de marco a otras leyes especiales.

En efecto, en la sentencia N° 2266 del 13 de noviembre de 2001, caso: *Decreto con Fuerza de Ley Orgánica de Planificación,* se mencionó, entre los argumentos utilizados, que

> 3.- Se trata de un Decreto Legislativo que satisface las exigencias técnico-formales de la prescripción general sobre la materia que regula, mediante principios normativos válidos para otras leyes que se sancionen, en materia de planificación.

Lo mismo sucedió en la sentencia N° 2264 del mismo día, caso: *Ley Orgánica de Hidrocarburos*, donde se destaca que:

> 4.- Se trata de una ley marco que constituye la base para el desarrollo de una legislación específica que regirá cada tipo de actividad destinada a la materia de hidrocarburos;

Pues bien, luego de analizar esta facultad que la *Constitución* le otorga a la Sala Constitucional para verificar el carácter orgánico de las leyes, podemos concluir que, si bien el artículo 203 *eiusdem* establece unos supuestos cerrados y delimitados de los tipos de leyes que pueden ser calificadas como orgánicas, lo que eliminó la discrecionalidad que se le otorgaba al parlamento en la *Constitución* de 1961; no es menos cierto que una revisión exhaustiva de la jurisprudencia de la Sala Constitucional nos indica que básicamente casi todas las leyes calificadas por la Asamblea Nacional como orgánicas, salvo los dos casos mencionados *supra*, han sido avaladas y confirmadas, mediante declaraciones de la constitucionalidad del carácter orgánico de las mismas.

III. OTROS ASPECTOS PROCESALES

Según lo dispuesto en el mismo artículo 203 de la *Constitución,* la Sala Constitucional dispone de un plazo de 10 días para decidir la constitucionalidad del carácter orgánico del proyecto de ley, contados a partir del recibo de la comunicación enviada por la Asamblea Nacional. Consideramos que es este el plazo para dictar sentencia y no el indicado en el artículo 145 de la *Ley Orgánica del Tribunal Supremo de Justicia* (30 días)[195].

No hemos visto en los casos analizados ninguna incidencia procesal, es decir, no hemos podido verificar la posibilidad de intervenciones de terceros que puedan presentar argumentos a favor o en contra de la declaratoria de la constitucionalidad del carácter orgánico de la ley presentada. Sin embargo, en nuestro criterio, nada impide que Diputados opositores a la calificación del proyecto; otras autoridades del Estado; o incluso particulares interesados puedan participar en este tipo de solicitudes, mediante la presentación de algún escrito, dentro del plazo que dispone la Sala para dictar la sentencia.

Finalmente, en cuanto a los efectos de la decisión, hemos observado básicamente que se trata de sentencias declarativas con dos opciones: i) la confirmación del carácter orgánico de la ley; y ii) la negativa de esa calificación, en cuyo caso la promulgación de la ley debe realizarse sin la mención del carácter orgánico de la ley[196].

Una situación diferente pudiera ocurrir en casos donde la Asamblea Nacional admita la discusión de un proyecto de ley, con mayoría simple, de una ley que debe ser considerada como orgánica. Es decir, que inicia una discusión parlamentaria de una ley ordinaria, pero que debería calificarse de orgánica.

---

195 Una opinión contraria la encontramos en el trabajo de BADELL MADRID, Rafael, "*Derecho Procesal Constitucional*", Academia de Ciencias Políticas y Sociales, Caracas, 2020.

196 Eso fue lo que sucedió en los dos casos que han negado la calificación planteada por la Asamblea Nacional. Concretamente, los casos de la *Ley contra la Corrupción* y la *Ley del Sistema Venezolano para la Calidad.*

En este supuesto, algún interesado pudiera cuestionar la admisión de ese proyecto, y solicitarle a la Sala Constitucional que determine si la ley en discusión debe ser considerada como orgánica, ya que en ese caso la admisión del proyecto para su discusión debe ser aprobado por las dos terceras partes de la Asamblea Nacional. Se trata de una situación hipotética que no hemos visto hasta ahora.

En este escenario habría que verificar cuando es la oportunidad adecuada para cuestionar esa errada calificación y el procedimiento adecuado, pues pareciera que el control preventivo que hemos estudiado aquí está limitado a los casos donde la Asamblea Nacional remite a la Sala Constitucional un proyecto calificado de ley orgánica, luego de ser sancionado y antes de su promulgación. Probablemente, la vía adecuada para este caso hipotético sea la acción de inconstitucionalidad de la ley una vez aprobada, lo cual debería tramitarse entonces por el procedimiento previsto en los artículos 129 y siguientes de la *Ley Orgánica del Tribunal Supremo de Justicia.*

CAPÍTULO NUEVE

EL CONTROL DE LAS OMISIONES LEGISLATIVAS

I. CONSIDERACIONES GENERALES

Uno de los temas más novedosos de la justicia constitucional se refiere a la posibilidad de controlar judicialmente las omisiones del legislador, a través de una pretensión procesal autónoma. Si bien ya Kelsen había asomado este problema, no es sino hasta el final del Siglo XX cuando realmente comienzan a aparecer regulaciones constitucionales y legales sobre este tema[197].

Obviamente, las objeciones a una pretensión procesal dirigida a cuestionar las omisiones legislativas no fueron pocas. Tal y como lo demuestra el Decano CASAL, fueron muchos los obstáculos impuestos por la doctrina para aceptar este tipo de control judicial. Así, se han alegado los problemas que se derivan de las restricciones económicas que pueden hacer inviables las llamadas promesas constitucionales; o la supuesta violación del principio de separación de poderes, al considerarse que ello podría atentar contra la libertad de configuración normativa o discrecionalidad del legislador, quien pudiera ser el encargado de escoger el mejor momento para desarrollar un precepto constitucional; o la posible ruptura del principio de legalidad o reserva legal, ya que los jueces no estarían actuando con sujeción a la ley, sino más bien, creándola[198].

---

197 En efecto, Kelsen sostuvo, dentro de su famosa discusión con Carl Schmitt, que "la violación de la Constitución significa la verificación de un hecho que contradice a la Constitución, sea por acción, sea por omisión". Véase, KELSEN, Hans "*¿Quién debe ser el defensor de la Constitución?*", Editorial Tecnos, Madrid, 1931.

198 CASAL H., Jesús María, "*Constitución y Justicia Constitucional*", UCAB, Caracas, 2004, pp. 177 y ss.

Pero a pesar de estas objeciones, es lo cierto que cada vez más nos encontramos con ordenamientos jurídicos que permiten la tutela de las omisiones legislativas mediante pretensiones procesales directas ante los órganos de control constitucional, básicamente al considerar que el principio de *supremacía constitucional* amerita, no sólo erradicar leyes contrarias a la *Constitución*, sino también, obligar al parlamento a desarrollar las normas y principios fundamentales. Es decir, se puede desconocer la integridad de la *Constitución* cuando el legislador actúa como cuando no lo hace, porque con su inactividad puede quebrantarse la efectividad real y plena de los preceptos constitucionales.

Tal y como lo afirma FERNÁNDEZ RODRÍGUEZ, el principio de supremacía constitucional "no sólo se limita a convertir a la norma básica en referente negativo, frontera que no puede ser traspasada, tanto desde el punto de vista formal como material, sino que también provoca que el proyecto que los constituyentes reflejaron en su obra sea de obligatorio cumplimiento. La falta de realización de semejantes obligaciones es también una violación de la supremacía constitucional..."[199].

La primera regulación constitucional que reconoció la necesidad de controlar judicialmente las omisiones legislativas la encontramos en la antigua Yugoslavia, donde se creó el control abstracto de las omisiones legislativas[200]. Una regulación similar luego apareció en la Constitución de Portugal de 1976[201] y una década más tarde en la Constitución de Brasil de 1988[202].

---

199 FERNÁNDEZ RODRÍGUEZ, José Luis, *Aproximación al concepto de inconstitucionalidad por omisión. Teoría General. Derecho Comparado. El caso español*, Madrid, Civitas, 1998.

200 El artículo 377 de la Constitución de la República Socialista Federativa de Yugoslavia de 1974 disponía: "Si el Tribunal de Garantías Constitucionales de Yugoslavia hiciere constar que un órgano competente no hubiere dictado las normas de ejecución de la Constitución de la República, de las leyes y de otras disposiciones y actos generales federales, estando obligado a dictarlas, informará de ello a la Asamblea de la República".

201 Artículo 279.

202 El artículo 103 de la Constitución brasilera de 1988 dispone: "Declarada la inconstitucionalidad por omisión de una medida necesaria para

Pero además de estas regulaciones constitucionales expresas, otros ordenamientos jurídicos han venido reconociendo, jurisprudencialmente, la posibilidad del control constitucional de las omisiones legislativas, como es el caso de Colombia, Alemania, Argentina, España, Italia, entre otros[203].

En Venezuela, la posibilidad de cuestionar las omisiones legislativas directamente ante un órgano judicial aparece por primera vez, en la *Constitución* vigente de 1999. Así, en su *Exposición de Motivos* se reconoce esta tendencia del Derecho Procesal Constitucional señalando lo siguiente:

> Aunado a ello e inspirada nuevamente en una tendencia presente en derecho comparado, la Constitución atribuye a la Sala Constitucional la potestad para decidir sobre la inconstitucionalidad de las omisiones legislativas, mecanismo que ha tenido un auge creciente en países como Argentina, Brasil, Costa Rica, Hungría y, especialmente, Portugal.
>
> La inconstitucionalidad por omisión se produce por la falta de desarrollo por parte del Poder Legislativo, durante un tiempo excesivamente largo, de aquellas normas constitucionales de obligatorio y concreto desarrollo, de forma tal que impida su eficaz aplicación. Con este mecanismo se persigue evitar, situaciones como las que se originaron en el caso del artículo 49 de la Constitución de 1961 y la falta de una legislación sobre amparo constitucional, durante casi treinta años.

Vale la pena destacar la referencia que hace la *Exposición de Motivos* al tema de la regulación del amparo constitucional en Venezuela, pues en efecto, es un buen antecedente para evidenciar los problemas surgidos con la mora del legislador en desarrollar las normas o principios constitucionales; y, además, para verificar cuál fue la solución que le dio la práctica forense venezolana.

---

convertir en efectiva una norma constitucional, se dará conocimiento al poder competente para la adopción de las providencias y, tratándose de un órgano administrativo, para que lo haga en el plazo de treinta días".

203 Véase, al respecto, el trabajo de BAZÁN, Víctor, "Control de las Omisiones Inconstitucionales e Inconvencionales. Recorrido por el derecho y la jurisprudencia americanos y europeos", www.corteidh. or.cr/ta blas/31009.pdf

Así, la *Constitución* de 1961 había previsto en su artículo 49 el *derecho al amparo*, esto es, el derecho a un procedimiento breve para la defensa de los derechos fundamentales. Sin embargo, siguiendo la tipología tradicional de las regulaciones constitucionales, ello se hizo en forma programática, pues la última frase del artículo 49 señala *"en conformidad con la ley"*. Frente a esta norma, los tribunales competentes entendieron que era necesario esperar la regulación legislativa para poder tramitar acciones de amparo constitucional, frente a las denuncias de violaciones de derechos fundamentales[204].

Sin embargo, ante la prolongada omisión legislativa (*absoluta*) en el desarrollo de este derecho de amparo, a través de una ley especial, los tribunales comenzaron a cuestionar esa letanía. Así, luego de los rechazos iniciales, con una decisión de instancia en el caso del kínder *Rondalera*[205], se decidió darle efectividad a la norma constitucional, sin reparar en la omisión legislativa. Los jueces comenzaron a entender que esa inactividad no podía condicionar la existencia de un derecho fundamental. Así surgieron decisiones, incluso de la Corte Suprema de Justicia, admitiendo amparos constitucionales, a pesar de que no había una ley que regulara sus principios adjetivos y sustantivos. Pretorianamente comenzó entonces la utilización de un procedimiento expedito para la defensa de los derechos fundamentales.

Y esa fue, en definitiva, la presión que llevó a que el legislador actuara, lo que se concretó finalmente con la *Ley Orgánica de Amparo sobre Derechos y Garantías Constitucionales* de 1988.

Pero lo que nos interesa resaltar aquí es que, frente a una inactividad legislativa, consistente en desarrollar o concretar un derecho fundamental, el sistema judicial decidió aplicar criterios particulares frente a cada caso concreto, para darle cumplimiento efectivo a la disposición constitucional[206]. Si bien esta posición ju-

204 Al respecto puede verse nuestro trabajo, CHAVERO GAZDIK, Rafael J., *"El Nuevo Régimen del Amparo Constitucional en Venezuela"*, Editorial Sherwood, Caracas, 2001, pp. 19 y ss.

205 *Idem* p. 23.

206 Así, aparecieron decisiones como la del *Registro Automotor Permanente* (Sala Político-Administrativa de la Corte Suprema de Justicia, del 6 de agosto de 1987), donde se desarrollaron varios principios y recomen-

risprudencial fue acertada y logró precipitar la promulgación de la *Ley de Amparo*, no es menos cierto que generó una gran inseguridad jurídica, pues cada juez manejaba criterios distintos y casuísticos, frente a la interposición de acciones de amparo, lo que, sin duda, derivó en no pocas injusticias.

Una situación similar destaca BIDAR CAMPOS, al referirse al artículo 14 de la Constitución de Argentina, donde se señala que las leyes deben asegurar al trabajador la participación en las ganancias de las empresas. Sin embargo, por más de 20 años el Congreso no había dictado ley alguna para implementar los términos de esa participación económica, lo que permitió cuestionar el carácter programático de esa disposición constitucional, para más bien darle el carácter de derecho subjetivo[207].

Lo cierto es que este ejemplo, utilizado por la *Exposición de Motivos* de la *Constitución*, ayuda a justificar soluciones distintas frente a las omisiones legislativas, sobre todo para evitar el casuismo e indeterminación de los criterios jurisprudenciales. Con ello se llega a la consagración de una acción directa ante la Sala Constitucional, a los fines de exigirle al legislador, mediante la fijación de plazos y hasta lineamientos, el cumplimiento del mandato constitucional.

Así, es en la *Constitución* de 1999, cuando por primera vez aparece esta potestad expresa de controlar las omisiones legislativas. Concretamente, en el numeral 7 del artículo 336 se dispuso, como competencia de la Sala Constitucional, lo siguiente:

> Declarar la inconstitucionalidad de las omisiones del poder legislativo municipal, estadal o nacional cuando haya dejado de dictar las normas o medidas indispensables para garantizar el cumplimiento de esta Constitución, o las haya dictado en forma incompleta, y establecer el plazo y, de ser necesario, los lineamientos de su corrección.

---

daciones que debían seguir los jueces para conocer de acciones de amparo constitucional.

207 BIDAR CAMPOS, Germán, "*La Justicia Constitucional y la Inconstitucionalidad por Omisión*", el cual puede consultarse en https://archivos.juridicas.unam.mx/www/bjv/libros/5/2107/2.pdf

Norma constitucional que luego desarrolla la *Ley Orgánica del Tribunal Supremo de Justicia*, en el numeral 7 del artículo 25, al disponer que corresponde a la Sala Constitucional:

> Declarar la inconstitucionalidad de las omisiones del Poder Legislativo Municipal, Estadal o Nacional, cuando haya dejado de dictar las normas o medidas indispensables para garantizar el cumplimiento con la Constitución de la República Bolivariana de Venezuela, o las haya dictado en forma incompleta, así como las omisiones de cualquiera de los órganos del Poder Público Nacional, estadal o Municipal, y establecer el plazo y, si fuera necesario, los lineamientos o las medidas para su corrección.

Como vemos, ahora en nuestro ordenamiento jurídico existe un remedio procesal directo para cuestionar las omisiones legislativas, donde la Sala Constitucional puede fijarle al órgano legislativo respectivo no sólo un plazo para dar cumplimiento al mandato constitucional de legislar, sino también para fijarle los lineamientos respectivos. Y como veremos en estas líneas, la Sala Constitucional no sólo ha utilizado esta competencia para corregir omisiones legislativas, disponiendo un plazo y los lineamientos necesarios, sino que ha llegado hasta sustituirse en el propio parlamento, para dictar normas a través de sentencias y designar a representantes de órganos del Estado, lo que para muchos es considerado como una clara intromisión en las funciones legislativas y una ruptura del principio de separación de poderes.

II. LOS SUJETOS QUE INTERVIENEN EN LAS ACCIONES CONTRA LAS OMISIONES LEGISLATIVAS

1. *Legitimación activa*

A diferencia de lo que sucede en la mayoría de los ordenamientos jurídicos comparados que consagran acciones para cuestionar las omisiones legislativas, nuestra jurisprudencia ha extendido el carácter de *acción popular* de las acciones de inconstitucionalidad a este tipo de pretensiones procesales, por lo que no se requiere demostrar ningún interés procesal en obtener la regulación legislativa que ha sido omitida.

Así, en la primera sentencia de la Sala Constitucional sobre las omisiones legislativas, de fecha 9 de julio de 2002, caso: *Alfonzo Albornoz*, se señaló lo siguiente, en relación con la legitimación activa:

> En primer lugar, pasa esta Sala a examinar la legitimación necesaria para incoar la acción de inconstitucionalidad por omisión de órgano legislativo, respecto de lo cual observa:
>
> En el presente caso, los accionantes han intentado la acción de inconstitucionalidad contra la omisión en que habría incurrido la Asamblea Nacional al no dictar dentro de los plazos establecidos, las leyes de aquellas que determinan, de manera precisa y concreta, las Disposiciones Transitorias Tercera y Cuarta de la Constitución, invocando como fundamento de su interés y legitimación para ejercerla, la participación protagónica del ciudadano en los asuntos públicos a que alude la Constitución; el deber de colaborar en el restablecimiento de la efectiva vigencia de la Constitución, a tenor del artículo 333 *eiusdem*, ante lo que denominan "*una eventual derogatoria tácita y parcial*" que vendría efectuando el poder legislativo nacional contra la normativa constitucional; y el artículo 22 de la Constitución, en concordancia con el artículo 51 *eiusdem*, aduciendo obrar en beneficio del interés público como abogados en ejercicio.
>
> Ha sido criterio de la extinta Corte Suprema de Justicia, en Pleno, acogido por esta Sala Constitucional del Tribunal Supremo de Justicia, que el ejercicio de la acción popular de inconstitucionalidad no requiere de mayores exigencias en la legitimación para poder actuar por lo que cualquier persona, natural o jurídica, posee la legitimación para ejercerla. La acción de inconstitucionalidad de la omisión del órgano legislativo podría considerarse como una subespecie, de reciente creación, de la acción popular de inconstitucionalidad, atendiendo a lo cual, considera esta Sala, que en el presente caso debe aplicarse el criterio antes referido, y así se declara.
>
> Atendiendo a lo expuesto, esta Sala considera a los recurrentes legitimados para ejercer la presente acción, y así se declara.
>
> Así, atendiendo a la Ley Orgánica de la Corte Suprema de Justicia y a la jurisprudencia, esta Sala considera a los accionantes legitimados para ejercer la presente acción, y así se declara.

Criterio reiterado en la decisión de fecha 16 de julio de 2014, caso: *Guillermo Rúa*, donde se señaló:

> De allí que, la acción de inconstitucionalidad por omisión es un mecanismo procesal que constituye una categoría inserta en la acción popular de inconstitucionalidad, que sería el género. En consecuencia, cualquier persona natural o jurídica detenta legitimación suficiente para incoarla. Por tanto, en el presente caso, la Sala admite la legitimación del accionante. Así se decide.

Como vemos se reconoce esta particularidad de la justicia constitucional venezolana, y, por ende, no es incoherente que se les dé la misma legitimación abierta a los ciudadanos para ejercer acciones de inconstitucionalidad y acciones frente a omisiones legislativas.

Sin embargo, este criterio del carácter popular de la acción frente a las omisiones legislativas no ha sido siempre uniforme, al menos frente a la legitimación de los representantes de órganos del Poder Público. En particular, en la sentencia N° 1363, de fecha 28 de junio de 2007, la Sala Constitucional le negó la legitimación al síndico procurador municipal demandante, por carecer de una autorización expresa para presentar este tipo de demandas. Concretamente, este fallo señaló lo siguiente:

> Si bien en el marco de la Ley Orgánica del Poder Público Municipal, al Síndico Procurador Municipal le es posible representar judicial o extrajudicialmente al Municipio, el ejercicio de tal competencia está condicionado a una previa "instrucción", tal como fue establecido anteriormente. Siendo así, se infiere que tal representación no forma parte de su status propio como servidor público, se trata más bien de una tarea que se le asigna caso por caso, y que podría ser desempeñada igualmente por el Concejo Municipal a través de su directiva, como por el Alcalde. Así lo dejó establecido esta Sala en su sentencia núm. 3035, del 14 de diciembre de 2004, caso: M.J.C.S., en los términos siguientes:
>
> Considera esta Sala vista la anterior disposición que, sí el Alcalde de un Municipio posee dentro de sus funciones, la de autorizar al Síndico Procurador para que designe apoderados judiciales o extrajudiciales que se encarguen de la representación de los intereses de la entidad, perfectamente podría dicha autoridad Municipal realizar personalmente o través de representante judicial todas las actividades tendientes a la de-

fensa de la rama de gobierno a la que representa, razón por la cual tanto el apoderado judicial del Alcalde como éste último poseían legitimación para intentar la acción de amparo propuesta. (...)

Por tanto, al Síndico Procurador Municipal sólo se le tendría como representante judicial o extrajudicial del Municipio en los casos en que hubiese sido previamente autorizado a tal fin; si tal instrucción no constase, carecería de la debida representación.

Siendo, pues, que en el expediente de la causa no consta la instrucción a la que se refieren los numerales 1 y 2 del artículo 118 de la Ley Orgánica del Poder Público Municipal, debe aplicarse la consecuencia jurídica que señala el párrafo sexto del artículo 19 de la Ley Orgánica del Tribunal Supremo de Justicia, esto es, la inadmisión de la pretensión, ya que resulta evidente la falta de representación que se atribuye el demandante de autos. Así se decide.

Nótese que, a pesar de carecer el síndico de la autorización respectiva, la Sala ha podido entender que la acción fue presentada en su condición de simple ciudadano, para lo cual no debería exigírsele interés o autorización alguna, al menos conforme al criterio preponderante que ha venido sosteniendo sobre este tema de la legitimación.

Esto refleja algunas inconsistencias jurisprudenciales, pero que en nuestro criterio no debería desconocer el carácter popular de este tipo de pretensiones.

2. *Legitimación pasiva*

En cuanto a la legitimación pasiva, ésta se encuentra a cargo del órgano legislativo cuya omisión ha sido cuestionada. Así, por ejemplo, al atacarse una omisión de la Asamblea Nacional, le corresponderá a esta su defensa, o a las Asambleas Legislativas o Concejos Municipales, para el caso de omisiones legislativas estadales o municipales.

En este sentido, la Sala Constitucional, en la decisión citada anteriormente (caso: *Guillermo Rúa)* le negó la legitimación pasiva del Presidente de la República, por considerar que la potestad legislativa que estaba siendo objeto de cuestionamiento, le correspondía a la

Asamblea Nacional y no al Presidente de la Republica, en virtud del alcance de la ley habilitante aplicable. Textualmente destacó la Sala:

> Ahora bien, se observa que la Asamblea Nacional dictó una ley habilitante publicada en la Gaceta Oficial de la República Bolivariana de Venezuela n° 6.112 Extraordinario, del 19 de noviembre de 2013, en la cual se autorizó al Presidente de la República para que, en Consejo de Ministros, dictase Decretos con Rango, Valor y Fuerza de Ley en el ámbito de la lucha contra la corrupción y de la defensa de la economía, de conformidad con lo establecido en el artículo 203 y 236.8 de la Constitución de la República Bolivariana de Venezuela, por un lapso de doce meses; sin embargo, en la misma no se le delegó la competencia para legislar en materia de manifestaciones pública y pacíficas, así como en materias de actuación de los cuerpos policiales y de seguridad en el control del orden público.
>
> De lo anterior se colige, que no se le puede atribuir una supuesta omisión legislativa al Presidente de la República Bolivariana de Venezuela respecto a la no promulgación de lo que el accionante denomina "*Ley Orgánica de Derechos y Deberes de Manifestación Pacífica*", como desarrollo legislativo del artículo 68 constitucional, pues no le corresponde al Órgano Ejecutivo legislar en esta materia, ya que la habilitación que le fue delegada y a la que hace referencia el abogado Gilberto Rúa, es en materia de corrupción y defensa de la economía, tal como se indicó supra.

También vale la pena destacar, aunque parezca obvio, que la Sala Constitucional ha negado la posibilidad de ejercer acciones frente a omisiones legislativas, conforme a lo dispuesto en el numeral 7° del artículo 336 de la *Constitución*, contra la inactividad de otros órganos del Poder Público, tal y como quedó establecido en el fallo de fecha 24 de mayo de 2011, caso: *Pablo Medina*, al disponerse lo siguiente:

> Tomando en cuenta la jurisprudencia transcrita, y luego de un análisis detallado del escrito presentado, esta Sala considera que no se verifica en el caso de autos, el presupuesto procesal necesario para calificar la legitimación pasiva de los órganos integrantes del Poder Ciudadano, como sujetos pasibles de una acción de inconstitucionalidad por omisión legislativa, ya que de los propios argumentos formulados por el

accionante se desprende que los mencionados organismos han realizado actividades en el marco de sus competencias constitucional y legalmente establecidas, en orden a investigar las presuntas irregularidades y delitos vinculados con el denominado *"caso de la Productora y Distribuidora Venezolana de Alimentos (PDVAL)"*, lo cual constituye además un hecho público comunicacional -tal como se evidencia de la *"privación de libertad gerente general y directora ejecutiva de Pdval por caso de alimentos vencidos en Carabobo"* o la radicación del correspondiente juicio por la presunta comisión de los delitos tipificados en los artículos 53 y 139 de la Ley Contra la Corrupción y la Ley para la Defensa de las Personas en el Acceso a los Bienes y Servicios (*Cfr.* Sentencia N° 549/10 de la Sala de Casación Penal o con el enlace (...); lo que revela, la ausencia de una conducta negativa o de inercia por parte del Ministerio Público, la Contraloría General de la República o la Defensoría del Pueblo en el referido caso.

En tal sentido, se advierte que la acción interpuesta pretendería además, la ejecución de competencias legalmente desarrolladas, al procurar que los órganos del Poder Ciudadano ejecuten en los términos que el accionante considera pertinentes y, no en la forma, que han ejercido sus competencias el Ministerio Público, la Contraloría General de la República y la Defensoría del Pueblo, lo cual se aleja de la naturaleza misma de la acción de inconstitucionalidad por omisión, así como de las facultades contraloras que posee esta Sala Constitucional, (*Vid.* Sentencia N° 1.581 del 12 de junio de 2003, caso: *"Carlos Alberto Guevara Solano y otros"*); por lo que la acción interpuesta resulta inadmisible, bajo el supuesto del artículo 133.6 de la Ley Orgánica del Tribunal Supremo de Justicia. Así se decide.

Con respecto al resto de los sujetos procesales que participan en este tipo de pretensiones, el artículo 135 de la *Ley Orgánica del Tribunal Supremo de Justicia* dispone que, en el auto de admisión de la acción frente a la omisión legislativa, se deberá disponer la notificación del Ministerio Público; de la Procuraduría General de la República; la Defensoría del Pueblo, y a cualquier otra autoridad que se estime pertinente. La Procuraduría actuará en defensa del órgano legislativo, mientras que el Ministerio Público y la Defensoría del Pueblo actúan como terceros institucionales y, por tanto, su posición debe ser objetiva e imparcial, lo que puede significar ir a favor o en contra de los intereses del órgano legislativo cuya omisión se cuestiona.

También en este tipo de procesos[208], al igual que sucede con las acciones de inconstitucionalidad, debe ordenarse la publicación de un cartel de emplazamiento, a los fines de que cualquier interesado se incorpore al proceso para hacer valer sus argumentos y consideraciones.

III. LOS TIPOS DE OMISIONES LEGISLATIVAS

Tal y como reconoce la doctrina, la inconstitucionalidad por omisión es una vulneración de la *Constitución* ocasionada por la inactividad del legislador, que, pese a la existencia de un mandato constitucional expreso o tácito, incumple con la función de precisar el mandato constitucional en una normativa legal. Así, afirma FERNÁNDEZ RODRÍGUEZ, que la inconstitucionalidad por omisión es "la falta de desarrollo por parte del Poder Legislativo, durante un tiempo excesivamente largo, de aquellas normas constitucionales de obligatorio y concreto desarrollo, de forma tal que se impide su eficaz aplicación"[209].

La omisión legislativa cuestionable, mediante la acción procesal bajo estudio, requiere de algunas precisiones particulares.

1. *El transcurso de un plazo razonable*

Una omisión implica un no hacer, es decir, una inactividad del órgano encargado de cumplir un determinado mandato. Esto significa que para hablar de una omisión legislativa debemos estar en presencia de una mora o retardo del órgano parlamentario respectivo. Por ello, para que se configure una omisión legislativa se requiere que haya pasado un tiempo *excesivamente largo* o *un tiempo o plazo razonable* o sencillamente el plazo establecido en la propia *Constitución*, en los casos donde estos existan.

En efecto, en algunos casos la determinación del plazo necesario para considerar configurada una omisión legislativa está expresamente establecido en la propia *Constitución*, con lo cual la discu-

---

208 Artículos 136 y siguientes de la Ley Orgánica del Tribunal Supremo de Justicia

209 FERNÁNDEZ RODRÍGUEZ, José J., "*La Justicia Constitucional Europea ante el Siglo XXI*", Tecnos, Madrid, 2007.

sión es más sencilla. Por ejemplo, en las Disposiciones Transitorias de la *Constitución* de 1999 se establecieron unos términos muy concretos para el desarrollo legislativo de determinadas materias. Así, en la Disposición Transitoria Tercera de la *Constitución* se estableció lo siguiente:

> La Asamblea Nacional, dentro de los primeros seis meses siguientes a su instalación, aprobará:
>
> 1. Una reforma parcial del Código Penal para incluir el delito de desaparición forzada de personas, previsto en el artículo 45 de esta Constitución. Mientras no se apruebe esta reforma se aplicará, en lo que sea posible, la Convención Interamericana Sobre Desaparición Forzada de Personas.
>
> 2. Una ley orgánica sobre estados de excepción.
>
> 3. Una ley especial para establecer las condiciones y características de un Régimen especial para los Municipios José Antonio Paéz y Rómulo Gallegos, del Estado Apure. Para la elaboración de esta ley, se oirá la opinión del Presidente o Presidenta de la República, de la Fuerza Armada Nacional, de la representación que designe el Estado en cuestión y demás instituciones involucradas en la problemática fronteriza.

Como vemos, en estos supuestos, es decir, frente a la omisión legislativa de las leyes que se indican en esta norma, bastaba con acreditar el transcurso del plazo de los 6 meses para evidenciar la omisión o inactividad del legislador. Se trata de un mandato constitucional claro y preciso, por lo que la mora justifica el ejercicio de la pretensión procesal que estamos analizando.

Ahora bien, hay otros casos donde la *Constitución* no establece un plazo preciso para que el legislador dicte una norma o acto parlamentario sin forma de ley, en cuyo caso pueden pasar dos cosas: i) que el plazo lo fije el propio legislador; o ii) que ni la *Constitución* ni la ley establezcan el plazo correspondiente.

Un ejemplo del primer supuesto lo vemos con la atribución que tiene la Asamblea Nacional para designar determinados funcionarios de otros organismos del Estado. Así, en el caso de los rectores del Consejo Nacional Electoral (CNE), el artículo 296 de la *Constitución* dispone que los rectores durarán 7 años en el ejercicio de sus funciones, y su designación deberá realizarse por separado, una vez vencido sus períodos. Así, 3 de ellos se eligen al inicio del período respectivo de la Asamblea Nacional y los otros 2 a la mitad del período. Si bien la norma constitucional no indica un plazo máximo para que esta designación se realice, el vacío ha sido llenado por el propio legislador en la *Ley Orgánica de Procesos Electorales*, donde se establece el procedimiento para la selección de los rectores del Consejo Nacional Electoral, y donde se establece que el plazo para la designación de los rectores es dentro de los 10 días siguientes a la recepción de la lista elaborada por la Comisión de Postulaciones Electorales[210].

Por otra parte, ejemplos del segundo supuesto, esto es, de situaciones donde ni la *Constitución* ni la ley establecen un plazo determinado, los podemos encontrar con varias de las atribuciones de la Asamblea Nacional, previstas en el artículo 187 de la *Constitución*. Allí, por ejemplo, se establece que la Asamblea Nacional debe autorizar el nombramiento del Procurador General de la República; o la enajenación de bienes inmuebles del dominio privado de la Nación; o aprobar por ley los tratados internacionales celebrados por el Ejecutivo Nacional. Para estas atribuciones sencillamente no hay plazo establecido, por lo que debe entenderse que ello debe suceder en un plazo de tiempo *razonable*. Ese plazo deberá ser definido en cada caso concreto, y en definitiva será la Sala Constitucional la que determine si existe o no una mora o inactividad, y de ser el caso, proceder a fijar el plazo respectivo para cumplir con el mandamiento constitucional.

Finalmente, vale la pena hacer referencia al plazo *genérico* establecido en la Disposición Transitoria Sexta de la *Constitución*, donde se señaló lo siguiente:

> La Asamblea Nacional en un lapso de dos años legislará sobre todas las materias relacionadas con esta Constitución. Se les dará prioridad a las leyes orgánicas sobre pueblos indígenas, educación y fronteras.

Como vemos, la *Constitución* dispuso, consideramos que ingenuamente, que la Asamblea Nacional debía promulgar todas las leyes necesarias para implementar las normas constitucionales, dentro de un plazo de 2 años. Es evidente que se trataba de un mandato constitucional imposible de cumplir, sobre todo si tomamos en cuenta que estamos hablando de centenares de leyes.

---

210 Artículo 30.

En nuestro criterio, ese plazo puede considerarse hasta demagógico e ilusorio, pues de lo contrario, habría que entender, sin más, que luego de transcurrido ese plazo, el legislador se encuentra en mora frente a todas las leyes relacionadas con las materias constitucionales. Y nótese que hay varias decenas de derechos fundamentales que no tienen desarrollo legislativo.

Y precisamente por la imposibilidad de cumplir con este mandamiento constitucional, la Sala Constitucional ha entendido que ese plazo no es vinculante. Al menos eso es lo que parece desprenderse de la decisión dictada en fecha 26 de febrero de 2013, caso: *PROVEA*, donde se señaló lo siguiente:

> Como se desprende de la referida Disposición Transitoria Sexta, se requiere al Órgano Legislativo Nacional, legislar en un lapso de dos años, todas las materias relacionadas con nuestra Carta Magna, la misma constituye una exhortación genérica que la conmina a realizar un importante trabajo legislativo sobre los diversos ámbitos que abordó nuestra Constitución de la República Bolivariana de Venezuela.
>
> Sin embargo, la misma Disposición le imprime preeminencia a las Leyes Orgánicas sobre pueblos indígenas, educación y fronteras; no estando dentro de esas prioridades de manera directa la Ley Orgánica de Salud.
>
> Como puede evidenciarse, no está establecida en la Constitución, la creación de una nueva Ley Orgánica de Salud de forma específica, sino que entra en el enunciado general de la referida Disposición Transitoria, por lo cual no existe una mora de la Asamblea Nacional, pues no está prevista la obligación determinada y concreta con respecto a la Ley Orgánica de Salud en el plazo antes reseñado.
>
> Máxime, cuando actualmente se encuentra en vigencia una Ley Orgánica de Salud, promulgada en Gaceta Oficial N° 36.579 del 11 de noviembre de 1998, donde se establece "Esta Ley regirá todo lo relacionado con la salud en el territorio de la República. Establecerá las directrices y bases de salud como proceso integral, determinará la organización, funcionamiento, financiamiento y control de la prestación de los servicios de salud de acuerdo con los principios de adaptación científico-tecnológica, de continuidad y de gratuidad, este último en los términos establecidos en la Constitución de la República. Regulará igualmente los deberes y derechos de los beneficiarios,

el régimen cautelar sobre las garantías en la prestación de dichos servicios, las actividades de los profesionales y técnicos en ciencias de la salud, y la relación entre los establecimientos de atención médica de carácter privado y los servicios públicos de salud contemplados en esta Ley".

Por lo que la población venezolana, no está acéfala de instrumentos normativos que velen por la protección del referido derecho, que si bien no es de fecha posterior a la Constitución de la República Bolivariana de Venezuela, debe ser aplicada y respetada, hasta tanto no entre en vigencia una nueva ley que la derogue.

Aunado a esto, debe indicarse que la Ley de Reforma Parcial del Decreto N° 6.243, con Rango, Valor y Fuerza de Ley Orgánica del Sistema de Seguridad Social, contempla un título relativo al régimen prestacional de salud, en el que se establece entre diversos aspectos que "El sistema público nacional de salud, garantizará la protección a la salud para todas las personas, dentro del territorio nacional, sin discriminación alguna (...)".

En ese mismo sentido, en su artículo 53, señala que "Es obligación de todos los Poderes Públicos, de los diferentes entes prestadores de salud públicos y privados, y de la sociedad, garantizar el derecho a la salud, su protección y cumplimiento. En virtud de su relevancia pública, las comunidades organizadas tienen el derecho y el deber de participar en la toma de decisiones sobre la planificación, ejecución y control de políticas específicas en las instituciones públicas de Salud".

En atención a lo expuesto, considera esta Sala que, en el presente caso, no se aprecia una vulneración al orden constitucional y, por ende, una violación constitucional por omisión por parte de la Asamblea Nacional, ya que no está establecida en la Disposición transitoria Sexta, la creación de una nueva Ley Orgánica de Salud de forma específica en los términos expuestos.

Por tanto, aprecia esta Sala Constitucional que si bien el órgano legislativo -Asamblea Nacional- no ha dictado una nueva Ley Orgánica de Salud, si dictó la Ley de Reforma Parcial del Decreto N° 6.243, con Rango, Valor y Fuerza de Ley Orgánica del Sistema de Seguridad Social, y existe actualmente una Ley Orgánica de Salud, por lo que se aprecia que no existe en el presente caso un vacío legislativo en dicha materia.

De este fallo puede desprenderse que, entre las razones que llevaron a la Sala a desechar la omisión demandada en ese caso, está la consideración del plazo establecido en la Disposición Transitoria Sexta como una "exhortación genérica", por lo que invocar el vencimiento de este plazo no es suficiente para considerar que exista una omisión o inactividad legislativa. Se trata de un reconocimiento de que esa disposición constitucional fue sencillamente de imposible ejecución.

Además, esa norma contenida en las Disposiciones Transitorias no resuelve el caso de otros actos parlamentarios sin forma de ley, que pudieran ser omitidos o demorados, para lo cual no existe ningún plazo establecido en la *Constitución*.

2. *Las omisiones legislativas genéricas y concretas*

Como vimos anteriormente, tanto el numeral 7° del artículo 336 de la *Constitución*, como el numeral 7° del artículo 25 de la la *Ley Orgánica del Tribunal Supremo de Justicia* disponen que se configura una omisión legislativa cuando el órgano parlamentario ha dejado de dictar las normas o medidas indispensables para garantizar el cumplimiento de la *Constitución* o las haya dictado en forma incompleta.

Por tanto, esto implica que debe existir una obligación en cabeza del legislador necesaria o indispensable para garantizar una disposición constitucional. Esto pareciera indicar que cuando estemos en presencia de una atribución *genérica* del parlamento, que no ha sido utilizada o ejercida, y cuya mora no lesiona normas constitucionales, no estaremos frente a una omisión legislativa impugnable.

En efecto, la *Constitución* le asignan a la Asamblea Nacional una serie de atribuciones, y algunas de ellas son simplemente genéricas, y por tanto pueden ser ejecutadas o no por el parlamento, quien tiene la facultad discrecional de ejercerlas, atendiendo a las razones de políticas públicas o de oportunidad que considere más apropiadas.

Por ejemplo, el numeral 5° del artículo 187 de la *Constitución* faculta a la Asamblea Nacional para decretar *amnistías*. Ahora bien, el uso de esa atribución es *discrecional*, es decir, el órgano legislativo puede decretar o no una determina amnistía, sin que le sea exigible hacerlo, frente alguna solicitud o situación particular.

Lo mismo podría decirse de otras facultades concedidas a la Asamblea Nacional en el mismo artículo 187, como es el caso de la posibilidad de imponer *votos de censura* al Vicepresidente de la República o a los Ministros[211]. O la decisión de aprobar o no un tratado o convenio internacional suscrito por el Ejecutivo Nacional. Todas estas facultades puede ejercerlas la Asamblea Nacional o no. Esto quiere decir que no se encuentra obligada a dictar la amnistía o aprobar el acto o negocio jurídico realizado por el Ejecutivo Nacional.

También existen otras normas constitucionales donde se faculta al legislador a decidir si conviene o no una determinada regulación, lo que deja entonces a su libre arbitrio, con lo cual una demora no podría ser objeto de una acción por omisión legislativa. Tal es el caso de lo dispuesto en el numeral 1° del artículo 44 de la *Constitución*, donde se señala que las personas deben ser juzgadas en libertad "excepto por las razones determinadas por la ley y apreciadas por el juez o jueza en cada caso". Aquí vemos que el legislador es libre de considerar si deben existir excepciones al derecho a ser juzgado en libertad. Es una facultad frente a la cual no podría ser compelido por una pretensión judicial o una decisión de la Sala Constitucional.

Distinto es el caso de otras disposiciones constitucionales donde sí se le exige al parlamento una actuación particular. Así, como vimos antes, la Disposición Transitoria Tercera le exigía a la Asamblea Nacional dictar, dentro de un plazo perentorio de 6 meses, la reforma del *Código Penal* y la *Ley Orgánica de Estados de Excepción*; así como también la *Constitución* le impone al legislador nacional la obligación de designar a los Magistrados del Tribunal Supremo de Justicia, los rectores del Consejo Nacional Electoral, entre otros. Se trata de mandatos claros y específicos que no podría eludir el parlamento.

Lo mismo podría decirse de otros derechos fundamentales, donde la *Constitución* le exige al legislador, sin indicarle plazo alguno, la obligación de abordar o desarrollar ese derecho. Así, por ejemplo, el artículo 88 dispone que "Las amas de casa tienen derecho a la seguridad social de conformidad con la ley". Se trata de una orden que la *Constitución* le exigió al legislador, y que éste no puede eludir, so pena de vulnerar ese derecho fundamental. De

---

211 Numeral 10° del artículo 187 de la *Constitución*.

igual forma, el artículo 67 del Texto Fundamental dispone que "El financiamiento de la propaganda política y de las campañas electorales será regulado por la ley". Se trata de otro mandato ineludible para el legislador, por lo que su no cumplimiento, dentro de un plazo razonable, podría dar lugar al ejercicio de la acción por omisión legislativa.

Esta es la posición que ha asumido, por ejemplo, la Corte Constitucional colombiana, al señalar que existe una omisión legislativa "cuando el legislador no cumple un deber de acción expresamente señalado por el constituyente"[212]. Se entiende que, para que exista una inconstitucionalidad por omisión, es necesario que el legislador incumpla un deber constitucional *concreto y vinculante* que exige el desarrollo legislativo de una determinada disposición constitucional. "La omisión legislativa no se puede derivar de la ausencia de leyes por incumplimiento del Congreso del deber general de legislar"[213].

También nuestra Sala Constitucional ha destacado que el deber constitucional de legislar tiene que ser *específico, expreso, concreto,* lo que excluye lo genérico y lo indeterminado. Así, en la sentencia de fecha 19 de diciembre de 2006, caso: *Fundaequidad,* se dispuso que:

> Debe advertir la Sala, que la acción por omisión parlamentaria exige la denuncia de *violación,* por parte del órgano parlamentario de que se trate -Asamblea Nacional, Consejos Legislativos o Concejos Municipales- *de una obligación concreta.* No puede olvidarse que se trata de un mecanismo procesal, cuyo cometido es eminentemente garantizador de la plena vigencia del Texto Fundamental, por el cual se logra que los órganos deliberantes de cada entidad territorial adopten las medidas -legislativas o no- que hagan efectiva la Constitución de la República.
>
> Ahora bien, para que proceda una acción por omisión es imprescindible que el demandante invoque una norma o principio constitucional como violado, de donde derive, con claridad, una obligación. Ello no ha ocurrido en el caso de autos, pues si bien es cierto que la parte accionante hace algunas consideraciones generales que le hacen sostener que los esta-

---

212 Sentencia C-543 de 1996.

213 *Ibídem*

dos deben, a partir de la entrada en vigencia de la Carta Magna de 1999, adaptar sus propios textos constitucionales, la lectura atenta de su libelo, revela que en realidad no precisa la fuente de tal obligación.

Estima la Sala, por el contrario, que la disposición supuestamente infringida pone al descubierto que no se trata de un *deber jurídico de actuación*, sino del establecimiento de un *poder que es manifestación de la autonomía de los estados*. No resulta aceptable, por tanto, tratar como una obligación *controlable judicialmente* lo que es en realidad una *garantía* del Estado federal, como es lo relacionado con la autoorganización. Por supuesto, esa organización que se den las propias entidades federales no puede atentar contra las reglas que, por conveniente uniformidad, se han consagrado a nivel federal, pero ello será controlado una vez que los estados asuman su competencia y decidan, libremente, actuar.

Criterio reiterado en la decisión N° 797 del 2 de mayo de 2007, donde se precisó que:

La Sala ha advertido en casos similares, que la acción por omisión legislativa exige la denuncia de violación, por parte del órgano legislativo de que se trate -Asamblea Nacional, Consejos Legislativos o Concejos Municipales- de una obligación concreta. No puede olvidarse que se trata de un mecanismo procesal, cuyo cometido es eminentemente garantizador de la plena vigencia del Texto Fundamental, por el cual se logra que los órganos deliberantes de cada entidad territorial adopten las medidas -legislativas o no- que hagan efectiva la Constitución de la República.

Ahora bien, la Sala señaló mediante sentencia del N° 2497, del 19 de diciembre de 2006, caso: "FUNDAEQUIDAD", que para que proceda una acción por omisión es "...imprescindible que el demandante invoque una norma o principio constitucional como violado, de donde derive, con claridad, una obligación". Ello no ha ocurrido en el caso de autos, pues si bien es cierto que la parte recurrente hace algunas consideraciones generales que le llevan a concluir que los Estados deben, a partir de que la Asamblea Nacional haya creado la legislación que desarrolle los principios constitucionales sobre el Régimen Municipal, sancionar los instrumentos normativos que correspondan a la potestad organizadora que tienen asignada con respecto a los Municipios y demás entidades locales, y a la división político-territorial en cada jurisdicción, la lectura atenta de su libelo, revela que en realidad la omisión legislativa que denuncia se trata de un supuesto incumplimiento del órgano legislativo estadal respecto de una obligación derivada de unas disposiciones establecidas en la Ley Orgánica del Poder Público Municipal, es decir, que la fuente de tal obligación es legal y no constitucional, ya que el cardinal 7 de la Disposición Transitoria Cuarta de la Constitución de la República Bolivariana de Venezuela, invocada por el accionante, no establece un plazo para que el legislador estadal dicte los referidos instrumentos normativos.

La pretensión de la parte recurrente tiene el sentido de convertir en un deber jurídico constitucional aquello que es, por el contrario, una obligación de carácter legal. No es, por tanto, controlable a través de la acción por omisión constitucional, al faltar su presupuesto esencial: la obligación establecida directamente por la Constitución, lo que hace improponible el presente recurso; y así se decide.

De allí, que habrá que revisar el mandato constitucional de que se trate, a los fines de verificar si existe una clara orden o mandato al legislador, lo que podría justificar el ejercicio de esta particular pretensión procesal, la cual busca evitar que las normas y principios constitucionales se queden sin la posibilidad de ser realmente ejecutables.

3. *Las omisiones legislativas absolutas y relativas*

También nuestra *Constitución* y la *Ley Orgánica del Tribunal Supremo de Justicia* distinguen entre las omisiones *absolutas* y las *relativas*. Será *absoluta* cuando la norma que el legislador debe desarrollar por disposición constitucional no ha sido dictada, lo que implica que no se ha cumplido con la finalidad prevista en el Texto Fundamental, como sería el caso de la ley destinada a regular los mecanismos de participación ciudadana (referendos, etc.)[214]; y será *relati-*

214 El artículo 70 de la *Constitución* señala que la ley establecerá las condiciones para el efectivo funcionamiento de los distintos medios de participación ciudadana. Esa ley no ha sido promulgada, lo que ha llevado a que el Consejo Nacional Electoral, a través de Resoluciones

va cuando a pesar de haberse legislado en desarrollo de la disposición constitucional, se ha hecho en forma deficiente o incompleta, dejando de considerar algunos aspectos esenciales para cumplir con los fines constitucionales. Tal sería el caso, por ejemplo, de una normativa laboral que deje por fuera el derecho a la seguridad social de las amas de casa[215].

Como afirma FERNÁNDEZ SEGADO, las omisiones legislativas se han clasificado en *absolutas* y *relativas* de acuerdo con el grado de actividad desarrollada por el legislador. En una omisión legislativa *absoluta* no existe ninguna actividad legislativa, es decir, se presenta un incumplimiento total de la obligación constitucional de legislar. En una omisión legislativa *relativa* sí existe un desarrollo legislativo, pero se presenta un incumplimiento parcial al deber constitucional de legislar porque no se incluyó un supuesto normativo, un grupo, un destinatario, un derecho o una prerrogativa que debió regularse en la disposición legal, sin importar si se refiere a derechos fundamentales, competencias, garantías institucionales[216].

En los casos de omisiones legislativas *absolutas*, normalmente la respuesta de los tribunales constitucionales suele ser, como veremos *infra*, la de las llamadas sentencias *exhortativas* o de *advertencia*, donde se pone en conocimiento del legislador la existencia del vacío que produce situaciones contrarias a la *Constitución*, con la finalidad de que este órgano proceda dentro de su competencia a proferir las leyes necesarias.

En derecho comparado podemos ver algunos ejemplos de este tipo de decisiones. Así en la sentencia C-473 de 1994 de la Corte Constitucional colombiana, se decidió exhortar al Congreso para que en un plazo razonable expidiese una regulación sobre la huelga

---

casuísticas, establezca las regulaciones pertinentes sobre estos mecanismos. Y no es de extrañar que, quizás por la falta de una ley que realmente promueva este derecho de participación, hayamos tenido una experiencia tan gris en este tema, luego de más de dos décadas de vigencia de la *Constitución*.

215 Artículo 88 de la *Constitución*.

216 FERNÁNDEZ SEGADO, Francisco, "El Control De Constitucionalidad de las Omisiones Legislativas. Algunas Cuestiones Dogmáticas", trabajo que puede consultarse en https://www.scielo.cl/scielo.php?script=sci_arttext&pid=S0718-52002009000200002

en los servicios públicos; y en la sentencia C-283 de 2011, la misma Corte exhortó al Congreso a legislar de manera sistemática y ordenada sobre las materias relacionadas con las uniones maritales de hecho y las parejas del mismo sexo. Y más recientemente, en la sentencia C-026 de 2016, se exhortó al legislador para expedir una reglamentación sobre las visitas a las personas privadas de la libertad, estableciendo algunas condiciones especiales.

La misma Corte Constitucional colombiana nos muestra otro ejemplo, donde además del exhorto al legislador se le adiciona una consecuencia concreta en caso de retardo. Así, en la sentencia T-041 de 2017 de febrero de 2017, se exhortó al Congreso para que en un plazo perentorio de 2 años regulase las corridas de toros, las riñas de gallos, novilladas, corralejas y otros espectáculos señalados el artículo 7 de la Ley 84 de 1989, con expresa advertencia de que tal regulación debe tener presente que estos eventos generan un déficit de protección constitucional hacia los animales. Y seguidamente añadió la Corte que, si transcurrido el tiempo señalado, aún no existiere la legislación correspondiente, entonces aquellos espectáculos pasarán a considerarse delitos.

La jurisprudencia de nuestra Sala Constitucional ha sido mucho más invasora frente a las omisiones legislativas absolutas, tal y como puede apreciarse en la sentencia Nº 7 del 1 de febrero de 2000, caso: *José Amando Mejía*, donde la Sala Constitucional pasó a modificar el procedimiento para tramitar las acciones de amparo constitucional, al considerar -en forma errada, en nuestro criterio- que la *Constitución* había introducido una serie de principios novedosos en esta materia, lo que hacía necesario -a criterio de la Sala- la modificación de los trámites procesales de esta importante pretensión procesal[217].

También vale la pena hacer referencia a la decisión de fecha 19 de agosto de 2004, caso: *Gregorio Pérez*, donde la Sala Constitucional pasó a establecer el procedimiento para tramitar las acciones de inconstitucionalidad, visto que la *Ley Orgánica del Tribunal Supremo de Justicia* de 2004 suprimió las disposiciones transitorias de la antigua *Ley Orgánica de la Corte Suprema de Justicia*, donde se consagraban las pautas procesales para los juicios contencioso-administrativos y constitucionales.

---

217 Véase al respecto nuestro trabajo, "*El Nuevo Régimen del Amparo Constitucional en Venezuela*", Editorial Sherwood, Caracas, 2001.

Y más delicado es el caso de los nombramientos de los representantes de ciertos organismos del poder público, como sería el caso de los rectores del Consejo Nacional Electoral, a lo cual haremos referencia *infra*.

En el caso de las omisiones legislativas *relativas*, la jurisprudencia constitucional extranjera muestra algunos ejemplos de casos donde la Corte o Tribunal Constitucional complementa una regulación legal insuficiente, muchas veces para proteger o garantizar derechos fundamentales, mediante las llamadas sentencias *aditivas*. Así, el Tribunal Constitucional Federal alemán, consideró que los derechos de los hijos ilegítimos debían equipararse a los legítimos, por expresa disposición constitucional, facultando a los jueces a darle aplicación directa a la norma constitucional y exhortando al legislador a reformar el Código Civil, dentro de un plazo determinado[218].

Igualmente, el Tribunal Constitucional español, en el fallo 103/1983, de 22 de noviembre, consideró que la referencia a las viudas como beneficiarias de determinada prestación pública, omitiendo la referencia a los viudos, constituía una omisión legislativa contraria al derecho a la igualdad. O el caso de la sentencia 190 de 1970 de la Corte Constitucional de Italia, a través de la cual se adicionó la necesidad de la presencia de un abogado defensor del imputado en el interrogatorio realizado por el juez de conocimiento, al considerar que la Ley de Enjuiciamiento Criminal sólo disponía la presencia del Ministerio Público, omitiendo, en clara violación del derecho a la defensa, la del jurista de confianza.

Por su parte, la Corte Constitucional colombiana ha señalado que "la jurisprudencia constitucional ha identificado que la omisión legislativa relativa se configura en aquellos casos en que el Legislador al regular o construir una institución omite una condición o un ingrediente que, de acuerdo con la Constitución, sería exigencia esencial para armonizar con ella y puede ocurrir de varias maneras: (i) cuando expide una ley que si bien desarrolla un deber impuesto por la Constitución, favorece a ciertos sectores y perjudica a otros; (ii) cuando adopta un precepto que corresponde a una obligación constitucional, pero excluye expresa o tácitamente a un grupo de

---

218 Sentencia N° 26/1969, véase, "*Jurisprudencia del Tribunal Constitucional Alemán*", Konrad Adenauer, 2009.

ciudadanos de los beneficios que otorga a los demás; y (iii) cuando al regular una institución omite una condición o un elemento esencial exigido por la Constitución"[219].

El caso venezolano está repleto de ejemplos donde la Sala Constitucional ha adicionado o completado vacíos legislativos con sentencias *aditivas* o más bien *jurisprudencia normativa*, como lo muestra la sentencia del 15 de julio de 2005, caso: *Carmela Mampieri*, donde se reguló *in extenso* la figura del *concubinato*, frente a la necesidad de desarrollar el artículo 77 de la *Constitución*, referido a las uniones estables entre un hombre y una mujer. En este fallo, lejos de hacer un llamado al legislador para regular la figura del concubinato (imponiendo plazos y directrices), la Sala pasó a regular los términos y condiciones de este tipo de uniones familiares.

Posición similar a la asumida en el fallo del 27 de julio de 2006, caso: *Yamilex Núñez*, referido a las distintas modalidades de reproducción asistida, donde la Sala Constitucional abordó los temas de *filiación, capacidad y capacidad para suceder*, en este tipo de fórmulas de concebir.

Como veremos *infra*, tanto en los casos de omisiones legislativas *absolutas* como en las *relativas*, la Sala Constitucional ha pasado a suplir, sin ningún tipo de restricciones, la labor del legislador, a través de su llamada jurisprudencia normativa.

IV. PROCEDIMIENTO PARA TRAMITAR LAS ACCIONES FRENTE A LAS OMISIONES LEGISLATIVAS

Como hemos visto ya en este trabajo, frente a la ausencia legislativa de una ley de la jurisdicción constitucional, destinada a regular los procedimientos que se ventilan ante la Sala Constitucional, en la *Ley Orgánica del Tribunal Supremo de Justicia* se establecieron unas disposiciones transitorias donde se consagraron, provisionalmente, algunos procedimientos judiciales que se tramitan ante dicha Sala. Así, conforme a lo dispuesto en los artículos 128 y 25, numeral 7 de la *Ley Orgánica del Tribunal Supremo de Justicia*, las acciones frente a las *omisiones legislativas* deben tramitarse por el procedimiento previsto en los artículos 129 y siguientes *eiusdem*, el cual ya hemos analizado al abordar las acciones de inconstitucionalidad frente a actos legislativos.

---

[219] Sentencia C-005 de 2017.

Sin embargo, en este acápite vamos hacer referencia a algunos temas procedimentales concretos, relacionados con la acción de inconstitucionalidad frente a omisiones legislativas.

1. *Excepciones a la tramitación del procedimiento legalmente establecido*

La primera advertencia sobre los temas procedimentales en este tipo de pretensiones es que la propia Sala Constitucional ha considerado que la utilización del procedimiento previsto en los artículos 128 y siguientes de la *Ley Orgánica del Tribunal Supremo de Justicia* es *optativo*, es decir, ella misma puede considerar resolver la solicitud, sin ningún tipo de trámite procedimental; lo que a nuestra juicio constituye una grave violación al derecho al debido proceso, pues entre otras cosas, se deja al órgano legislativo sin la oportunidad de presentar las consideraciones pertinentes[220].

Así, en sentencia del 13 de diciembre de 2016, caso: *Héctor Rodríguez,* la Sala Constitucional señaló lo siguiente:

> Precisa esta Sala que en atención a lo previsto en el artículo 128 de la Ley Orgánica del Tribunal Supremo de Justicia, la demanda a la que se refiere el numeral 7 del artículo 25 *eiusdem,* se tramitará conforme lo prevé el Capítulo II del Título XI de la mencionada ley (artículos 129 al 144); reiterando que la Sala posee la facultad discrecional de considerar pertinente, al momento de la admisión, entrar a emitir pronunciamiento sobre el fondo de la solicitud efectuada por el ciudadano HÉCTOR RODRÍGUEZ CASTRO, sin necesidad de abrir procedimiento alguno, por estimar que la causa constituye un

[220] Como hemos advertido a lo largo de este trabajo, buena parte de esta jurisprudencia controversial de la Sala Constitucional se generó entre los años 2015-2017, donde los temas políticos derivados de la elección de una nueva Asamblea Nacional conllevaron a decenas de cuestionables sentencias que subvirtieron buena parte de las normas procesales que regulan los procedimientos constitucionales. Para una revisión de estas decisiones, puede verse AYALA CORAO, Carlos y CHAVERO GAZDIK, Rafael J., en "*El Libro Negro del TSJ de Venezuela: Del secuestro de la democracia y la usurpación de la soberanía popular a la ruptura del orden constitucional (2015-2017)*", *op. cit.*

> asunto de mero derecho, toda vez que no requiere la comprobación de asuntos fácticos (*vid.* Sentencia n° 988 del 1° de agosto de 2014).
>
> En la presente causa la Sala, en atención a la facultad discrecional que posee, considera pertinente entrar a emitir pronunciamiento sobre el fondo del asunto planteado, sin necesidad de abrir procedimiento alguno, por estimar que constituye un asunto de mero derecho, por lo que pasará inmediatamente a pronunciarse sobre su procedencia (*Cfr.* Sentencia de esta Sala n° 1865/2014); y así se decide.

Nótese que se pretende justificar la ausencia de procedimiento por considerar que se trata de un asunto de *mero derecho,* cuando en realidad, aún en casos donde no exista necesidad de abrir la etapa probatoria, si es necesario un contradictorio, para que todas las partes (y más aún un órgano del Estado tan importante como la Asamblea Nacional) puedan hacer valer sus consideraciones.

En otros casos, la Sala Constitucional ha decidido no abrir el procedimiento, al considerar que la demanda debe ser rechazada de plano o *in limine litis*. En efecto, en la sentencia del 19 de diciembre de 2012, caso: *PROVEA*, donde se señaló:

> En esta etapa, correspondería entonces a la Sala emitir pronunciamiento respecto de la admisibilidad de la pretensión, atendiendo a las causales contenidas en el artículo 133 de la Ley Orgánica del Tribunal Supremo de Justicia, sin embargo, caben efectuar algunas precisiones preliminares respecto de la finalidad de la acción de inconstitucionalidad por omisión legislativa aquí ejercida y el marco jurídico actual que regula el sistema de seguridad social, esto es, la Ley de Reforma Parcial del Decreto N° 6.243 con Rango, Valor y Fuerza de Ley Orgánica del Sistema de Seguridad Social, sancionada por la Asamblea Nacional; el Decreto N° 8.921 mediante el cual se dicta el Decreto con Rango, Valor y Fuerza de Ley del Seguro Social y el Decreto N° 8.922 mediante el cual se dicta la Reforma Parcial del Reglamento General de la Ley del Seguro Social, ambos instrumentos jurídicos dictados por el Presidente de la República, en el primer caso, en ejercicio de la potestad legislativa delegada conferida por el numeral 9 del artículo 1 de la Ley que Autoriza al Presidente de la República para dictar Decretos con Rango, Valor y Fuerza de Ley, en las Materias que se Delegan, publicada en la Gaceta Oficial de la

República Bolivariana de Venezuela N° 6.009, Extraordinario, del 17 de diciembre de 2010 y, en el segundo, en ejercicio de la potestad reglamentaria que le reconoce el numeral 10 del artículo 236 de la Constitución de la República Bolivariana de Venezuela, todos publicados en la Gaceta Oficial de la República Bolivariana de Venezuela N° 39.912 del 30 de abril de 2012.

Lo anterior cobra especial importancia, en la medida que la asociación civil actora asevera que "(...) al no existir una legislación que regule esta área conforme a los principios de la CRBV (*sic*) de 1999, se debilita la garantía para los/as usuarios/as del sistema de seguridad social de que se prestarán los servicios correspondientes de una manera eficaz y eficiente".

Considera la Sala que éste, y los demás argumentos que sustentan la presente acción de inconstitucionalidad carecen, en la actualidad, de utilidad, toda vez que, conforme a los instrumentos jurídicos antes citados, existe un marco jurídico concreto que regula eficazmente los requisitos, condiciones de edad y de servicio, para el otorgamiento de las prestaciones económicas relativas a la pensión de vejez, como subsistema de la seguridad social integral previsto en el artículo 86 Constitucional.(...)

De esta forma, con prescindencia a cualquier consideración respecto de la constitucionalidad del señalado marco normativo, considera la Sala que existe una cobertura legal que desarrolla el derecho a la seguridad social postulado por el artículo 86 de la Constitución de la República Bolivariana de Venezuela, concretamente en lo relativo a la regulación de las condiciones de acceso y disfrute de la pensión de vejez o jubilación, así como otras contingencias de la misma naturaleza. En consecuencia, sin prejuzgar sobre el fondo de la conducta omisiva delatada en esta causa, resulta obvio que el objeto de la misma decayó de manera sobrevenida al producirse la sanción, promulgación y publicación de las leyes que regulan el sistema de seguridad social antes descritas.

Por todo lo anterior, considera esta Sala considera que hay un decaimiento del objeto en la demanda contentiva de la acción de inconstitucionalidad contra la presunta omisión legislativa de la Asamblea Nacional "(...) al haberse abstenido de dictar la normativa necesaria para dar cumplimiento a los derechos y garantías consagradas y reconocidas en la Constitución, todo esto en cumplimiento de la Disposición Transitoria 6° (*sic*) que estableció la obligación a la Asamblea Nacional de legislar en la materia en un lapso no mayor a dos años desde la entrada en vigencia de la Constitución (...) [en lo relativo] al desarrollo legislativo del Régimen Prestacional de Pensiones y otras Asignaciones Económicas que implica legislar entre otros asuntos sobre las pensiones de vejez y jubilación", lo que hace inoficioso darle trámite a la presente causa, y así se decide.

2. *La posibilidad de decretar medidas cautelares*

Como hemos advertido también a lo largo de este trabajo, la potestad cautelar de la Sala Constitucional (y de todos los jueces) es inherente a la potestad de decidir cualquier controversia, pues el derecho a la tutela judicial efectiva conlleva la necesidad de conservar la finalidad del litigio, lo que puede implicar tomar decisiones anticipadas destinadas a evitar que la justicia llegue demasiado tarde.

Obviamente, si se mantiene el criterio que hemos visto en el punto anterior, en virtud del cual, la Sala Constitucional puede considerar que no es necesario la tramitación del procedimiento previsto en los artículos 128 y siguientes de la *Ley Orgánica del Tribunal Supremo de Justicia,* pudiera no ser necesario el poder cautelar de la Sala Constitucional, toda vez que una vez interpuesta la acción, se podría decidir el fondo de una vez, sin ningún tipo de trámite, con lo cual ya no tendría mucho sentido dictar medidas preventivas. Pero, consideramos que se trata de un criterio que no debería perdurar en el tiempo, y más bien reiterarse la necesidad de un procedimiento para tramitar este tipo de pretensiones constitucionales.

Lo cierto es que también en las acciones para cuestionar omisiones legislativas pudiera ser necesario decretar medidas cautelares, pues el proceso para tramitar estos juicios contra las omisiones legislativas puede implicar que la sentencia llegue demasiado tarde para una determinada situación jurídica. Por eso es que el artículo 130 de la *Ley Orgánica del Tribunal Supremo de Justicia* expresamente dispone que la Sala Constitucional podrá acordar, en cualquier estado y grado del proceso, y aún *de oficio,* las medidas preventivas que estime pertinentes.

Y es que, frente a una determinada situación apremiante, pudiera ser necesario que antes de la sentencia definitiva de una acción de inconstitucionalidad contra una omisión legislativa, sea necesario dictar alguna providencia que garantice el cumplimiento de las normas o principios constitucionales que han sido vulnerados por la mora del legislador. Así, por ejemplo, pudiera disponerse en una medida preventiva la vigencia de un determinado marco regulatorio, mientras el órgano legislativo elabora la respectiva ley o acto parlamentario que ha sido omitido; o también pudiera requerirse de alguna decisión provisional, a los fines de llenar alguna laguna legislativa que pueda comprometer los derechos garantizados por la *Constitución*.

Un ejemplo de esta afirmación lo encontramos en la sentencia de fecha 2 de marzo de 2005, caso: *PROVEA*, donde la Sala Constitucional señaló lo siguiente:

> Asimismo, se ACUERDA medida cautelar innominada mediante la cual se suspenden los efectos del artículo 138 de la Ley Orgánica del Sistema de Seguridad Social y, en consecuencia, se declara la ultra actividad del Decreto con Rango y Fuerza de Ley que Regula el Subsistema de Paro Forzoso y Capacitación Laboral, que fue publicado en la Gaceta Oficial no. 5392 Extraordinario de 22 de octubre de 1999, y, por ende, cautelarmente vigente a partir de esta sentencia y hasta cuando la Asamblea Nacional ponga fin a la situación de mora legislativa en los términos de este fallo.

Por tanto, no hay razones para negar las potestades cautelares de la Sala Constitucional en este tipo de pretensiones, pero obviamente este poder cautelar debe ejercerse respetando siempre los principios de instrumentalidad, racionalidad, coherencia, reversibilidad, entre otros, destinados a lograr que el fallo definitivo pueda ser efectivo para cualquiera de las partes que resulte victoriosa.

3. *Otros aspectos procesales*

Finalmente, vale la pena destacar que la Sala Constitucional ha señalado que la falta de impulso procesal, incluso en estado de sentencia, puede considerarse como *abandono del trámite*, y con ello la terminación del proceso, pues entiende que el interés procesal debe manifestarse a lo largo del devenir del juicio, al punto de tener que recordarle a la propia Sala, el deber de dictar sentencia.

Así, en la sentencia N° 1086 del 7 de agosto del 2014, se señaló lo siguiente:

> En primer lugar, debe advertirse que tal como hizo constar el Juzgado de Sustanciación en el auto del 12 de abril de 2011, en el presente caso no se promovieron pruebas, con lo cual, la causa entró en estado de sentencia, tal como le prevé el último aparte del artículo 140 de la Ley que rige las funciones de este Alto Tribunal y, por tanto, sin menoscabo de la facultad que tiene esta Sala de fijar audiencia si así lo estima pertinente, resultaron inoficiosas las solicitudes de fijación de la audiencia pública.
>
> Sin embargo, el hecho de que la causa haya entrado en estado de sentencia no obsta para que la parte actora solicite sentencia y con ello, haga constar el interés jurídico actual que debe mantenerse a lo largo del procedimiento.
>
> En efecto, tal como estableció esta Sala en la sentencia N° 2673 del 14 de diciembre de 2001, caso DHL Fletes Aéreos, C.A., el interés procesal no sólo debe manifestarse al momento de la interposición del recurso, sino a todo lo largo del devenir del juicio, pues de lo contrario, ocurre la extinción de la acción y, con ello, la terminación anormal del proceso por la pérdida del interés procesal. Incluso estando la causa en estado de sentencia, si se verifica la inactividad de la parte accionante por más de (1) un año (*Vid.* Sentencias números 132/2012, 972/2012, 212/2013 y 1483/2013, entre otras).
>
> Siendo ello así, del análisis del expediente se constata que, desde el 29 de mayo de 2012, cuando se recibieron las actuaciones del Juzgado de Sustanciación, hasta la fecha, hubo total inactividad de la parte recurrente por más de un año, con lo cual, se configuró la pérdida del interés.
>
> En consecuencia, se declara el abandono del trámite y la terminación del proceso. Así se decide.

Y, de igual forma, la Sala Constitucional ha considerado como una *inepta acumulación de pretensiones*, y por tanto inadmisible la demanda, cuando se acumula una acción de inconstitucionalidad por omisión, junto a una acción de inconstitucionalidad. Así, en el fallo de fecha 29 de abril de 2008, caso: *Adriana Vigilanza*, se precisó lo siguiente:

> Sobre la base de la norma antes transcrita, concluye la Sala que, en virtud del objeto de control de cada medio procesal ejercido ante la jurisdicción constitucional y de los efectos del pronunciamiento jurisdiccional que debe dictarse en cada caso, la demanda interpuesta por los abogados Adriana Vigilanza García y Carlos Vecchio contentiva del "*(...) RECURSO DE NULIDAD PARCIAL POR INCONSTITUCIONALIDAD (también parcial) DEL ARTÍCULO 84.7 DE LA LEY DE REGISTRO PÚBLICO Y DEL NOTARIADO publicada en Gaceta Oficial* (sic) *No. 5.833 de fecha 22 de diciembre de 2006 (...), con base a lo establecido en el artículo 336, numeral 1 de la Constitución de la República Bolivariana de Venezuela, conjuntamente con ACCIÓN DE INCONSTITUCIONALIDAD POR OMISIÓN DEL LEGISLADOR, con fundamento en el Artículo 336, numeral 7 de la Constitución de la República Bolivariana de Venezuela (...)*", deviene inadmisible por inepta acumulación de acciones, conforme lo establecido en el párrafo quinto del artículo 19 de la Ley Orgánica del Tribunal Supremo de Justicia. Así se decide.

Si bien en algunos casos ambas pretensiones pudieran considerarse incompatibles, es lo cierto que, desde el punto de vista procesal, ambas acciones se tramitan por el mismo procedimiento (artículos 128 y siguientes de la *Ley Orgánica de Tribunal Supremo de Justicia*), por lo que no estamos ante procedimientos incompatibles que pudieran justificar la declaratoria de inadmisibilidad.

V. LOS EFECTOS DE LA DECISIÓN EN LAS ACCIONES CONTRA OMISIONES LEGISLATIVAS

Quizás el aspecto más relevante, y polémico a la vez, en este tipo de pretensiones tiene que ver en cómo hacer frente a la omisión legislativa, esto es, cómo solucionar esa inacción del órgano parlamentario. O, en otras palabras, hasta dónde puede llegar el juez constitucional (en nuestro caso, la Sala Constitucional) para corregir una omisión legislativa, tomando en consideración, por un lado, la necesidad de hacer valer la efectividad de las normas y principios constitucionales, sin desconocer el principio democrático que exige que las normas o actos parlamentarios emanen directamente de los legítimos representantes del pueblo, elegidos en procesos electorales directos, garantizándose, en determinados supuestos, los *quórums* o mayorías particulares exigidas por el texto constitucional.

Estas interrogantes nos permiten abordar algunas de las distintas modalidades de decisiones constitucionales, las cuales responden a los tipos de omisiones legislativas que pueden presentarse. Veamos algunos de los tipos de sentencias con que han sido resueltos casos de omisiones legislativas inconstitucionales.

1. *Sentencias exhortativas*

Las sentencias *exhortativas* responden, por lo general, a situaciones donde se han demandado omisiones legislativas genéricas, en cuyo caso la Sala Constitucional determina la necesidad de la regulación legislativa, otorgándole un plazo razonable al legislador para discutir y aprobar la normativa omitida.

Este tipo de decisiones son las que, en principio, pareciera haber establecido nuestra *Constitución,* al señalar en el numeral 7 del artículo 336 que frente a una omisión legislativa la Sala Constitucional debe "establecer el plazo y, de ser necesario, los lineamientos de su corrección". Es decir, las sentencias exhortativas son las que deberían utilizarse para resolver los casos de omisiones legislativas, sin comprometer o vulnerar el principio de separación de poderes o el abuso de la llamada "jurisprudencia normativa".

Como vimos anteriormente, los mejores ejemplos los encontramos en casos dictados por la Corte Constitucional colombiana, donde, entre otros casos, ha decidido exhortar al Congreso para que en un plazo razonable expida una regulación sobre la huelga en los servicios públicos; o ha ordenado legislar de manera sistemática y ordenada sobre las materias relacionadas con las uniones maritales de hecho y las parejas del mismo sexo; o ha dispuesto expedir una reglamentación sobre las visitas a las personas privadas de la libertad, estableciendo algunas condiciones especiales.

En el caso de Venezuela, nuestra jurisprudencia inicial en materia de omisiones legislativas también muestra este tipo de decisiones *exhortativas,* como podemos observar en la sentencia de la Sala Constitucional del 15 de junio de 2004, caso: *FENATRIADE,* donde se señaló lo siguiente:

> Lo anterior evidencia que la Asamblea Nacional ha incumplido con una conducta debida, esperada y jurídicamente establecida, pues incurrió en mora u omisión legislativa contraria al Texto Constitucional, ya que la disposición transitoria cuarta de dicho instrumento normativo le otorgó a aquella un

período máximo de un año (1) para sancionar, luego de las correspondientes consultas y deliberaciones, el nuevo régimen del derecho a prestaciones sociales, con sujeción a los criterios que la misma disposición transitoria contiene en tal sentido, sin que tal acto legislativo se haya producido a más de tres años de instalada la actual Asamblea Nacional, que es el único órgano competente, en virtud del principio de reserva legal, para dictar la legislación laboral, contentiva del régimen del derecho a prestaciones sociales de los trabajadores, sin que se haya dictado todavía la correspondiente normativa en esta materia, lo cual supone una omisión inconstitucional absoluta, que atenta contra el efectivo disfrute por parte de los trabajadores de un derecho social de rango constitucional, como es el derecho a prestaciones sociales que protege el artículo 92 de la Constitución de la República Bolivariana de Venezuela.

Así las cosas, en ejercicio de su prudente arbitrio como máximo y último garante de la eficacia de la Norma Constitucional y de los derechos inherentes al ser humano por ella protegidos, y en consideración a la multiplicidad de opciones que según el derecho constitucional comparado ofrece el instituto procesal de la omisión legislativa a los órganos que ejercen la jurisdicción constitucional (cfr. José Julio Fernández Rodríguez, *La inconstitucionalidad por omisión*, Madrid, Civitas, 1998, pp. 241 y ss), esta Sala, en atención a su doctrina establecida en sentencia n° 3118/2003, del 06 de noviembre, al declarar la inconstitucional por omisión del Poder Legislativo Nacional por la falta de aprobación de la Ley Orgánica del Poder Municipal, con el propósito de darle pronta terminación a la violación de la Norma Constitucional que supone la falta de aprobación del nuevo régimen legal del derecho a prestaciones sociales, pero sin desconocer el derecho a la participación de los diferentes sectores de la vida social del país y la necesidad de una concertación o del mayor consenso posible entre los representantes de los ciudadanos al momento de adoptar dicha reforma de la Ley Orgánica del Trabajo, otorga a la Asamblea Nacional un plazo máximo de seis (6) meses contados a partir de la fecha de publicación del presente fallo, para que prepare, consulte, discuta y sancione conforme al procedimiento constitucional de elaboración de leyes orgánicas, la Ley de reforma de la Ley Orgánica del Trabajo, que contenga el nuevo régimen del derecho a prestaciones sociales, de conformidad con los criterios materiales y procesales que fijan el artículo 92 y la Disposición Transitoria Cuarta, numeral 3, de la Constitución de la República Bolivariana de Venezuela. La Sala, aun cuando en casos como el presente ha establecido un plazo menor, otorga al órgano legislativo Nacional el término anterior vista la complejidad técnica y material para la producción del texto normativo a sancionar. Así se decide.

La misma posición la encontramos en la sentencia de fecha 2 de marzo de 2005, caso: *PROVEA*, donde se señaló lo siguiente:

> En consecuencia, DECLARA la INCONSTITUCIONALIDAD de la omisión de la Asamblea Nacional, porque no ha dictado, dentro de un plazo razonable en derecho, la ley especial que regule el Régimen Prestacional de Empleo y, en consecuencia, ORDENA a la Asamblea Nacional que, dentro de un plazo máximo de tres (3) meses computables desde la notificación que se le haga de este fallo, prepare, discuta y sancione una Ley reguladora del Régimen Prestacional de Empleo que se adapte a los lineamientos generales de la Ley Orgánica del Sistema de Seguridad Social y a las regulaciones constitucionales en materia de seguridad social y trabajo o, en su defecto, un régimen transitorio que solvente la situación lesiva al derecho constitucional a la seguridad social a que se ha hecho referencia en las líneas que anteceden.

También la sentencia de fecha 6 de noviembre de 2003 realiza el mismo exhorto, al plantearse la omisión legislativa en la promulgación de la *Ley Orgánica del Poder Público Municipal*. En esa oportunidad, la Sala Constitucional dispuso que:

> Por lo expuesto, esta Sala declara que la falta de sanción de la ley sobre régimen municipal dentro del plazo previsto en la Disposición Transitoria Cuarta de la Constitución constituye una violación del Texto Fundamental, a la que debe dársele pronta terminación. En atención a ello, esta Sala ordena a la Asamblea Nacional preparar, discutir y sancionar, dentro del plazo máximo de tres (3) meses contados a partir de la notificación de este fallo, una ley sobre régimen municipal que se adapte a las previsiones del Capítulo IV del Título IV de la Constitución y, en especial, a los principios contenidos en su artículo 169. Así se declara.

En este caso, la Asamblea Nacional no cumplió con su obligación de promulgar la Ley omitida, dentro del plazo de 3 meses que le otorgó la Sala, y frente a un requerimiento de ejecución, la Sala se limitó a señalar, en una decisión del 31 de mayo de 2004, lo siguiente:

> La desobediencia de la Asamblea Nacional no tiene sanción jurídica directa en la Constitución, pero sí podría dar lugar a eventuales declaratorias de responsabilidad. Ahora, incluso sin sanción, la Asamblea Nacional se halla obligada a apegarse a las decisiones del Máximo Tribunal, al ser ello uno de los postulados centrales de régimen constitucional. No es dable a los órganos del Poder Público obviar la satisfacción de sus deberes, pues se atenta así contra una de las bases del Estado y, en casos como el presente, se genera un indeseado conflicto entre órganos, carente de otra resolución que no sea la voluntad política.

Esta situación nos permite abordar el tema de la *coercibilidad* de las decisiones *exhortativas* de la Sala Constitucional en esta materia, pues pareciera que, frente a la imposibilidad de forzar la ejecución de un fallo, ante la reticencia del órgano legislativo, se vaciaría de contenido esta pretensión procesal. Por ello, pensamos que la Sala Constitucional debe disponer de amplios poderes (implícitos en la labor de juzgar y en el derecho a la tutela judicial efectiva) para lograr ejecutar sus decisiones, para lo cual puede utilizar mecanismos adecuados y proporcionales y así lograr el cumplimiento efectivo de la decisión, sin desconocer el principio democrático y la separación de poderes.

Por tan solo mencionar algunas alternativas, la Sala Constitucional pudiera ordenar la creación de una *comisión especial* encargada de verificar las labores parlamentarias frente a la ley omitida; o exigir la obligación de presentar informes periódicos con el avance de las discusiones parlamentarias; encargar proyectos de iniciativa popular a otros grupos de la sociedad civil e impulsar su discusión; y en fin, seguir utilizando mecanismos coercitivos que puedan generar una verdadera presión en los Diputados para el cumplimiento del fallo.

Así, por ejemplo, en la decisión de fecha del 18 de mayo de 2006, caso: *Henrique Iribarren*, referida a la omisión legislativa en dictar el *Código de Ética del Juez Venezolano*, se señaló lo siguiente:

1.- Confirma la competencia para decidir la presente solicitud de declaratoria de inconstitucionalidad por omisión legislativa de la Asamblea Nacional de la República Bolivariana de Venezuela, con motivo del procedimiento legislativo iniciado para sancionar el denominado Proyecto de Código de Ética y Disciplina del Juez Venezolano o Jueza Venezolana, elaborado por dicha instancia legislativa en el año 2003.

2.- Declara la inconstitucionalidad por omisión legislativa de la Asamblea Nacional de la República Bolivariana de Venezuela, con motivo del procedimiento legislativo iniciado para sancionar el denominado Proyecto de Código de Ética y Disciplina del Juez Venezolano o Jueza Venezolana, elaborado por dicha instancia legislativa en el año 2003, que no fuera finalmente promulgado.

3. Fija un período de un año para que la Asamblea Nacional realice las consultas necesarias con todos los sectores del país, dada la trascendencia de la materia ético-judicial y así se de efectivo cumplimiento al espíritu del artículo 211 constitucional. Durante ese año la Comisión de Funcionamiento y Reestructuración del Sistema Judicial dará la mayor difusión posible a los temas relacionados con la Disciplina Judicial, a los fines de informar a la comunidad y a las instituciones del Estado, así como a todos los sectores públicos o privados sobre el desempeño de la comisión y los alcances que supone la denominada Jurisdicción Disciplinaria.

4.- Exhorta a la Comisión de Funcionamiento y Reestructuración del Sistema Judicial prestar toda su asesoría y cooperación a la Asamblea Nacional con el fin de desarrollar en armonía el trabajo legislativo que permita la sanción y puesta en vigencia del futuro código disciplinario judicial, dentro del espíritu que prevé el artículo 136 constitucional de colaboración entre los órganos del Poder Público.

5. Exhorta a la Asamblea Nacional considerar debidamente el Anteproyecto de Código de Ética del Juez y Jueza Venezolanos, elaborado por la Comisión de Funcionamiento y Reestructuración del Sistema Judicial.

> 6.- Ratifica como miembros principales de la Comisión de Funcionamiento y Reestructuración del Sistema Judicial a los ciudadanos Rosa Da`Silva Guerra, Belkys Useche de Fernández y Octavio Sisco Ricciardi, siendo este último quien la presidirá.
>
> 7.- Designa como miembros suplentes de la Comisión de Funcionamiento y Reestructuración del Sistema Judicial, a los ciudadanos Indira Pérez, Zhaydee Portocarrero y Flor Montell, titulares de las cédulas de identidad números 9.477.481, 10.789.807 y 11.310.614, respectivamente.
>
> 8. Ordena a la Comisión de Funcionamiento y Reestructuración del Sistema Judicial continuar la labor desarrollada por este órgano de carácter supraconstitucional, a los fines de asegurar la aplicación de la potestad disciplinaria judicial, hasta tanto sea aprobado y entre en vigencia el futuro código de ética judicial.

Como vemos, la Sala Constitucional no sólo impone un plazo, sino que exhorta a considerar un proyecto de ley ya existente y le requiere a la Comisión de Funcionamiento y Reestructuración del Sistema Judicial prestar su colaboración para el desarrollo del proceso legislativo. El único exceso, como detallaremos *infra,* es que la Sala se abroga la potestad de nombrar los integrantes del organismo encargado del control disciplinario de los jueces, en lugar de fijarle un plazo prudencial al parlamento para hacerlo.

Otro de los mecanismos coercitivos que ha utilizado la Sala Constitucional ha sido el de encargar a otro órgano estatal la redacción de la normativa omitida. Así sucedió en el caso: *Javier Bertucci,* del 5 de junio de 2020, donde se señaló lo siguiente:

> En tal sentido, actuando de conformidad con lo previsto en el artículo 334 de la Constitución de la República Bolivariana de Venezuela, ejerciendo el control difuso de constitucional con carácter vinculante, esta Sala Constitucional desaplica los artículos 14, 15, 174, 175, 176, 177, 178, 179, 180, 181, 182 y 186 de la Ley Orgánica de Procesos Electorales. En consecuencia, a fin de garantizar el ejercicio del derecho al sufragio de los ciudadanos y ciudadanas, así como el principio de la personalización del sufragio y la representación proporcional que consagra el artículo 63 de la Constitución de la República Bolivariana de Venezuela y preservar la preeminencia del pluralismo político como valor superior del ordenamiento

jurídico de conformidad con el artículo 2 *eiusdem*, esta Sala Constitucional habilita al Consejo Nacional Electoral, como ente Rector del Poder Electoral, a fin de que, en ejercicio de la potestad reglamentaria que le confiere el cardinal 1 del artículo 293 constitucional, ante la laguna generada como consecuencia de la desaplicación con efectos *erga omnes* de la normativa antes señalada, proceda a llenar el vacío normativo, de conformidad con los lineamientos señalados en el presente fallo. Así se decide[221].

Nótese que, dentro de una sana aplicación de las sentencias *exhortativas*, la asignación de la elaboración de la normativa omitida a un órgano distinto debería suceder, únicamente, cuando se le ha dado oportunidad previa al órgano legislativo de cumplir el mandato constitucional, mediante un plazo razonable, y éste lo ha omitido sin justa causa. Nada de ello sucedió en el caso previamente citado, donde simplemente se desconoció la existencia misma del parlamento.

2. *Sentencias aditivas o integradoras*

Las sentencias *aditivas* o *integradoras* han sido definidas como aquellas que permiten proyectar directamente los mandatos constitucionales para integrar los vacíos normativos o resolver inevitables indeterminaciones del orden legal. Con ello, se le permite al órgano de control constitucional ajustar su contenido a los mandatos superiores, parcialmente ignorados por el legislador[222]. Se refiere, pues, a aquellos casos en donde la omisión impide la aplicación de la norma a situaciones que han debido ser contempladas en la misma ley, para estar conforme con la *Constitución*.

221 Si es importante resaltar que la supuesta omisión legislativa en este caso fue generada por la propia Sala Constitucional, mediante el desmantelamiento de la Asamblea Nacional elegida en diciembre de 2015; situación claramente irregular a la que nos hemos referido varias veces en el presente trabajo.

222 Véase GOZAÍNI, Osvaldo, "*Sentencias Constitucionales. Teoría y Prácticas*", consultado en su página web: gozaíni.com

Básicamente, son las típicas sentencias que se utilizan para los casos de omisiones legislativas *relativas*, donde existe una regulación normativa que se considera incompleta. De modo que la inconstitucionalidad no reside en lo que la disposición dice, sino en lo que deja de decir. Como vimos *supra*, hay claros ejemplos de la justicia comparada sobre este tipo de fallos aditivos o integradores. Así, el Tribunal Constitucional Federal alemán, consideró que los derechos de los hijos ilegítimos debían equipararse a los legítimos, por expresa disposición constitucional, facultando a los jueces a darle aplicación directa a la norma constitucional y exhortando al legislador a reformar el Código Civil, dentro de un plazo determinado[223]. Igualmente, el Tribunal Constitucional español, en el fallo 103/1983, de 22 de noviembre, consideró que la referencia a las viudas como beneficiarias de determinada prestación pública, omitiendo la referencia a los viudos, constituía una omisión legislativa contraria al derecho a la igualdad.

Como vemos en estos casos, lo que hace entonces el órgano de control constitucional es agregar un complemento al ordenamiento, en virtud de que el legislador no ha tomado en consideración algo que, constitucionalmente debió prever, ajustando su contenido a los mandatos superiores parcialmente ignorados.

Otro buen ejemplo de la jurisprudencia de la Corte Constitucional colombiana lo encontramos en la decisión C-239 de 1997, donde se demandó la inconstitucionalidad de la norma del Código Penal que castiga con cárcel el homicidio por piedad. La Corte consideró constitucional la disposición impugnada, pero "con la advertencia de que en el caso de los enfermos terminales en que concurra la voluntad libre del sujeto pasivo del acto, no podrá derivarse responsabilidad para el médico autor, pues la conducta está justificada". En este caso, la Corte, mediante sentencia integradora declaró justificada la denominada *eutanasia activa*. Como vemos, lo que hizo fue agregar una eximente de responsabilidad penal, para mantener la constitucionalidad del delito.

En nuestro país tenemos también algunos ejemplos de sentencias *aditivas*, aun cuando sin el reconocimiento del uso de esta facultad. Así, por ejemplo, en la conocida sentencia del 24 de abril de

---

223 Sentencia N° 26/1969, véase, "*Jurisprudencia del Tribunal Constitucional Alemán*", Konrad Adenauer, 2009.

2002, caso: *SINTRACEMENTO*, la Sala Constitucional, en una extraña argumentación, terminó señalando que el avocamiento no podía ser una competencia exclusiva de la Sala Político-Administrativa, sino más bien de todas las Salas del Tribunal Supremo de Justicia, atendiendo a los asuntos de sus propias competencias.

Lo mismo pudiera decirse de la sentencia de fecha 15 de julio de 2005, caso: *Carmela Manpieri*, la cual, si bien se refiere a un recurso de interpretación sobre la figura del concubinato, trae adiciones (o modificaciones) a diversas leyes, para equiparar las uniones estables de hecho al matrimonio. Así, en uno de sus dispositivos señaló lo siguiente:

> También acota la Sala que diversas leyes vigentes, tales como el Código Orgánico Tributario (artículo 146-4), la Ley de Empresas de Seguros y Reaseguros (artículos 13-5 y 21), la Ley de Cajas de Ahorro y Fondos de Ahorro (artículos 78-5 y 136), señalan impedimentos para acceder a cargos para quienes mantengan uniones estables de hecho. Igualmente, a éstos se refieren los artículos 56 de la Ley del Cuerpo de Investigaciones Científicas, Penales y Criminalísticas, y 71 de la Ley del Contrato de Seguros.
>
> Ahora bien, como la ley no ha determinado aún quiénes se consideran que viven en unión estable de hecho, tal mención, en todos los casos, a juicio de esta Sala, debe entenderse en la actualidad que se aplica por igual a los concubinos, ya que, con relación específica a ellos, existen prohibiciones en el artículo 20 de la Ley de Minas.

En suma, consideramos que las sentencias *aditivas* pueden ser las ideales para atender a las omisiones legislativas *relativas*, donde por lo general se busca incorporar a un grupo dentro de una clasificación particular que recibe alguna protección constitucional o legal. Así, por ejemplo, si se cuestiona una omisión legislativa por haber omitido a las amas de casa en la legislación del sistema de seguridad social; o si se cuestiona una regulación urbanística que deja por fuera la atención de los discapacitados; o una normativa penitenciaria que excluya a los reclusos del sistema educativo, la decisión de la Sala Constitucional puede implicar la incorporación de estos grupos excluidos a los beneficios otorgados para otros sectores.

Al comenzar este capítulo hicimos referencia al caso del amparo constitucional en Venezuela, donde ante la falta de regulación del derecho al amparo, los tribunales consideraron que mientras se dictaba la *Ley de Amparo*, los jueces no podían dejar desprovistos a los ciudadanos de un procedimiento judicial expedito para defender sus derechos fundamentales. En esa ocasión, se dejó entonces a los jueces la decisión de utilizar, en cada caso concreto, el procedimiento que considerasen prudente para atender a la urgencia que requiere la defensa de los derechos constitucionales.

3. *Sentencias sustitutivas*

Finalmente, tenemos las sentencias *sustitutivas*, las cuales han sido definidas como aquellas que declaran la inconstitucionalidad de la o las normas impugnadas, procediendo entonces a llenar el vacío dejado por las mismas, mediante una regulación que entiende entonces ajustada a la *Constitución*. Este es el supuesto típico de la llamada jurisprudencia normativa, donde el órgano de control constitucional pasa a invadir las competencias naturales del legislativo, con el pretexto de dar cumplimiento inmediato a las disposiciones constitucionales.

La mejor justificación que se ha utilizado para la defensa de este tipo de fallos es la necesidad de no crear vacíos que puedan comprometer la vigencia de las normas constitucionales que se buscan proteger. En síntesis, se justifica con la idea de que el remedio no puede ser peor que la enfermedad. Así, por ejemplo, si se determina que un determinado procedimiento judicial es contrario a la *Constitución*, y en consecuencia es anulado, no debería dejarse al justiciable sin las normas adjetivas que permitan hacer valer las pretensiones procesales.

Si algo ha caracterizado a nuestra Sala Constitucional ha sido, precisamente, el uso y abuso de la jurisprudencia normativa, no sólo para atender casos de omisiones legislativas, sino también frente muchos otros tipos de pretensiones constitucionales.

Así, en una de las primeras decisiones de la Sala Constitucional (Sentencia N° 7 del año 2000), ésta consideró que el procedimiento de amparo constitucional previsto en la *Ley Orgánica de Amparo sobre Derechos y Garantías Constitucionales* no se ajustaba a los principios constitucionales previstos en el artículo 27 de la *Constitución*[224],

224 En nuestro trabajo, "*El Nuevo Régimen del Amparo Constitucional en Venezuela*", Sherwood, Caracas, 2001, damos cuenta de cómo ese ar-

y en consecuencia pasó a desarrollar un nuevo procedimiento para tramitar las acciones de amparo constitucional, el cual se mantiene en vigencia hasta los actuales momentos.

En muchos otros casos la Sala Constitucional declaró inconstitucional una determinada norma jurídica y procedió entonces a modificar la norma anulada, mediante una regulación distinta; e incluso, en otros ha realizado modificaciones legales sin declarar la inconstitucionalidad de alguna norma impugnada. Citemos algunos casos.

Mediante sentencia de fecha 1° de febrero de 2001, caso: *José Pedro Barnola*, la Sala Constitucional declaró con lugar una acción de inconstitucionalidad en contra del artículo 197 del *Código de Procedimiento Civil* y, seguidamente, pasó a establecer la nueva redacción de la norma. Textualmente se dispuso que:

> En virtud de lo expuesto, esta Sala declara parcialmente nula la norma contenida en el artículo 197 del Código de Procedimiento Civil, y a tal efecto, ordena que se tenga la redacción de la misma de la siguiente manera:
>
> "Artículo 197. Los términos o lapsos procesales se computarán por días calendarios consecutivos excepto los sábados, los domingos, el Jueves y el Viernes Santo, los declarados días de fiesta por la Ley de Fiestas Nacionales, los declarados no laborables por otras leyes, ni aquellos en los cuales el Tribunal disponga no despachar."

Otros claros ejemplos de la jurisprudencia normativa los vemos en las modificaciones realizadas en materia de *divorcio*, mediante decisiones de la Sala Constitucional. La primera de estas sentencias, la N° 446 del 15 de mayo de 2014, donde se modifica el procedimiento para tramitar los divorcios; y posteriormente, las decisiones N° 693 y 1070 del 2 de junio del 2015 y del 9 de diciembre del 2016

---

gumento era claramente falaz, pues los principios constitucionales expuestos en el artículo 27 del Texto Fundamental estaban claramente recogidos y desarrollados en la Ley. Sencillamente, se trató de una modificación legislativa por vía jurisprudencial, lo que ha generado, hasta el día de hoy, una enorme inseguridad jurídica, toda vez que se mantiene vigente la *Ley de Amparo*, más no el procedimiento para tramitar las acciones de amparo constitucional.

respectivamente, de la misma Sala Constitucional, traen una clara modificación del *Código Civil*, con relación a las causales de divorcio, pues a partir de allí éstas pasan a ser enunciativas, pudiendo aquellos sujetos que no se encuentren dentro de los supuestos de hechos planteadas en el artículo 185 del *Código Civil*, alegar cualquier otra causal, como pudiera ser el *desafecto*[225], con lo cual quedan en desuso las causales taxativas que habían sido plasmadas en la menciona norma[226].

También en el tema de las capitulaciones matrimoniales la Sala Constitucional ha modificado el *Código Civil*, para permitir la modificación de las mismas luego de celebrado el matrimonio. Así, en sentencia de fecha 26 de noviembre de 2021, caso: *Wilmer Rafael Partidas*, dispuso lo siguiente:

> Se ESTABLECE CON CARÁCTER VINCULANTE LA INTERPRETACIÓN CONSTITUCIONALIZANTE de los artículos 148 y 149 del Código Civil, y establece que las Capitulaciones matrimoniales se celebrarán conforme a la libre y expresa autonomía de los cónyuges/partes de manera personal con plena capacidad legal para contratar o en caso de minoridad o inhabilitación aún en trámite, con la asistencia y aprobación de la persona cuyo consentimiento es necesario para la celebración del matrimonio, sean sus padres o su curador. De tal manera, que siendo las Capitulaciones matrimoniales el régimen patrimonial conyugal principal, las capitulaciones matrimoniales de los cónyuges podrán celebrarse válidamente antes y durante el matrimonio; y así también, podrán ser reformadas durante el matrimonio y aún dejarse sin efecto. En todo caso, nunca tendrán efectos retroactivos sino hacia el fu-

---

225 En nuestro criterio, la posición asumida por la Sala Constitucional es razonable y más conforme con la evolución de la institución del matrimonio, pero lo que ha debido realizar es dirigir una orden al legislador, a los fines de modificar el *Código Civil*, con base en los criterios expuestos en sus decisiones.

226 Para un análisis de estas decisiones, puede verse, INNECO DURÁN, María Fernanda, en "Consideraciones sobre las Sentencias N° 446, 693, 1070 de la Sala Constitucional y la N° 136 de la Sala de Casación Civil en el Procedimiento de Divorcio en Materia de Protección", consultado en la web en Downloads/guwale,+Maria+Fernanda+Inecco +CONSIDERACIONES+SOBRE+LAS+SENTENCIAS+N.pdf

turo, y entrarán en vigencia una vez registradas conforme lo establecido en los artículos 143 y siguientes del Código Civil, normativa que se ajustará a lo aquí decidido y que queda vigente en todo lo que no contradiga la presente decisión. En el caso de que la celebración y/o reforma de las Capitulaciones matrimoniales se haga en el exterior las mismas tendrán efectos en Venezuela una vez cumplidos los requisitos previstos en los artículos 143 y 145 del Código Civil.

Más dramática fue la situación a que se refiere el fallo dictado en fecha 27 de febrero de 2007, caso: *Adriana Vigilanza*, donde la Sala Constitucional anuló *de oficio*, al no haber sido demandada su constitucionalidad, el artículo 31 de la *Ley de Impuesto sobre la Renta*, procediendo a establecer una nueva redacción. Así, el fallo dispuso:

Por tal razón, con el objeto de adecuar el régimen impositivo a la renta aplicable a las personas naturales con ocasión de los ingresos devengados a título salarial, con los presupuestos constitucionales sobre los que se funda el sistema tributario; ponderando, por una parte, el apego al principio de justicia tributaria y, por la otra, la preservación del principio de eficiencia presente en tales normas, en los términos bajo los cuales han sido definidos a lo largo de este fallo, esta Sala Constitucional modifica la preposición del artículo 31 de la Ley de Impuesto sobre la Renta, en el siguiente sentido:

«Artículo 31. Se consideran como enriquecimientos netos los salarios devengados en forma regular y permanente por la prestación de servicios personales bajo relación de dependencia. También se consideran como enriquecimientos netos los intereses provenientes de préstamos y otros créditos concedidos por las instituciones financieras constituidas en el exterior y no domiciliadas en el país, así como las participaciones gravables con impuestos proporcionales conforme a los términos de esta Ley.

A los efectos previstos en este artículo, quedan excluidos del salario las percepciones de carácter accidental, las derivadas de la prestación de antigüedad y las que la Ley considere que no tienen carácter salarial» (Subrayados de la nueva redacción).

De esta manera, la Sala ejerciendo su labor de máxima intérprete de la Constitución ajusta la disposición legal antes referida a los postulados constitucionales, la cual además se adecua a la letra y espíritu del parágrafo cuarto del artículo 133 de la Ley Orgánica del Trabajo, que dispone "cuando el patrono o el trabajador estén obligados a cancelar una contribución, tasa o impuesto, se calculará considerando el salario normal correspondiente al mes inmediatamente anterior a aquél en que se causó". Así se decide.

Otro ejemplo claro de la jurisprudencia normativa y las sentencias *sustitutivas*, lo vemos en la conocida decisión N° 1571 del 22 de agosto de 2001, caso: ASODEVIPRILARA, donde la Sala expone las razones que justifican su jurisprudencia normativa, en los casos donde no existe una regulación constitucional para la tramitación de las demandas en defensa de los intereses colectivos y difusos. En esa oportunidad, la Sala precisó lo siguiente:

> Esta Sala Constitucional, desde sus primeros fallos (José Amando Mejía, Corpoturismo, Servio Tulio León), ha venido sosteniendo que las normas constitucionales, en particular los Derechos Humanos, los Derechos que desarrollan directamente el Estado Social, las Garantías y los Deberes, son de aplicación inmediata, sin que sea necesario esperar que el legislador los regule, por lo que, en ese sentido, no actúan como normas programáticas. Para lograr tal aplicación inmediata, la Sala se ha basado en la letra del artículo 335 constitucional, por ser el Tribunal Supremo de Justicia el máxime garante de la supremacía y efectividad de las normas y principios constitucionales y, además, por ser las interpretaciones de la Sala Constitucional sobre el contenido o alcance de las normas y principios constitucionales, vinculantes para las otras Salas del Tribunal Supremo de Justicia y demás Tribunales de la República.
>
> En base a dicha norma (artículo 335), en los casos concretos donde surge alguna infracción constitucional, la Sala ha ejercido la jurisdicción en forma normativa, dándole vigencia inmediata a la norma constitucional, y señalando sus alcances o formas de ejercicio, así no existan leyes que la desarrollen directamente.
>
> Se trata de interpretaciones vinculantes que obran como una normativa restringida, hasta que la Asamblea Nacional legisle sobre la materia.
>
> Por esta vía no sólo se han colmado normas constitucionales que carecían de cualquier desarrollo legal, como ocurrió en los fallos que tratan sobre los derechos e intereses difusos o

colectivos (Casos: Defensoría del Pueblo del 30-06-00; William Ojeda del 31-08-00; Veedores de la UCAB del 23-08-00); o el que se refirió a la legitimación en juicio de la sociedad civil (Caso: Gobernadores del 21-11-00); o el que resolvió lo relativo al *habeas data* (Caso: Insaca del 14-03-01), sino que en casos donde había que aplicar leyes que chocaban con la Constitución, se dejaron sin efecto artículos de dichas leyes, y jurisprudencialmente se sustituyeron las normas inconstitucionales, por interpretaciones de cómo se debía actuar, a fin que la institución prevista en la Constitución pudiera aplicarse. Esto último sucedió, por ejemplo, con el procedimiento de amparo (Caso: José Amando Mejía del 1-02-00).

Este ejercicio de la jurisdicción con efecto normativo provisorio ha funcionado cuando se ha planteado un caso de violación constitucional concreto que ha de ser resuelto, no siendo ello posible, cuando lo que se pide es una interpretación constitucional en abstracto, si es la ley aún no dictada quien debe desarrollar la norma constitucional (sentencia del 5 de octubre de 2000, Exp. 00-1236, Caso: Hermann Escarrá).

A esta especie de ejercicio de la jurisdicción se le critica que es fuente de incertidumbre, que no se encuentra prevenida en la ley, y que afecta la seguridad jurídica por falta de predictibilidad. Sobre la crítica, la Sala considera que el artículo 335 Constitucional permite la jurisdicción normativa, sobre todo con relación a normas programáticas existentes dentro de la Carta Fundamental, que quedarían en suspenso indefinidamente hasta que el legislador tuviere a bien desarrollarlas, quedando en suspenso su efectividad en el tiempo. Por ello, tal inmovilismo constitucional ha sido rechazado por esta Sala, por aplicación inmediata de los principios constitucionales (ver sentencia José Amando Mejía).

Resulta una crítica tendenciosa, la supuesta incertidumbre que causa la Sala con este tipo de interpretación, ya que la interpretación constitucional sólo funciona cuando no existe ley que desarrolle la norma constitucional, o ella sea contraria a la Constitución, y siempre la interpretación queda proyectada hacia el futuro, permitiendo que los ciudadanos (a futuro) se adapten a ella, motivo por el cual las sentencias se difunden y se publican en la Gaceta Oficial de la República Bolivariana de Venezuela.

La *"jurisdicción normativa"* estaba prevista en la Ley de Registro Público de 1940, para que la ejerciera la Corte Federal (artículo 11 de dicha Ley de Registro Público), y en los últimos años de la extinta Corte Suprema de Justicia, fue ampliamente ejercida -sin base legal alguna- tanto por la Sala de Casación Civil, como por la Sala Político-Administrativa.

La Sala de Casación Civil, perversamente cambiaba a cada momento los requisitos de la llamada técnica del recurso de casación, los cuales no aparecían en ninguna ley; y así, formalizaciones basadas en la *"técnica"* aceptada por la Sala en un fallo eran declaradas inadmisibles, ya que sin previo aviso se cambiaban los requisitos de la *"técnica"* con motivo del nuevo fallo donde se desechaba la anterior formalidad. La Sala Político-Administrativa, a su vez, fue creando una teoría del proceso de amparo que no estaba en ninguna ley, aceptando el "amparo sobrevenido", y cambiando *contra legem* las competencias señaladas en el artículo 7 de la Ley Orgánica de Amparo sobre Derechos y Garantías Constitucionales, lo que hubo de ser regularizado por esta Sala para aplicar la ley (caso: Yoslena Chanchamire).

Ha sido así, que esta Sala, fundada en el artículo 335 constitucional, para que los principios, derechos, garantías y deberes constitucionales tengan aplicación inmediata, ha ido creando interpretaciones vinculantes que llenen los vacíos provenientes de la falta de desarrollo legislativo de las normas constitucionales, o de la existencia de una situación de desarrollo atrofiado de las mismas, producto de la ley.

Cuando la jurisdicción es ejercida por el juez constitucional con el fin de mantener la supremacía, eficacia e integridad de la Constitución, las normas clásicas que rigen el proceso civil sufren una distensión, así como los postulados del principio dispositivo, ya que los principios y normas constitucionales no pueden quedar limitados procesalmente por planteamientos formales, o por instituciones que impiden o minimicen la aplicación de la Constitución.

También vale la pena referirnos a unos de los tantos fallos dictados por la Sala Constitucional, entre los años 2016-2017, mediante los cuales se impidió el funcionamiento de la Asamblea Nacional elegida en diciembre de 2015, donde se dio ruptura al hilo constitucional, mediante decisiones claramente contrarias a la *Constitución*. También en esas decisiones se hicieron exagerados y disparatados ejercicios de jurisprudencia normativa.

Por ejemplo, en la sentencia de fecha 21 de abril de 2016, caso: *Juan Carlos Caldera*, la Sala Constitucional procedió a anular unas normas del *Reglamento Interno de la Asamblea Nacional*, para prácticamente impedir el debate de textos legales y la promulgación de leyes. Así, entre otras cosas, la Sala Constitucional consideró necesario para el proceso legislativo, la discusión y aprobación de un *informe económico* de todo proyecto de ley, el cual debía coordinarse con el Poder Ejecutivo. Con ello, hacía depender las funciones legislativas del Poder Ejecutivo.

Al igual a la sentencia a la que hemos hecho referencia en otro capítulo, de fecha 20 de enero de 2017, caso: *Nicolás Maduro*, a través de la cual la Sala Constitucional modificó la *Constitución*, traspasándole al Presidente de la República la competencia para decidir los honores en el Panteón Nacional.

Pero las decisiones con las que vamos a cerrar este tema son las que han resuelto supuestas omisiones legislativas, mediante sentencias de la Sala Constitucional que pasaron a designar autoridades del poder público, invadiendo así competencias exclusivas de la Asamblea Nacional.

Nos referimos concretamente a lo que ha sido una tendencia ya de la Sala Constitucional de designar a los rectores del Consejo Nacional Electoral, usurpando claramente una atribución que la *Constitución* expresamente le otorgó al Poder Legislativo. En efecto, en cuatro ocasiones la Sala Constitucional ha designado a los rectores electorales (2003, 2005, 2014 y 2016), con lo cual se ha visto comprometida la imparcialidad de este organismo y la legitimidad de los procesos organizados por éste.

Es más, el Texto Fundamental exige que no sea una mayoría simple del parlamento, sino un *quórum* calificado de las dos terceras partes de la Asamblea Nacional[227]. Ello, evidentemente, en la búsqueda de los *consensos* políticos necesarios para lograr la designación de personas que no respondan incondicionalmente a una determinada tendencia política; o que, en todo caso, el organismo esté representado por el necesario pluralismo que requiere la organización de procesos electorales.

Lo más grave de esta tendencia jurisprudencial es que en algunos casos ha sido la propia Sala Constitucional la que ha generado

---

227 Artículo 296 de la *Constitución*.

la supuesta necesidad del nombramiento de los rectores del Consejo Nacional Electoral o ha creado una supuesta omisión legislativa, para así justificar el nombramiento de estos funcionarios, por parte de la Sala Constitucional, con una clara y marcada tendencia política monocromática.

En efecto, ante la organización del referendo revocatorio del entonces Presidente Hugo Chávez, la Sala Constitucional y la Sala Electoral emitieron un conjunto de decisiones destinadas a obstaculizar el funcionamiento del Consejo Nacional Electoral, impidiendo, entre otras cosas, que los suplentes pudieran cubrir las faltas de los rectores principales, para con ello generar un supuesto vacío y la necesidad de designar nuevos rectores[228]. Y una vez que éstos no pudieron designarse, por falta del *quórum* calificado exigido por la *Constitución*, la Sala Constitucional pasó a designar los rectores del CNE[229].

Así, en la sentencia de fecha 25 de agosto de 2003, caso: *Herman Escarrá*, la Sala Constitucional dispuso:

> Se designan rectores principales cuarto y quinto a los ciudadanos Sobella Mejías y Ezequiel Zamora, respectivamente; y sus suplentes: del primero el ciudadano Carlos Aguilar y el ciudadano Carlos Castillo; y del segundo a la ciudadana Miriam Kornblith Sonnenschein y la ciudadana Carolina Jaimes.
>
> Se nombra Presidente del Consejo Nacional Electoral al Dr. Francisco Carrasquero López, y Vicepresidente a Ezequiel Zamora.

---

228 La narrativa de este triste episodio puede verse en nuestro trabajo "Justicia Politizada. Un Pecado Imperdonable. Comentarios a la actuación del TSJ ante la convocatoria de un Referendo Revocatorio Presidencial", en la obra colectiva *La Guerra de las Salas del TSJ frente al Referéndum Revocatorio*. Editorial Aequitas, Caracas, 2004. En este trabajo se citan todas estas decisiones que comprometieron la imparcialidad del Tribunal Supremo de Justicia, para lograr un proceso electoral revocatorio con la garantía de unas Salas obedientes a los intereses gubernamentales.

229 Evidentemente, la fracción parlamentaria del oficialismo no hizo esfuerzo alguno para llegar a un consenso, cuando sabía que al final los rectores electorales iban a ser nombrados por la Sala Constitucional.

Se designa Secretario del Consejo Nacional Electoral al Dr. William Pacheco.

Se nombra Consultor Jurídico del Consejo Nacional Electoral al Dr. Andrés Brito.

7°) Se nombran integrantes de los órganos subordinados, así: para la Junta Nacional Electoral al ciudadano Jorge Rodríguez, la ciudadana Tibisay Lucena y el ciudadano Ezequiel Zamora. Para la Comisión de Registro Civil y Electoral a la ciudadana Sobella Mejías, al ciudadano Carlos Aguilar y al ciudadano Oscar Battaglini G. Para la Comisión de Participación Política y Financiamiento a los ciudadanos Francisco Carrasquero López, Carlos Castillo y Oscar Battaglini.

8°) Se designan miembros del Consejo de Participación Política a los ciudadanos: Carlos Delgado Chapellín, Teodoro Petkof Malek, Hernando Grisanti Aveledo y Guillermo García Ponce.

Nótese que la usurpación de la Sala Constitucional llega al punto de nombrar hasta los representantes de los organismos internos del Consejo Nacional Electoral y hasta su Consultor Jurídico, lo que no le correspondía ni a la Asamblea Nacional y mucho menos a la Sala Constitucional. Es decir, se trata de una sustitución no sólo del parlamento, sino también de las facultades intrínsecas del organismo comicial, quien es el que debe nombrar a quienes ocuparán los cargos internos del organismo.

Igualmente, en el año 2016, la Sala Constitucional realizó una serie de maniobras políticas, a través de "decisiones" claramente cuestionables y hasta calificadas de golpe de Estado institucional, para de esta forma desmantelar la clara mayoría de las fuerzas políticas de oposición en la Asamblea Nacional y evitar así el nombramiento de un Consejo Nacional Electoral que no siguiese fielmente las directrices del partido de Gobierno. Así, en un primer momento se desincorporaron 3 Diputados para con ello considerar que las fuerzas de oposición no alcanzaban las dos terceras partes del parlamento; y luego se impidió el funcionamiento de la Asamblea Nacional, con la insólita tesis del llamado "desacato"[230].

---

230 Ya hemos hecho referencia en este trabajo a ese período entre los años 2015 y 2017, donde la Sala Constitucional se dedicó a desmantelar al

Una vez generadas estas condiciones, entonces pasó la Sala Constitucional a designar a los nuevos rectores electorales.

Así, en la sentencia de fecha 13 de diciembre de 2016, caso: *Héctor Rodríguez*, la Sala Constitucional señaló:

> Cabe destacar que esta Sala en sentencias N° 808 y 810, de fechas 2 de septiembre de 2016 y 21 de septiembre de 2016, y recientemente en las N° 952 del 21 de noviembre de 2016 y N° 1012, 1013 y 1014 del 25 de noviembre de 2016, ha ratificado el desacato por parte de la Asamblea Nacional a las decisiones N° 260 del 30 de diciembre de 2015, 1 del 11 de enero de 2016 y 108 del 1 de agosto de 2016, emanadas de la Sala Electoral del Tribunal Supremo de Justicia, estableciendo entre otros pronunciamientos *"que resultan manifiestamente inconstitucionales y, por ende, absolutamente nulos y carentes de toda vigencia y eficacia jurídica, los actos emanados de la Asamblea Nacional, incluyendo las leyes que sean sancionadas, mientras se mantenga el desacato a la Sala Electoral del Tribunal Supremo de Justicia"*, así como también en desacato a decisiones emanadas de esta Sala (ver, entre otras tantas, la sentencia n° 952 del 21 de noviembre de 2016). (...)
>
> Establecido lo anterior, por cuanto se ha verificado la omisión de la designación de Rectores y Rectoras del Consejo Nacional Electoral, en atención al mandato estatuido en los artículos 296, 335 y 336.7 de la Constitución de la República Bolivariana de Venezuela, y 25.7 de la Ley Orgánica del Tribunal Supremo de Justicia, en correspondencia con la jurisprudencia reiterada (ver sentencia n° 1865 del 26 de diciembre de 2014), esta Sala Constitucional decreta:

---

parlamento, ocasionando una clara ruptura constitucional. Al respecto, puede verse AYALA CORAO, Carlos y CHAVERO GAZDIK, Rafael, "*El Libro Negro del TSJ de Venezuela: Del secuestro de la democracia y la usurpación de la soberanía popular a la ruptura del orden constitucional (2015-2017)*", *op. cit.* Aquí se recoge todo ese conjunto de "sentencias" por medio de las cuales la Sala Constitucional desmanteló el parlamento y evitó que los Diputados que había ganado legítimamente unas elecciones pudiesen ejercer sus funciones, dejando así a nuestro país, nada más y nada menos, que sin Poder Legislativo.

1. La designación se efectúa como medida indispensable, atendiendo al mantenimiento de la supremacía constitucional, así como a la estabilidad y a la paz de la República, por haber expirado el período constitucional correspondiente y por falta de diligencia en el trámite de la designación respectiva, aunado a que el órgano parlamentario nacional se encuentra en desacato al Poder Judicial, situación que determina la nulidad de todas sus actuaciones mientras se mantenga tal situación lesiva al orden constitucional.

2. La Sala designa, para el período que transcurre desde el 4 de diciembre de 2016 al 4 de diciembre de 2023, como primera Rectora principal a la ciudadana Socorro Elizabeth Hernández, titular de la cédula de identidad N° 3.977.396, y como su suplente al ciudadano Iván Zerpa Guerrero, titular de la cédula identidad N° 5.147.743; como segunda Rectora principal a la ciudadana Tania D' Amelio Cardiet, titular de la cédula de identidad N° 11.691.429, y como su suplente al ciudadano Gustavo Guevara Sifontes, titular de la cédula identidad N° 11.916.776; quienes ya fueron postulados e, inclusive, designados rectores del Consejo Nacional Electoral, por cumplir todos los requisitos previstos en la Constitución y en el resto del ordenamiento jurídico para desempeñar esa función pública que deberán ejercer, ahora por un nuevo período, puesto que no existe obstáculo para ello, en virtud de la designación que se efectúa en la presente sentencia, ante la manifiesta y persistente omisión parlamentaria en la que se encuentra la Asamblea Nacional.

Todas estas designaciones se efectúan de acuerdo con los artículos 336.7 de la Constitución de la República Bolivariana de Venezuela y 25.7 de la Ley Orgánica del Tribunal Supremo de Justicia, quedando invariablemente subsanada la omisión parlamentaria advertida y resuelta mediante la presente decisión.

El ejercicio en funciones de los rectores aquí designados, para un nuevo período, comenzará a regir, de conformidad con el artículo 296 constitucional, a partir de su juramentación (tal como lo ha dispuesto y ha sucedido con ocasión de los precedentes jurisprudenciales de esta Sala -ver sentencia n.° 1865/2014-). En tal sentido, sobre la base del principio de continuidad administrativa, las actuaciones de los rectores actuales, cuyo período está vencido desde el 4 de diciembre de 2016

> (que son los mismos rectores que se designan mediante la presente sentencia), deben entenderse, *in abstracto*, como válidas, como también lo serán luego de la correspondiente juramentación para ejercer esos cargos en el período 2016-2023.

De esta decisión vale la pena destacar que el nombramiento realizado por la Sala Constitucional no es ni siquiera provisional, sino *definitivo e irrevocable*. Es decir, aun siguiendo la absurda tesis del supuesto desacato de la Asamblea Nacional, habría que entender que si ésta cumplía con las exigencias de la Sala Constitucional (desincorporar a los Diputados del Estado Amazonas) podía entonces pasar a designar a los rectores electorales. Pero para que no quedaran dudas de la imposibilidad de nombrarlos por parte de un parlamento no controlado por el oficialismo, la Sala Constitucional designó a los rectores en forma definitiva, esto es, hasta el final de su período en el 2023. Es decir, ni siquiera la propia Asamblea Nacional podía corregir su supuesta omisión.

Como vemos, con estas decisiones la Sala Constitucional ha pretendido resolver una omisión (o supuesta omisión) de la Asamblea Nacional, consistente en la atribución prevista en el artículo 296 de la *Constitución* de designar, mediante el *quórum* de las dos terceras partes, a los rectores del ente comicial, no con decisiones *exhortativas*, otorgándole un plazo prudencial para lograr el *quórum* requerido por la *Constitución* y designar a los rectores; sino más bien con sentencias *sustitutivas* y hasta *invasivas* de facultades intrínsecas e indelegables del parlamento.

Se trata de un claro abuso de las facultades constitucionales del órgano llamado a ser el máximo y último intérprete de la *Constitución*, generando una grave situación que ha comprometido el sistema democrático venezolano, con claras repercusiones a nivel internacional.

Y las mismas objeciones hay que hacer de la llamada jurisprudencia normativa, donde la Sala Constitucional ha distorsionado muchas veces sus facultades, incluso en algunas oportunidades con muy buenas intenciones, para invadir claramente las atribuciones del parlamento, quien es en definitiva el llamado a producir las leyes, al ser los legítimos representantes de las distintas fuerzas políticas del país.

Pero, además, el abuso de la jurisprudencia normativa genera una grave inseguridad jurídica, pues muchas veces las regulaciones de asuntos importantes no se encuentran en los textos legales de fácil y amplio acceso para los ciudadanos, sino en sentencias que solo conocen determinados especialistas de las distintas áreas jurídicas. Así, un tema tan importante como el procedimiento para tramitar una acción de amparo, o las causales y la forma de tramitar un divorcio, no pueden estar en una decisión judicial, sino tienen que ser objeto de modificaciones legislativas, con amplia divulgación.

No podemos cerrar este capítulo sin reiterar la mención a la reciente reforma de la *Ley Orgánica del Tribunal Supremo de Justicia,* donde se reconoce el exceso de la llamada jurisprudencia normativa de la Sala Constitucional, buscando poner coto a las decisiones sustitutivas. Así, en la parte *in fine* del artículo 25 se señala lo siguiente:

> La facultad de la Sala Constitucional en su actividad de conocer y decidir los asuntos de su competencia no abarca la modificación del contenido de las leyes. En todo caso, en resguardo de la seguridad jurídica, si la interpretación judicial da lugar a una modificación legislativa, la Sala deberá así referirlo para que la Asamblea Nacional, en uso de sus facultades constitucionales realice las modificaciones o reformas a que hubiere lugar.

Como vemos, se trata de una norma que busca rescatar el principio de la separación de poderes, así como la proliferación de sentencias sustitutivas e invasivas de las funciones legislativas del parlamento (jurisprudencia normativa)[231]. Quedará por ver si la Sala Constitucional atiende este llamado del legislador, pues al final, el problema del sistema de justicia constitucional que existe en la mayoría de los ordenamientos jurídicos del mundo es que es muy difícil controlar al controlador. Esto es, suele ser cuesta arriba evitar los excesos de los tribunales constitucionales, por parte del resto de los poderes del Estado.

De hecho, con motivo de la impugnación, vía acción de inconstitucionalidad de la mencionada parte *in fine* del artículo 25 de la *Ley Orgánica del Tribunal Supremo de Justicia,* la Sala dejó claro que, en su criterio, no había quedado proscrita la llamada jurisprudencia normativa. En efecto, en la sentencia de fecha 21 de marzo de 2022, caso: *Pedro Rondón,* la Sala precisó:

---

231 Obviamente, esta norma se dicta dentro de un contexto político donde el partido de Gobierno controla absolutamente todo el parlamento.

> Ahora bien, entiende esta Sala que la disposición *supra* transcrita no colide con las competencias que el texto de la Constitución de la República Bolivariana de Venezuela otorgó a este órgano de administración de justicia, ni suspende la llamada jurisprudencia normativa, siendo que lo que afianza dicho precepto legal es la colaboración de poderes, cuya noción fue suficientemente ya descrita en la decisión dictada por esta Sala N° 81 del 15 de marzo de 2022, con motivo de una demanda de nulidad ejercida contra la ley aquí examinada, razón por la que no se encuentra alguna incompatibilidad de esta norma de rango legal con el texto constitucional, por lo que los argumentos sostenidos por el accionante sobre esta materia no deben prosperar. Esta Sala considera importante, a los efectos de la adecuada comprensión del artículo 25 de la Ley Orgánica del Tribunal Supremo de Justicia, referir lo expuesto por el Constituyente en la Exposición de Motivos de la Constitución de 1999, concretamente en el Capítulo I del Título VIII del texto fundamental, que a la letra dice: "*...Al respecto, se tuvo en cuenta que con posterioridad a la promulgación de una ley, todas las personas tienen a su alcance la acción popular clásica del sistema de justicia constitucional venezolano y, además, la Sala Constitucional tiene el poder cautelar propio de toda Corte o Tribunal Constitucional en derecho comparado, en virtud del cual puede dictar cualquier medida que fuere necesaria para proteger los derechos humanos y garantizar la integridad de la Constitución.*" (Subrayado de este fallo). Y así se decide.

Por tanto, pareciera que las llamadas sentencias *sustitutivas* o la jurisprudencia normativa seguirán siendo una constante en nuestro sistema de justicia constitucional.

CAPÍTULO DIEZ

EL RECURSO POR COLISIÓN DE LEYES

I. CONSIDERACIONES GENERALES

Otra de las competencias que la *Constitución* le asigna a la Sala Constitucional se refiere a la pretensión destinada a resolver la colisión que pueda existir entre leyes, básicamente a través de una decisión que aclare cuál de ellas debe prevalecer.

Concretamente, tanto el numeral 8° del artículo 336 de la *Constitución* como el numeral 8° del artículo 25 de la *Ley Orgánica del Tribunal Supremo de Justicia* disponen lo siguiente:

> Resolver las colisiones que existan entre diversas disposiciones legales y declarar cuál de éstas debe prevalecer."

Se trata de una competencia que anteriormente estuvo consagrada en el numeral 6° del artículo 42 de la *Ley Orgánica de la Corte Suprema de Justicia,* donde se facultaba a la Sala Plena a resolver los conflictos que pudiesen suscitarse entre diversas disposiciones legales y declarar cuál de ellas debía prevalecer.

Incluso, esta pretensión procesal tuvo su primera formulación en el artículo 89, numeral 9°, de la Constitución de 1864, donde se le atribuyó al Máximo Tribunal la competencia para "declarar cual sea la ley vigente cuando se hallen en colisión las nacionales entre sí o éstas con las de los Estados o las de los mismos Estados"[232].

---

[232] Véase, POLANCO ALCÁNTARA, Tomás, "*Ensayo de Interpretación Histórica de las Facultades Políticas de la Corte Suprema de Justicia en la Constitución de. 1961*", en "Estudios sobre la Constitución. Libro-Homenaje a Rafael Caldera", Tomo IV, Universidad Central de Venezuela, 1979, p. 2235.

Esta pretensión busca entonces saldar las situaciones en las cuales dos disposiciones legales intentan regular el mismo supuesto en forma diferente, con lo cual las mismas se encontrarían en conflicto.

En principio, esta atribución no se refiere al control de la *Constitución*, sino más bien a la resolución de posibles conflictos entre textos legales, por lo que, a decir verdad, lo que justificaría la competencia de la Sala Constitucional es más bien la superioridad que en la práctica ha adquirido esta Sala con respecto al resto de las que integran el Tribunal Supremo de Justicia. Pues en principio, hubiese parecido más lógico que las colisiones entre leyes las resolviese la Sala afín a las normas en conflicto o, a todo evento, la Sala Plena, tal y como sucedía bajo la vigencia de la antigua *Ley Orgánica de la Corte Suprema de Justicia*.

Por tanto, en estos casos no se analizan infracciones a la *Constitución* o a las leyes; sino más bien la verificación de una yuxtaposición normativa, donde entonces debe la Sala Constitucional resolver la colisión declarando cuál norma debe prevalecer. Puede verse que se trata de una facultad peculiar que tiene carácter prácticamente legislativo.

Lo cierto es que las normas que conforman el ordenamiento jurídico están en una permanente dinámica de interacción unas con otras, siendo comunes las situaciones de colisión e, incluso, de conflicto entre ellas. Para que exista una colisión es necesario que existan diversas normas jurídicas, al menos dos, que regulen una misma situación de hecho y que atribuyan, en virtud de su contenido, consecuencias jurídicas distintas a la idéntica situación que pretenden regular, razón por la cual, en aras de la seguridad jurídica que debe imperar en todo Estado de Derecho, el órgano jurisdiccional debe establecer cuál de las normas en conflicto debe prevalecer, a los efectos de una correcta aplicación y cumplimiento del ordenamiento legal.

La ciencia jurídica ha venido utilizando varios criterios clásicos para resolver los distintos conflictos que pueden presentarse dentro de un ordenamiento jurídico. Entre ellos, podemos mencionar: *lex posterior derogat priori* (temporalidad), *lex specialis derogat generali* (especialidad) y *lex superior derogat legem inferiorem* (jerarquía). Sin embargo, hay casos donde estos criterios básicos no dan respuesta a diversas disyuntivas que pueden presentarse entre los textos legales. Es decir, hay casos donde no cabe, o al menos es difícil determinar, una aplicación preferente o de primacía con el uso de los principios de *especialidad, jerarquía o temporalidad.*

Una de las primeras decisiones de la Sala Constitucional sobre este tema fue dictada en fecha 31 de mayo de 2001, caso: *Carlos Brender*, donde se señaló lo siguiente:

> De los criterios jurisprudenciales transcritos *supra*, así como del propio numeral 8 del artículo 336 de la Constitución de la República se colige que en el recurso de colisión de leyes la función del órgano jurisdiccional se reduce concretamente a establecer una comparación de las normas legales sobre las cuales versa el recurso, y, en el caso de que este órgano jurisdiccional estime que ésta se plantea entre ellas, declarar cuál debe prevalecer.

Veamos entonces cuáles han sido los aspectos adjetivos y sustantivos más importantes en esta pretensión procesal, la cual, hay que reconocer, no ha dado lugar a muchas decisiones relevantes.

II. LOS SUJETOS QUE INTERVIENEN EN LOS RECURSOS POR COLISIÓN DE LEYES

1. *Legitimación activa*

En cuanto a la legitimación activa, la jurisprudencia no ha reconocido en forma clara el carácter popular de esta acción, sino más bien parece exigir algún interés en el accionante. Así, debemos destacar que en la decisión N° 1077 del 22 de septiembre de 2000, caso: *Servio Tulio León*, a la cual haremos referencia *infra*, al tratar el tema del recurso de interpretación constitucional, se señaló, tangencialmente lo siguiente:

> Por ello, para incoar acciones de otro tipo como la de colisión de leyes, a fin que se declare cuál debe prevalecer, a juicio de la Sala es necesario que exista un interés jurídico personal y directo en el accionante diverso al que se exige para proponer la acción de inconstitucionalidad, y es ese interés particular necesario para incoar una acción de interpretación de ley, el que también se requiere para el ejercicio del recurso de interpretación de la Constitución, ya que se trata de acciones declarativas de mera certeza, que tienen en común que no anulan, y que buscan un efecto semejante. En estos casos coincide el interés particular con el interés constitucional.

Como vemos, si bien se trata de un fallo que no se refiere concretamente a la *colisión de leyes*, la Sala Constitucional deja ver su posición sobre la legitimación activa en esta pretensión. Y en otra decisión de fecha 23 de julio de 2008, caso: *Banco Nacional de Vivienda y Habitat*, se señaló lo siguiente:

> Si bien la legitimación para incoar la acción por colisión normativa es amplia, en el caso de autos es evidente el interés del Banco Nacional de Vivienda y Hábitat, Instituto Autónomo creado por la Ley del Régimen Prestacional de Vivienda y Hábitat, por cuanto se trata del ente público con competencia para administrar los diversos fondos previstos en esa Ley y que sirven para dar satisfacción al derecho constitucional a la vivienda digna.
>
> Por lo tanto, en su carácter de administrador de los fondos de vivienda, tiene interés en la determinación del régimen legal de los aportes de trabajadores y patrones a dichos fondos, por lo que la Sala reconoce la legitimación del accionante en el presente caso. Así lo declara.

Como vemos, en este fallo la Sala señala que la legitimación en este tema es "*amplia*", pero luego pasa a analizar el interés particular del actor, con lo cual pareciera negar el carácter de acción popular en la colisión de leyes.

Quizás por ello, y desde el punto de vista práctico, sea siempre prudente acreditar el interés jurídico actual en obtener la resolución de la colisión denunciada. En todo caso, consideramos que la coherencia de nuestro sistema de justicia constitucional exige que el recurso por colisión de leyes tenga el mismo carácter popular que la acción de inconstitucionales de normas jurídicas.

2. *Legitimación pasiva*

En cuanto a la legitimación pasiva, consideramos que la misma recae en los órganos legislativos que promulgaron las normas que se denuncian como contradictorias. Así, en la primera decisión dictada por la Sala Constitucional en esta materia, en fecha 31 de mayo de 2001, caso: *Carlos Brender*, se dispuso que:

> En el auto de admisión se dispondrá, conforme a lo establecido en el artículo 116 de la Ley Orgánica de la Corte Suprema de Justicia notificar por oficio al Presidente del órgano que haya dictado los actos normativos objeto del recurso y al Fiscal General de la República, si éste no lo hubiera interpues-

to. También podrá ordenarse la notificación del Procurador General de la República en caso de estar involucrados los intereses patrimoniales de la República.

Como veremos *infra*, el procedimiento aplicable a este recurso de colisión de leyes es el previsto en los artículos 129 y siguientes de la *Ley Orgánica del Tribunal Supremo de Justicia*. Pues bien, conforme a ese procedimiento, en el auto de admisión del recurso, la Sala Constitucional debe, además de la citación de los órganos legislativos involucrados, ordenar la notificación del Procurador General de la República y del Defensor del Pueblo. Además, si lo considera pertinente, puede notificar a alguna otra autoridad que pueda aportar elementos relevantes para el caso[233].

III. EL OBJETO DEL RECURSO POR COLISIÓN DE LEYES

Como hemos adelantado ya, el objeto de esta pretensión procesal es la determinación de cuál norma debe prevalecer cuando se encuentran en conflicto al menos dos normas jurídicas, referidas a una misma situación, pero con consecuencias jurídicas distintas a la situación que pretenden regular.

En la sentencia de fecha 30 de abril de 2003, caso: *Bolivar Banco*, la Sala Constitucional destaca la existencia de una colisión de leyes al señalar:

> Así las cosas, es evidente para esta Sala Constitucional, que en el presente caso estamos ante un auténtico conflicto por colisión de normas legales, el cual, según la jurisprudencia antes referida se manifiesta cuando "la aplicación de una de las normas implica la violación del objeto de la otra norma en conflicto; o bien, cuando impide la ejecución de la misma", pues están presentes los presupuestos de dicha concurrencia excluyente o contradictoria que es la colisión, a saber, que "los supuestos de hecho de varias normas jurídicas pueden corresponderse plena o parcialmente, de tal modo que un mismo hecho sea comprendido por ella. Se habla entonces de un concurso o de una concurrencia de normas jurídicas (...). Si las consecuencias jurídicas se excluyen mutuamente, sólo una de las dos normas jurídicas puede conseguir aplicación. Pues no

233 Artículo 135.

tendría sentido que el orden jurídico quisiera mandar al mismo tiempo A y no-A. Por tanto, en tales casos se tiene que decidir cuál de las dos normas jurídicas prevalece sobre la otra" (Cfr. Karl Larenz, *Metodología de la Ciencia del Derecho*, Barcelona, Ariel, 1994, trad. De Marcelino Rodríguez Molinero, p. 260).

Con un poco de mayor claridad, en la sentencia de fecha 22 de marzo de 2002, caso: *Asociación de Comerciantes y Propietarios y Afines de Las Mercedes*, la Sala Constitucional precisó las condiciones que deben presentarse para tramitar un recurso por colisión de leyes:

> De lo anterior se deduce que la colisión de normas parte de la existencia de diferentes disposiciones que estén destinadas a regular en forma diferente una misma hipótesis. De allí que, este recurso implica la aplicación de los siguientes criterios interpretativos:
>
> a) Puede plantearse cuando la presunta colisión se da entre cualquier tipo de normas, e incluso tratarse de diferentes disposiciones de un mismo texto legal.
>
> b) El conflicto de normas se manifiesta cuando la aplicación de una de las normas implica la violación del objeto de la otra norma en conflicto; o bien, cuando impide la ejecución de la misma.
>
> c) No se exige que exista un caso concreto de conflicto planteado, cuya decisión dependa del predominio de una norma sobre otra; sino que el conflicto puede ser potencial, es decir, susceptible de materializarse en cualquier momento en que se concreten las situaciones que las normas regulan.
>
> d) No debe confundirse este recurso con el de interpretación, previsto en el numeral 6 del artículo 266 de la Constitución de 1999 y en el ordinal 24 del artículo 42 de la Ley Orgánica de la Corte Suprema de Justicia.
>
> e) No se puede pretender que a través de este mecanismo se resuelvan cuestiones de inconstitucionalidad" (subrayado del presente fallo).

La Sala Constitucional ha reiterado también el carácter *subsidiario* del recurso por colisión de leyes, con respecto al resto de las pretensiones procesales que maneja la Sala Constitucional, de modo de evitar el cuestionamiento de inconstitucionalidad de una norma jurídica a través de esta pretensión. Así, en la sentencia de fecha 31 de julio de 2008, caso: *Concejo Municipal del Municipio Naguanagua,* se dispuso lo siguiente:

> Según se observa, en ese caso la Sala negó la procedencia de la acción de colisión de normas cuando la real pretensión del accionante fuese la determinación de la validez de alguna de ellas. La acción de colisión se insiste, no está prevista para juzgar validez, sino aplicación preferente.

En el mismo sentido, la Sala sostuvo en otro caso:

> "(...) el alegato formulado por la parte recurrente más que apoyar una colisión que no existe, se traduce en una preocupación del recurrente en relación a que la excepción prevista en la Ley de Licitaciones que permite la adjudicación directa en determinados casos pueda convertirse -en virtud de una mala práctica- en la regla, y que, por tanto, se relaje el procedimiento de licitación tal y como lo establece la Ley de la materia.
>
> Esta preocupación no puede conducir a la declaratoria de una colisión de leyes, pues no existe una incompatibilidad en los textos de las mismas, muy por el contrario, dicha inquietud debe canalizarla el recurrente por otros canales (órganos administrativos que ejercen la función contralora) en el caso de que tenga conocimiento y prueba de que existe un uso irregular y desmesurado de la adjudicación directa como modo excepcional de contratación" (sentencia N° 953/2006).

De igual forma, la Sala Constitucional ha señalado que para que proceda el recurso por colisión de leyes, las normas en conflicto deben estar *vigentes,* pues de lo contrario no habría discrepancia alguna. Textualmente señaló, en su fallo de fecha 9 de octubre de 2012, caso: *Edgar Rafael Ríos,* lo siguiente:

> En tal virtud, esta Sala aprecia que entre las normas cuya supuesta colisión fue denunciada, sólo la Ley Orgánica de Emolumentos, Pensiones y Jubilaciones de los Altos Funcionarios y Altas Funcionarias del Poder Público se encuentra vigente, motivo por el cual es inoficioso entrar a emitir algún pronunciamiento derivado de un examen de colisión de normas para la determinación del conjunto normativo que deba prevalecer, cuando los restantes dispositivos legales que fueron denunciados en presunta contradicción no se encuentran

> en vigor ni han sido reeditadas en otro texto legislativo, siendo un extremo intrínseco para la activación de este recurso, que las normas delatadas en hipotética colisión se encuentren vigentes [*Cfr*. Sentencia SC N° 1020 del 11 de julio de 2012, caso: *José Jacinto Medina Bravo*]. Ello así, esta Sala declara que el recurso de colisión presentado deviene en improcedente. Así se decide.

Por tanto, corresponde al recurrente identificar cuáles son las normas jurídicas que se encuentran en conflicto; así como explicar las razones por las cuales considera que las consecuencias que se derivan de ambas normas son disímiles. Incluso, podrá el recurrente exponer su posición jurídica sobre cuál norma debería prevalecer.

IV. PROCEDIMIENTO PARA TRAMITAR LOS RECURSOS POR COLISIÓN DE LEYES

Como hemos visto ya en este trabajo, frente a la ausencia legislativa de una ley de la jurisdicción constitucional, destinada a regular los procedimientos que se ventilan ante la Sala Constitucional, en la *Ley Orgánica del Tribunal Supremo de Justicia* se establecieron unas disposiciones transitorias donde se consagraron, provisionalmente, algunos procedimientos judiciales que se tramitan ante dicha Sala. Así, conforme a lo dispuesto en los artículos 128 y 25, numeral 8 de la *Ley Orgánica del Tribunal Supremo de Justicia*, los recursos por colisión de leyes deben tramitarse por el procedimiento previsto en los artículos 129 y siguientes *eiusdem*, el cual ya hemos analizado al abordar las acciones de inconstitucionalidad frente a actos legislativos.

Sin embargo, haremos referencia a algunos temas procedimentales concretos, relacionados con esta pretensión procesal.

En primer lugar, debemos destacar que la Sala Constitucional ha considerado como una *inepta acumulación de pretensiones*, y en consecuencia ha determinado la inadmisibilidad del recurso de colisión, cuando se pide la resolución de posibles conflictos entre textos legales y, subsidiariamente, la nulidad de una de las normas implicadas. Así, en la sentencia de fecha 28 de octubre de 2003, caso: *Pedro López*, se señaló lo siguiente:

> De tal forma que, en aras de salvaguardar el derecho fundamental a la tutela judicial efectiva y el principio de economía procesal, considera la Sala que, en aquellos casos en que se planteen de manera subsidiaria las referidas pretensiones procesales -nulidad de leyes por inconstitucionalidad y colisión de leyes-, lo procedente será la tramitación de la demanda de acuerdo con el procedimiento que la Ley preceptúa para los procesos de nulidad de actos de efectos generales, que anteriormente fue expuesto, quedando a salvo la posibilidad de que se declare la reducción de los lapsos cuando se cumplan los supuestos que exige del artículo 135 de la Ley Orgánica de la Corte Suprema de Justicia.
>
> En aplicación de los criterios que se explicaron al caso de autos, se observa que en el mismo se acumularon de forma simple o concurrente las pretensiones de nulidad por inconstitucionalidad del artículo 12 de la Ley Orgánica Procesal del Trabajo y de colisión de dicha norma respecto de otras de la misma Ley y de la Ley Orgánica del Trabajo, lo cual configura una inepta acumulación de pretensiones y, en consecuencia, la demanda es inadmisible con base en la causal que establece el artículo 84, cardinal 4, de la Ley Orgánica de la Corte Suprema de Justicia, conforme al cual no se admitirá ninguna demanda *"4° cuando se acumulen acciones que se excluyan mutuamente o cuyos procedimientos sean incompatibles"* (subrayado añadido). Así se decide.

Este criterio ha sido reiterado mediante decisión de fecha 12 de julio de 2016, caso: *Adriana María Obando*, donde se señaló:

> En el caso de autos, como quiera que la acumulación de pretensiones (el recurso de colisión de leyes y la nulidad) se excluyen mutuamente, resulta patente que atendiendo a lo dispuesto en la Ley Orgánica del Tribunal Supremo de Justicia, debe declararse la inadmisibilidad de las solicitudes presentadas, por haberse planteado una inepta acumulación de pretensiones (*Vid.* Sentencias de esta Sala n° 1736 del 8 de agosto de 2007, caso: "Globovisión Tele C.A." y n° 502 del 25 de abril de 2012, caso: "Cámara de Aseguradores de Venezuela"). Así se decide.

Por otra parte, la Sala Constitucional ha considerado, también en este tipo de recursos, que la falta de impulso procesal, incluso en estado de sentencia, puede considerarse como abandono del trámite, y con ello la terminación del proceso, pues entiende que el interés procesal debe manifestarse a lo largo del devenir del juicio, al punto de tener que recordarle a la propia Sala, el deber de dictar sentencia.

Así, en la sentencia del 2 de junio de 2015, caso: *Central Madeirense*, se dispuso que:

> En primer lugar, debe advertirse que la causa entró en estado de sentencia, ya que el 21 de octubre de 2009, se designó la ponencia al recibirse el expediente en esta Sala proveniente del Juzgado de Sustanciación.
>
> Sin embargo, el hecho de que la causa haya entrado en estado de sentencia no obsta para que la parte actora solicite sentencia y, con ello, haga constar el interés jurídico actual que debe mantenerse a lo largo del procedimiento.
>
> En efecto, tal como estableció esta Sala en la sentencia N° 2673 del 14 de diciembre de 2001 (caso: *DHL Fletes Aéreos, C.A.*), el interés procesal no sólo debe manifestarse al momento de la interposición del recurso, sino a todo lo largo del devenir del juicio, pues de lo contrario, ocurre la extinción de la acción y, con ello, la terminación anormal del proceso por la pérdida del interés procesal. Incluso estando la causa en estado de sentencia, si se verifica la inactividad de la parte accionante por más de (1) un año (vid. Sentencias N° 132 del 22 de febrero de 2012, caso: *Henry Pereira Gorrín*; N° 972 del 10 de julio de 2012, caso: *Baker Hughes S.R.L. y de Schlumberger Venezuela S.A*; N° 212 del 4 de abril de 2013, caso: *Rosa Castro de Mogollón; José Tomás Manzanares; Alfredo Pérez y otros*; N° 1483 del 29 de octubre 2013, caso: *Gerardo Alberto Blyde Pérez*; N° 1086 del 7 de agosto de 2014, caso: *José Rafael García*, entre otras).
>
> Siendo ello así, del análisis del expediente se constata que en el caso de autos hubo una total inactividad de la parte actora por un lapso superior a un año, ya que, desde el 13 de agosto de 2009, hasta el 24 de febrero de 2011, la misma no efectuó actuación alguna, esta inactividad también se constató desde el 8 de mayo de 2012 hasta el 28 de noviembre de 2013, se configura en consecuencia la pérdida del interés.
>
> En consecuencia, se declara el abandono del trámite y la terminación del proceso. Así se decide.

En cuando a los poderes cautelares de la Sala Constitucional, no está demás reiterar que la Sala Constitucional puede decretar medidas cautelares, pues el proceso para tramitar estos juicios puede implicar que la sentencia llegue demasiado tarde para una determinada situación jurídica. Por eso es que el artículo 130 de la *Ley Orgánica del Tribunal Supremo de Justicia* expresamente dispone que la Sala Constitucional podrá acordar, en cualquier estado y grado del proceso, y aún de oficio, las medidas preventivas que estime pertinentes.

V. EFECTOS DEL RECURSO DE COLISIÓN DE LEYES

La finalidad de esta pretensión procesal es aclarar cuál de las normas en conflicto debe prevalecer, de manera que, en principio, este tipo de recursos se resuelven con decisiones declarativas donde se exponen las razones y consideraciones que determinan la prevalencia de una ley sobre otra.

Así, en la sentencia de fecha 15 de mayo de 2012, caso: *Violeta Vásquez*, se señaló:

> Al respecto, esta Sala debe reiterar su jurisprudencia con respecto al contenido y alcance de las demandas de colisión de leyes, las cuales han sido calificadas por esta Sala como una *"especial categoría de acción mero declarativa"* (s.S.C. núm. 741/2010, caso: Concejo Municipal del Municipio Pampanito del Estado Trujillo). Por ende, tal como se indicó anteriormente, la sentencia en esta materia limita sus parámetros a establecer solamente la norma que es aplicable dentro del ordenamiento jurídico.

En la sentencia de fecha 30 de septiembre de 2009, caso: *Julián Isaías Rodríguez*, se puede apreciar claramente un buen ejemplo de la finalidad de esta pretensión procesal. En este caso se debatía el hecho de que un conjunto de normas contenidas en distintas leyes, consideran que la República no puede ser condenada en costas, en caso de resultar perdidosa. Pero, a diferencia de lo señalado en esas normas, en el *Código Orgánico Procesal Penal*, se disponía que el Estado podía ser condenado en costas, cuando el imputado es absuelto. Pues bien, frente a esta situación, la Sala determinó que la posición de la exoneración total de costas en todos los casos en que la República resulte perdidosa. Textualmente este fallo señaló lo siguiente:

Como fundamento de dicha pretensión, esgrimió que los privilegios procesales que tiene la República resultaban necesarios para que las funciones que cumplen sus entes públicos no sean debilitadas y puedan ejercerlas sin restricciones, todo lo cual, en su opinión, cobra aun más vigencia en el ámbito del derecho penal, en el que el Ministerio Público ejerce la acción penal pública en nombre del Estado, para buscar la penalización de una conducta que resulta perjudicial a la sociedad en general.

Al respecto, la Sala observa que el artículo 268 del Código Orgánico Procesal Penal prevé que la totalidad de las costas corresponderá al Estado si el imputado es absuelto, salvo que el querellante se haya adherido a la acusación del Fiscal o presentado una propia, en cuyo caso soportará las costas, conjuntamente con el Estado, según el porcentaje que determine el tribunal.

Asimismo, advierte que, en sentido contrario, el artículo 74 del Decreto con Fuerza de Ley Orgánica de la Procuraduría General de la República dispone que la República no puede ser condenada en costas, aun cuando sean declaradas sin lugar las sentencias apeladas, se nieguen los recursos interpuestos, se dejen perecer o se desista de ellos.

Por su parte, el artículo 10 de la Ley Orgánica de la Hacienda Pública Nacional establece que en ninguna instancia podrá ser condenada la Nación en costas, aun cuando se declaren confirmadas las sentencias apeladas, se nieguen los recursos interpuestos, se declaren sin lugar, se dejen perecer o se desista de ellos.

Estas disposiciones se corresponden con lo previsto en el artículo 287 del Código de Procedimiento Civil, según el cual las costas proceden contra las Municipalidades, contra los Institutos Autónomos, las empresas del Estado y demás establecimientos públicos, pero no proceden contra la Nación.(...)

En virtud de los criterios jurisprudenciales expuestos, esta Sala considera que el enunciado normativo de prohibición de condenatoria en costas a la República encuentra una justificación constitucional por lo que debe prevalecer como privilegio procesal cuando ésta resulta vencida en los juicios en los que haya sido parte por intermedio de cualquiera de sus órganos, incluso en aquellos de carácter penal en todos los supuestos previstos en el artículo 268 del Código Orgánico Procesal Penal; y así se decide.

Como vemos, con este fallo, la Sala Constitucional extendió el privilegio procesal (injusto e inconstitucional en nuestro criterio) de la exoneración plena de las costas procesales en los casos en que la República resulta perdidosa en juicios contencioso-administrativos, a los procesos penales. Si bien no estamos de acuerdo con esta decisión, el caso nos permite verificar cómo se resuelve un recurso de colisión de leyes.

A nuestro juicio, en este caso no había realmente una colisión, al tratarse de dos supuestos distintos. Una cosa son los asuntos donde se ventilan intereses patrimoniales del Estado y otra donde se enjuicia penalmente a los ciudadanos. La posibilidad de que el Estado pueda ser condenado en costas no tiene que ser igual en ambos casos. No habría incoherencia, pues simplemente se trata de temas diferentes. De hecho, hay otras leyes que permiten la condenatoria en costas a órganos político-territoriales, como es el caso de la *Ley Orgánica del Poder Público Municipal* y el *Código Orgánico Tributario*.

En otros casos, la Sala Constitucional ha reconocido la no existencia de colisión legal, al considerar que el contenido de una ley no afecta o regula otra. Así, en sentencia de fecha 4 de marzo de 2004, caso: *Fanny García*, se determinó lo siguiente:

> En consecuencia, si la Ley Orgánica de Emolumentos para Altos Funcionarios de los Estados y Municipios derogó únicamente las disposiciones de la Ley Orgánica de los Consejos Legislativos de los Estados relativas al objeto de la nueva Ley, esto es, la fijación de los límites de los emolumentos de los altos funcionarios estadales y municipales, es evidente -y así lo reitera esta Sala- que tampoco existe colisión alguna entre ambas Leyes en lo que se refiere al derecho a la seguridad social de los Legisladores estadales pues, se insiste, la Ley posterior -Ley Orgánica de Emolumentos- no reguló esta materia, sino sólo la relativa a los emolumentos de dichos funcionarios, concepto del que exceden los beneficios propios de la seguridad social.

> Por tanto, las normas de la Ley Orgánica de los Consejos Legislativos de los Estados que aluden al derecho a la seguridad social de los legisladores estadales, en desarrollo del artículo 7 del Decreto de la Asamblea Nacional Constituyente sobre el Régimen Transitorio de Remuneraciones de los más Altos Funcionarios de los Estados y de los Municipios (*Gaceta Oficial* n° 36.880 del 28 de enero de 2000) y, en definitiva, con fundamento en los artículos 86 y 144 de la Constitución de 1999, mal pueden entenderse derogadas por la Ley Orgánica de Emolumentos para Altos Funcionarios de los Estados y Municipios, pues se trata de una materia que no fue objeto de regulación por este cuerpo legal y de allí que tampoco, en este punto, exista colisión de leyes. Así se decide.

A la misma conclusión llegó la Sala Constitucional en la sentencia de fecha 27 de junio de 2007, caso: *Atilio Agelviz*, donde se precisó lo siguiente:

> En el presente caso denunció el recurrente que existe una supuesta colisión entre el artículo 94 de la Ley del Estatuto de la Función Pública y el artículo 61 de la Ley Orgánica del Trabajo.
>
> En tal sentido señaló que tal situación surge por cuanto "(...) esa diferencia en los términos de tres meses de caducidad para los funcionarios públicos y un año de prescripción para el resto de los trabajadores, genera no sólo una diferencia injustificada en el ejercicio que tiene todo ciudadano conforme lo dispuesto en el artículos 26 de nuestra Carta Magna, de acceder a los órganos de administración de justicia para hacer valer sus derechos e intereses, sino que además atenta contra el principio de igualdad contemplado en el tantas veces citado artículo 21 *ejusdem* (...)".
>
> Ahora bien, el artículo 94 de la Ley del Estatuto de la Función Pública establece: "(...) Todo recurso con fundamento en esta Ley sólo podrá ser ejercido válidamente dentro de un lapso de tres meses contado a partir del día en que se produjo el hecho que dio lugar a él, o desde el día en que el interesado fue notificado del acto (...)".
>
> Y por su parte, el artículo 61 de la Ley Orgánica del Trabajo sostiene: "(...) Todas las acciones provenientes de la relación de trabajo prescribirán al cumplirse un (1) año contado desde la terminación de la prestación de los servicios (...)".

De la lectura comparada efectuada de los artículos supra transcritos observa esta Sala, que no existe colisión entre las referidas normas, por cuanto no regulan de manera diferente un mismo supuesto.

Esta Sala Constitucional ha establecido que "el recurso de colisión de normas se refiere a la situación en la cual dos disposiciones intentan regular el mismo supuesto en forma diferente, por lo cual las mismas se encontraría en conflicto". (Ver sentencia n° 356, dictada el 11 de mayo de 2000 (Caso: Segundo José Gil Vargas y Gustavo Adolfo Parilli).

En efecto, el referido artículo 94 de la Ley del Estatuto de la Función Pública prevé como supuesto de hecho legal la oportunidad que tiene el sujeto objeto de dicha Ley para ejercer válidamente un recurso. Siendo creada ésta con la finalidad de regir las relaciones de empleo público entre los funcionarios y funcionarias públicos y las administraciones públicas nacionales, estadales y municipales, lo que comprende: 1. El sistema de dirección y de gestión de la función pública y la articulación de las carreras públicas. 2. El sistema de administración de personal, el cual incluye la planificación de recursos humanos, procesos de reclutamiento, selección, ingreso, inducción, capacitación y desarrollo, planificación de las carreras, evaluación de méritos, ascensos, traslados, transferencia, valoración y clasificación de cargos, escalas de sueldos, permisos y licencias, régimen disciplinario y normas para el retiro. (Ver artículo 1 de la Ley).

Mientras, que el referido artículo 61 de la Ley Orgánica del Trabajo prevé como supuesto de hecho legal, el año que tiene todo trabajador para ejercer todas las acciones provenientes de la relación de trabajo. Normativa creada para regir las situaciones y relaciones jurídicas derivadas del trabajo como hecho social. (Ver artículo 1 de la Ley).

Por último, la Sala Constitucional ha considerado *improponible* un recurso de colisión cuando las normas supuestamente en conflicto no tienen la misma jerarquía. Así, en la sentencia de fecha 7 de octubre de 2005, caso: *Edgar Salas,* se señaló lo siguiente:

> En atención a lo cual, estima la Sala que no puede plantearse un recurso de colisión entre una Ley y un Reglamento, por cuanto éste último constituye un acto de efectos generales, de contenido normativo, de rango sub-legal y dictado en ejercicio de una función administrativa, lo cual origina que no obedezcan a normas que estén comprendidas dentro del mismo grado del ordenamiento jurídico cuyo conflicto haga inejecutable la misma.

De allí que, por lo antes expuesto, la Sala declara que el presente recurso es improponible en derecho, y así se decide.

CAPÍTULO ONCE

LAS CONTROVERSIAS CONSTITUCIONALES

I. CONSIDERACIONES GENERALES

Estrechamente ligada a la competencia para resolver la colisión de leyes, la *Constitución* le asignó a la Sala Constitucional, en el numeral 9° del artículo 336 de la *Constitución*, la atribución de "resolver las controversias constitucionales que se susciten entre cualesquiera de los órganos del Poder Público"[234], con respecto a las atribuciones que el propio Texto Fundamental les atribuye.

En la *Exposición de Motivos* de la *Constitución* se establecieron estos lineamientos:

> La Constitución establece como competencia de la Sala Constitucional resolver las controversias constitucionales que se susciten entre cualesquiera de los órganos que ejercen el Poder Público. Al respecto, destacan, dos elementos esenciales; en primer lugar, que se trata de controversias entre cualesquiera de los órganos que la Constitución prevé en la distribución horizontal o vertical del Poder Público y, en segundo lugar, que deben tratarse de controversias constitucionales, es decir, de aquéllas cuya decisión depende del examen, interpretación y aplicación de normas constitucionales, tales como las que se refieren al reparto competencial entre los diferentes órganos del Estado, especialmente, las que distribuyen el poder en los niveles nacional, estadal y municipal.

---

234 La misma redacción se encuentra en el numeral 9° del artículo 25 de la *Ley Orgánica del Tribunal Supremo de Justicia*.

> De esta forma, todas aquellas controversias constitucionales entre la República y alguno de los estados o municipios, es decir, entre el poder central y el descentralizado territorialmente, serán resueltas por la Sala Constitucional dentro del procedimiento que se establecerá en la ley orgánica respectiva. En todo caso, esta atribución tiene por objeto que la Sala Constitucional como garante y máximo defensor de los principios consagrados en el Texto Fundamental ajuste la actuación de los órganos que ejercen el Poder Público, al cauce constitucional

Estaba claro para el constituyente que, al establecerse, al menos en el papel, un sistema federal de gobierno surgirían discusiones sobre el contenido y alcance de las atribuciones de cada órgano político-territorial, sobre todo frente a competencias no exclusivas, donde como es lógico, suelen presentarse dudas sobre la extensión de cada una de esas atribuciones.

Por tanto, la primera particularidad de esta pretensión procesal es que tanto el sujeto activo como el pasivo, son órganos o autoridades del poder público, con lo cual la participación de los ciudadanos o de organizaciones de la sociedad civil se limita, a lo sumo, a la posibilidad de intervenir como terceros en estos procesos, a los fines de apoyar a cualquiera de los entes en conflicto.

La segunda particularidad que debemos resaltar es que, junto a las *controversias constitucionales* previstas en el numeral 9° del artículo 336 de la *Constitución* como competencia exclusiva de la Sala Constitucional; también el numeral 4° del artículo 266 *eiusdem*, le otorgó a la Sala Político-Administrativa, la competencia para dirimir *controversias administrativas*. Textualmente dispone esta norma:

> Dirimir las controversias administrativas que se susciten entre la República, algún Estado, Municipio u otro ente público, cuando la otra parte sea alguna de esas mismas entidades, a menos que se trate de controversias entre Municipios de un mismo Estado, caso en el cual la ley podrá atribuir su conocimiento a otro tribunal[235].

---

[235] Igualmente, los numerales 7° y 8° de la *Ley Orgánica del Tribunal Supremo de Justicia* repiten el mismo lenguaje constitucional.

De tal forma, que existen dos pretensiones procesales muy similares, las controversias constitucionales y las administrativas. Ésta últimas tiene ya una tradición de larga data en el contencioso-administrativo, junto con el conflicto entre autoridades, lo que obviamente no corresponde analizar en el presente trabajo.

Por ello, una de los temas más determinantes y polémicas sobre la pretensión que estamos abordando es, precisamente, delimitar cuándo estamos en presencia de una controversia constitucional o administrativa. Sobre todo, porque lamentablemente, la jurisprudencia no ha sido muy clara al respecto.

En principio, y atendiendo a la letra de la Exposición de Motivos de la *Constitución,* pareciera que el asunto es sencillo. Estaremos frente a una controversia constitucional cuando i) las partes en conflicto sean órganos con rango constitucional, es decir, al menos mencionado en el Texto Fundamental; y ii) que la discusión se plantee alrededor de la interpretación y aplicación de normas constitucionales, sobre todo aquellas dirigidas a asignar atribuciones a los órganos del poder público.

Por el contrario, si la controversia se plantea entre órganos estatales, pero sobre atribuciones o competencias establecidas en leyes u otras normas de rango infraconstitucional, entonces estaremos frente a una controversia administrativa.

Esta es la posición que asume GUERRERO ROCCA, en uno de los pocos trabajos que existen sobre este tema. Concretamente, señala:

> La norma contenida en el artículo 336.9 de la Carta Magna atribuirá competencia a la Sala Constitucional del Máximo Tribunal de la República para aquellas controversias de naturaleza constitucional entre los órganos Supremos del Estado que personifiquen cualquiera de los cinco (5) poderes públicos de rango nacional, y cuando la función a ser desempeñada, cuyo ejercicio genere el conflicto, comporte la inmediata y directa ejecución de la Constitución. Igualmente, cuando dicha controversia constitucional se presente en-

tre la República, Estados y Municipios por el ejercicio de una competencia directa e inmediata de la Constitución Nacional[236].

Ahora bien, lamentablemente, la jurisprudencia de la Sala Constitucional no ha sido uniforme en el seguimiento de estos lineamientos expuestos en la Exposición de Motivos de la *Constitución*, pues si bien hay casos donde ha exigido estos dos requisitos concurrentes; en otras decisiones ha aceptado la competencia para conocer del asunto, considerando el caso como una controversia constitucional, cuando en realidad no se está en presencia de disputas sobre el alcance de atribuciones constitucionales.

En efecto, en la sentencia N° 226 del 18 de febrero de 2003, caso: *Distrito Metropolitano de Caracas*, se señaló lo siguiente:

> La disposición recién transcrita, prevé una especialísima acción destinada a salvaguardar la normal prestación de la actividad pública que despliega cada uno de los órganos del Poder Público que, en un determinado momento, pudiera verse afectada cuando dos o más de ellos estiman atribuida a su favor una facultad, competencia o atribución constitucionalmente prescrita, dando lugar al ejercicio paralelo de la función disputada (conflicto positivo); o, por el contrario, cuando ninguno de estos entes reconoce ostentar la titularidad de esa facultad, competencia, o atribución constitucional, provocando la omisión de acometer una función encomendada a alguno de ellos por la Carta Magna (conflicto negativo).
>
> De modo tal que existen dos elementos objetivos que permiten calificar un concreto conflicto como una controversia constitucional: (i) debe suscitarse entre órganos del Poder Público, entendiendo por éstos los distintos entes de consagración constitucional que conforman el Poder Municipal, el Poder Estadal y el Poder Nacional (que, a su vez, se encuentra

---

236 GUERRERO ROCCA, Gilberto, "Controversias Constitucionales y Conflictos de Autoridad: Una necesaria distinción", en *Revista de Derecho Constitucional* N° 7, Sherwood, Caracas, 2003. A la misma conclusión llega el profesor TORREALBA SÁNCHEZ, luego de citar la jurisprudencia imperante hasta el momento de su importante trabajo. Véase, TORREALBA SÁNCHEZ, Miguel Ángel, "*Manual de Contencioso Administrativo*", Editorial Texto, Caracas, 2006.

integrado por los poderes Ejecutivo, Legislativo, Judicial, Ciudadano y Electoral) ex artículo 136 de la Constitución; y (ii) debe suscitarse con ocasión del ejercicio de facultades, competencias o atribuciones previstas por la Constitución, como máximo cuerpo normativo que diseña y ordena la estructura orgánica del Estado.

Cumplidos ambos extremos, no deben caber dudas en cuanto a que la competencia para resolver tales conflictos corresponde a esta Sala, como máximo garante del orden constitucional, pues la sola existencia de estos desórdenes en la prestación de los servicios públicos encomendados a los órganos en pugna, afecta «la esencia misma de la Constitución, a la cuidadosa distribución de poder y de correlativas competencias por ella operada», a decir del profesor español García de Enterría (*La Constitución como norma y el Tribunal Constitucional*, Ed. Civitas, Madrid, 1985, pp. 149 y 150)".

Si bien coincidimos con la doctrina que expone este fallo, al exigir los dos requisitos concurrentes a los que hemos venido haciendo referencia, en nuestro criterio, el caso se trataba más bien de una *controversia administrativa*, pues en definitiva el conflicto surgió entre el Alcalde de Distrito Metropolitano de Caracas y el Alcalde del Municipio Libertador, en relación con la competencia para autorizar las manifestaciones a que hace referencia la *Ley de Partidos Políticos, Reuniones Públicas y Manifestaciones*, es decir, se requería la interpretación de esta normativa legal y no del texto constitucional[237].

En forma más clara y contundente, la misma Sala Constitucional ratificó los dos requisitos concurrentes para conocer las controversias constitucionales, en su fallo Nº 2401 de fecha 8 de octubre de 2004, caso: *Gobernador del Estado Carabobo*, destacando lo siguiente:

> De modo tal que existen dos elementos objetivos que permiten calificar un concreto conflicto como una *controversia constitucional*: (i) debe suscitarse entre órganos del Poder Público, entendiendo por éstos los distintos entes de consagra-

---

237 No puede perderse de vista que se trataba de un caso de altísimo contenido político, pues tenía que ver con el control y/o permisología de las marchas y movimientos cívicos que se generaron a raíz de la crisis política surgida en el año 2003.

> ción constitucional que conforman el Poder Municipal, el Poder Estadal y el Poder Nacional (que, a su vez, se encuentra integrado por los poderes Ejecutivo, Legislativo, Judicial, Ciudadano y Electoral) **ex** artículo 136 de la Constitución; y (ii) debe suscitarse con ocasión del ejercicio de facultades, competencias o atribuciones previstas por la Constitución, como máximo cuerpo normativo que diseña y ordena la estructura orgánica del Estado.
>
> Cumplidos ambos extremos, no deben caber dudas en cuanto a que la competencia para resolver tales conflictos corresponde a esta Sala, como máximo garante del orden constitucional, pues la sola existencia de estos desórdenes en la prestación de los servicios públicos encomendados a los órganos en pugna, afecta *«la esencia misma de la Constitución, a la cuidadosa distribución de poder y de correlativas competencias por ella operada»*, a decir del profesor español García de Enterría (*La Constitución como norma y el Tribunal Constitucional*, Ed. Civitas, Madrid, 1985, pp. 149 y 150).
>
> La visión del constituyente a este respecto resulta acertada y coherente, pues la Constitución vigente distingue los *conflictos constitucionales* de los *conflictos administrativos*, encomendando la resolución de los primeros a esta Sala Constitucional, en tanto en ellos resulta primordial interpretar la Carta Magna para dilucidar cuál de las entidades en disputa detenta la función objeto del conflicto, y a esta Sala le es natural imponer su interpretación vinculante para evitar el desorden político en ciernes.
>
> En cambio, atribuye a la Sala Político-Administrativa la competencia para resolver los conflictos administrativos, dado que en estos casos la controversia encuentra su origen en la ordenación infraconstitucional, cuyo control le está dado a la jurisdicción contencioso-administrativa, de la cual aquélla es su máxima exponente (*vid.* Artículos 259, 262 y 266.4 de la Constitución).

Por su parte la Sala Político-Administrativa también ha aplicado el criterio concurrente para considerar como constitucional, una determinada controversia entre entes públicos, y aceptando su competencia para conocer controversias *administrativas*, cuando el asunto requiere de análisis legales. Así, en la decisión N° 1570 de fecha 25 de julio de 2001, caso: *José Luis Rodríguez*, se dispuso que:

En este sentido, el recurrente expone en el escrito libelar que el motivo de la solicitud viene dado por"... la situación que vive esa Municipalidad al darse una doble titularidad en cuanto a la persona del Alcalde, o sea, existen dos Alcaldes, arrogándose cada quien su condición como tal, lo cual mantiene en zozobra la colectividad, y la paralización de las actividades comunes desarrolladas por dicha Institución, la paralización de las recaudaciones impositivas por no poderse emitir recibos, la inmovilización de las cuentas bancarias y en fin todo ello por la presencia de dos funcionarios en el mismo cargo...".

Por tanto, tal como lo expresa el recurrente, el caso de autos se presenta como un conflicto de autoridades derivado de la existencia de dos funcionarios desempeñando el cargo de Alcalde del Municipio Antolín del Campo del Estado Nueva Esparta.

Ahora bien, a los fines de determinar la competencia de esta Sala Político-Administrativa para conocer del caso de autos, debe precisar que la controversia tiene su origen en la doble titularidad que -a decir del recurrente- existe en cuanto a la persona del Alcalde, es decir, que existen dos Alcaldes arrogándose cada quien su condición como tal.

Del análisis de la naturaleza de la controversia a la que se ha hecho referencia supra, esta Sala precisa que la misma no es de naturaleza constitucional, esto es, aquellas que dan lugar a los procesos constitucionales para dirimir los conflictos de competencias constitucionales entre entidades político territoriales, o entre otros órganos de naturaleza constitucional, en cuyo caso, la competencia correspondería a la Sala Constitucional de este Máximo Tribunal.

Asimismo, esta Sala considera que la controversia planteada tampoco es de naturaleza electoral en virtud de que no se trata de la elección popular de un cargo público como resultado de un proceso electoral, ni tampoco se trata de situaciones análogas conforme se ha venido determinando en la jurisprudencia de esta Sala.

El caso que examinamos, como se ha precisado ya, es una controversia de naturaleza administrativa suscitada en virtud de la existencia de dos Alcaldes en el Municipio Antolín del Campo del Estado Nueva Esparta.

> En virtud de lo anterior, y conforme con lo que establece el artículo 266, ordinal 4 de la Constitución de la República Bolivariana de Venezuela y artículo 42, ordinales 22 y 13 de la Ley Orgánica de la Corte Suprema de Justicia, corresponde conocer a esta Sala Político Administrativa del Tribunal Supremo de Justicia, el conflicto de autoridades presentado, toda vez que a través de los artículos supra mencionados se atribuye al conocimiento de esta Sala el denominado conflicto de autoridades o controversia administrativa, suscitada entre la República, algún Estado, Municipio u otro ente público, cuando la otra parte sea alguna de esas mismas entidades.

Pero en otras decisiones, la Sala Constitucional ha obviado el criterio concurrente que hemos venido exponiendo, dejando a un lado la necesidad de que el asunto implique el análisis de normas de distribución de competencias constitucionales. Así, en la sentencia de fecha 15 de abril de 2003, caso: *Alcalde del Municipio Píritu del Estado Falcón*, la Sala Constitucional señaló lo siguiente:

> De acuerdo a lo manifestado por el solicitante, el conflicto planteado trata de una controversia entre órganos del Poder Público Municipal que se encuentran en la cima de sus respectivos niveles de influencia (Alcalde y Concejo Municipal), que gira en torno a la suspensión en el ejercicio del cargo del Alcalde por parte del Concejo Municipal, mientras se celebra el referendo revocatorio del mandato del Jefe del Gobierno Municipal, en aplicación del artículo 69 de la Ley Orgánica de Régimen Municipal, disposición legal que, según lo plantea el accionante, colide con lo previsto en el artículo 72 de la Constitución de la República Bolivariana de Venezuela que regula lo relativo a la convocatoria de referendos revocatorios del mandato de cargos y magistraturas de elección popular.
>
> Con respecto al tema de la controversia, se advierte que el objeto principal de la potestad de esta Sala para dirimir controversias constitucionales entre órganos del Poder Público prevista en el numeral 9 del artículo 336 del Texto Fundamental, consiste en la protección de la estructura institucional del Estado y su régimen competencial, con el propósito de corregir las eventuales invasiones por parte de algún órgano del Poder Público en la esfera de competencias de otro.

> Precisado lo anterior, la Sala observa que el conflicto planteado por el Alcalde del Municipio Píritu del Estado Falcón, se fundamenta en las presuntas infracciones constitucionales atribuidas al Concejo Municipal de dicha entidad político-territorial, como consecuencia de su suspensión en el ejercicio del mencionado cargo y de la convocatoria a referendo revocatorio de su mandato.
>
> En atención a lo anterior, la Sala juzga que la situación planteada implica una presunta subversión del orden constitucional que atenta contra la supremacía y efectividad de las normas y principios constitucionales, por lo que ésta constituye una controversia constitucional entre órganos del Poder Público, por donde esta Sala Constitucional es competente para conocer la misma a tenor de lo dispuesto en el numeral 9 del artículo 336 de la Constitución de la República Bolivariana de Venezuela. Así se establece.

La realidad es que, en este caso, las normas claves para decidir la controversia estaban contenidas *Ley Orgánica de Régimen Municipal,* y no en la *Constitución.* Nótese que no se estaba discutiendo si una norma de esa ley era constitucional o no, sino simplemente un conflicto entre el Alcalde y el Concejo Municipal, con respecto a la interpretación de esa normativa legal.

En otro caso, de altísima importancia política, dado el contexto en que se dictó, la Sala Constitucional consideró que se trataba de una controversia constitucional, a pesar de que era un asunto claramente de índole administrativo. Así, en la sentencia de fecha 19 de diciembre de 2002, caso: *Alcalde Metropolitano de Caracas,* la Sala asumió la competencia del asunto, a pesar de señalar lo siguiente:

> 1.- La solicitud planteada a la Sala en esta ocasión, tiene que ver con el conflicto suscitado a raíz de la asunción por parte del Ministerio del Interior y Justicia de la dirección, coordinación y manejo de la Policía Metropolitana, lo cual consta en la Resolución N° 567 de dicho Ministerio, publicada en la Gaceta Oficial de la República Bolivariana de Venezuela n° 37.572 de 18-11-02, y del nombramiento del Director General de dicho cuerpo armado (Resoluciones núms. 568 y 569, publicadas en la misma fecha y Gaceta Oficial).
>
> La competencia para dictar un acto con este contenido, según la propia Resolución, vendría dada por lo que prescriben los artículos 76.2. y 76.18. de la Ley Orgánica de la Admi-

nistración Pública, 2.3. del Decreto sobre Organización y Funcionamiento de la Administración Pública Central, 16 y 22 de la Ley de Coordinación de Seguridad Ciudadana y 26.1. del Reglamento Orgánico del Ministerio del Interior y Justicia.

En otras oportunidades, la motivación de la Sala Constitucional para justificar su competencia ha sido mucho más escueta, quizás para obviar, precisamente, los requisitos concurrentes que pareciera haber señalado la Exposición de Motivos de la *Constitución*. Así en la sentencia N° 1284 de fecha 13 de agosto de 2008, caso: *Municipio Chacao del Estado Miranda*, la Sala señaló:

> De conformidad con lo expuesto, se aprecia que por cuanto en el presente caso se somete al conocimiento de la Sala una solicitud de controversia constitucional supuestamente generada entre la Alcaldía del Municipio Chacao del Estado Miranda y la Alcaldía del Distrito Metropolitano de Caracas, los cuales son dos órganos integrantes del Poder Público, resulta forzoso para esta Sala, congruente con las normas contenidas en los artículos referidos *supra* y el criterio expuesto, declararse competente para conocer la presente causa, y así se decide.

En este caso, la discusión tampoco derivaba de la interpretación sobre el alcance de una atribución constitucional, sino más bien sobre el carácter de ingreso propio y exclusivo de los Municipios de las tasas que se cobran por el otorgamiento de las licencias de venta de licores, lo que implicaba el análisis de normas legales y ordenanzas municipales. Para la Sala Constitucional pareciera haber sido suficiente el hecho de que se trataba de un conflicto entre dos entes públicos; y es obvio que con esa posición sería imposible distinguir las controversias constitucionales de las administrativas.

Como vemos, la jurisprudencia de la Sala Constitucional no es lo suficientemente clara para distinguir ambos tipos de controversias, pues hay asuntos de clara naturaleza política donde simplemente considera importante decidirlo ella. Sin embargo, en nuestro criterio, este tema no tiene mucha dificultad. Para que exista una controversia constitucional es necesario que estén involucrados órganos con rango constitucional y la discusión verse sobre el alcance de alguna atribución expresamente contenida en la *Constitución*. De lo contrario, si el asunto requiere el análisis de normas legales, le corresponderá el asunto a la Sala Político-Administrativa, al tratar de una controversia administrativa.

II. LAS PARTES QUE INTERVIENEN EN LAS CONTROVERSIAS CONSTITUCIONALES

1. *Legitimación activa*

Como hemos venido señalando, la legitimación activa en una controversia constitucional debe estar a cargo de un órgano del Poder Público con rango constitucional, bien sea político-territorial (República, Estados y Municipios) o de cada uno de sus órganos que ejerzan el poder público (Asamblea Nacional, Poder Ciudadano, Asambleas Legislativas, Concejos Municipales, entre otros).

Esto lo corrobora la decisión dictada por la Sala Constitucional N° 226 del 18 de febrero de 2003, caso: *Distrito Metropolitano de Caracas*, donde se dispuso:

> Llegados a este punto, es preciso indicar los requisitos de legitimación en esta particular acción de resolución de controversia constitucional, cuya naturaleza hace entender a la Sala que la facultad para participar en tal juicio es sumamente restringida y sólo es dable a los titulares de los órganos constitucionales en pugna y -por supuesto- a quienes ejerzan su representación.

Ello descarta la posibilidad de que entes públicos creados por leyes o particulares puedan iniciar este tipo de demandas. Así lo ha reconocido la Sala Constitucional, en sentencia del 16 de julio de 2013, caso: *Playtex C.A*, donde se dispuso:

> Ello por cuanto, tal y como se desprende de la copia de su documento constitutivo (vuelto del folio 17 del presente expediente), la accionante es una compañía anónima que tiene por objeto *"...el establecimiento, estructuración, planteamiento, ejecución, puesta en marcha y administración del negocio de Loterías..."*, y por tanto, no es un ente que forma parte del Poder Público ni tampoco que ejerce competencias constitucionales, y tenga la necesidad de que sea resuelto un conflicto surgido con otro órgano del Poder Público por alguna competencia asignada constitucionalmente; sino que se trata de una empresa privada que bajo el argumento de que *"...se encuentra en un completo estado de indefensión, ante la incertidumbre e inseguridad jurídica generada por la alteración del orden público constitucional debido a dicho conflicto competencial..."*, pretende lograr una solución anticipada de una situación particular que no

tiene índole constitucional, y ni siquiera de índole interadministrativo, porque se trata lo planteado de la rescisión de un contrato de concesión, lo cual como bien lo reconocen los representantes legales en el libelo, afecta únicamente la situación jurídica de su representada (*v.* folio 11 del escrito).

2. *Legitimación pasiva*

En cuanto la legitimación pasiva, la misma recaerá sobre el órgano de rango constitucional que haya sido demandado.

La Sala Constitucional ha considerado admisible una controversia constitucional, cuando el órgano demandando es una Sala del Tribunal Supremo de Justicia. Así, en la sentencia de fecha 27 de julio de 2004, caso: *Luisa Ortega*, se señaló lo siguiente:

> En tal sentido, al haberse alegado que lo acordado por la Sala de Casación Penal en las mencionadas actuaciones comporta una extralimitación de atribuciones por parte de dicha instancia judicial, que contraría la autonomía e independencia de que goza el Ministerio Público por integrar una rama del Poder Público, esta Sala juzga que el conflicto planteado es susceptible tramitarse como una controversia de índole constitucional entre un órgano del Poder Judicial y un órgano del Poder Ciudadano, a saber, entre la Sala de Casación Penal del Tribunal Supremo de Justicia y el Ministerio Público, los cuales están investidos por la Constitución vigente de potestades públicas referidas al control jurisdiccional sobre la actividad procesal en el ámbito penal, que ejerce la Sala de Casación Penal, y al ejercicio de la acción penal en nombre del Estado en la investigación de los delitos; lo cual evidencia que ambos se hallan en la máxima jerarquía de las ramas del Poder Público que integran, y que la controversia planteada se refiere al contenido y límites en que deben ser cumplidas las competencias constitucionales de cada los órganos involucrados, que supuestamente habrían sido desconocidos por el contenido del auto y del oficio n° 401, dictado el 17 de junio de 2004, por la Sala de Casación Penal, en el expediente n° AA30-P-2004-000250, de la numeración de esa Sala.

Adicionalmente, al ser también esta pretensión una de las que se tramita conforme a lo previsto en los artículos 129 y siguientes de la *Ley Orgánica del Tribunal Supremo de Justicia*, en el auto de admisión del recurso, la Sala Constitucional debe ordenar también la notificación del Procurador General de la República y del Defensor del Pueblo. Además, si lo considera pertinente, puede notificar a alguna otra autoridad que pueda aportar elementos relevantes para el caso[238].

Sí es importante destacar que la Sala Constitucional ha admitido la participación de *terceros*, incluso ciudadanos distintos a los entes públicos con rango constitucional, cuando resulta evidente su interés en la causa. Así, en la sentencia anteriormente citada, caso: *Luisa Ortega*, se señaló lo siguiente:

> Por último, en cuanto a la solicitud hecha por los apoderados judiciales de la ciudadana María Corina Machado, de que se admita su participación como terceros interesados en la presente controversia constitucional, la Sala, con base en lo previsto en el aparte primero del artículo 19 de la Ley Orgánica del Tribunal Supremo de Justicia y en el artículo 370, numeral 3, del Código de Procedimiento Civil, acuerda dicha intervención, en tal sentido, quedan a derecho los apoderados de la mencionada ciudadana, de cara a la audiencia a celebrarse en la presente causa, en el tiempo que será señalado en el dispositivo de la presente decisión, sin que sea necesario practicar su notificación personal. Luego de dicho acto, la Sala, en su fallo definitivo, proveerá sobre lo alegado por los terceros intervinientes en el escrito que consignaron el 6 de julio de 2004. Así se decide[239].

III. EL OBJETO DE LA CONTROVERSIA CONSTITUCIONAL

Como hemos venido adelantando, el objeto fundamental de esta pretensión procesal es resolver los conflictos que pueden presentarse frente a la interpretación del alcance de las atribuciones que la *Constitución* les atribuye a los principales órganos del poder público. Es decir, en este tipo de casos básicamente la Sala Constitucional está llamada a resolver a cuál de los órganos constitucionales le

---

238 Artículo 135.

239 Véase también la sentencia del 18 de diciembre de 2002, caso: *Leobardo José Nava Rondón*.

corresponde una determinada competencia, y de ser el caso, tomar las decisiones necesarias para reestablecer la situación jurídica infringida.

Así, la Sala ha llegado a descartar una controversia constitucional, cuando se pretende el cobro efectivo de una obligación del Poder Nacional frente al regional. Así, en la sentencia Nro. 1682 de fecha 18 de junio de 2003, caso: *Estado Monagas*, se señaló lo siguiente:

> Planteada en el marco constitucional la querella interpuesta por el Estado Monagas contra el Ejecutivo Nacional por órgano del Ministerio de Finanzas, esta Sala observa que no existe propiamente un conflicto constitucional por cuanto no hay competencia controvertida; ni existe declinación ni inhibición de competencias por cuanto claramente se encuentra regulado el ámbito jurídico de la relación fiscal entre el Ejecutivo Nacional y el Estado Monagas, y no cabe duda de que el Ejecutivo Nacional tiene la potestad reglada de administrar los ingresos fiscales de acuerdo con lo pautado en la Constitución y en la legislación especial y puede, por ello, concluirse que la aplicación normativa en referencia excluye cualquier tipo de discrecionalidad como no sea la variante prevista expresamente en la normativa constitucional que, a la letra, dice: *"...En caso de variaciones de los ingresos del Fisco Nacional que impongan una modificación del Presupuesto Nacional, se efectuará un reajuste proporcional del situado..."* (Artículo 167 numeral 4); en consonancia con lo que al respecto estipula la Ley de Asignaciones Especiales.
>
> De ello podemos inferir que no hay lugar, en la querella planteada, a un conflicto constitucional entre el Ejecutivo y el Estado Monagas, no correspondiéndole a esta Sala Constitucional, el control de cualquier alteración o irregularidad que se produzca en el cumplimiento efectivo de obligaciones constitucionales claramente definidas, aunque sí le compete, ciertamente, el conocimiento, y de ser el caso, la reparación de las lesiones de derechos fundamentales que excepcionalmente tengan lugar en dicho campo; y que en el caso de autos, no han sido invocados ni alegados por el querellante, pues su reclamación se ha dirigido exclusivamente a hacer efectivas las transferencias fiscales, estimadas en cantidades de dinero, adeudadas por el Ministerio de Finanzas por concepto de los ingresos que le son propios a los Estados regionales por impe-

rativo del artículo 167 de la Constitución de la República Bolivariana de Venezuela; lo que impide a la Sala Constitucional entrar a dirimir controversias cuya competencia está atribuida constitucionalmente a la jurisdicción contencioso-administrativa.

Como vemos, la Sala entendió que no se trataba de un conflicto destinado a verificar a cuál de los dos entes político-territoriales le correspondía una determinada atribución, sino simplemente se estaba frente al incumplimiento de la obligación de pago.

Considerando a este precedente, en la sentencia N° 2401 del 8 de octubre de 2004, caso: *Gobernador del Estado Carabobo*, la Sala Constitucional destacó que en este caso sí estábamos frente a una controversia constitucional, toda vez que no se estaba ejerciendo una acción de cobro, sino más bien se estaba discutiendo la intromisión del Poder Ejecutivo Nacional en competencias propias y exclusivas de los Estados, como es la administración de sus recursos propios.

> Corroborado lo anterior, debe estudiarse si, en el caso *sub examine*, el conflicto que se denuncia viene dado con ocasión de atribuciones, facultades o competencias constitucionalmente previstas. Con miras a ello, observa la Sala que -según lo expuesto por la representación actora- la alegada perturbación de las facultades conferidas constitucionalmente al Gobernador como Jefe de la Hacienda Pública Estadal, devienen de la denunciada morosidad del Poder Ejecutivo Nacional en efectuar las transferencias de recursos que corresponden a dicha entidad, de conformidad con lo preceptuado en los numerales 4, 5 y 6 del artículo 167 de la Constitución.
>
> Cabe observar que una situación similar a la señalada fue tratada con anterioridad por esta Sala (*vid.* Stc. N° 1682/2003, caso: *Estado Monagas*), en el cual se concluyó negando la calificación de la delatada controversia como constitucional y declarando su índole netamente administrativa. Sin embargo, el comentado precedente, guarda diferencias notables respecto del presente caso que merecen ser comentadas.
>
> A este respecto, se observa que, en el comentado caso, el Procurador del Estado Monagas, pretendió -utilizando la vía del conflicto constitucional- que se le cancelara a dicho estado las supuestas acreencias que -por concepto de Situado Constitucional y Ley de Asignaciones Económicas Especiales (LAEE)-

> tenía contra el Poder Ejecutivo Nacional. En cambio, en el presente caso, no se solicita pago de cantidad alguna, aunque fueron determinadas con la pretendida finalidad de evidenciar la supuesta intromisión por parte de un Poder Público -Ejecutivo- en la competencia exclusiva del Poder Estadal, relativo a la administración e inversión de los recursos que le son propios por mandato constitucional.
>
> De modo que el conflicto objeto de estos autos, se centra en la denunciada intromisión por parte del Ejecutivo Nacional en una competencia propia del Poder Estadal, como es la administración de los recursos propios, asignados por la propia Constitución. Así las cosas, la presente acción se destina a que el Poder Ejecutivo cese en la supuesta administración que -de facto- ejerce sobre los señalados ingresos estadales y en ello se centra el conflicto a dirimirse entre estos dos Poderes Públicos.
>
> A juicio de esta Sala, tal situación evidencia el carácter constitucional de las atribuciones que, a una primera vista, lucen como la razón de las desavenencias competenciales que se han generado entre el Poder Ejecutivo del Estado Carabobo y el Poder Ejecutivo Nacional (a diferencia del señalado caso Monagas). Vista pues, la naturaleza del conflicto planteado, esta Sala Constitucional es competente para resolver el mismo. Así se declara.

Igualmente, en la sentencia de fecha 14 de junio de 2016, caso: *Procurador General de la República*, la Sala consideró que la acción interpuesta no podía calificarse como de amparo constitucional, sino más bien de controversia constitucional, al sostener que la pretensión giraba en torno a la supuesta invasión de competencias del Ejecutivo Nacional. Textualmente señaló este fallo:

> Ahora bien, aun cuando la demanda de autos es calificada de amparo constitucional, del contenido del escrito de autos se observa que el mismo no se sustenta de forma directa en la violación de derechos constitucionales, sino en la presunta vulneración de competencias y atribuciones constitucionales inherentes al Poder Ejecutivo Nacional ("usurpación de funciones"), por parte del Presidente, de la Junta Directiva y de la mayoría de diputados que integran la Asamblea Nacional, circunstancia que, más allá de las implicaciones que ello pudiera tener en la esfera de los derechos subjetivos, identifica la

presente acción con una demanda de controversia constitucional, a la cual se reconduce la presente acción, conforme a la jurisprudencia reiterada de esta Sala (*vid. Infra*).

Una típica controversia constitucional, la encontramos en otro caso presentado por el Estado Carabobo, donde se cuestionaba, con toda la razón, una decisión del Ejecutivo Nacional, por medio de la cual éste había asumido el control de los puertos y aeropuertos que se encontraban en manos de los distintos estados del país, lo que implicaba un claro desconocimiento de las competencias exclusivas de los Estados, de conformidad con lo previsto en el numeral 10° del artículo 164 de la *Constitución*.

Sin embargo, en este caso la Sala Constitucional señaló que la controversia resultaba inadmisible, toda vez que el asunto ya se había resuelto previamente, a través de un recurso de interpretación constitucional, mediante la sentencia N° 565/2008, publicada en la Gaceta Oficial de la República Bolivariana de Venezuela N° 38.925 del 7 de mayo de 2008[240].

Por tanto, hasta los momentos, la Sala Constitucional ha limitado el objeto de esta pretensión procesal, a las discusiones relacionadas con el alcance de las atribuciones constitucionales, negándose a resolver, por ejemplo, pretensiones de naturaleza patrimonial. Es importante destacar, que, en el caso de las controversias administrativas, la Sala Político-Administrativa ha ido un poco más allá de la resolución de las competencias asignadas a los entes públicos, aceptando situaciones donde más bien un ente público ejerce una pretensión de carácter patrimonial, frente a otro ente del Estado. Así, en el caso de las demandas interpuestas por el Distrito Metropolitano de Caracas contra los Municipios que lo conformaban, debido a la falta de pago de los ingresos que la ley de creación de ese Distrito se les ordenó a los municipios el pago de los aportes correspondientes. Así, la decisión de fecha 12 de marzo de 2008, caso: *Distrito Metropolitano de Caracas*, señaló lo siguiente:

---

240 Nos referimos a la sentencia del 1° de junio de 2009, caso: *Gobernador del Estado Carabobo*.

Como puede apreciarse, esta Sala ya definió que en el caso de autos se está en presencia de una controversia administrativa, con motivo de una supuesta falta de transferencia de recursos del demandado al demandante y que es competente para conocer de la presente causa.

Adicionalmente a ello, en anteriores oportunidades se ha establecido que la controversia debe suponer la existencia de circunstancias que impidan el normal desenvolvimiento de las instituciones involucradas en la presunta controversia administrativa, con las graves consecuencias que una situación de esa naturaleza acarrea para el colectivo, en el orden civil, político y administrativo.

En el presente caso, aprecia la Sala que existen unas obligaciones previstas en la Ley Especial del Distrito Metropolitano de Caracas que el Municipio el Hatillo del Estado Miranda presuntamente se ha negado a cumplir, afectando eventualmente la Hacienda Pública Metropolitana.

En consecuencia, dados como están los supuestos de procedencia de una controversia administrativa, se desecha el alegato formulado por la apoderada judicial del accionado, relativo a la incompetencia de este Tribunal. Así se decide.

Como vemos, a pesar de tratarse de una pretensión económica, de un ente público frente a otro, y donde no estaban en discusión atribuciones o competencias legales, esa Sala aceptó tramitar el caso como una controversia administrativa, lo que traía importantes consecuencias procesales, que obviamente no vienen al caso tratar aquí.

IV. PROCEDIMIENTO PARA TRAMITAR LAS CONTROVERSIAS CONSTITUCIONALES

Frente a la ausencia legislativa de la ley de la jurisdicción constitucional, destinada a regular los procedimientos que se ventilan ante la Sala Constitucional, en la *Ley Orgánica del Tribunal Supremo de Justicia* se establecieron unas disposiciones transitorias donde se consagraron, provisionalmente, algunos procedimientos judiciales que se tramitan ante dicha Sala. Así, conforme a lo dispuesto en los artículos 128 y 25, numeral 9 de la *Ley Orgánica del Tribunal Supremo de Justicia*, las controversias constitucionales deben tramitarse por el procedimiento previsto en los artículos 129 y siguientes *eiusdem*, el cual ya hemos analizado al abordar las acciones de inconstitucionalidad frente a actos legislativos.

Sobre los aspectos procesales solo nos vamos a permitir reiterar las potestades cautelares de la Sala Constitucional en este tipo de pretensiones procesales, primero, antes de la entrada en vigencia de la *Ley Orgánica del Tribunal Supremo de Justicia*, conforme al poder general cautelar del juez y al Código de Procedimiento Civil; y luego de la entrada en vigencia de esta ley, de acuerdo lo dispuesto en el artículo 130 *eiusdem*.

Así, en la sentencia del 27 de julio de 2004, caso: *Luisa Ortega*, se señaló lo siguiente:

> En cuanto a la medida cautelar solicitada, la Sala, en ejercicio de su prudente arbitrio, luego de analizar las denuncias y alegatos planteados por la abogada Luisa Ortega Díaz, Fiscal Sexta del Ministerio Público a Nivel Nacional con Competencia Plena y los posibles efectos del auto y del oficio n° 401, ambos dictados por la Sala de Casación Penal del Tribunal Supremo de Justicia, el 17 de junio de 2004, en la causa AA30-P-2004-000250, los cuales constituyen el origen de la controversia planteada, a la luz de la función atribuida por los artículos 335 y 336 de la Constitución vigente a la jurisdicción constitucional que ejerce esta Sala, declara que ha lugar a la medida cautelar requerida por la representante del Ministerio Público y, en consecuencia, suspende en forma provisional los efectos del auto y del oficio n° 401, del 17 de junio de 2004, dictados por la Sala de Casación Penal en la causa n° AA30-P-2004-000250, de la nomenclatura de esa Sala, hasta tanto se resuelva la controversia constitucional planteada.

Igualmente, y ya con la entrada en vigencia de la *Ley Orgánica del Tribunal Supremo de Justicia*, la Sala reiteró su potestad cautelar conforme al artículo 130 de esa ley, acordando *de oficio* unas medidas cautelares. Textualmente, en el fallo de fecha 14 de junio de 2016, caso: *Procurador General del a República*, señaló:

> Al respecto, es importante acotar que las medidas cautelares se caracterizan, en primer lugar, por su instrumentalidad, esto es, que no constituyen un fin por sí mismas, sino que están preordenadas a la emanación de una ulterior decisión definitiva. En segundo lugar, son provisionales y, en consecuencia, fenecen cuando se produce la sentencia que

pone fin al proceso principal, sin menoscabo de la posibilidad que tiene el juez de modificarlas o revocarlas por razones sobrevenidas, aun cuando no haya finalizado el proceso principal. En tercer lugar, se encuentra la idoneidad según la cual, deben servir para salvaguardar la efectividad de la tutela judicial invocada, pues si se conceden providencias que no garantizan los resultados del proceso, la tutela cautelar se verá frustrada en la medida en que no será idónea para la realización de ésta.

De este modo, el proveimiento cautelar, si bien representa una aproximación al *thema decidendum* del juicio principal, resulta esencialmente distinto en cuanto a la declaración de certeza de la decisión de fondo.

Como puede observarse, se trata de un análisis probable y no de una declaración de certeza y, por tanto, no implica un pronunciamiento anticipado sobre el mérito de la controversia, sino un análisis de verosimilitud, que podrá o no ser confirmado en la sentencia definitiva, cuando se reconozca con fuerza de cosa juzgada y sobre la base de todos los elementos de convicción. En otras palabras, se trata de una apreciación anticipada, pero somera del derecho controvertido, basada en la impresión *prima facie* de la pretensión.

Conforme a los rasgos enunciados y a la naturaleza garantista de las tutelas cautelares, el legislador patrio reconoció en la nueva ley que rige las funciones de este Máximo Tribunal, uno de los caracteres más novedosos y progresistas de estas medidas, a saber, su carácter innominado, el cual consiste, en que el poder de resguardo que tienen los jueces y, concretamente esta Sala, sobre las situaciones llevadas a juicio se extiende a cualquier medida positiva o negativa que sea necesaria para la protección efectiva de los justiciables.

De este modo, este Alto Tribunal y en general, los tribunales, pueden adoptar cualquiera de las medidas cautelares expresamente recogidas en el ordenamiento jurídico, como ocurre con la suspensión de efectos, la prohibición de enajenar y gravar, etc., o dictar alguna providencia que, sin estar expresamente mencionada en la ley, permita la protección de los intereses y derechos ventilados en juicio. (...)

Ahora bien, visto que en la presente acción de controversia constitucional, luego de la ponderación preliminar de las denuncias formuladas en el mismo, así como de la revisión de los referidos actos emanados del parlamento, se observan indicios de los cuales pudiera desprenderse que el órgano legislativo ha asumido atribuciones que constitucionalmente son propias del Poder Ejecutivo, por lo que esta Sala, en ejercicio pleno de sus amplios poderes cautelares, y con el propósito de asegurar que los actos que hasta ahora han sido emanados desde la Asamblea Nacional y sus actos futuros no impliquen probables usurpaciones de funciones atribuidas al Ejecutivo Nacional, dicta medida cautelar, en ejercicio de su prudente arbitrio, razón por la que se suspenden los efectos de los actos parlamentarios de fechas 10 y 31 de mayo de 2016, respectivamente...[241]

V. LOS EFECTOS DE LAS CONTROVERSIAS CONSTITUCIONALES

En forma similar a lo que sucede con el recurso por colisión de leyes, la finalidad de esta pretensión procesal es aclarar el alcance de las atribuciones constitucionales asignadas a los distintos órganos del poder público, y en su caso, determinar a cuál de ellos le corresponde el ejercicio de esa competencia o hasta dónde puede ejercerlas. De manera que, en principio, la mayoría de los casos de controversias constitucionales deberían resolverse con decisiones *declarativas* donde se expresen las razones y consideraciones que determinan el contenido y alcance de la atribución constitucional.

---

241 Este caso nunca tuvo una sentencia definitiva, pues forma parte de ese período en el cual la Sala Constitucional desmanteló la Asamblea Nacional, mediante unas decenas de polémicas sentencias. Por ello, nunca se pudo verificar cuáles fueron esas supuestas competencias usurpadas por parte del parlamento, quien sencillamente publicó dos Acuerdos legislativos, en los cuales, entre otras cosas, denunciaba la actuación de la Sala Constitucional, frente a todos los actos parlamentarios dictados por esa Asamblea.

Sin embargo, las decisiones que resuelven estas controversias pueden tener contenidos adicionales, como podrían ser, órdenes de anulación, órdenes de hacer o no hacer y cualquier otra solución necesaria para restablecer la situación jurídica infringida.

Por ejemplo, en la decisión de fecha 19 de diciembre de 2002, caso: *Alcalde Metropolitano de Caracas*, donde se resolvió una controversia entre el Distrito Metropolitano de Caracas y el Ministerio de Interior y Justicia, con respecto al control de la Policía Metropolitana y, más concretamente, con la competencia para designar a sus directores, la Sala resolvió la controversia "constitucional", en los siguientes términos:

Establecido lo anterior, la Sala apunta:

> 4.1) Que, la dirección de la Policía Metropolitana corresponde inequívocamente al Alcalde Metropolitano, tal como lo asentó esta Sala en el fallo del 13.12.00.
>
> 4.2) Que, como Director de dicha policía, es él quien puede nombrar a los directivos y jefes de ella, y así se declara.
>
> 5) Que, como consecuencia de lo anterior, queda sin efecto la Resolución n° 569, en la cual se nombró al ciudadano Gonzalo Sánchez Delgado Director General de la Policía Metropolitana.

Vemos como se hace una declaración sobre la autoridad efectivamente competente; pero, además, se anuló un acto administrativo dictado por la autoridad que se consideró incompetente.

De igual forma, y tal y como señalamos *supra*, al referirnos al conflicto surgido entre el Alcalde de Distrito Metropolitano de Caracas y el Alcalde del Municipio Libertador, en relación con la competencia para autorizar las manifestaciones a que hace referencia la *Ley de Partidos Políticos, Reuniones Públicas y Manifestaciones*, se trataba más bien de una controversia administrativa, lo que implicaba el análisis de normas de rango legal, pero que fue considerada como constitucional. De hecho, la sentencia que resolvió el fondo del caso claramente lo deja ver, y al mismo tiempo nos permite ejemplificar la forma como se resuelven este tipo de pretensiones. En efecto, en la sentencia de fecha 12 de mayo de 2003, caso: *Alcalde Metropolitano de Caracas*, la Sala Constitucional dispuso lo siguiente:

Del análisis del expediente, y de la apreciación de las exposiciones realizadas por las partes en la audiencia oral del presente procedimiento, la Sala observa que:

El artículo 38 de la Ley de Partidos Políticos, Reuniones Públicas y Manifestaciones reza:

Artículo 38.- "Los organizadores de reuniones públicas o manifestaciones deberán participarlo con veinticuatro horas de anticipación cuando menos, por escrito duplicado, en horas hábiles, a la primera autoridad civil de la jurisdicción con indicación del lugar o itinerario escogido, día, hora y objeto general que se persiga.

Las autoridades en el mismo acto del recibo de la participación deberán estampar en el ejemplar que entregan a los organizadores, la aceptación del sitio o itinerario y hora".

Por otra parte, el artículo 45 reza:

Artículo 45. "De cualquier determinación tomada por la primera autoridad civil de la jurisdicción que fuere considerada como injustificada por los organizadores de reuniones públicas o manifestaciones, podrá recurrirse por ante el Gobernador del Estado, Distrito Federal o del Territorio, el cual estará obligado a decidir durante las cuarenta y ocho horas siguientes. De esta decisión se podrá apelar por ante el Consejo Supremo Electoral, quien decidirá con preferencia".

De la lectura de ambas normas se colige que, a los efectos de la Ley, la primera autoridad civil está en un nivel inferior a la del Gobernador del Estado, del Distrito Federal o de los Territorios, quienes son los entes capaces de conocer en alzada.

A juicio de esta Sala, el Alcalde Metropolitano se encuentra al mismo nivel del extinto Gobernador del Distrito Federal, quien como autoridad civil a nivel macro en el Distrito Metropolitano, debe ser la segunda instancia de las otras autoridades de los municipios que actúan a nivel micro (ver sentencia N° 1563 del 13-12-2000).

El artículo 19 de la Ley especial sobre el Régimen del Distrito Metropolitano de Caracas, al establecer las competencias del Distrito Metropolitano, no atribuye en particular al Distrito Metropolitano y, por ende, al Alcalde de tal Distrito la aceptación del sitio, itinerario y horas de las reuniones públicas o manifestaciones, por lo que carece de tal competencia.

> Conforme a la última norma citada, en su numeral 8, al Distrito Metropolitano le competen los servicios de policía de orden público en el ámbito metropolitano, es decir, en la mancomunidad, y por ello -que es diferente a aceptar manifestaciones públicas- es que se permite al Alcalde Metropolitano vigilar las manifestaciones públicas a fin de mantener por medio de sus fuerzas el orden público o evitar que las marchas sean perturbadas u obstaculizadas.
>
> De allí, que en aras al numeral 8 del artículo 19 señalado, lo que debe ocurrir es que cada municipio notifique a la Alcaldía Metropolitana las aceptaciones que haya otorgado a fin de que tome las precauciones que le permita facilitar el servicio de policía de orden público, y otros servicios que afecten a los ciudadanos si fuere necesario; e, igualmente, notifiquen las aceptaciones del sitio, itinerarios y horas al organismo coordinador de seguridad ciudadana, previsto en el Decreto con Rango y Fuerza de Ley de Seguridad Ciudadana, a fin de que coordine -si fuere necesario- el mantenimiento del orden público, así como el desplazamiento de las manifestaciones de uno a otro municipio.

Como vemos, se trata de una sentencia declarativa, donde le asigna o ratifica la competencia al ente público respectivo.

También vale la pena mencionar otro caso referido a una controversia (supuestamente) constitucional, donde la Sala Constitucional ejerció el control difuso de la constitucionalidad de las leyes, ordenando la desaplicación de una norma legal que consideró contraria a la *Constitución*. Nos referimos a la sentencia de fecha 15 de julio de 2003, caso: *Alcalde del Municipio Píritu del Estado Falcón*, donde se señaló lo siguiente:

> Como ya lo ha establecido la Sala, existe una antinomia entre la competencia que el artículo 69 de la Ley Orgánica de Régimen Municipal confiere al Concejo Municipal para convocar a referendo revocatorio del mandato del Alcalde en los casos de no aprobación por parte del Cuerpo Edilicio de la memoria y cuenta de su gestión anual, con lo previsto por el artículo 72 de la Constitución, que otorga de manera exclusiva a los electores inscritos en la correspondiente circunscripción electoral, la iniciativa para solicitar la convocatoria de referendo revocatorio del mandato de cualquier cargo de elección popular, inclusive el cargo de Alcalde.

> Por los fundamentos expuestos, esta Sala Constitucional, a fin de garantizar el imperio, la supremacía y la efectividad de las normas y principios constitucionales, conforme lo ordena el artículo 335 de la Constitución de la República Bolivariana de Venezuela desaplica el artículo 69 de la Ley Orgánica de Régimen Municipal en lo que respecta a la iniciativa del Concejo Municipal para convocar un referendo revocatorio, por ser opuesto a lo previsto en el artículo 72, segundo acápite, de la Constitución y, en consecuencia, declara con lugar el conflicto constitucional entre autoridades planteado y deja sin efecto el Acuerdo nº 11 dictado el 13 de noviembre de 2002, por el Concejo Municipal del Municipio Píritu del Estado Falcón, sólo con respecto de la suspensión del Alcalde accionante, el nombramiento del Alcalde encargado y la convocatoria a referendo revocatorio, por ser contrario a lo dispuesto por el artículo 72 del Texto Fundamental. Sin embargo, se mantienen los efectos del mencionado acuerdo, referidos a la aprobación o no de la memoria y cuenta de la gestión anual del Alcalde, en los términos exigidos por el aludido artículo 69 de la Ley Orgánica de Régimen Municipal, con el propósito de hacer efectiva la responsabilidad civil, administrativa o penal del Alcalde, si a ello hubiere lugar, y así se decide.

En otros casos, la decisión se limita a una orden de no hacer, como lo refleja la decisión del 14 de junio de 2016, caso: *Procurador General de la República*, al disponer:

> 4.2.- Ordenar a la Asamblea Nacional, a su Presidente, a su Junta Directiva y a sus miembros en general, abstenerse de pretender dirigir las relaciones exteriores de la República y, en general, desplegar actuaciones que no estén abarcadas por las competencias que les corresponden conforme al ordenamiento jurídico vigente y que, por el contrario, constituyen competencias exclusivas y excluyentes de otras ramas del Poder Público; so pena de incurrir en las responsabilidades constitucionales a que haya lugar, todo ello con especial sujeción a las disposiciones previstas en los artículos 137 y 138 de la Constitución de la República Bolivariana de Venezuela, según los cuales "*La Constitución y la ley definen las atribuciones de los órganos que ejercen el Poder Público, a las cuales deben sujetarse las actividades que realicen*", y "*Toda autoridad usurpada es ineficaz y sus actos son nulos*".

Por último, destacamos como, de ser necesario, la Sala Constitucional puede, al igual que con cualquier otra pretensión procesal, disponer de todo lo necesario para lograr el cumplimiento efectivo de sus decisiones. Es decir, procurar la ejecución voluntaria o forzosa de lo decidido. Así, en el conflicto relacionado con la Policía Metropolitana y el Ministerio de Interior y Justicia, hubo varios fallos posteriores a la decisión original, destinados a disponer lo necesario para la ejecución efectiva de la sentencia. Así, en el fallo del 6 de octubre del 2003, la Sala Constitucional dispuso lo siguiente:

> 4.- Esta Sala Constitucional del Tribunal Supremo de Justicia, visto que transcurrió el lapso de siete (7) días hábiles a los que hace referencia el dispositivo 3.4 del fallo n° 1121 del 14 de mayo de 2003, y con la determinación de ejecutar forzosamente los aspectos de la sentencia n° 3343 del 19 de agosto de 2002, que no lo hubieren sido aún, acuerda:
>
> 4.1 ORDENAR al Ministro de la Defensa, ciudadano José Luis Prieto, el retiro de los efectivos militares que continúen aún en las instalaciones de la Policía Metropolitana de Caracas. Ello, dado que expiró el plazo de quince (15) días hábiles otorgado por el Consejo de Seguridad Ciudadana en su sesión del 8 de enero de 2003, para la permanencia de efectivos militares en dichas instalaciones, y en atención al dispositivo sexto de la sentencia n° 3343, del 19 de diciembre de 2002.
>
> El plazo para que se produzca el retiro de los funcionarios militares será de setenta y dos (72) horas contadas a partir de la publicación del presente fallo.
>
> 4.2 ORDENAR al Director de Armamento de la Fuerza Armada Nacional, ciudadano Romer Ángel Pontiles, la verificación, con la presencia de representación de la Policía Metropolitana de Caracas, del parque de dicho cuerpo policial, conforme a lo previsto en el artículo 324 de la Constitución de la República Bolivariana de Venezuela. El plazo para que se presente el resultado de dicha verificación al Consejo de Seguridad Ciudadana será de quince (15) días hábiles contados desde la publicación de la presente decisión.
>
> 4.3 ORDENAR al Director General de la Policía Metropolitana, ciudadano Lázaro José Forero López, informar a la Sala, dentro de los siete (7) días hábiles siguientes a la fecha en que reciba su respectivo oficio, si se produjo la regularización del sistema de comunicaciones de la Policía Metropolitana de

Caracas, la cual, como dicho funcionario anunció a este órgano jurisdiccional, se produciría "en forma definitiva en la primera quincena del mes de julio de 2003". Asimismo, se le indica que no de no remitir la información requerida en el plazo fijado, se considerará que ha incurrido en desacato a la autoridad.

Finalmente, se le advierte al Director General de la Policía Metropolitana que en caso de que no se haya regulado tal sistema de comunicaciones, esta Sala, en pleno uso de sus facultades jurisdiccionales, y con base en el dispositivo séptimo de la sentencia n° 3343, del 19 de diciembre de 2002, ordenará lo conducente para que, con la fuerza pública de ser necesario, se produzca tal regularización.

4.4 ORDENAR al Viceministro de Seguridad Ciudadana, ciudadano Alcides Rondón Rivero, en su condición de Secretario Permanente del Consejo de Seguridad Ciudadana, sobre la base en el dispositivo tercero del fallo n° 3343, del 19 de diciembre de 2002, convoque, en un plazo de siete (7) días hábiles contados a partir de la publicación de la presente sentencia, a una nueva reunión de dicho Consejo, con el objeto de llegar al acuerdo respectivo en torno a la situación que habría dado lugar a la Resolución n° 567 del 16 de noviembre de 2002, dictada por el Ministro del Interior y Justicia.

4.5 ORDENAR a los miembros del Consejo de Seguridad Ciudadana, esto es, al Ministro del Interior y Justicia, al Viceministro de Seguridad Ciudadana, al Gobernador del Estado Miranda, al Alcalde Metropolitano de Caracas, al Coordinador Nacional de Policía, al Coordinador Nacional del Cuerpo de Investigaciones Científicas, Penales y Criminalísticas; al Coordinador Nacional de Bomberos y al Coordinador Nacional de la Organización de Protección Civil y Administración de Desastres, asistir a las reuniones programadas por el Secretario Permanente de dicho Consejo.

Con fundamento en el dispositivo tercero del fallo n° 3343, del 19 de diciembre de 2002, se les otorga un plazo de quince (15) días hábiles contados a partir de la publicación de la presente decisión, para que lleguen al acuerdo destinado a subsanar las circunstancias que habrían dado lugar a la Resolución n° 567 del 16 de noviembre de 2002, dictada por el Ministro del Interior y Justicia.

> Nuevamente, la Sala, exhorta a las partes a que cumplan con la referida sentencia n° 3343 del 19 de diciembre de 2002, y se inspiren en los argumentos que allí se esgrimieron, y acaten, en consecuencia, el dispositivo de dicha decisión, que no es más que una concreción de tales razonamientos, contribuyendo así con el restablecimiento de la paz social, y así se les advierte a todas las autoridades señaladas en la presente decisión.
>
> Por último, con base en lo dispuesto por esta Sala en su fallo n° 2296 del 16 de noviembre de 2001 (caso: Mónica Fernández Sánchez), insta a las partes y demás autoridades señaladas, a cumplir la presente decisión, apercibidos de que el desconocimiento de la misma supondrá un desacato a la autoridad, en los términos previstos en los artículos 29 y 31 de la Ley Orgánica de Amparo sobre Derechos y Garantías Constitucionales.

Igualmente, y con respecto a los efectos de la decisión en el tiempo, la Sala Constitucional puede darles los efectos que juzgue pertinente a su decisión, a los fines de restablecer la situación jurídica infringida, sin generar situaciones caóticas o sencillamente irremediables. Así, por ejemplo, en un conflicto hipotético entre el Poder Nacional y el Estadal, con respecto a la administración de los peajes sobre autopistas nacionales; la Sala puede darle efectos hacia el futuro a su decisión, mediante el desmantelamiento de una infraestructura de peajes; pero al mismo tiempo mantener ciertos efectos de las situaciones generadas anteriormente, impidiendo el reintegro de los fondos ingresados al Estado por el servicio de peaje.

CAPÍTULO DOCE

EL RECURSO DE INTERPRETACIÓN DE NORMAS CONSTITUCIONALES

I. CONSIDERACIONES GENERALES

El recurso de interpretación de normas jurídicas es sin duda una pretensión procesal bastante polémica. Incluso, prácticamente desconocida en derecho comparado, pues para la mayoría de los ordenamientos jurídicos, el Poder Judicial debe intervenir únicamente cuando hay "algún caso o controversia"[242], y no para prevenirlas, so pena de invadir competencias de otras ramas del poder público (Poder Legislativo).

El rol de interpretación de normas jurídicas suele dejarse para la resolución de los casos concretos, donde el juez debe exponer el contenido y alcance de las normas aplicables al caso. Eso de interpretar normas jurídicas a través de una pretensión procesal autónoma, sin que exista un conflicto[243] es normalmente entendido como

---

242 El profesor CHEMERINSKY afirma que las decisiones judiciales consultivas son contrarias al principio de separación de poderes, pues para que se justifique la intervención del sistema judicial se requiere que haya una controversia, donde además la decisión judicial tenga efectos concretos sobre alguna de las partes. Véase, CHEMERINSKI, Erwin, "*Constitutional Law. Principles and Policies*", Aspen Law & Business, 1997, pp 50 y ss.

243 Como veremos más adelante, la exigencia de que no exista un conflicto ha sido pasada por alto por la Sala Constitucional en infinidad de oportunidades, demostrando que el recurso de interpretación puede ser una herramienta procesal para resolver controversias, sin proceso y sin contradictorio.

una interferencia en las funciones legislativas, pues ello puede derivar -como lo muestra la práctica- en reformas legales por vías judiciales.

Sin embargo, en nuestro ordenamiento jurídico, el recurso de interpretación autónomo tiene algo de historia. En efecto, algunos autores han señalado ciertos orígenes remotos de esta pretensión en las competencias del Máximo Tribunal del país que poco a poco fueron apareciendo en nuestras distintas Constituciones. Así, por ejemplo, en nuestras primeras Constituciones el Máximo Tribunal se concebía como una especie de colaborador del Poder Legislativo. A manera de ejemplo, en el artículo 66.9 de la Constitución de 1830 se señalaba, como competencia de la Corte Suprema de Justicia, "oír las dudas de los demás tribunales sobre la inteligencia de alguna ley y consultar sobre ellas fundadamente al Congreso"[244].

Posteriormente, se fueron asignando competencias más claras, como sucedió en la Constitución de 1925, donde se estableció la potestad de la Corte Federal y de Casación de conocer sobre las solicitudes de interpretación de los contratos celebrados por el Ejecutivo Federal[245].

Pero el antecedente normativo más claro apareció en el artículo 42.24 de la *Ley Orgánica de la Corte Suprema de Justicia* de 1976, donde se dispuso que la Sala Político-Administrativa era competente para:

> 24.- Conocer del recurso de interpretación y resolver las consultas que se le formulen acerca del alcance e inteligencia de los textos legales, en los casos previstos en la Ley;

Sin embargo, esta competencia de la Sala Político-Administrativa fue ejercida con mucha prudencia, quizás entendiendo lo inusual de esta facultad de interpretar en abstracto una norma jurídica, a través de una pretensión judicial autónoma. Así, el principal filtro que limitó notablemente el uso de este recurso fue la exigencia de que la ley que se quisiese interpretar debía admitir expresamente la posibilidad de que sus normas pudiesen ser objeto de interpretación ante la Sala.

---

244 Una norma similar aparecía en el artículo 82 de la Constitución de 1857.

245 Artículo 120.13

Es decir, se entendió que la parte *in fine* de la norma transcrita ("en los casos previstos en la Ley") implicaba que se requería de una habilitación expresa en cada ley a interpretar.

Por ello, nunca hubo un desarrollo jurisprudencial significativo de este remedio procesal, pues pocas leyes consagraban esa habilitación expresa, como sucedió con el caso de la *Ley de Carrera Administrativa* y la *Ley de Licitaciones*. De hecho, los pocos recursos de interpretación que se conocieron desde la entrada en vigencia de *la Ley Orgánica de la Corte Suprema de Justicia* de 1976 se referían a temas funcionariales y de procesos licitatorios[246].

Pero el primer gran vuelco de esta pretensión viene con la *Constitución* de 1999, donde en el artículo 266.6 se establece como una competencia de todas las Salas del Tribunal Supremo de Justicia:

> Conocer de los recursos de interpretación sobre el contenido y alcance de los textos legales, en los términos contemplados en la ley.

Norma que luego fue acogida por la vigente *Ley Orgánica del Tribunal Supremo de Justicia* en el artículo 31.5, donde se establece como una competencia común a todas las Salas:

> Conocer las demandas de interpretación acerca del alcance e inteligencia de los textos legales, siempre que dicho conocimiento no signifique una sustitución del mecanismo, medio o recurso que disponga la ley para dirimir la situación de que se trate.

Adicionalmente, el artículo 25 de la misma *Ley Orgánica del Tribunal Supremo de Justicia*, al referirse a las competencias de la Sala Constitucional, dispone:

> 17. Conocer la demanda de interpretación de normas y principios que integran el sistema constitucional

---

[246] Sobre el particular, puede consultarse SILVA ARANGUREN, Antonio, *"La evolución de la competencia para conocer de la acción autónoma de interpretación de textos normativos"*, en Revista de la Facultad de Ciencias Jurídicas y Políticas N° 99, UCV, 1996, Caracas; y TORREALBA SÁNCHEZ, Miguel Ángel, *"Manual de Contencioso Administrativo"*, Editorial Texto, Caracas, 2006.

Como vemos, a partir de la *Constitución* vigente el recurso de interpretación dejó de ser una competencia exclusiva de la Sala Político-Administrativa para pasar ahora a ser una competencia de todas las Salas del Tribunal Supremo de Justicia. Esta pretensión dejó entonces de ser una exquisitez de la jurisdicción contencioso-administrativa para convertirse en una herramienta procesal en todas las jurisdicciones.

Ahora, una interpretación literal de los artículos 266.6 y 336 de la *Constitución* no permite concluir que también la Sala Constitucional podía conocer de la interpretación de *normas constitucionales*, pues en el artículo 266.6 se hace referencia únicamente a "textos legales" y en el artículo 336, donde se enumeran todas las competencias de la Sala Constitucional, no se hace ninguna referencia a la interpretación de normas constitucionales. Vale decir, entonces, que al menos para el constituyente no estuvo previsto la interpretación abstracta, mediante un remedio autónomo, de normas constitucionales.

Pero esta interpretación literal de la *Constitución* fue desvirtuada por la Sala Constitucional en la sentencia N° 1.077 del 22 de septiembre de 2000, caso: *Servio Tulio León*, la cual ha sido considerada como líder en esta materia, aún hasta el momento en que se escriben estas líneas. Por tratarse de un fallo importante conviene la extensa transcripción con la cual la Sala justificó la existencia del recurso de interpretación constitucional. Así, en ese fallo se dispone lo siguiente:

> Entre las atribuciones de la Sala Constitucional, señaladas en el artículo 336 de la vigente Constitución, no aparece la de conocer de recursos autónomos de interpretación, la cual está contemplada expresamente entre las atribuciones del Tribunal Supremo de Justicia, en el numeral 6 del artículo 266 de la Constitución de la República Bolivariana de Venezuela, que previene la interpretación de los textos legales, sin que dicho artículo establezca a cuál Sala del Tribunal Supremo corresponde dicho recurso de interpretación, limitándose a expresar que las atribuciones del Tribunal Supremo que no se encuentren asignadas a las Salas en particular por dicho artículo, serán ejercidas por las diversas Salas conforme a lo previsto en la Constitución y en la Ley.

La Constitución no señala cuál es la Sala que puede conocer del recurso de interpretación, pero la Ley Orgánica de la Corte Suprema de Justicia asignaba el conocimiento de tal recurso a la Sala Político-Administrativa, conforme al numeral 24 del artículo 42 de dicha ley, siendo de advertir que el texto de dicha norma relativo al recurso de interpretación es diferente al Constitucional.

Lo cierto es, que en el ordenamiento jurídico venezolano existe una acción para que se interprete el contenido y alcance de los textos legales, lo que puede concebirse restrictivamente en el sentido que está excluida de ella la interpretación constitucional. De allí, que previo a cualquier pronunciamiento, debe la Sala dilucidar si una acción como la propuesta es admisible en derecho.

A este efecto, la Sala observa:

Las pretensiones y las sentencias de la llamada jurisdicción constitucional difieren de las que se ventilan y dictan por los tribunales civiles, mercantiles y demás que ejercen la función jurisdiccional.

Ello es producto de que el control constitucional lo tienen todos los tribunales del país, y con él se persigue, mediante la actuación de los jueces constitucionales, la supremacía constitucional y la efectividad de las normas y principios constitucionales. Tal control, al ser ejercido, no tiene por qué estar dirigido contra alguien, contra opositores desconocidos, ya que todos los habitantes del país podrían estar conformes con la forma de control que un individuo en particular proponga; pero como es el Tribunal Supremo de Justicia el máximo garante de la supremacía y efectividad constitucionales, es él como máximo Tribunal Constitucional, por medio de las Salas con competencia para ello, quien al ser instado debe asegurar la integridad de la Constitución (artículos 334 y 335 de la vigente Constitución), mediante decisiones jurisdiccionales.

Esta especial estructura de las pretensiones atinentes a lo constitucional, lleva a que muchas veces no haya nadie formalmente demandado, lo que hasta hace dudar de su carácter contencioso, pero como no se persigue mediante ellas la formación de nuevas situaciones jurídicas y el desarrollo de las existentes, los procesos que en ese sentido se instauren no pueden considerarse de jurisdicción voluntaria (artículo 895 del Código de Procedimiento Civil), por lo que ésta no es la naturaleza de las causas constitucionales.(...)

Conforme a lo anterior, los órganos jurisdiccionales que conocen de lo constitucional pueden dictar sentencias declarativas de certeza (mero declarativas), las cuales pueden producir, según la materia que se ventile, cosa juzgada plena.

Como las pretensiones constitucionales básicamente buscan la protección de la Constitución, no todas ellas tienen necesariamente que fundarse en un hecho histórico concreto que alegue el accionante, y esto las diferencias de otras pretensiones que originan procesos contenciosos, las cuales están fundadas en hechos que conforman los supuestos de hecho de las normas cuya aplicación se pide.

La acción popular de inconstitucionalidad, por ejemplo, se funda en que una ley o un acto, coliden con el texto constitucional. Se trata de una cuestión de mero derecho, que sólo requiere de verificación judicial en ese sentido. Tal situación que no es exclusiva de todas las acciones constitucionales se constata también en algunos amparos, y ello no requiere de un interés personal específico para incoarla, ni de la afirmación por parte del accionante, de la titularidad sobre un derecho subjetivo material, bastando que afirme que la ley le reconoce el derecho a la actividad jurisdiccional, de allí la naturaleza popular (ver Juan Montero Aroca. *La Legitimación en el Proceso Civil*. Edit. Civitas. 1994).

Dentro de esta especial estructura de lo ventilable en la *"jurisdicción constitucional"*, ¿es posible que una persona solicite del Tribunal competente para ello la interpretación de la Constitución?

Para determinar tal situación, de lo cual trata este caso, la Sala debe analizar si hay acción en ese sentido, ya que la misma no está prevenida en particular por el ordenamiento jurídico, pero tampoco prohibida. Lo que la Constitución contempla es una acción para que se interprete la ley, acción que el numeral 6 del artículo 266 de la vigente Constitución llama recurso de interpretación sobre el contenido y alcance de los textos legales, en los términos contemplados en la ley, lo que podría ser interpretado en el sentido que el *"recurso"* se refiere a lo legal y no a lo constitucional.

Para realizar tal determinación, la Sala observa:

El artículo 26 de la vigente Constitución establece con carácter constitucional, el derecho de acceso a la justicia, lo cual se logra mediante la acción.(...)

Pero puede existir interés jurídico que no corresponda a ningún derecho subjetivo actual, sino a necesidades eventuales, a precaver situaciones, y ello da origen a demandas como la de retardo perjudicial por temor fundado a que desaparezcan las pruebas (artículo 813 del Código de Procedimiento Civil); o a la tercería coadyuvante prevista en el ordinal 3° del artículo 370 del mismo código; o a la apelación del tercero, en cuanto se vea afectado por una decisión judicial (artículo 297 *eiusdem*), e incluso la que originaba la llamada acción de jactancia prevista en el artículo 672 del Código de Procedimiento Civil de 1916. Se trata de defender hacia el futuro situaciones jurídicas, sin solicitud de declaración de derechos a favor de quien ostenta el interés, el cual es también actual en el sentido que se hace necesaria de inmediato la actuación.

Este interés jurídico, que es diferente al interés procesal, entendido éste como la circunstancia que hace indispensable poner en práctica la garantía jurisdiccional (Calamandrei ob. Cit. p. 269), es el que fundamenta el llamado recurso de interpretación sobre el contenido y alcance de los textos legales, en los términos contemplados en la ley (numeral 6 del artículo 266 del vigente Constitución). Se trata de un interés jurídico, que no persigue la obtención de un bien que constituye el núcleo del derecho subjetivo, sino otro tipo de bien, en este caso el que se fije el contenido o alcance de un texto legal, lo cual, como interés, coincide con el que tiene alguien, de que no se ejecute en su contra un fallo que nace en un proceso donde originalmente no es parte, y donde la decisión que se dicte no declara la existencia de un derecho a su favor, sino de otro, viéndose favorecido por tal declaratoria. En la acción de interpretación constitucional, se está en presencia de un interés legitimo destinado a obtener certeza sobre el sentido y alcance de una disposición constitucional. (...)

Para acceder a la justicia, se requiere que el accionante tenga interés jurídico y que su pretensión esté fundada en derecho y por tanto no se encuentre prohibida por la ley, o no sea contraria a derecho. No es necesario que existan normas que contemplen expresamente la posibilidad de incoar una acción con la pretensión que por medio de ella se ventila, bastando para ello que exista una situación semejante a las prevenidas en la ley, para la obtención de sentencias declarativas de mera certeza, de condena, o constitutivas. Este es el resultado de la expansión natural de la juridicidad.

Cuando se interpreta el contenido y alcance de un texto legal, el juzgador no declara derecho alguno a favor del actor, sino que, si declara con lugar la demanda, interpreta el derecho. En este último caso debe existir un interés jurídico del actor de obtener la mera declaración, no en el sentido tradicional para oponérsela a alguien (demandado), sino en el sentido que el contenido y alcance del derecho existente sea precisado, lo que es una forma de actualizar las normas constitucionales, si esa fuera la interpretación solicitada.

Luego, quien solicita el llamado recurso de interpretación de ley, propone una demanda mero declarativa que la ley venezolana no ha regulado en plenitud, y que se funda en un interés jurídico del accionante.(…)

Por ello, para incoar acciones de otro tipo como la de colisión de leyes, a fin que se declare cuál debe prevalecer, a juicio de la Sala es necesario que exista un interés jurídico personal y directo en el accionante diverso al que se exige para proponer la acción de inconstitucionalidad, y es ese interés particular necesario para incoar una acción de interpretación de ley, el que también se requiere para el ejercicio del recurso de interpretación de la Constitución, ya que se trata de acciones declarativas de mera certeza, que tienen en común que no anulan, y que buscan un efecto semejante. En estos casos coincide el interés particular con el interés constitucional.

La finalidad de tal acción de interpretación constitucional sería una declaración de certeza sobre los alcances y el contenido de una norma constitucional, y formaría un sector de la participación ciudadana, que podría hacerse incluso como paso previo a la acción de inconstitucionalidad, ya que la interpretación constitucional podría despejar dudas y ambigüedades sobre la supuesta colisión. Se trata de una tutela preventiva.

No existe un reconocimiento expreso en el ordenamiento jurídico de un accionar específico para la interpretación constitucional, mas sí para la interpretación legal en los casos determinados por la ley, y por ello partiendo de la premisa de que el interés jurídico para incoarla sería de igual naturaleza que el requerido para intentar la acción de interpretación legal, debe concluirse que quien tenga interés procesal para incoar una, puede interponer la otra. En consecuencia, se está ante una acción con legitimación restringida, aunque los efectos del fallo sean generales.

Estructuralmente, tal acción no sería diferente a la de interpretación de ley, contemplada no sólo en la vigente Constitución, sino en la Ley Orgánica de la Corte Suprema de Justicia (numeral 24 del artículo 42), aunque ésta última no resulte exacta a la prevenida en el Texto Constitucional. (...)

En lo relativo al derecho, y en oposición con cualquiera que pretenda lo contrario, se puede pedir, como se ha apuntado, la interpretación de la ley, y tal petición no requiere de una transgresión de la norma jurídica, sino de una necesidad del accionante para aclarar la situación jurídica en que se encuentra, y la decisión que se dicte será de naturaleza mero declarativa. (...)

Pero el mantenimiento de la legalidad puede ser puesto en peligro no sólo por la transgresión de un mandato ya cierto sino también por la falta de certeza de un mandato todavía no transgredido. Se ha visto ya que también en el sistema de la legalidad (en el que el Estado, en lugar de formular los mandatos jurídicos de un modo específico e individual, se limita a enunciarlos anticipadamente por clases), ocurre, en la mayor parte de los casos, que los coasociados se dan cuenta por sí mismos de la individualización de las leyes en voluntades concretas dirigidas a los individuos, y conocen por sí, sin necesidad de que el Estado intervenga, cuál es el derecho a que cada uno debe, caso por caso, ajustarse. Esta individualización del derecho no es, sin embargo, igualmente fácil en todos los casos: puede ocurrir que, o por no ser clara o por ser demasiado vaga la formulación de la norma jurídica, o por la dificultad de encasillar las circunstancias de hecho en un supuesto específico legal preciso, se produzca entre los coasociados un estado de falta de certeza en torno a la existencia o a la extensión de un determinado precepto, de modo que, aun no habiendo llegado todavía el momento de hacerlo valer, sea desde ahora previsible que, precisamente como consecuencia de esta falta de certeza, resultará aumentado, cuando el momento llegue, el peligro de su transgresión.

Ahora bien, puede precisamente ocurrir que la sensibilidad jurídica alcance en un cierto momento histórico, un grado tan alto, que haga aparecer como inobservancia del derecho, la cual justifique que se ponga en práctica la garantía jurisdiccional del Estado, no solamente la transgresión, sino también la simple falta de certeza del derecho; de manera que el Estado considere como función suya, que responda al interés público en la observancia del derecho que constituye la base de la jurisdicción, no sólo el reaccionar en los modos que se han visto contra la transgresión ya ocurrida, sino también el intervenir en vía preventiva para crear la certeza oficial en torno a un precepto jurídico incierto pero todavía no transgredido (o en torno a una relación o a un estado jurídico, del cual podrán surgir en el porvenir concretos derechos y deberes) con objeto de alejar anticipadamente el peligro de la transgresión posible en el futuro.

Hemos visto ya que también para poner en práctica las garantías contra la transgresión ya ocurrida, el Estado debe necesariamente proceder antes de nada a una declaración jurisdiccional de certeza del precepto jurídico violado (condena); pero, en tales casos, la declaración de certeza no es fin en sí misma, en cuanto la misma está destinada solamente a servir como puente de paso hacia la actuación de las medidas ejecutivas. Ahora bien: cuando se trata solamente de eliminar una falta de certeza jurídica, la cual, aun no habiendo dado lugar todavía a transgresiones, constituye, sin embargo, ya en sí misma un daño (porque destruye entre los coasociados el sentido de seguridad y de libertad que surge del conocimiento preciso de los propios derechos y de los propios deberes), entonces la declaración oficial de certeza del derecho incierto se convierte en una garantía jurisdiccional por sí misma, que tiene por objeto la producción de la certeza jurídica considerada como un bien tutelable en sí mismo; y se habla en estos casos de declaración de mera certeza o de declaración de simple certeza, para distinguir aquella forma especial de garantía jurisdiccional de aquellos otros casos en que la declaración de certeza no es más que una premisa para poder proceder a otras formas de garantía. El Estado, en estos casos, considera la certeza del derecho como un momento necesario de la observancia del mismo; y considera la eliminación preventiva de la falta jurídica de certeza, como una parte de las funciones jurisdiccionales, porque la falta de certeza del derecho constituye potencial inobservancia del mismo y el restablecimiento de la certeza del derecho es ya en sí mismo una garantía de su observancia. Aquí, pues, desde el momento en que la garantía jurisdiccional interviene antes de que la transgresión haya ocurrido, la declaración de certeza tiene como objeto el mandato primario, no el mandato sancionatorio. Esta es la razón por la cual se puede considerar que en el concepto de sanción en sentido estricto no está comprendida la declaración de mera certeza.

Puede parecer, a primera vista, que esta actividad jurisdiccional de declaración de mera certeza, tenga algún punto de contacto con la función preventiva de policía; en realidad, se trata de funciones profundamente diversas, porque la declaración jurisdiccional de certeza, que se produce mediante decisión, aun estando, en su finalidad remota, dirigida a prevenir la futura inobservancia del derecho, atribuye inmediatamente a las relaciones o estados jurídicos a las cuales se refiere, el carácter de irrevocable certeza oficial, que sólo puede conseguirse a través de la cognición del juez y de haber pasado en cosa juzgada su decisión.(...)

Establecido lo anterior, considera la Sala que cualquiera con interés jurídico actual puede solicitar la interpretación de la ley conforme a las previsiones legales, y también la interpretación de la Constitución, para así obtener una sentencia de mera certeza sobre el alcance y contenido de las normas constitucionales; acción que sería de igual naturaleza que la de interpretación de la ley.

Pero como no se trata de una acción popular, como no lo es tampoco la de interpretación de ley, quien intente el "recurso" de interpretación constitucional sea como persona pública o privada, debe invocar un interés jurídico actual, legítimo, fundado en una situación jurídica concreta y específica en que se encuentra, y que requiere necesariamente de la interpretación de normas constitucionales aplicables a la situación, a fin de que cese la incertidumbre que impide el desarrollo y efectos de dicha situación jurídica. En fin, es necesario que exista un interés legítimo, que se manifiesta por no poder disfrutar correctamente la situación jurídica en que se encuentra, debido a la incertidumbre, a la duda generalizada.

Pero con el recurso de interpretación no se trata de dirimir controversias de ninguna clase, aunque dentro de la sociedad puede haber personas que no comparten la necesidad de interpretación conectada con la situación particular y que pueden oponerse a ella, o que quieren coadyuvar con la correcta interpretación. Se trata exclusivamente de esclarecer o complementar la función del Estado y de sus distintos poderes, a fin que la función pública se lleve a cabo adaptada a la Constitución; así como delimitar en relación con la situación en que se encuentra el accionante, los derechos humanos a que tiene derecho, como una tuición preventiva, ajena al amparo, ya que puede tener lugar sin que medie amenaza alguna.

El recurso de interpretación de las normas y principios constitucionales, no se encuentra regulado en forma especial ni en la vigente Constitución ni en la Ley Orgánica de la Corte Suprema de Justicia, por lo que, en la nueva Ley Orgánica del Tribunal Supremo de Justicia, deberá ser definido su procedimiento. Sin embargo, considera la Sala que, dentro de la facultad interpretativa con carácter vinculante, que le otorga el artículo 335 de la vigente Constitución, y por las razones antes expuestas, puede asumir la interpretación, no solo en los procesos contenciosos que decida, sino también mediante este especial "Recurso de Interpretación". (...)

En el caso de la Constitución de 1999, ésta fue aprobada por el Poder Constituyente, cuyo órgano cesó en sus funciones al cumplir su cometido. Esta interpretación auténtica no es, pues, posible y sabemos que la "Exposición de Motivos" no aclara la mayoría de sus novedosos preceptos. En consecuencia, se hace imprescindible que la Sala Constitucional asuma plenamente esta competencia para asegurar la "uniforme interpretación y aplicación" de la Constitución, particularmente en estos inicios del nuevo régimen político en los cuales no existe una legislación conforme con el texto fundamental.

COMPETENCIA DE LA SALA

A esta Sala corresponde con carácter exclusivo la interpretación máxima y última de la Constitución, y debido a tal exclusividad, lo natural es que sea ella quien conozca de los recursos de interpretación de la Constitución, como bien lo dice la Exposición de Motivos de la vigente Carta Fundamental, no siendo concebible que otra Sala diferente a la Constitucional, como lo sería la Sala Político Administrativa, pueda interpretar como producto de una acción autónoma de interpretación constitucional, el contenido y alcance de las normas constitucionales, con su corolario: el carácter vinculante de la interpretación.

Así como existe un recurso de interpretación de la ley, debe existir también un recurso de interpretación de la Constitución, como parte de la democracia participativa, destinado a mantener la supremacía y efectividad de las normas y principios constitucionales (artículo 335 de la vigente Constitución), por impulso de los ciudadanos. El proceso democrático tiene que ser abierto y permitir la interacción de los ciudadanos y el Estado, siendo este "recurso" una fuente para las sentencias interpretativas, que dada la letra del artículo 335 *eiusdem*, tienen valor erga omnes.

El que entre las atribuciones de Tribunales o Salas Constitucionales de otros países no exista un recurso autónomo de interpretación constitucional, y que las "*sentence interpretative di riggeto*" en Italia, genere problemas, no es un obstáculo para que esta Sala, dentro del concepto ampliado de recurso de interpretación de la ley, se aboque a interpretar la Constitución, mediante actos jurisdiccionales provenientes del ejercicio del recurso de interpretación constitucional, y como resultado natural de la función interpretativa que el artículo 335 de la Constitución de la República Bolivariana de Venezuela atribuye a la Sala Constitucional.

Viene a convertirse la Sala en una fuente para precaver conflictos innecesarios o juicios inútiles, al conocerse previamente cuál es el sentido y alcance de los principios y normas constitucionales necesarios para el desarrollo del Estado y sus poderes, y de los derechos humanos de los ciudadanos.

Establecido lo anterior, la interpretación del contenido y alcance de las propias normas y principios constitucionales es posible, tal como lo expresa el artículo 335 de la Constitución de la República Bolivariana de Venezuela, en concordancia con el artículo 336 *eiusdem*, y por ello, el recurso de interpreta-

> ción puede estar dirigido, al menos ante esta Sala, a la interpretación constitucional, a pesar que el recurso de interpretación al ser considerado tanto en la propia Constitución (artículo 266 numeral 6), como en la Ley Orgánica de la Corte Suprema de Justicia (numeral 24 del artículo 42) se refieren al contenido y alcance de los textos legales, en los términos contemplados en la ley.
>
> Surge así, una distinción que nace del propio texto constitucional y de la intención del constituyente, comprendida en la Exposición de Motivos, cual es que existe un recurso de interpretación atinente al contenido y alcance de las normas constitucionales, y otro relativo al contenido y alcance de los textos legales. El primero de estos recursos corresponde conocerlos a esta Sala, mientras que el segundo, fundado en la Ley Orgánica de la Corte Suprema de Justicia, a la Sala Político-Administrativa de este Tribunal Supremo de Justicia.
>
> Pero entre ambos recursos de interpretación hay otra diferencia. El que se interpone ante esta Sala no requiere de autorización legal previa que lo permita, mientras que el que se incoa ante la Sala Político-Administrativa de este Tribunal Supremo, procede sólo en los términos contemplados en la ley. (...)
>
> En consecuencia, no requieren los ciudadanos de leyes que contemplen, en particular, el recurso de interpretación constitucional, para interponerlo, y así se declara.

Como puede observarse, con esta decisión la Sala Constitucional creó una nueva pretensión procesal constitucional, asimilando su naturaleza jurídica a la de una acción mero declarativa; y pasando luego a desarrollar sus condiciones de admisibilidad y procedimiento aplicable. Con ello, la Sala abrió la puerta a un recurso que en algunos casos ha permitido aclarar el contenido y alcance de la *Constitución*; pero en otros ha implicado -como veremos *infra*- la modificación de algunas normas constitucionales, mediante interpretaciones "abstractas", lo que sin lugar a dudas constituye un claro exceso del ejercicio de la función jurisdiccional.

Pero, además, el fallo transcrito consideró que al incorporarse ahora en el texto de la *Constitución* que los recursos de interpretación serán conocidos por las respectivas Salas "en los términos contemplados en la ley", ello implica que ahora no será necesario que las leyes prevean expresamente la posibilidad de que sus normas pueden ser objeto de interpretación ante la Sala respectiva. Esa era la principal limitación a los recursos de interpretación, bajo la vigencia de la *Ley Orgánica de la Corte Suprema de Justicia,* pues muy pocas leyes consagraban expresamente la posibilidad de que sus artículos pudiesen ser objeto de interpretación.

Por ende, a partir de la *Constitución* vigente y de la decisión *Servio Tulio León,* han proliferado los recursos de interpretación de normas jurídicas ante todas las Salas del Tribunal Supremo de Justicia; pasando a ser de mucha utilidad no sólo para anticipar y aclarar la interpretación de una norma jurídica, sino también -como veremos- para resolver controversias de significativa importancia, a través de un proceso sin contradictorio.

Tal y como se detalla en un interesante trabajo estadístico de MULINO[247], sobre el recurso de interpretación constitucional, hasta el año 2018 se interpusieron un total de cuatrocientos noventa y dos (492) recursos de interpretación por ante la Sala Constitucional, habiéndose declarado la procedencia de sesenta y cinco (65) de estos recursos, lo que equivale a un trece por ciento (13%) de los solicitados.

Estas decisiones donde la Sala Constitucional realiza una interpretación de las normas constitucionales se han referido a los siguientes artículos del Texto Fundamental: 21 numerales 1 y 2, 26, 29, 41, 44, numeral 1°, 49 numeral 1° y 3°, 56, 67, 68, 71, 72, 75, 76, 77, 78, 80, 84, 136, 156 numerales 12 y 13, 148, 153,160,162, 164, numerales 4, 7 y 8, 10, 169, 174, 179, 180, 183, 187, numerales 15 y 24, 191, 200, 203, 220, 222, 223, 227, 230, 231, 233, 237, 247, 257, 258, 265, 266, numeral 1° y 6°, 267, 171, 279, 280, 281, 284, 285, 292, 293 numeral 7°, 296, 302, 335, 339, 340, 342, 344, 345, 347, 348, Disposición Transitoria Primera, Disposición Transitoria Cuarta, numeral 7° y 14, Disposición Transitoria Octava, Disposición Transitoria Décimo Tercera.

---

247 MULINO SAAVEDRA, María Concepción, "Relación de las Sentencias Dictadas en Materia del Recurso de Interpretación por la Sala Constitucional del Tribunal Supremo de Justicia Durante el Período 2000-2018 ", en *Revista* N° 73 de la Facultad de Derecho de la UCAB, Caracas, 2019. Nótese que esta estadística que refleja casi medio centenar de sentencias se refiere únicamente a recursos de interpretación de normas constitucionales, por lo que el universo de recursos de interpretación legal es mucho más extenso, pues abarca a todas las otras Salas del Tribunal Supremo.

En las siguientes líneas nos limitaremos al análisis del *recurso de interpretación constitucional* que conoce la Sala Constitucional, conforme a lo dispuesto en el numeral 17 del artículo 25 de la vigente *Ley Orgánica del Tribunal Supremo de Justicia*[248], dejando claro que el resto de las Salas tienen competencia para conocer de los recursos de interpretación de *textos legales*, atendiendo a la naturaleza de la norma sujeta a interpretación (criterio de la afinidad). Y como veremos, la regulación de los aspectos procesales de este recurso de interpretación constitucional ha quedado en manos de la jurisprudencia de la Sala Constitucional, pues a falta de una ley especial en esta jurisdicción y ante la negativa de la Sala de aplicar el procedimiento originalmente pautado en las Disposiciones Transitorias de la *Ley Orgánica del Tribunal Supremo de Justicia*, todos los aspectos sustantivos de esta pretensión han sido desarrollados casuísticamente.

II. LOS SUJETOS QUE INTERVIENEN EN LOS RECURSOS DE INTERPRETACIÓN CONSTITUCIONAL

1. *Legitimación activa*

Lo primero que hay que aclarar en cuanto a la *legitimación activa* en los recursos de interpretación constitucional es que la Sala Constitucional ha descartado la *acción popular*, es decir, no se trata de una legitimación abierta, sino que se requiere demostrar el interés procesal en obtener la interpretación de la respectiva norma constitucional.

En efecto, concretamente la sentencia líder en materia de interpretación constitucional (caso: *Servio Tulio León*) dispone que estamos ante "una acción con legitimación restringida, aunque los efectos del fallo sean generales"; lo que implica que el actor "debe invocar un interés jurídico actual, legítimo, fundado en una situación jurídica concreta y específica en que se encuentra, y que requiere necesariamente de la interpretación de normas constitucionales aplicables a la situación, a fin de que cese la incertidumbre que impide el desarrollo y efectos de dicha situación jurídica".

---

248 El menciona numeral 17 señala que corresponde a la Sala Constitucional: "Conocer la demanda de interpretación de normas y principios que integran el sistema constitucional".

Por tanto, el recurrente debe justificar y explicar su interés legítimo, lo que implica argumentar alguna afectación a su situación jurídica, frente a la incertidumbre que se genera por la norma objeto del recurso de interpretación. Es decir, debe explicar por qué requiere que se aclare el verdadero contenido y alcance de la norma sujeta a interpretación, y ello no puede consistir en un simple interés de mejorar el ordenamiento jurídico, pues se exige la demostración de que, al menos, la norma le puede afectar o beneficiar en algún sentido, ante alguna situación jurídica particular.

Por ello, no se puede solicitar la interpretación, por ejemplo, de una norma del *Código de Ética Profesional del Abogado Venezolano*, si no se es abogado o cliente de un abogado. Para pedir la interpretación de algún artículo de esta normativa debe al menos demostrarse que el recurrente podría estar afectado o beneficiado por esa disposición legal, y en ese sentido presentar alguna duda razonable que presente la norma a interpretar.

Pero, claro está, en el caso de las normas constitucionales, la mayoría de éstas son genéricas y de aplicación a cualquier ciudadano, lo que evidentemente amplía la legitimación activa. Una muestra de ello, la decisión de fecha 29 de mayo de 2003, caso: *Alejandro González,* la cual se refería a una solicitud de interpretación del artículo 70 de la *Constitución,* referido a los distintos mecanismos de participación ciudadana. Al referirse a la legitimación activa de los recurrentes, la Sala consideró que era suficiente su condición de venezolanos en ejercicio de sus derechos políticos.

Textualmente señaló lo siguiente:

> Particularmente, la Sala conviene en la legitimidad de los accionantes para interponer el presente recurso, en tanto que su condición de venezolanos en ejercicio de sus derechos políticos debe interesarles precisar lo que podrían ser mecanismos eficientes de participación ciudadana que desarrollen los postulados de democracia participativa y protagónica que propugna el nuevo orden constitucional.
>
> Por otra parte, siendo que del examen del escrito contentivo de la presente solicitud, se desprende claramente que ésta tiene por objeto la interpretación de la disposición contenida en el artículo 70 de la Constitución de la República Bolivariana de Venezuela, no pretenden que se les declare un derecho a su favor, sino que se dicte una sentencia mero declarativa en

la cual se establezca el verdadero sentido y alcance de la referida disposición constitucional, respecto a las asambleas de ciudadanos allí previstas;

Criterio reiterado en la sentencia de fecha 3 de febrero de 2009, caso: *Federico Black*, donde se precisó:

En lo que respecta a la legitimación requerida para intentar esta especialísima acción para procurar la exégesis de la Carta Fundamental, el peticionante debe ostentar un *interés personal, directo* y *actual* que derive de una situación jurídica concreta, como consecuencia inmediata de la incertidumbre que se origina con respecto al contenido y alcance de un precepto constitucional que afecta francamente la esfera de intereses del requirente.

De este modo, resulta necesario que dicho interés esté vinculado a una situación jurídica actual, no virtual o hipotética, a fin de evitar que la interpretación dada por la Sala se convierta en un mero ejercicio académico, sin la finalidad práctica de integrar o armonizar la Norma Fundamental. Así pues, no es posible que cualquier particular pueda ocupar a esta Sala en resolver las dudas que, en abstracto, tuviere acerca de la interpretación de una norma constitucional (*cfr.* Stc. Nº 1383/2008, caso: *Luis Hueck Henríquez*).

En el caso ***sub lite***, los accionantes adujeron su condición de electores debidamente registrados para dejar claro que, desde tal condición, participarían en un eventual referendo aprobatorio de una enmienda constitucional respecto del artículo 230 de la Carta Magna, con la finalidad de suprimir la restricción de inelegibilidad para el cargo de Presidente de la República luego de que resultare electo para un segundo mandato. (...)

Lo anterior, refleja que la solicitud planteada en esta causa se encuentra debidamente articulada con una situación fáctica real, dirigida entonces a obtener un dictamen aclarativo respecto de una incertidumbre específica que, de cara a la consulta referendaria aludida, resulta de especial interés para cualquier miembro del electorado, no sólo como actores fundamentales del proceso comicial en ciernes, sino –en general– como titulares del derecho al sufragio activo y pasivo, cuyos alcances actuales serían tocados de manera incuestionable por

> el propio contenido de la enmienda constitucional propuesta por el Parlamento (véase stc. N° 2780/2003, caso: *Elba Paredes Yéspica*).
>
> En atención a tan especial relevancia, la Sala reconoce a los accionantes la legitimación suficiente para intentar la presente demanda de interpretación constitucional.

Igualmente, la Sala Constitucional ha reconocido, lógicamente, la legitimación institucional de los representantes de determinados órganos del Estado, cuando se busca interpretar normas constitucionales relacionadas con la institución respectiva. Así, en la sentencia de fecha 12 de julio de 2007, caso: *Marisol Plaza*, se reconoció la legitimación de la Procuradora General de la República para solicitar la interpretación de una norma relacionada con las competencias de ese organismo. Así, señaló la Sala lo siguiente:

> En segundo lugar, la acción fue planteada por la actual Procuradora General de la República bajo la premisa de una ambigüedad sobre el sentido final del primer aparte del artículo 247 de la Constitución de la República Bolivariana de Venezuela, específicamente, con relación a la indeterminación sobre el carácter vinculante o no de la opinión que emita la Procuraduría General de la República con ocasión de la consulta que se le formule para la aprobación de los contratos de interés público nacional.

Ahora bien, estrechamente relacionado con el tema de la legitimación, la jurisprudencia ha venido exigiendo que si bien el solicitante debe demostrar el interés en que se le aclare una duda sobre el contenido y alcance de una norma jurídica, no puede existir ya una controversia particular sobre algún acto, hecho u omisión, pues en ese caso, debería utilizarse el remedio procesal adecuado y no la vía mero declarativa del recurso de interpretación. Es decir, se le da una especie de carácter *subsidiario* o *excepcional* al recurso de interpretación, pues no puede suplantar las vías procesales que permiten un verdadero contradictorio para resolver una controversia ya existente.

De hecho, cuando el artículo 31.5 de la *Ley Orgánica del Tribunal Supremo de Justicia* se refiere a los recursos de interpretación de textos legales, cuya competencia corresponde a la Sala afín a la naturaleza de la norma a analizar, expresamente destaca que "siempre que dicho conocimiento no signifique una sustitución del mecanismo, medio o recurso que disponga la ley para dirimir la situación de que se trate". Podría decirse que ese mismo carácter subsidiario que trata de establecer esta norma debería ser aplicable también a los recursos de interpretación de normas constitucionales.

Así, afirmó la Sala Constitucional, en su fallo de fecha 22 de enero de 2003, caso: *Elba Paredes*, que:

> 4.-Por otro lado, esta Sala deja claramente establecido que el recurso de interpretación de la Constitución no puede sustituir los recursos procesales existentes, por lo que si el recurrente persigue adelantar un pronunciamiento sobre un asunto planteado ante otro órgano jurisdiccional o pretende sustituir con esta vía algún medio ordinario a través del cual el juez pueda aclarar la duda planteada, el recurso deberá ser declarado inadmisible por existir otro recurso.(...)
>
> 6.- De igual modo, será inadmisible la solicitud de interpretación cuando exista la convicción de que constituye un intento subrepticio de obtener resultados cuasi jurisdiccionales que desbordan el fin esclarecedor de este tipo de recursos; es decir, que lo planteado persiga más bien la solución de un conflicto concreto entre particulares o entre éstos y órganos públicos, o entre éstos últimos entre sí; o una velada intención de lograr una opinión previa sobre la inconstitucionalidad de una ley.

Es decir, si ya existe una controversia, al haberse generado un acto, hecho u omisión, determinado, lo que corresponde es ejercer el remedio judicial efectivo para cuestionar esa situación jurídica, lo que haría inadmisible el recurso de interpretación. Pareciera entonces que, con base a la letra de la ley y alguna jurisprudencia de la misma Sala Constitucional, el recurso autónomo de interpretación debería presentarse frente a posibles aplicaciones de la norma a determinados supuestos de previsible y hasta anunciada ocurrencia, siempre y cuando no haya surgido ya la controversia, en cuyo caso habría que utilizar el medio impugnatorio correspondiente.

Decimos, alguna jurisprudencia, toda vez que en determinados periodos y frente a situaciones con claro interés político, la Sala ha abandonado la rigurosidad científico-procesal, para imponer decisiones claramente cuestionables, atendiendo a situaciones que lucen ajenas al derecho. La mejor muestra de esta afirmación la podemos encontrar en las distintas decisiones dictadas por la Sala Constitucional durante los primeros años del período legislativo 2016-2021 de la Asamblea Nacional, donde se utilizaron diversos recursos de interpretación, decididos sin ningún tipo de procedimiento, para resolver claras controversias o casos constitucionales, sin juicio ni contradictorios.

Lo que nos interesa resaltar en este momento es que en algunas de estas decisiones se admitieron recursos de interpretación, a pesar de que existía una clara controversia, y donde los recurrentes no buscaban interpretaciones frente a situaciones hipotéticas, sino frente a casos perfectamente configurados y donde resultaba evidente que se buscaba una interpretación anticipada, y hasta definitiva, de la Sala Constitucional. Veamos dos claros ejemplos de esta afirmación:

Frente a la propuesta de conceder los honores del Panteón Nacional a Fabricio Ojeda, el Presidente de la República intentó un recurso de interpretación del artículo 187, numeral 15, de la *Constitución*, el cual consagra la potestad de la Asamblea Nacional para acordar los honores del Panteón Nacional a los venezolanos ilustres que han prestado servicios a la República.

Al margen de la muy cuestionable decisión de fondo, donde básicamente se resuelve que el Presidente de la República puede conceder esos honores, sin ser acordados por la Asamblea Nacional, vemos como se resuelve una controversia concreta, que había surgido frente a una situación específica, relacionada con la intención de acordar estos honores patrios, directamente por Presidente de la República, a un ciudadano en particular, es decir, la controversia entre ambos poderes públicos ya había surgido. Para justificar la legitimación del Presidente, la Sala Constitucional señaló:

> En atención a lo antes expresado, se observa que en el escrito contentivo del presente recurso de interpretación constitucional, el ciudadano Presidente de la República se encuentra interesado en la interpretación de la norma constitucional antes descrita, en tanto que está dentro de sus facultades recomendar los honores del Panteón Nacional a quienes hayan prestado servicios eminentes a la República, razón por la cual se encuentra legitimado para ejercer el recurso bajo análisis, además de que para el momento de su interposición, efectivamente se ha propuesto conferir los honores del Panteón Nacional *"al ilustre luchador Fabricio Ojeda"*, según se desprende del Decreto N° 2.675 publicado en la Gaceta Oficial N°

41.076 del 17 de enero de 2017, lo cual constituye un caso concreto indispensable para proceder a la interpretación normativa solicitada[249].

Lo mismo podríamos señalar con respecto a la decisión de fecha 21 de abril de 2016, caso: *Johnny Jiménez*, relacionado con la propuesta de enmienda constitucional que había sido aprobada en primera discusión por la Asamblea Nacional, destinada a dejar sin efecto la enmienda constitucional de 2009 que permitía la reelección indefinida y a recortar el período presencial de seis a cuatro años.

Frente a esta iniciativa de modificación del Texto Fundamental, dos ciudadanos ejercieron un recurso de interpretación del artículo 340 de la *Constitución*, el cual fue decidido en forma expedita y sin ningún tipo de procedimiento contradictorio, donde se señaló que no podía utilizarse ese mecanismo de modificación constitucional para reducir los mandatos presidenciales en curso.

Vemos como en este fallo se sustituye lo que sería una acción de inconstitucionalidad contra una Enmienda constitucional, por un recurso de interpretación, el cual en forma anticipada desvirtuó la finalidad o intención perseguida por el proyecto de Enmienda constitucional que se encontraba en curso ante la Asamblea Nacional.

Este fallo contrasta, frontalmente, con un precedente de la misma Sala Constitucional, cuando en el año 2009 se presentó el proyecto de Enmienda constitucional para incluir la reelección indefinida. En esa oportunidad también se ejerció un recurso de interpretación constitucional, pero allí la Sala Constitucional declaró la inadmisibilidad de ese recurso, señalando que "resulta patente la finalidad impugnativa que quiso dársele a esta vía de interpretación, lo cual se enfrenta con la naturaleza que le es propia y, en tal virtud, deber ser declarada inadmisible"[250].

Sin duda, este par de ejemplos desvirtúan claramente la finalidad que la Sala Constitucional le ha querido otorgar al recurso de interpretación, para convertirse en verdaderos medios impugnativos, sin contar con el procedimiento y contradictorio adecuado.

---

249 Sentencia del 20 de enero de 2017, caso: *Nicolás Maduro.*

250 Sentencia N° 148 del 20 de febrero de 2009.

Pero al margen de estos precedentes puntuales y de evidente matiz político, la Sala Constitucional ha venido exigiendo una conexión con un caso concreto para poder determinar la legitimidad del recurrente y así poder verificar la existencia de una duda razonable que justifique el ejercicio del recurso. Pero al mismo tiempo, ha reiterado que no puede utilizarse para resolver un conflicto concreto entre particulares o entre éstos y órganos públicos, o entre éstos últimos entre sí; buscando un pronunciamiento anticipado de la Sala, en lugar de esperar algún juicio que requiera de la interpretación sobre la constitucionalidad o no de algún acto, hecho u omisión.

Se trata de unas exigencias un tanto imprecisas y que pudieran lucir hasta contradictorias, pero en definitiva buscan evitar, por un lado, que el recurso de interpretación se convierta en una acción popular; y, por otro lado, que se utilice para resolver anticipadamente y sin el debido proceso contradictorio, alguna interpretación jurídica sobre una situación concreta o consolidada.

2. *Legitimación pasiva y otros sujetos procesales*

Con respecto a la *legitimación pasiva* en los recursos de interpretación de *textos legales*, en principio, ésta debería estar a cargo del órgano legislativo que haya elaborado o promulgado la norma respectiva. Así, por ejemplo, al solicitarse la interpretación de una norma contenida en un Decreto-Ley habría que considerar como legitimado pasivo, al Presidente de la República. Mientras que, si se trata de una norma municipal, el carácter de "demandado" lo tendría el Concejo Municipal respectivo.

Ahora bien, en el caso de la interpretación de *normas constitucionales* surge un problema evidente, y es que el órgano que dictó la norma a interpretar ya cesó en sus funciones (Asamblea Nacional Constituyente). Por ello, inicialmente la Sala Constitucional consideró pertinente incorporar como legitimado pasivo en estos procesos, al Ministerio Público, la Asamblea Nacional, la Defensoría del Pueblo y la Procuraduría General de la República[251].

[251] Véase, por ejemplo, sentencias de fecha 23 de octubre de 2002 y 15 de julio de 2005, casos: *José Manuel Sánchez* y *Andrés F. González*, referidos, el primero, a la interpretación del artículo 41 de la Constitución y la

De igual forma, y también en principio, una vez iniciada la controversia, podrían incorporarse al juicio cualquier otra persona, natural o jurídica, pública o privada, que pudiera tener interés en la interpretación de la norma, al aplicarse los mismos principios procesales sobre la tercería. Así, en sentencia de fecha 2 de octubre de 2003, caso: *Ricardo Delgado*, la Sala Constitucional señaló lo siguiente:

> (...) Aunque en teoría la Sala no necesita realmente oír a nadie más para dar su opinión vinculante, la prudencia y la responsabilidad le exigen otra conducta. Por ello, la Sala no se limita a estudiar el caso aisladamente, con prescindencia de los pareceres ajenos, sino que procura llamar a quienes pudieran tener algo que decir y que, al hacerlo, podrían ilustrar a los magistrados en la toma de su propia postura. A veces no lo ha hecho, por la urgencia, y con ello no ha violado derecho alguno, pues -se insiste- no hay partes a las que proteger en su derecho. Ahora, el que no haya derechos en juego (aunque en el caso concreto bien puede haberlos) no implica que no haya intereses que tutelar. Para la protección de esos intereses la Sala formula invitaciones, no citaciones. No hay de qué defenderse, pero sí sobre qué opinar.

Criterio ratificado en sentencia de fecha 4 de julio de 2012, caso: *Pedro Perera*, al señalar:

> En efecto, si bien es cierto que es una solicitud -interpretación- que requiere un interés legítimo, personal y directo para su interposición, sus efectos son generales y afectan de una manera indeterminada a todo un cúmulo de ciudadanos, por lo cual resulta admisible la posible intervención de terceros, por razones de economía, concentración y celeridad procesal, siempre y cuando la misma proceda conforme con los requisitos de admisibilidad establecidos al efecto para la parte recurrente -*Vid.* Sentencia de esta Sala N° 1443/08-.

Pero como veremos más adelante, el tema de la legitimación pasiva y la participación de los terceros en los recursos de interpretación de normas constitucionales tiene una clara limitante y es que la Sala Constitucional ha venido considerando recientemente, a

---

frase "Estados fronterizos"; y el segundo a la interpretación del artículo 77 de la *Constitución* y los derechos de los concubinos.

pesar de lo dispuesto en la *Ley Orgánica del Tribunal Supremo de Justicia*, que no es necesario ningún tipo de procedimiento, sino que más bien la Sala puede resolver en forma *in limine litis*.

III. EL OBJETO DEL RECURSO DE INTERPRETACIÓN CONSTITUCIONAL

Corresponde ahora revisar qué puede ser objeto de un recurso de interpretación constitucional, lo que implica verificar el tipo de norma a interpretar; los motivos o razones que lo justifican y algunas consideraciones que escapan de la esencia misma de esta pretensión procesal.

Así, en primer lugar, debemos reiterar que la *Constitución* había consagrado únicamente la potestad de las Salas del Máximo Tribunal para conocer de los recursos de interpretación sobre el contenido y alcance de los *textos legales*. Sin embargo, como hemos visto, luego de la sentencia líder en materia de recursos de interpretación constitucional[252] y de la *Ley Orgánica del Tribunal Supremo de Justicia*, el objeto del recurso ahora también puede ser *normas y principios que integran el sistema constitucional*.

Con ello, la ley y la jurisprudencia de la Sala Constitucional han extendido el objeto de este mecanismo procesal no solo a normas constitucionales, sino también a *principios* del mismo rango. Ello, como veremos, ha permitido que en muchos casos se haya presentado una verdadera modificación de la *Constitución*, a través de un mecanismo distinto a los expresamente permitidos por el Texto Fundamental.

En un primer momento, recién promulgada la *Constitución* y creada la Sala Constitucional, ésta trató de hacer ver que el recurso de interpretación constitucional tendría un carácter excepcional y respetuoso del resto de las ramas del poder público, tratando de impedir su uso para desarrollos legislativos. En palabras de la Sala, esta herramienta procesal sería utilizada únicamente para precisar dudas razonables sobre normas constitucionales ambiguas u oscuras. Así, en la decisión de fecha 9 de noviembre de 2000, caso: *Ricardo Combellas*, se señaló lo siguiente:

---

252 Sentencia N° 1.077 de la Sala Constitucional, del 22 de septiembre de 2000, caso: *Servio Tulio León*

> 6.- Como consecuencia de lo expresado, a través del recurso de interpretación esta Sala precisará el núcleo de los preceptos, valores o principios constitucionales, en atención a dudas razonables respecto a su sentido y alcance, originadas en una presunta antinomia u oscuridad en los términos, cuya inteligencia sea pertinente aclarar por este órgano, a fin de satisfacer la necesidad de seguridad jurídica -sin que queden excluidos de por sí otros sentidos o alcances que la cultura política y jurídica o la ética pública desarrollen-. Su fin, pues, es esclarecedor y completivo y, en este estricto sentido, judicialmente creador; en ningún caso legislativo. Consiste primordialmente en una mera declaración, con efectos vinculantes sobre el núcleo mínimo de la norma estudiada o sobre su *"intensión"* (comprensión) o extensión, es decir, con los rasgos o propiedades que se predican de los términos que forman el precepto y del conjunto de objetos o de dimensiones de la realidad abarcadas por él, cuando resulten dudosos u obscuros, respetando, a la vez, la concentración o generalidad de las normas constitucionales. Dicho carácter concentrado, que debe quedar incólume, más que un defecto es una ventaja de las normas constitucionales, es la condición de su operatividad y su adaptabilidad en el tiempo en razón de la dialéctica social. (...)
>
> 8.- En definitiva, la Sala se cuidará, con el mayor rigor, al absolver un recurso de interpretación, pues es su propio juez y freno, de no pronunciarse sobre acciones a ser ejecutadas, programas a ser encaminados, políticas a ser establecidas o, en fin, sobre la manera de ejercer sus funciones otros órganos; siempre orientándose dentro del marco teleológico de la norma que estuviere en cuestión, sea que ésta persiga definir diferentes grados de organización y cohesión de la vida social, establecer autoridades y roles sociales, reglas de comportamiento o directivas para la acción, procedimientos para la resolución de conflictos, o la distribución del uso de la fuerza; ya sea que dichas normas respondan a la función conservadora o promocional que se le asigna al derecho, con sus respectivos mecanismos positivos o negativos de control.

Si bien es cierto que en algunos casos la Sala Constitucional se ha limitado a esclarecer conceptos imprecisos, imponiendo lo que entiende como la correcta interpretación de la norma, en otros casos, como veremos, ha traspasado claramente los límites que pretendió imponerse desde su temprana jurisprudencia, para convertirse este recurso en una fórmula ilegítima de modificación constitucional o para desarrollar actividades legislativas.

En algunos casos el objeto del recurso de interpretación se ha limitado a buscar el verdadero contenido y alcance de una norma, frase o hasta palabra de la *Constitución*, frente a la posibilidad de diversas interpretaciones con consecuencias jurídicas distintas. Este pareciera ser el verdadero sentido de esta pretensión procesal y lo que pudiera justificar un proceso judicial sin una real controversia.

Un primer ejemplo lo podemos ver en la sentencia de fecha 28 de agosto de 2003, caso: *José Manuel Sánchez*, mediante la cual se solicitó la interpretación del artículo 41 de la *Constitución*, y más concretamente, de la frase "*Estados o Municipios fronterizos*".

En efecto, a raíz de la posible postulación al cargo de Gobernador del Estado Miranda de un ciudadano venezolano por naturalización, se le requirió a la Sala Constitucional la interpretación del artículo 41 de la *Constitución*, donde se exige que para el cargo de Gobernadores o Alcaldes de Estados o Municipios "*fronterizos*" se requiere ser venezolano por nacimiento. Al respecto, la Sala determinó lo siguiente:

> Tampoco distingue el constituyente venezolano entre fronteras naturales como las terrestres, insulares, lacustres y marítimas y las fronteras artificiales, entre las que se podrían encontrar los puentes, señales u otra de creación humana; por el contrario, se amplía el concepto de frontera dentro del marco espacial y de seguridad y defensa de la nación, ya mencionado.
>
> De todo lo antes expuesto, interpreta esta Sala que, la expresión "estado fronterizo" a que alude el artículo 41 de la Constitución de la República Bolivariana de Venezuela, abarca en el ámbito espacial, tanto las fronteras naturales como las artificiales, por lo que los venezolanos por naturalización no podrían optar y ser elegidos para ejercer los cargos referidos en dicho articulado, respecto a cualquiera de los estados fronterizos, salvo la excepción contenida en el único aparte del artículo 40 del Texto Fundamental. Así se declara.

En nuestro criterio, resulta al menos cuestionable que se pueda considerar como Estado fronterizo a aquellos que limitan con territorio marítimo, insular o lacustre, por lo que pudiera entenderse que la Sala Constitucional modificó la *Constitución* para extender una limitación a los derechos políticos de los venezolanos, más allá de la letra y sentido lógico de una norma constitucional. Ello, en virtud de que el sentido de esta limitación constitucional se justifica con la existencia de una relación de cercanía con un país vecino y donde pudiera existir algunos conflictos de intereses con los nacionales de esa nación; lo que no sucede cuando un Estado o Municipio colinda con un espacio marítimo o lacustre.

Pero lo que nos interesa resaltar es que, frente a dos posibles opciones, la Sala Constitucional entendió que el término "*fronterizo*" era mucho más amplio que la interpretación más restrictiva que se le ha debido dar a esta limitación de los derechos políticos de los venezolanos naturalizados. Con ello, definió claramente el alcance de la norma, lo que derivó en importantes consecuencias jurídicas.

Como vemos, y al margen de si estamos o no de acuerdo con la posición asumida por la Sala Constitucional, este tipo de casos son los que mejor pudieran justificar esta pretensión procesal, pues sin duda la decisión dictada por la Sala permite evitar futuras controversias relacionadas con la aplicación de la norma en cuestión. En efecto, una vez que se consideró que el Estado Miranda es un *Estado limítrofe*, quedó claro entonces que los venezolanos por naturalización no podían postularse al cargo de Gobernador de esa entidad federal. De no haberse decidido el recurso de interpretación, probablemente el problema hubiese surgido con la postulación del candidato, o incluso, luego de su elección, lo que hubiese podido generar situaciones más complicadas. Aquí se puede decir que el recurso de interpretación constitucional sirvió de justicia preventiva, pues se evitó el surgimiento de un pleito con la aclaratoria del verdadero alcance de la norma a aplicar.

Otro caso que pudiera justificar la utilidad de esta pretensión procesal, lo vemos con la solicitud de interpretación del artículo 29 de la *Constitución*, referido a los delitos de lesa humanidad. En el fallo de fecha 9 de diciembre de 2002, caso: *Fiscal General de la República*, la Sala Constitucional, donde entre otras cosas, se determinó que el término "*tribunales ordinarios*" previsto en dicha norma no podía derivar en la posibilidad de juzgar a altos funcionarios fuera de la Sala Plena Tribunal Supremo de Justicia, conforme a lo dispuesto en el *Código Orgánico Procesal Penal*.

La Sala entendió en este polémico[253] caso que el término "*tribunales ordinarios*" debía entenderse como aquéllos distintos a los tribunales militares o de excepción y no a los tribunales de instancia, pues lo contrario pudiese implicar el juzgamiento de altos funcionarios ante jueces de instancia, sin los privilegios procesales que derivan de sus respectivos cargos. Es decir, con esta decisión la Sala, entre otras cosas, precisó qué el término "tribunales ordinarios" no excluía a la Sala Plena del Tribunal Supremo de Justicia, para los casos en que se estuviese juzgando a altos funcionarios del Estado.

En el mismo sentido, en el fallo de fecha 8 de mayo de 2008, caso: *Patria para Todos*, se abordó el alcance de la parte *in fine* del artículo 67 de la *Constitución*, la cual se refiere a la prohibición de financiamiento de las asociaciones con fines políticos con fondos públicos. Allí la Sala precisó que dicha prohibición no se refería a las campañas electorales, donde si estaría permitido utilizar recursos del Estado. Textualmente señaló:

> Sobre la base de tales consideraciones, el referido autor ha señalado, que tal inconveniente se solventa a través de la financiación pública de las campañas, no en cuanto actividad de los actores políticos, sino, en cuanto a la fase fundamental del proceso electoral, cuyo desarrollo fomenta el pluralismo ideológico-político, la salvaguarda del principio de racionalidad del sufragio, la garantía de diversidad para el electorado y la exigencia de claridad económica en la obtención y gasto del presupuesto utilizado para campañas electorales.
>
> Así, el financiamiento público de los procesos electorales y dentro de ellos, de la campaña de los aspirantes a cargos de elección popular, constituye una exigencia de control sobre los actores políticos, su presupuesto y la relación competitiva que comprenden las operaciones electorales y al mismo tiempo, una actividad inherente a un sistema electoral transparente, que propugna el debate, la participación y el protagonismo

[253] Las polémicas que generó este caso son de distinta índole, pero entre otras cosas, se cuestionó el hecho de que ya existía un proceso penal por delitos de lesa humanidad en curso, por lo que no ha debido admitirse el recurso de interpretación, sino en todo caso, una regulación de competencia u otro remedio procesal destinado a cuestionar la competencia del tribunal de instancia.

del pueblo y, por ende, desarrolla el *desiderátum* del preámbulo constitucional, en cuanto al carácter participativo de la democracia venezolana.

Según se ha visto, el fomento económico del Estado a las campañas electorales se encuentra adherido al principio democrático, por cuanto garantizaría que el electorado tenga acceso a las diversas propuestas que pudieran presentarse por parte de las diferentes asociaciones políticas (no sólo los partidos) sin un respaldo económico, con lo cual, propende a la igualdad de las condiciones de penetración de los diversos candidatos.

Entonces, la norma bajo examen responde a una visión racionalizadora del gasto público y, en concreto, se circunscribe a la imposibilidad de aportar fondos a los gastos corrientes e internos de las distintas formas de asociaciones políticas, pero en el marco de las observaciones anteriores, dicha limitación, no resulta extensiva a la campaña electoral, como etapa fundamental del proceso electoral.

Como vemos, en estos casos se precisa el contenido y alcance de una palabra o frase (Estado fronterizo, tribunales ordinarios), descartando otras formas de interpretar esos conceptos y así evitar problemas con futuras controversias; o también se utiliza esta herramienta procesal para excluir expresamente formas de interpretar el alcance de una norma constitucional (prohibición de financiamiento público de organizaciones políticas).

1. *El recurso de interpretación constitucional utilizado para modificar las normas constitucionales*

Ahora bien, en otras oportunidades, el recurso de interpretación no ha estado dirigido a pedir la definición de algún término o concepto, sino más bien a modificar, claramente, alguna disposición constitucional, lo que sin lugar a dudas constituye una contrariedad a derecho y un abuso de las potestades jurisdiccionales de la Sala Constitucional.

En efecto, en varias oportunidades la Sala Constitucional ha utilizado el recurso de interpretación para realizar verdaderas modificaciones constitucionales, sin cumplir con los complejos y necesarios requisitos que se requieren para una enmienda, reforma o Asamblea Nacional Constituyente. Ello constituye, el principal riesgo de esta herramienta procesal, y es precisamente esta práctica ilegitima de alteración del texto de la *Constitución* lo que justifica las principales críticas de esta pretensión procesal.

Un primer ejemplo de esta afirmación, lo vemos en el fallo de fecha 19 de octubre de 2009, caso *Janeth Hernández*, donde a nuestro juicio la Sala Constitucional modificó la letra de la *Constitución* para permitir la posibilidad de que todas las facultades de las universidades nacionales pudiesen postular candidatos para el cargo de rectores del Consejo Nacional Electoral (artículo 296 de la *Constitución*). En esa oportunidad la Sala dispuso:

> De igual forma, al establecer la Constitución que el Consejo Nacional Electoral estará integrado por cinco ciudadanos no vinculados a organizaciones con fines políticos; de los cuales tres de ellos o ellas serán postulados por la sociedad civil, uno por las facultades de ciencias jurídicas y políticas de las universidades nacionales, y uno por el Poder Ciudadano, durando en sus funciones siete años -Artículo 296 *eiusdem*-; la Sala advierte respecto del alcance del enunciado referido a que uno de los postulados debe proceder de la "Facultad de Ciencias Jurídicas y Políticas de las Universidades Nacionales", que el mismo debe interpretarse en sentido amplio a los fines de lograr una mayor y más amplia base para la escogencia de los integrantes del Consejo Nacional Electoral.
>
> Indudablemente, las universidades al margen de su función como una comunidad de intereses espirituales que reúne a profesores y estudiantes en la tarea de buscar la verdad y afianzar los valores trascendentales del hombre, son entes al servicio de la Nación -no sólo mediante su contribución doctrinaria en el esclarecimiento de los problemas nacionales o como centros de enseñanza e investigación para completar la formación integral iniciada en los ciclos educacionales anteriores, y a formar los equipos profesionales y técnicos que necesita la Nación para su desarrollo y progreso-, sino que deben asumir conforme a la Constitución de la República Bolivariana de Venezuela, una participación activa en la conformación de los órganos del Poder Público.
>
> Así, la actividad desarrollada por la "Facultad de Ciencias Jurídicas y Políticas de las Universidades Nacionales" es bajo la dogmática planteada en la Constitución de la República Bolivariana de Venezuela, una manifestación del sistema demo-

crático participativo, que reconoce como uno de sus principios esenciales el ejercicio de la soberanía por el pueblo, quien la ejerce de forma directa o indirecta de conformidad con la Constitución y las leyes -*Vid.* Artículos 3, 62 al 74 de la Constitución y sentencias de esta Sala Nros. 934/06 y 471/06-, lo que comporta que aquellas facultades, sean órganos para el ejercicio indirecto de la soberanía por parte del pueblo.

De ahí que, la interpretación de las normas vinculadas al ejercicio por parte de las Facultades de Ciencias Jurídicas y Políticas de las Universidades Nacionales, deba ser amplia en dos niveles, a saber: desde un estadio orgánico, en la medida que debe propenderse a la inclusión de la mayor cantidad de entidades universitarias de carácter nacional, por lo que al hacer referencia la Constitución a la "Facultad de Ciencias Jurídicas y Políticas de las Universidades Nacionales", la misma debe entenderse no como una calificación literal de una unidad orgánica interna, sino como toda aquella universidad nacional, que en su estructura orgánica cuente con una facultad o escuela que le corresponda enseñar e investigar al Derecho como una rama de las ciencias sociales -*vgr.* Independientemente de que sea desde la perspectiva de las escuelas para la formación de abogados o de otros profesionales como los politólogos- y, en relación a su dimensión funcional, en tanto que cada facultad debe tener la posibilidad de postular conforme a sus parámetros y de conformidad con el ordenamiento jurídico estatutario aplicable, a aquellos ciudadanos que a su juicio puedan desempeñar de forma más eficiente el cargo de Rector del Consejo Nacional Electoral de conformidad con la Constitución de la República Bolivariana de Venezuela.

Como consecuencia de las anteriores consideraciones y visto que en el sistema constitucional vigente, no es posible afirmar que existe una prohibición para la reelección respecto de los titulares del Poder Electoral; subsiguientemente, siendo posible y necesaria la reelección de los Rectores del Consejo Nacional Electoral en los términos expuestos, es preciso establecer la oportunidad legal en la cual pueda ejercer su derecho a postularse para una futura reelección, para ello, la Sala advierte que conforme a los artículos 17 al 30 de la Ley Orgánica del Poder Electoral, estando en ejercicio de sus funciones los mencionados ciudadanos Janeth Rosalía Hernández Márquez y Germán Yépez Colmenares, pueden participar en el correspondiente proceso de selección, en la medida que sean postulados por alguna Facultad de Ciencias Jurídicas y Políticas de cualquier Universidad Nacional -en los términos expuestos supra- a través del Rector respectivo, mediante una lista de por lo menos tres aspirantes o, por el Poder Ciudadano, con el voto unánime del Consejo Moral Republicano, mediante una lista de por lo menos nueve aspirantes. Así se declara.

Vemos cómo se modificó la intención del constituyente de reservar la postulación de un integrante del organismo electoral a las facultades de derecho y ciencias políticas; permitiendo entonces la postulación de otras facultades distintas, no mencionadas en la *Constitución*. Con ello, se cambió claramente la letra y hasta intención del Texto Fundamental.

De igual forma, en la decisión de fecha 15 de febrero de 2007, caso: *Gabriela Ramírez*, la Sala Constitucional desvirtuó la tradicional interpretación del término "*in fraganti*" a que hace referencia el numeral 1° del artículo 44 de la *Constitución*, cuando se está en presencia de delitos de género o contra la mujer, para de esta forma permitir detenciones sin órdenes judiciales.

Lo mismo podría afirmarse de varias de las decisiones dictadas por la Sala Constitucional, durante el período donde las fuerzas políticas de oposición controlaban la Asamblea Nacional. Allí, la Sala se encargó de modificar claramente el Texto Fundamental para defender los intereses del Ejecutivo Nacional.

Así, por ejemplo, en la decisión de fecha 1° de marzo de 2016, caso: *Gabriela Florez y otros*, la Sala Constitucional realizó una interpretación claramente contraria a la letra de la *Constitución*, para de esta forma limitar considerablemente las facultades de investigación del parlamento. Así, se excluyó las facultades de investigación parlamentaria sobre el Poder Ciudadano, el Poder Judicial, los Estados y Municipios y las Fuerzas Armadas Nacionales, llegando incluso a desaplicar varias normas del *Reglamento Interno de la Asamblea Nacional* para desconocer competencias básicas y exclusivas de la Asamblea Nacional.

Iguales consideraciones habría que hacer con respecto al fallo de fecha 20 de julio de 2016, caso: *Brigitte Acosta*, donde la Sala Constitucional interpretó los artículos 150, 187, 236 y 247 de la *Constitución*, de forma claramente contraria a su letra y espíritu, para de esta forma impedir que la Asamblea Nacional pudiese rechazar la aprobación de un crédito de más de un millardo de dólares, solicitado por el Banco Central de Venezuela.

Al igual de lo sucedido con la sentencia del 20 de enero de 2017, caso: *Nicolás Maduro,* mediante la cual se consideró que el Presidente de la República era quien podía otorgar el honor del traslado de los restos de un ciudadano al Panteón Nacional.

Y, finalmente, para no seguir con estos fallos de clara naturaleza política, tenemos la decisión del 31 de mayo de 2017, caso *Leopoldo Pita,* donde la Sala Constitucional, en contra de sus propios precedentes, realizó una interpretación muy particular para concluir que no era necesario la realización de un referendo consultivo para convocar una Asamblea Nacional Constituyente. En esa oportunidad, precisó la Sala lo siguiente:

> El artículo 347, cuya interpretación se solicita, debemos necesariamente articularlo con el artículo 348, ambos del texto constitucional. En efecto, el pueblo de Venezuela es el depositario del poder constituyente originario y, en tal condición, y como titular de la soberanía, le corresponde la convocatoria de la Asamblea Nacional Constituyente. Pero la iniciativa para convocarla le corresponde, por regla general, a los órganos del Poder Público (el Presidente o Presidenta de la República en Consejo de Ministros; la Asamblea Nacional, mediante acuerdo de las dos terceras partes de sus integrantes; y los Concejos Municipales en cabildos, mediante el voto de las dos terceras partes de los mismos) quienes ejercen indirectamente y por vía de representación la soberanía popular. La única excepción de iniciativa popular de convocatoria es la del quince por ciento de los electores inscritos y electoras inscritas en el Registro Civil y Electoral.
>
> De tal manera que, el artículo 347 define en quien reside el poder constituyente originario: en el pueblo como titular de la soberanía. Pero el artículo 348 precisa que la iniciativa para ejercer la convocatoria constituyente le corresponde, entre otros, al "Presidente o Presidenta de la República en Consejo de Ministros", órgano del Poder Ejecutivo, quien actúa en ejercicio de la soberanía popular.
>
> En los términos expuestos anteriormente, la Sala considera que no es necesario ni constitucionalmente obligante, un referéndum consultivo previo para la convocatoria de una Asam-

blea Nacional Constituyente, porque ello no está expresamente contemplado en ninguna de las disposiciones del Capítulo III del Título IX.

Como vemos, con estas decisiones la Sala Constitucional realizó claras modificaciones constitucionales, desconociendo los mecanismos pertinentes para ello, convirtiéndose en una verdadera Asamblea Nacional Constituyente y desconociendo todos los límites que impone el principio de separación de poderes.

Y este tipo de extralimitaciones nos llama a la reflexión sobre ¿quién controla al controlador? Es decir, ¿qué pasa cuando el máximo y último intérprete de la *Constitución* es quien la vulnera o modifica?

2. *La Sala Constitucional en funciones legislativas e interpretando normas de naturaleza legal y no constitucional*

Como mencionamos *supra*, en las primeras decisiones de la Sala Constitucional, en materia de recursos de interpretación constitucional, se anunció una debida prudencia para evitar interferencias con las labores legislativas del parlamento. Así, en la mencionada sentencia del 9 de noviembre de 2000, caso: *Ricardo Combellas*, se señaló:

> Lo político administrativo o legislativo, en el sentido de elegir el camino o el modo más acorde con el bienestar social, si bien el procedimiento de su elección en muchos casos viene ya señalado por la Constitución, así como los campos en que se mueve la realidad social a que deben prestar sus servicios, sólo le corresponde dictarlo a los entes que ejercen las estrictas funciones político-administrativas o legislativas, sin que este Tribunal *ex ante* les señale la mejor forma de hacerlo.

Sin embargo, esta prudencia o respeto por las competencias legislativas de la Asamblea Nacional no ha sido seguida por su propia jurisprudencia, pues se ha caracterizado por un exceso de interferencias en otras ramas del poder público, y más concretamente, con el uso excesivo de facultades normativas a través de sus decisiones.

Reconociendo estos claros excesos de la Sala Constitucional, en la última reforma de la *Ley Orgánica del Tribunal Supremo de Justicia*, se agregó un párrafo, luego del listado de competencias de esa Sala, donde se señaló lo siguiente:

> La facultad de la Sala Constitucional en su actividad de conocer y decidir los asuntos de su competencia no abarca la modificación del contenido de las leyes. En todo caso, en resguardo de la seguridad jurídica, si la interpretación judicial da lugar a una modificación legislativa, la Sala deberá así referirlo para que la Asamblea Nacional, en uso de sus facultades constitucionales realice las modificaciones o reformas a que hubiere lugar[254].

Lo cierto es que la Sala Constitucional ha utilizado el recurso de interpretación constitucional para legislar, usurpando claramente atribuciones del Poder Legislativo, tal y como lo podemos observar con la decisión de fecha 15 de julio de 2005, caso: *Carmela Mampieri*, donde se solicitó la interpretación del artículo 77 de la *Constitución*, referido a las uniones estables de hecho, donde se realizó un extenso análisis de esta institución familiar, al punto que se ha considerado como una reforma del Código Civil.

Lo mismo puede señalarse de la sentencia de fecha 14 de agosto de 2008, caso: *Consejo Nacional de Derechos del Niño*, donde se estableció todo un sistema de determinación de la filiación, haciendo referencia a un conjunto de normas legales.

En otros casos, la Sala Constitucional ha utilizado de excusa la supuesta interpretación de una norma constitucional, para entrar a conocer realmente la interpretación de una norma de rango legal. La mejor muestra de esta afirmación la encontramos en el fallo de fecha 18 de febrero de 2004, caso: *Alexandra Stelling*, donde se solicitó ante la Sala Constitucional la interpretación del artículo 21 (derecho a la igualdad) y consecuentemente las normas (de rango legal) que regulan el sistema de las costas en los procesos contencioso-administrativos.

Así, la Sala justificó esta clara injerencia en las competencias de otras Salas, señalando que:

---

254 Este agregado de la *Ley Orgánica del Tribunal Supremo de Justicia* se produce en el 2022, luego de que venciera el período constitucional de la Asamblea Nacional controlada por las fuerzas de oposición, momentos durante el cual la Sala Constitucional realizó abiertos abusos de jurisdicción constitucional, produciendo graves decisiones que implicaron claras modificaciones constitucionales y legales.

El artículo 21 constitucional, establece la igualdad de las personas ante la ley, lo que quiere decir que, a todas las personas, sean naturales o jurídicas, se les aplica la ley conforme a lo que ella dispone, por lo que, en principio, la ley como conjunto normativo que ordena conductas puede crear situaciones disímiles para las personas y por tanto otorgar derechos privativos a determinadas personas y no a otras que se encuentran en desigual condición.

Pero dentro de esa situación, la vigente Constitución prohíbe la discriminación a las personas, fundadas en la raza, el sexo, el credo, la condición social, o que, en general, tengan por objeto o por resultado, anular o menoscabar el reconocimiento, goce o ejercicio en condiciones de igualdad, de los derechos y libertades de toda persona.

Estas condiciones de igualdad para que se ejerzan los derechos, se encuentra reconocida en el proceso en el artículo 15 del Código de Procedimiento Civil, aunque allí se acepta la existencia de derechos privativos a cada parte debido a su posición en el proceso, siendo ello una forma de igualdad, al reconocer que debido a la diversa posición que por su naturaleza tiene cada parte, pueda distribuirse entre ellas las cargas, deberes y obligaciones procesales, señalando a las partes cuáles le son específicas.

Esta situación que nace del proceso y que atiende a la posición procesal, que es diferente según el puesto que ocupan en él, permite privilegios procesales a favor de algunos litigantes, los cuales pueden no nacer necesariamente de su condición procesal, sino de razones extra-procesales, tal como sucede con los privilegios fiscales que tiene la República, acordados por distintas leyes. Esos privilegios, indudablemente, no corresponden a raza, sexo o credo y, en principio, no menoscaban los derechos y libertades de las personas.

¿Son tales privilegios discriminaciones provenientes de la condición social? Ni la República, ni los entes públicos son personas jurídicas con condición social. Éste es un concepto derivado del puesto que ocupan las personas en la sociedad, pero ni a la República ni a los demás entes jurídico-públicos puede reconocérsele una posición social, ya que ellos están por encima de la sociedad, resultando más bien -en cierta forma- rectores de la sociedad. (…)

> Esto último -por ejemplo- justifica la inembargabilidad de algunos bienes, tanto públicos como privados, o la protección que se presta a ciertas personas o sectores sociales que son considerados por la ley como partes de una relación desigual, a fin de equiparárseles. La necesidad de protección, la finalidad de evitar el debilitamiento o el menoscabo de aquellas personas (físicas o jurídicas) que prestan servicios al país o al colectivo, o que se encuentran en posición de débiles jurídicos, justifica el privilegio, pero resulta odioso y es una forma de fomentar la desigualdad, el que en materias donde no hay perjuicio para la República o los entes que la conforman y, por lo tanto, no es necesario protegerlos, se otorguen privilegios y se desequilibren a las personas en sus relaciones con el Estado o sus entes.
>
> Por ello, se hace necesario analizar lo referente a la situación de las costas procesales.
>
> Las normas sobre la condena en costas se encuentran en el Código de Procedimiento Civil (...)
>
> Por estos motivos, la Sala interpreta que cuando la República o los entes que gozan del privilegio de no ser condenados en costas, obtienen sentencia favorable, no puede condenarse en costas a su contraparte, así ellos hayan dado pie a las demandas en su contra. Esta declaración, la hace la Sala con efectos *ex nunc*, es decir, a partir de la fecha del presente fallo, el cual debe a su vez ser publicado en la Gaceta Oficial de la República Bolivariana de Venezuela. Así, finalmente, se decide.

Como vemos, la interpretación que realmente realizó la Sala Constitucional fue de las normas procesales contenidas en el *Código de Procedimiento Civil* y la *Ley Orgánica de la Procuraduría General de la República*, para de esta forma concluir que no podía justificarse un sistema de costas donde los particulares pudiesen ser condenados en costas, pero la República no; lo que realmente es ajeno a su competencia de interpretar normas constitucionales[255].

---

255 Este criterio sobre la no condenatoria en costas a los particulares luego fue abandonado por la misma Sala Constitucional, mediante sentencia Nº 1582 de fecha 21 de octubre de 2008, caso: *Hernando Díaz*.

Realmente, lejos de realizar una interpretación de una norma constitucional de dudosa claridad, lo que realmente hizo la Sala Constitucional fue legislar en esta materia de las costas, lo que evidentemente constituye una interferencia en las tareas legislativas de la Asamblea Nacional.

Otro caso donde la Sala Constitucional utilizó la excusa de una supuesta interpretación de normas constitucionales, para realmente conocer del contenido y alcance de normas legales, lo vemos en la decisión de fecha 22 de diciembre de 2003, caso: *Raúl Mathison*, el cual se refería realmente a la existencia de algunos vacíos legales en el *Código Orgánico Procesal Penal*. La sentencia textualmente establece lo siguiente:

> Luego, a juicio de esta Sala, la garantía de la justicia idónea, expedita y sin dilaciones indebidas que establece el artículo 26 constitucional, así como el derecho de las partes a ser oídos dentro de un plazo razonable, sin quedar sujetos a lo que otros, con el deber de concurrir, se presenten o no, lleva a la Sala a interpretar el artículo 327 del Código Orgánico Procesal Penal, o cualquier otra norma que produjera una situación como la comentada, por aplicación de los artículos 26 y 49.3 constitucionales, a que el juez que preside el acto, si no existe causa justificada, que amerite un máximo de dos suspensiones, haga comparecer a los citados o notificados mediante el uso de la fuerza pública, y debido al abuso de derecho que hacen los incomparecientes al derecho a ser juzgados en libertad y que surge de su actitud, se les decrete medida privativa de libertad, ya que de facto, en relación al que obra de mala fe en el proceso, existe peligro de fuga. (...)
>
> Es más, la Sala, con miras a ordenar el proceso penal en relación con los artículos 26 y 49.3 constitucionales y los derechos que ellos otorgan, considera que es una dilación indebida la que ocurre cuando el tribunal con escabinos no puede constituirse después de dos convocatorias correspondientes y que, ante esa situación, el juez profesional que dirigirá el juicio, debe asumir totalmente el poder jurisdiccional sobre la causa, por lo que deberá llevar adelante el juicio prescindiendo de los escabinos.

Vemos como aquí la Sala Constitucional no esconde el hecho de interpretar normas de rango legal, pues expresamente señala que pasa a interpretar un artículo concreto del *Código Orgánico Procesal*

Penal, justificando esta intromisión en la necesidad de aplicar los principios constitucionales que se derivan de las normas constitucionales sobre el debido proceso.

3. *La Sala Constitucional en funciones de política internacional*

En otras oportunidades, la Sala Constitucional ha utilizado el recurso de interpretación constitucional para realizar manifiestos de clara naturaleza política, en materia internacional. Así, en la sentencia de fecha 20 de febrero de 2015, caso: *Reinaldo Muñoz,* se dispuso lo siguiente:

> Partiendo de ello, es lógico que de dichos principios de soberanía, libertad, autodeterminación de los pueblos e independencia, se instituye con fuerza de reconocimiento internacional, la postura de igualdad de los Estados en la comunidad internacional, lo que comporta que un pueblo independiente y supremo se presenta en el consorcio universal de las naciones, entrando en relaciones con sus pares, en identidad de posición y sujeción a las instituciones jurídicas del Derecho Internacional, rehusando, por tanto, cualquier pretensión de supremacía jurídico legal de uno sobre otro, *so pena* del más enérgico rechazo de la comunidad mundial.
>
> En consecuencia, esta Sala del más Alto Tribunal, Máxima Instancia de la Jurisdicción Constitucional en la República Bolivariana de Venezuela, concluye lo siguiente:
>
> 1 Que los Estados Unidos de América no tienen jurisdicción alguna, de ninguna intensidad, forma o atributo, para sancionar y promulgar actos de faz legal con aplicación en la República Bolivariana de Venezuela, siendo que el documento identificado como *"ley para la defensa de los derechos humanos y la sociedad civil en Venezuela 2014"*, carece de validez y efectividad y es absolutamente nula su ubicación o existencia en el plano jurídico para la República Bolivariana de Venezuela y sus nacionales.
>
> 2. Que la *"ley para la defensa de los derechos humanos y la sociedad civil en Venezuela 2014"*, así como otras acciones emprendidas por los Estados Unidos de América, en contra de la República Bolivariana de Venezuela, del Estado venezolano y del Pueblo venezolano, no sólo vulneran todas las fuentes del Derecho Internacional (principios, jurisprudencia, costumbres

y tratados y otros instrumentos internacionales), sino que adversan los más emblemáticos criterios jurídicos y éticos de la humanidad, además de quebrantar normas, valores, principios, derechos y garantías tanto del Derecho interno de la República Bolivariana de Venezuela, como, probablemente, del propio Derecho interno de aquel Estado que ha desplegado estas írritas y lamentables acciones de agresión.

3. Que esas acciones injerencistas generan responsabilidad internacional para los Estados Unidos de América y para las autoridades respectivas que las han desplegado o han ayudado a desplegarlas; incluso, pudieran generar responsabilidad jurídica ante su pueblo y ante el orden interno de la República Bolivariana de Venezuela; razón por la que las autoridades venezolanas están legitimadas para encausar las investigaciones y los procesos correspondientes.

4. Que la comisión de estos hechos antijurídicos generan, entre otros, los derechos del Estado objeto de perjuicios, a través de los medios que establece el orden internacional, (1) a denunciar y exigir el cese de la conducta ilícita, (2) a exigir las debidas garantías de que las mismas no se repetirán, (3) a ver reparada plenamente la lesión, sea mediante la restitución, la indemnización o la satisfacción, y (4) exhortar a los demás países y a la comunidad internacional, para que coadyuven a tutelar esos derechos, en virtud, entre otros, de los principios de solidaridad y reciprocidad, justicia y paz internacional.

Nótese que en este caso la Sala Constitucional no realiza ninguna interpretación de norma o principio constitucional alguno, sino simplemente se utiliza esta pretensión procesal para dar una respuesta política a una decisión de un Estado extranjero.

Otro claro ejemplo de la distorsión del recurso de interpretación constitucional lo vemos en el fallo de fecha 12 de julio de 2007, caso: *Marisol Plaza*, donde la Sala Constitucional, con la excusa de interpretar el artículo 247 de la *Constitución*, referido a las competencias de la Procuraduría General de la República, se inserta de lleno en un conflicto judicial nacional e internacional, referido a los llamados "Bonos de Bandagro". La Sala aprovecha el recurso para fijar una posición, no frente a la norma constitucional invocada, sino frente al caso concreto, determinando la inexistencia de un procedimiento previo de demanda contra la República y precisando las condiciones bajo las cuales se podría considerar como vinculante los dictámenes de la Procuraduría General de la República.

4. *Interpretación de decisiones de organismos internacionales*

Un tema más polémico es el relacionado con la posibilidad de que la Sala Constitucional interprete ya no normas o principios constitucionales, sino decisiones dictadas por organismos internacionales de protección de los derechos humanos, lo que en nuestro criterio constituye una clara usurpación de funciones y un desconocimiento de la jerarquía normativa y del sistema de integración frente a la protección de derechos humanos, de acuerdo a nuestro sistema constitucional.

Esto fue lo que sucedió con la sentencia de fecha 18 de diciembre de 2008, caso: *Gustavo Álvarez*, donde la Sala cambió la denominación de la acción intentada ("de control de la constitucionalidad") por un recurso de interpretación constitucional. El cuestionamiento estaba dirigido frente a la decisión dictada por la Corte Interamericana de Derechos Humanos, en el caso de *Juan Carlos Apitz*. Es decir, la Sala entendió que lo que verdaderamente han debido intentar los accionantes era un recurso de interpretación, y por ello decidió darle la tramitación procesal correspondiente a este tipo de pretensiones, con lo cual dio por sentado que es posible "interpretar" decisiones dictadas por organismos internacionales de protección de derechos humanos.

Textualmente señaló la Sala:

> En definitiva, del estudio pormenorizado de la solicitud se evidencia que la misma está dirigida a que se aclare una duda razonable en cuanto a la ejecución de un fallo dictado por la Corte Interamericana de Derechos Humanos, que condenó a la República Bolivariana de Venezuela a la reincorporación de unos jueces y al pago de sumas de dinero.
>
> Al respecto, debe esta Sala determinar el alcance de la acción de interpretación constitucional en nuestro ordenamiento jurídico, para luego analizar el régimen de competencia, la admisibilidad y, en el supuesto de que fuera admitida, el procedimiento aplicable. (...)
>
> Observa la Sala, que quienes incoaron el recurso pretenden la interpretación del fallo de la Corte Interamericana de Derechos Humanos, de fecha 5 de agosto de 2008, mediante la cual se ordenó la reincorporación en el cargo de los magistrados de la Corte Primera de lo Contencioso Administrativo

> Ana María Ruggeri Cova, Perkins Rocha Contreras y Juan Carlos Apitz B., se condenó a la República Bolivariana de Venezuela al pago de cantidades de dinero y a las publicaciones referidas al sistema disciplinario de los jueces, así como el examen de su conformidad con la Constitución. En consecuencia esta Sala estima que, con base en la sentencia del 22 de septiembre de 2000, antes citada, y el fallo parcialmente transcrito ***supra***, los recurrentes están en una situación jurídica concreta como representantes judiciales de la República Bolivariana de Venezuela frente a una posible condena patrimonial, por lo que la determinación que haga esta Sala acerca de la pertinencia y/o extensión que debe darse al contenido y forma de ejecución de un fallo de la Corte Interamericana de Derechos Humanos, es de su interés aunque no pretendan que se declare un derecho a su favor, sino que se dicte una sentencia mero declarativa en la cual se establezca el verdadero sentido y alcance de la señalada ejecución con relación al Poder Judicial venezolano en cuanto al funcionamiento, vigilancia y control de los tribunales, asunto que esta Sala considera de interés general, toda vez que desarrolla conceptos de relevancia como los de justicia, autonomía del Poder Judicial y supremacía de la Constitución, por lo que, haciendo abstracción de las circunstancias particulares atinentes a la específica situación jurídica de la recurrente, esta Sala considera que debe admitir el presente recurso.

Se trata, sin lugar a dudas, de una gravísima decisión que desconoce no solo la letra de la *Constitución*, sino además la esencia misma del sistema internacional de protección de derechos humanos, pues las decisiones de sus órganos lógicamente deben estar inmune a revisiones de los tribunales del propio Estado que vulneró los derechos humanos denunciados ante el organismo internacional.

Parte de la incoherencia de este fallo, la vemos también con la dispositiva, donde en lugar de establecerse una determinada interpretación, se declaró *"inejecutable"* la sentencia dictada por la Corte Interamericana de Derechos Humanos; llegando incluso, la misma Sala Constitucional, ha solicitarle al Ejecutivo Nacional la denuncia de la *Convención Americana sobre Derechos Humanos*.

En suma, mediante esta especial pretensión procesal, la Sala Constitucional no sólo ha realizado interpretaciones de normas o principios constitucionales, sino que ha aprovechado esta ventana para modificar el texto constitucional a su antojo, muchas veces en contra del sentido común y los valores democráticos. Además, con este recurso ha logrado desvirtuar también el carácter vinculante de las decisiones de los organismos internacionales en materia de protección de derechos humanos, y hasta responder políticamente a naciones extranjeras.

IV. EL PROCEDIMIENTO PARA TRAMITAR LOS RECURSOS DE INTERPRETACIÓN CONSTITUCIONAL

Una vez creada la pretensión procesal autónoma de interpretación de normas y principios constitucionales -con el fallo citado *supra*, caso: *Servio Tulio León-*, la Sala Constitucional consideró, inicialmente y también por vía jurisprudencial, la necesidad de establecer algún tipo de procedimiento para la tramitación de este remedio judicial.

Así, en la sentencia de fecha 2 de octubre de 2003, caso: *Ricardo Delgado*, se señaló lo siguiente:

> Aunque en teoría la Sala no necesita realmente oír a nadie más para dar su opinión vinculante, la prudencia y la responsabilidad le exigen otra conducta. Por ello, la Sala no se limita a estudiar el caso aisladamente, con prescindencia de los pareceres ajenos, sino que procura llamar a quienes pudieran tener algo que decir y que, al hacerlo, podrían ilustrar a los magistrados en la toma de su propia postura. A veces no lo ha hecho, por la urgencia, y con ello no ha violado derecho alguno, pues -se insiste- no hay partes a las que proteger en su derecho. Ahora, el que no haya derechos en juego (aunque en el caso concreto bien puede haberlos) no implica que no haya intereses que tutelar. Para la protección de esos intereses la Sala formula invitaciones, no citaciones. No hay de qué defenderse, pero sí sobre qué opinar".

Y con base en esta justificación, la Sala fue estableciendo el procedimiento aplicable, en cada caso concreto, en el respectivo auto de admisión. Básicamente, citando a determinados órganos del Estado y ordenando unas publicaciones de edictos para dar a conocer la existencia del caso, concediendo un plazo para la intervención de los interesados. Incluso, en algunos casos llegó a fijar una audiencia oral y pública, para escuchar los argumentos de las partes.

Así, por ejemplo, en la decisión de fecha 31 de julio de 2002, caso: *Alexandra Stelling*, la Sala dispuso:

> Siendo ello así, esta Sala admite el presente recurso de interpretación, y siendo que el mismo versa sobre una cuestión de mero derecho que no requiere del examen de ningún hecho, se abstiene en esta oportunidad de fijar una audiencia oral para escuchar a los interesados. Sin embargo, reconociendo el interés que respecto al pronunciamiento de esta Sala podrían tener el Defensor del Pueblo, el Fiscal General de la República y la Procuradora General de la República, ordena su notificación, para que, si lo creen conveniente, consignen sus respectivos escritos dentro del lapso de diez (10) días de despacho siguientes, a partir de la fecha en que conste en autos haberse efectuado la última de las notificaciones ordenadas. Así se decide.
>
> Asimismo, reconociendo el interés que con respecto a su pronunciamiento podría tener la colectividad, se ordena notificar por medio de Edicto a todos los interesados en coadyuvar en cuanto al sentido que ha de darse a la interpretación solicitada, para que comparezcan por ante la Secretaría de esta Sala, dentro del lapso de diez (10) días de despacho siguientes contados a partir de la fecha que conste en autos haberse realizado la publicación del Edicto y consignen, si lo creyeren conveniente, sus respectivos escritos. Así se decide.
>
> La Sala procederá a sentenciar dentro de los diez (10) días siguientes al fin del último de los términos establecidos para oír a los interesados.

Sin embargo, ante el reconocimiento de la ausencia legislativa de una ley de la jurisdicción constitucional, destinada a regular los procedimientos que se ventilan ante la Sala Constitucional, en la *Ley Orgánica del Tribunal Supremo de Justicia* se establecieron unas disposiciones transitorias donde se consagraron, provisionalmente, algunos procedimientos judiciales que se tramitan ante dicha Sala.

De allí, que conforme a lo dispuesto en los artículos 128 y 25, numeral 17 de la *Ley Orgánica del Tribunal Supremo de Justicia*, los recursos de interpretación de normas constitucionales deben tramitarse por el procedimiento previsto en los artículos 129 y siguientes *eiusdem*. En este procedimiento se prevé la posibilidad de presentar alegatos y pruebas, tanto en forma escrita como en una audiencia pública. Se prevé hasta la necesidad de publicar un cartel de emplazamiento para que todas las personas interesadas en argumentar sobre la correcta forma de interpretar una norma constitucional tengan oportunidad de hacerlo.

Sin embargo, la Sala Constitucional ha venido considerando, al menos en los últimos años, que no es necesario tramitar el procedimiento expresamente establecido en la *Ley Orgánica del Tribunal Supremo de Justicia*, pues bastaría la solicitud presentada por cualquier persona (legitimación bastante amplia), para que el caso pase a estado de sentencia. Todo ello, sin darle oportunidad a cualquier sujeto interesado, de presentar sus argumentos, pruebas y demás consideraciones.

En efecto, en la gran mayoría de los recursos de interpretación constitucional la Sala pasa a decidirlos sin ningún tipo de trámite. Ello lo ha justificado de la siguiente forma:

> Con fundamento en los precedentes jurisprudenciales de esta Sala contenidos en sentencias números 226/2001, 1.684/2008 y 1.547/2011, considerando, por una parte, que el presente asunto es de mero derecho, en tanto no requiere la evacuación de prueba alguna, al estar centrado en la obtención de un pronunciamiento interpretativo de varios artículos previstos en la Constitución de la República Bolivariana de Venezuela y, por la otra, en atención a la gravedad y urgencia de los señalamientos que subyacen en la solicitud de interpretación formulada, los cuales se vinculan al instrumento llamado como *"ley para la defensa de los derechos humanos y la sociedad civil en Venezuela 2014"* y a otras actuaciones desplegadas por los Estados Unidos de América, con incidencia directa en todo el Pueblo venezolano, en su Estado y en la Comunidad Internacional, esta Sala declara que la presente causa es de mero derecho, así como la urgencia en su resolución.
>
> En razón de lo antes expuesto, de conformidad con lo dispuesto en el artículo 7 del Código de Procedimiento Civil, aplicable por remisión supletoria del artículo 98 de la Ley Orgánica del Tribunal Supremo de Justicia, en concordancia con el artículo 145 *eiusdem*, la Sala estima pertinente entrar a decidir sin más trámites el presente asunto. Así se decide[256].

---

[256] Sentencia de fecha 20 de febrero de 2015, caso: *Reinaldo Muñoz*.

Nótese que esa potestad de declarar una causa como de *mero derecho* no está prevista actualmente en la *Ley Orgánica del Tribunal Supremo de Justicia*[257], de allí que se trate de una invención judicial que le ha permitido a la Sala Constitucional imponer sus decisiones en pocos días y sin oportunidad de defensa para los interesados.

Pero, además, aun cuando se considere que un asunto es de *mero derecho*, ello no significa que no se requiera de alguna fase para que las partes interesadas puedan presentar sus alegatos. Que un asunto sea considerado de mero derecho, lo que debería es excluir únicamente la fase probatoria, más no la oportunidad de alegar el derecho.

En suma, la Sala Constitucional ha obviado la aplicación del procedimiento previsto en los artículos 129 y siguientes de la *Ley Orgánica del Tribunal Supremo de Justicia*, impidiendo todo tipo de participación de las partes interesadas, lo que pudiera ser realmente relevante para casos complejos que requieren de múltiples argumentos y consideraciones. Sencillamente, ahora esta pretensión se decide en forma *in limine litis*.

1. *Causales de inadmisibilidad*

La Sala Constitucional no ha dejado de precisar en algunos fallos ciertas causales de inadmisibilidad de los recursos de interpretación constitucional, a pesar de que las decisiones de fondo en esta materia se dictan *in limine litis*. Es decir, presentado el recurso, la Sala pasa directamente a determinar la inadmisibilidad o la procedencia o improcedencia del recurso. Así, en el fallo de fecha 6 de agosto de 2012, caso: *Luis La Cruz*, se señaló lo siguiente:

> En este sentido, tal elaboración doctrinal ha instaurado las siguientes causales de inadmisibilidad de la acción de interpretación constitucional:

---

[257] Debe destacarse que, en el pasado, la antigua *Ley Orgánica de la Corte Suprema de Justicia* consagraba la posibilidad de declarar ciertas causas como de mero derecho, con lo cual se podía suprimir la fase probatoria de los procedimientos judiciales previstos en dicha ley.

1.- La falta de legitimación del accionante, entendiendo que tal cualidad viene dada por la vinculación directa de éste con un caso concreto, con miras a brindar una utilidad práctica a esta especial acción que impida se convierta en un simple ejercicio académico.

2.- Cuando no exista una duda razonable en cuanto al contenido, alcance y aplicabilidad de las normas constitucionales, respecto del supuesto fáctico en que se encuentra el accionante.

3.- Cuando la Sala haya resuelto la duda alegada en torno al mismo caso o uno similar, persistiendo en ella ánimo de mantenerlo.

4.- Cuando se utilice esta vía como mecanismo para adelantar un pronunciamiento sobre un asunto planteado ante otro órgano jurisdiccional o para sustituir algún medio ordinario a través del cual, el juez competente para conocerlo pueda aclarar la duda planteada. Esto es, cuando mediante su ejercicio, se pretenda desbordar su finalidad aclarativa.

5.- Cuando se acumule a la pretensión interpretativa otra de naturaleza diferente o sometida a procedimientos que se excluyan mutuamente.

6.- Cuando no se acompañen los documentos indispensables para verificar si la solicitud es admisible.

7.- Cuando el escrito sea ininteligible o contenga conceptos ofensivos o irrespetuosos.

La mayoría de estas causales de inadmisibilidad son comunes a todas las pretensiones procesales que se ventilan ante la Sala Constitucional; pero quizás vale la pena destacar la referida a la necesidad de que exista una *duda razonable*, lo que consideramos una particularidad especial de este recurso.

En efecto, resulta indispensable que en este tipo de pretensiones el actor indique no sólo la o las normas objeto del recurso, sino que, además, exprese claramente cuáles son las dudas que requieren de interpretación. Para ello puede realizar preguntas concretas o simplemente solicitar la posición adecuada frente a múltiples posibles interpretaciones.

En este sentido, mediante sentencia de fecha 13 de febrero de 2003, caso: *Irack Márquez*, la Sala Constitucional desechó un recurso de interpretación por considerar que no existía ninguna duda en la solicitud. Textualmente se señaló lo siguiente:

> Aunado a lo anterior, observa esta Sala que, los términos en los que ha sido planteada la presente solicitud de interpretación constitucional, resultan vagos, imprecisos y confusos, por cuanto el recurrente no expone ninguna duda razonable sobre el contenido y aplicación del artículo 350 de la Constitución de la República Bolivariana de Venezuela, en el sentido de que no dilucida en qué consiste la oscuridad, ambigüedad o contradicción en la referida norma que amerite un pronunciamiento por parte de esta Sala para ampliar el punto ya resuelto en la aludida sentencia del 22 de enero de 2003, en cuanto a la correcta interpretación de dicha norma constitucional, pues, sólo se limita a cuestionar las actuaciones protagonizadas por algunos oficiales militares apostados en la Plaza Altamira, quienes -según afirmó- dicen encontrarse en "desobediencia civil" e invocan el contenido del artículo 350 de la Constitución de la República Bolivariana de Venezuela, así como las acciones emprendidas por algunos sectores de la sociedad civil en oposición al Presidente de la República.

Hay que destacar que el actor, en su demanda, pudiera sugerir la interpretación que considere más razonable, pero ello no debería hacerlo en forma categórica, pues de lo contrario no estaría presentando una duda, lo que pudiera derivar en la inadmisibilidad del recurso. De allí, que la redacción de estos recursos tiene cierta particularidad con respecto al resto de las pretensiones procesales, donde por lo general, los accionantes son enfáticos y contundentes en los argumentos jurídicos que pretenden hacer valer. En estos asuntos más bien se pide una aclaratoria o afirmación sobre el contenido y alcance de una norma constitucional.

2. *Las facultades cautelares en materia de interpretación constitucional*

También es necesario destacar que los poderes cautelares de la Sala Constitucional se mantienen vigentes en los recursos de interpretación constitucional, a pesar de que no exista ninguna incidencia procesal, pues como hemos visto, ahora la tendencia de la Sala es decidir estos casos en forma *in limine litis*.

En efecto, es factible y hasta indispensable en algunos casos, que la Sala Constitucional haga uso de su poder cautelar amplio para evitar que la sentencia llegue demasiado tarde. Recordemos que el poder cautelar del juez es una condición inseparable de la posibilidad de resolver controversias en justicia, pues no puede ejercerse la labor jurisdiccional si el que decide no tiene la posibilidad de asegurar que el fallo pueda cumplirse para cualquier de las dos partes en litigio[258].

El artículo 130 de la *Ley Orgánica del Tribunal Supremo de Justicia* establece que la Sala Constitucional puede acordar, en cualquier estado y grado del proceso y aún de oficio, las medidas cautelares que considere pertinente, disponiendo de "amplios poderes cautelares" para garantizar la tutela judicial efectiva. Esta norma se ubica, precisamente, dentro del procedimiento que la ley destinó para los recursos de interpretación, pero que la propia Sala Constitucional ha decidido obviar.

A todo evento, en determinadas circunstancias dentro de este tipo de pretensiones procesales pudiera ser indispensable adelantar alguna decisión preventiva, antes de que se dicte la sentencia de fondo sobre el asunto. Así, en la sentencia de fecha 30 de octubre de 2002, caso: *Fiscal General de la República,* la Sala Constitucional señaló lo siguiente:

> El Fiscal General de la República solicita como providencia cautelar que a) se ordene la suspensión de la causa instruida por el tantas veces nombrado Juzgado Trigésimo Séptimo de Control hasta tanto se resuelva el presente recurso de interpretación, y b) que dicho Juzgado de Control se abstenga de requerir al Ministerio Público las investigaciones realizadas con relación a los hechos denunciados así como la individualización de los imputados que aparezcan implicados en la comisión de los delitos ya referidos.
>
> Ahora bien, analizados los argumentos esgrimidos por el recurrente y ante la relación de causa a efecto con las actuaciones cumplidas por el Juzgado Trigésimo Séptimo de Control del Circuito Judicial Penal del Área Metropolitana de Ca-

---

258 GARCÍA DE ENTERRÍA, Eduardo, "*La Batalla por las Medidas Cautelares*", 2da. Edición, Civitas, Madrid, 1995.

> racas, las cuales constan suficientemente en autos, la Sala Constitucional, visto que el dictamen definitivo pudiera incidir en el cauce procesal adelantado por el prenombrado órgano jurisdiccional, ordena la paralización de la causa n° 1349-02, nomenclatura del Tribunal de Control, instruida con ocasión de la denuncia incoada por los ciudadanos Juan Carlos Gutiérrez Cevallos, Orlando Colmenares, Orlando Colmenares Tabares y José Rafael Parra Saluzzo por la presunta comisión de delitos de lesa humanidad, a propósito de los hechos acaecidos durante los días 11,12,13 y 14 de abril del corriente, y ordena asimismo al mencionado Juzgado no requerir del Ministerio Público la remisión de las investigaciones efectuadas por ese órgano instructor, hasta tanto sea resuelto el presente recurso de interpretación. Así se declara.

Como puede apreciarse, la Sala acordó unas medidas particulares, que impedían la remisión de unos expedientes a los tribunales ordinarios, mientras decidía un recurso de interpretación que giraba en torno a sí los delitos de lesa humanidad podían ser juzgados por los tribunales ordinarios.

Con ello, se ratifica el poder cautelar de la Sala Constitucional en este tipo de pretensiones procesales, pues en algún momento, a raíz de una decisión de la Sala Político-Administrativa, se cuestionó la posibilidad de dictar medidas cautelares en los recursos de interpretación. En efecto, en el fallo de fecha 18 de febrero de 2004, caso: *Manuel Suárez*, esa Sala consideró que solicitar un amparo cautelar, dentro de un recurso de interpretación, constituía una inepta acumulación de pretensiones. Textualmente se señaló en esa oportunidad:

> Asimismo, como se ha indicado anteriormente, la Sala también ha precisado a través de su jurisprudencia entre los requisitos específicos de este particular medio judicial, la no acumulación a la pretensión de otro recurso o acción de naturaleza diferente, o acciones incompatibles, excluyentes o contradictorias.
>
> De allí que, de conformidad con lo expuesto, en el presente caso, nos encontramos ante una inepta acumulación de acciones; como resultado de la interposición conjunta de la acción de amparo constitucional y el recurso de interpretación, ya que de ser necesaria la protección inmediata de algún derecho o garantía constitucional del recurrente presuntamente

> lesionado durante el curso del procedimiento, el mecanismo idóneo para tutelarlo sería a través de la solicitud cautelar correspondiente.
>
> Por las razones expuestas, el presente recurso resulta inadmisible, así se declara.

Si bien la motivación de esta decisión no fue muy clara, es lo cierto que durante mucho tiempo se entendió que no era compatible una solicitud cautelar con los recursos de interpretación. Afortunadamente, la Sala Constitucional parece haber superado este criterio restrictivo de la Político-Administrativa, pues el poder cautelar del juez puede ser necesario hasta en acciones mero declarativas o interpretativas.

V. LOS EFECTOS DE LA DECISIÓN EN LOS RECURSOS DE INTERPRETACIÓN CONSTITUCIONAL

Como regla general, pudiéramos decir que las decisiones de los recursos de interpretación constitucional son declarativas y con efectos erga omnes, pues lo que buscan es definir el contenido y alcance de alguna norma o principio constitucional, no para un caso concreto, sino frente a cualquier operador jurídico sujeto a la aplicación de la norma objeto del recurso. No se otorga derecho alguno a favor del actor o alguna otra parte del litigio, sino que el fallo se limita a interpretar el derecho.

Tal y como se afirma en la sentencia líder, recaída en el caso *Servio Tulio León*, el fallo "realiza una declaración de certeza sobre los alcances y el contenido de una norma constitucional... ya que la interpretación constitucional podría despejar dudas y ambigüedades sobre la supuesta colisión. Se trata de una tutela preventiva".

Un ejemplo claro de esta afirmación lo vemos con la sentencia que determinó el alcance de "*los estados fronterizos*". Así, en la conclusión de la decisión se señaló lo siguiente:

> Pues bien, a juicio de esta Sala, el concepto de frontera incluye en el vigente ordenamiento jurídico un tratamiento que abarca aspectos espaciales y de seguridad y defensa de la nación, que no pueden ser tratados de manera separada.
>
> Tampoco distingue el constituyente venezolano entre fronteras naturales como las terrestres, insulares, lacustres y marítimas y las fronteras artificiales, entre las que se podrían

> encontrar los puentes, señales u otra de creación humana; por el contrario, se amplía el concepto de frontera dentro del marco espacial y de seguridad y defensa de la nación, ya mencionado.
>
> De todo lo antes expuesto, interpreta esta Sala que, la expresión "estado fronterizo" a que alude el artículo 41 de la Constitución de la República Bolivariana de Venezuela, abarca en el ámbito espacial, tanto las fronteras naturales como las artificiales, por lo que los venezolanos por naturalización no podrían optar y ser elegidos para ejercer los cargos referidos en dicho articulado, respecto a cualquiera de los estados fronterizos, salvo la excepción contenida en el único aparte del artículo 40 del Texto Fundamental. Así se declara[259].

Ahora bien, en determinadas circunstancias, sobre todo cuando la Sala considera que la interpretación adecuada es distinta a la que se le ha podido venir dando a la norma objeto del recurso, se establece los efectos hacia futuro de la decisión (*ex nunc*). En efecto, en un fallo donde la Sala Constitucional decidió eliminar la posibilidad de que los particulares pudiesen ser condenados en costas, se señaló lo siguiente:

> Por estos motivos, la Sala interpreta que cuando la República o los entes que gozan del privilegio de no ser condenados en costas, obtienen sentencia favorable, no puede condenarse en costas a su contraparte, así ellos hayan dado pie a las demandas en su contra. Esta declaración, la hace la Sala con efectos *ex nunc*, es decir, a partir de la fecha del presente fallo, el cual debe a su vez ser publicado en la Gaceta Oficial de la República Bolivariana de Venezuela. Así, finalmente, se decide[260].

También hemos visto con alguna frecuencia como la Sala Constitucional, además de ordenar la publicación del fallo en la Gaceta Oficial y así darle efectos *erga omnes* a la decisión, suele dirigir exhortos a la Asamblea Nacional, para realizar alguna tarea (creación o modificación) legislativa.

---

259 Sentencia N° 2394 del 28 de agosto de 2003.

260 Decisión de fecha 18 de febrero de 2004, caso: *Alexandra Stelling*.

Así, en la sentencia dictada en fecha 4 de julio de 2012, caso: *Pedro Perera*, se dispuso:

> 3.- En atención a la naturaleza de este pronunciamiento, esta Sala ordena la publicación íntegra del presente fallo en la Gaceta Judicial y la Gaceta Oficial de la República Bolivariana de Venezuela, en cuyo sumario deberá indicarse lo siguiente: *"Sentencia de la Sala Constitucional del Tribunal Supremo de Justicia que fija la interpretación vinculante del artículo 153 de la Constitución de la República Bolivariana de Venezuela"*. Así se declara.
>
> 4.- Con fundamento en el principio de colaboración de poderes (artículo 136 de la Constitución de la República Bolivariana de Venezuela), esta Sala INSTA a la Asamblea Nacional a los fines que, en ejercicio de sus competencias, proceda a revisar la legislación vigente en materia de propiedad intelectual, a los fines de adecuarla al alcance y contenido del artículo 98 de la Constitución de la República Bolivariana de Venezuela, bajo el principio de progresividad de los derechos humanos.

De igual forma, en el fallo de fecha 15 de abril de 2008, caso: *Procuradora General de la República*, se señaló:

> En tal sentido, para a lograr la coherencia necesaria para el correcto funcionamiento del sistema jurídico, la Sala exhorta a la Asamblea Nacional que en ejercicio de sus competencias y a los fines de garantizar la supremacía y efectividad de las normas y principios constitucionales, proceda a la revisión y correspondiente modificación de la normativa legal vinculada con la interpretación vinculante establecida en la presente decisión, en orden a establecer una regulación legal congruente con los principios constitucionales y derivada de la interpretación efectuada por esta Sala en ejercicio de sus competencias.
>
> Ciertamente, visto el contenido de la presente decisión y dado que la interpretación de una norma constitucional no puede formularse en términos de tal forma abstractos que desconozcan la unidad del sistema normativo y su coherencia, la Sala advierte que la presente interpretación vinculante genera una necesaria revisión y modificación de gran alcance y magnitud del sistema legal vigente. De ello resulta pues, que la Sala exhorte a la revisión general de la Ley Orgánica de Descentralización, Delimitación y Transferencia de Compe-

tencias del Poder Público, Ley General de Puertos y la Ley de Aeronáutica Civil, sin perjuicio de la necesaria consideración de otros textos legales para adecuar su contenido a la vigente interpretación.

Estos exhortos, o incluso mandatos, pueden estar dirigidos también a otros órganos del poder público, tal y como se evidencia en la sentencia de fecha 17 de junio de 2005, caso: *Lidia Pulgar*, donde se dispuso:

> Asimismo, se advierte a los órganos electorales competentes que deberán evitar en futuras oportunidades la dilación en la convocatoria de la elección de cargos a elección popular en los lapsos previstos y, en consecuencia, deberán establecer cronogramas de planificación que aseguren de manera más efectiva y oportuna los derechos de los ciudadanos, para no validar como regla general la prolongación de las transitoriedades interpuestas por la interpretación realizada por esta Sala.
>
> Igualmente, en virtud de los poderes inquisitivos que posee el Juez Constitucional, se ordena al Consejo Nacional Electoral realizar inmediatamente, sin mayor dilación, la elección para el cargo de Gobernador del Estado Amazonas el 7 agosto de 2005, según los cronogramas previstos, todo ello de conformidad con lo dispuesto en la Resolución N° 050225-058 del 25 de febrero de 2005 y publicada en la Gaceta Electoral N° 236 del 11 de marzo de 2005, emanada del referido organismo.

Y, obviamente, en los casos donde la Sala Constitucional ha distorsionado claramente la naturaleza, y hasta la esencia, de esta pretensión procesal, para atender situaciones de naturaleza política, la sentencia va mucho más de simples declaraciones, llegando a establecer órdenes de distinta naturaleza.

Así, por ejemplo, en el fallo N° 88 del 24 de febrero de 2017, caso: *Rafael Ramírez*, la Sala Constitucional, mediante un recurso de interpretación, decidió declarar inconstitucional todos los actos futuros que dictase la Asamblea Nacional. Al respecto señaló lo siguiente:

> En razón de todo lo anteriormente expuesto, esta Sala estima necesario reiterar en el presente fallo, que mientras la Asamblea Nacional continúe en desacato a las decisiones emanadas de este Alto Tribunal, todos sus actos resultan ma-

nifiestamente inconstitucionales y, por ende, absolutamente nulos y carentes de toda vigencia y eficacia jurídica, incluyendo las leyes que sean sancionadas (ver sentencia de esta Sala n° 2/2017); sin menoscabo de la responsabilidad individual de los miembros respectivos de la Asamblea Nacional, que se encuentra en tal situación. Así se ratifica.

También puede mencionarse la decisión N° 469 de fecha 27 de junio de 2017, donde la Sala Constitucional, por una situación circunstancial relacionada con la Fiscal General de la República, decidió empoderar al Defensor del Pueblo con varias competencias del Ministerio Público, modificando claramente la *Constitución* y los textos legales que regulan las funciones del Poder Ciudadano. Textualmente dispuso la Sala:

> 3.- RESUELTA la interpretación de los artículos 49, 280, 281 y 285 de la Constitución de la República Bolivariana de Venezuela, en relación a lo dispuesto en los artículos 2, 4, 15, 66 y 67 de la Ley Orgánica de la Defensoría del Pueblo; artículos 1, 10, 11, 12, 13 y 124 del Código Orgánico Procesal Penal. Por lo que, esta Máxima instancia constitucional dispone -de manera vinculante- lo siguiente:
>
> 3.1.- El Defensor del Pueblo tiene atribuidas las funciones de promoción, defensa y vigilancia de los derechos y garantías constitucionales y los Tratados Internacionales sobre derechos humanos. Además de la promoción, defensa y vigilancia de los intereses legítimos, colectivos y difusos de los ciudadanos.
>
> 3.2.- La Defensoría del Pueblo tiene amplias competencias de actuación, las cuales no son sólo preventivas sino también de acción y reparación.
>
> 3.3.- La Defensoría del Pueblo tiene facultades para investigar, emitir opiniones y recibir denuncias requiriendo, si es necesario, la colaboración de los demás órganos del Poder Público. Así mismo ostenta la legitimación procesal para demandar ante órganos jurisdiccionales las violaciones contempladas en sus competencias señaladas en el número 1.
>
> 3.4.- No existen obstáculos jurídicos para que la Defensoría del Pueblo pueda asumir la representación procesal de los intereses legítimos de la víctima, en el caso especialísimo de

hechos punibles que pudieran implicar violación de derechos humanos, en los términos del artículo 123 del Código Orgánico Procesal Penal.

3.5.- El Defensor del Pueblo ostenta amplia competencia constitucional para la promoción, defensa y vigilancia de los derechos humanos (artículo 280) y en el ejercicio legítimo del mismo, está facultado para iniciar una investigación, así como para tener acceso a las actuaciones judiciales y administrativas relacionadas con la misma, cuando se trate de la violación a los derechos humanos y de ésta derive la comisión de un hecho punible, sin que ello menoscabe el marco de actuación del Ministerio Público.

3.6.- La Defensoría del Pueblo, conforme a la competencia constitucional antes señalada, puede tener acceso a todos los actos de investigación que cursen ante el Ministerio Público, ante los tribunales en jurisdicción penal ordinaria y penal militar, los órganos auxiliares de justicia y los centros policiales y penitenciarios y, de manera autónoma, en aquellos casos de violación de derechos humanos, aunque no le sea delegado por parte de la persona ofendida, a tenor de lo establecido en el artículo 124 del Código Orgánico Procesal Penal, incluyendo los casos de asistencia especial a que se refiere dicho artículo.

3.7.- La Defensoría del Pueblo, en el ejercicio de la competencia constitucional que ostenta en materia de investigación, puede promover pruebas, solicitar a los órganos auxiliares de justicia que se realicen diligencias de investigación, tales como: realización de experticias, levantamientos planimétricos, reconstrucción de hechos, autopsias, entre otras, así como estar presentes en todas las audiencias y cualquier acto de investigación del proceso penal ordinario y penal militar, incluidas las pruebas anticipadas, audiencias preliminares y de juicio.

Como hemos advertido, se trata de casos resueltos en un contexto histórico muy particular, donde sencillamente se utilizaron las decisiones de la Sala Constitucional para distorsionar todo nuestro Estado de Derecho y así evitar el funcionamiento de la Asamblea Nacional elegida en diciembre del año 2015.

En suma, una revisión de la jurisprudencia de la Sala Constitucional, en materia del recurso de interpretación constitucional, nos permite concluir que han sido pocas las veces en que se ha utilizado esta figura para aclarar, a través de una decisión mero declarativa, el verdadero contenido y alcance de una norma constitucional. Más bien, la mayoría de las decisiones muestra un ejercicio abusivo de las funciones jurisdiccionales de la Sala, atentando contra los pilares básicos del sistema democrático de gobierno, al desconocer el principio de separación de poderes, e interfiriendo en las competencias del resto de las Salas del Tribunal Supremo de Justicia.

Pudiéramos concluir, entonces, que, hasta ahora, el balance de esta extraña y hasta desconocida pretensión procesal, ha sido muy negativo.

CAPÍTULO TRECE

DEMANDAS DE PROTECCIÓN DE INTERESES COLECTIVOS Y DIFUSOS

I. CONSIDERACIONES GENERALES

Una de las características fundamentales del llamado *neoconstitucionalismo* que ha venido imperando en casi todos los ordenamientos jurídicos es el reconocimiento de los llamados *derechos colectivos e intereses difusos*, y su respectiva exigibilidad judicial. En una u otra medida, las legislaciones han venido reconociendo la posibilidad de ejercer demandas o acciones colectivas para la defensa común de derechos económicos, sociales o culturales; así como el restablecimiento de otros intereses de usuarios, consumidores, o ciudadanos[261].

Hoy día no puede negarse que la conducta ciudadana ante los actos del poder público ha variado y esto ha llevado a una colectivización de los derechos fundamentales, lo que implica, necesariamente, el tener que aceptar una ampliación razonable en la legitimación de los procesos constitucionales. Y más que una ampliación en la legitimación activa, lo que se busca es hacer compatible la idea de la consagración de un conjunto de derechos colectivos establecidos en nuestra Carta Magna, con la posibilidad de tutelarlos efectivamente. Hoy, en el derecho comparado, existe una conciencia ciudadana y una preocupación colectiva por el mantenimiento del Estado de Derecho, sobre todo con la complejidad y dimensión que ha alcanzado el ordenamiento jurídico, pues no sólo ha aumentado el número de normas que rigen a la colectividad, sino que además

---

261 En particular, puede verse la obra *Procesos Colectivos. La tutela de los derechos difusos, colectivos e individuales en una perspectiva comparada.* Editorial Porrúa, México, 2003.

se ha intensificado su especialidad. Ello ha ocasionado el surgimiento de una serie de instituciones y asociaciones encargadas de velar por aquellos derechos y situaciones que el ciudadano común no puede ocuparse por razones de tiempo, dinero y/o especialidad.

Al respecto, escribe TORICELLI, "el habitante de hoy exige un protagonismo mayor, no sólo en cuanto a sus derechos personales, sino que también entiende, y cada día más, que la cosa pública le pertenece, que es parte de ella y que tiene la función de controlar su buen desenvolvimiento"[262]. Sería, además, un contrasentido el garantizar en la *Constitución* el derecho de asociación[263] y no permitir que las organizaciones respectivas representen los intereses de sus miembros. Por ello, SANCHEZ MORON afirma que no sólo tiene relevancia jurídica el interés que consiste en la defensa del círculo individualizado de la actuación personal. Frente a este sistema, la legitimación para actuar la tutela de intereses colectivos no puede ser dispuesta desde términos tradicionales, sino que hay que arbitrar sistemas alternativos, como medio de ampliación de la protección del ciudadano[264].

Como en todos los países, en Venezuela hemos pasado de etapas donde, por diversas razones, se ha negado el ejercicio de acciones colectivas, hasta la consolidación de pretensiones concretas y debidamente desarrolladas legislativa y jurisprudencialmente.

En efecto, en nuestro país tuvimos durante mucho tiempo interpretaciones restrictivas sobre el reconocimiento de acciones judiciales para defender derechos colectivos y difusos. Así, uno de los dogmas tradicionales del amparo constitucional en Venezuela fue, precisamente, su carácter personalísimo, lo que implicaba que la legitimación para proteger los derechos constitucionales estaba limitada a los afectados directamente en sus derechos subjetivos.

---

262 TORICELLI, Maximiliano, "La legitimación activa en el artículo 43 de la Constitución Nacional", en la obra colectiva *El Amparo Constitucional Perspectiva y Modalidades*, Depalma, Buenos Aires, 1999.

263 Artículo 52 de la vigente *Constitución.*

264 SÁNCHEZ MORÓN, *La Participación del ciudadano en la Administración Pública*, Madrid, 1980.

Ejemplos jurisprudenciales bajo la vigencia de la Constitución de 1961 existen a granel[265].

Básicamente, en el pasado se había rechazado la legitimación de cualquier persona u organización para defender un derecho general o colectivo, con el argumento de que nadie -a veces ni siquiera una asociación debidamente legalizada- podía arrogarse la representación de un grupo, a los efectos de intentar acciones de amparo constitucional. Baste sólo citar la decisión del 2 de mayo de 1996, dictada por la Sala Político-Administrativa de la Corte Suprema de Justicia, en el caso: *Simón Hebert Faull*, en donde negó la legitimación del accionante en amparo, por considerar que se había arrogado la representación de todo el colectivo. Textualmente, dicha Sala expresó:

> En el caso presente, lo planteado no es la titularidad de un interés difuso, sino de un supuesto interés colectivo, del cual el actor se auto considera como representante, circunstancia ésta que impide que posea legitimidad para actuar, por cuanto sus alegatos pueden estar en contraste con los otros múltiples sujetos y entidades integrantes de la colectividad. Nadie puede autotitularse -sin que exista una norma que lo faculte para ello-, como representante de la colectividad, y menos aún, pretender que se dicte un fallo de conformidad con sus deseos, capaz de recaer sobre la totalidad de los ciudadanos, quienes pueden o no estar de acuerdo con la pretensión que hubiese deducido".

Si bien esa fue la tendencia durante la vigencia de nuestra anterior *Constitución*, hay que reconocer que ya, para finales de la década de los 90, la jurisprudencia comenzó a dar pasos concretos para el reconocimiento de la tutela judicial de los derechos colectivos e intereses difusos, con algunas decisiones de significativa envergadura. Así, una buena muestra la encontramos en la decisión dictada por la Sala Político-Administrativa de la Corte Suprema de Justicia, en fecha 14 de agosto de 1998, caso: *Instituto Psiquiátrico Rural Virgen del Rosario, C.A.*, donde se aceptó la legitimación de unas instituciones privadas para defender el derecho a la vida y a la salud de

---

265 Al respecto puede verse CHAVERO GAZDIK, Rafael J. *El Nuevo Régimen del Amparo Constitucional en Venezuela*, Editorial Sherwood, Caracas, 2001.

enfermos psiquiátricos de bajos recursos que estaban bajo su dependencia. La Sala expresamente señaló que:

> Resulta en este sentido evidente que los enfermos mentales en cuestión se encuentran lamentablemente privados de libertad, incluso de discernimiento, a causa de su enfermedad, la cual les impediría otorgar poder judicial o actuar por sí mismos. Surge igualmente de autos que su seguridad personal se encuentra amenazada por las circunstancias, ante la posibilidad de ser librados a su suerte o de no ser debidamente vigilados y atendidos.
>
> En consecuencia, se acepta la representación de todos los pacientes recluidos en los centros psiquiátricos demandantes por parte de quien se la ha atribuido y así se declara.

Luego, con la nueva y vigente *Constitución* quedó claro el avance hacia el reconocimiento de la tutela de los derechos colectivos e intereses difusos. Si bien el artículo 26 del Texto Fundamental pareciera confundir o tratar como sinónimos ambos supuestos, es lo cierto que esta norma terminó de consolidar el reconocimiento de la necesidad de disponer pretensiones especiales para la tutela de derechos colectivos e intereses difusos.

Y en este sentido, la jurisprudencia de la Sala Constitucional no tardó en reconocer este avance. Así, la primera sentencia que abordó el tema fue la dictada en fecha 29 de mayo de 2000, caso: *Elías Santana,* donde se señaló lo siguiente:

> El nuevo marco constitucional, además de consagrar el derecho de acceso a los órganos jurisdiccionales de los sujetos de derecho, quienes pueden concurrir de manera individualizada a solicitar la protección de sus derechos y garantías constitucionales, plantea ahora de manera expresa la posibilidad de que dirijan a tales órganos solicitudes que tengan por finalidad el logro de tutela judicial de intereses colectivos, o bien que los peticionantes aleguen la violación o amenaza de derechos o garantías fundamentales que forman parte de la esfera de intereses difusos, tutela jurisdiccional de la que se verían privados, como sostiene Jesús González Pérez, "...de mantenerse las normas clásicas de legitimación. " (*Vid.* J. González Pérez: *El derecho a la tutela jurisdiccional,* segunda edición, Editorial Civitas, S.A., Madrid, 1989, p. 70). (...)

> En el presente caso la acción de amparo ha sido interpuesta por los ciudadanos Elías Santana y Liliana Ortega actuando en nombre propio y en el de las organizaciones "Queremos Elegir" y el "Comité de Familiares de las Víctimas de los Sucesos de Febrero-Marzo de 1989" ("Cofavic"), contra el Consejo Nacional Electoral, por la presunta violación de los derechos o garantías consagrados en los artículos 62 (participación libre en los asuntos públicos en forma directa), 63 (derecho a ejercer el sufragio), 143 (derecho a disponer de información veraz y oportuna) y 293 (derecho a gozar de un proceso electoral en condiciones de igualdad, confiabilidad, imparcialidad, transparencia y eficiencia), de la Constitución vigente. En razón de una serie de hechos y circunstancias alegados por los peticionantes, los cuales podrían ciertamente afectar intereses difusos del colectivo -en el que se integran tanto las personas naturales actoras como las referidas organizaciones-, intereses que en este específico caso ameritan una inmediata consideración, conforme a lo afirmado en su demanda, los accionantes pretenden, individual y colectiva-mente, frente a la actitud del Estado, exigir determinadas prestaciones positivas (que se realicen obligaciones de hacer y no hacer) y esto les otorga interés legítimo para actuar, y así se declara.

Seguidamente, vino otra muy divulgada decisión de fecha 30 de junio de 2000, caso: *Defensoría del Pueblo*, donde se precisó que:

> En ese sentido, la Sala considera que, si el artículo 26 de la Constitución de la República Bolivariana de Venezuela contempla, sin distinción de personas la posibilidad de acceso a la justicia para hacer valer derechos e intereses, incluso los colectivos y difusos, tal acceso debe interpretarse en forma amplia, a pesar del rechazo que en otras partes y en algunas leyes venezolanas, exista contra el ejercicio individual de acciones en defensa de intereses o derechos difusos o colectivos.
>
> En consecuencia, cualquier persona procesalmente capaz, que va a impedir el daño a la población o a sectores de ella a la cual pertenece, puede intentar una acción por intereses difusos o colectivos, y si ha sufrido daños personales, pedir sólo para sí (acumulativamente) la indemnización de los mismos. Esta interpretación fundada en el artículo 26, hace extensible la legitimación activa a las asociaciones, sociedades, fundaciones, cámaras, sindicatos, y demás entes colectivos, cuyo objeto sea la defensa de la sociedad, siempre que obren dentro

de los límites de sus objetivos societarios, destinados a velar por los intereses de sus miembros en cuanto a lo que es su objeto. El artículo 102 de la Ley Orgánica de Ordenación Urbanística, sigue esta orientación.

Posteriormente, y con la puesta en marcha de la llamada jurisprudencia normativa de la Sala Constitucional, con la sentencia N° 1571 del 22 de agosto de 2001, caso: *ASODEVIPRILARA*, se estableció, frente a la ausencia de una ley especial que regulara este tipo de pretensiones procesales, el procedimiento que debía seguirse para tramitar este tipo de demandas. Concretamente se dispuso lo siguiente:

> De la doctrina antes transcrita se desprende que las acciones de amparo fundamentadas en derechos e intereses difusos no pueden ser utilizadas con fines diferentes a los netamente restablecedores. *"...Las acciones provenientes de derechos e intereses difusos y colectivos, son siempre acciones de condena, o restablecedoras de situaciones, y nunca mero declarativas o constitutivas..."*, y por tanto, si la acción se fundamenta en el resarcimiento de los daños sufridos por los lesionados, o en la pretensión de cumplimiento de obligaciones, entre otros, diferentes a la simple restitución de una situación jurídica particular, que es la finalidad del amparo constitucional, la acción debe ser interpuesta por la vía ordinaria, en el entendido de que esta Sala, por aplicación analógica al caso del artículo 102 de la Ley Orgánica de la Corte Suprema de Justicia, y de los principios antes aludidos, utilizará el procedimiento que crea conveniente, y así se declara. (...)
>
> La anterior solicitud no encuadra en lo que la doctrina establecida por esta Sala ha señalado respecto a los efectos de la pretensión de amparo constitucional con fundamento en los derechos e intereses difusos, sino más bien, se refiere a la concreción de actividades hacia el futuro; esto es, al cumplimiento de una obligación tendiente no a restablecer sino a impedir que el daño denunciado se consolide y se extienda, y tal pretensión, como se ha señalado, debe ser activada mediante la vía ordinaria. Es por ello, que esta Sala, en vista de la situación de autos, procede a modificar la calificación de la acción ejercida, y por tanto la trata como una demanda a ventilarse por una vía procesal ajena al amparo, por derechos e intereses difusos, y así se declara. (...)

En este sentido, la Sala decide aplicar a la acción planteada el proceso establecido en el Código de Procedimiento Civil para el juicio oral, pero con variantes destinadas a potenciar la oralidad, brevedad, concentración e inmediación de esta clase de procesos.

De igual forma, vale la pena mencionar la decisión N° 3648 del 19 de diciembre de 2003, caso: *Fernando Asenjo*, donde la Sala Constitucional recoge todos los principios procesales que hasta ese momento había venido desarrollando en su jurisprudencia, estableciendo una especie de resumen dogmático sobre las disposiciones aplicables a la defensa de derechos colectivos e intereses difusos. Textualmente dispuso:

> DERECHOS O INTERESES DIFUSOS: se refieren a un bien que atañe a todo el mundo (pluralidad de sujetos), esto es, a personas que -en principio- no conforman un sector poblacional identificable e individualizado, y que, sin vínculo jurídico entre ellos, se ven lesionados o amenazados de lesión.
>
> Los derechos o intereses difusos se fundan en hechos genéricos, contingentes, accidentales o mutantes que afectan a un número indeterminado de personas y que emanan de sujetos que deben una prestación genérica o indeterminada, en cuanto a los posibles beneficiarios de la actividad de la cual deriva tal asistencia, como ocurre en el caso de los derechos positivos como el derecho a la salud, a la educación o a la obtención de una vivienda digna, protegidos por la Constitución y por el Pacto Internacional de Derechos Económicos, Sociales y Culturales.
>
> DERECHOS O INTERESES COLECTIVOS: están referidos a un sector poblacional determinado (aunque no cuantificado) e identificable, aunque individualmente, de modo que dentro del conjunto de personas existe o puede existir un vínculo jurídico que los une entre ellos. Su lesión se localiza concretamente en un grupo, determinable como tal, como serían a grupos profesionales, a grupos de vecinos, a los gremios, a los habitantes de un área determinada, etcétera.
>
> Los derechos colectivos deben distinguirse de los derechos de las personas colectivas, ya que estos últimos son análogos a los derechos individuales, pues no se refieren a una agrupación de individuos sino a la persona jurídica o moral a quien se atribuyan los derechos. Mientras las personas

jurídicas actúan por organicidad, las agrupaciones de individuos que tienen un interés colectivo obran por representación, aun en el caso de que ésta sea ejercida por un grupo de personas, pues el carácter colectivo de los derechos cuya tutela se invoca siempre excede al interés de aquél.

TIPO DE ACCIÓN: Las acciones provenientes de derechos e intereses difusos y colectivos, son siempre acciones de condena, o restablecedoras de situaciones, y nunca mero declarativas o constitutivas. La posibilidad de una indemnización a favor de las víctimas (en principio no individualizadas) como parte de la pretensión fundada en estos derechos e intereses, la contempla el numeral 2 del artículo 281 de la vigente Constitución; pero ello no excluye que puedan existir demandas que no pretendan indemnización alguna, sino el cese de una actividad, la supresión de un producto o de una publicidad, la demolición de una construcción, etcétera.

COMPETENCIA: de las acciones que se ejerzan con ocasión de los derechos e intereses difusos o colectivos, será competente esta Sala Constitucional para conocer de ellas, hasta tanto no se haya dictado una ley procesal especial que regule estas acciones, o exista un señalamiento concreto en la ley sobre cual es el Tribunal competente.

LAPSO PARA SU EJERCICIO: los derechos e intereses colectivos y difusos, son de eminente orden público, por ello a las acciones incoadas para su protección no les es aplicable el lapso de caducidad prevenido para el amparo, razón por la cual no corre el transcurso de seis meses desde que surge la violación a la calidad de vida; y de invocarse, tampoco es aplicable el criterio de que la inactividad procesal del actor por seis meses, conllevará la declaratoria de abandono del trámite, como en materia de amparo constitucional lo ha declarado esta Sala, a partir de la sentencia dictada el 6 de junio de 2001 (caso: *José Vicente Arenas Cáceres*) y publicada en la Gaceta Oficial n° 37.252 del 2 de agosto de 2001, salvo lo concerniente a la perención prevista en el Código de Procedimiento Civil.

LEGITIMACIÓN PARA INCOAR UNA ACCIÓN POR INTERESES DIFUSOS: no se requiere que se tenga un vínculo establecido previamente con el ofensor, pero sí que se actúe como miembro de la sociedad, o de sus categorías generales (consumidores, usuarios, etc.) y que invoque su derecho o interés compartido con la ciudadanía, porque participa con ella de la situación fáctica lesionada por el incumplimiento o desmejora de los Derechos Fundamentales que atañen a todos, y que genera un derecho subjetivo comunal, que a pesar de ser indivisible, es accionable por cualquiera que se encuentre dentro de la situación infringida. La acción (sea de amparo o específica) para la protección de estos intereses la tiene tanto la Defensoría del Pueblo (siendo este organismo el que podría solicitar una indemnización de ser procedente) dentro de sus atribuciones, como toda persona domiciliada en el país, salvo las excepciones legales.

LEGITIMACIÓN PARA INCOAR UNA ACCIÓN POR INTERESES Y DERECHOS COLECTIVOS: quien incoa la demanda con base a derechos o intereses colectivos, debe hacerlo en su condición de miembro o vinculado al grupo o sector lesionado, y que por ello sufre la lesión conjuntamente con los demás, por lo que por esta vía asume un interés que le es propio y le da derecho de reclamar el cese de la lesión para sí y para los demás, con quienes comparte el derecho o el interés. La acción en protección de los intereses colectivos, además de la Defensoría del Pueblo, la tiene cualquier miembro del grupo o sector que se identifique como componente de esa colectividad específica y actúa en defensa del colectivo, de manera que los derechos colectivos implican, obviamente, la existencia de sujetos colectivos, como las naciones, los pueblos, las sociedades anónimas, los partidos políticos, los sindicatos, las asociaciones, los gremios, pero también minorías étnicas, religiosas o de género que, pese a tener una específica estructura organizacional, social o cultural, pueden no ser personas jurídicas o morales en el sentido reconocido por el derecho positivo, e inclusive simples individuos organizados en procura de preservar el bien común de quienes se encuentran en idéntica situación derivado del disfrute de tales derechos colectivos.

Ahora bien, en materia de indemnizaciones por intereses colectivos, ellas sólo pueden ser pedidas por las personas jurídicas para sus miembros constituidos conforme a derecho, y los particulares para ellos mismos, al patentizar su derecho subjetivo, sin que otras personas puedan beneficiarse de ellas; pero en lo referente a la condena sin indemnización, al restablecimiento de una situación común lesionada, los otros miembros del colectivo pueden aprovecharse de lo judicialmente declarado, si así lo manifestaren.

En ambos casos (derechos o intereses difusos y derechos o intereses colectivos) el número de personas reclamantes no es importante, sino la existencia del derecho o interés invocado.

IDONEIDAD DE LA ACCIÓN: Si lo que se pretende es enervar una lesión que proviene de violaciones a derechos y garantías constitucionales, la vía procedente es la acción de amparo para restablecer una situación jurídica ante esas infracciones. Si lo que se pretende es exigir resarcimientos a los lesionados, solicitar el cumplimiento de obligaciones, prohibir una actividad o un proceder específico del demandado, o la destrucción o limitación de bienes nocivos, restableciendo una situación que se había convertido en dañina para la calidad común de vida o que sea amenazante para esa misma calidad de vida, lo procedente es incoar una acción de protección de derechos cívicos (colectivos o bien sea difusos), en cuyo fallo se podrá condenar al demandado a realizar determinadas obligaciones de hacer o no hacer, y hasta indemnizar a la colectividad, o a grupos dentro de ella, en la forma como ordene el juez, con señalamiento de cuáles instituciones sociales o públicas, o cuáles personas, serán acreedoras de la indemnización.

La acción en protección de los intereses y derechos colectivos o difusos no puede ser utilizada para la reafirmación de atribuciones y obligaciones que el Texto Fundamental en forma clara, expresa y precisa ha dispuesto -entre otros- a los funcionarios públicos. Así, ha señalado la Sala que «*(l)a protección de la vida y la integridad de las personas, el derecho a reunirse y a manifestar conforme a la ley; la libertad de expresión mediante una marcha legalmente autorizada no corresponde a derecho o interés difuso alguno, sino a concretas obligaciones y deberes del Estado que tiene que cumplir y que se materializan mediante acciones específicas en ese sentido, por lo que su exigencia no corresponde a derechos o intereses difusos*».

EFECTOS DE LA SENTENCIA: produce efectos ***erga omnes***, ya que beneficia o perjudica a la colectividad en general o a sectores de ella, y produce cosa juzgada al respecto. Dado a que lo que está en juego es la calidad de la vida, si los hechos que originaron las causas ya sentenciadas se modifican o sufren cambios, a pesar de que la demanda hubiere sido declarada sin lugar, si nuevos hechos demuestran que existe la amenaza o la lesión, una nueva acción podrá ser incoada, ya que no existe identidad de causas. Viceversa, si estas modificaciones o cambios sobrevenidos favorecen al condenado, él podrá acudir ante la administración, con miras a que se le permita la actividad prohibida, en base a las nuevas condiciones en que funda su petición.

Pues bien, con estos criterios jurisprudenciales se fue desarrollando y tramitando esta pretensión procesal, hasta la *Ley Orgánica del Tribunal Supremo de Justicia* de 2010[266], donde se incorporó en el Capítulo III de las Disposiciones Transitorias un procedimiento especial para tramitar las demandas de protección de derechos e intereses colectivos y difusos. En el presente capítulo haremos básicamente referencia a la nueva regulación, sin dejar de lado los precedentes jurisprudenciales que mantengan vigencia.

Si es importante advertir que la regulación contenida en la *Ley Orgánica del Tribunal Supremo de Justicia* es exclusivamente procesal, por lo que se dejan sin tratamiento legal los aspectos sustantivos de este particular procedimiento, como los temas de la representación, la cosa juzgada, entre otros.

II. LA COMPETENCIA PARA CONOCER LAS DEMANDAS DE DERECHOS COLECTIVOS Y DIFUSOS

Como se expuso en la sentencia N° 3648 citada anteriormente, recaída en el caso: *Fernando Asenjo*, una vez creada la Sala Constitucional, ésta decidió asumir en forma *monopólica* la competencia para tramitar las demandas en defensa de derechos colectivos o intereses difusos. Textualmente se indicó en ese fallo que:

> COMPETENCIA: de las acciones que se ejerzan con ocasión de los derechos e intereses difusos o colectivos, será competente esta Sala Constitucional para conocer de ellas, hasta tanto no se haya dictado una ley procesal especial que regule estas acciones, o exista un señalamiento concreto en la ley sobre cual es el Tribunal competente.

---

266 Lo cual se mantiene en forma idéntica en la última reforma de 2022.

La situación cambia al dictarse, en el 2010, la *Ley Orgánica del Tribunal Supremo de Justicia*, donde en sus artículos 25.21 y 146 se dispuso lo siguiente:

> Artículo 25. Son competencias de la Sala Constitucional del Tribunal Supremo de Justicia:
>
> 21. Conocer las demandas y las pretensiones de amparo para la protección de intereses difusos o colectivos cuando la controversia tenga trascendencia nacional, salvo lo que disponen leyes especiales y las pretensiones que, por su naturaleza, correspondan al contencioso de los servicios públicos o al contencioso electoral.
>
> Artículo 146. Toda persona podrá demandar la protección de sus derechos e intereses colectivos o difusos. Salvo lo dispuesto en las leyes especiales, cuando los hechos que se describan posean trascendencia nacional su conocimiento corresponderá a la Sala Constitucional; en caso contrario, corresponderá a los tribunales de primera instancia en lo civil de la localidad donde aquéllos se hayan generado.
>
> En caso de que la competencia de la demanda corresponda a la Sala Constitucional, pero los hechos hayan ocurrido fuera del Área Metropolitana de Caracas, la o el demandante podrá presentarla ante un tribunal civil de su domicilio. El tribunal que la reciba dejará constancia de la presentación al pie de la demanda y en el Libro Diario, igualmente remitirá el expediente debidamente foliado y sellado, dentro de los tres días de despacho siguientes.

Como vemos, la *Ley Orgánica del Tribunal Supremo de Justicia* utilizó un criterio bastante subjetivo y hasta impreciso para determinar la competencia para tramitar estas demandas. Así, será competencia de la Sala Constitucional: "cuando los hechos que se describan *posean trascendencia nacional*". En caso contrario, corresponderá el conocimiento del asunto a los tribunales de primera instancia en lo civil.

Es decir, a partir de la *Ley Orgánica del Tribunal Supremo de Justicia* la competencia para conocer de las demandas de protección de derechos colectivos y difusos *no es exclusiva* de la Sala Constitucional, y más bien depende de la importancia del caso. Por tanto, el juicio puede ser ante los tribunales civiles de instancia o directamente ante la Sala Constitucional.

Consideramos que se trata de una indeterminación innecesaria, lo que genera en muchos casos importantes dudas que pueden conllevar a dilaciones procesales injustificadas. En primer lugar, es discutible que la Sala Constitucional haya querido asumir algunas de estas demandas (las de trascendencia nacional) en primera y única instancia, pues ello no sólo centraliza considerablemente el acceso a la justicia, sino que además resulta innecesario, dado que la Sala siempre dispone de otras competencias a través de las cuales puede asumir el asunto, bien sea mediante un avocamiento o revisando la sentencia definitivamente firme que resuelva el caso.

Pero a todo evento, si el legislador deseaba dejar en manos de la Sala Constitucional las demandas de derechos colectivos y difusos ha podido utilizar criterios más objetivos, como pudiera ser el contenido en el artículo 8 de la *Ley Orgánica de Amparo sobre Derechos y Garantías Constitucionales*, el cual atiende al rango de la autoridad que ha sido demandada.

Una buena muestra de las confusiones que podrían generarse, la encontramos en el fallo Nro. 0370 de fecha 24 de mayo de 2017, caso: *Mauricio Chacón*, donde se cuestionaba unas supuestas conductas omisivas del Alcalde del Municipio Alberto Adriani del Estado Mérida. A pesar que parecía un asunto local, la Sala consideró lo siguiente:

> Corresponde a la Sala determinar su competencia para el conocimiento de la presente demanda intentada por los ciudadanos *supra* mencionados, en la que invoca la protección de intereses colectivos y difusos respecto al Alcalde del Municipio Alberto Adriani de la ciudad El Vigía del Estado Bolivariano de Mérida, ciudadano Juan Peña, y por la cual se denuncia el incumplimiento por parte del mencionado alcalde del artículo 178 de la Constitución de la República Bolivariana de Venezuela, específicamente en los numerales 1, 2, 4, 5, 6 y 7 y la violación de los derechos contenidos en los artículos 50, 55, 75, 78, 80, 83, 87, 102, 111, 112 y 127 *eiusdem*. (...)
>
> En ese sentido, se observa que los hechos relatados en el escrito presentado y que motivan la presente demanda consisten en el supuesto incumplimiento por parte del Alcalde del Municipio Alberto Adriani de la ciudad El Vigía del Estado Bolivariano de Mérida del artículo 178, numerales 2, 4, 5, 6 y 7 de la Constitución, al aparentemente permitir que personas en esa localidad coloquen obstáculos en la vía pública y quemen

objetos, lo cual, según se denuncia, atenta contra los derechos constitucionales al libre tránsito, al trabajo, a la educación, a la salud, al medio ambiente y a la seguridad personal. (...)

En este sentido, se observa que, si bien la presente demanda ha sido intentada por los algunos habitantes del Municipio indicado, los hechos que relata y su pretensión -tanto cautelar como de fondo- afecta a un sector poblacional determinado e identificable como son las personas que habitan, laboran o circulan por el Municipio Alberto Adriani de la ciudad El Vigía del Estado Bolivariano de Mérida. Por tanto, con base a tales características la presente demanda debe calificarse como aquellas dirigidas a la protección de intereses colectivos y, así se declara.

Aunado a lo anterior esta Sala observa la relevancia constitucional que tienen los derechos constitucionales que supuestamente resultan vulnerados por parte del mencionado alcalde, tales como los derechos a la salud, medio ambiente, educación, seguridad personal y libre tránsito, entre otros, por lo que el asunto de autos posee la característica a la que se refieren los citados dispositivos contenidos en la Ley Orgánica del Tribunal Supremo de Justicia que atribuyen competencia a esta Sala, ya que si bien según alegan los demandantes se circunscriben a los términos territoriales de dicho municipio, los mismos tienen trascendencia nacional, por la particular situación existente en la Nación, que ha generado la afectación directa de personas y familias y por tanto, requieren de tutela especial por parte de la Sala Constitucional dado los bienes jurídicos a proteger.

Con fundamento a todo lo anterior, esta Sala se declara competente para conocer de la presente demanda en protección de intereses colectivos (*vid.* Sentencia n° 6, del 15 de febrero de 2011, caso *Promotora Parque La Vega, C.A.*) y así se decide[267].

---

[267] Es importante destacar que, si bien era un asunto local, no puede perderse de vista que era un tema donde al Gobierno Nacional le interesa enviar un mensaje, destinado a controlar las manifestaciones populares que se presentaban a todo lo largo y ancho del país. De hecho, este tipo de casos se repitieron en algunos otros municipios con alcaldes

De igual forma, en otro caso que lucía como un asunto también local, la Sala Constitucional consideró que se trataba de un tema de *trascendencia nacional*, asumiendo entonces la competencia del asunto. Así, en la sentencia N° 0153 de fecha 24 de marzo de 2017, caso: *Braulio Jatar vs Gobernador de Nueva Esparta*, se dispuso lo siguiente:

> De acuerdo al fallo parcialmente transcrito y visto el planteamiento de los accionantes, la pretensión de esta acción se circunscribe a la protección de derechos e intereses colectivos, en razón de que se trata de sujetos determinables, como son los habitantes del estado Nueva Esparta, sujetos no individualizables, que de acuerdo al fallo precitado son: "*grupos de trabajadores, profesionales o de vecinos, los gremios, los habitantes de un área determinada*".
>
> En virtud de los hechos alegados como lesivos y en virtud de los derechos constitucionales denunciados y encontrarse involucradas políticas sociales del Ejecutivo Nacional, en el caso que nos ocupa la Misión Vivienda y la Misión Transporte, esta Sala los considera de trascendencia nacional, porque de lograrse la satisfacción de la pretensión incoada tendría efectos en diversos lugares del territorio de la República, por el alcance de las misiones sociales lo que determina su competencia para conocer de la presente demanda, según la norma contenida en el artículo 25.21 de la Ley Orgánica del Tribunal Supremo de Justicia. Así se declara.

Más cuestionable resulta el caso decidido mediante sentencia N° 153 de fecha 14 de mayo de 2021, caso: *Carlos Rodríguez*, donde se denunciaban algunas irregularidades que comprometían el funcionamiento interno del Mercado de Chacao, y a pesar de ello la Sala Constitucional consideró que se trataba de un asunto de *trascendencia nacional*. Para justificar su competencia, la Sala señaló lo siguiente:

---

de fuerzas políticas de oposición, tal y como se refleja también en la sentencia Nro. 0373 de fecha 25 de mayo de 2017, caso: *Yaimer Abreu y otros vs Alcalde del Municipio Sucre*. Estas sentencias impusieron unas cuestionables medidas cautelares, cuyo incumplimiento por parte de un Alcalde, dio lugar a una incidencia de desacato, determinando su privación de libertad, sin juicio previo. Sobre este tema volveremos en otro capítulo.

> Ello así, en el presente caso, -a decir de los accionantes- la situación planteada vulnera el derecho a la cultura, a los valores culturales y al patrimonio cultural que simboliza el Mercado, para ellos como concesionarios y la población en general.
>
> En tal sentido, esta Sala aprecia que la presente acción, efectivamente, reviste las características propias de una demanda de protección de derechos e intereses colectivos y difusos, puesto que lo que se pretende es la supuesta restitución de los derechos que presuntamente se infringe la alcaldía del Municipio Chacao del estado Miranda a un grupo de personas indeterminadas, como lo es la protección de los valores culturales y al patrimonio cultural que simboliza el Mercado, para ellos como concesionarios y la población en general. (...)
>
> Dentro de este contexto, se observa que los hechos narrados y que generan la demanda de protección de los derechos difusos ocurren en el Área Metropolitana de la ciudad de Caracas, los cuales pudieran afectar el patrimonio cultural en el territorio nacional, por lo que lesiona a un sector indeterminado y no precisable de la población; por ende, al poseer trascendencia nacional y no encontrarse controvertido un asunto propio de los servicios públicos o del contencioso electoral, esta Sala conforme a la norma transcrita ***supra*** se declara competente para conocer de la demanda incoada. Así se decide[268].

Nótese el claro contraste de esta decisión, con la contenida en la sentencia N° 0097 del 16 de abril de 2021, caso: *Mariela Colmenares y otros*, donde se señaló lo siguiente:

> Así las cosas, esta Sala aprecia que la presente solicitud, efectivamente, reviste las características propias de una demanda por intereses colectivos, puesto que lo que se pretende es la supuesta restitución de sus derechos que aparentemente se infringieron a un grupo de personas determinadas quienes entre los años 2007 y 2009 suscribieron contratos de promesa bilateral de compraventa, contratos de cuentas en participa-

---

[268] Véase también la sentencia N° 675 del 1° de junio de 2015, caso: *María Cote*.

ción y contratos de inversión con la empresa promotora ARKINATURA DEL ESTE, C.A., en atención a la compraventa de locales comerciales que serían construidos por la promotora, dentro del proyecto de construcción del CENTRO COMERCIAL LOS ARKOS, en dos parcelas de terreno situadas en la Avenida Intercomunal Baruta-El Hatillo, en el lugar denominado La Boyera, Municipio El Hatillo del Estado Miranda. (...)

Dentro de este contexto, se observa que los hechos narrados que generaron la presente demanda de protección de derechos colectivos, no poseen trascendencia nacional, por cuanto ocurrieron en el Municipio El Hatillo del Estado Miranda, afectando a un sector determinado y localizado de la población; en consecuencia, conforme a la norma transcrita esta Sala no es competente para conocer de la demanda incoada, siendo que la competencia para conocer de la misma corresponde en un Tribunal de Primera Instancia en lo Civil de la Circunscripción Judicial del Área Metropolitana de Caracas (*Vid.* Sentencia N° 1085 del 8 de diciembre de 2017). Así se decide[269].

En otras oportunidades, la Sala Constitucional se ha negado a asumir la competencia de amparos constitucionales donde se alega la violación de derechos de contenido social y colectivo, por considerar que no se está en presencia de una verdadera demanda de derechos colectivos y difusos, sino más bien frente a la denuncia de derechos subjetivos de personas claramente identificables, en cuyo caso el criterio para determinar el conocimiento del caso debe ser el previsto en los artículos 7 y 8 de la *Ley Orgánica de Amparo sobre Derechos y Garantías Constitucionales.* Así, en la sentencia N° 1185 de fecha 12 de julio de 2012, caso: *Daniel Darwin y otros,* se dispuso lo siguiente:

De la anterior transcripción pueden extraerse los elementos diferenciadores de ambos derechos o intereses; por un lado, debe considerase, en primer lugar, la determinación o indeterminación *del bien jurídico tutelado* que, en definitiva, va

---

269 En el mismo sentido puede verse la decisión N° 519 del 16 de mayo de 2023, caso: *Adenis Guzmán,* donde igualmente la Sala declinó su competencia al no ser un asunto de trascendencia nacional.

íntimamente vinculado con el elemento subjetivo, referido al número de personas a las cuales involucra, lo que, en algunos casos, se aprecia o percibe con facilidad mediante la afectación o lesión. Así, cuando ese bien jurídico abarca, por ejemplo, a toda la comunidad o habitantes de un país (indeterminación-bien común), se estaría en presencia de un interés difuso, tal como sería el caso de violación al derecho a un ambiente libre de contaminación, donde el posible sujeto activo de la lesión debe una prestación genérica o indeterminada (protección al ambiente); es decir, en estos casos, existe una indeterminación tanto desde el punto de vista subjetivo (afectados), como de la prestación debida. Sí, por el contrario, solo atañe a un sector de ella (determinación, no individualización -habitantes de una urbanización, gremios de profesionales, etc.-), estaríamos en presencia de intereses colectivos, donde la prestación debida puede ser determinada o concreta; es decir que, en estos derechos, existe una determinación desde el punto de vista subjetivo (afectados), así como una posible determinación de la prestación debida.

Por otro lado, en segundo lugar, debe considerarse, *el vínculo o nexo* que une a las personas involucradas, pues en los intereses difusos no existe vínculo jurídico anterior a la afectación (lesión o amenaza) del bien tutelado, pues este surge con ella y en su condición de afectados; por el contrario, en los derechos colectivos debe, necesariamente, existir un vinculo jurídico (aunque indeterminado) previo, entre las personas afectadas que, incluso, puede no existir con el agraviante, tal como sucede con los habitantes de un determinado sector que se vean afectados en algún derecho común, producto de esa vinculación (problemas de servicios públicos en una determinada zona). Debe tenerse bien claro que *no puede existir* entre los afectados y el sujeto agraviante un *vinculo jurídico (determinado) previo,* como sería, por ejemplo, el surgido de una relación contractual, sea cual fuese su naturaleza.

Otro elemento importante que debe considerarse, aunque común entre ambos derechos, es su *carácter indivisible o individualizable,* el cual está directamente vinculado con la satisfacción o restitución de la situación lesionada, pues tienen que ver con el bien común o colectivo, no pueden individualizarse por cuanto no persiguen la satisfacción de una pretensión personal (derecho subjetivo individual), sino colectiva o del bien común (derecho subjetivo supraindividual), de allí que no pueda ser apropiada de forma exclusiva por ninguno de los afectados. Por ello, cuando se pretende la desafectación del derecho, dicha pretensión tendrá efectos para todos los afectados, aun cuando sólo uno o algunos hubiesen peticionado la tutela jurisdiccional, cosa distinta cuando se pretende una indemnización producto de la lesión a ese derecho colectivo o común, pues constituye una situación particular que debe ser probada por el sujeto que hubiese sufrido el daño, lo que no significa que se deba instaurar una nueva relación jurídica procesal, pues es suficiente la demostración de la identidad de la situación y del daño por parte del interesado, para la extensión, a su caso, de los efectos jurídicos del acto jurisdiccional.

Esta característica es importante, porque permite diferenciar este tipo de derechos suprapersonales o supraindividuales con los que se constituyen con la suma de una gran cantidad de derechos subjetivos individuales (pluralidad de derechos individuales o particulares) de origen común, los cuales son fácil y reiteradamente confundidos por el foro y operadores jurídicos, pues allí, a diferencia de los derechos e intereses difusos y colectivos, el derecho afectado es individual (derecho subjetivo particular -por ello, divisible-), aunado a la existencia de un vínculo jurídico previo entre los afectados y el sujeto que produce la lesión, por tanto la relación jurídica que los une es perfectamente divisible, y la satisfacción del derecho de quien hubiese pretendido tutela jurisdiccional no alcanza a los de demás involucrados que no hubiesen pedido tutela, aunque estuviesen unidos por la misma situación fáctica o jurídica, pues es necesaria la debida proposición de la pretensión en el ámbito jurisdiccional, bien en conjunto (litisconsorcio) o por separado (salvo la existencia de un litisconsorcio forzoso o necesario), por parte de los afectados.

En el caso de autos, como se expresó *ut supra*, la pretensión de tutela constitucional se incoó contra los ciudadanos Oscar Orlando (...), como integrantes de un Comité Social designado para la administración de un "*Fideicomiso*", producto de un acuerdo celebrado entre una gran cantidad de extrabajadores y la empresa CocaCola Femsa Venezuela C.A., por supuestas irregularidades en dicha administración.

> Lo que quiere decir, que se pretende mediante amparo la verificación y subsanación de unas supuestas irregularidades en la administración de un fondo producto de un acuerdo firmado por el peticionario de amparo y un grupo de extrabajadores con la sociedad mercantil CocaCola Femsa Venezuela C.A., por parte de los legitimados pasivos; es decir, que estamos en presencia de derechos subjetivos individuales o perfectamente individualizables donde el bien jurídico cuya tutela se pretende es determinado e individualizado, aunado a que se pretende el perfecto y fiel cumplimiento de una negociación jurídica contractual que, de una u otra forma, vincula a los supuestos agraviantes con el peticionario de tutela constitucional, por tanto la relación jurídica que los une es perfectamente divisible.
>
> En definitiva, en atención a todo lo que fue expuesto, y contrario a lo que señaló el Juzgado (...) como fundamento de su declinatoria de competencia, los derechos subjetivos cuya tutela se peticionan no constituyen derechos difusos ni colectivos y, en el supuesto negado que lo fuesen, de cualquier manera, debido a que los hechos que se describieron no tienen trascendencia nacional, su competencia de cualquier forma no correspondería a esta Sala Constitucional, sino a los tribunales de primera instancia civil de la localidad donde éstos se hubiese generado (*ex* artículo 146 de la Ley Orgánica del Tribunal Supremo de Justicia), razón por la cual no se acepta la declinatoria que se hizo, y así se decide. (...)
>
> En ese sentido, se aprecia que la causa que origina o motiva la pretensión de amparo, surgió de un acuerdo tomado como consecuencia de la extinción de varias relaciones jurídicas de naturaleza laboral, (...), por tanto, se declara que la competencia para el conocimiento y resolución de la pretensión de amparo corresponde a un Juzgado de Primera Instancia de Juicio del Circuito Judicial del Trabajo de la Circunscripción Judicial del Área Metropolitana de Caracas. Así se decide.

Por otra parte, también se han presentado confusiones entre el ejercicio de demandas en defensa de derechos colectivos y difusos y los *reclamos frente al mal funcionamiento de los servicios públicos*, lo que constituye una pretensión que se ventila ante la jurisdicción contencioso-administrativa, de conformidad con lo previsto en el artículo 26.1 de la *Ley Orgánica de la Jurisdicción Contencioso Administrativa*.

En efecto, en algunos casos la reclamación de algún colectivo pudiera girar en torno a la violación de derechos económicos, sociales o culturales, debido a la ausencia (o mal funcionamiento) de servicios públicos esenciales. Así, por ejemplo, en Colombia, muchos de estos temas han sido resueltos a través de acciones de tutela ante la Corte Constitucional de ese país.

En nuestro país esta diatriba se llegó a presentar, incluso antes de la entrada en vigencia de la *Ley Orgánica de la Jurisdicción Contencioso Administrativa*. Así, en la sentencia N° 4993 de fecha 15 de diciembre de 2005, caso: *CADAFE*, la Sala Constitucional señaló lo siguiente:

> De acuerdo con lo anterior, el derecho de todas las personas a disponer de bienes y servicios de calidad (*ex* artículo 117 de la Constitución de la República Bolivariana de Venezuela), no conlleva consecuencialmente a que toda acción dirigida a procurar la satisfacción de un servicio público o de una actividad de interés general que requiera de un servicio universal o un estándar mínimo en la prestación de un determinado servicio genera indefectiblemente una acción por intereses colectivos o difusos, ya que afirmar lo contrario, conllevaría a admitir la implícita derogatoria de las reglas de procedimiento de los juicios ordinarios en cuanto a su competencia, así como la derogatoria del artículo 259 de la Carta Magna.
>
> Al efecto, se aprecia que la simple alegatoria de un desmejoramiento en la calidad de vida, elemento constituido por esta Sala para afirmar la existencia de intereses difusos y colectivos, puede conllevar en cualquier oportunidad para cualquier determinado sector de la sociedad su recurribilidad por ante esta Sala, exigiendo el determinado comportamiento de otra colectividad con fundamento en el desmejoramiento de su calidad de vida.
>
> Así se aprecia, que el mismo constituye un concepto social, el cual es mutable temporal y societariamente, en virtud de que para un determinado grupo homogéneo la admisión del mismo con respecto a una actividad no tiene divergencia alguna (vgr. La ofensa al honor en la cultura asiática), sin embargo, en una sociedad heterogénea como la nuestra, la relevancia y argumentación de tal concepto puede alcanzar unas variables inimaginables, afirmando en cualquier momento la existencia de un desmedro en la calidad de vida,

incluso en los derechos políticos o laborales, como sería la interposición de una acción constitucional por la convocatoria a una huelga. (...)

Ello así, ciertamente se aprecia en el presente caso, que la pretensión fundamental se encuentra dirigida contra unas determinadas actuaciones de un ciudadano que impide la ejecución de una obra de servicio público en un fundo en el cual fue constituida una servidumbre por parte de la empresa CADAFE, conforme a lo establecido en la Ley Orgánica del Servicio Eléctrico, en su condición de operadora de un servicio público, como lo es el servicio eléctrico, en tal consecuencia, admitir los efectos jurídicos de dicha reclamación como la tutela de unos intereses colectivos o difuso, *implicaría consecuencialmente al apoderamiento de todas las demandas judiciales que impliquen una vulneración colectiva incluso realizada por un particular, argumentando la presunta existencia de manera indirecta de dichos intereses.*

Intereses estos los cuales siempre van a estar presentes en casi todos los procesos jurisdiccionales de manera refleja, siempre que esté inmiscuida la prestación de un servicio público, por cuanto la disminución en el derecho material de un ciudadano genera consecuencialmente en una afectación progresiva de disminución de los derechos ciudadanos, conminando la cadena productiva y económica de un grupo indeterminado o individualizable de la sociedad.

Así, cuando dentro de la reclamación realizada se encuentre presente la existencia de un órgano administrativo o la prestación de un servicio público, van a estar presentes de manera indubitable un grupo de ciudadanos con unos intereses reflejos que pretenden su protección mediante la coadyuvación en el proceso incoado por el accionante o en representación de un determinado colectivo en su propio interés.

En consecuencia, la asunción de toda reclamación invocando la afectación del derecho a la colectivación por la anormal prestación o no prestación de un servicio público derivada del ente operador, de la Administración o de un particular, implicaría una cláusula derogatoria de la jurisdicción contencioso-administrativa, a través del contencioso de los servicios públicos. (...)

Así pues, determinado ello, corresponde en el presente caso determinar si estamos en presencia de una actividad de servicio público o una actividad de interés general que afecte de alguna manera la prestación de un servicio público o el correcto desenvolvimiento de una actividad de interés general o de servicio universal, actividad la cual debe entenderse comprendida dentro del contencioso de los servicios públicos.

Esta misma discusión se planteó en la sentencia N° 0436 de fecha 6 de mayo de 2013, caso: *Francisco Ferrer*, pero ahora bajo la vigencia de la *Ley Orgánica de la Jurisdicción Contencioso Administrativa*. En este caso la Sala reiteró lo siguiente:

> En este sentido, es evidente que habrá un estrecho vínculo entre la prestación de un servicio público y la implicación de derechos e intereses colectivos o difusos, ya que la propia concepción de servicio público está caracterizado por la presencia de una "(...) *actividad prestacional, la satisfacción de necesidades colectivas (o la vinculación al principio de la universalidad del servicio), la regularidad y continuidad del servicio, la calificación por ley de la actividad como servicio público (publicatio), la gestión directa o indirecta de la Administración Pública, y su consecuencial régimen de Derecho público* (...)", como lo ha señalado la Sala Político Administrativa de este Tribunal Supremo en su sentencia n° 1002/2004 del 5 de agosto.
>
> Ahora bien, esta Sala como elemento determinador de la competencia, primariamente, aprecia que el suministro del servicio eléctrico se encuentra calificado como servicio público, tal como lo establece la Ley Orgánica del Sistema y Servicio Eléctrico (…)
>
> Sin embargo, debe esta Sala advertir que la calificación como servicio público si bien resulta un elemento esencial y preliminar, igualmente, debe verificarse que la invocación de los derechos constitucionales alegados no afecten de manera indirecta las garantías y derechos constitucionales de un colectivo determinado o apreciable de la población que pudiere encontrarse afectado por la prestación estándar o cualificada de un servicio público determinado.
>
> No obstante lo anterior, en el presente caso la pretensión se delimita claramente a las contribuciones sobre la facturación mensual según la disminución o aumento en el consumo del servicio eléctrico, conforme a la Resolución n° 74 emanado

> del Ministerio del Poder Popular para la Energía Eléctrica y su cobro por parte de la empresa Corpoelec Yaracuy, en cuanto al acceso al servicio derivado del cobro de consumos a decir por parte de la accionante, de manera discriminatoria, por lo que su pretensión se dirige a cuestionar a la prestación de un servicio público de manera eficiente. (...)
>
> Determinada, la competencia para conocer de las acciones derivadas de las prestaciones de servicios públicos, conforme a lo establecido en el artículo 259 constitucional, corresponde precisar cuál de los tribunales que la conforman es el competente para resolver el caso de autos, en este sentido, se advierte que la Ley Orgánica de la Jurisdicción Contencioso Administrativa, atribuyó la competencia para conocer de estas acciones expresamente a los Juzgados de Municipio de la Jurisdicción Contencioso Administrativa, tal como lo establece el artículo 26.1 *eiusdem*, que dispone: "*1. Las demandas que interpongan los usuarios o usuarias o las organizaciones públicas o privadas que los representen, por la prestación de servicios públicos*". (...)
>
> En consecuencia, visto que los órganos de la Jurisdicción Contencioso Administrativa, serán competentes para conocer de "(...) los reclamos por la prestación de los servicios públicos y el restablecimiento de las situaciones jurídicas lesionadas por los prestadores de los mismos" (*Vid.* Artículo 9, cardinal 5 de la Ley Orgánica de la Jurisdicción Contencioso Administrativa), y de forma específica resultan competentes los Juzgados de Municipios conforme a lo establecido en el artículo 26.1 de la mencionada ley y, visto que siendo la presente acción se enmarca dentro del contencioso de los servicios públicos (Vid. Sentencia de esta Sala n° 620/2012), esta Sala estima que la misma resulta incompetente para conocer la acción, motivo por el cual esta Sala se declara incompetente y, en consecuencia, declina su conocimiento a los Tribunales de Municipio del Municipio San Felipe de la Circunscripción Judicial del Estado Yaracuy, que resulte competente, previa distribución de la causa, para que se pronuncie sobre su admisibilidad y de ser el caso la sustancie en primera instancia. Así se decide.

A la misma conclusión llegó la Sala Constitucional, en otra sentencia de ese mismo día, la N° 433 del 6 de mayo de 2013, caso: *Edison Durán*, donde se requería la adopción de medidas dirigidas a garantizar los procesos de tratamiento y potabilización del agua por parte del ente público prestador del servicio en la ciudad de Valencia. Aquí la Sala reiteró que se trataba de un asunto contencioso administrativo, señalando que:

> Lo anterior desde la perspectiva del contenido material de la prestación cuya calidad se cuestiona al operador, de tal forma que, se puede afirmar que lo pretendido se puede encauzar hacia un reclamo judicial por la aparente deficiencia en el cumplimiento de los estándares físicos, químicos, microbiológicos y organolépticos que corresponde al servicio público de agua potable y saneamiento, lo cual tiene cabida -de forma especial- en el amplio espectro de pretensiones que son garantizadas judicialmente por los órganos que integran la jurisdicción contencioso administrativa, conforme al principio de universalidad del control jurisdiccional que le es reconocido por el artículo 259 de la Constitución...

Por tanto, la Sala Constitucional entiende que cuando el reclamo de algún colectivo o grupo de personas se refiere a inexistentes o ineficientes prestaciones de servicios público, cuya competencia corresponde a determinados órganos de la Administración Pública, el asunto debe entonces dirigirse hacia la jurisdicción contencioso-administrativa. Y dentro de esta jurisdicción, les corresponde a los juzgados civiles de municipio del sector, dado que hasta los momentos no han sido creados los Juzgados de Municipio de la jurisdicción contencioso-administrativa.

Sin embargo, en otro caso relacionado con el derecho al suministro del servicio público de gas, donde se cuestionaba el "derecho de acceso a servicios básicos esenciales, como lo es el servicio de gas, tanto de uso residencial como industrial, así como de la afectación del servicio de energía eléctrica...", la Sala consideró que si se trataba de un demanda de derechos colectivos e intereses difusos y además con trascendencia nacional, razón por la cual asumió la competencia para conocer el asunto. Nos referimos a la sentencia N° 1101 de fecha 8 de diciembre de 2022, caso: *Rubén Makarem*, la Sala argumentó lo siguiente:

> En consecuencia, esta sala aprecia que la presente acción, efectivamente, reviste las características propias de una demanda de protección de derechos e intereses colectivos y difusos, puesto que lo que se pretende es la supuesta restitución del derecho al acceso a los servicios básicos esenciales, entre

los cuales se encuentra la energía y el gas doméstico, que presuntamente infringen: *a)* el Alcalde del Municipio Carirubana del Estado Falcón, en la persona del ciudadano Abel Tomás Petit Flores, titular de la cédula de identidad N° V-11.768.779, *b)* el Director de Rentas de la Alcaldía del Municipio Carirubana del Estado Falcón, en la persona del ciudadano Nelson Antonio Bracho Bravo, titular de la cédula de identidad N° V-14.479.906 y, *c)* el Síndico Procurador de la Alcaldía del Municipio Carirubana del Estado Falcón, en la persona del ciudadano Alexis José Primera Sirit, titular de la cédula de identidad N° V-13.108.900, *"así como contra cualquier otra persona natural o jurídica que realice actuaciones materiales de afectación"*.

Si hay que reconocer que la Sala Constitucional, al menos en la mayoría de los casos donde ha considerado que no se está en presencia de una demanda de derechos colectivos o difusos, sino más bien de un asunto contencioso administrativo, se ha declarado incompetente y declinado el conocimiento del caso en el tribunal competente, ordenando el envío del expediente. Sin embargo, en otros casos, en lugar de declinar la competencia, ha declarado inadmisible la demanda, de conformidad con lo previsto en el numeral 4° del artículo 150 de la *Ley Orgánica del Tribunal Supremo de Justicia*. Concretamente, en el fallo N° 390 del 1° de junio de 2017, caso: *Carlos Correa*, se dispuso lo siguiente:

> Una vez precisado lo que debe entenderse por servicio público a los fines de determinar su vinculación o no con la jurisdicción contencioso administrativa, esta Sala estima que en el presente caso, analizando la actividad que la demandante denuncia sea prestada y los intereses en conflicto, el objeto que envuelve la presente acción, no es otro sino el referido al campo de los servicios públicos, cuya garantía de protección judicial se encuentra circunscrita al contencioso administrativo de los servicios públicos.
>
> En atención a las consideraciones expuestas y de acuerdo con el criterio jurisprudencial transcrito *supra*, esta Sala estima que la actividad cuestionada se encuentra circunscrita a una reclamación por la prestación de un servicio público (servicio de transporte público).
>
> Ahora bien, determinado lo anterior, esta Sala observa la causal de inadmisión prevista en la Ley Orgánica del Tribunal

Supremo de Justicia, en el Capítulo III *"De las demandas de protección de derechos e intereses colectivos y difusos"* en su artículo 150, cardinal 4, la cual establece:

"Artículo 150: También se declarará la inadmisión de la demanda:

[...]

4.- Cuando la pretensión pueda ser satisfecha a través de otras vías o cuando por su naturaleza el conocimiento de la pretensión corresponda al contencioso de los servicios públicos o al contencioso electoral".

En tal virtud, visto que la presente demanda versa sobre un reclamo sobre un servicio público, cuya pretensión sólo puede ser satisfecha ante la jurisdicción contencioso administrativa mediante una acción de prestación de servicios públicos, y no a través de una demanda por intereses colectivos y difusos, esta Sala Constitucional, de conformidad con lo previsto en el artículo 150.4 de la Ley Orgánica del Tribunal Supremo de Justicia, declara inadmisible la demanda por intereses colectivos y difusos interpuesta por..."

Consideramos que a pesar de la letra del numeral 4° del artículo 150 de la *Ley Orgánica del Tribunal Supremo de Justicia*, una declaratoria de inadmisibilidad, en lugar de remitir el asunto al tribunal competente, constituye una violación del derecho de acceso a la justicia, además de ser contrario al principio de economía procesal. Se trata de una norma que debería ser declarada inconstitucional o al menos desaplicada, vía control difuso.

Concluyendo entonces sobre el tema de la competencia para conocer de las demandas de protección de derechos colectivos e intereses difusos, consideramos que existe una muy grave impresión a la hora de determinar la competencia para conocer de estas acciones.

El problema no solo radica en el criterio subjetivo utilizado por el legislador[270], sino también en la inconsistente jurisprudencia de la Sala Constitucional, donde no ha definido, de forma clara y precisa,

---

270 Artículos 25.21 y 146 de la Ley Orgánica del Tribunal Supremo de Justicia.

lo que debe entender por asuntos con *trascendencia nacional*, al punto que en muchos casos ha aceptado su competencia para temas locales y hasta intrascendentes[271].

De igual forma, tampoco quedan muy claros los límites entre este tipo de pretensiones y los reclamos frente a la deficiente prestación de los servicios públicos, a que hace referencia el artículo 26.1 de la *Ley Orgánica de la Jurisdicción Contencioso Administrativo*.

Por tanto, mientras no surjan reformas legislativas, y en particular la tan esperada ley especial de la jurisdicción constitucional, o no se consoliden criterios jurisprudenciales claros y uniformes para determinar la competencia en este tipo de pretensiones procesales, seguirán ocurriendo situaciones de dilaciones indebidas.

III. LAS PARTES QUE INTERVIENEN EN LAS DEMANDAS DE PROTECCIÓN DE INTERESES COLECTIVOS Y DIFUSOS

1. *Legitimación activa*

Debemos comenzar por destacar que dentro de las normas que regulan provisionalmente el procedimiento para tramitar las demandas de protección de intereses colectivos y difusos (Disposiciones Transitorias de la *Ley Orgánica del Tribunal Supremo de Justicia*) se establecen algunas regulaciones relacionadas con la legitimación activa.

Así, en primer lugar, hay que destacar que el numeral 2° del artículo 150 de la *Ley Orgánica del Tribunal Supremo de Justicia* señala que será inadmisible la demanda:

> Cuando sea manifiesta la falta de legitimidad o representación que se atribuya el o la demandante o de quien actúe en su nombre, respectivamente[272].

---

271 Véase en particular, la sentencia N° 153 de fecha 14 de mayo de 2021, caso: *Carlos Rodríguez*, citada *supra*.

272 De igual forma, el artículo 147.1 *eiusdem* dispone que en este tipo de demandas resulta necesario identificar al demandante y la persona que actúe en su nombre.

Por tanto, quienes pretendan ejercer una demanda de esta naturaleza deberán prestar particular interés al tema de la legitimación, pues es claro que en estos casos es donde suelen presentarse los principales problemas en materia de legitimación activa, pues por lo general este tipo de pretensiones están dirigidas a tutelar derechos y/o intereses que difícilmente pueden individualizarse en un solo sujeto agraviado y claramente identificable.

Habría que comenzar destacando que con este tipo de demandas se busca defender o bien derechos que no pueden ser individualizados, por lo que afectan, en mayor o menor medida, a un grupo de personas; o exigir una protección y hasta una indemnización colectiva frente a una situación dañosa que afecta a un número indeterminado de personas.

Nuestra *Constitución* consagra un importante número de derechos de contenido económico, social y cultural, cuya defensa puede ser simplemente imposible de individualizar en una sola persona. Así, el derecho a un ambiente sano, el derecho a una vivienda adecuada, o a una educación integral; pueden ser alegados por personas individuales, por colectivos determinados o por representantes de un número indeterminado de personas.

Es necesario precisar que existen diferencias entre los llamados derechos colectivos y la protección de los intereses difusos, y en esto existen bastantes contradicciones conceptuales en la doctrina. Por nuestra parte, nos convence más la clara distinción realizada por el procesalista VIGORITI, quien entiende, que son *difusos* aquellos intereses que tienen una posición de ventaja reconocida a ciertos particulares sin identificar; mientras que *colectivos* son los que tienen una representación adecuada. Una perspectiva similar asume BRICOLA, para quien los intereses difusos, que pueden coincidir con los intereses generales en cuanto a su extensión, se caracterizan por la fragmentación o pluralidad de situaciones subjetivas relativas a sujetos singulares, mientras que los intereses colectivos son más acotados, al corresponder a una categoría, clase o grupo de sujetos, vinculados por una situación de conflicto[273].

---

273 Ambos autores citados por GOZAINI, Osvaldo A., "*El derecho de amparo*", Depalma, Buenos Aires, 1998.

Estas distinciones se complican más si nos percatamos que un mismo acto, hecho u omisión pudiera generar diversos intereses en el colectivo. Esto se explica mejor con un ejemplo, muy frecuentemente utilizado por la doctrina. En efecto, si existe un derrame de alguna sustancia tóxica, el propietario del inmueble colindante al lugar del derrame tendrá un derecho subjetivo en atacar la lesión constitucional, mientras que algunas asociaciones o fundaciones protectoras del ambiente tendrán legitimación para solucionar el problema, como derecho colectivo. Y, por último, cualquier transeúnte o visitante de la zona, podría tener legitimación, como ostentador de un interés difuso, en buscar alguna solución judicial al asunto.

Desprendemos de este ejemplo una diferencia entre los intereses colectivos y los difusos, entendiendo que los primeros requieren de una mayor concreción dado que están referidos a un grupo con suficiente estructura organizativa y con características y aspiraciones comunes para hacer valer ese interés hacia el exterior, en cambio los intereses difusos se refieren a esos ciudadanos que por razones de solidaridad social buscan proteger el ordenamiento jurídico o, en todo caso, obtener una reparación a la situación que les afecta. Por tanto, como entiende GONZÁLEZ CANO, "la diferencia no está en el dato objetivo del interés, del tipo de interés, sino en el grado de subjetivización del mismo; en cualquier momento cualquier interés, identificado con un derecho del ciudadano, puede ser colectivo o difuso, dependiendo de la concreción subjetiva de los afectados, es decir, de la existencia o no de una comunidad unificada, determinable en cuanto a sus componentes"[274].

También es importante diferenciar la flexibilización que puede existir en la legitimación para la defensa de los derechos colectivos e intereses difusos, con la acción popular que caracteriza al sistema venezolano, frente a la impugnación de leyes y otros actos generales. En el caso de la pretensión procesal que estamos estudiando, la jurisprudencia ha venido exigiendo que el legitimado activo forme parte del grupo afectado o participe en la situación fáctica lesionada por el incumplimiento o desmejora que lo afecta.

---

274 GONZÁLEZ CANO, María Isabel, "*La protección de los intereses legítimos en el proceso administrativo*", Tirant Monografías, Valencia, 1997.

Y probablemente la principal diferencia en ambos supuestos, esto es, en la legitimación popular para la impugnación de leyes y la exigida para las demandas colectivas o difusas, radique en el alcance o contenido de la sentencia. En el primer supuesto suele bastar una decisión declarativa, mientras que, en los segundos, puede implicar el reconocimiento y restablecimiento concreto de un determinado derecho o la asignación de una compensación particular. Por ello, es necesario que en las demandas colectivas o difusas exista cierto nivel de representatividad en quien se presenta a ejercer la demanda.

Por tanto, consideramos que lo relevante en el análisis de la legitimación activa en esta pretensión que estamos estudiando consiste en determinar que exista una *causa común* entre el actor y el grupo o personas que se busca proteger, de modo que la decisión pueda darle un tratamiento unitario y común a todos los afectados. En este sentido, los procesalistas clásicos admitían la legitimación de este tipo de pretensiones, pero exigiendo cierto grado de representatividad con el grupo a defender. Así, afirmaba CAPPELLETI, que "si la parte ideológica (individuo o asociación que lleva al juicio un cierto interés metaindividual) es adecuadamente representativa de toda la clase o grupo a la que aquel interés corresponde, será perfectamente legítimo que el proceso desarrolle sus efectos también respecto de las partes ausentes"[275].

Nótese que, en este tipo de demandas, sobre todo en los casos de intereses difusos, es frecuente que quien la presente no guarde ninguna relación con quienes va a representar, pues puede referirse a un conjunto inorgánico de personas de composición ocasional, sin tener claro ni a cuántos representa ni a quienes, en concreto, irá a beneficiar una decisión favorable. Pero es indispensable que sufra de la misma causa común.

Desde los inicios de la jurisprudencia de la Sala Constitucional se ha hecho hincapié en la legitimación que debe exigirse para este tipo de pretensiones procesales, incluso marcando la diferencia entre los derechos colectivos y los intereses difusos. Así, con respecto a los primeros, en la mencionada sentencia N° 3648 del 19 de diciembre de 2003, caso: *Fernando Asenjo*, se señaló lo siguiente:

---

275 CAPPELLETTI, Mauro, "*Formaciones sociales e intereses de grupo frente a la justicia civil*", Boletín Mexicano de Derecho Comparado, nueva serie, año XI N° 31/32, enero-agosto, 1978, p. 19.

> LEGITIMACIÓN PARA INCOAR UNA ACCIÓN POR INTERESES Y DERECHOS COLECTIVOS: quien incoa la demanda con base a derechos o intereses colectivos, debe hacerlo en su condición de miembro o vinculado al grupo o sector lesionado, y que por ello sufre la lesión conjuntamente con los demás, por lo que por esta vía asume un interés que le es propio y le da derecho de reclamar el cese de la lesión para sí y para los demás, con quienes comparte el derecho o el interés. La acción en protección de los intereses colectivos, además de la Defensoría del Pueblo, la tiene cualquier miembro del grupo o sector que se identifique como componente de esa colectividad específica y actúa en defensa del colectivo, de manera que los derechos colectivos implican, obviamente, la existencia de sujetos colectivos, como las naciones, los pueblos, las sociedades anónimas, los partidos políticos, los sindicatos, las asociaciones, los gremios, pero también minorías étnicas, religiosas o de género que, pese a tener una específica estructura organizacional, social o cultural, pueden no ser personas jurídicas o morales en el sentido reconocido por el derecho positivo, e inclusive simples individuos organizados en procura de preservar el bien común de quienes se encuentran en idéntica situación derivado del disfrute de tales derechos colectivos.
>
> Ahora bien, en materia de indemnizaciones por intereses colectivos, ellas sólo pueden ser pedidas por las personas jurídicas para sus miembros constituidos conforme a derecho, y los particulares para ellos mismos, al patentizar su derecho subjetivo, sin que otras personas puedan beneficiarse de ellas; pero en lo referente a la condena sin indemnización, al restablecimiento de una situación común lesionada, los otros miembros del colectivo pueden aprovecharse de lo judicialmente declarado, si así lo manifestaren.
>
> En ambos casos (derechos o intereses difusos y derechos o intereses colectivos) el número de personas reclamantes no es importante, sino la existencia del derecho o interés invocado.

De igual forma, la misma decisión señaló, con respecto a la legitimación para la defensa de los intereses difusos, lo siguiente:

> LEGITIMACIÓN PARA INCOAR UNA ACCIÓN POR INTERESES DIFUSOS: no se requiere que se tenga un vínculo establecido previamente con el ofensor, pero sí que se actúe

como miembro de la sociedad, o de sus categorías generales (consumidores, usuarios, etc.) y que invoque su derecho o interés compartido con la ciudadanía, porque participa con ella de la situación fáctica lesionada por el incumplimiento o desmejora de los Derechos Fundamentales que atañen a todos, y que genera un derecho subjetivo comunal, que a pesar de ser indivisible, es accionable por cualquiera que se encuentre dentro de la situación infringida. La acción (sea de amparo o específica) para la protección de estos intereses la tiene tanto la Defensoría del Pueblo (siendo este organismo el que podría solicitar una indemnización de ser procedente) dentro de sus atribuciones, como toda persona domiciliada en el país, salvo las excepciones legales.

Como vemos, la legitimación tiene grados distintos, pero nunca llega a ser popular, pues aún en el caso de la defensa de intereses difusos se requiere estar afectado por una situación jurídica que compromete a un número indeterminado de personas. Es decir, se requiere que el actor mantenga una causa común con quienes va a representar.

El grado de representatividad puede variar dependiendo de la situación jurídica concreta. Así, por ejemplo, frente a un asunto que afecta prácticamente a toda la sociedad, o al menos a todos los electores, se ha admitido la legitimación de individuos y organizaciones, sin mayores consideraciones. Así, en el fallo de fecha 29 de mayo de 2000, caso: *Elías Santana*, donde se cuestionó la convocatoria a un proceso comicial de distintos cargos de elección popular, la Sala Constitucional admitió, sin mayores consideraciones, la legitimación de las personas y organizaciones que accionaron, señalando lo siguiente:

> En razón de una serie de hechos y circunstancias alegados por los peticionantes, los cuales podrían ciertamente afectar intereses difusos del colectivo -en el que se integran tanto las personas naturales actoras como las referidas organizaciones-, intereses que en este específico caso ameritan una inmediata consideración, conforme a lo afirmado en su demanda, los accionantes pretenden, individual y colectivamente, frente a la actitud del Estado, exigir determinadas prestaciones positivas (que se realicen obligaciones de hacer y no hacer) y esto les otorga interés legítimo para actuar, y así se declara.

Mientras que, en otros casos, donde el grupo es más reducido, pero donde existe también una causa común, como resultó ser el caso de *ASODEVIPRILARA*, se verificó que la organización accionante y su representante, para aceptar su legitimación. Concretamente se dispuso:

> En el caso concreto, se trata de personas y asociaciones que se presentan como usuarios del sistema financiero, por lo que su petición, fundada en derechos e intereses difusos, es aplicable el citado artículo 6.6. (...)
>
> Conforme a lo afirmado en su demanda, los accionantes pretenden, individual y colectivamente, frente a la actitud del Estado, exigir determinadas prestaciones positivas (que se realicen obligaciones de hacer y no hacer) y esto les otorga interés legítimo para actuar, y así se declara.
>
> Es por ello que, esta Sala considera que los hoy accionantes, César Antonio Balzarini Speranza, presidente de la ASOCIACIÓN CIVIL DEUDORES HIPOTECARIOS DE VIVIENDA PRINCIPAL (ASODEVIPRILARA), IGOR GARCÍA y JUVENAL RODRÍGUEZ DA SILVA, están legitimados para ejercer la acción que por intereses difusos han interpuesto, que como se señaló en el fallo de esta Sala tantas veces citado del 30 de junio de 2000, las personas jurídicas cuyo objeto sea conexo con los derechos e intereses difusos que se demanden, están legitimados para actuarlos, y ese es el caso de ASODEVIPRILARA, y así se declara[276].

También sobre el tema de la legitimación activa, vale la pena hacer referencia a la posición inicial y restrictiva que mantuvo la Sala Constitucional, con respecto a la legitimación activa de los órganos del poder público, donde en un principio quiso limitar la legitimación de este tipo de pretensiones procesales a la Defensoría del Pueblo. Así en la sentencia N° 656 del 30 de junio de 2000, caso: *Dilia Parra,* se señaló lo siguiente:

> Conforme a lo explicado, las acciones en general por derechos e intereses difusos o colectivos pueden ser intentadas por cualquier persona, natural o jurídica, venezolana o extranjera domiciliada en el país, que, mediante el ejercicio de esta

---

[276] Sentencia N° 1571 del 22 de agosto de 2001.

acción, accede a la justicia. El Estado venezolano, como tal, carece de ella, ya que tiene mecanismos y otras vías para lograr el cese de las lesiones a esos derechos e intereses, sobre todo por la vía administrativa, pero la población en general está legitimada para incoarlas, en la forma que explica este fallo, y ellas pueden ser interpuestas por la Defensora del Pueblo, ya que según el artículo 280 de la Carta Fundamental, la Defensoría del Pueblo tiene a su cargo la promoción, defensa y vigilancia de los intereses legítimos, colectivos y difusos de los ciudadanos. A juicio de esta Sala, la norma señalada no es excluyente y no prohíbe a los ciudadanos el acceso a la justicia en defensa de los derechos e intereses difusos y colectivos, ya que el artículo 26 de la vigente Constitución consagra el acceso a la justicia a toda persona, por lo que también los particulares pueden accionar, a menos que la ley les niegue la acción. Dentro de la estructura del Estado, y al no tener atribuidas tales funciones, sólo la Defensoría del Pueblo (en cualquiera de sus ámbitos: nacional, estadal, municipal o especial) puede proteger a las personas en materia de intereses colectivos o difusos, no teniendo tal atribución (ni la acción), ni el Ministerio Público (excepto que la ley se la atribuya), ni los Alcaldes, ni los Síndicos Municipales, a menos que la ley se las otorgue.

Se trata de un criterio jurisprudencial claramente restrictivo, y sin mayores fundamentos. Creemos que, para la defensa de los derechos colectivos e intereses difusos, también los legítimos representantes del pueblo (*v.g.* Alcaldes, Gobernadores, etc.) deberían también, y hasta con más razón, tener abierto el camino de la legitimación amplia en defensa de los intereses del grupo particular que representan.

Afortunadamente, la misma Sala Constitucional parece haber superado esta posición restrictiva, al menos implícitamente, al admitir la legitimación de un grupo de concejales del Municipio Páez del Estado Apure, quienes reclamaban la defensa de los derechos colectivos de su entidad territorial, frente a la ausencia en el cargo del Alcalde. Así, en la sentencia Nº 675 del 1 de junio de 2015, caso: *Maria Cote*, la Sala admitió la legitimación de los accionantes, sin ningún tipo de análisis o consideraciones.

Nos atrevemos a entender que la posición asumida inicialmente en la sentencia del 30 de junio de 2000, caso: *Dilia Parra,* ha sido superada, admitiéndose también la legitimación activa de los representantes de los órganos del poder público.

Por último, sobre el tema de la legitimación activa debemos destacar que, en otros ordenamientos jurídicos, la ley faculta al juez competente para revisar la representación del colectivo o grupo que se presenta a demandar, de manera de evitar que una defensa inexperta o insuficiente pueda perjudicar al colectivo demandante, mediante procesos mediocres que puedan generar cosa juzgada, sin un verdadero esfuerzo argumentativo y probatorio, donde queden fuera los intereses reales de los miembros presentes y ausentes del grupo.

Los Estados Unidos es uno de los países con más experiencia en los temas de acciones colectivas. Allí, la *Rule 23*[277] empodera al juez para garantizar que los procesos colectivos sean adecuadamente conducidos. Así, para que una acción colectiva pueda continuar, el juez debe certificarla, lo que implica que el juez ha evaluado a los candidatos a representar al grupo y las condiciones para actuar adecuadamente en beneficio del grupo. Incluso, esa misma legislación establece que una mediocre representación no podrá generar cosa juzgada para quienes no participaron en ese proceso.

Por ello, en las *class actions* de los Estados Unidos resulta muy importante en las demandas de protección de derechos colectivos e intereses difusos que exista una adecuada representación, de allí que exista el test de la *vigorous prosecution*, que obliga al juez a garantizar que el candidato a representar a la clase o grupo demuestre que dispone de la capacidad y recursos suficientes para mantener el debido proceso.

Lamentablemente, en el caso del procedimiento previsto en nuestra *Ley Orgánica del Tribunal Supremo de Justicia* no existe una regulación similar. Sin embargo, algo podría desprenderse del numeral 2° del artículo 150 *eiusdem*, cuando dice que resultará inadmisible la demanda "Cuando sea manifiesta la falta de legitimidad o representación que se atribuya el o la demandante o de quien actúe en su nombre, respectivamente".

---

277 Al respecto puede verse, GIDI, Antonio, "Las Acciones Colectivas en los Estados Unidos", en la obra "Procesos Colectivos. La tutela de los derechos difusos, colectivos e individuales en una perspectiva comparada". Editorial Porrúa, México, 2003.

No queremos sugerir con esto que el juez deba declarar las acciones inadmisibles, cuando considere que no haya una representación suficiente, sino más bien que la exija para que el proceso pueda continuar, lo que pudiera hacer a través del *despacho saneador* a que hace referencia el artículo 148 de la *Ley Orgánica del Tribunal Supremo de Justicia*. El debido proceso de todo el colectivo y la cosa juzgada exigen que haya un proceso cabal, completo e íntegro, donde estén debidamente representados todos los intereses afectados.

De hecho, en algunos casos, la Sala Constitucional ha declarado inadmisible las demandas en defensa de derechos colectivos y difusos por considerar que el accionante no tiene una suficiente vinculación con el grupo que representan, pero sin dar mayores luces sobre el estándar que deberá aplicarse para conocer quiénes pueden representar o no a un grupo determinado. Más bien la naturaleza política del caso, pareciera haber sido la razón principal de esta inadmisión. En efecto, en la sentencia N° 635 del 10 de agosto de 2018, caso: *Gerardo Bello*, la Sala señaló lo siguiente:

> De las transcripciones anteriores se colige que, en cuanto a la legitimación y representación de particulares para la proposición de pretensiones de tutela de intereses colectivos o difusos, el peticionario debe encontrarse en una posición de vinculación o afectación directa a sus derechos o situación jurídica subjetiva, es decir, que el acto, hecho u omisión que materializa la circunstancia fáctica, genere, además de lesión sobre los derechos o intereses suprapersonales, una alteración directa y negativa en la situación jurídica del peticionario, quien debe proponer, en primer orden, la pretensión en defensa de sus derechos, con la invocación y finalidad de solución colectiva a quienes se encuentren en similar situación, para lo cual debe acreditar el grado de representación que se atribuye, pues una de las particularidades de la afectación de intereses suprapersonales es que la decisión necesariamente debe resolver la situación gravosa para toda la pluralidad subjetiva afectada, debido a que en estos casos es imposible la individualización o solución exclusiva de la situación jurídica del peticionario sin consecuencias jurídicas para el resto, dada la indivisibilidad del derecho o interés lesionado.
>
> En el caso bajo análisis, se tiene que en la fundamentación de su supuesta legitimación para la proposición de la pretensión de tutela constitucional y su representación de la pluralidad subjetiva afectada por la situación delatada como lesiva,

los peticionarios sostuvieron que acudían como miembros de la sociedad venezolana, a los fines de presentar una acción de protección de derechos o intereses difusos en contra del Presidente de la Comisión Nacional de Comunicaciones (CONATEL) por violentar su derecho, y el del resto de los venezolanos, de acceso a la información.

No obstante, tales alegaciones, los peticionarios de tutela no demuestran fundadas e inminentes amenazas que los conlleven a pretender la representación general en defensa de derechos difusos de los habitantes del territorio nacional, aunado a que puede haber personas que no se sientan amenazadas en la forma en que señalan los accionantes, y que, en fin, que no tengan interés en la misma.

Por todo ello resulta evidente la falta de legitimación y, a su vez, de representación (para actuar en nombre de unos intereses difusos o suprapersonales), que se arrogaron en este caso Los abogados Gerardo Bello, Cristina Carbonell y Jordy Moncada, con ocasión a la proposición de la pretensión de tutela incoada.

En cuanto a la consecuencia jurídica de la ausencia o falta de legitimación y/o representación, en el ordinal 2 del artículo 150, de la Ley Orgánica del Tribunal Supremo de Justicia, disponen:

"Artículo 150. También se declarará la inadmisión de la demanda:

(...)

2.-Cuando sea manifiesta *la falta de legitimidad o representación* que se atribuya el demandante o de quien actúe en su nombre, respectivamente". (Resaltado añadido).

Como corolario de todo lo anterior, esta Sala Constitucional evidencia la subsunción de la realidad fáctica verificada en los autos, en los supuestos de hecho contenidos en el ordinal 2 del artículo 150, de la Ley Orgánica del Tribunal Supremo de Justicia, y, en consecuencia, declara la inadmisión de la pretensión de tutela ejercida en el presente asunto (s. SC n° 612 del 15 de julio de 2016, caso: "*Gaby Arellano*"), y (s. SC n° 798 del 19 de agosto de 2016, caso: "*Edmundo Rafael Rada Angulo, Marjorie Cristina Vargas Arias y otros*"). Así de decide.

2. *Legitimación pasiva*

En cuanto a la legitimación pasiva, el artículo 152 de la *Ley Orgánica del Tribunal Supremo de Justicia* dispone lo siguiente:

> En el auto de admisión, se ordenará la citación de la parte demandada; la notificación de la Defensoría del Pueblo, si ésta no hubiere iniciado el juicio; del Ministerio Público; y de cualquier otra autoridad que se estime pertinente. Se emplazará a las interesadas o interesados por medio de un cartel a expensas de la parte demandante.
>
> Cuando sea verificada la estadía a derecho de la parte demandante, el tribunal librará los oficios y el cartel.

Es decir, el primer legitimado pasivo es "la parte demandada", la cual puede ser una autoridad pública o un particular. En efecto, algunas demandas de esta naturaleza han sido ejercidas por autoridades públicas contra particulares, como fue el caso de la Defensoría del Pueblo contra la Organización Fun Race, 4X4, C.A.[278]; en otros casos, un grupo de consumidores contra una empresa particular prestadora del servicio de telefonía móvil[279]. Mientras que en otros casos se demandan a autoridades públicas, bien sean político-territoriales o entes descentralizados funcionalmente, por parte de ciudadanos afectados por la violación de sus derechos o intereses.

Igualmente, la *Ley Orgánica del Tribunal Supremo de Justicia* dispone que debe ordenarse la notificación de la Defensoría del Pueblo, del Ministerio Público y de cualquier otra autoridad que se estime pertinente. Incluso, antes de la entrada en vigencia de esta ley, la Sala Constitucional comúnmente ordenaba las notificaciones de cualquier autoridad pública o privada que pudiese estar involucrada en el asunto. Así, en la sentencia N° 1571 del 22 de agosto de 2001, caso: *ASODEVIPRILARA*, se dispuso que:

---

278 Véase sentencia del 4 de marzo de 2011, caso: *Larry Devoe*. En esa oportunidad se dictó una medida cautelar suspendiendo todas las actividades de esa organización; y al día de hoy no se ha dictado sentencia sobre el fondo del asunto.

279 Véase la sentencia N° 0013 del 12 de febrero de 2019, caso: *Telcel*.

Establecido lo anterior y dado los efectos ***erga omnes*** que podría producir el fallo si fuese declarado con lugar, esta Sala ordena -dentro de este especial tipo de acciones- conforme a la petición de los accionantes se emplace para que contesten la demanda al Superintendente de Bancos, al Presidente del Instituto de Protección al Consumidor, y al Presidente de la Asociación Bancaria Nacional; pero esta Sala ordena además el emplazamiento del Consejo Bancario Nacional en la persona de su Presidente, debido a la atribución que le otorga el artículo 140-1 de la Ley General de Bancos y Otras Instituciones Financieras. Igualmente, se ordena publicar un edicto en la prensa llamando a los interesados que quieran hacerse partes coadyuvantes, e igualmente se notificará de esta acción al Fiscal General de la República y al Defensor del Pueblo, a fin que si lo considerasen conveniente acudan como terceros coadyuvantes a favor de las partes.

3. *Los terceros en las demandas colectivas*

Finalmente, es importante hacer referencia a que en este tipo de procesos es donde resulta mucho más importante el llamado a los posibles terceros interesados, toda vez que se trata de asuntos que pueden afectar a un número indeterminado de personas. Es decir, es el tipo de procedimientos donde debería haber mayor publicidad, y no creemos que la ley haya asumido la forma más eficiente de garantizar la participación de cualquier interesado.

En efecto, la *Ley Orgánica del Tribunal Supremo de Justicia* dispone, de forma obligatoria, la necesidad de publicar un cartel de emplazamiento, en un diario de circulación nacional, a los fines de que los interesados concurran, dentro de los 10 días de despacho siguientes a la fecha en que conste en autos la publicación en prensa[280].

Luego, una vez que los terceros hayan presentado sus respectivos escritos de participación, dentro del lapso de 10 días a que hemos hecho referencia, el tribunal deberá, dentro de los 3 días de despacho siguientes, admitir o no la participación de los intervinientes. Para ello, la ley no establece cuál es el criterio que deberá

---

280 Artículos 153, 154 y 155.

utilizarse para admitir o rechazar una tercería, pero debe presumirse que deberá admitirse la participación de toda persona que tenga un interés jurídico actual en la controversia, bien sea por que se encuentra dentro del grupo o colectivo afectado, o bien porque desea apoyar a la persona que ha sido demandada, por tener también algún tipo de interés en el asunto.

Entendemos, que, al tratarse de acciones colectivas, los criterios de admisión de terceros deben ser tolerantes, de manera de evitar que queden por fuera interesados que puedan verse afectados, de una u otra forma, por la sentencia definitiva.

Consideramos que es insuficiente esta forma de llamar a los terceros interesados en este tipo de procesos, entre otras razones, debido a que hoy en día las publicaciones en prensa, incluso en diarios de circulación nacional, son muy poco vistas. Cada vez son menos los diarios de circulación nacional que mantienen versiones físicas y cada vez más los ciudadanos utilizan como fuente de información las distintas redes sociales.

Por ello, consideramos que la Sala Constitucional debe buscar otras fórmulas de divulgar la existencia de este tipo de procesos judiciales; para lo cual podría utilizar su propia página web y/o sus redes sociales y la de los organismos o personas demandados. Pero un simple cartel de emplazamiento en la prensa escrita es sencillamente insuficiente[281].

En cuanto a la participación de los terceros en la audiencia pública, la cual, como veremos, es el acto más importante en este procedimiento, la *Ley Orgánica del Tribunal Supremo de Justicia* no da ningún lineamiento sobre cuáles terceros y cómo pueden participar en dicha audiencia. Es evidente que en ciertos casos será imposible darle el derecho de palabra a todos los interesados en el proceso, pues ello podría hacer infinito el juicio. Por ello, lo que ocurre normalmente es que el juez o la Sala Constitucional designan a uno o varios representantes para que sirvan de voceros en esta audiencia.

---

281 Este es un problema que afecta a todos los procesos judiciales que requieren de carteles de emplazamiento, pues sencillamente existe un desfase en la forma de informar adecuadamente a la colectividad de la existencia de procesos judiciales de interés.

Lo importante, es que el tribunal permita que todas las versiones de los hechos sean escuchadas, evitando repeticiones innecesarias que atenten contra el derecho a un juicio sin dilaciones indebidas. En todo caso, los terceros siempre podrán presentar sus argumentos escritos y promover las pruebas que consideren necesarias, dentro de la oportunidad procesal pertinente[282].

IV. EL OBJETO DE LAS DEMANDAS DE PROTECCIÓN DE DERECHOS COLECTIVOS Y DIFUSOS

Tal y como expuso la Sala Constitucional en la sentencia citada *supra*, Nº 3648 del 19 de diciembre de 2003, caso: *Fernando Asenjo*, el objeto de las demandas de protección de derechos colectivos y difusos es "exigir resarcimientos a los lesionados, solicitar el cumplimiento de obligaciones, prohibir una actividad o un proceder específico del demandado, o la destrucción o limitación de bienes nocivos, restableciendo una situación que se había convertido en dañina para la calidad común de vida o que sea amenazante para esa misma calidad de vida, lo procedente es incoar una acción de protección de derechos cívicos (colectivos o bien sea difusos), en cuyo fallo se podrá condenar al demandado a realizar determinadas obligaciones de hacer o no hacer, y hasta indemnizar a la colectividad, o a grupos dentro de ella, en la forma como ordene el juez, con señalamiento de cuáles instituciones sociales o públicas, o cuáles personas, serán acreedoras de la indemnización".

Igualmente, en sentencias anteriores, la misma Sala Constitucional había tratado de delimitar el objeto de este tipo de pretensiones, señalando que procedería frente la ocurrencia de "hechos genéricos, contingentes, accidentales o mutantes que afectan a un número indeterminado de personas y que emanan de sujetos que deben una prestación genérica o indeterminada. Los daños al ambiente o a los consumidores, por ejemplo, así ocurran en una determinada localidad, tienen efectos expansivos que perjudican a los habitantes de grandes sectores del país..."[283].

---

282 Sobre el procedimiento volveremos *infra*.

283 Sentencia Nº 656 del 30 de junio de 2000, caso: *Dilia Parra*.

Como vemos, básicamente la jurisprudencia de la Sala Constitucional ha sostenido que este tipo de demandas puede utilizarse para restablecer la situación jurídica infringida de un colectivo determinable o un grupo de personas indefinido, lo que puede implicar declaraciones, resarcimientos de cualquier naturaleza, u órdenes de hacer o no hacer, que vayan destinadas a salvaguardar los derechos e intereses de esa comunidad de personas.

Sin embargo, la misma Sala ha descartado el uso de esta pretensión procesal cuando lo que busca el colectivo o grupo de personas es cuestionar una inadecuada, insuficiente o inexistente prestación de servicio público derivada del ente operador. En ese caso, la vía debe ser la del contencioso de los servicios públicos, reclamaciones éstas que se ventilan por el juicio breve previsto en la *Ley Orgánica de la Jurisdicción Contencioso Administrativa*[284].

Y no hay que dejar de mencionar que también en algunos casos, la Sala Constitucional ha admitido la tramitación de pretensiones colectivas que buscan resarcimientos y diversas órdenes de hacer o no hacer, incluso de derechos de naturaleza económicos y sociales, mediante acciones de amparo constitucional, tal y como sucedió en el conocido caso referido a los problemas naturales y ambientales ocurridos en el lago de Valencia[285].

Por tanto, hay que tener presente que esta pretensión procesal puede confundirse con otras que pueden ventilarse ante la misma Sala Constitucional, o incluso, ante la jurisdicción contencioso-administrativa; y lamentablemente no hay criterios muy precisos para diferenciar una de las otras. Pero lo que todas tienen en común es la defensa colectiva de derechos e intereses, a los fines de obtener las reparaciones generales a que haya lugar.

Se trata, en definitiva, de demandas colectivas generalmente presentadas por grupos de vecinos; de consumidores; gremios; habitantes de un determinado sector geográfico, donde se buscan reparaciones integrales y generales, evitando la multiplicación de procesos similares, mediante órdenes que impidan la continuación

---

284 Véase, entre otras, sentencia N° 4993 de fecha 15 de diciembre de 2005, caso: *CADAFE*.

285 Véase, sentencia N° 1632 del 11 de agosto de 2006, caso: *Julia Mariño y otros*.

de una determinada actividad o un proceder específico del demandado, "o la destrucción o limitación de bienes nocivos, restableciendo una situación que se había convertido en dañina para la calidad de vida (salud física o psíquica colectiva, preservación del medio ambiente, preservación de la vida, del entorno urbano, del derecho a una recreación sana, o de evitar ser convertido en consumidor compulsivo de productos o ideologías, por ejemplo)"[286].

V. PROCEDIMIENTO PARA TRAMITAR DEMANDAS COLECTIVAS

Como hemos adelantado, antes de la entrada en vigencia de la *Ley Orgánica del Tribunal Supremo de Justicia* de 2010, la Sala Constitucional había fijado, jurisprudencialmente, el procedimiento que debía aplicarse a las demandas de protección de derechos colectivos y difusos. Así, en la decisión Nº 1571 del 22 de agosto de 2001, caso: *ASODEVIPRILARA*, señaló lo siguiente:

> En este sentido, la Sala decide aplicar a la acción planteada el proceso establecido en el Código de Procedimiento Civil para el juicio oral, pero con variantes destinadas a potenciar la oralidad, brevedad, concentración e inmediación de esta clase de procesos.
>
> En ese sentido, y debido a que los demandantes erradamente plantearon un amparo, al admitirse la demanda se les comunicará que tienen la carga de promover en un lapso de cinco (5) días después de su notificación a menos que se encuentren a derecho, toda la prueba documental de que dispongan, así como la mención del nombre, apellido y domicilio de los testigos si los hubiere.
>
> Los llamados a juicio como demandados procederán a contestar por escrito la demanda, sin que sean admisibles cuestiones previas, produciendo un escrito de contestación que contiene sus defensas o excepciones de manera escrita, sin citas jurisprudenciales ni doctrinales, y que además contendrá la promoción y producción de la prueba documental de que dispongan y de los testigos que rendirán declaración en el debate oral.

---

286 Sentencia Nº 1571 del 22 de agosto de 2001, caso: *ASODEVIPRILARA*.

A partir de la contestación, conforme a lo que más adelante se expresa, el tribunal aplicará para la sustanciación de la causa, lo dispuesto en los artículos del 868 al 877 del Código de Procedimiento Civil, pudiendo las partes promover, en el término señalado en el artículo 868 del citado, las pruebas que creyeren convenientes ofrecer, conforme al artículo 395 *eiusdem*.

Tratándose de un proceso oral (en el cual también es aplicable lo estipulado en los artículos 860, 862 y 864 del Código de Procedimiento Civil), con inmediación, el cual hasta que la ley no lo regule va a seguir utilizándose para las acciones ordinarias por derechos o intereses difusos, la Sala debe señalar las características de la inmediación, que son aplicables a otros procesos orales constitucionales.

Una vez entrada en vigencia La *Ley Orgánica del Tribunal Supremo de Justicia* de 2010, las Disposiciones Transitorias de esta ley consagraron un procedimiento especial para este tipo de demandas, el cual se encuentra consagrado en los artículos 146 y siguientes.

Lo primero que hay que reiterar es que en este procedimiento se estableció que la competencia para conocer de estas demandas corresponde, en principio a los tribunales de primera instancia en lo civil de la localidad donde se hayan generado los hechos lesivos. Sin embargo, como vimos, cuando el asunto tenga "*trascendencia nacional*" le corresponderá el conocimiento del asunto, en primera y única instancia, a la Sala Constitucional.

1. *Inicio del procedimiento*

Las demandas de protección de derechos colectivos y difusos se inician mediante demanda, la cual debe cumplir con los requisitos exigidos por el artículo 147 de la *Ley Orgánica del Tribunal Supremo de Justicia,* donde básicamente se exige la identificación de las partes (demandantes y demandados), junto con su domicilio y la identificación del documento poder respectivo; una relación de los hechos y fundamentos de derecho; y el acompañamiento de los instrumentos principales que fundamenten la pretensión.

A pesar de lo sencillo de estos requisitos, los artículos 148 y 149 *eiusdem* establecen el llamado "*despacho saneador*", lo que implica que, en el supuesto que el o los demandantes omitan alguno de estos requisitos básicos exigidos por la ley o el escrito resulte de algún modo ininteligible, el tribunal deberá darle una oportunidad, dentro de un plazo de 3 días, para que se corrija la omisión o se aclare el contenido del escrito. En caso que ello no suceda dentro de ese plazo, se declarará la inadmisibilidad de la demanda.

Estas normas dejan abierta la posibilidad de que, a pesar de que no se subsanen las omisiones o imprecisiones detectadas por el tribunal, dentro del plazo de 3 días, éste podrá ordenar la continuación del proceso, si considera que está involucrado el orden público.

En caso de que la demanda cumpla con todos los requisitos exigidos; o que el accionante corrija acertadamente su solicitud, en el caso que se le haya pedido alguna aclaratoria vía *despacho saneador*, el tribunal deberá pronunciarse sobre la admisión o no de la demanda, dentro de los 5 días de despacho siguientes, conforme a lo previsto en el artículo 151 *eiusdem*. Cuando se trate de la Sala Constitucional, se deberá designar ponente dentro de esta misma oportunidad.

De igual forma, el artículo 150 de la *Ley Orgánica del Tribunal Supremo de Justicia* establece las causales de inadmisibilidad en este tipo de demandas, las cuales no distan mucho de las normalmente previstas para todos los procesos judiciales.

El primer supuesto se refiere a la *acumulación de demandas* o pretensiones que se *excluyan mutuamente* o cuyos procedimientos sean incompatibles. Se trata de una causal muy común en todos los procesos judiciales. Así, en la sentencia Nº 754 del 14 de octubre de 2022, caso: *Carlos Vivas*, la Sala Constitucional señaló lo siguiente:

> En consecuencia, visto que en el caso de autos se han interpuesto pretensiones cuyo conocimiento corresponde a tribunales distintos y a la vez, se tramitan por procedimientos diferentes, se evidencia que estamos en presencia de una inepta acumulación y que, en consecuencia, de conformidad con el artículo 78 del Código de Procedimiento Civil y 133.1 de la Ley que rige las funciones de este Máximo Tribunal, se declara la inadmisibilidad de las demandas. Así se decide.

El segundo supuesto se refiere a la *manifiesta falta de legitimidad* o *representación* que se atribuya el demandante o quien actúe en su nombre. Esta es probablemente la causal que pudiera tener más relevancia en este tipo de demandas, pues el tribunal debe verificar que el o los actores sean realmente representativos del colectivo o grupo que aducen representar, de modo de evitar que la mayoría de los afectados por un determinado hecho lesivo queden al margen del proceso.

Como vimos anteriormente, la Sala Constitucional ha declarado inadmisible este tipo de demandas cuando considera que el accionante no tiene una suficiente vinculación con el grupo que representan, pero sin dar mayores luces sobre el estándar que deberá aplicarse para conocer quiénes pueden representar o no a un grupo determinado. En efecto, en la sentencia N° 635 del 10 de agosto de 2018, caso: *Gerardo Bello*, la Sala señaló lo siguiente:

> De las transcripciones anteriores se colige que, en cuanto a la legitimación y representación de particulares para la proposición de pretensiones de tutela de intereses colectivos o difusos, el peticionario debe encontrarse en una posición de vinculación o afectación directa a sus derechos o situación jurídica subjetiva, es decir, que el acto, hecho u omisión que materializa la circunstancia fáctica, genere, además de lesión sobre los derechos o intereses suprapersonales, una alteración directa y negativa en la situación jurídica del peticionario, quien debe proponer, en primer orden, la pretensión en defensa de sus derechos, con la invocación y finalidad de solución colectiva a quienes se encuentren en similar situación, para lo cual debe acreditar el grado de representación que se atribuye, pues una de las particularidades de la afectación de intereses suprapersonales es que la decisión necesariamente debe resolver la situación gravosa para toda la pluralidad subjetiva afectada, debido a que en estos casos es imposible la individualización o solución exclusiva de la situación jurídica del peticionario sin consecuencias jurídicas para el resto, dada la indivisibilidad del derecho o interés lesionado.
>
> En el caso bajo análisis, se tiene que en la fundamentación de su supuesta legitimación para la proposición de la pretensión de tutela constitucional y su representación de la pluralidad subjetiva afectada por la situación delatada como lesiva, los peticionarios sostuvieron que acudían como miembros de la sociedad venezolana, a los fines de presentar una acción de protección de derechos o intereses difusos en contra del Presidente de la Comisión Nacional de Comunicaciones (CONATEL) por violentar su derecho, y el del resto de los venezolanos, de acceso a la información.

No obstante, tales alegaciones, los peticionarios de tutela no demuestran fundadas e inminentes amenazas que los conlleven a pretender la representación general en defensa de derechos difusos de los habitantes del territorio nacional, aunado a que puede haber personas que no se sientan amenazadas en la forma en que señalan los accionantes, y que, en fin, que no tengan interés en la misma.

Por todo ello resulta evidente la falta de legitimación y, a su vez, de representación (para actuar en nombre de unos intereses difusos o suprapersonales), que se arrogaron en este caso los abogados Gerardo Bello, Cristina Carbonell y Jordy Moncada, con ocasión a la proposición de la pretensión de tutela incoada.

En cuanto a la consecuencia jurídica de la ausencia o falta de legitimación y/o representación, en el ordinal 2 del artículo 150, de la Ley Orgánica del Tribunal Supremo de Justicia, disponen:

"Artículo 150. También se declarará la inadmisión de la demanda:

(...)

2.-Cuando sea manifiesta *la falta de legitimidad o representación* que se atribuya el demandante o de quien actúe en su nombre, respectivamente". (Resaltado añadido).

Como corolario de todo lo anterior, esta Sala Constitucional evidencia la subsunción de la realidad fáctica verificada en los autos, en los supuestos de hecho contenidos en el ordinal 2 del artículo 150, de la Ley Orgánica del Tribunal Supremo de Justicia, y, en consecuencia, declara la inadmisión de la pretensión de tutela ejercida en el presente asunto (s. SC n° 612 del 15 de julio de 2016, caso: "*Gaby Arellano*"), y (s. SC n° 798 del 19 de agosto de 2016, caso: "*Edmundo Rafael Rada Angulo, Marjorie Cristina Vargas Arias y otros*"). Así de decide.

Igualmente, en el caso citado por esta última sentencia, decidido mediante sentencia N° 612 del 15 de julio de 2016, la misma Sala Constitucional destacó:

De las transcripciones anteriores se colige que, en cuanto a la legitimación y representación de particulares para la proposición de pretensiones de tutela de intereses colectivos o difusos, el peticionario debe encontrarse en una posición de vinculación o afectación directa a sus derechos o situación jurídica subjetiva, es decir, que el acto, hecho u omisión que materializa la circunstancia fáctica, genere, además de lesión sobre los derechos o intereses suprapersonales, una alteración directa y negativa en la situación jurídica del peticionario, quien debe proponer, en primer orden, la pretensión en defensa de sus derechos, con la invocación y finalidad de solución colectiva a quienes se encuentren en similar situación, para lo cual debe acreditar el grado de representación que se atribuye, pues una de las particularidades de la afectación de intereses suprapersonales es que la decisión necesariamente debe resolver la situación gravosa para toda la pluralidad subjetiva afectada, debido a que en estos casos es imposible la individualización o solución exclusiva de la situación jurídica del peticionario sin consecuencias jurídicas para el resto, dada la indivisibilidad del derecho o interés lesionado.

En el caso bajo análisis, se tiene que para la fundamentación de su supuesta legitimación para la proposición de la pretensión de tutela constitucional y su representación de la pluralidad subjetiva afectada por la situación delatada como lesiva, los peticionarios sostuvieron que:

"...la demandante es electora de la circunscripción n° 2 del estado Táchira, ciudadana venezolana, y diputada principal por la mencionada circunscripción a Asamblea Nacional le corresponde defender los derechos e intereses colectivos y difusos de los electores venezolanos que han depositado su confianza en los diputados presos, por lo que su legitimación para interponer la demanda se evidencia con toda claridad...".

No obstante tales alegaciones, los peticionarios de tutela no demostraron que su situación jurídica subjetiva hubiese sido afectada por la privación de libertad de los ciudadanos que, con posterioridad al inicio de los respectivos procesos penales, fueron electos diputados suplentes de las circunscripciones del Estado Táchira y del Estado Aragua; por lo tanto, en virtud de ello, tampoco podían invocar la defensa o representación de una pluralidad subjetiva (interés colectivo), en atención a su condición de diputados principales de la Asamblea Nacional.

> Por todo ello, resulta evidente la falta de legitimación y, a su vez, de representación (para actuar en nombre de unos intereses colectivos, difusos o suprapersonales), que se arrogaron en este caso los ciudadanos Gaby Andreina Arellano y Sergio Vergara, con ocasión a la proposición de la pretensión de tutela incoada.

En idéntico sentido, se pronunció la Sala Constitucional, en la sentencia N° 798 del 19 de agosto de 2016, caso: *Edmundo Rada*, donde se dispuso:

> En el caso bajo análisis, se tiene que en la fundamentación de su supuesta legitimación para la proposición de la pretensión de tutela constitucional y su representación de la pluralidad subjetiva afectada por la situación delatada como lesiva, los peticionarios sostuvieron que:
>
> "...[l]os suscriptores de la presente solicitud, siendo ciudadanos venezolanos y habitantes del territorio nacional sufren junto con familiares, amigos y vecinos (...) la escasez de alimentos, por lo que su legitimidad para intentar la presente acción...".
>
> No obstante, tales alegaciones, los peticionarios de tutela no demuestran fundadas e inminentes amenazas que los conlleven a pretender la representación general en defensa de derechos difusos de los habitantes del territorio nacional, aunado a que puede haber personas que no se sientan amenazadas en la forma en que señalan los accionantes, y que, en fin, que no tengan interés en la misma.
>
> Por todo ello resulta evidente la falta de legitimación y, a su vez, de representación (para actuar en nombre de unos intereses difusos o suprapersonales), que se arrogaron en este caso los ciudadanos...

La tercera causal de inadmisibilidad se refiere a la *cosa juzgada* o *litispendencia*, atendiendo a los principios de seguridad jurídica y economía procesal, pues resulta incompatible con un Estado de Derecho que se pretenda volver sobre un mismo asunto que ya ha sido decidido mediante sentencia definitiva. Sin embargo, sobre los efectos de la decisión en estos procedimientos, volveremos *infra*, toda vez que mal podría alegarse la *res iudicata* para impedir que otros sujetos que no fueron representados en un juicio colectivo, puedan beneficiarse después, si han sido afectados de la misma manera que los sujetos que intervinieron en el juicio.

De igual forma, si una nueva demanda versa sobre los mismos hechos de otra que cursa ante otro tribunal, debe entonces declararse la inadmisibilidad por litispendencia. Sin embargo, como hemos mencionado antes, debe destacarse que esta causal de inadmisibilidad debe aplicarse con sumo cuidado, pues más bien podría derivar en graves injusticias. En efecto, cuando se interpone una nueva demanda en defensa de derechos colectivos o difusos que guarda relación con otra que está pendiente ante la misma Sala Constitucional, lo conducente más bien es declarar la *acumulación*, a los fines de que ambos casos se decidan en una misma sentencia. La declaratoria de inadmisibilidad, por litispendencia, debe limitarse a los casos donde el ordenamiento jurídico prohíbe la acumulación de causas.

La cuarta causal prevista en el mismo artículo 150, consagra el carácter *subsidiario* de este tipo de pretensiones procesales, señalando que será inadmisible la demanda cuando la pretensión "pueda ser satisfecha a través de otras vías o cuando por su naturaleza el conocimiento de la pretensión corresponda al contencioso de los servicios públicos o al contencioso electoral".

Ya hemos mencionado *supra*, las posibles confusiones que pueden presentarse a la hora de diferenciar demandas de protección de derechos colectivos y difusos con los reclamos frente al mal funcionamiento de los servicios públicos, los cuales se ventilan ante la jurisdicción contencioso-administrativa, de conformidad con lo previsto en el artículo 26.1 de la *Ley Orgánica de la Jurisdicción Contencioso Administrativa*.

Como vimos, la reclamación de algún colectivo pudiera girar en torno a la violación de derechos económicos, sociales o culturales, debido a la ausencia (o mal funcionamiento) de servicios públicos esenciales, en cuyo caso, la Sala Constitucional ha considerado inadmisible la demanda de protección de derechos colectivos y difusos (sentencias N° 4993 de fecha 15 de diciembre de 2005, caso: *CADAFE*; N° 0436 de fecha 6 de mayo de 2013, caso: *Francisco Ferrer* y la N° 433 del 6 de mayo de 2013, caso: *Edison Durán*)[287].

---

287 Todas estas sentencias fueron citadas en el punto referente a la competencia para tramitar este tipo de pretensiones procesales.

Sin embargo, como también advertimos antes, este criterio no ha sido del todo claro, pues en un caso relacionado con el derecho al suministro del servicio público de gas, donde se cuestionaba el "derecho de acceso a servicios básicos esenciales, como lo es el servicio de gas, tanto de uso residencial como industrial, así como de la afectación del servicio de energía eléctrica...", la Sala Constitucional consideró que si se trataba de una demanda de derechos colectivos e intereses difusos y además con trascendencia nacional, razón por la cual asumió la competencia para conocer el asunto[288].

De igual forma, la norma establece que la inadmisibilidad de este tipo de demandas, cuando se buscan abordar asuntos de naturaleza *electoral*, como podrían ser las denuncias de fraudes o irregularidades en la organización de unos comicios que puedan afectar a toda una colectividad. Para esos asuntos existen las pretensiones contencioso-electorales, las cuales deben ventilarse ante la Sala Electoral.

Finalmente, la última causal de inadmisibilidad se refiere a los casos donde las demandas contengan conceptos *ofensivos o irrespetuosos*. Consideramos que se trata de una causal que solo podría utilizarse en casos donde la ofensa o irrespeto no se refiera a vicios o argumentos jurídicos contra las actuaciones de los funcionarios públicos, pues ello podría generar situaciones de impunidad, vulnerando el derecho a la libertad de expresión y al acceso a la justicia.

Ya hemos expuesto, al referirnos a otras pretensiones, que esta causal debería limitarse a supuestos donde se utilicen palabras obscenas o insultos ajenos o innecesarios frente a los argumentos de hecho o de derecho que se hagan valer en la demanda, pues es un deber ético de los abogados el uso correcto del lenguaje y el respeto a los órganos de administración de justicia y los abogados de la contraparte. Pero esto no impide la posibilidad de cuestionar o criticar decisiones previas de los tribunales, incluso al funcionamiento mismo del sistema de justicia, lo que conllevaría a una clara vulneración del derecho a la libertad de expresión.

---

288 Sentencia N° 1101 de fecha 8 de diciembre de 2022, caso: *Rubén Makarem*.

Sin embargo, en algunas ocasiones se ha aplicado para sancionar a quienes presentan argumentos jurídicos, tal y como se ha reseñado al comentar el fallo del 7 de agosto del 2013, en el caso: *Henrique Capriles;* y en otras oportunidades para sancionar a algún abogado o particular que ha cuestionado, fuera de la sede del tribunal, a un juez o funcionario judicial.

Revisadas pues las causales de inadmisibilidad, dentro de los 5 días de despacho siguientes a la presentación de la demanda o de su corrección, conforme a lo previsto en el artículo 151 de la *Ley Orgánica del Tribunal Supremo de Justicia,* si se determina que la demanda no está incursa en ninguna de ellas debe, entonces, dictarse el respectivo auto de admisión, donde se ordenará, como vimos *supra,* la citación de la parte demandada; la notificación de la Defensoría del Pueblo; del Ministerio Público y de cualquier otra autoridad que se estime pertinente, por guardar relación con los hechos del caso[289].

2. *El llamado a terceros y su participación en estos procesos*

Conforme a lo dispuesto en los artículos 153, 154 y 155 de la *Ley Orgánica del Tribunal Supremo de Justicia,* en estos procesos resulta indispensable la publicación en la prensa nacional o regional, según se trate, de un cartel de emplazamiento para que los interesados en la demanda interpuesta comparezcan al proceso, dentro de los 10 días de despacho siguientes a la fecha en que conste en autos la publicación del cartel. Este plazo debe dejarse transcurrir íntegramente, y con ello se entiende que los terceros interesados han quedado debidamente notificados.

Según el artículo 153 *eiusdem,* la parte demandante es la que tiene la carga de retirar, publicar en prensa y consignar en el expediente, el respectivo cartel de emplazamiento, dentro de un plazo de 10 días de despachos, contados a partir del momento en que el tribunal haya librado el respectivo cartel. En caso contrario se declarará la perención de la instancia, salvo que "existan razones de orden público que justifiquen la continuación de la causa, en cuyo caso, el cartel deberá ser publicado por el Tribunal".

---

289 Artículo 152 de la *Ley Orgánica del Tribunal Supremo de Justicia.*

Ya hemos expuesto anteriormente, nuestras objeciones a esta forma de llamar a terceros interesados, pues en nuestro país la prensa escrita ha estado en proceso de extinción, por lo que lo más recomendable es utilizar la página web del Tribunal Supremo de Justicia; sus redes sociales y la de los organismos o personas demandados. Pero un simple cartel de emplazamiento en la prensa escrita es sencillamente insuficiente.

Pues bien, luego de vencido el lapso de 10 días de despacho a que debe hacer referencia el cartel publicado en la prensa, el tribunal debe entonces pronunciarse, dentro de los 3 días de despacho siguiente, sobre la admisión o no de los intervinientes que se hayan hecho parte dentro de este plazo. Para ello, consideramos que deben revisarse las mismas consideraciones a las que hemos hecho referencia anteriormente sobre la legitimación activa.

Una vez admitida o no la participación de los terceros interesados, comienza a transcurrir de pleno derecho el plazo de 10 días de despacho para que se dé contestación a la demanda.

3. *Las pruebas en las demandas de protección de derechos colectivos y difusos*

Los artículos 156, 157 y 158 de la *Ley Orgánica del Tribunal Supremo de Justicia* disponen que una vez vencido el plazo de 10 días de despacho para la contestación de la demanda; se inicia otro lapso de 10 días de despacho para que las partes presenten sus escritos de promoción pruebas y consignen las documentales que consideren pertinentes.

Luego, las partes disponen de un plazo de 3 días de despacho para oponerse a las pruebas de sus adversarios, en el caso que las consideren ilegales o impertinentes. Vencido este plazo, el tribunal dispondrá de 5 días de despacho para dictar el respectivo auto de admisión de pruebas, donde admitirá y negará las pruebas de las partes y dictaminará los hechos que han quedado convenidos, y que por tanto no serán objeto de prueba.

No dice nada la *Ley Orgánica del Tribunal Supremo de Justicia*, sobre los medios probatorios admisibles en este tipo de demandas, pero si establece el artículo 166 *eiusdem*, que serán de aplicación supletoria las normas del *Código de Procedimiento Civil*, por lo que serán admisibles todos los medios probatorios allí previstos. Ello, sin descartar cualquier otro medio probatorio previsto en otras leyes procesales y que no menciona el *Código de Procedimiento Civil*, como es el caso de los testigos expertos o todo el tema de los correos electrónicos y mensajes telefónicos.

En todo caso, cualquier incidencia sobre el control y contradicción de la prueba debe ser resuelta en la audiencia pública a la que haremos referencia de seguidas.

En cuanto a la forma de evacuar las pruebas promovidas por las partes y admitidas por el tribunal, los artículos 157 y 158 de la *Ley Orgánica del Tribunal Supremo de Justicia*, parecieran ser contradictorios, pues por un lado indican que es al inicio de la audiencia cuando debe el tribunal pronunciarse sobre la evacuación de las pruebas en esa misma audiencia o en otra oportunidad; pero luego señalan que una vez oídas las partes se podrá ordenar la evacuación de las pruebas que se juzguen necesarias para el esclarecimiento de los hechos que aparezcan dudosos u oscuros. Es decir, no queda claro si la evacuación de las pruebas es antes o después de la presentación oral de los argumentos de las partes.

En la práctica, hemos visto como los tribunales y la propia Sala Constitucional se han inclinado por iniciar la audiencia pública, primero con la intervención oral de las partes, para luego ordenar la evacuación de las pruebas que se consideren necesarias para el esclarecimiento de los hechos. Sin embargo, en uno de los casos más emblemáticos en esta materia (*ASODEVIPRILARA)*, al cual hemos hecho varias veces referencia, la Sala Constitucional fijó primero los términos de la controversia, mediante una decisión donde se establecieron los hechos que serían objeto de pruebas[290].

En este sentido, la evacuación de las pruebas puede iniciarse en la misma audiencia, y de ser necesario, se podrá diferir la evacuación de otros medios probatorios que no puedan efectuarse en la propia audiencia o que sencillamente no hayan podido evacuarse por el transcurso del tiempo. También el caso de *ASODEVIPRILARA* es una buena muestra de lo complejo que se puede volver la etapa probatoria en esta materia[291].

---

290 Véase la sentencia N° 1932 del 11 de octubre de 2001.

291 Véase las sentencias N° 2121 y 2273 del 1 de noviembre de 2011 y del 14 de noviembre de 2001, ambas en el mismo caso comentado.

En todo caso, los principios que deben guiar la etapa probatoria en estos procesos son los de informalidad, igualdad, concentración e inmediación de la prueba, de tal manera que las partes deben escoger los medios probatorios más compatibles con este procedimiento y el tribunal debe ordenar la evacuación sólo de aquellas que sean estrictamente necesarias para el proceso y en la forma más inmediata posible.

Por tanto, la forma de evacuar las pruebas dependerá de múltiples factores, como son, la claridad o complejidad de los hechos, su aceptación o no por las partes intervinientes, el tipo de medios probatorios promovidos y admitidos, así como la forma y tiempos para evacuar esos medios probatorios. Ello puede implicar que las pruebas se terminen de evacuar en la audiencia pública o que se requiera de oportunidades adicionales para hacerlo. En ese caso, el propio tribunal deberá indicar en el acta que recoja las conclusiones de la audiencia, la forma en que habrán de evacuarse las pruebas faltantes.

En suma, al igual que sucede en los procesos de amparo constitucional, en este tipo de demandas la materia probatoria dispone de ciertas incertidumbres, pues no hay plazos fijos para la evacuación, sino que dependerá de la forma como se lleve la audiencia pública, el número de partes intervinientes y la complejidad del asunto.

En todo caso, las partes deben ir preparadas para evacuar sus pruebas en la audiencia oral y tener presente la posibilidad de diferimientos o nuevas audiencias, dada la complejidad que puede existir en algunos de estos tipos de casos.

4. *La audiencia pública*

Sin lugar a dudas, la audiencia pública en las demandas de protección de derechos colectivos y difusos es la fase más importante dentro del proceso, pues, en primer lugar, normalmente suelen haber una importante cantidad de partes, autoridades y/o grupos que desean participar y hacer uso del derecho de palabra, donde por supuesto, tendrán prioridad la Defensoría del Pueblo, el Ministerio Público y las demás autoridades notificadas. Por tanto, una primera complejidad radica en la organización de cuáles serán las partes, personas y/o abogados que intervendrán. En este sentido, el tribunal debería procurar dar la oportunidad necesaria para que todas las pretensiones y posiciones puedan ser escuchadas, garantizando siempre el principio de igualdad y celeridad del proceso.

Nótese que el artículo 159 de la *Ley Orgánica del Tribunal Supremo de Justicia* establece que la inasistencia de la parte demandante a la audiencia pública se entenderá como desistimiento tácito y se dará por terminado el proceso, salvo que el tribunal considere que el asunto debe continuar, al estar afectándose el orden público.

Estas audiencias públicas suelen iniciarse con puntos de orden, donde el tribunal competente identifica las partes y/o abogados que van a intervenir, y el tiempo que disponen para ello. Con la indicación de si tendrán derecho a réplica y contrarréplica. Esto puede implicar, dependiendo del caso, la fijación de audiencias adicionales, dependiendo de la complejidad del asunto, por lo que la ley dispone que la audiencia continuara por el tiempo que sea necesario hasta agotar el debate[292].

Adicionalmente, en esa misma audiencia pública debe resolverse todo el tema de la evacuación de las pruebas, lo que puede implicar también el diferimiento de la audiencia para la oportunidad pertinente, luego de que se hayan evacuado todos los medios probatorios necesarios.

Como puede apreciarse entonces, la audiencia es un acto bastante complejo, donde además el juez o la Sala Constitucional pueden valerse de sus potestades inquisitivas y del carácter de orden público del proceso para formular las preguntas que consideren pertinentes, aclarar las dudas surgidas de la lectura del expediente, y ordenar las pruebas adicionales que estimen necesarias, con miras siempre a la obtención de la verdad.

En el caso de que el asunto esté ante la Sala Constitucional, la audiencia adquiere también una importancia significativa, ya que el caso, hasta ese momento, es manejado exclusivamente por el Ponente y no por el resto de los Magistrados, conforme a lo dispuesto en el artículo 165 de la *Ley Orgánica del Tribunal Supremo de Justicia*. Por ello, esta es la mejor ocasión que las partes tienen para despertar inquietudes en el resto de los Magistrados que van a decidir el conflicto.

Y conforme a lo previsto en el artículo 88 de la *Ley Orgánica del Tribunal Supremo de Justicia* y 258 de la *Constitución*, también la audiencia pública puede servir de plataforma para ensayar la posibi-

---

292 Artículo 158.

lidad de llevar adelante algún proceso de *mediación* entre las partes involucradas. Ello puede ser perfectamente traído a la audiencia por alguna de las partes o por el propio tribunal, pues la conciliación es un mecanismo de resolución de conflictos expresamente reconocido constitucionalmente y que puede ser de mucha utilidad en este tipo de pretensiones colectivas, donde pueden estar involucrados distintas autoridades públicas.

Por ello, es encomiable que en las audiencias públicas se explore la posibilidad de iniciar alguna fase conciliatoria, para lo cual no sólo se requiere la voluntad de las partes, sino también la intervención y supervisión del tribunal, pues como lo advierte REUSCH, es necesario que las cortes controlen estas mediaciones, pues de lo contrario existe el riesgo de que la conciliación únicamente satisfaga los intereses del representante del grupo o de un número reducido de personas. Por ello, es importante que el tribunal se encargue de difundir adecuadamente la mediación respectiva, para que todos los miembros del colectivo involucrado estén pendientes de sus respectivos intereses[293].

Siguiendo con el contenido de la audiencia pública, como veremos de seguidas, es también la oportunidad en que puede producirse la sentencia definitiva, si la complejidad del caso así lo permite.

Finalmente, al concluir la audiencia pública, el tribunal deberá levantar un Acta, la cual deberá ser firmada por las partes intervinientes. Con ello, concluye la actuación de las partes, entrando el caso en fase de sentencia.

5. *La sentencia y los recursos disponibles para las partes*

Las decisiones en las demandas de protección de derechos colectivos y difusos pueden dictarse y publicarse de varias formas. Así, la primera posibilidad es que, en la propia audiencia pública, una vez terminada la intervención de las partes, el tribunal decida sobre el fondo del asunto en forma oral, indicando los términos del dispositivo del fallo.

---

293 REUSCH, Christian, "Las acciones colectivas en Noruega", en la obra *Procesos Colectivos. La tutela de los derechos difusos, colectivos e individuales en una perspectiva comparada, op. Cit.*, pp. 154-155.

En caso contrario, el tribunal puede diferir por una sola vez y hasta por un lapso de 5 días de despacho, el pronunciamiento del dispositivo del fallo, cuando la complejidad del asunto así lo exija.

Igualmente, el tribunal puede dictar la decisión en forma oral, en la oportunidad que va a publicar el texto íntegro de la sentencia. El texto definitivo de la sentencia debe publicarse dentro de los 10 días de despacho siguientes a la culminación de la audiencia pública.

Como vemos, la sentencia puede anunciarse de una vez en la propia audiencia pública, con o sin el dispositivo del fallo, o puede diferirse por 10 días de despacho para su publicación final. Todo ello dependerá de la complejidad del asunto, del tiempo disponible y de la urgencia necesaria para el restablecimiento de la situación jurídica infringida.

Contra las sentencias dictadas en estos procedimientos se puede apelar, en el doble efecto, dentro de los 5 días de despacho siguientes a la publicación o notificación del fallo definitivo. Obviamente, esto en los casos que no se tramite el asunto ante la Sala Constitucional, pues allí solo habría una única instancia.

El procedimiento de segunda instancia se encuentra regulado en el artículo 162 de la misma *Ley Orgánica del Tribunal Supremo de Justicia*, y consiste, básicamente, en que, una vez recibido el expediente por el Juzgado Superior Civil, las partes disponen de un plazo de 5 días de despacho para presentar sus escritos de fundamentos de apelación o de defensa de la decisión dictada en primera instancia. Vencido este término, el tribunal deberá dictar sentencia dentro de los 20 días de despacho siguientes.

Sin embargo, y conforme a la misma disposición legal, si la complejidad del caso así lo requiere, el Juzgado Superior puede convocar a una audiencia pública, la cual deberá desarrollarse de la misma forma en que se desenvuelven las de primera instancia.

6. *Las medidas cautelares en las demandas de protección de derechos colectivos y difusos*

Los artículos 163 y 164 de la *Ley Orgánica del Tribunal Supremo de Justicia* consagran el poder cautelar de los tribunales en este tipo de procesos y la forma de oponerse a las medidas que puedan decretarse. Básicamente, la ley reitera el poder cautelar amplio de los tribunales para dictar, incluso de oficio, las medidas preventivas que sean necesarias para garantizar la efectividad del fallo definitivo.

Pero incluso, antes de la entrada en vigencia de la *Ley Orgánica del Tribunal Supremo de Justicia*, la Sala Constitucional había reconocido sus facultades cautelares en este tipo de procesos colectivos. Así, en la sentencia N° 4602 del 13 de diciembre de 2005, caso: *ASOLOMES*, se señaló lo siguiente:

> Los demandantes solicitaron les fuese decretada medida cautelar innominada, consistente en la orden de paralización de la construcción de la sub-estación eléctrica, mientras dure el proceso, todo ello de conformidad con lo establecido en los artículos 585 y 588 del Código de Procedimiento Civil.
>
> El fundamento de su solicitud radicó en que "existe un riesgo manifiesto de que quede ilusoria la ejecución del fallo (*periculum in mora*) y a tal efecto, en mi carácter de solicitante acompaño como medio de prueba que constituye presunción grave de tal circunstancia y del derecho que se reclama (*fumus boni iuris*), Copia simple del Acto Administrativo cuya nulidad solicito, así como la Resolución del Recurso Jerárquico interpuesto por ASOLOMES, en la cual se declara Inadmisible dicho recurso".
>
> Ahora bien, la sala evidencia de los alegatos de la parte solicitante que la acción propuesta se fundamenta básicamente en la violación a los derechos derecho a la protección del medio ambiente, a la salud y a la vida, producto de la construcción de una sub-estación eléctrica a menos de siete (7) metros de la vivienda mas cercana y en plena urbanización donde habita un gran número de ciudadanos que se verían seriamente afectados por las irradiaciones, la contaminación sónica y electromagnética, que incluso hacen presumir -según expusieron los solicitantes- la comisión ilícito penal por mandato del artículo 45 de la Ley Penal del Ambiente y 9 y 80 de la Ley sobre Sustancias, Materiales y Desechos Peligrosos.
>
> La Sala encuentra de suma gravedad las denuncias formuladas por la parte peticionante de la presente acción y considera que en el presente caso se evidencia la existencia de una situación que amerita la utilización por parte de esta Sala Constitucional de sus amplios poderes cautelares, por lo cual declara procedente la medida cautelar solicitada, y como con-

secuencia de ello ordena suspender la construcción de la subestación eléctrica, que lleva a cabo la empresa C.A. Electricidad de Valencia *"en la zona este de la Urbanización La Esmeralda, Av. 84-A, Terraza G7-2, jurisdicción del Municipio San Diego*. Así se declara.

De igual forma, en el fallo del 20 de julio de 2007, caso: *Gilberto Rua*, se dispuso que:

> En congruencia con lo expuesto, se observa que la pretensión de la medida cautelar versa sobre la prohibición de publicación por parte de los Diarios *"El Progreso"* y *"El Luchador"* de imágenes de sucesos sangrientos que hayan ocurrido como consecuencia de algún hecho delictivo o no, por lo que se aprecia de un examen preliminar que confluyen en las actas judiciales, que del contenido de dichas fotografías existe un mensaje altamente influyente en el bienestar psicológico y emocional del lector, en virtud que las imágenes publicadas y denunciadas por la parte demandante, versan sobre el deceso de ciudadanos en accidentes de tránsito o por hechos violentos que muestran con una particular crudeza la realidad visual de las víctimas, lo cual, sólo tiene un efecto *"amarillista"* en materia periodística y de mercadeo y dejan en un segundo plano la nota informativa, la cual pudiera efectuarse adecuadamente sin que sea necesaria la publicación de las mencionadas fotografías sin considerar a los familiares de las víctimas que aparecen reflejadas en dichas imágenes, en congruencia con la prestación que tienen todos los particulares de respetar la dignidad de las personas y la sociedad.
>
> En consecuencia, se aprecia preliminarmente que la divulgación reiterada de imágenes de sucesos sangrientos que hayan ocurrido como consecuencia de algún hecho delictivo o no, producen un efecto degenerador y perturbador de los elementos psicológicos, éticos, morales y rectores de la sociedad por un medio comunicacional, lo cual sin duda alguna tiene una amplia difusión en nuestros tiempos, razón por la cual esta Sala, aprecia que aunado al hecho de que los mencionados mensajes visuales son publicados reiteradamente, tal como se desprende de las múltiples páginas de prensa de los mencionados periódicos que constan en el expediente judicial, debe acordarse la procedencia de la medida cautelar de prohibición de publicación por parte de los Diarios *"El Progreso"* y *"El Luchador"* de imágenes de sucesos sangrientos que

hayan ocurrido como consecuencia de algún hecho delictivo o no, hasta tanto se decida el fondo de la presente acción. Así se decide.

Igualmente, luego de la entrada en vigencia de la *Ley Orgánica del Tribunal Supremo de Justicia*, la Sala Constitucional ha tenido la oportunidad de dictar algunas decisiones cautelares en procesos de esta naturaleza, tal y como se puede apreciar en la sentencia N° 0370 del 24 de mayo de 2017, caso: *Mauricio Chacón*, donde se señaló lo siguiente:

> Atendiendo a ello, dado el amplio poder cautelar de esta Sala en protección de los derechos y garantías constitucionales y de los bienes jurídicos que especialmente ellos resguardan y atendiendo a la situación fáctica planteada por los demandantes como al hecho notorio comunicacional, del cual tiene conocimiento esta Sala, se acuerda amparo constitucional cautelar, con fundamento en lo previsto en el artículo 3 de la Ley Orgánica de Amparo sobre Derechos y Garantías Constitucionales y, en consecuencia, se *ordena* al Alcalde del Municipio Alberto Adriani de la ciudad El Vigía del Estado Bolivariano de Mérida, ciudadano Juan José Peña Chacín que dentro del Municipio en el cual debe ejercer la competencia atribuida en el artículo 178:
>
> 1.- Realice todas las acciones y utilice los recursos materiales y humanos necesarios, en el marco de la Constitución y la Ley, a fin de evitar que se coloquen obstáculos en la vía pública que impidan el libre tránsito de las personas y vehículos.
>
> 2.- Proceda a la inmediata remoción de tales obstáculos y se mantengan las vías y zonas adyacentes a éstas, libres de barricadas, residuos, escombros y de cualquier otro elemento que pueda ser utilizado para obstaculizar la vialidad urbana.
>
> 3.- Cumpla con su labor de ordenación del tránsito de vehículos a fin de garantizar un adecuado y seguro desplazamiento por las vías públicas de su municipio.
>
> 4.- Ejerza la protección de los vecinos y habitantes de su Municipio, impidiendo reuniones en las vías públicas que coarten el libre tránsito y en las que se consuman bebidas alcohólicas y sustancias estupefacientes y psicotrópicas.

5.- Ejerza la protección a los niños, a las niñas y a los adolescentes para que ejerzan plenamente sus derechos y garantías, de conformidad con lo establecido en los artículos 78 y 178, numeral 5 de la Constitución, 56 numeral 2 de la Ley Orgánica del Poder Público Municipal, 4 y 8 de la Ley Orgánica para la Protección de Niños, Niñas y Adolescentes.

6.- Vele por la protección del ambiente y el saneamiento ambiental, aseo urbano y domiciliario.

7.- Gire las instrucciones necesarias en sus respectivos cuerpos de policía municipal, a fin de dar cumplimiento efectivo a lo previsto en los artículos 44 y 46 de la Ley Orgánica del Servicio de Policía y del Cuerpo de Policía Nacional Bolivariana. En ese sentido, se le ordena que despliegue las acciones preventivas y de control del delito, así como, en el ámbito de su competencia, promueva estrategias y procedimientos de proximidad con la comunidad de su espacio territorial, a fin de lograr la comunicación e interacción con sus habitantes e instituciones locales con el propósito de garantizar y asegurar la paz social, la convivencia, el ejercicio pacífico de los derechos y el cumplimiento de la ley.

Con relación a lo antes mencionado, esta Sala advierte que ha resuelto de manera vinculante casos similares al de autos mediante sentencias nros. 135 y 136, ambas del 12 de marzo de 2014.

Asimismo, se le recuerda que conforme a lo previsto en el artículo 29 de la Ley Orgánica de Amparo sobre Derechos y Garantías Constitucionales, el presente mandamiento de amparo constitucional cautelar debe ser acatado por el Alcalde del Municipio Alberto Adriani de la ciudad El Vigía del Estado Bolivariano de Mérida, so pena de incurrir en desobediencia a la autoridad so pena de incurrir en desobediencia a la autoridad y exponerse a la sanción prevista en el artículo 31 *eiusdem*. Asimismo, visto que dicho mandamiento se sustenta en la conducta omisiva referida a la falta de cumplimiento por parte de la citada autoridad municipal de lo previsto en el artículo 178, numerales 2, 4, 5, 6, 7 y 8 de la Constitución, en concordancia con el artículo 56 de la Ley Orgánica del Poder Público Municipal, se ordena la ejecución inmediata e incondicional de lo ordenado en el presente fallo., con fundamento en el artículo 30 *ibídem*.

Consideramos que no conviene entrar en los detalles de este caso, debido a su altísimo contenido político, el cual revela que muchas de las medidas cautelares decretadas resultaban incongruentes con el objeto mismo del proceso; y más bien buscaban servir de medida de presión para los alcaldes de determinados municipios, para evitar la continuación de las distintas manifestaciones populares que ocurrían en todo el país durante esa época. De hecho, el supuesto incumplimiento de estas providencias cautelares dio paso a unas medidas privativas de libertad, vía desacato, en claro desconocimiento de las garantías más elementales del debido proceso en materia penal[294].

Pero al menos, estos precedentes sirven para confirmar el poder cautelar de los tribunales en estos procesos de naturaleza colectiva.

7. *La falta de impulso procesal y la extinción de la instancia*

En cuanto al procedimiento para tramitar este tipo de demandas, vale la pena mencionar que la Sala Constitucional ha considerado, en algunos casos, que la falta de impulso procesal da lugar a la extinción de la instancia. En efecto, en la sentencia de N° 44 de fecha 23 de febrero de 2017, caso: *Yusmelys Patiño*, se dispuso lo siguiente:

> Visto lo anterior, pasa esta Sala a decidir y advierte que, desde el 4 de agosto de 2014, fecha en la que los ciudadanos Yusmelys Patiño, María Collante, Alfredo Duplats y otros, confirieron poder *Apud Acta* a los abogados Juan Luis Núñez García, Lewis José Mavares García y Raúl José Rodríguez Ugarte en la presente causa, no se ha realizado ninguna otra actuación por parte de los accionantes.
>
> Ahora bien, en este tipo de demandas la Sala ha señalado que no procede la perención, pero sí la declaratoria de pérdida de interés procesal de la parte actora. Al respecto, en sentencia número 228, caso: *Asociación de Vecinos Lomas de la Esmeralda, Segunda Etapa (ASOLOMES)* dictada el 13 de abril de 2010, se estableció que:

---

294 Tema este que abordaremos en otro capítulo.

"(...) la Sala ha de reiterar una vez más el criterio establecido, sostenido y reiterado, en relación a la aplicación de la figura de la perención en los procesos en los cuales se encuentran involucrados los derechos o intereses colectivos o difusos. Al respecto, esta Sala ha dejado sentado que no procede esta figura procesal sino que lo pertinente es la extinción de la instancia por pérdida del interés de la parte actora, entre otras sentencias como la N° 2867/03-11-2003 y N° 4602/13-12-2005, que "... tal como se ha señalado en sentencias anteriores, se ratifica el criterio respecto a que los derechos e intereses colectivos y difusos son de orden público, razón por la cual a las acciones que son intentadas para su protección no les es aplicable la perención de la instancia." En tal sentido, no es procedente la solicitud efectuada de declarar la perención de la instancia. Así se decide.

No obstante, al observar la Sala que efectivamente, desde el 13 de diciembre de 2006, no se ha efectuado ninguna actuación por parte de los accionantes o terceros interesados, así como el Ministerio Público no manifestó su voluntad de impulsar de alguna forma el proceso (sino todo lo contrario), o tal impulso proviniera de la Defensoría del Pueblo, como representante nato de los derechos e intereses difusos y colectivos, conforme al artículo 281.2 constitucional, se debe declarar terminado el procedimiento por falta de interés, ante la falta de actuación de los accionantes a partir del año 2006 y de la Defensoría del Pueblo a partir de su notificación el 15 de febrero de 2006. Esta inactividad a juicio de la Sala significa una falta de interés que se constató sin que los accionantes -únicos que podían hacerlo, junto con la Defensoría del Pueblo- hayan instado el proceso. Así se decide. (Criterio ratificado en sentencia número 498 del 27 de abril de 2015, caso: Comité de Usuarios HONORIO NAVARRO)."

En consecuencia, visto que la parte actora no ha actuado en juicio desde hace más de un año y con tal omisión demostró su intención de no continuar con el impulso del proceso, lo cual se traduce en una falta de interés que ocasiona la extinción de la instancia en la demanda interpuesta, así como la medida cautelar acordada, tal como la ha indicado anteriormente esta Sala en sus sentencias Nros. 95, 96, 97 y 98 todas del 2 de marzo de 2016 y N° 109 del 3 de marzo de 2016. Así se decide.

Sin embargo, en otras oportunidades, la misma Sala Constitucional no ha decretado la extinción de la instancia, a pesar de la falta de impuso procesal por parte de los interesados y a pesar de la suspensión de la misma por varios años. Así, en la sentencia N° 459 del 2 de agosto de 2022, caso: *Gabriela Ramírez (caso Fun Race),* se señaló lo siguiente:

> Visto que el presente asunto lo constituye una demanda por protección de intereses colectivos y difusos interpuesta conjuntamente con medida cautelar innominada, por la representación de la entonces Defensora del Pueblo, contra la Organización Fun Race, 4X4, C.A., para la tutela "(…) *de los derechos humanos, específicamente el derecho al medio ambiente seguro, sano y ecológicamente equilibrado de todas las personas del territorio de la República Bolivariana de Venezuela, frente a las actividades de 'rustiqueo' que se realizan en diversas zonas del territorio nacional* (…)", demanda que fue admitida y tramitada hasta la fase probatoria, en la cual esta Sala, en sentencia N° **777** del 20 de junio de 2013, emitió pronunciamiento en cuanto a la admisión de las pruebas promovidas tanto por la Defensoría del Pueblo, como por la Procuraduría General de la República, ordenando en el particular N° 10 del dispositivo de dicha decisión, lo siguiente: "**10.-** *Se ORDENA notificar la presente decisión a la Defensoría del Pueblo, Procuraduría General de la República, la sociedad mercantil Organización Fun Race, C.A. y la Federación Motociclista Venezolana, siendo que una vez que conste la última de las notificaciones, se fijará la audiencia pública al quinto día de despacho siguiente de conformidad con el artículo 156 de la Ley Orgánica del Tribunal Supremo de Justicia*". (Destacado de ese fallo y subrayado de esta decisión).
>
> Visto además QUE, desde esa oportunidad a la fecha, ha transcurrido tiempo considerable que ha ocasionado la pérdida de la estadía a derecho de las partes, esta Sala, a los fines de dar continuación al presente procedimiento y cumplimiento a lo dispuesto en la decisión antes aludida, *ORDENA* notificar a la Defensoría del Pueblo, a la Procuraduría General de la República, a "*la sociedad mercantil Organización Fun Race, C.A.*" y a la Federación Motociclista Venezolana (en su carácter de tercera interesada), a los fines de que se celebre la audiencia pública, de conformidad con lo previsto en la última parte del artículo 156 de la Ley Orgánica del Tribunal Supremo de Justicia.

Por otra parte, y como hemos afirmado en capítulos precedentes, la extinción de la instancia no debería aplicarse en los casos donde el juicio se encuentra en estado de sentencia, pues no les corresponde a las partes recordarles a los tribunales su obligación de dictar sentencias. El retardo en dictar la sentencia definitiva, por las razones que sea, no puede perjudicar a las partes que han cumplido sus actuaciones procesales, más aún cuando el artículo 158 de la misma *Ley Orgánica del Tribunal Supremo de Justicia* establece que la "audiencia será la última actuación de las partes en materia litigiosa".

Adicionalmente, la Sala Constitucional ha considerado aplicable a este procedimiento, la sanción prevista en el artículo 25 de la *Ley Orgánica de Amparo sobre Derechos y Garantías Constitucionales*, la cual prevé la posibilidad de imponer multas frente al desistimiento malicioso o el abandono del trámite de dos mil bolívares (Bs. 2.000,00) a cinco mil bolívares (Bs. 5.000,00)[295].

8. *Improcedencia in limine litis*

Finalmente, en cuanto al procedimiento para tramitar este tipo de pretensiones, consideramos relevante mencionar que en algunas ocasiones la Sala Constitucional ha rechazado la tramitación del procedimiento previsto en la *Ley Orgánica del Tribunal Supremo de Justicia*, cuando considera que el caso resulta a todas luces improcedente, declarando la culminación del juicio, en la propia decisión de admisión del caso.

Un ejemplo de esta afirmación lo vemos en la decisión N° 0153 de fecha 14 de mayo de 2021, caso: *Carlos Rodriguez*, antes citada, referida al cuestionamiento de la mudanza del Mercado de Chacao. En esa oportunidad, la Sala Constitucional, luego de declararse competente para conocer del asunto y admitir la demanda, consideró improcedente *in limine litis* la demanda, ordenando el archivo del expediente.

Se trata de una posición cuestionable que debería limitarse a situaciones extremas, donde se trate de circunstancias que abiertamente no ameritan la tramitación de un proceso judicial.

---

295 Véase, entre otras, sentencia N° 681 del 9 de junio de 2023, caso: *Universidad de Los Andes*.

VI. LOS EFECTOS DE DEMANDAS DE PROTECCIÓN DE DERECHOS COLECTIVOS Y DIFUSOS

En cuanto al contenido y alcance de las decisiones dictadas en los procesos de protección de derechos colectivos y difusos, ello puede implicar múltiples órdenes, de hacer o no hacer, destinadas a restablecer la situación jurídica infringida. Igualmente, de ser el caso, puede condenar al pago de sumas de dinero, si esta fuese la forma de reparar los daños causados a una determinada colectividad.

Así, en una de las primeras decisiones en esta materia, la Nº 656 del 30 de junio de 2000, caso: *Dilia Parra,* se señaló lo siguiente:

> En general, las sentencias que se dicten en estos casos en que se ventilan derechos cívicos, pueden prohibir una actividad o un proceder específico del demandado, o la destrucción o limitación de bienes nocivos, restableciendo una situación que se había convertido en dañina para la calidad de vida (salud física o psíquica colectiva, preservación del medio ambiente, preservación de la vida, del entorno urbano, del derecho a una recreación sana, o de evitar ser convertido en consumidor compulsivo de productos o ideologías, por ejemplo), o que sea amenazante para esa misma calidad de vida.
>
> En consecuencia, el fallo a dictarse -sobre todo en los juicios ordinarios- puede condenar al demandado a realizar determinadas obligaciones de hacer o no hacer, y hasta indemnizar a la colectividad, o a grupos dentro de ella, en la forma como ordene el juez, con señalamiento de cuáles instituciones sociales o públicas, o cuáles personas, serán acreedoras de la indemnización. Esto último no es ventilable mediante amparos.
>
> La sentencia que le ponga fin a estos juicios produce efectos *erga omnes*, ya que beneficia o perjudica a la colectividad en general o a sectores de ella, y produce cosa juzgada al respecto. Dado a que lo que está en juego es la calidad de la vida, si los hechos que originaron las causas ya sentenciadas se modifican o sufren cambios, a pesar de que la demanda hubiere sido declarada sin lugar, si nuevos hechos demuestran que existe la amenaza o la lesión, una nueva acción podrá ser incoada, ya que no existe identidad de causas. Viceversa si estas modificaciones o cambios sobrevenidos favorecen al condenado, él podrá acudir ante la administración, con miras a que se le permita la actividad prohibida, en base a nuevas condiciones en que funda su petición.

Así, en este tipo de pretensiones podemos encontrar decisiones muy simples, limitadas a una simple declaratoria, tal y como sucedió con la sentencia del 20 de mayo de 2000, caso: *Elías Santana*, donde la Sala Constitucional se limitó a declarar la suspensión del proceso electoral ordenado por la Asamblea Nacional Constituyente para el mes de mayo de ese mismo año.

En otras ocasiones, estas decisiones contienen mandatos múltiples, tal y como se puede apreciar en la sentencia N° 795 del 19 de agosto de 2016, caso: *María Cote*, donde la Sala Constitucional dispuso que:

> 1.- RATIFICA la medida cautelar acordada en la sentencia N° 675 el 1° de junio de 2015 y con ella, la aplicación del Acuerdo N° 049-2015 del 26 de febrero de 2015, publicado en Gaceta Municipal N° 028, en el cual, se designó al ciudadano Víctor Argenis Blanco Sáez, como Alcalde encargado del Municipio Páez del Estado Apure, quien en consecuencia, continuará ejerciendo de manera plena las competencias del cargo mientras continúa el presente juicio y, por tal razón, se ordena a todas las instituciones públicas y privadas, reconoce la legítima autoridad del referido ciudadano para ejercer plenas facultades de gobierno y administración municipal, incluyendo el manejo de los fondos municipales.
>
> 2.- SUSPENDE los efectos del Acuerdo N° 102-2016 el 21 de junio de 2016, mediante el cual se "REMOVIÓ de sus funciones al ciudadano Concejal VICTOR ARGENIS BLANCO SAENZ, como Alcalde encargado".
>
> 3.- SE ORDENA al ciudadano José Rubén Colmenarez Campero el cese inmediato de las funciones de Alcalde que ha venido usurpando desde el 21 de junio de 2016.
>
> 4.- Con fundamento en lo dispuesto en el artículo 122 Ley Orgánica del Tribunal Supremo de Justicia, SE IMPONE MULTA a los integrantes del Concejo Municipal del Municipio Páez del Estado Apure; la misma se impone en su límite máximo, atendiendo a la gravedad de los hechos suscitados en el caso concreto, y deberá ser pagada a favor de la Tesorería Nacional, en las Oficinas Receptoras de Fondos Públicos, debiendo acreditar su pago ante esta Sala Constitucional. Contra esta sanción, los interesados podrán ejercer el recurso de reclamo, dentro de los tres (3) días hábiles siguientes a su notificación, de conformidad con lo dispuesto en el artículo 125 *eiusdem*.

El contenido de una sentencia en esta materia puede llegar a situaciones realmente complejas, sobre todo cuando se trata de asuntos bastante masivos y técnicos, tal como lo demuestra el conocido caso de *ASODEVIPRILARA*, donde la sentencia que declaró con lugar la demanda de protección de derechos colectivos y difusos, de fecha 24 de enero de 2002, dispuso una gran cantidad de órdenes, exhortos, resoluciones, desaplicaciones, etc. Nos permitimos resumir, por lo largo del mismo, parte del dispositivo de ese fallo, donde se señaló lo siguiente:

> La Sala *EXHORTA* al Indecu a investigar el cumplimiento por parte de los Bancos y de las Entidades de Ahorro y Préstamo de la Resolución Nº 97-12-01 del 4 de diciembre de 1997, emanada del Banco Central de Venezuela en beneficio de los usuarios del sistema bancario. Igualmente, a investigar el sistema de financiamiento de vehículos. (...)
>
> Se *EXHORTA* a la Superintendencia de Bancos y Otras Instituciones Financieras, conforme al artículo 235.9 de la vigente ley que la rige, a dictar la normativa prudencial necesaria para el "devengo de intereses" y para la "protección de los usuarios de los servicios bancarios". (...)
>
> **3.-** La Sala en atención a su poder de control difuso de la Constitución, *DESAPLICA* en cuanto a que se contradicen con el vigente artículo 82 constitucional, concordado con el artículo 2 *eiusdem*, el parágrafo único del artículo 21 de la Ley que Regula el Subsistema de Vivienda y Política Habitacional, en cuanto a su aplicación literal, ya que los intereses del mercado por él contemplados tienen que ser fijados por un ente ajeno a los contratantes, que sea quien los determine. Igualmente, y por la misma razón, se *DESAPLICA* el parágrafo único del artículo 22 de la misma ley en lo que atañe a la tasa del mercado, la cual debe entenderse será fijada por un ente especializado, el Banco Central de Venezuela. (...)
>
> Igualmente, se *DESAPLICA PARCIALMENTE* el artículo 35 de la misma Ley, en lo referente a las tasas del mercado, lo cual debe entenderse que la tasa del mercado, en cuanto a intereses, es la que fije el Banco Central de Venezuela. (...)
>
> 4.- En consecuencia, se *ORDENA* al Banco Central de Venezuela que establezca a partir de 1996 la tasa de interés máxima aplicable al mercado hipotecario, utilizando en el establecimiento de las tasas, fórmulas en beneficio del deudor,

que equilibren la necesidad de recursos para el sector hipotecario con la capacidad de pago de los deudores, utilizando las recomendaciones de este fallo. (...)

5.- Con relación a los créditos indexados del Área de Asistencia Habitacional III, o de los otorgados para la adquisición o remodelación de viviendas fuera del sistema de política habitacional, pero en base al ingreso familiar y con la modalidad de refinanciamiento, que actualmente se encuentran vigentes, la Sala *ORDENA* que los intereses fluctuantes de los primeros cinco (5) años que se toman en cuenta para el refinanciamiento, se ajusten conforme a la tasa de interés que determine el Banco Central de Venezuela, a partir de 1996, conforme al número anterior, y con base en ello se calculen los intereses a pagar en cada cuota financiera, las cuales deban ser refinanciadas. (...)

6- Se *ORDENA* al Banco Central de Venezuela que establezca una tasa ponderada a partir de 1996, hasta la presente fecha, y hacia el futuro entre los intereses promedios del mercado, calculados conforme al Nro. 5 retro, y la tasa correspondiente a los mismos años y a los venideros por concepto de prestaciones sociales.

7.- Se *ORDENA* que, en todo crédito vigente refinanciado para viviendas, correspondiente al Área de Asistencia Habitacional III que tenga más de cinco (5) años de duración o que llegue a dicho término, a partir del presente fallo la tasa de interés a ser aplicada será la referida en el número anterior, conforme al capítulo X de esta sentencia. (...)

9.- Se declara *NULO* e *INAPLICABLE*, por ser violatorio de los artículos 114 y 115 constitucionales, cualquier tipo de aumento o cambio de condiciones que permita al prestamista fijar unilateralmente el monto de las cuotas a pagar como resultado del incremento de los ingresos, calculados sólo por el prestamista sin intervención de los órganos estatales. Tal desproporción atenta contra el derecho a la obtención del crédito para la vivienda. (...)

10.- Se *ANULAN*, por considerarlas una estipulación desproporcionada dentro del contrato, violatorias del artículo 114 constitucional, las cláusulas que permiten al prestamista modificar unilateralmente los términos, condiciones y coberturas de los montos asegurados y para contratar a su arbitrio, sin autorización explícita del prestatario, las pólizas de seguro que éste debe tomar a favor directo o indirecto del prestamista.

11.- Se *ANULA*, por carecer de equivalencia con las obligaciones entre los contratantes, la tasa de interés moratoria adicional de cualquier porcentaje, que se sume a las tasas para el cálculo de los intereses moratorios del mercado. Se trata de cláusulas usurarias, contrarias a las buenas costumbres.

12.- Con relación a los préstamos vigentes refinanciados para la adquisición o remodelación de viviendas otorgados fuera del marco de las leyes de Política Habitacional o que regulan el Subsistema de Vivienda y de Política Habitacional, pero siguiendo sus pautas, la Sala *DECLARA* que la llamada refinanciación de intereses, es decir, el pago de intereses de los intereses vencidos y no satisfechos, constituye anatocismo, y no un nuevo préstamo, por tanto; no se deben los intereses sobre intereses no liquidados previamente. (...)

14.- Se declaran *NULAS* las estipulaciones de los contratos de financiamiento de vehículos que violan el artículo 13 de la Ley sobre Ventas con Reserva de Dominio, y que establecen como intereses de mora, puntajes sobre el interés del mercado.

15.- Se *ORDENA* al INDECU, reestructurar los contratos de compra venta de vehículos a quienes reclamen ante él, restan-do de la cuota mensual la alícuota correspondiente a gastos de cobranza.

16.- Se *ORDENA* al Banco Central de Venezuela fijar la tasa máxima de interés para el mercado de venta con reserva de dominio de vehículos, a partir de 1998, a fin que las partes de los contratos vigentes puedan, judicial o extrajudicialmente, reestructurar sus contratos con base en dicha tasa. Lo excesivo sobre la tasa fijada por esta vía, que se haya cancelado, se imputará al capital debido. (...)

18.- Se *ORDENA* a la Secretaría pasar copia de este fallo al Ministerio Público, a fin que califique si existe el delito de usura, en los hechos a que se refiere este fallo.

Se exonera de costas a las partes.

Adicionalmente, este fallo fue objeto de varias decisiones complementarias o aclaratorias, donde se fueron corrigiendo y perfeccionando los mandamientos dispuestos por la Sala Constitucional[296].

Incluso, hay situaciones donde, a pesar de declararse sin lugar la demanda, la Sala Constitucional ordena o insta a determinados entes públicos o empresas particulares a realizar determinadas actuaciones, como lo pone en evidencia la sentencia N° 0013 del 12 de febrero de 2019, caso: *Telcel*, donde se dispuso que:

> PRIMERO.- SIN LUGAR la demanda por derechos difusos interpuesta por la ASOCIACIÓN DE USUARIOS DE SERVICIOS ELÉCTRICOS DE VENEZUELA (ASUSELECTRIC DE VENEZUELA), contra TELCEL C.A. (Telefónica Movistar de Venezuela) y Telefónica Móviles S.A., de conformidad con el artículo 26 de la Constitución de la República Bolivariana de Venezuela en protección de los usuarios y consumidores de los servicios de telefonía fija y móvil ofertados por MOVISTAR, por la mala prestación y engaño del servicio ofertado.
>
> SEGUNDO.- Se INSTA a la empresa TELCEL C.A. (Telefónica Movistar de Venezuela) y Telefónica Móviles S.A., a que en caso de no existir dicten unas normativas o directrices respecto a sus Agentes Autorizados para que no incurran en ninguna de las denuncias presentadas en la demanda.
>
> TERCERO.- Se INSTA a CONATEL a que se verifique que se cumpla con el Reglamento de Interconexión publicado en la Gaceta Oficial N° 37.085 del 24 de noviembre de 2000 y la Resolución N° 253 del 4 de abril de 2003, relativa a la lista de entes u organismos extranjeros recomendados para la homologación y certificación de equipos de telecomunicaciones.
>
> CUARTO.- Se INSTA a la Comisión Nacional de Telecomunicaciones que investigue si el hecho de que se interrumpa el servicio al consumirse el saldo de la tarjeta prepago o si el mismo es insuficiente al momento de la fecha de corte, quedando a favor de la empresa el saldo no consumido, sin contemplar tiempo de gracia ni notificación previa de suspensión

---

296 Véase sentencias N° 313, 961 y 27 del 21 de febrero de 2002, 24 de mayo de 2002 y 24 de enero de 2003, respectivamente.

del servicio, obligando a mantener siempre un saldo a favor de la empresa, afectando la posibilidad de efectuar llamadas, la recepción de llamadas, se encuentra dentro de los parámetros establecidos por dicho ente para la prestación del servicio o si por el contrario es una conducta que debe ser corregida por dicho organismo estableciendo la normativa y sanciones a que diere lugar.

Por tanto, no cabe duda que los poderes del juez, y sobre todo de la Sala Constitucional son sumamente amplios en este tipo de pretensiones procesales, y el alcance y contenido del fallo dependerá de la complejidad del asunto.

Ahora bien, aparte de esta afirmación, conviene revisar si los efectos de la decisión pueden extenderse hasta otros sujetos procesales que no formaron parte del juicio, pero que se encuentran en la misma situación jurídica. En este sentido, la Sala Constitucional ha considerado que ello es factible y hasta natural en algunos casos relacionados con la protección de los derechos colectivos e intereses difusos.

Así, la primera oportunidad que tuvo la Sala para pronunciarse sobre este aspecto fue en la decisión N° 487, del 6 de abril de 2001, caso: *Glenda López*, la cual se refería al amparo constitucional incoado por los enfermos de SIDA, donde luego de declarada con lugar la acción y ordenársele al Instituto Venezolano de los Seguros Sociales suministrar todos los medicamentos necesarios para el tratamiento de esta enfermedad, tales como antibióticos, antimicóticos, antidiarreicos, quimioterapias, radioterapias, crioterapias y todos aquellos que resulten fundamentales para el tratamiento respectivo; se dispuso que los efectos de ese fallo debían extenderse:

> a todas aquellas personas que reúnan las siguientes condiciones: 1) se encuentren inscritas en el IVSS; 2) les haya sido diagnosticada la enfermedad del VIH/SIDA; 3) que cumplan los requisitos legales para obtener los beneficios derivados del sistema de seguridad social, y por último, que hayan solicitado a las autoridades del prenombrado Instituto la entrega de los medicamentos necesarios para el respectivo tratamiento, así como el de las enfermedades oportunistas, y la cobertura de la realización de los exámenes médicos especializados para el tratamiento de las mismas.

Posteriormente, y en otro caso de amparo constitucional, donde no se alegaban derechos colectivos o difusos, pero cuyos efectos podían extenderse a casos similares, la Sala Constitucional llegó a sugerir el procedimiento adecuado para extender los efectos de un fallo a otros sujetos que se encuentren en la misma e idéntica situación, así no hayan sido partes en el proceso. Con ello, básicamente, se busca respetar el principio de economía procesal, al mismo tiempo de evitar sentencias contradictorias.

Nos referimos al caso: *Haydee Parra Araujo*, de fecha 17 de diciembre de 2001, donde la Sala Constitucional declaró con lugar una acción de amparo constitucional interpuesta por una notaria que había sido removida de su cargo, mediante un Decreto que declaró como cargos de *alto nivel*, a los Registradores y Notarios Públicos. Básicamente se alegaba el derecho de los notarios a que se les respetasen los términos del derecho a la jubilación que ya habían adquirido hasta el momento[297].

Pues bien, en esa decisión, la Sala consideró que la solicitud de extensión del dispositivo del fallo a otros casos similares podía llevarse a cabo mediante el uso de la incidencia prevista en el artículo 607 del *Código de Procedimiento Civil*, la cual se aplicaría de la siguiente forma:

Una vez declarada con lugar una determinada acción de amparo constitucional, cualquier persona ajena a ese proceso puede presentar ante el tribunal encargado de la ejecución del fallo, esto es, el que conoció del asunto en primera instancia, una solicitud de alcance del dispositivo del fallo. El tribunal deberá, ese mismo día, notificar al presunto agraviante, es decir, el obligado a cumplir el mandamiento de amparo, para que conteste al día siguiente la solicitud de extensión de los efectos de la sentencia. En esta contestación, el agraviante podrá argumentar, entre otras cosas, que el solicitante no se encuentra en idéntica situación al o los sujetos que participaron en el proceso de amparo; o podrá también alegar que le caducó la oportunidad para solicitar el alcance.

Pues bien, vencido el plazo de un día para contestar la solicitud de alcance, el Tribunal deberá resolver la incidencia, a más tardar dentro del tercer día siguiente, a menos que considere necesario

---

297 Véase, CHAVERO GAZDIK, Rafael J., "*El Nuevo Régimen del Amparo Constitucional en Venezuela. Suplemento 2002*", Editorial Paredes, Caracas, 2002, pp. 123 y ss.

abrir una articulación probatoria por un término máximo de 8 días sin término de distancia. Vencido este último plazo, la decisión deberá producirse al día siguiente.

Como se ve, se trata de una fugaz incidencia que permite muy rápidamente dilucidar si el solicitante de la extensión de los efectos del fallo se encuentra en idéntica situación al agraviado. Este análisis no debería traer, al menos en la mayoría de los casos, problema alguno.

El fallo objeto de los presentes comentarios también señala que la posibilidad de solicitar la extensión de los efectos de la sentencia caduca a los 6 meses.

Si bien este mecanismo fue diseñado por la Sala Constitucional para acciones de amparo constitucional, nos luce perfectamente adecuado, y hasta más natural, para los casos de demandas de protección de derechos colectivos y difusos; donde puede ser más frecuente la aparición de nuevos sujetos que no se beneficiaron del fallo inicial. Esta fórmula podría ser perfectamente aplicable a situaciones como las sucedidas en el caso de los enfermos del SIDA.

Son estas situaciones, precisamente, las que deberían abordarse debidamente o bien en la ya indispensable ley que regule la jurisdicción constitucional o en una ley especial que se refiera a las demandas de protección de derechos colectivos y difusos; de modo de generar mayor seguridad jurídica y menos improvisación judicial.

En suma, el tema de la cosa juzgada en este tipo de pretensiones procesales hay que verlo con una óptica distinta, pues mal podría alegarse la *res iudicata* para impedir que otros sujetos que no fueron representados en un juicio colectivo, puedan beneficiarse después, si han sido afectados de la misma manera que los sujetos que intervinieron en el juicio.

Ahora bien, donde si pareciera que habría lugar a respetar debidamente el principio de la cosa juzgada, es en los casos donde se haya desestimado una demanda de protección de derechos colectivos o difusos, luego del contradictorio pertinente; pues es evidente que la posibilidad de presentar un nuevo juicio idéntico, ahora con otros actores, sacrificaría uno de los valores esenciales de todo sistema de justicia, esto es, la seguridad jurídica y la necesidad de que los pleitos no se mantengan en forma indefinida.

CAPÍTULO CATORCE

ACCIONES DE AMPARO CONSTITUCIONAL CONTRA ALTAS AUTORIDADES DEL PODER PÚBLICO

I. CONSIDERACIONES GENERALES

El amparo constitucional constituye una de las instituciones jurídicas contemporáneas más importantes para la defensa de los derechos humanos, la democracia y el Estado de Derecho. De su ejercicio efectivo depende la vigencia de los derechos reconocidos en las Constituciones, las leyes y los instrumentos internacionales. Los valores y principios por los que ha venido luchando la humanidad quedarían en entredicho, si no existieran los remedios judiciales como el amparo, encargados hacer realidad los derechos fundamentales. Pero precisamente porque la consolidación de estas garantías no fueron descubrimientos o inspiraciones trasnochadas, es que se ha logrado diseñar un proceso abreviado para restablecer cualquier intento de vulneración de estas cláusulas elementales de toda persona humana.

Hoy día existen compromisos internacionales consolidados que obligan a los Estados a proteger judicialmente a toda persona, mediante un proceso rápido y sencillo, exento de formalidades innecesarias, para velar por el respeto de los derechos humanos. Se reconoce que la justicia de protección de derechos es al mismo tiempo un derecho, y de allí que los jueces deben dar preferencia a estos asuntos, a los efectos de contar con una protección efectiva.

En Venezuela este derecho a la tutela efectiva de los derechos se denomina el *amparo constitucional*, y se encuentra consagrado en la Constitución (art. 27) y regulado por la *Ley Orgánica de Amparo sobre Derechos y Garantías Constitucionales* (*Ley Orgánica de Amparo*), la cual ha sido modificada notablemente por la jurisprudencia de la entonces Corte Suprema de Justicia y a partir del año 2000 por la

Sala Constitucional del Tribunal Supremo de Justicia[298]. De allí, que una de las principales características de esta institución en Venezuela es que se su regulación no sólo es legislativa, sino que al mismo tiempo se encuentra en variadas decisiones, muchas de ellas de carácter vinculante. De allí la importancia del estudio del *amparo constitucional* en Venezuela, para tener un verdadero conocimiento del contenido y alcance del mismo.

Como expusimos en nuestro trabajo "*El Nuevo Régimen del Amparo Constitucional en Venezuela*", el amparo constitucional es un derecho fundamental que se concreta en la garantía de acceder a los tribunales de justicia, mediante un procedimiento breve, gratuito, oral y sencillo, a los fines de restablecer urgentemente los derechos constitucionales que hayan sido vulnerados.[299].

Esta institución procesal tuvo una importancia suprema en nuestro sistema de justicia, sobre todo, durante sus primeros 10 años de vigencia, pues fue desarrollada con una clara *amplitud* y *universalidad,* toda vez que esta acción puede ser ejercida por cualquier persona (natural o jurídica) privada o pública contra cualquier autoridad pública o contra cualquier particular; puede ser ejercido incluso sin estar asistido de abogado; puede cuestionarse cualquier situación, acto, hecho, omisión actual o hasta su amenaza inminente; puede intentarse en defensa de cualquier derecho que se considere inherente a la persona humana, esté o no reconocido expresamente en la *Constitución* o en los instrumentos internacionales sobre derechos humanos; y excepcionalmente puede presentarse ante cualquier juez, si el competente para conocer del asunto resulta de difícil acceso para el agraviado.

---

298 En especial, el procedimiento para tramitar la acción de amparo constitucional fue modificado por la decisión N° 7 del 1 de febrero de 2000, caso: *José Amando Mejía,* lo que ha implicado que el texto de la ley tiene una aplicación limitada. Lamentablemente esta "reforma" por vía jurisprudencial no ha sido incorporada formalmente al texto de la *Ley Orgánica de Amparo.*

299 Me permito redirigir al lector a nuestros trabajos relacionados con este tema, principalmente, CHAVERO GAZDIK, Rafael J. "*El Nuevo Régimen del Amparo Constitucional en Venezuela*", Editorial Sherwood, Caracas, 2001; así como su *Suplemento* 2002, Editorial Paredes, Caracas, 2002. En estos podrá encontrar el lector una mucho más detallada información sobre este remedio procesal.

Ahora bien, el estudio exhaustivo de esta institución procesal desbordaría el objeto de este trabajo, razón por la cual nos limitaremos únicamente a referirnos (en este capítulo) a su ejercicio contra *las más altas autoridades del poder público*; y, en el último capítulo de esta obra, a los casos de amparos constitucionales contra *decisiones judiciales*. En efecto, el objeto de esta obra es el análisis de las pretensiones procesales que se ventilan ante la Sala Constitucional, razón por la cual concentraremos estas líneas al análisis de las acciones de amparo constitucional ejercidas en forma autónoma, contra las más altas autoridades del país, conforme a la competencia asignada directamente por la *Ley Orgánica de Amparo* y la *Ley Orgánica del Tribunal Supremo de Justicia*.

Así, conforme al texto original de la *Ley Orgánica de Amparo*, la fórmula escogida para la determinación del órgano judicial que va a decidir la controversia sobre la vulneración de derechos o garantías constitucionales atiende a unos criterios, no muy claros, donde en la mayoría de los casos la escogencia del tribunal resulta netamente casuística, pues depende, en principio, de los derechos constitucionales denunciados como vulnerados por el propio accionante.

En efecto, los criterios rectores para residenciar los amparos en los distintos tribunales competentes han sido denominados comúnmente por la doctrina como el criterio *material* y el criterio *orgánico*, a pesar de que exista cierta imprecisión en el uso de estos términos.

El criterio *material* consiste en atribuir la competencia para conocer de las acciones de amparo a aquel juez de Primera Instancia que tuviera mejor conocimiento del derecho o garantía constitucional que se va a debatir durante el proceso de amparo constitucional. Este criterio de la *afinidad* trae el inconveniente de que no siempre es posible obtener con precisión la relación entre el derecho denunciado y la competencia del tribunal, pero si se complementa este criterio con la intención del legislador, se debe llegar a la justa conclusión de que el juez más familiarizado con la naturaleza del fondo de la controversia es el que debe conocer de la acción de amparo constitucional.

El otro criterio, y es el que aquí nos interesa, es el *orgánico*, establecido en el artículo 8 de la *Ley Orgánica de Amparo*, donde se dispone que el Máximo Tribunal de la República, en la Sala de competencia afín con el derecho o garantía constitucional denunciado como violado -se repite el criterio de afinidad-, debe conocer de las acciones de amparo que se intentaren contra los actos, hechos u omisiones del Presidente de la República, los Ministros, del Consejo Supremo Electoral y demás organismos electorales del país; del Fiscal General de la República; del Procurador General de la República y el Contralor General de la República.

Ahora bien, con las modificaciones en la estructura del Estado surgidas como consecuencia de la Constitución de 1999, y sobre todo con la creación de la Sala Constitucional del Tribunal Supremo de Justicia, se alteró notablemente este régimen diseñado por el legislador de amparo en 1988, toda vez que esta Sala pasó a asumir en forma exclusiva, entre otras competencias, la asignada por el artículo 8 de la *Ley Orgánica de Amparo*; es decir, el fuero del Máximo Tribunal de la República, para conocer de las denuncias de lesiones constitucionales causadas por las autoridades mencionadas en dicha norma y, como veremos, de otras que tengan rango constitucional y competencia nacional, queda en manos de la Sala Constitucional.

Cabe destacar que esta modificación no es consecuencia del texto constitucional, pues de ninguna de sus normas se desprende que la Sala Constitucional debía asumir esta competencia a que hace referencia el artículo 8 de la *Ley Orgánica de Amparo*, sino que ello fue producto de la primera decisión dictada por esa Sala (de fecha 20 de enero de 2000, caso: *Emery Mata Millán*), en la que ella misma consideró conveniente adjudicársela de manera exclusiva.

Textualmente precisó la Sala:

> 1.- Corresponde a la Sala Constitucional, por su esencia, al ser la máxima protectora de la Constitución y además ser el garante de la supremacía y efectividad de las normas y principios constitucionales, de acuerdo con el artículo 335 de la Constitución de la República Bolivariana de Venezuela, el conocimiento directo, en única instancia, de las acciones de amparo a que se refiere el artículo 8 de la Ley Orgánica de Amparo sobre Derechos y Garantías Constitucionales, incoadas contra los altos funcionarios a que se refiere dicho artículo, así como contra los funcionarios que actúen por delegación de las atribuciones de los anteriores. Igualmente, corresponde a esta Sala Constitucional, por los motivos antes expuestos, la competencia para conocer de las acciones de amparo que se intenten contra las decisiones de última instancia emanadas de los Tribunales o Juzgados Superiores de la República, la Corte

Primera de lo Contencioso Administrativo y las Cortes de Apelaciones en lo Penal que infrinjan directa e inmediatamente normas constitucionales[300].

Estimamos que la idea que debió guiar a los Magistrados de la Sala Constitucional fue la de tratar de concentrar todas las materias de control de la constitucionalidad, y dentro de éstas, los amparos constitucionales, para ir dando las pautas interpretativas uniformes de la nueva *Constitución* en todos los asuntos que se elevaran a su conocimiento. Ello, seguramente se pensó, iba a coadyuvar a mantener un hilo jurisprudencial uniforme, lo que sin duda alguna repercute en la solidez del sistema constitucional y en el respeto de la seguridad jurídica.

Por ello, la jurisprudencia de la Sala Constitucional fue paulatinamente delimitando y actualizando este criterio orgánico, incluyendo algunas autoridades no expresamente mencionadas en el artículo 8 de la *Ley Orgánica de Amparo* y, en otros casos, precisando las autoridades estatales que no forman parte de este fuero especial. Así, por ejemplo, en el fallo Nº 132 del 17 de marzo de 2000, caso: *El botón de oro,* la Sala Constitucional consideró que el Gobernador del Distrito Federal (con características distintas al resto de los gobernadores) no podía considerarse una de las más altas autoridades del Estado, básicamente por no tener competencias nacionales. Textualmente precisó lo siguiente:

> Al respecto estima esta Sala, que el fuero atrayente contenido en el artículo 8 de la Ley Orgánica de Amparo sobre Derechos y Garantías Constitucionales, para conocer de las acciones de amparo constitucional que se interpongan en contra de altos funcionarios del Poder Público, tiene su fundamento en razón de la importancia y trascendencia política que pueda derivarse de las acciones de amparo constitucionales que se interpongan en contra de los actos u omisiones de estos funcionarios, explanados en forma enunciativa en el referido artículo.

---

300 El texto íntegro de la sentencia puede verse en CHAVERO GAZDIK, Rafael J. *El Nuevo Régimen del Amparo Constitucional en Venezuela, op. cit.*, p. 66 y ss.

De tal manera, que todas las acciones que se intenten contra altos funcionarios de la administración nacional tendrán que ser ventilados ante este Tribunal Supremo de Justicia, como máximo jerarca del Poder Judicial, lo cual asegura que el control de la violación constitucional a un derecho o garantía por parte de los actos emanados de estas autoridades, sean decididos con mayor certeza dado su posible incidencia en el acontecer político del Estado.

Sin embargo, y a pesar del carácter enunciativo del artículo 8 de la Ley Orgánica de Amparo sobre Derechos y Garantías Constitucionales, no quiere decir que el fuero especial allí previsto deba ser extendido a todo tipo de autoridad del Poder Público, sino que debe reunir dos requisitos intrínsecos para estar dentro del supuesto contenido en el artículo *in comento* que son: la *jerarquía constitucional y el carácter nacional,* pues lo que ha querido el legislador con ésta exclusiva potestad del Tribunal Supremo de Justicia, es que la tutela de los derechos constitucionales afectados por órganos del Poder Público, sea ejercida sólo por ésta mientras se encuentre en entredicho la legalidad de los actos de los órganos del Poder Público Nacional, bien sea porque su actividad derive de un mandato expreso de la Constitución, o bien porque su competencia sea ejercida en todo el territorio de la República afectando así múltiples factores políticos, sociales y económicos de la Nación.

En el caso del Gobernador del Distrito Federal, su competencia no abarca todo el territorio de la República, pues sus potestades están circunscritas a los límites del Distrito Federal, de lo que se desprende, que el Gobernador del Distrito Federal, escapa al enunciado del artículo 8 de la Ley Orgánica de Amparo sobre Derechos y Garantías Constitucionales pues no tiene rango constitucional y mucho menos competencia en todo el territorio de la República. Por lo tanto, el deslinde competencial para el conocimiento de las acciones de amparo constitucionales debe ser hecho en fundamento al criterio de afinidad entre la materia natural del juez y los derechos o garantías denunciados como violados, por lo que, conforme a lo establecido en el artículo 7 de la Ley Orgánica de Amparo sobre Derechos y Garantías Constitucionales, en concordancia con el artículo 181 de la Ley Orgánica de la Corte Suprema de Justicia, son competentes para conocer en primera instancia de dichas acciones los Juzgados Superiores en lo Civil y Contencioso Administrativo de las diferentes regiones.

Posteriormente, con la promulgación de la *Ley Orgánica del Tribunal Supremo de Justicia* se precisaron las competencias de las distintas Salas del Máximo Tribunal. Por ello, al referirse a las competencias de la Sala Constitucional esta Ley aprovechó la oportunidad para aclarar mejor los términos del criterio de competencia orgánico, previsto en el artículo 8 de la *Ley Orgánica de Amparo*. Así, en el artículo 25 de la vigente *Ley Orgánica del Tribunal Supremo de Justicia*, se señala que corresponde a la Sala Constitucional:

> 18. Conocer en única instancia las demandas de amparo constitucional que sean interpuestas contra las altas funcionarias públicas o altos funcionarios públicos nacionales de rango constitucional.
>
> 22. Conocer de las demandas de amparo contra los actos, actuaciones y omisiones del Consejo Nacional Electoral, de la Comisión de Participación Política y Financiamiento, así como los demás órganos subalternos y subordinados del Poder Electoral.

Como vemos, ahora la ley del Máximo Tribunal extiende el criterio *orgánico* para incluir ahora a todos los altos funcionarios del Estado, esto es, aquellos que tienen rango constitucional y competencia nacional. Adicionalmente, el numeral 22, siguiendo los mismos lineamientos del artículo 8 de *la Ley Orgánica de Amparo*, señala que también será competencia de la Sala Constitucional los amparos autónomos ejercidos contra todos los organismos electorales del país.

En suma, será competencia de la Sala Constitucional el conocimiento de las acciones de amparo constitucional ejercidas contra cualquier acto, hecho u omisión de las más altas autoridades del Estado; así como contra los organismos electorales del país. Se entiende por máximas autoridades del Estado aquellas que expresamente se mencionan en la *Constitución* y que son de carácter nacional, tales como el Vicepresidente de la República, el Consejo de Estado, la Dirección Ejecutiva de la Magistratura, el Consejo Moral Republicano, el Defensor del Pueblo, el Banco Central de Venezuela, el Consejo de Defensa de la Nación, entre otros. Esto implica, evidentemente, que quedan excluidos los estados y municipios.

Sin embargo, este criterio *orgánico* para determinar la competencia en materia de amparo ha sido ampliado por la jurisprudencia de la Sala Constitucional. Así, ha sumado al catálogo de las altas autoridades del poder público a la Comisión de Funcionamiento y

Reestructuración del Sistema Judicial[301]; a la Inspectoría General de Tribunales[302] y al Presidente de la Asamblea Nacional[303]. Ello, a pesar de que, al menos en el caso de los dos primeros supuestos, se trata de entes que no tienen rango constitucional. Con lo cual debemos entender que se trata de un concepto indeterminado, donde la Sala puede incluir en este fuero especial a determinados órganos del Estado que se consideren de significativa importancia.

Igualmente, vale la pena destacar que la *Ley Orgánica de Amparo* estableció como causal de inadmisibilidad, el ejercicio de una acción de amparo constitucional contra "decisiones emanadas de la Corte Suprema de Justicia". De tal manera que el cuestionamiento de la constitucionalidad de las decisiones de las distintas Salas del Tribunal Supremo de Justicia, por ante la Sala Constitucional, deberá realizarse a través del mecanismo extraordinario de revisión, previsto en el numeral 10° del artículo 336 de la *Constitución*, o incluso mediante la figura del avocamiento, figuras éstas que serán analizadas *infra*.

En efecto, en este sentido señaló la Sala Constitucional, en sentencia del 19 de octubre de 2000, caso: *José Plata*, lo siguiente:

> Así, por lo que respecta a la acción de amparo constitucional contra decisiones judiciales establece el artículo 4 de la Ley Orgánica respectiva que ésta debe ser interpuesta por ante un Tribunal Superior al que emitió el pronunciamiento. En el presente caso, si bien para el momento en que se ejerció el amparo, no se había dictado sentencia como tal, la misma fue ejercida contra la Sala de Casación Civil Accidental de la entonces Corte Suprema de Justicia, ante la posibilidad de que dictare sentencia en el recurso de reclamo interpuesto por los apoderados judiciales de la empresa Lagoven S.A., es decir, contra una decisión que produciría el que era el Máximo Tribunal en la jerarquía jurisdiccional al resolver el recurso planteado, respecto del cual no es posible hablar de un "Tribunal Superior al que emitiría el pronunciamiento." Por lo que esta

301 Sentencia del 15 de febrero de 2001, caso: *María Zamora Ron.*

302 Sentencia del 31 de julio de 2002, caso: *Carmen Tellechea de Lunar.* Véase, al respecto, CHAVERO GAZDIK, Rafael J. *Suplemento 2002. El Nuevo Régimen del Amparo Constitucional en Venezuela, op. cit.*, p. 31 y ss.

303 Sentencia N° 49 del 14 de febrero de 2013, caso: *Mario Callejas.*

Sala Constitucional, en ejercicio de la función jurisdiccional, examina el presente caso, y en tal sentido, debe señalar que a tenor de lo dispuesto en el numeral 6 del artículo 6 de la Ley Orgánica de Amparo sobre Derechos y Garantías Constitucionales: "No se admitirá la acción de amparo: (*omissis*) Cuando se trate de decisiones emanadas de la Corte Suprema de Justicia."

En el presente caso, la petición de tutela constitucional -como se señaló- fue ejercida inicialmente en contra de un posible pronunciamiento de la Sala de Casación Civil Accidental de la entonces Corte Suprema de Justicia, aun cuando al pretender dejar sin efecto su irrevocable desistimiento hace mención al auto de fecha 3 de mayo del año 2000 dictado por la Sala de Casación Social de este Supremo Tribunal, en el que declaró con lugar el recurso de hecho propuesto por el accionante contra el auto de fecha 17 de octubre de 1997, dictado por el Juzgado Superior Sexto de la Circunscripción Judicial del Área Metropolitana de Caracas, y admitió el recurso de casación anunciado contra la sentencia mencionada de fecha 26 de septiembre del mismo año, petición que involucra un cambio en el objeto de la acción propuesta; por lo que en el supuesto negado de que ello fuese posible, igualmente estaría incursa en la causal antes transcrita, resultando forzosamente inadmisible. La Sala deja a salvo, sin embargo, la posibilidad normativa de revisar los actos o sentencias de las demás Salas del Tribunal Supremo de Justicia que contraríen la Constitución o las interpretaciones que sobre sus normas o principios haya fijado previamente, conforme a la Ley Orgánica que establecerá la Asamblea Nacional, según lo dispuesto en los artículos 334, 335 y numeral 10 del 336 de la Constitución de la República Bolivariana de Venezuela, potestad cuyo ejercicio en el presente caso no estima necesario. Así se decide.

Criterio que ha sido reiterado por las sentencias de la misma Sala Constitucional N°. 356 del 23 de marzo de 2001, caso: *Isabel Valdivia Rivera*; la N° 2.386 del 9 de octubre de 2002, caso: *Alexis José Ortega Díaz* y la N° 127 de del 29 de junio de 2022, caso: *Adriana Rodríguez*, donde se ratifica que no es posible el ejercicio de la acción de amparo constitucional contra decisiones emanadas de alguna de las Salas que integran este Tribunal Supremo de Justicia.

II. LAS PARTES QUE INTERVIENEN EN ESTA MODALIDAD DE AMPARO CONSTITUCIONAL

Corresponde referirnos brevemente a las partes que protagonizan el procedimiento de amparo constitucional ejercido en forma autónoma, contra las más altas autoridades del Estado. Para ello nos referiremos a la legitimación del accionante (activa); la del presunto agraviante (pasiva); la de los terceros interesados (activa o pasiva); y la institucional (Ministerio Público y/o Defensoría del Pueblo).

1. *La legitimación activa*

Por legitimación se entiende la aptitud para ser parte en un determinado proceso o la relación que existe entre quien pide y acerca de lo que pide, es decir, el nexo que vincula a la persona con el derecho[304]. Y, en este sentido, se puede afirmar que la legitimación para ejercer una acción de amparo constitucional en Venezuela la tiene todo aquél que se vea lesionado o amenazado de violación en sus derechos o garantías constitucionales, con la finalidad que se le restablezca su situación jurídica infringida, o la situación que más se asemeje.

La *Constitución* y la jurisprudencia han venido reconociendo como capacitados para el ejercicio de las acciones de amparo todas las personas humanas y a las personas jurídicas. De tal manera que, si los derechos constitucionales de cualquier sujeto están siendo vulnerados en Venezuela, éste se encontrará habilitado para intentar la acción de amparo correspondiente.

Es importante destacar que la *Ley Orgánica de Amparo* no establece como causal de inadmisibilidad la falta de legitimación del accionante, lo que da a entender que la oportunidad procesal para que el juez disponga sobre la falta de legitimación del accionante es al momento de producirse la sentencia de fondo. Sin embargo, en innumerables ocasiones los tribunales se han pronunciado sobre la ausencia de legitimación del accionante al momento de admitir la

304 MARIENHOFF, Miguel, "La legitimación en las acciones contra el Estado", *La Ley*, 1986-C-899.

acción de amparo, declarando en muchos casos la inadmisibilidad de la acción por falta de interés o legitimación[305].

Problema de mayor envergadura es el referente a la protección de derechos constitucionales colectivos, toda vez que no puede negarse que la conducta ciudadana ante los actos del Poder Público ha variado en tiempos recientes y esto ha llevado a una colectivización de los derechos fundamentales, lo que implica, necesariamente, el tener que aceptar una ampliación razonable en la legitimación en estos procesos constitucionales. Y más que una ampliación en la legitimación activa, lo que se busca es hacer compatible la idea de la consagración de un conjunto de derechos colectivos establecidos en nuestra Carta Magna, con la posibilidad de tutelarlos efectivamente. Hoy, más que nunca, existe una conciencia ciudadana y una preocupación colectiva por el mantenimiento del Estado de Derecho, sobre todo con la complejidad y dimensión que ha alcanzado el ordenamiento jurídico, pues no sólo ha aumentado el número de normas que rigen a la colectividad, sino que además se ha intensificado su especialidad. Ello ha ocasionado el surgimiento de una serie de instituciones y asociaciones encargadas de velar por aquellos derechos y situaciones que el ciudadano común no puede ocuparse por razones de tiempo y/o especialidad.

En este sentido, es importante destacar, tal y como hemos analizado en la presente obra, que actualmente existe una pretensión autónoma denominada *demandas de protección de intereses difusos o colectivos*, prevista en el numeral 21 del artículo 25 de la *Ley Orgánica del Tribunal Supremo de Justicia*, la cual nació por vía jurisprudencial para luego incorporarse dentro del catálogo de competencias atribuidas a la Sala Constitucional en el mencionado artículo 25. Incluso, como vimos, actualmente en esta misma ley se incorporó en el Capítulo III de las Disposiciones Transitorias un procedimiento especial para tramitar estas demandas de protección de derechos e intereses colectivos y difusos.

Por tanto, desde el punto de vista procedimental, es importante diferenciar las acciones de *amparo constitucional* de las *demandas de protección de intereses difusos y colectivos*, pues entre otras cosas, se

---

305 Por ejemplo, la sentencia *Simón Hebert Faull*, dictada por la Sala Político-Administrativa de la Corte Suprema de Justicia, el 2 de mayo de 1996.

tramitan por procedimientos diferentes. Además, en las primeras, la competencia de la Sala Constitucional corresponde cuando el sujeto pasivo es una de las más altas autoridades del Estado (numerales 18 y 22 de la *Ley Orgánica del Tribunal Supremo de Justicia*), mientras que, en las segundas, lo determinante será si los hechos denunciados como lesivos tienen trascendencia nacional (numeral 21 de la *Ley Orgánica del Tribunal Supremo de Justicia*).

También es importante resaltar que los órganos del Poder Público pueden presentarse al proceso de amparo constitucional en calidad de sujetos activos, pues tanto los entes públicos territoriales como los funcionales pueden ser titulares de ciertos derechos fundamentales y los mismos pueden ser lesionados por algún acto, hecho u omisión, en cuyo caso, no habría ninguna razón legítima para negarles el acceso al proceso de amparo constitucional. En efecto, tanto un Estado, como un Municipio, un Instituto Autónomo o una Empresas del Estado, pueden verse vulnerados en sus derechos fundamentales, tales como la propiedad, la defensa, la igualdad, entre otros.

Por último, en relación a la legitimación activa, vale la pena insistir en que nuestra Sala Constitucional ha permitido la posibilidad de presentar las acciones de amparo sin necesidad de asistencia de abogado y, luego, si el accionante no consigue un abogado por sus propios medios, obliga a que la Defensoría del Pueblo a que le facilite uno[306].

2. *La legitimación pasiva*

La legitimación para comparecer en el proceso de amparo constitucional como parte demandada corresponde a la persona particular u órgano del Estado que se señale como presunto agraviante, el cual debe estar perfectamente identificado en el escrito de solicitud de tutela (artículo 18, ordinales 2° y 3° de la *Ley Orgánica de Amparo*). De esta forma, en el caso de los amparos intentados contra algún ente de la Administración Pública deberá indicarse el órgano respectivo y el titular del despacho para el momento de la interposición de la acción de amparo.

---

306 Decisión de fecha 4.05.00, caso: *C.A. Seguros La Occidental.*

Es necesario precisar que el artículo 18, ordinal 3° de la *Ley Orgánica de Amparo* deja abierta la posibilidad de que no se precise plenamente al sujeto agraviante, en caso de que ello no fuere posible. En efecto, la mencionada norma dispone que es requisito de la solicitud el "suficiente señalamiento e identificación del agraviante, si fuere posible, e indicación de la circunstancia de localización". Con ello, el legislador quiso evitar que se negara la protección constitucional por la imposibilidad -surgida por cualquier circunstancia- de identificar al sujeto agraviante. Por tanto, si al agraviado le es imposible identificar con claridad, debido a que desconoce la identidad cierta del agraviante, el juez de amparo no puede limitarse a devolverle su solicitud, conforme a lo dispuesto en el artículo 19 de la *Ley Orgánica de Amparo* y, posteriormente, a declarar la inadmisibilidad de la acción, pues ello es contrario al carácter de orden público de este procedimiento y al principio de informalidad que debe regir en esta institución.

Piénsese por un instante en un caso donde la lesión constitucional denunciada consiste en haber recibido amenazas anónimas de muerte. Pues bien, en este caso el juez de amparo constitucional, si considera inminente estas amenazas, pudiera ordenar a las autoridades encargadas de velar por la seguridad ciudadana, la protección efectiva del sujeto agraviado, a pesar de que éste no haya podido identificar al agraviante.

En definitiva, hay casos donde por una u otra razón no será posible la identificación o concreción del sujeto agraviante, para lo cual los jueces deberán asumir su rol de directores del proceso de amparo y proveer lo conducente para evitar de que se consolide una violación de derechos fundamentales, claro está, siempre y cuando los hechos narrados en la acción le aporten elementos suficientes para identificar, al menos, la lesión constitucional.

En todo caso, y atendiendo al supuesto de amparo constitucional que aquí nos ocupa, para que la competencia le corresponda, en primera y única instancia a la Sala Constitucional, el legitimado pasivo debe ser un alto funcionario del Estado, con rango constitucional y competencia nacional, tal y como lo señalamos en el punto anterior.

Finalmente, vale la pena destacar que la Sala Constitucional ha precisado que, si la violación constitucional se le atribuye a una alta autoridad del Estado y a otra persona pública o privada, distinta a las mencionadas en el Artículo 8 de la *Ley Orgánica de Amparo*, la competencia le corresponde, por fuero atrayente, a la Sala Constitucional. Así, en la conocida decisión N° 1013 de fecha 12 de junio de 2001, caso: *Elías Santana*, se señaló:

> Por otra parte, observa esta Sala que en el presente caso también ha sido denunciada como agraviante la ciudadana Teresa Maniglia, como Directora del Instituto Autónomo Radio Nacional de Venezuela. A este respecto, debe la Sala aclarar que, si bien tal autoridad no se encuentra incluida dentro de la enumeración de órganos a que se refiere el artículo **ut supra** transcrito, y que por su naturaleza y atribuciones no puede asemejarse a ellas, en el presente caso es necesario establecer un fuero atrayente a favor del órgano de mayor jerarquía, ello con el fin de evitar decisiones que pudieran ser contradictorias por ser tramitadas en distintas oportunidades y ante órganos jurisdiccionales diferentes, salvaguardando así los principios de economía procesal y seguridad jurídica; en virtud de lo cual esta Sala es a su vez competente para conocer las presuntas violaciones constitucionales imputadas a la Directora del mencionado Instituto Autónomo. Así se declara.

3. *La participación del Ministerio Público*

La *Ley Orgánica de Amparo* reconoce la legitimación del Ministerio Público, así como la legitimación de los Procuradores de Menores, Agrarios y del Trabajo en los procesos de amparo constitucional (artículo 13). Mientras que el artículo 15 *eiusdem* establece que el Ministerio Público estará a derecho en el proceso de amparo, una vez que el juez de la causa le participe la existencia del juicio, por oficio o por telegrama. Adicionalmente, la *Ley Orgánica del Ministerio Público* establece en su artículo 42, ordinal 19, que corresponde a los Fiscales de este organismo "intervenir en los procesos de amparo". Estas atribuciones resultaban, a su vez, acorde con la función que la *Constitución* de 1961 le señalaban a esta institución, la cual consistía en "velar por el respeto de los derechos y garantías constitucionales"[307], es decir, como portador del interés público en la integridad y efectividad de tales derechos.

---

[307] Numeral 1° del artículo 220 de esa *Constitución*.

Ahora bien, con la entrada en vigencia de la *Constitución* de 1999, las potestades judicial-institucionales más importantes parecen haber quedado en manos del Defensor del Pueblo. Sin embargo, se le ha seguido dejando al Ministerio Público la competencia para "garantizar en los procesos judiciales el respeto de los derechos y garantías constitucionales"[308]. Claro está, ahora no cabe duda de que el Defensor del Pueblo no sólo debe limitarse a participar como tercero garante de los derechos fundamentales en los procesos de amparo, sino que ahora tiene asignada directamente legitimación activa en estos juicios, de conformidad con lo dispuesto en el artículo 281.3.

Y esta legitimación activa se refiere a todo tipo de interés, es decir, este funcionario podrá interponer acciones de amparo no sólo para proteger intereses difusos, sino también derechos colectivos y derechos subjetivos individuales de cualquier sujeto. Lógicamente, ello también implica que el Defensor del Pueblo tendrá todo tipo de potestades dentro del proceso de amparo, es decir, podrá solicitar la evacuación de pruebas, apelar, etc.

En todo caso, la participación del Ministerio Público en los procesos de amparo deriva de una legitimación institucional, en virtud de las que tanto la *Constitución* como la Ley Orgánica que rige las funciones de este órgano con autonomía funcional le imponen. Se trata, por tanto, del ejercicio de un derecho ajeno en nombre propio.

Debe destacarse que la intervención del Ministerio Público en el proceso de amparo constitucional no es obligatoria, de modo que aun cuando no se haya presentado el informe requerido por el tribunal que conozca de la acción, éste no debe detener el proceso bajo ese pre-texto (artículo 15 de la *Ley Orgánica de Amparo*)

4. *Los terceros en el proceso de amparo*

El proceso de la acción de amparo constitucional se desarrolla, tradicionalmente, entre dos partes, el sujeto activo o presunto agraviado y el sujeto pasivo o presunto agraviante (en el caso bajo estudio, uno de los altos funcionarios del Estado), quedando siempre a salvo la participación del Ministerio Público. Ahora bien, este principio de dualidad de partes no excluye la posibilidad de que en este

---

308 Artículo 285 de la *Constitución* vigente.

proceso concurran más de dos sujetos procesales, para apoyar a una u otra de las posiciones de ataque y defensa asumidas por las partes principales.

Adicionalmente, también se permite en el proceso de amparo, conforme a lo dispuesto en los artículos 370, ordinal 3°, 379 y 380 del *Código de Procedimiento Civil*, aplicable supletoriamente, el acceso a los interesados adhesivos, haciendo valer "todos los medios de ataque o defensa admisibles en tal estado de la causa, siempre que sus actos y declaraciones no estén en oposición con los de la parte principal".

En relación con la oportunidad para que los terceros interesados accedan al proceso de amparo constitucional, deben regir los mismos principios que orientan el comportamiento de las partes principales en el proceso, de modo de garantizar el derecho de la defensa, el principio de contradicción, de celeridad y urgencia de este juicio.

III. EL CARÁCTER EXTRAORDINARIO DE LA ACCIÓN DE AMPARO CONSTITUCIONAL

Es importante referimos brevemente a la relación del amparo constitucional con el resto de los remedios judiciales que coexisten en nuestro ordenamiento jurídico, o para decirlo con la acepción más común, al *carácter extraordinario* de la acción de amparo constitucional.

Como lo ha advertido la jurisprudencia desde los propios inicios de la institución del amparo constitucional, es necesario para su admisibilidad y procedencia, además de la denuncia de violación de derechos fundamentales, que no exista "otro medio procesal ordinario y adecuado".[309]

Sin duda alguna, la consagración de un remedio judicial expedito capaz de proteger todos los derechos y garantías constitucionales contenidos en la *Constitución* y además de aquellos otros que a pesar de no estar recogidos en el Texto Fundamental pueden consi-

---

309 Consúltese al respecto, la famosa decisión de principios dictada por la Sala Político-Administrativa en fecha 7-7-86, caso: *Registro Automotor Permanente*.

derarse como inherentes a la persona humana, trajo al foro jurídico una irresistible tentación de abandonar los remedios judiciales largos y engorrosos para tratar de canalizarlos a través de una institución que, mal que bien, produce decisiones en un lapso de tiempo bastante decente.

Lógicamente, no hace falta acudir a un análisis jurisprudencial minucioso para poder afirmar que con el amparo constitucional se corre el riesgo de eliminar o reducir a su mínima expresión el resto de los mecanismos judiciales previstos en el ordenamiento jurídico. De allí la importancia de establecer un sistema equilibrado de convivencia entre el amparo y el resto de las acciones o recursos judiciales[310].

La adaptación del amparo constitucional con el resto de los remedios judiciales existentes ha tenido, como bien lo explica la mayor parte de la doctrina nacional, una evolución importante en nuestra jurisprudencia. Sin embargo, podemos identificar algunos elementos que tanto la doctrina como la jurisprudencia han entendido como indispensables para adentrarse al tema del carácter extraordinario de la acción de amparo constitucional. Ellos son la *urgencia* de obtener un mandato judicial restablecedor de los derechos fundamentales, la *ineficacia o lentitud* de las vías judiciales ordinarias y la *gravedad de la lesión constitucional*. En efecto, en relación a este último elemento hay que admitir que cuando el hecho lesivo transgrede abierta y manifiestamente derechos y garantías constitucionales elementales, el análisis del requisito de procedencia referido al carácter extraordinario del amparo constitucional se hace mucho más relajado, mientras que, si la controversia que se presente es mucho más debatida o complicada, el análisis de este requisito se hace mucho más riguroso. Aunque esto no se ha afirmado mucho en doctrina y mucho menos en jurisprudencia, creemos que es clave para enfrentarse al análisis de la admisión o no de una determinada acción de amparo.

---

310 RONDÓN DE SANSO, en una frase que resumía claramente esta problemática, afirmaba que el amparo "es una carga explosiva. Usado bien, para los buenos fines, es la vía rápida para llegar a la justicia. Usado mal, puede hacer estallar todo el sistema procesal". RONDÓN DE SANSO, Hildegard, *Amparo Constitucional*, Editorial Arte, Caracas, 1988.

Lo importante es retener que la clave del análisis de este requisito de procedencia debe girar en torno a la eficacia de los mecanismos alternos de que dispone el particular para atender una determinada pretensión. Se trata entonces de determinar si los procesos judiciales, ordinarios o especiales, resultan hábiles para proteger con eficiencia el derecho o garantía constitucional vulnerado o si, por el contrario, es el amparo constitucional la vía procesal apta para ello.

En definitiva, en el análisis del carácter extraordinario del amparo constitucional se juega muchas veces la suerte de esta institución. Este requisito sin duda alguna ha servido para evitar el desbordamiento de esta herramienta procesal, pues lamentablemente nuestra práctica forense no siempre ha mostrado la prudencia necesaria en la utilización de este remedio extraordinario. Sin embargo, muchas veces -y esto es bastante lamentable- este requisito ha servido para salir ligeramente del paso de una acción de amparo constitucional, pues se usa este requisito de excusa para no entrar en un debate complicado, pero no por ello necesario y urgente, de algún conflicto constitucional.

Creemos que cuando un juez de amparo constitucional rechaza la acción, bien sea en el momento de pronunciarse sobre la admisibilidad o en el momento de producir su sentencia definitiva, debe razonar claramente los motivos de su decisión, explicando por qué los mecanismos judiciales alternos son lo suficientemente eficaces en la práctica para tutelar la pretensión constitucional que se le presenta, para de esta forma no dejar ningún sabor a injusticia o a ligereza.

Existen decenas y hasta centenas de decisiones de la Sala Constitucional donde se ha declarado la inadmisibilidad de una acción de amparo constitucional por existir otros remedios judiciales efectivos que han debido ser ejercidos con prelación.

Así, en la sentencia de fecha 23 de noviembre de 2001, caso: *Mario Tellez*, se señaló lo siguiente:

> En concordancia con lo expuesto anteriormente, la Sala estima pertinente señalar que la norma prevista en el artículo 6, numeral 5 de la Ley Orgánica de Amparo sobre Derechos y Garantías Constitucionales, consagra simultáneamente el supuesto de admisibilidad e inadmisibilidad de la acción de amparo.

Así, en primer término, se consagra claramente la inadmisión de la acción cuando el agraviado haya optado por recurrir a las vías ordinarias o a los medios judiciales preexistentes, sobre el fundamento de que todo juez de la República es constitucional y, a través del ejercicio de los recursos que ofrece la jurisdicción ordinaria, se pueda alcanzar la tutela judicial efectiva de derechos o garantías constitucionales.

No obstante, la misma norma es inconsistente, cuando consagra que, en el caso de la opción por la vía ordinaria, si se alega violación o amenaza de violación de un derecho o garantía constitucionales, la acción de amparo será admisible, caso en el cual el juez deberá acogerse al procedimiento y a los lapsos previstos en los artículos 23, 24 y 26 de la Ley Orgánica de Amparo sobre Derechos y Garantías Constitucionales, y su decisión versará exclusivamente sobre la suspensión o no, de manera provisional, sobre el acto cuestionado de inconstitucionalidad.

En otras palabras, la acción de amparo es inadmisible cuando el agraviado haya optado por recurrir a vías ordinarias o hecho uso de los medios judiciales preexistentes; por argumento a contrario es admisible, entonces, si el agraviado alega injuria constitucional, en cuyo caso el juez debe acogerse al procedimiento y a los lapsos establecidos en los artículos 23, 24 y 26 de la Ley Orgánica de Amparo sobre Derechos y Garantías Constitucionales, a fin de ordenar la suspensión provisional de los efectos del acto cuestionado. Ahora bien, para que el artículo 6.5 no sea inconsistente es necesario, no sólo admitir el amparo en caso de injuria inconstitucional, aun en el supuesto de que el agraviado haya optado por la jurisdicción ordinaria, sino, también, inadmitirlo si éste pudo disponer de recursos ordinarios que no ejerció previamente. De otro modo, la antinomia interna de dicho artículo autorizaría al juez a resolver el conflicto de acuerdo con las técnicas integrativas de que dispone el intérprete (H. Kelsen, *Teoría Pura del Derecho*, Buenos Aires, Eudeba, 1953, trad, de Moisés Nilve).

Lo expuesto anteriormente, lleva a concluir, entonces, que la norma en análisis no sólo autoriza la admisibilidad del llamado "amparo sobrevenido", sino que es el fundamento de su inadmisibilidad, cuando se dispone de un medio idóneo para el logro de los fines que, a través del amparo, se pretende alcanzar.

> Conforme a lo expuesto anteriormente, en el caso bajo examen, la Sala juzga que el requisito del agotamiento de la vía judicial contencioso administrativa especial no se encuentra satisfecho, toda vez que no consta en el expediente que la empresa accionante haya utilizado el medio procesal ordinario para atacar al acto administrativo de contenido tributario, como lo es el recurso contencioso tributario a que se contrae los artículos 185 y siguientes del derogado Código Orgánico Tributario, ni constan circunstancias que hayan imposibilitado su ejercicio.

En el mismo sentido, en la decisión N° 53 del 27 de febrero de 2019, caso: *Club Campestre Paracotos,* se ratificó este criterio de la siguiente forma:

> De la decisión expuesta que aquí se ratifica, se expone el criterio que claramente ha definido la interpretación que hace esta Sala del artículo 6.5 de la Ley Orgánica de Amparo sobre Derechos y Garantías Constitucionales aplicable a las presuntas lesiones constitucionales generadas de las decisiones dictadas por las juntas directivas de las asociaciones civiles o clubes, aplicables también a aquellas de cuyo contenido se desprenda la prohibición de acceso, que independientemente del lapso impuesto como sanción, deben estar sujetas a los límites constitucionales, que impone a la parte sancionada de seguir la vía ordinaria establecida por esta Sala para dirimir tales conflictos.
>
> Al respecto, cabe resaltar que la jurisprudencia dictada por esta Sala ha establecido de manera pacífica y reiterada la interpretación del contenido del numeral 5 del artículo 6 de la Ley Orgánica de Amparo sobre Derechos y Garantías Constitucionales, conforme a la cual, para que sea admitida la acción de amparo se hace imperativa la condición de que no exista un medio procesal ordinario e idóneo capaz de restituir la situación jurídica infringida, o que el mismo haya sido agotado y no hubiera sido eficaz para reparar la lesión constitucional o bien que el accionante justifique razonada-mente porque los mismos no son eficaces y eficientes (vid. Sentencia n° 2369/2001 del 23 de noviembre, caso: "Mario Téllez García" y otro).
>
> En tal sentido, se aprecia que los accionantes contaban con los medios ordinarios idóneos que prevé la ley adjetiva civil y la jurisprudencia en aquellos supuestos de suspensión

del derecho al uso de las instalaciones en la condición de socio de un club social que cada uno ostenta, tal como ocurrió en el caso *in commento* como sería la acción de nulidad contra la resolución de la asociación civil que les impuso la sanción, la cual no se evidencia que haya sido agotada o justificada su insuficiencia para restituir la situación jurídica presuntamente infringida. (*vid.* Sentencias Nº 1619/2015 del 10 de diciembre, caso Asociación Civil Lagunita Country Club y 413 del 21/06/2018, caso Gran Logia de la República de Venezuela)".

De allí que, al patentizarse de autos, que el accionante contaba con la vía ordinaria para hacer valer los derechos denunciados y visto que la parte accionante no ejerció el medio ordinario que la ley y la jurisprudencia de esta Sala señalan para restituir la situación jurídica presuntamente infringida en casos como el aquí examinado, la acción de amparo debió declararse inadmisible, y no como lo hizo el tribunal de la primera instancia constitucional ni el Juzgado Superior en lo Civil, Mercantil y del Tránsito de la Circunscripción Judicial del Estado Miranda, que omitió el criterio pacífico e inveterado que ha sostenido esta Sala. Así se declara.

En definitiva, la Sala Constitucional, como órgano cúspide de la justicia constitucional, ha venido delineando los casos en que no proceden las acciones de amparo constitucional debido a que las vías paralelas son lo suficientemente idóneas para acoger las pretensiones constitucionales reparadoras de los agraviados. Y ello se ha hecho de modo tal que rara vez resulta admisible una acción de amparo autónoma contra un órgano de la Administración Pública.

En efecto, si se revisa detenidamente la jurisprudencia de la Sala Constitucional en materia de amparos autónomas contra autoridades públicas se puede concluir que la gran mayoría de los son declarados inadmisibles, por considerarse que las vías ordinarias (recursos de nulidad, abstención, entre otras) son lo suficientemente eficaces como para garantizar los derechos fundamentales denunciados, más aún cuando éstos pueden acompañarse de medidas cautelares.

Es por ello que, en la actualidad, la modalidad de amparos autónomos contra las más altas autoridades del Estado es muy poco frecuente, pues casi todos son declarados inadmisibles ante la necesidad de agotar las vías ordinarias preexistentes; mientras que la mayor cantidad de amparos que ocupa a la Sala Constitucional son los ejercidos contra decisiones judiciales, tal y como veremos en el último capítulo de este trabajo.

IV. EL PROCEDIMIENTO PARA TRAMITAR LAS ACCIONES DE AMPARO

La *Ley Orgánica de Amparo* consagró un procedimiento (artículos 13 y siguientes) destinado a regular las distintas etapas del proceso de amparo constitucional, sin embargo, con motivo de la entrada en vigencia de la *Constitución* de 1999, la Sala Constitucional del Tribunal Supremo de Justicia consideró necesario realizar, por vía jurisprudencial, unas modificaciones a la *Ley Orgánica de Amparo.*

No pretendemos aquí entrar a polemizar sobre la conveniencia o no de esta reforma legislativa realizada por vía jurisprudencial, pero creemos importante resaltar algunas consideraciones relacionadas con la decisión creadora del nuevo procedimiento de amparo. En primer lugar conviene advertir el riesgo que constituye diseñar un procedimiento judicial mediante una simple decisión jurisdiccional, ello por dos razones, i) porque las decisiones judiciales, incluso las dictadas por la Sala Constitucional del Tribunal Supremo, no tienen la misma divulgación que las leyes de la República, tan es así que el procedimiento creado anteriormente, también por vía jurisprudencial, para tramitar las acciones de amparo contra sentencia fue constantemente ignorado por muchos tribunales de instancia[311]; y ii) porque entendemos que el diseño de los procesos judiciales amerita de un debate más profundo, participativo y ponderado, del que puede realizarse con motivo de una decisión judicial. En efecto, para establecer o modificar normas de procedimiento es imprescindible que exista un amplio consenso dentro del foro, en el cual se puedan llevar todas las sugerencias y planteamientos necesarios para que sean objeto de debate. Creemos que el apresuramiento en las modificaciones legislativas muchas veces trae muchos más problemas que los que se pretenden solucionar.

El otro punto que consideramos importante destacar se refiere al hecho de que, en nuestro criterio, las modificaciones introducidas por la nueva *Constitución* de 1999, en nada afectaban el espíritu o el texto de las normas contenidas en la *Ley Orgánica de Amparo.* Todos los principios señalados en el artículo 27 de la *Constitución* de 1999 se encontraban ya recogidos en la *Ley Orgánica de Amparo.* En efecto,

---

[311] En este trabajo se analiza en detalle los distintos tipos de jurisprudencia normativa y las consecuencias que de ello se derivan.

difícilmente pueda negarse que el procedimiento diseñado en esta Ley fuera uno de los más breves de nuestro ordenamiento jurídico. Igualmente, las propias normas de la Ley estipulaban que el procedimiento era gratuito, público, con ausencia de formalismos y combinando acertadamente los principios de oralidad y escritura.

En todo caso, debemos destacar que independientemente de que se esté o no de acuerdo con la justificación de esta decisión de la Sala Constitucional, la misma tiene aplicación *vinculante* para todos los jueces de la República, según lo dispone el artículo 335 de la *Constitución* y desde entonces han sido las normas vigentes para la tramitación de los procesos de amparo constitucional, con algunas otras breves modificaciones realizadas en otros fallos.

También es importante resaltar que no por ello ha quedado derogada la *Ley Orgánica de Amparo*, pues ella mantiene su vigencia en todo lo que no contradice al fallo de la Sala Constitucional. Es más, la sentencia hace constantes remisiones a la *Ley Orgánica de Amparo* para complementar las nuevas pautas procedimentales.

El fallo pasó a regular el procedimiento común de los amparos constitucionales, en la siguiente forma:

> 1.- Con relación a los amparo que no se interpongan contra sentencias, tal como lo expresan los artículos 16 y 18 de la Ley Orgánica de Amparo Sobre Derechos y Garantías Constitucionales, el proceso se iniciará por escrito o en forma oral conforme a lo señalado en dichos artículos; pero el accionante además de los elementos prescritos en el citado artículo 18 deberá también señalar en su solicitud, oral o escrita, las pruebas que desea promover, siendo esta una carga cuya omisión produce la preclusión de la oportunidad, no solo la de la oferta de las pruebas omitidas, sino de la producción de todos los instrumentos escritos, audiovisuales o gráficos, con que cuenta para el momento de incoar la acción y que no promoviere y presentare con su escrito de interposición oral; prefiriéndose entre los instrumentos a producir los auténticos. El principio de libertad de medios regirá estos procedimientos, valorándose las pruebas por la sana crítica, excepto la prueba instrumental que tendrá los valores establecidos en los artículos 1359 y 1360 del Código Civil para los documentos públicos y en el artículo 1363 del mismo Código para los documentos privados auténticos y otros que merezcan autenticidad, entre ellos los documentos públicos administrativos.

Los tribunales o la Sala Constitucional que conozcan de la solicitud de amparo, por aplicación de los artículos de la Ley Orgánica de Amparo sobre Derechos y Garantías Constitucionales admitirán o no el amparo, ordenarán que se amplíen los hechos y las pruebas, o se corrijan los defectos u omisiones de la solicitud, para lo cual se señalará un lapso, también preclusivo. Todo ello conforme a los artículos 17 y 19 de la Ley Orgánica de Amparo sobre Derechos y Garantías Constitucionales.

Admitida la acción, se ordenará la citación del presunto agraviante y la notificación del Ministerio Público, para que concurran al tribunal a conocer el día en que tendrá lugar la audiencia oral, la cual tendrá lugar, tanto en su fijación como para su práctica, dentro de las noventa y seis (96) horas a partir de la última notificación efectuada. Para dar cumplimiento a la brevedad y falta de formalidad, la notificación podrá ser practicada mediante boleta, o comunicación telefónica, fax, telegrama, correo electrónico, o cualquier medio de comunicación interpersonal, bien por el órgano jurisdiccional o bien por el Alguacil del mismo, indicándose en la notificación la fecha de la comparecencia del presunto agraviante y dejando el Secretario del órgano jurisdiccional, en autos, constancia detallada de haberse efectuado la citación o notificación y de sus consecuencias.

En la fecha de la comparecencia que constituirá una audiencia oral y pública, las partes, oralmente, propondrán sus alegatos y defensas ante la Sala Constitucional o el tribunal que conozca de la causa en primera instancia, y esta o este decidirá si hay lugar a pruebas, caso en que el presunto agraviante podrá ofrecer las que considere legales y pertinentes, ya que este es el criterio que rige la admisibilidad de las pruebas. Los hechos esenciales para la defensa del agraviante, así como los medios ofrecidos por él se recogerán en un acta, al igual que las circunstancias del proceso.

La falta de comparecencia del presunto agraviante a la audiencia oral aquí señalada producirá los efectos previstos en el artículo 23 de la Ley Orgánica de Amparo Sobre Derechos y Garantías Constitucionales.

La falta de comparecencia del presunto agraviado dará por terminado el procedimiento, a menos que el Tribunal considere que los hechos alegados afectan el orden público, caso en que podrá inquirir sobre los hechos alegados, en un lapso breve, ya que conforme al principio general contenido en el artículo 11 del Código de Procedimiento Civil y el artículo 14 de la Ley Orgánica de Amparo Sobre Derechos y Garantías Constitucionales, en materia de orden público el juez podrá tomar de oficio las providencias que creyere necesarias.

En caso de *litis consorcios* necesarios activos o pasivos, cualquiera de los *litis consortes* que concurran a los actos, representará al consorcio.

El órgano jurisdiccional, en la misma audiencia, decretará cuáles son las pruebas admisibles y necesarias, y ordenará, de ser admisibles, también en la misma audiencia, su evaluación, que se realizará en ese mismo día, con inmediación del órgano en cumplimiento del requisito de la oralidad o podrá diferir para el día inmediato posterior la evacuación de las pruebas.

Debido al mandato constitucional de que el procedimiento de amparo no estará sujeto a formalidades, los trámites como se desarrollarán las audiencias y la evacuación de las pruebas, si fueran necesarias, las dictará en las audiencias el tribunal que conozca del amparo, siempre manteniendo la igualdad entre las partes y el derecho de defensa. Todas las actuaciones serán públicas, a menos que por protección a derechos civiles de rango constitucional, como el comprendido en el artículo 60 de la Constitución de la República Bolivariana de Venezuela, se decida que los actos orales sean a puerta cerrada, pero siempre con inmediación del tribunal.

Una vez concluido el debate oral o las pruebas, el juez o el Tribunal en el mismo día estudiará individualmente el expediente o deliberará (en los casos de los Tribunales colegiados) y podrá:

a).- decidir inmediatamente; en cuyo caso expondrá de forma oral los términos del dispositivo del fallo; el cual deberá ser publicado íntegramente dentro de los cinco (5) días siguientes a la audiencia en la cual se dictó la decisión correspondiente. El fallo lo comunicará el juez o el presidente del Tribunal colegiado, pero la sentencia escrita la redactará el ponente o quien el Presidente del Tribunal Colegiado decida.

El dispositivo del fallo sustituirá los efectos previstos en el artículo 29 de la Ley Orgánica de Amparo Sobre Derechos y Garantías Constitucionales, mientras que la sentencia se adaptará a lo previsto en el artículo 32 *ejusdem*.

b).- Diferir la audiencia por un lapso que en ningún momento será mayor de cuarenta y ocho (48) horas, por estimar que es necesaria la presentación o evacuación de alguna prueba que sea fundamental para decidir el caso, o a petición de alguna de las partes o del Ministerio Público.

Contra la decisión dictada en primera instancia, podrá apelarse dentro de los tres (3) días siguientes a la publicación del fallo, la cual se oirá en un sólo efecto a menos que se trate del fallo dictado en un proceso que, por excepción, tenga una sola instancia. De no apelarse, pero ser el fallo susceptible de consulta, deberá seguirse el procedimiento seguido en el artículo 35 de la Ley Orgánica de Amparo Sobre Derechos y Garantías Constitucionales, esto es, que la sentencia será consultada con el Tribunal Superior respectivo, al cual se le remitirá inmediatamente el expediente, dejando copia de la decisión para la ejecución inmediata. Este Tribunal decidirá en un lapso no mayor de treinta (30) días. La falta de decisión equivaldrá a una denegación de justicia, a menos que por el volumen de consultas a decidir se haga necesario prorrogar las decisiones conforma al orden de entrada de las consultas al Tribunal de la segunda instancia.

Cuando se trate de causas que cursen ante tribunales cuyas decisiones serán conocidas por otros jueces o por esta Sala, por la vía de la apelación o consulta, en cuanto a las pruebas que se evacuen en las audiencias orales, se grabará o registrarán las actuaciones, las cuales se verterán en actas que permitan al juez de la Alzada conocer el devenir probatorio. Además, en la audiencia ante el Tribunal que conozca en primera instancia en que se evacuen estas pruebas de lo actuado, se levantará un acta que firmarán los intervinientes. El artículo 189 del Código de Procedimiento Civil regirá la confección de las actas, a menos que las partes soliciten que los soportes de las actas se envíen al Tribunal Superior.

Los Jueces Constitucionales siempre podrán interrogar a las partes y a los comparecientes.

Como puede apreciarse, el procedimiento es bastante sencillo y expedito, pues básicamente todo se resuelve en la audiencia constitucional oral y pública, donde las partes exponen sus argumentos y pruebas frente al juez, y éste, luego de escuchada las partes, debe dictar el dispositivo su decisión, la cual luego deberá ser publicada, en forma completa, dentro de los 5 días siguientes a dicha audiencia. Muchos han criticado que se trata de un procedimiento demasiado atropellado y que imposibilita el estudio debido a conflictos constitucionales de envergadura, pero hasta los momentos se sigue insistiendo en este procedimiento[312].

1. *Las medidas cautelares dentro del proceso de amparo constitucional*

Aun cuando el proceso de amparo es breve y sumario, resulta factible que, para el momento de la decisión definitiva de la acción, el daño denunciado se haya convertido en irreparable, por lo que el fallo perdería su eficacia. En estos casos existe la posibilidad de que el juez acuerde una medida cautelar o preventiva que impida que se produzca un gravamen de difícil reparación en la parte solicitante. Lo que si luce a todas luces inconstitucional -por ser contrario al derecho a la defensa y al debido proceso- es que pueda existir un proceso judicial carente de medidas preventivas que tiendan a resguardar la igualdad de las partes en el proceso y la garantía de la efectividad de la futura decisión.

> La Sala Constitucional ha comulgado con la idea de la supervivencia de las medidas cautelares en el proceso de amparo constitucional diseñado por esa misma Sala en la sentencia del 1° de febrero de 2000, declarando la procedencia de medidas cautelares innominadas en el propio acto de admisión de la solicitud[313].
>
> Incluso, la Sala Constitucional ha señalado que para la procedencia de las medidas cautelares dentro de los procesos

---

312 Una vez más remitimos al lector a nuestros trabajos: "*El Nuevo Régimen del Amparo Constitucional en Venezuela*"; así como su *Suplemento* 2002, donde exponemos en detalles todos los aspectos procesales de la institución del amparo constitucional.

313 Véase sentencia del 24.02.00, caso: *G. Rodríguez*.

autónomos de amparo constitucional no es necesario que el accionante demuestre los requisitos tradicionales de procedencia de toda cautela[314].

Sin embargo, hemos considerado que siempre debe ser necesario el análisis de los requisitos de procedencia de toda cautela, claro está con la velocidad que un proceso de amparo requiere. Con la simple lectura de la solicitud de amparo el Juez constitucional puede desprender la presunción de buen derecho necesaria para decidir si acuerda o no la medida solicitada y el peligro que le impone el transcurso del tiempo necesario para decidir la acción principal. Ello, en la mayoría de las veces, no requiere de muchas complicaciones.

2. *La improcedencia de plano*

Conviene añadir en este aparte, la posibilidad de que la Sala Constitucional declare la improcedencia de la acción, *in limine litis*, es decir, antes de admitir la acción de amparo constitucional y antes de ordenar el emplazamiento del presunto agraviante. Esta es una modalidad que ha venido utilizando la Sala Constitucional, desde sus inicios, en una gran cantidad de casos[315].

Con ello, la Sala Constitucional ha buscado descongestionarse de una buena vez de casos que a todas luces no requieren de mayores consideraciones. Fíjese que la improcedencia de plano no se refiere al análisis de las causales de inadmisibilidad, sino a las consideraciones de fondo, es decir, a la inexistencia de una violación de derechos fundamentales.

Así, por ejemplo, en la decisión de fecha 20 de julio de 2009, caso: *Gustavo Villasmil*, se señaló lo siguiente:

> Así las cosas, considera esta Sala que siendo que el alegato principal esgrimido por los accionantes sobre las presuntas violaciones constitucionales que al efecto le imputa al Ministerio del Poder Popular para la Salud y a la Guardia Nacional, derivada de las supuestas vías de hecho originadas por la to-

---

314 Véase sentencia del 24-03-00, caso: *Corporación L'Hotels, C.A.*,

315 Por tan solo mencionar una, la conocida sentencia 1.013, del 12 de junio de 2001, caso: Elías Santana.

ma -a su decir ilegítimas- de los establecimientos de salud adscritos a la Gobernación del Estado Bolivariano de Miranda, que han sido efectuadas en el marco de lo dispuesto en el Decreto Presidencial N° 6.543, debe advertirse que, contrario a lo señalado en el escrito de amparo, la actuación de las autoridades y funcionarios de dichos entes, estuvo ajustada a derecho, en el entendido que fueron ejecutadas conforme el referido Decreto Presidencial y en resguardo de la prestación del servicio público de salud y, por ende, no vulneran los derechos constitucionales de los quejosos, ni del colectivo en general, por lo que en aras del principio de celeridad y economía procesal, debe esta Sala desestimar las denuncias formuladas y declarar improcedente *in limine litis* la acción de amparo constitucional ejercida. Así se declara.

En el mismo sentido, en la decisión de fecha 13 de marzo de 2018, caso: *Thermis Tablero*, se dispuso:

> Por último, aprecia esta Sala que lo pretendido por la demandante es denunciar una presunta demora en la ejecución de una sentencia, sin embargo, en su propio libelo reconoce que no asistió a un acto de traslado que realizó el tribunal ejecutor en procura de la materialización del fallo que le favorecía, conducta que resulta incongruente con las denuncias que pretende hacer valer en sede constitucional.
>
> En conclusión, por cuanto la decisión objeto de la presente acción de amparo no lesionó los derechos constitucionales denunciados, ya que el Juzgado Cuarto de Primera Instancia de Sustanciación, Mediación y Ejecución del Trabajo de la Circunscripción Judicial del Estado Aragua al proferir la misma no actuó con abuso de poder ni se extralimitó en su competencia, esta Sala debe declarar improcedente *in limine litis* la acción de amparo, en atención a los principios procesales de economía y celeridad procesal. Así se decide.

Obviamente que esta modalidad, no prevista de paso en la *Ley Orgánica de Amparo*, trae consigo importantes riesgos, sobre todo si se toma en consideración que muchas veces la premura por interponer una determinada acción de amparo constitucional puede dar lugar a que los hechos -y hasta el derecho- no se expongan con la precisión y el detalle debido, lo que puede corregirse a veces en etapas posteriores del proceso (v.g. audiencia constitucional). Y es claro que la declaratoria de improcedencia de plano implicaría la imposibilidad de explicar en detalle los argumentos que motivan la acción de amparo constitucional. Por ello, hemos considerado que esta modalidad de terminación del proceso de amparo constitucional debe ser utilizada con la mayor prudencia posible, es decir, únicamente en los casos donde no quepa la menor duda de que la acción de amparo constitucional va a ser declarada improcedente en la definitiva.

La Sala Constitucional ha aclarado que las diferencias entre la inadmisibilidad de la acción de amparo y su improcedencia de plano. Así, en la sentencia del 8 de marzo de 2012, caso: *Marco Galbiati*, se señaló lo siguiente:

> A tal efecto, es oportuno destacar que esta Sala, en la sentencia N° 2.864 del 10 de diciembre de 2004, ratificada mediante decisión N° 3.267/2005 del 28 de octubre también de esta Sala, se estableció la diferencia existente entre las figuras de la inadmisibilidad y la improcedencia, en los siguientes términos:
>
> "Así, la pretensión es admisible, cuando se da cumplimiento a los requisitos legales (generalmente de orden público) que permiten la tramitación de una causa, pero su declaratoria en modo alguno implica un pronunciamiento sobre el mérito del asunto debatido en el proceso. Por interpretación en contrario, la inadmisibilidad de la pretensión tiene lugar por la insatisfacción de esas exigencias que -sin que sea vista la causa- impiden la constitución del proceso.
>
> Ahora bien, la «procedencia o improcedencia de la pretensión», es propia de un pronunciamiento de fondo (incidental o definitivo) y está necesariamente referida al mérito del asunto debatido en la incidencia o en el proceso, según el caso; es decir, a la aceptación que de un pedimento determinado hace el órgano jurisdiccional. Caso contrario, el tribunal declarará «sin lugar» o «improcedente» la pretensión, pero -en principio- luego de haber sustanciado el proceso."
>
> De tal manera, siguiendo los lineamientos expuestos en la citada decisión, se debe señalar que el pronunciamiento de admisibilidad o inadmisibilidad que realice un órgano jurisdiccional, se encuentra vinculado a la concurrencia o no de los requisitos previos que deben cumplirse necesariamente a los fines de darle curso a la tramitación de una determinada pretensión; mientras que la improcedencia comprende un pro-

nunciamiento de fondo una vez que el órgano jurisdiccional ha admitido la pretensión, es decir, sobre el mérito de ésta, la cual puede ser *in limine litis*, es decir, atendiendo a los principios de economía y celeridad procesal, el órgano jurisdiccional puede negar -previamente a su tramitación- el examen de la misma cuando no tenga visos de prosperar en la definitiva.

Es claro que este criterio busca reducir la cantidad de trabajo que se lleva en la Sala Constitucional, lo que constituye un problema de enorme magnitud y no podemos dejar de reconocer que muchas veces resulta hasta una necedad tramitar una determinada acción de amparo, cuando la Sala está plenamente convencida que va a ser rechazada en la definitiva.

En suma, esta facultad, creada por vía jurisprudencial, debe utilizarse con la suficiente prudencia, pues de lo contrario podría implicar una clara violación al derecho a la defensa del sujeto agraviado.

3. *La audiencia constitucional*

La audiencia constitucional es la fase más importante dentro del proceso de amparo constitucional, sobre todo con el procedimiento establecido por la sentencia de la Sala Constitucional N° 7 del 1° de febrero de 2000. En efecto, bajo la vigencia del procedimiento anterior, previsto en la *Ley Orgánica de Amparo*, una vez presentado el informe por el presunto agraviante, o transcurrido el lapso de 48 horas sin que éste se hubiere consignado, el juez ordenaba, dentro de las noventa y seis (96) horas siguientes, la realización de una audiencia en forma oral y pública a los efectos de que las partes expusieran sus respectivos alegatos y pruebas. Con el procedimiento vigente, esta audiencia se convoca dentro de las noventa y seis (96) horas siguientes a la última de las notificaciones practicadas, es decir, ya no se le otorga plazo alguno al agraviante para que consigne su respuesta al amparo ejercido.

Igualmente, en la misma audiencia constitucional el tribunal ahora debe pronunciarse sobre la admisibilidad de las pruebas promovidas y de ser el caso ordenará su evacuación, lo cual deberá ocurrir ese mismo día, o al día siguiente, si el juez difiere la evacuación de alguna prueba. Y una vez culminada esta audiencia constitucional el juez debe dictar el dispositivo del fallo o diferir este fallo por cuarenta y ocho (48) horas, por estimar que es necesaria la presentación o evacuación de alguna prueba que sea fundamental para decidir el caso[316].

Como puede apreciarse entonces, la audiencia es un acto bastante complejo, donde no sólo aparece por primera vez una de las partes, sino donde también el juez debe ordenar y ejecutar la actividad probatoria y dictar el mandamiento de amparo constitucional, todo lo cual debe quedar recogido en un acta.

En esta audiencia la Sala Constitucional puede valerse de sus potestades inquisitivas y del carácter de orden público del proceso de amparo para formular las preguntas que considere pertinente, o también puede aprovecharse la oportunidad para aclarar las dudas que le han surgido de la lectura del expediente, con miras siempre a la obtención de la verdad.

Vale decir, que además de las partes principales en el proceso, los terceros interesados en el juicio y el representante del Ministerio Público tienen el derecho de palabra para participar y exponer sus argumentos en forma oral. En el caso de que se trate de varios interesados que coadyuvan a alguna de las partes, la Sala puede solicitar que sólo un apoderado intervenga por todos los terceros, para salvaguardar el principio de la celeridad del proceso.

Por último, hay que señalar que la no comparecencia del presunto agraviante a la audiencia constitucional implicará la aceptación de los hechos incriminados. Ello no significa que la acción de amparo se declarará automáticamente procedente, pues lo único que se entiende como aceptado son los hechos narrados por el actor, pero no el derecho, además el juez de amparo, dando cumplimiento a su rol inquisidor, puede suplantar argumentos de derecho que no hayan sido presentados por el presunto agraviante, e incluso de tener dudas sobre la veracidad de los hechos podría ordenar las diligencias probatorias que considere pertinente, conforme a lo dispuesto en el artículo 17 de la *Ley Orgánica de Amparo*.

En el caso de que sea el accionante el que no comparece a la audiencia constitucional, ello da lugar a la terminación del procedi-

---

316 Sobre el tema de las pruebas en el proceso de amparo, puede verse la decisión dictada por la Sala Constitucional, en fecha 30 de junio de 2000, caso: *Rafael Marante*.

miento, a menos que el tribunal considere que los hechos alegados afectan el orden público, caso en que podrá inquirir sobre los hechos alegados, en un lapso breve, y podrá tomar de oficio las providencias que creyere necesarias.

Debe también precisarse que el procedimiento jurisprudencial de amparo consagra la obligación de que se levante un acta con los argumentos esenciales y los medios probatorios ofrecidos por las partes, la cual debe elaborarse conforme a lo pautado en el artículo 189 del *Código de Procedimiento Civil*.

V. LOS EFECTOS DE LAS DECISIONES DE AMPARO CONSTITUCIONAL

1. *La sentencia de amparo constitucional*

Según lo dispuesto en la decisión dictada por la Sala Constitucional, el 1° de febrero de 2000, una vez celebrada la audiencia constitucional el juez debe pronunciar, de manera informal, el dispositivo del fallo, indicando la orden respectiva destinada a restablecer la situación jurídica infringida o desechando la pretensión del accionante. Esta orden o mandamiento de amparo será vinculante desde ese mismo momento. Es decir, una vez finalizada la audiencia, la Sala Constitucional debe señalar si declara con o sin lugar la acción de amparo constitucional y en caso de declararla con lugar debe indicar el mandamiento concreto y pertinente para restablecer las violaciones constitucionales perpetradas.

Según lo dispuesto en la *Ley Orgánica de Amparo*, la sentencia de amparo debe contener un pronunciamiento expreso sobre la temeridad de la acción, junto con la orden de cumplimiento obligatorio, dentro del plazo acordado por el juez.

En cuanto a las costas procesales, es pertinente indicar que el artículo 33 de la *Ley Orgánica de Amparo* prevé una exoneración general de costas contra todos los entes públicos, lo que hoy en día luce exorbitante o exagerado, además de que se consagra un sistema subjetivo muy relajado que algunos autores han criticado severamente.

Si bien el proceso de amparo constitucional es gratuito, el principal rubro de las costas son los honorarios profesionales de los abogados que intervienen en el proceso de amparo, lo que muchas veces genera un significativo valor económico.

Por ello, la primera objeción que habría que hacerle al sistema de costas previsto en la *Ley Orgánica de Amparo* se refiere a la exoneración de costas de todos los órganos del Poder Público. En efecto, a pesar de que la Ley excluye de manera general todos los privilegios procesales de las autoridades públicas (artículo 21), cuando va a regular el sistema de las costas procesales, lo hace sólo para las "quejas contra particulares" (artículo 33)[317].

Sobre esta exoneración general consideramos que es sencillamente exagerada e injustificada, pues además de que consideramos que el derecho a la tutela judicial efectiva incluye el derecho al pleno resarcimiento de los daños que ha podido causar el proceso, entendemos que la paulatina evolución de nuestro ordenamiento

---

317 Véase ZERPA, Levis Ignacio, "*Las costas en el amparo*" en la obra colectiva *Amparo Constitucional en Venezuela,* con motivo de las Jornadas sobre el amparo constitucional realizadas en octubre de 1995, en el Colegio de Abogados del Estado Lara. Sin embargo, la profesora RONDÓN DE SANSO considera que a pesar de la redacción del artículo 33 es factible rechazar el privilegio de la exoneración de costas. En efecto, la mencionada autora sostiene que "la Ley Orgánica de Amparo Sobre Derechos y Garantías Constitucionales cuando limita su normativa sobre las costas a las que rigen entre particulares, lo hace bajo la presunción de que respecto a los entes públicos regirían los privilegios procesales establecidos a su favor, sin embargo, en el artículo 21 estos privilegios quedaron excluidos en forma expresa de la acción de amparo, al ordenarse a los jueces 'mantener la absoluta igualdad de las partes'. En consecuencia, a pesar de que no existan previsiones sobre las costas contra la Administración en la Ley de Amparo Sobre Derechos y Garantías Constitucionales, debería interpretarse que las mismas sí proceden y que el juez tiene la facultad, inexistente en el Código de Procedimiento Civil después de la reforma, de exonerar de ellas a quien hubiese intentado el amparo 'por fundado temor de violación o de amenaza, o cuando la solicitud no haya sido temeraria". RONDÓN DE SANSO, Hildegard, "Las costas en el amparo", en *Liber Amicorum, Homenaje a la obra científica y docente del profesor José Muci-Abraham,* Editorial Jurídica Venezolana, pp. 493 y ss. En todo caso, esta posición de la profesora RONDÓN no ha sido seguida por nuestra jurisprudencia, pues ésta ha sido unánime a la hora de rechazar la condenatoria en costas de los entes públicos.

jurídico ha venido matizando este privilegio, tratando de colocar al ente público litigante en una situación de igualdad frente a los particulares[318].

En definitiva, el principio de igualdad de todos ante las cargas públicas exige que aquel ciudadano que haya tenido que sufragar gastos en un proceso de amparo constitucional contra un ente público, para combatir un acto, hecho u omisión lesivo de derechos fundamentales, debe tener la posibilidad de que el resto de la colectividad asuma su sacrificio particular, permitiéndole recuperar, al menos, una parte importante de los costos del juicio[319].

Otro problema ligado estrechamente a la condenatoria en costas de los entes públicos es el tema de la exigibilidad efectiva del pago de la suma determinada. Al respecto, consideramos que la sentencia de amparo que condene en costas a un ente público debe ordenar su pago inmediato -en el caso que hayan sido claramente estimadas- y también debe ordenar que en el caso de que no existan previsiones presupuestarias para dicho pago, se hagan las diligencias correspondientes para la debida inclusión de esa deuda para el próximo período presupuestario[320].

Por otra parte, para algunos autores de significativo respeto, el sistema particular de las costas en el amparo constitucional es contrario al derecho a la defensa y a la tutela judicial efectiva, al permitir que el juez exonere del pago de las costas, bajo su discreción, al

---

318 Para un análisis detallado del régimen de las costas frente a los entes públicos, puede consultarse NEHER ÁLVAREZ, Jorge, "Privilegios y prerrogativas de la Administración en el contencioso administrativo" en *Liber Amicorum, Homenaje a la obra científica y docente del profesor José Muci-Abraham, op. cit.*, pp. 419 y ss.

319 Otras legislaciones ya han dado pasos concretos en este aspecto. Así, el artículo 25 del Decreto 2591 de 1991, mediante el cual se regula la acción de tutela (amparo) en Colombia, permite la condenatoria en costas de los entes públicos, la cual se podrá exigir a través de un incidente ante la jurisdicción contencioso-administrativa.

320 Ello, independientemente de las sanciones penales en que pudiera incurrir el funcionario que se niegue arbitrariamente a cumplir cabalmente lo decidido.

sujeto vencido. Es decir, consideran que el sistema subjetivo de las costas es contrario a los principios modernos del debido proceso[321].

En definitiva, hemos considerado que debe replantearse todo el sistema de la imposición de costas en los procesos de amparo, a los fines de permitir la condena en costas de los entes públicos. También debe perfeccionarse el sistema subjetivo escogido por el legislador, de modo de exonerar de costas únicamente al litigante vencido que tuvo motivos serios y racionales para litigar.

2. *Los poderes del juez de amparo constitucional*

Como señala el procesalista GUASP, "el proceso es una institución de satisfacción de pretensiones y se satisface una pretensión cuando es recogida, examinada y resuelta por un órgano judicial del poder público dotado de imparcialidad"[322]. Corresponde ahora, entonces, examinar cómo se satisface una pretensión de amparo cons-

---

321 Por ejemplo, CANOVA GONZÁLEZ, al referirse al tema de las costas en los procesos de amparo contra decisiones judiciales señala que: "No hay éxito al argumentar, por consiguiente, que no haya posibilidad de condenatoria en costas bajo el pretexto de que el proceso, por tener como objeto una sentencia, es objetivo. El artículo 68 de la Constitución, que consagra el derecho a la tutela judicial efectiva, obliga a que en todos los casos sea condenado en costas al perdedor y la etapa del proceso de amparo no puede ser la excepción.

Es imprescindible expresar, por último sobre este respecto, que dicho artículo 33 de la Ley Orgánica de Amparo sobre Derechos y Garantías Constitucionales no sólo debe entenderse excluido de esta modalidad de amparo constitucional, sino también de todas las demás, pues tal precepto es claramente inconstitucional, en su totalidad, por suponer una excepción a la condena en costas cuando algún ente público participe en un proceso de amparo y por el carácter subjetivo de la condena, que queda en última instancia a criterio del juez, quien termina tomando en cuenta el carácter temerario o no de la interposición del amparo y el fundado temor de violación o amenaza de violación de quien acudiere a tal medio de protección". CANOVA GONZÁLEZ, Antonio, "Cinco tesis y un corolario sobre el amparo contra decisiones judiciales", en *Revista de Derecho Administrativo* N° 9, Sherwood, Caracas, pp. 35 y ss.

322 Citado por GONZÁLEZ PÉREZ, Jesús, *Derecho procesal administrativo hispanoamericano*, Bogotá, Temis, 1985, p. 373.

titucional, es decir, cual es el alcance de la decisión de amparo constitucional. En este sentido, hay que destacar que el objeto del amparo es poner fin a las violaciones o amenazas de violaciones de los derechos y garantía constitucionales. De tal manera que de allí surge el *carácter restablecedor del amparo*, pues su finalidad es restablecer los derechos fundamentales que han sido transgredidos por algún órgano del Poder Público, nada más.

Esto significa que cualquier otro tipo de pretensión resultaría incompatible con el amparo constitucional, de allí que no es posible obtener por esta vía, indemnizaciones de daños y perjuicios o la imposición de sanciones disciplinarias o penales a los funcionarios o particulares que causaron la lesión. El breve proceso judicial del amparo permite sólo revisar la transgresión de derechos fundamentales, y no para detenerse a verificar daños sufridos o la aplicación de sanciones legales. Ahora bien, constatada la violación constitucional, el juez (en este caso, la Sala Constitucional) debe realizar todo cuanto sea necesario para restablecer la situación jurídica infringida.

Debe recordarse que el artículo 27 de la *Constitución* establece que "...la autoridad judicial competente tendrá potestad para restablecer inmediatamente la situación jurídica infringida o la situación que más se asemeje a ella". Lo que significa que la *Constitución* no puso mayores límites al juez de amparo constitucional, sino que de manera bastante sencilla quiso revestirlo de los más amplios poderes.

El tratadista argentino LAZZARINI ha destacado debidamente que los efectos restitutorios de la acción de amparo, "impiden que se consuma la lesión si ésta no ha iniciado y si ha comenzado a cumplirse y es de efecto continuado, la suspende y en cuanto a lo ya cumplido, si es posible retrotrae las cosas al estado anterior a su comienzo. En los casos de omisión ordenará la realización de lo omitido"[323].

Entre nosotros el profesor BREWER-CARIAS resume los poderes del juez de amparo constitucional señalando que:

---

323 LAZZARINI, José Luis, *El juicio de amparo*, Editorial La Ley, Buenos Aires, 1987, p. 364.

> ...la decisión del Juez puede consistir, en mandamientos de dar, de hacer o deshacer (órdenes) o en mandamientos de no hacer (prohibiciones). En cuanto a los mandamientos de dar, puede tratarse de una condena a restituir un bien, por ejemplo, cuando se ampara el derecho de propiedad, o a restituir ésta a la situación que más se asemeje a la que tenía al ser vulnerada. Por su parte, los mandamientos de hacer se traducen en órdenes dadas a quien ha violado el derecho amparado, de realizar actos en sentido positivo necesarios para restablecer el derecho infringido. En estos supuestos están los casos de decisiones de amparo contra conductas omisivas de funcionarios (abstención o negativa de actuar cuando están obligados a ello) ...
>
> En cuanto a los mandamientos de deshacer, pueden consistir en la orden u obligación impuesta a un sujeto, cuando ello sea posible, de destruir algo, o cancelar o deshacer una actividad realizada cuando ello es necesario para restablecer el derecho infringido. Por último, los mandamientos de no hacer se traducen normalmente en prohibiciones u órdenes negativas, es decir de abstención, dadas a quien ha violado un derecho, para impedir otras violaciones o para restablecer el derecho violado.
>
> Pero los poderes del Juez de amparo van más allá, pues no sólo está facultado para dar órdenes o imponer prohibiciones a quien ha violado un derecho constitucional para ampararlo, sino que está facultado para restablecer directamente, cuando ello es posible con la sola decisión judicial, el derecho infringido, sustituyendo con su decisión cualquier actividad adicional por parte de otro sujeto de derecho o autoridad". (Las citas del texto han sido omitidas)[324].

Como puede verse, los poderes del juez de amparo constitucional son tan amplios como los posibles tipos de lesiones constitucionales que pueden presentarse. Cada uno de los derechos fundamentales establecidos en la *Constitución* pueden dar lugar a una gran variedad de supuestos, por lo que ejemplificarlos ocuparía un

---

324 BREWER-CARÍAS, Allan R. *Ley Orgánica de Amparo sobre Derechos y Garantías Constitucionales*, Editorial Jurídica Venezolana, Caracas, 2007.

espacio infinito. Lo importante es retener que ante todo tipo de lesión constitucional el juez puede usar las herramientas necesarias para restablecerlo.

En efecto, la gama de ejemplos varía desde una orden de publicación de una réplica para restablecer el derecho al honor del agraviado o para garantizar la libertad de información, hasta la orden de abstenerse de perturbar la propiedad de un sujeto, o la orden de asistencia médica o de seguridad a un ciudadano cuya vida peligra o la orden de suspender la construcción de una autopista, por considerar que la misma atraviesa una comunidad indígena.

Sin embargo, las limitaciones del juez de amparo constitucional se deben al carácter restablecedor de la acción de amparo constitucional, lo que generalmente implica que esta institución no podrá ser utilizada para ejercer pretensiones constitutivas, es decir, para asignarle al peticionario un derecho que antes no tenía, o para indemnizarlo de los daños que haya podido sufrir por la actuación ilegítima del sujeto agraviante.

Resulta más conveniente que se utilicen otros procesos para reclamar los daños y perjuicios que pueda sufrir un determinado sujeto como producto de una violación constitucional, no sólo por el derecho de defensa del agraviante, sino también por el del accionante, quien seguramente tendrá más oportunidad de explicar y probar los perjuicios sufridos en un juicio más idóneo que el del amparo constitucional, evitando que su pretensión sea desechada fútilmente por falta de argumentación o demostración.

3. *Los poderes de ejecución de la Sala Constitucional en materia de amparo constitucional*

No es ningún secreto para nadie que el momento clave de la justicia es la ejecución del fallo, ya que es cuando el perdedor debe aceptar la decisión del tercero imparcial y proceder a cumplir lo ordenado. La ejecución es la hora de la verdad y muchas veces la conciencia jurídica de un país se mide cuando se ejecutan los fallos.

En este sentido, la *Ley Orgánica de Amparo* establece lo siguiente:

Artículo 29.- el Juez que acuerde el restablecimiento de la situación jurídica infringida ordenará, en el dispositivo del fallo de la sentencia, que el mandamiento sea acatado por todas las autoridades de la República, so pena de incurrir en desobediencia a la autoridad.

Artículo 30.- Cuando la acción de amparo se ejerciere con fundamento en violación de un derecho constitucional, por acto o conducta omisiva, o por falta de cumplimiento de la autoridad respectiva, la sentencia ordenará la ejecución inmediata e incondicional del acto incumplido.

Artículo 31.- Quien incumpliere el mandamiento de amparo constitucional dictado por el Juez, será castigado con prisión de seis (6) a quince (15) meses.

Adicionalmente, la misma Ley tipifica un delito especial para el caso en que el sujeto obligado decida no cumplir voluntariamente con el dispositivo del fallo (desacato). De hecho, como veremos más adelante en este mismo trabajo, la Sala Constitucional ha modificado su criterio de interpretación del artículo 31 de la *Ley Orgánica de Amparo,* dejándole al juez de amparo la posibilidad de determinar la existencia del delito de desacato, disponiendo la necesidad de que, antes de ejecutarse la pena, debe enviarse el expediente respectivo a la Sala Constitucional. Ello ha implicado un tipo de pretensión independiente ante esa Sala, sobre lo que volveremos *infra.*

Por otra parte, la Sala Constitucional ha establecido en su decisión N° 1962 del 7 de septiembre de 2004, que el mandamiento de amparo se ejecuta *inmediatamente,* so pena de incurrir en desacato, conforme con lo que establecen los artículos 29, 30, 31 y 32 de la *Ley Orgánica de Amparo.* Ahora bien, para concretar el poder de ejecución del fallo, no se dispone de una fórmula o catálogo especial para obligar al agraviante reticente.

Por ello, no puede más que privar el sentido común del juez (en este caso, la Sala Constitucional) a la hora de mover las piezas que sean necesarias para dar efectividad a sus decisiones. En definitiva, el juez de amparo dispone de las más amplias facultades para hacer cumplir, y a la mayor brevedad posible, lo sentenciado, incluso ordenando la intervención de la fuerza pública.

Por último, es importante resaltar, que la Sala Constitucional ha establecido la *extensión de los efectos de las sentencias* de amparo constitucional a otras personas que, aun no habiendo ejercido esta acción, se encuentren en la misma situación de víctima de violación del derecho constitucional[325]. De esta manera La Sala ha determinado que en ciertas acciones de amparo constitucional como en otras acciones de carácter general, si son declaradas con lugar, sus efectos se hacen extensibles a todos los que se encuentran en la misma e idéntica situación así no hayan sido partes en el proceso:

> Una de las características de algunas sentencias del ámbito constitucional es que sus efectos se apliquen a favor de personas que no son partes en un proceso, pero que se encuentren en idéntica situación a las partes, por lo que requieren de la protección constitucional, así no la hayan solicitado con motivo de un juicio determinado.
>
> Resulta contrario a la eficacia del proceso, a su idoneidad y a lo célere (expedito) del mismo, que sí las partes de un juicio obtienen una declaratoria de infracción constitucional de derechos que vulneran su situación jurídica, otras personas que se encuentran en idéntica situación y que han sufrido la misma infracción, no puedan gozar del fallo que restablezca tal situación jurídica de los accionantes, y tengan que incoar una acción cuya finalidad es que se reconozca la misma infracción, así como la existencia de la misma situación vulnerada y su idéntico restablecimiento, con el riesgo de que surjan sentencias contrarias o contradictorias.
>
> El restablecimiento de la situación jurídica, ante la infracción constitucional, tiene que alcanzar a todos lo que comparten tal situación y que a su vez son perjudicados por la violación, ya que lo importante para el juez constitucional, no es la protección de los derechos particulares, sino la enmienda de la violación constitucional, con el fin de mantener la efectividad y supremacía constitucional; y en un proceso que busca la

---

325 En la sentencia del caso *HAYDEE MARGARITA PARRA ARAUJO contra El Ministerio del Interior y Justicia* de fecha 17-12-2001 de la Sala Constitucional.

idoneidad, la efectividad y la celeridad, como lo es por excelencia el constitucional, resulta contrario a los fines constitucionales, que a quienes se les infringió su situación jurídica, compartida con otros, víctima de igual transgresión, no se les restablezca la misma, por no haber accionando, y que tengan que incoar otras acciones a los mismos fines, multiplicando innecesariamente los juicios y corriendo el riesgo que se dicten sentencias contradictorias.

CAPÍTULO QUINCE

OTRAS FACULTADES DE LA SALA CONSTITUCIONAL

Corresponde ahora revisar algunas otras competencias de la Sala Constitucional que no se encuentran expresamente mencionadas en el artículo 336 de la *Constitución*, sino que derivan de otras normas legales y/o de la propia jurisprudencia de la Sala Constitucional.

En este sentido, nos vamos a referir a i) la competencia de la Sala Constitucional para *resolver conflictos de competencia*; ii) para conocer de las *consultas obligatorias en materia de delitos de desacato*; y iii) las llamadas *acciones innominadas*.

I. RESOLUCIÓN DE CONFLICTOS DE COMPETENCIA

El numeral 7° del artículo 266 *Constitución* le otorgó a las distintas Salas del Tribunal Supremo de Justicia la competencia para resolver los conflictos de competencia que suelen surgir *entre los tribunales de sus respectivas jurisdicciones*, cuando no exista otro tribunal superior común a los juzgados en conflicto. En los mismos términos se desarrolla esta competencia, en el numeral 4° del artículo 31 de la *Ley Orgánica del Tribunal Supremo de Justicia*, el cual textualmente dispone que son competencias comunes de cada Sala del Máximo Tribunal, lo siguiente:

> Decidir los conflictos de competencia entre tribunales, sean ordinarios o especiales, cuando no exista otro tribunal superior y común a ellos en el orden jerárquico.

Se trata de una atribución que viene del artículo 71 del *Código de Procedimiento Civil*, donde se le daba esa competencia a la Corte Suprema de Justicia.

Resaltamos que debe tratarse de conflictos de competencia entre *tribunales de la misma jurisdicción* o donde existan Salas con competencia afín a los dos tribunales que han descartado el conocimiento del asunto[326]; pues si se trata de tribunales de jurisdicciones distintas, o donde no existe ninguna Sala con competencia común a ambos tribunales, el conocimiento del asunto corresponde a la *Sala Plena*, conforme a lo dispuesto en el numeral 3° del artículo 24 de la *Ley Orgánica del Tribunal Supremo de Justicia*, el cual le asigna a esta Sala la atribución de:

> Dirimir los conflictos de no conocer que se planteen entre tribunales de instancia con distintas competencias materiales, cuando no exista una Sala con competencia por la materia afín a la de ambos.

Combinando ambas normas tenemos entonces que la Sala Plena es la encargada de conocer los conflictos negativos de competencia, cuando los tribunales que han rechazado el conocimiento del asunto no tienen un tribunal superior o Sala con competencia común a ambos. Mientras que cuando exista una Sala superior a los tribunales en conflicto, será ésta la encargada de conocer el conflicto.

En este sentido, podemos mencionar la decisión dictada por la Sala Plena, en fecha 24 de octubre de 2022, caso: *Ana Calderón*, donde se señaló lo siguiente:

> Del análisis del expediente se desprende que el conflicto negativo de competencia surge entre el Tribunal Tercero de Primera Instancia en lo Civil, Mercantil y del Tránsito de la Circunscripción Judicial del Estado Bolivariano de Mérida, y el Juzgado Superior Estadal de lo Contencioso Administrativo de la Circunscripción Judicial del Estado Bolivariano de Mérida, lo que determina que los tribunales involucrados en el referido conflicto conocieron en distintos ámbitos de competencia (el primero en civil y el segundo en lo contencioso administrativo) de los cuales no conoce una sola Sala de este Al-

---

[326] Así, por ejemplo, si bien los tribunales de la jurisdicción contencioso-administrativa son distintos a los tributarios, si se plantea un conflicto entre ambos, el conocimiento del asunto corresponde a la Sala Político-Administrativa, al ser superior en ambas jurisdicciones.

to Tribunal que sea afín para los tribunales en conflicto, de manera que la Sala Plena es el órgano jurisdiccional competente para conocer en tal supuesto.

Con base a lo expuesto, esta Sala Plena, declara su competencia para conocer el conflicto negativo de competencia y decidir la regulación de competencia solicitada de oficio por el Juzgado Superior Estadal de lo Contencioso Administrativo de la Circunscripción Judicial del Estado Bolivariano de Mérida. Así se decide[327].

En cambio, según estas mismas disposiciones que hemos citado, la Sala Constitucional es la encargada de conocer los no poco frecuentes conflictos de competencia que se suscitan entre tribunales de distintas jurisdicciones en materia de *amparos constitucionales*. Ello, en virtud de que la Sala Constitucional es la última instancia en esta materia. Un buen ejemplo de este tipo de casos lo encontramos en la sentencia del 18 de agosto de 2022, caso: *Bobareña*, donde se expresó lo siguiente:

> En este sentido, la Constitución de la República Bolivariana de Venezuela, en su artículo 266, cardinal 7, establece como atribución del Tribunal Supremo de Justicia: *"Decidir los conflictos de competencia entre tribunales, sean ordinarios o especiales, cuando no exista otro tribunal común a ellos en el orden jerárquico"*. (...)
>
> A tal efecto se constata, que, entre el Juzgado Segundo de Primera Instancia en lo Civil, Mercantil y del Tránsito de la Circunscripción Judicial del Estado Lara y el Juzgado Primero

327 Es importante destacar que en fecha 1° de junio de 2022, la Sala Plena del Tribunal Supremo de Justicia dictó la Resolución número 2022-003, mediante la cual creó la Sala Plena Especial para conocer los conflictos de competencia que hayan surgido entre tribunales que no tienen un superior común y que pertenezcan a ámbitos competenciales distintos, siempre que sean análogos a casos sobre los cuales exista jurisprudencia de la Sala Plena Ordinaria. Con ello, se buscó darle mayor celeridad a la resolución de estos conflictos de competencia, mediante una Sala Especial integrada únicamente por 3 Magistrados de la Sala Plena. Las decisiones dictadas por esta Sala Especial deben ser en forma unánime, de manera que, si existe un voto salvado, el asunto debe ser resuelto entonces por toda la Sala Plena.

> de Primera Instancia de Juicio del Circuito Judicial del Trabajo de la Circunscripción Judicial del Estado Lara, no existe tribunal superior común en el orden jerárquico y el conflicto se ha planteado con ocasión de una acción de amparo constitucional
>
> Ahora bien, como quiera que, en el caso de autos, se planteó conflicto negativo de competencia entre los referidos juzgados, y siendo que esta Sala Constitucional es el superior común a ambos en materia de amparo, se declara competente para conocer y resolver dicho conflicto. Así se decide[328].

A la misma conclusión llega la decisión N° 680, dictada por la Sala Constitucional, en fecha 9 de junio de 2023, caso: *PDVSA*, donde se señaló:

> Ahora bien, en el caso de autos, la regulación oficiosa de competencia planteada por el Juzgado Superior en lo Civil y Contencioso-Administrativo de la Región Nor-Oriental no obedece a acción de amparo constitucional alguna, sino a una querella interdictal restitutoria incoada por la empresa P.D.V.S.A. PETRÓLEO Y GAS, S.A. (sucesora de MARAVEN, S.A.), actualmente PDVSA PETRÓLEO, S.A., filial de Petróleos de Venezuela S.A., e inscrita en el Registro Mercantil Segundo de la Circunscripción Judicial del Distrito Federal y estado Miranda, el 16 de noviembre de 1978, bajo el n° 26, Tomo 127-A Sgdo., y la sucesión Aray Lárez, proceso que fue conocido en primera instancia por el Juzgado Segundo de Primera Instancia en lo Civil, Mercantil, Agrario y Tránsito de la Circunscripción Judicial del estado Anzoátegui, que en fecha 19 de agosto de 2004, dictó decisión que, entre otros particulares ordenó la reposición de la causa, al estado de notificación de las partes del abocamiento de la Jueza Provisoria de ese Juzgado; y declaró asimismo nulas y sin efecto alguno todas y cada una de las actuaciones hechas con posterioridad al día 6 de Abril de 2.000, fecha en que se produjo el indicado abocamiento, fallo este que fue apelado, por una de las querelladas, siendo resuelto el referido recurso, en fecha 30 de junio de 2017, por el Juzgado Superior en lo Civil y Contencioso-

---

328 Véase, en los mismos términos, la sentencia del 14 de junio de 2022, caso: *Elizabeth Calderón*.

> Administrativo de la Región Nor-Oriental, considerando que el Tribunal Civil de Primera Instancia mencionado carecía de competencia, a tenor de lo previsto en el numeral 3 del artículo 7 de la Ley Orgánica de la Jurisdicción Contencioso Administrativa, en concordancia con el artículo 56 *eiusdem* (demandas de contenido patrimonial).
>
> En este caso, cabe señalar que erró el Juzgado Superior en lo Civil y Contencioso-Administrativo de la Región Nor-Oriental, al remitir la causa a esta Sala Constitucional de este Alto Tribunal de la República, toda vez que al no existir superior común entre un tribunal civil y uno contencioso administrativo, en juicio por querella interdictal restitutoria, le corresponde dirimir el Tribunal competente a la Sala Plena de este Supremo Tribunal, visto lo dispuesto en el numeral 3 del artículo 24 de la Ley Orgánica del Tribunal Supremo de Justicia, que prevé que es competencia de la Sala Plena: "[d]*irimir los conflictos de no conocer que se planteen entre tribunales de instancia con distintas competencias materiales, cuando no exista una Sala con competencia por la materia afín a la de ambos*", en concatenación con los artículos 70 y 71 del Código de Procedimiento Civil.
>
> En consecuencia, al ser incompetente esta Sala para resolver la regulación oficiosa de competencia declina el conocimiento de la misma en la Sala Plena de este Tribunal Supremo de Justicia. Así se decide.

Por otra parte, y conforme al numeral 13 del artículo 25 de la *Ley Orgánica del Tribunal Supremo de Justicia,* cuando el conflicto se plantea entre las distintas Salas o funcionarios del Tribunal Supremo de Justicia, el asunto le corresponde a la Sala Constitucional. Textualmente dispone esta norma:

> Resolver los conflictos de cualquier naturaleza que puedan suscitarse entre las Salas que integran el Tribunal Supremo de Justicia o entre las funcionarias o funcionarios del propio Tribunal, con motivo de sus funciones.

Es importante destacar que esta es una de las competencias que ponen en evidencia no solo la superioridad de la Sala Constitucional sobre la Sala Plena, sino hasta la posibilidad de considerarla como un Tribunal Constitucional ubicado en un peldaño superior al resto del Tribunal Supremo de Justicia. En efecto, hasta la *Ley Orgánica del Tribunal Supremo de Justicia* de 2004, la competencia para conocer los conflictos de competencia surgidos entre las Salas del Tribunal Supremo de Justicia le correspondía a la Sala Plena, conforme al numeral 7º del artículo 42 y artículo 43 de la *Ley Orgánica de la Corte Suprema de Justicia*.

De hecho, la Sala Plena llegó a resolver conflictos de competencia planteados entre la Sala Constitucional y otras Salas del Tribunal Supremo de Justicia, como lo demuestra la decisión del 2 de marzo de 2005, caso: *Universidad Nacional Abierta*, donde la Sala Plena resolvió un conflicto planteado entre la Sala Constitucional y la Político-Administrativa.

Sin embargo, y por razones de naturaleza política derivadas de los acontecimientos surgidos con relación al *referéndum* revocatorio del Presidente de la República que terminó realizándose en el año 2004[329], con la *Ley Orgánica del Tribunal Supremo de Justicia* se quiso, entre otras cosas, darle una mayor preponderancia a la Sala Constitucional, incluso por encima de la Sala Plena[330]. De allí, que, a partir de la entrada en vigencia de esta ley, le corresponde a la Sala Constitucional dirimir los conflictos de competencia que se susciten entre las Salas del Tribunal Supremo de Justicia o entre sus respectivos funcionarios.

Por último, es importante destacar que el artículo 145 de la *Ley Orgánica del Tribunal Supremo de Justicia* señala que esta facultad de la Sala Constitucional para decidir los conflictos de competencia entre las Salas no requiere de sustanciación, y por tanto el plazo para decidir es de 30 días de despacho. Sin embargo, esta disposición permite que la Sala, cuando lo juzgue pertinente, convoque a una audiencia con las partes involucradas y/o dicte autos para mejor proveer.

---

329 Véase sobre este tema, la obra colectiva, *La guerra de las Salas del Tribunal Supremo de Justicia frente al Referéndum Revocatorio*, Editorial Aequitas, Caracas, 2004.

330 De hecho, como expusimos en el capítulo referido al recurso extraordinario de revisión, una vez que entró en vigencia esta ley, la Sala Constitucional, mediante sentencia del 11 de marzo de 2005, caso: *Julián Rodríguez*, revisó y anuló una decisión de la Sala Plena, mediante la cual se determinó que no había méritos para enjuiciar a unos generales de las Fuerzas Armadas.

Por ello, la gran mayoría de estos conflictos de competencia se deciden sin ningún tipo de trámite o intervención de partes.

II. DESACATO DE MANDAMIENTOS DE AMPARO CONSTITUCIONAL

EL artículo 31 de la *Ley Orgánica de Amparo sobre Derechos y Garantías Constitucionales* consagra un ilícito penal destinado a castigar con prisión de 6 meses a 15 meses a quienes incumplieren un mandamiento de amparo constitucional.

La jurisprudencia anterior a la entrada en vigencia de la *Constitución*[331] e, incluso, la posición inicial de la Sala Constitucional[332] había entendido, en forma acertada en nuestro criterio, que en los casos en que se denunciara el incumplimiento de un mandamiento de amparo constitucional, debía iniciarse la investigación penal en el Ministerio Público, por lo que la determinación del ilícito y la imposición de la respectiva sanción penal le correspondía a los tribunales penales y nunca al propio tribunal que dictó el mandamiento de amparo constitucional incumplido. Ésta fue la interpretación de la Sala Constitucional y los demás tribunales de justicia por, al menos, más de una década.

Ello, en virtud que, al tratarse de la imposición de una pena privativa de la libertad, debe tramitarse el respectivo proceso penal, donde se salvaguarden todas las garantías del debido proceso. No vemos otra forma de interpretar esta disposición contenida en el artículo 31 de la *Ley Orgánica de Amparo sobre Derechos y Garantías Constitucionales*, sobre todo para hacerla compatible con el derecho al debido proceso, salvaguardado en el artículo 49 de la *Constitución*.

Nótese, que dentro del conjunto de garantías procesales previstas en el artículo 49 de la *Constitución* se encuentra el derecho "a ser notificada de los cargos por los cuales se le investiga; de acceder a las pruebas y de disponer del tiempo y de los medios adecuados para ejercer su defensa"; además del derecho que tiene toda persona declarada culpable a "recurrir del fallo".

---

331 Véase sentencias de la Sala Político-Administrativa del 7 de noviembre de 1995: caso: *Rafael Rivas* y del 11 de marzo de 1999: caso: *Ángel Navas*.

332 Véase sentencia N° 895 dictada por la Sala Constitucional, en fecha 31 de mayo de 2001, caso: *Aracelis Urdaneta*.

Sin embargo, en una de las decisiones más cuestionables de la historia de la Sala Constitucional, se dio un peligroso vuelco a esta interpretación del artículo 31 de la *Ley Orgánica de Amparo sobre Derechos y Garantías Constitucionales*, para atender, lamentablemente, a problemas de naturaleza política. En efecto, a raíz de la grave crisis política que atravesaba el país en el año 2014, donde se realizaron decenas de manifestaciones populares en las calles de todo el país; la Sala Constitucional conoció de unas demandas de protección de derechos colectivos y difusos dirigidas contra algunos Alcaldes, en las cuales dictó unas medidas cautelares bastante genéricas y hasta imprecisas, tendientes a ordenarles garantizar la circulación sin restricciones por las vías públicas y libres de escombros y desechos. En definitiva, con esas medidas cautelares la Sala Constitucional obligaba a los Alcaldes a evitar que la gente siguiera protestando en las calles, lo que, en cierta forma, era un mandamiento muy difícil de cumplir, sobre todo, frente a la ausencia de la fuerza pública.

Pues bien, luego de dictar esas medidas cautelares, y frente a la denuncia del incumplimiento del mandamiento cautelar, la Sala entró a conocer directamente del delito de desacato, ordenando la condena a prisión de algunos Alcaldes, y hasta su inhabilitación política, como pena accesoria, conforme al artículo 16 del *Código Penal*.

Para justificar este drástico cambio jurisprudencial, la Sala Constitucional, en sentencia N° 245 del 9 de abril de 2014, caso: *Vicencio Scarano,* consideró lo siguiente:

> Con relación al ilícito descrito en el artículo 31 de la Ley Orgánica de Amparo sobre Derechos y Garantías Constitucionales, esta Sala, en algunas decisiones (*vid.* Nros. 74 del 24 de enero de 2002 y 673 del 26 de marzo de 2002), le ha dado el tratamiento que se le da a los ilícitos penales (aun cuando ni la Constitución, ni esa ley, ni ninguna otra, le atribuye tal carácter), en el sentido de que, al advertir el desacato, ordenaba oficiar al Ministerio Público para que investigara si se cometió o no el desacato y, si así lo estimare, acusara ante la jurisdicción penal o, en su defecto, solicitara el sobreseimiento de la causa o archivara el expediente. Actuación que se desplegaba aun a pesar de haber podido comprobar el hecho del desacato por notoriedad comunicacional o por medios de prueba que constaban en la causa.

No obstante, siendo que el devenir jurisprudencial de la Sala se corresponde con el ordenamiento jurídico como fuente primaria y elemental del Derecho, el criterio anterior ha ameritado una verificación a los fines de que su sustento se adapte, armónica e integralmente, a los dispositivos legales que se han incorporado a dicho ordenamiento en los últimos tiempos.

En efecto, debe tenerse presente que la acción que fue admitida por esta Sala se corresponde con la naturaleza de demanda de protección de derechos e intereses colectivos, cuya tramitación está regulada expresamente en la Ley Orgánica del Tribunal Supremo de Justicia que entró en vigencia el 1° de octubre de 2010, en la cual se concibe la plena compatibilidad de la figura del amparo cautelar como medida expedita, orientada a contener las líneas que la Sala estime más precisas e idóneas para la protección esencial de los derechos colectivos que se reputen en amenaza de vulneración.

De allí que no puede permanecer estática la doctrina de esta Sala, cuando las normas contemplan modificaciones vinculantes para los criterios que ella contiene, máxime cuando en la Ley Orgánica de Amparo sobre Derechos y Garantías Constitucionales no está contemplado procedimiento alguno para la valoración preliminar del posible incumplimiento de un mandamiento de amparo a efectos de su remisión al órgano competente.

Ello, adminiculado a que conforme a lo señalado en el artículo 98 de la Ley Orgánica del Tribunal Supremo de Justicia (2010), cuando en el ordenamiento jurídico no se preceptúe un proceso especial a seguir, se aplicará el que exclusivamente las Salas de este Alto Tribunal juzguen más conveniente para la realización de la justicia, siempre que tenga fundamento legal.

Es así que, tal como esta Sala lo señaló en su decisión N° 138 del 17 de marzo de 2014, para determinar el presunto incumplimiento al mandamiento de amparo cautelar decretado, se estableció que el procedimiento que más se adecua para la consecución de la justicia en el caso de autos es el estipulado para el amparo constitucional, por lo que, de conformidad con lo dispuesto en el artículo 26 de la Ley Orgánica de Amparo sobre Derechos y Garantías Constitucionales, convocó al ciudadano Vicencio Scarano Spisso, Alcalde del Municipio San Diego del Estado Carabobo; y al ciudadano Salvatore

Lucchese Scaletta, Director General de la Policía Municipal de San Diego del Estado Carabobo, para que expusieran los argumentos que a bien tuvieren en su defensa.

Ahora bien, el objeto del referido procedimiento se vincula a la verificación del supuesto incumplimiento del mandato devenido de un amparo cautelar que fue dictado por esta Sala Constitucional, máxima instancia de la jurisdicción constitucional, habida cuenta de la ocurrencia de un hecho notorio y comunicacional que reveló, aun preliminarmente, la actitud evasiva en el acatamiento de sus órdenes, por parte de los ciudadanos Vicencio Scarano Spisso y Salvatore Lucchese Scaletta.

Aunado a la entrada en vigor de la Ley Orgánica del Tribunal Supremo de Justicia que entró en vigencia el 1° de octubre de 2010, fecha posterior a la de los referidos y contados criterios jurisprudenciales de esta Sala en la materia aludida, sobre la base de los principios de favorabilidad, de los valores superiores de la justicia y la preeminencia de los derechos humanos, reconocidos en el artículo 2 de la Constitución de la República Bolivariana de Venezuela (texto fundamental posterior a la ley que contempla el ilícito en cuestión), esta Sala considera que ese no es el tratamiento jurídico que debe dársele al referido ilícito.

Al respecto, corresponde tener en cuenta que esa norma sancionatoria (1) está ubicada en una ley de protección de derechos y garantías constitucionales que carece de carácter penal, (2) en la que no existe un aparte dedicado a ilícitos penales, (3) en la que ni esa disposición sancionatoria ni ningún otro precepto del ordenamiento jurídico la califica como tal y (4) en la que no se indica la autoridad judicial que impondría la sanción ni el procedimiento para ello, además de que (5) existen normas y sanciones similares en el sistema legal patrio que también protegen la correcta marcha de la administración de justicia (entre otros bienes e intereses jurídicos) y que aplica directamente el juez o jueza que lleva el proceso o que ha dictado un mandato (como ocurre en el presente asunto), con independencia de la competencia material del mismo (como la prevista en el artículo 28 de la misma Ley Orgánica de Amparo sobre Derechos y Garantías Constitucionales, entre otras, *vid. Infra*), además de distintas características objetivamente comprobables que sustentan lo aquí afirmado y que serán explicitadas de seguidas.

Otra razón que abona por un tratamiento jurídico integral, eficaz y ajustado al ordenamiento jurídico vigente, en correspondencia con el Texto Fundamental (en particular, sus artículos 26, 27 y 257), de la norma prevista en el artículo 31 de la Ley Orgánica de Amparo sobre Derechos y Garantías Constitucionales, tiene que ver con su cardinal importancia para garantizar el cumplimiento de las decisiones jurisdiccionales y, sobre todo, las que dicte este Máximo Tribunal de la República, en tutela de intereses y derechos constitucionales (que, en definitiva y en general, son derechos constitucionales y humanos contenidos en instrumentos internacionales sobre la materia), individuales y colectivos; además de la proporcionalidad de la sanción en relación a otras normas del sistema jurídico (*vid. Infra*).

En ese orden de ideas, debe advertirse que no toda norma que contenga sanciones restrictivas de la libertad es necesariamente una norma penal, tal como lo ha reconocido esta Sala en su jurisprudencia reiterada y pacífica. En efecto, este Máximo Tribunal de la República ha sostenido la constitucionalidad de varias disposiciones que permiten a los jueces y juezas que, en ejercicio de su potestad ordenadora de los procesos jurisdiccionales, apliquen las sanciones previstas en las leyes correspondientes. Ejemplos de esas normas se encuentran los artículos 24 y 98 del Código de Procedimiento Civil, 28 de la Ley Orgánica de Amparo sobre Derechos y Garantías Constitucionales, 92 y 93 de la Ley Orgánica del Poder Judicial y 42, 48, 170 y 178 de la Ley Orgánica Procesal del Trabajo, los cuales le ordenan a los jurisdicentes a imponer sanciones, inclusive de arresto (que hoy día, materialmente hablando, no reporta mayores diferencias con la prisión, tal y como se apreciará en los párrafos que siguen), en contra de algunos intervinientes que, en los diversos procesos judiciales actúen, de mala fe, temerariamente o, en fin, de manera contraria a la ética positivizada en la ley.

Así pues, aun cuando esas normas contemplan arresto, no quiere decir que por esa razón los anteriores sean tipos penales y, por tanto, deba intervenir todo el sistema penal (contrariando la voluntad del legislador plasmada en la ley y el principio de *ultima ratio* intervención penal), sino que, por el contrario, en tales supuestos, la sanción contenida en aquellas debe ser impuesta por el juez o jueza correspondiente (no necesariamente penal, así, la prevista en el artículo 28 de la Ley Orgánica de Amparo sobre Derechos y Garantías Constitucionales, es imponible por el juez actuando en ejercicio de la jurisdicción constitucional, mientras que las señaladas en los artículos 42, 48, 170 y 178 de la Ley Orgánica Procesal del Trabajo, son aplicables por los jueces laborales, y las dispuestas en los artículos 92 y 93 de la Ley Orgánica del Poder Judicial, por cualquier juez o jueza de la República).

Al respecto, es importante señalar que incluyendo la Ley Orgánica Procesal del Trabajo (que de las leyes anteriormente mencionadas es la única ulterior a la Constitución de la República Bolivariana de Venezuela), ninguna de esas normas sancionatorias están acompañadas de un proceso de adscripción de la responsabilidad por tales ilícitos, sino que presuponen la imposición inmediata de la sanción por parte del juez natural, es decir, el juez o jueza que advierta la actuación atentatoria a la jurisdicción y a los derechos que ella pretende salvaguardar, amparada en el artículo 253 constitucional, como ocurre en el presente asunto (circunstancia que fue estimada contraria a garantías judiciales por parte de esta Sala, lo que determinó, al igual que el presente caso, la aplicación de un procedimiento para tutelar los derechos a la defensa y al debido proceso consagrados en el artículo 49 *eiusdem* -vid. *Infra*-).

En idéntico orden de ideas, el Derecho Comparado ha sostenido que "no pertenecen al Derecho Penal, sino al Derecho Público en sentido estricto, aquellos preceptos que conminan la conducta antinormativa con otras sanciones distintas de las del Derecho criminal. Así (...) las sanciones que se imponen por desobediencia o conducta indebida ante un tribunal tampoco son penas en el sentido del Derecho Criminal, aunque consistan en privación de la libertad. Por eso el legislador respecto de esas que antes denominaba 'penas de orden' para evitar malos entendidos hoy habla tan solo de 'medios de orden' (...)" (Roxin, Claus. *Derecho Penal. Parte General.* Editorial Civitas S.A. 1997. p. 43-44).

Asimismo, ya desde una perspectiva criminológica y de política pública antidelictiva, debe apuntarse que el tratamiento que hasta ahora se le ha dado al artículo 31 de la Ley Orgánica de Amparo sobre Derechos y Garantías Constitucionales, y, en fin, su consideración actualmente anacrónica como norma "penalmente" relevante, ha dejado prácticamente inoperante esa disposición legal cuya sanción, en relación al ámbito penal en el cual aun hoy algunos la han pretendido encasillar, es sustancial y desproporcionalmente limitada, de caras a la gravedad del hecho que describe y al tratamiento procesal penal (el cual ha mermado, casi por completo, la fuerza coercitiva que tenía en otros momentos y antes de varias reformas sustantivas y procesales), y, por tanto, a la protección de los derechos fundamentales y de su tutela a través de sus definitorios y máximos garantes: los jueces y juezas, en especial, de los magistrados y magistradas del más Alto Tribunal de la República, árbitro conclusivo de los conflictos sociales, entre particulares, entre otros órganos del Estado y entre estos últimos.

En fin, la intervención penal, al menos hoy día, sería ineficaz en el caso del desacato de amparo, circunstancia que justifica la presencia de tal ilícito en una ley no penal (la Ley Orgánica de Amparo sobre Derechos y Garantías Constitucionales), en un aparte referido al procedimiento de amparo (justamente para garantizar su eficacia en uno de los ámbitos jurídicos más importantes: el amparo a los derechos y garantías individuales, colectivas o difusas), y que a pesar de las reformas del Código Penal y de otras leyes y normas indiscutiblemente penales, no se haya incluido en ellas, sino que siga manteniéndose en la referida ley, concretamente en el Título referido al "procedimiento" de amparo constitucional (cuya máxima instancia es este Máximo Tribunal), y ni siquiera en un título referido a sanciones o ilícitos penales (que no existe en la misma), razón por la cual, el procedimiento aquí establecido es el que debe seguirse para verificar el desacato al amparo constitucional previsto en el artículo 31 de la Ley Orgánica de Amparo sobre Derechos y Garantías Constitucionales, y, de ser el caso, imponer la sanción prevista en ese artículo.

En ese caso, y frente a una denuncia de desacato del mandamiento de amparo cautelar, en el propio expediente llevado por la Sala Constitucional, se convocó a una "*audiencia constitucional*" para escuchar los argumentos del presunto infractor, quien tuvo solo esa intervención oral para hacer valer sus argumentos de hecho y de derecho y presentar sus pruebas. Y luego de culminada la intervención de las partes, la Sala Constitucional condenó a este Alcalde a la pena de prisión de 10 meses y 15 días. Como vemos, se trata de un proceso penal que duró sólo un par de horas, es decir, lo que duró la "*audiencia constitucional*".

Pues bien, no queremos extendernos más en nuestra contundente crítica a tan peligrosa y cuestionable decisión, pero es lo cierto que, a raíz de este cambio de criterio, muy pronto los tribunales de instancia comenzaron a tramitar denuncias de desacato, con el riesgo de imponer, en cuestión de horas, penas privativas de libertad. Y es frente al riesgo de imposiciones de penas privativas de libertad, sin juicio, por parte de tribunales de instancia, que la Sala Constitucional decidió atribuirse una nueva competencia para conocer de las denuncias de desacato.

Así, en una primera decisión de fecha 18 de junio de 2019, caso: *Joe Taouk*, la Sala Constitucional a través de un *Obiter Dictum* dispuso claramente que los jueces de instancia no podían determinar el desacato, sino a todo evento enviar el expediente en consulta a la Sala Constitucional, a los fines de que fuese esta la que determinase la existencia del delito, y de ser el caso, la imposición de la pena. Textualmente expresó la Sala:

> V
> OBITER DICTUM
>
> Esta Sala, por notoriedad judicial ha venido detectando graves errores, excesos y desatinos por parte de algunos órganos jurisdiccionales, al momento de tener que decidir sobre las denuncias de incumplimiento o desacato de los mandamientos de amparo que han dictado, asunto in extremis delicado, debido a que de ello depende la imposición de una sanción privativa del derecho constitucional a la libertad del justiciable, como lo es la prisión de seis (6) a quince (15) meses, a que se refiere el artículo 31 de la Ley Orgánica de Amparo sobre Derechos y Garantías Constitucionales.
>
> Es por ello que, en esta ocasión, esta Sala Constitucional estima necesario incluir una variante en el criterio jurisprudencial sentado en sentencia N° 245, del 9 de abril de 2014, caso: Salas & Agentes Aduaneros Asociados, C.A. y otros contra Vicencio Scarano Spisso, en lo que atañe al procedimiento para dilucidar las denuncias de desacato a mandamientos de amparo.

Para ello, se ha tomado en consideración la importancia del desacato y su influencia respecto del cumplimiento de las decisiones jurisdiccionales dictadas en materia de amparo constitucional, así como el carácter dinámico de la jurisprudencia, todo ello, con el objeto de evitar el uso indebido de la aludida institución.

Así pues, lo que se persigue no es más que el impedir que la institución del desacato pueda ser empleada como mecanismo de presión, amenaza, coacción o apremio, bien sea, por parte de los justiciables, o de los propios operadores de justicia.

La modificación en cuestión encuentra su justificación, además, en la búsqueda y obtención de una justicia más idónea, transparente, autónoma, independiente, responsable, equitativa, sin formalismos o reposiciones inútiles, con el objeto de garantizar, en definitiva, la supremacía y efectividad de las normas y principios constitucionales, así como su uniforme interpretación y aplicación.

Es por ello que, a partir de la publicación del presente fallo en la Gaceta Oficial de la República Bolivariana de Venezuela, y en la Gaceta Judicial, se establece con carácter vinculante que las denuncias de incumplimiento o desacato de mandamientos de amparo constitucional dictados por cualquier tribunal de la República han de ser sometidas al conocimiento previo de esta Sala Constitucional del Tribunal Supremo de Justicia.

De tal forma que, ante la manifestación de incumplimiento o desacato del mandamiento de amparo constitucional, el tribunal que esté conociendo de la causa deberá, de manera inmediata, remitir a esta Sala Constitucional el expediente contentivo de la acción de amparo ejercida, junto con la denuncia de incumplimiento o desacato que se haya realizado, debiendo esta Sala -en un lapso perentorio de sesenta (60) días continuos- dictaminar sobre la viabilidad del mismo, para lo cual deberá emitir una decisión muy sucinta en términos de verosimilitud y no de plena certeza, a modo de controlar, prima facie, su fundabilidad.

En caso de que la decisión de la Sala sea favorable o proclive a que se le dé cause o trámite a la denuncia, devolverá el expediente al tribunal de la causa, ante el cual se instruirá el procedimiento correspondiente, de acuerdo con los parámetros establecidos en la citada sentencia N° 245, del 9 de abril de 2014, lo que implica la consulta per saltum de la decisión que declare el desacato e imponga la sanción prevista en el artículo 31 de la Ley Orgánica de Amparo sobre Derechos y Garantías Constitucionales, caso contrario, se declarará concluido el procedimiento con la consecuente orden de cierre del expediente y envío del mismo al tribunal de la causa.

Se deja claro que tal pronunciamiento no será necesario en aquellos casos en los que sea esta Sala Constitucional la competente para dilucidar la denuncia de incumplimiento o desacato del mandamiento de amparo, en cuyo caso deberá aplicarse, sin más, el procedimiento establecido en la mencionada sentencia N° 245, del 9 de abril de 2014"

Posteriormente la misma Sala Constitucional cambió de criterio, estableciendo un nuevo procedimiento para tramitar y conocer las denuncias de desacato. Así, en de fecha 2 de agosto de 2022, caso: *Yornis Rondón*, se dispuso lo siguiente:

OBITER DICTUM

Una reflexión detenida de los lineamientos dictados por este órgano jurisdiccional en materia de ejecución de mandamientos de amparo constitucional, concretamente de los parámetros establecidos cuando la parte presuntamente agraviada denuncia el incumplimiento o desacato de tales órdenes, obligan a la Sala a abandonar el criterio acogido en sentencia N° 145 de fecha 18 de junio de 2019, caso: "Joe Taouk Jajaa", según la cual se estableció con carácter vinculante la obligación de todos los Tribunales de la causa de remitir de manera inmediata el expediente contentivo de la acción de amparo ejercida, junto con la denuncia de desacato que se hubiere efectuado, con el objeto de que este órgano jurisdiccional dictaminara sobre la viabilidad de la misma de forma sucinta.

En la actualidad, han variado las circunstancias que originaron la variante jurisprudencial, encontrándose la Sala que esa primera consulta obligatoria con la cual se pretendió garantizar la búsqueda de una justicia idónea, transparente, autónoma, independiente, responsable, equitativa y sin formalismos o reposiciones inútiles pudo haber generado retardos y dilaciones procesales que amenazaron la celeridad procesal, la brevedad y la eficacia de este medio extraordinario de protección de los derechos fundamentales. En efecto, tal consulta no solo impone a las partes la necesidad de trasladarse a la ciudad de Caracas para darle seguimiento a la causa, con los gastos adicionales que ello ocasiona, sino que representa la postergación de la orden de ejecución del amparo, lo cual no resulta acorde con los principios constitucionales de celeridad y economía procesal ni con el derecho a la tutela judicial efectiva.

Asimismo, debe indicarse que con la instauración de dicha consulta se pretendía impedir que el procedimiento de desacato pudiera ser empleado como mecanismo de presión, amenaza, coacción o apremio; sin embargo, de acuerdo con el criterio vinculante contenido en la sentencia de esta Sala N° 245 del 9 de abril de 2014, toda decisión judicial que declare el desacato e imponga la sanción de prisión establecida en el artículo 31 de la Ley Orgánica de Amparo sobre Derechos y Garantías Constitucionales, debe ser remitida para su consulta a este órgano jurisdiccional antes de ser ejecutada, por lo que la remisión previa de las copias certificadas del expediente contentivo de la acción de amparo ejercida, junto con la denuncia de incumplimiento que se haya realizado pierde sentido.

Con base en ello, esta Sala abandona el criterio establecido con carácter vinculante en sentencia N° 145 de fecha 18 de junio de 2019, por lo que a partir de la publicación del presente fallo en la Gaceta Oficial de la República Bolivariana de Venezuela y en la Gaceta Judicial, los Tribunales que conozcan las denuncias de incumplimiento o desacato de los mandamientos de amparo constitucional conforme el artículo 31 de la Ley Orgánica de Amparo sobre Derechos y Garantías Constitucionales no deben remitir a esta Sala el expediente para su consulta, manteniéndose vigente los criterios establecidos en sentencias números 138 de fecha 17 de marzo de 2014, referido a la convocatoria de una audiencia constitucional para determinar si hubo o no desacato, y 245 del 9 de abril de 2014, contentivo de la obligación de remitir en consulta per saltum a esta Sala Constitucional, copia certificada de la decisión que declare el desacato e imponga la sanción prevista en el artículo 31 *eiusdem*, antes de proceder a su ejecución.

> De igual forma, vista la naturaleza de orden procesal del presente fallo y lo dispuesto en el artículo 24 de la Constitución de la República Bolivariana de Venezuela, a partir de la publicación de esta decisión, todas las causas que cursen ante esta Sala Constitucional deberán ser remitidas a la brevedad a los Tribunales de la causa mediante auto en el cual no se examinará la favorabilidad a trámite de la denuncia de desacato que establecía la sentencia N° 145 del 18 de junio de 2019; en consecuencia, tales autos deben ordenar la continuación del procedimiento de ejecución del mandamiento de amparo constitucional conforme los criterios previstos en las sentencias números 138 y 245 de fechas 17 de marzo y 9 de abril de 2014, respectivamente.
>
> Por último, esta Sala Constitucional, en ejercicio de la atribución conferida en el artículo 204, numeral 4 de la Constitución de la República Bolivariana de Venezuela en concordancia con el artículo 25, numeral 23 de la Ley Orgánica del Tribunal Supremo de Justicia, ordena remitir copia certificada del presente fallo a las Diputadas y Diputados a la Asamblea Nacional de la República Bolivariana de Venezuela a los fines de que consideren la pertinencia de discutir una posible reforma del Título IV de la Ley Orgánica de Amparo sobre Derechos y Garantías Constitucionales, específicamente en lo relativo al procedimiento de ejecución de sentencias.

Como vemos, la Sala Constitucional abandonó su criterio vinculante, expuesto en la sentencia de fecha 18 de junio de 2019, en donde se establecía que la determinación del desacato debía realizarlo la propia Sala Constitucional, previa remisión de los autos por parte del tribunal respectivo. Pero a partir del fallo de fecha 2 de agosto de 2022 se retoma la posición inicial de que el propio juez encargado de la ejecución del mandamiento de amparo es quien debe realizar la audiencia oral, destinada a determinar la existencia del hecho punible, y de ser el caso, imponer la pena privativa de la libertad.

Lo que establece el criterio actualmente vigente es que, una vez que un juez de amparo ha considerado la existencia del delito de desacato, e impuesta una pena privativa de libertad, debe entonces, *antes de ejecutar la pena*, enviar el expediente a la Sala Constitucional, en una especie de consulta obligatoria previa, para que ésta confirme o revoque la condena impuesta por el juez de amparo. En caso que el juez de amparo que tramitó el asunto determine que no se cometió el delito de desacato no es necesario el envío en consulta obligatoria del expediente. Quedará disponible, de ser el caso, la apelación en contra de esa decisión, así como los recursos extraordinarios disponibles.

Frente a esta consulta obligatoria, la Sala Constitucional ha venido exigiendo la remisión de la totalidad del expediente donde se tramitó la acción de amparo constitucional, en ambas instancias, y donde conste expresamente el trámite de la "*audiencia constitucional*" donde se haya determinado la existencia del delito de desacato. Igualmente, requiere el respectivo "*CD*" contentivo de la reproducción de la audiencia de desacato, así como el resto de los antecedentes que considere pertinentes[333].

En conclusión, esta nueva competencia de la Sala Constitucional consiste en conocer en *consulta obligatoria inmediata*, cualquier decisión donde algún tribunal del país haya declarado con lugar una solicitud de desacato frente a un mandamiento de amparo constitucional y haya impuesto una pena privativa de la libertad. Antes de ejecutarse la pena, el tribunal debe remitir todos los autos relevantes a la Sala Constitucional, a los fines de que esta revise tan delicado asunto y determine si se confirma o no la pena impuesta.

En cuanto al procedimiento ante la Sala Constitucional, hasta ahora la Sala Constitucional ha venido resolviendo estas consultas en forma *inaudita alteram parte*, es decir, sin ningún tipo de intervención de las partes que participaron en el proceso de amparo constitucional que dio lugar a la declaratoria de desacato.

Ya hemos señalado que estamos en absoluto desacuerdo con la tramitación de estas "*incidencias*" de desacato en forma expedita y ante tribunales ajenos a la jurisdicción penal; pero vista la posición vinculante de la Sala Constitucional consideramos que, al ser un asunto extremadamente delicado, como lo es la imposición de una pena privativa de la libertad, las partes, y sobre todo la persona que ha sido condenada a la pena de prisión, debe tener la oportunidad de presentar sus alegatos y pruebas ante la Sala Constitucional. Por ello, la Sala debería determinar cuál es el procedimiento aplicable para conocer de estas consultas obligatorias, donde se tenga la oportunidad de hacer valer todas las garantías del debido proceso.

---

333 Véase, entre otras, sentencia de la Sala Constitucional de fecha 9 de junio de 2023, caso: *Yaumel Vásquez*.

Recordemos que, para la imposición de la pena privativa de la libertad ante el tribunal encargado de la ejecución del amparo, solo se requiere de una audiencia constitucional, lo que luce insuficiente para permitir todas las garantías del debido proceso que deben acompañar a los procesos penales. Por ello, consideramos que también en esta consulta obligatoria debe permitirse la posibilidad de presentar argumentos y pruebas, en descargo del delito al que ha sido condenado el presunto contumaz.

En cuanto a los efectos de la decisión, es importante precisar que en los casos donde la Sala Constitucional ha impuesto la pena privativa de la libertad ha encargado a los Tribunales de Primera Instancia en función de Ejecución del respectivo circuito judicial, todo lo concerniente a la determinación del sitio de reclusión y todo lo atinente a la ejecución de la sentencia dictada[334]. Por ello, son los tribunales penales los que deben lidiar con cualquier incidente relacionado con la reclusión del condenado, la ejecución de la pena, los beneficios procesales, etc.

III. ACCIONES INNOMINADAS

Finalmente, es importante destacar que en algunas ocasiones la Sala Constitucional ha considerado que la pretensión de los demandantes no encuadra en ninguna de las acciones típicas previstas en nuestro ordenamiento jurídico constitucional. De allí, que ha considerado el asunto como una "*acción innominada*" y ordenado su tramitación a través del procedimiento que ha considerado más compatible con el tipo de solicitud.

Así, la primera oportunidad en que se utilizó esta figura de las "*acciones innominadas*" fue con ocasión de la impugnación del fallo dictado por la Corte Interamericana de Derechos Humanos, en el caso; *Leopoldo López*, donde se condenó al Estado Venezolano por violación de los derechos políticos del demandante.

---

334 Sentencia dictada por la Sala Constitucional, el 11 de noviembre de 2014 caso: *Vicencio Scarano.*

Se trató de una demanda presentada por el Procurador General de la República, con la cual se pretendía declarar "inejecutable e inconstitucional la sentencia de la Corte Interamericana de Derechos Humanos del 1 de septiembre de 2011"[335].

A raíz de esa solicitud, la Sala Constitucional, en sentencia del 17 de octubre de 2011, caso: *Procurador General de la República*, sostuvo lo siguiente:

> A juicio de esta Sala, la parte actora no pretende la "nulidad" de la Convención Americana de Derechos Humanos ni del fallo de la Corte Interamericana de Derechos Humanos, por lo que el recurso de nulidad como mecanismo de control concentrado de la constitucionalidad no resulta el idóneo.
>
> Tampoco se trata de una colisión de leyes, pues de lo que se trata es de una presunta controversia entre la Constitución y la ejecución de una decisión dictada por un organismo internacional fundamentada en normas contenidas en una Convención de rango constitucional, lo que excede los límites de ese especial recurso, pues la presunta colisión estaría situada en el plano de dos normas de rango constitucional.
>
> En definitiva, del estudio pormenorizado de la solicitud se evidencia que la misma está dirigida a ejercer un "control innominado de constitucionalidad", por existir una aparente antinomia entre la Constitución de la República Bolivariana de Venezuela, la Convención Interamericana de Derechos Humanos, la Convención Americana contra la Corrupción y la Convención de las Naciones Unidas contra la Corrupción, producto de la pretendida ejecución del fallo dictado el 1 de septiembre de 2011, por la Corte Interamericana de Derechos Humanos (CIDH), que condenó a la República Bolivariana de Venezuela a la habilitación para ejercer cargos públicos al ciudadano Leopoldo López Mendoza, lo que amerita que esta

---

335 Véase, al respecto, BREWER-CARÍAS, Allan R., "Comentario sobre la Extraña "Acción Innominada de Control de Constitucionalidad" Ejercida contra las Sentencias de la Corte Interamericana de Derechos Humanos, según la Jurisprudencia de la Sala Constitucional del Tribunal Supremo de Justicia de Venezuela", en obra colectiva coordinada por Gerardo Eto, para el Año Centenario de Machu Pichu para el mundo, Lima 2012.

Sala en ejercicio de su condición de último interprete de la Constitución, realice el debido control de esas normas de rango constitucional y pondere si con la ejecución del fallo de la CIDH se verifica tal confrontación

Al respecto, debe esta Sala determinar el alcance de la acción de control constitucional en nuestro ordenamiento jurídico, para luego analizar el régimen de competencia, la admisibilidad y, en el supuesto de que fuera admitida, el procedimiento aplicable.

En tal sentido, se observa:

La Sala Constitucional, en la oportunidad de conocer sobre la conformidad constitucional del fallo de la Corte Interamericana de Derechos Humanos (CIDH) -Caso: Corte Primera de lo Contencioso Administrativo-, asumió la competencia con base en la sentencia 1077/2000 y según lo dispuesto en el cardinal 23 del artículo 5 de la Ley Orgánica del Tribunal Supremo de Justicia de 2004.

Dicho cardinal establecía que era competencia de la Sala Constitucional: "Conocer de las controversias que pudieran suscitarse con motivo de la interpretación y ejecución de los Tratados, Convenios o Acuerdos Internacionales suscritos y ratificados por la República. La sentencia dictada deberá ajustarse a los principios de justicia internacionalmente reconocidos y será de obligatorio cumplimiento por parte del Estado venezolano".

En dicha oportunidad, esta Sala Constitucional concluyó que la solicitud formulada por la Procuraduría General de la República no podía encuadrarse en un recurso de nulidad, pues no se trataba de una acción de nulidad de un acto en ejecución directa de la Constitución y tampoco se trataba de una colisión de leyes.

Ahora bien, la argumentación de la Sala Constitucional para asumir la competencia para conocer de la conformidad constitucional de un fallo dictado por la Corte Interamericana de Derechos Humanos ha sufrido un cambio con la aprobación de la nueva Ley Orgánica del Tribunal Supremo de Justicia de 2010.

En efecto, no está incluido en el nuevo texto legal ningún cardinal cuya redacción aluda al contenido del antiguo artículo 5.23 de la Ley de 2004. Si se observa el artículo 25 de la Ley de 2010, contentivo de las competencias de la Sala Constitucional, no se advierte ningún dispositivo que haga referencia al conocimiento y resolución de las controversias suscitadas con motivo de la interpretación y ejecución de las convenciones internacionales.

Ciertamente, el numeral 17 del artículo 25 de la nueva ley pauta que corresponde a esta Sala "conocer de la demanda de interpretación de normas y principios que integran el sistema constitucional".

Pero lo que se está solicitando no es la interpretación de una *"norma o principio"*, sino el análisis de la conformidad constitucional de un fallo de un tribunal de derecho internacional público cuya ejecución se pretende en nuestro país.

Ahora bien, es criterio de esta Sala Constitucional que, al no existir disposición expresa que contemple esta modalidad de control concentrado de la constitucionalidad, lo pertinente es invocar la sentencia N° 1077/2000, la cual sí prevé esta razón de procedencia de interpretación constitucional, a los efectos de determinar el alcance e inteligencia de la ejecución de una decisión dictada por un organismo internacional con base en un tratado de jerarquía constitucional, ante la presunta antinomia entre la Convención Interamericana de Derechos Humanos y la Constitución Nacional. El fundamento de esta competencia se complementa con lo previsto en el artículo 335 de la Constitución que a la letra dice: *"El Tribunal Supremo de Justicia garantizará la supremacía y efectividad de las normas y principios constitucionales; <u>será el máximo y último intérprete de la Constitución y velará por su uniforme interpretación y aplicación</u>. Las interpretaciones que establezca la Sala Constitucional sobre el contenido o alcance de las normas y principios constitucionales son vinculantes para las otras Salas del Tribunal Supremo de Justicia y demás tribunales de la República"* (subrayado de este fallo).

Por otra parte, al haber eliminado el legislador la previsión contemplada en el artículo 5.23 de la Ley Orgánica del Tribunal Supremo de Justicia de 2004 y no haber dictado las normas adjetivas que permitan la adecuada implementación de las *"decisiones emanadas de los órganos internacionales"* de conformidad con lo previsto en el artículo 31 constitucional (en su único aparte), el Estado (y, en concreto, la Asamblea Nacional) ha incurrido en una omisión "*de dictar las normas o medidas indispensables para garantizar el cumplimiento de esta Constitución...*", a tenor de lo previsto en el artículo 336.7 ***eiusdem*** en concordancia con lo pautado en la Disposición Transitoria Sexta del mismo texto fundamental. En consecuencia, ante la omisión de la Asamblea Nacional de dictar las normas necesarias para dar cumplimiento a las decisiones de los organismos internacionales y/o para resolver las controversias que podrían presentarse en su ejecución, esta Sala Constitucional asume la competencia para verificar la conformidad constitucional del fallo emitido por la Corte Interamericana de Derechos Humanos, control constitucional que implica lógicamente un "control de convencionalidad" (o de confrontación entre normas internas y tratados integrantes del sistema constitucional venezolano), lo cual debe realizar en esta oportunidad esta Sala Constitucional, incluso de oficio; y así se decide.

Otro caso donde la Sala Constitucional consideró que la acción intentada debía calificarse como de "*innominada*", lo encontramos en la sentencia N° 399 del 1 de junio de 2017, caso: *Dominic Ordúz,* el cual se refería a una serie de pretensiones presentadas por transexuales, quienes buscaban el reconocimiento legal del cambio de sexo y la posibilidad de modificar sus partidas de nacimiento.

En esa oportunidad, la Sala señaló lo siguiente:

Ahora bien, considera esta Sala que el caso de autos no tiene correspondencia con una acción que persigue la protección de intereses difusos o colectivos, toda vez que es necesario, para quien incoe el presente tipo de demanda, demostrar la veracidad en forma individual de los hechos alegados en su solicitud; no siendo posible, ofrecer en forma grupal algunos medios de prueba para demostrar los alegatos de hecho individuales cuando se demande en forma conjunta. Por lo tanto, ante la necesidad probatoria de que cada solicitante demuestre procesalmente la verdad de su hecho, esta Sala advierte que la demanda de autos se trata de una tutela de protección de derechos subjetivos individuales que buscan una satisfacción personal, y no una protección de derechos supraindividuales.

> Además, esta Sala, mediante sentencia N° 10, del 1° de marzo de 2016, (*caso: Tomás Mariano Adrián*) estableció, a través de una reconducción de la calificación jurídica de la demanda, que la naturaleza de lo pretendido en el tipo de solicitudes incoadas como en el presente caso, se corresponde más bien como una acción innominada de naturaleza constitucional, toda vez que los derechos fundamentales cuya protección se pretende, no posee ninguna legislación regulatoria al respecto, por encontrarse desprovisto de un procedimiento judicial que permita su efectiva tutela.
>
> De modo que, visto que el presente caso se refiere, como fue señalado en el precedente judicial citado *supra*, a una acción innominada de naturaleza constitucional esta Sala como máxima garante de los principios, reglas y normas previstas en la Constitución de la República Bolivariana de Venezuela y como último intérprete de su contenido, dada, además, la novedad de este tipo de demanda se declara competente para conocer de la presente causa. Así se decide.

En primer lugar, consideramos que se trata de dos supuestos distintos. En efecto, en el primer caso citado se hace referencia a la posibilidad de cuestionar una decisión de un *tribunal internacional de protección de derechos humanos*, lo que en nuestro criterio, no puede ser objeto de impugnación ante la Sala Constitucional, pues conforme a lo establecido en el artículo 31 de la *Constitución*, el Estado venezolano no puede desconocer las decisiones de los órganos internacionales encargados de la protección de derechos humanos, sino más bien está obligado a dar cumplimiento a las mismas.

La norma constitucional hace referencia a la obligación de dar cumplimiento por parte del "*Estado venezolano*" y es evidente que la Sala Constitucional es un órgano de administración de justicia integrado al Estado, de allí que mal puede desconocer las decisiones de esos organismos, sin quebrantar la propia *Constitución*.

No es objeto de este trabajo el cuestionamiento del fondo de esa decisión, mediante la cual se declaró "*inejecutable*" una decisión de la Corte Interamericana de Derechos Humanos, pero al menos conviene destacar que se trata de una posición que desconoce la propia esencia del sistema de protección internacional de los derechos humanos. En efecto, cabría preguntarnos, ¿podría existir justicia internacional si cada uno de los países que integran un determinado ordenamiento comunitario asumiese esa posición? ¿Acaso con ese argumento retrógrado no podría un determinado Gobierno justificar ejecuciones sumarias de seres humanos sin debido proceso, por considerar que las normas internacionales violan o contradicen sus derechos fundamentales internos?

Es evidente que, en el marco del Derecho Internacional, a un Estado no le es permitido dejar de cumplir sus obligaciones convencionales bajo el pretexto de supuestas dificultades de orden constitucional o interno; así como también es inaceptable que sus tribunales internos interpreten un determinado tratado de un modo diferente del que se impone en el plano del Derecho Internacional[336].

En efecto, según la posición asumida en esta sentencia, en materia de derechos humanos, ningún tribunal u organismo internacional puede pasar por encima de la Sala Constitucional, de tal manera que, si ésta permite o tolera una violación de normas internacionales, por considerarla contraria a nuestra *Constitución*, su palabra debe prevalecer sobre cualquier instrumento o decisión foránea que pretenda desconocer nuestra soberanía. Consideramos que se trata, sencillamente, de una posición insostenible desde el punto de vista del Derecho Internacional[337].

Por ende, en lugar de tratarse de una "*acción innominada*" más bien estábamos en presencia de una pretensión *improponible*, pues las decisiones de los organismos internacionales de protección de derechos humanos no pueden ser revisadas por la justicia interna.

En el caso de la segunda decisión mencionada, esto es, la sentencia Nº 399 del 1 de junio de 2017, caso: *Dominic Ordúz*, consideramos que más bien la Sala Constitucional ha debido reconducir la pretensión de los solicitantes hacia una acción de amparo constitucional, pues en definitiva lo que planteaban era una violación de sus derechos fundamentales. Sin embargo, la Sala prefirió darle este tratamiento particular de "*acción innominada*".

---

336 BIDART CAMPOS, Germán, *Teoría General de los Derechos Humanos*, México, UNAM, 1989.

337 Al respecto puede verse la obra colectiva, *Sentencia 1.942 vs Libertad de Expresión*, Editorial Aequitas, Caracas, 2003, donde puede encontrarse un trabajo nuestro y dos excelentes artículos de los profesores AYALA CORAO y FAÚNDEZ LEDESMA.

En cuanto al régimen procesal para tramitar estas *acciones innominadas*, en la primera de las decisiones mencionadas, la Sala consideró que no era necesario ningún trámite, audiencia o plazo para incorporar argumentos de instituciones o terceros. Es decir, consideró que la acción debía decidirse *inaudita alteram parte*. Concretamente, la Sala señaló lo siguiente:

> Como no se trata de una "demanda" de interpretación de normas o principios del sistema constitucional (artículo 25.17 de la Ley Orgánica del Tribunal Supremo de Justicia), sino de una modalidad innominada de control concentrado que requiere de la interpretación para determinar la conformidad constitucional de un fallo; esta Sala, con fundamento en el artículo 98 de la Ley Orgánica del Tribunal Supremo de Justicia, en concordancia con el párrafo primero del artículo 145 ***eiusdem***, determina que al tratarse de una cuestión de mero derecho, la presente causa no requiere sustanciación, razón por la cual entra a decidir sin trámite y sin fijar audiencia oral para escuchar a los interesados ya que no requiere el examen de ningún hecho, omitiéndose asimismo la notificación a la Fiscalía General de la República, la Defensoría del Pueblo y los terceros interesados, en razón de la necesidad de impartir celeridad al pronunciamiento por la inminencia de procesos de naturaleza electoral, los cuales podrían ser afectados por la exigencia de ejecución de la sentencia objeto de análisis. Así se decide.

En el segundo caso mencionado, la Sala Constitucional consideró aplicable el artículo 145 de la *Ley Orgánica del Tribunal Supremo de Justicia*, el cual se refiere a las pretensiones procesales que no requieren de sustanciación, y donde únicamente se establece un plazo para decidir (30 días de despacho). Sin embargo, esta norma deja abierta la posibilidad de que, en determinados casos, la Sala puede fijar audiencias con las partes y/o dictar autos para mejor proveer. En este caso particular dispuso lo siguiente:

> A los fines del conocimiento de la admisión de la presente causa, se ordena la notificación de la Fiscalía General de la República, de la Defensoría del Pueblo y a la Comisión de Registro Civil y Electoral adscrita al Consejo Nacional Electoral.
>
> Por otra parte, esta Sala de conformidad con lo dispuesto en el artículo 145 de la Ley Orgánica del Tribunal Supremo de Justicia, considera oportuno a los fines de formarse un mejor criterio, notificar a los solicitantes para que informen dentro

del lapso de quince (15) días de despacho, contados a partir de su notificación la condición de su estado civil, y en el caso de haber contraído matrimonio o su disolución, deberán consignar los documentos que demuestren ese estado civil. Igualmente deberán consignar, dentro de ese mismo lapso, copia certificada de las actas de nacimiento que fueron agregadas en copia simple y un informe médico psiquiátrico y psicológico suscrito por un especialista en la materia, que demuestre la veracidad de su condición, emanado de cualquier organismo competente público o privado, pudiendo acudir a tales fines, entre otros, a la Asociación Civil de Planificación Familiar (PLAFAM), al Centro de Investigaciones Psiquiátricas, Psicológicas y Sexológicas de Venezuela o al Servicio de Psiquiatría del Hospital Dr. Domingo Luciani, ubicado en el Llanito, Caracas.

De igual forma esta Sala, ordena oficiar a la Presidenta de la Comisión de Registro Civil y Electoral adscrita al Consejo Nacional Electoral, para que informe el estado civil de los accionantes dentro del mismo lapso de quince (15) días de despacho, establecido para los accionantes.

Por último, visto que como se ha establecido en el presente fallo las pretensiones de autos responden a la tutela de protección de derechos subjetivos de manera individual, se ordena separar la continencia de la causa, y al efecto, se conforme un expediente para cada uno de los solicitantes, los cuales contendrán copia certificada de la presente decisión, copia certificada de la solicitud presentada el día 6 de abril de 2017, y en virtud del desglose, la documentación de identificación respectiva a cada solicitante, quedando abierto el presente expediente solo para el ciudadano Rigoberto Antonio Quintero Verdú, quien pretende ser reconocido como la ciudadana *"Rummie Quintero Verdú"*, conformado por los anexos identificados con este nombre. Para la continuación de las causas podrán asistirse del abogado Richard A. Briceño Colmenarez o nombrar cualquier otro abogado de su confianza como apoderado judicial. Así se declara.

Como podemos observar, en estas *acciones innominadas* la Sala Constitucional determina en cada caso cuál es el procedimiento aplicable, en el caso que se requiera de alguno, quedando facultada para dictar sentencia sin ningún tipo de trámite alguno.

TERCERA PARTE

CAPÍTULO QUINCE

LA FACULTAD EXTRAORDINARIA DE AVOCAMIENTO

I. CONSIDERACIONES GENERALES

Antes de la entrada en vigencia de la *Constitución* de 1999, y particularmente, antes de la creación de la Sala Constitucional, no se hubiese pensado en el estudio de la facultad extraordinaria del avocamiento como un mecanismo recursivo o impugnativo. Sin embargo, tal y como trataremos de demostrar en el presente capítulo, la jurisprudencia emanada del Tribunal Supremo de Justicia y la propia *Ley Orgánica del Tribunal Supremo de Justicia* han convertido esta facultad excepcional en una herramienta procesal destinada a cuestionar decisiones que se consideran contrarias a derecho, como una especie de apelación *per saltum*.

En especial, la jurisprudencia de la Sala Constitucional ha demostrado que también puede considerarse la facultad extraordinaria de avocamiento, prevista hoy en día en los artículos 25.16, 25.16, 31.1 y 106 al 109 de la *Ley Orgánica del Tribunal Supremo de Justicia*, en un mecanismo de protección constitucional, el cual, por cierto, ha resultado bastante efectivo, sobre todo en casos de cierta sensibilidad, y en algunos otros con claros matices políticos.

Anteriormente, al presentarse una solicitud de avocamiento, la Sala Político-Administrativa, quien era la única que podía conocer de estas solicitudes, simplemente decidía si se avocaba a conocer de un asunto o, si, por el contrario, consideraba que el mismo debía seguir tramitándose ante el tribunal de instancia correspondiente. Sin embargo, actualmente, la jurisprudencia de nuestro Tribunal Supremo de Justicia ha permitido utilizar esta facultad para corregir en el camino algunas irregularidades, procesales y hasta de fondo, cometidas por el tribunal competente, para luego devolver el asunto al mismo tribunal (o a otro distinto) para que siga conociendo del caso. Ello, a nuestro juicio, convierte a esta figura en un auténtico recurso o medio de impugnación, pues, en definitiva, permite cuestionar un fallo definitivo o interlocutorio, por ante una instancia superior (Sala del Tribunal Supremo de Justicia), con la posibilidad de que se anulen o enmienden determinadas actuaciones o decisiones.

Obviamente, se trata de una facultad -y hasta recurso, a nuestro juicio- de dudosa constitucionalidad, pues en definitiva implica la posibilidad de que cualquiera de las Salas del Tribunal Supremo de Justicia asuma el conocimiento directo de un asunto que se está tramitando ante otro tribunal de inferior jerarquía; o que conozca, inmediatamente, de un asunto que luego pudiera corresponderle en fases procesales posteriores. Es decir, de entrada, la facultad de avocamiento produce cierto desconcierto, pues implica arrebatarle el conocimiento de un caso, al órgano judicial que la ley ha determinado como competente para resolverlo.

Incluso, resulta bastante curioso -pero indicativo a la vez- que en el Diccionario de la Real Academia se define el término *avocar* como aquella facultad de atraer "a sí un juez o tribunal superior, sin que medie apelación, la causa que se está litigando o debía litigarse ante otro inferior". Y luego de esta definición, la Real Academia señala *"Hoy está absolutamente prohibido"*, lo que constituye una buena muestra de que esto pareciera más bien una potestad con orígenes autoritarios.

Por otra parte, la facultad de avocamiento hoy en día permite que la Sala Constitucional pueda solicitarle, a petición de parte y aún hasta de oficio, una causa a otra Sala del mismo Tribunal Supremo de Justicia (artículo 25.16 de la *Ley Orgánica del Tribunal Supremo de Justicia*), con lo cual se confirma la tesis jurisprudencial que pregona la superioridad jerárquica de la Sala Constitucional sobre el resto de las Salas, lo que no parece haber quedado nada claro en el debate constituyente que dio origen a la actual *Constitución*.

A pesar de lo controversial de esta facultad de avocamiento, no existen muchos estudios sobre el avocamiento en Venezuela, lo que pareciera bastante necesario, sobre todo si consideramos que se trata de una figura prácticamente desconocida en derecho comparado. En este sentido, entendemos que la primera publicación relacionada con la facultad de avocamiento fue el meritorio trabajo realizado por Roxana ORIHUELA GONZATTI[338], pero éste se refiere al desarrollo de esta institución antes de la creación de la Sala Constitucional, y como veremos más adelante, ello constituye una sustancial diferencia en el trato que se le ha dado a esa potestad. Más reciente es el trabajo del profesor José PEÑA SOLÍS[339], pero realizado antes de la entrada en vigencia de la *Ley Orgánica del Tribunal Supremo de Justicia*. En todo caso, en este magnífico estudio se concluye en que se trata de una facultad inconstitucional, toda vez que permite desconocer el derecho de las personas a ser juzgado por sus jueces naturales, implica una violación del derecho a la defensa, del principio de la doble instancia, del derecho a la igualdad; además de que constituye una forma de desconocer la autonomía e independencia de los jueces.

Pareciera que la única justificación de esta potestad extraordinaria radica en la desconfianza que le tendrían las diversas Salas del Tribunal Supremo (y hasta el propio legislador), a los jueces de instancia; al mismo tiempo que le asigna una extrema deferencia y confianza al Máximo Tribunal del país. En efecto, el uso de esta facultad por alguna Sala del Tribunal Supremo de Justicia estaría justificada por la necesidad de que un asunto o controversia de gran importancia o sensibilidad deba ser decidido, directamente o al menos con una intervención prematura, del Máximo Tribunal del país. En suma, para los asuntos relevantes, el Tribunal más importante.

En todo caso, se trata de una herramienta procesal que ha demostrado ser muy útil y efectiva para la resolución de importantes controversias, y sobre todo las constitucionales. De allí, que independientemente de las fuertes objeciones que se tengan frente a esta potestad extraordinaria, es lo cierto que recientemente se ha convertido en una de las fórmulas procesales más utilizadas para cuestionar decisiones de instancia, en cualquier jurisdicción.

---

338 ORIHUELA, Roxana, *El avocamiento de la Corte Suprema de Justicia*, Editorial Jurídica Venezolana, Caracas, 1988.

339 PEÑA SOLÍS, José, "El 'avocamiento judicial' como instrumento de abuso de poder en Venezuela, a propósito de la sentencia dictada por la Sala Constitucional del Tribunal Supremo de Justicia el 31 de marzo de 2004", en la obra colectiva *La Guerra de las Salas del TSJ frente al Referéndum Revocatorio*, Aequitas, Caracas, 2004. pp. 59 y ss.

Además, esta facultad de avocamiento es una buena muestra del enorme poder que se ha puesto en manos del Tribunal Supremo de Justicia, y en particular de la Sala Constitucional, pues permite que estos órganos judiciales puedan conocer de cualquier controversia que se encuentra en cualquier tribunal de inferior jerarquía, incluso de oficio o sin que nadie lo requiera. En el caso de la Sala Constitucional le permite asumir juicios tramitados ante otras Salas y así convertirse en una especie de tribunal omnipotente. Por ello es que para muchos se trata de un instrumento que implica no sólo la posibilidad de afectar la autonomía e independencia de los jueces, sino que trastoca los cimientos mismos de un Estado de derecho, esto es, el principio de separación de poderes.

II. BREVE RESEÑA HISTÓRICA

La figura del avocamiento surgió, sorpresivamente, por vía legislativa. Sin embargo, debido a la escasa regulación legal, fue la jurisprudencia la que vino a desarrollar las condiciones y requisitos de admisibilidad y procedencia de esta potestad extraordinaria.

En este sentido, en materia de avocamiento podemos identificar tres momentos históricos importantes: i) su surgimiento y primeros pasos bajo la vigencia de la *Ley Orgánica de la Corte Suprema de Justicia*; ii) su desarrollo y utilización exponenciada, luego de la decisión dictada por la Sala Constitucional, en el caso *Sintracemento*; y iii) su actual configuración con la vigente *Ley Orgánica del Tribunal Supremo de Justicia*. Veamos por separado cada una de estas etapas.

1. *El avocamiento bajo la vigencia de la Ley Orgánica de la Corte Suprema de Justicia*

La facultad extraordinaria del avocamiento apareció por primera vez en nuestro ordenamiento jurídico en el artículo 42.29 de la derogada *Ley Orgánica de la Corte Suprema de Justicia*, el cual señalaba textualmente lo siguiente:

> Es de la competencia de la Corte como más alto Tribunal de la República: (...)
>
> 29.- Solicitar algún expediente que curse ante otro Tribunal, y avocarse al conocimiento del asunto, cuando lo juzgue pertinente.

Y el artículo 43 de la misma *Ley Orgánica de la Corte Suprema de Justicia* señalaba que esa facultad le quedaba asignada, única y exclusivamente, a la Sala Político-Administrativa de la Corte Suprema de Justicia.

Tal y como lo explica PEÑA SOLÍS[340], no existió ninguna referencia o motivación especial en la Exposición de Motivos de esa Ley, así como tampoco se realizó ninguna discusión parlamentaria sobre la polémica potestad que se le estaba asignando a la Sala Político-Administrativa de la Corte Suprema de Justicia. De modo que el surgimiento de esta figura fue, por decir algo, inesperado, injustificado e inmotivado.

Resulta realmente curioso observar como una potestad tan controversial se le asignó sólo a la Sala Político-Administrativa, y, sobre todo, en una forma bastante amplia y discrecional, pues la única condición legal para su procedencia era que esa Sala lo considerase "pertinente". Simplemente el legislador le otorgó un cheque en blanco a la Sala Político-Administrativa, para que ésta decidiese, bajo su sano criterio, cuando debía asumir directamente el conocimiento de algún asunto que se encontrase ante otro Tribunal.

De la norma transcrita ni siquiera pareciera sugerirse que la Sala Político-Administrativa debía motivar detalladamente las razones de su decisión, pues al no existir requisitos o condiciones legales, esa Sala quedaba habilitada para su uso, sin ningún tipo de restricciones.

Sin embargo, como se puede apreciar en el trabajo de ORIHUELA[341], pudiéramos afirmar que la Sala Político-Administrativa de la antigua Corte Suprema de Justicia fue extremadamente prudente en el uso de esta facultad otorgada legalmente sin ningún tipo de límites o condiciones. Su jurisprudencia fue bastante restrictiva, al punto que su utilización era realmente excepcional.

Así, la Sala Político-Administrativa de la Corte Suprema de Justicia ratificó, en más de una oportunidad, que la facultad prevista en el artículo 42.29 era:

---

340 PEÑA SOLÍS, José, *op. cit.* pp. 59 y ss.

341 ORIHUELA, Roxana, *op. cit.*

> ...una norma atributiva de competencia y por su naturaleza discrecional y excepcional que debe ser y ha sido hasta ahora, administrada con criterios de prudencia, tomando en consideración fundamentalmente la necesidad de evitar flagrantes injusticias o una denegación de justicia, o la presencia de aspectos que rebasan el interés privado que involucran y afectan de manera directa el interés público, manteniendo como una constante en su aplicación los principios rectores que atañen al orden natural de competencia, en razón de la materia que sea objeto de la solicitud de avocamiento[342].

Como puede verse, el carácter excepcional de la figura del avocamiento fue dado por vía jurisprudencial, pues al margen del amplio margen de discrecionalidad otorgado por el artículo 42.29 de la *Ley Orgánica de la Corte Suprema de Justicia*, la Sala Político-Administrativa, reconociendo el peligro en el abuso de esta figura, fue creando y autoimponiéndose requisitos y condiciones para la utilización de esta potestad.

Ello, obviamente, sin descartar las excepciones de rigor, pues sin duda, una revisión completa de la jurisprudencia de la Sala Político-Administrativa de la antigua Corte Suprema de Justicia mostraría varios casos donde, probablemente, se utilizaron motivos distintos a los expuestos en el precedente antes citado. Así, y por tan sólo mencionar un ejemplo, la Sala Político-Administrativa, en sentencia de fecha 11 de noviembre de 1999, requirió, en uso de esta facultad, todos los expedientes que cursaban ante tribunales *civiles* en el conocido caso de la *Sucesión Capriles*, lo que evidentemente se trataba de un asunto que involucraba, exclusivamente, los intereses económicos de dos familias.

Lo cierto del caso es, que aparte de las típicas excepciones, la jurisprudencia de la Sala Político-Administrativa de la antigua Corte Suprema de Justicia rechazaba solicitudes de avocamiento que no estuviesen relacionadas con asuntos realmente trascendentes que pudieran comprometer el orden público. Y estos rechazos los hacía a pesar de que no tenía ninguna prohibición legal, pues la norma que le atribuía competencia le daba un amplio margen de discrecionalidad.

---

342 Sentencia de fecha 1° de febrero de 1989, caso: *Luz M. Serna Rugeles.*

Igualmente, la Sala Político-Administrativa rechazaba las solicitudes de asuntos que no tuviesen relación con su propia competencia; así como, obviamente, cualquier solicitud de avocamiento de causas llevadas por otras Salas de la misma Corte Suprema de Justicia.

2. *La sentencia Sintracemento dictada por la Sala Constitucional*

Con la entrada en vigencia de la *Constitución* de 1999 la Sala Constitucional pasó a ser, a lo menos, una Sala preferida o más importante que el resto de las Salas del Tribunal Supremo de Justicia, razón por la cual, entre otras cosas, se le asignó un número mayor de Magistrados. Pues bien, aprovechando esa especie de "superioridad", la Sala Constitucional fue adquiriendo (o auto atribuyéndose) algunas competencias que antiguamente tenían asignadas otras Salas del Máximo Tribunal, incluso, algunas en manos de la Sala Plena.

Una de esas competencias autoatribuidas fue, precisamente, la facultad de avocamiento, lo que se hizo a raíz de una curiosa decisión, donde la Sala Constitucional, en uso del control difuso de la constitucionalidad de las normas jurídicas, desaplicó el artículo 42.29 de la entonces vigente *Ley Orgánica de la Corte Suprema de Justicia*.

Sin embargo, lo curioso es que esa desaplicación, vía control difuso de inconstitucionalidad, no se hizo para rechazar la aplicación de la facultad de avocamiento, sino para interpretar que luego de la entrada en vigencia de la *Constitución* de 1999, ahora todas las Salas del Tribunal Supremo de Justicia podían avocarse a asuntos tramitados ante tribunales de inferior jerarquía, siempre y cuando la materia del asunto tuviese afinidad con las competencias de cada una de las Salas.

Es decir, la Sala Constitucional más que desaplicar el artículo 42.29 de la *Ley Orgánica de la Corte Suprema de Justicia*, lo que hizo en realidad fue redefinirla, modificarla y ampliarla, para otorgarle esa facultad a las Salas restantes del ahora Tribunal Supremo de Justicia. Un claro ejemplo de lo que se ha llamado "jurisdicción" normativa, o, mejor dicho, una clara usurpación de los poderes legislativos.

Esta doctrina jurisprudencial se expuso en el caso *Sintracemento,* del 24 de abril de 2002, donde textualmente la Sala Constitucional señaló:

> Previo al examen de la solicitud planteada, es necesario dilucidar la competencia de la Sala para conocer de la misma.
>
> 1.- En este sentido, la Sala advierte que la potestad de avocamiento a nivel del máximo tribunal de la República, esto es, aquella conforme a la cual éste atrae para sí el conocimiento y decisión de un juicio que cursa ante otro tribunal de inferior jerarquía fue atribuida por la Ley Orgánica de la Corte Suprema de Justicia (artículo 42.29. en concordancia con el 43) exclusivamente a la Sala Político-Administrativa.
>
> El artículo 42.29. referido establece:
>
> "Es de la competencia de la Corte como más alto Tribunal de la República...)
>
> 29. Solicitar algún expediente que curse ante otro tribunal, y avocarse al conocimiento del asunto, cuando lo juzgue pertinente;".
>
> El artículo 43 *eiusdem* expresa a su vez:
>
> "La Corte conocerá en Pleno de los asuntos a que se refiere el artículo anterior en sus ordinales 1° al 8°. En Sala de Casación Civil, hasta tanto el Congreso decida la creación de nuevas Salas, de los enumerados en los ordinales 33, 20 y 21, si estos últimos correspondieren a la jurisdicción civil, mercantil, del trabajo o de alguna otra especial; de igual manera conocerá de los asuntos a que se refiere el ordinal 34. En Sala de Casación Penal, de los señalados en los ordinales 30 al 32 y en los ordinales 20, 21 y 34, cuando estos últimos correspondan a la jurisdicción penal. *En Sala Político-Administrativa, de los mencionados en los restantes ordinales del mismo artículo y de cualquier otro que sea de la competencia de la Corte, si no está atribuido a alguna de las otras Salas*" (Subrayado de la Sala).
>
> Esta Sala Constitucional, no obstante, la claridad y laconismo con que fue redactado el precepto objeta el monopolio que se desprende de la lectura conjunta de ambos artículos, en lo que respecta a que el trámite de las solicitudes de avocamiento sea una facultad exclusiva y excluyente de Sala Político-Administrativa. Es decir, y sobre ello ahondará seguida-

mente, esta Sala es del parecer que tal potestad es inconsistente desde el punto de vista constitucional, y que la misma corresponde, en un sentido contrario a como lo trata dicho dispositivo, a todas las Salas del Tribunal Supremo de Justicia, según que el juicio curse en un tribunal de instancia de inferior jerarquía a la Sala que en definitiva decida examinar la petición (aquí el vocablo *inferior* se entiende en sentido amplio, ya que algunas de estas Salas no son propiamente *alzada* de dichos tribunales; tal sucede con las de casación).

a).- Esta postura resulta de lo dispuesto por el artículo 262 de la Constitución de 1999, conforme al cual el Tribunal Supremo de Justicia funcionará en Sala Plena y en las Salas Constitucional, Político Administrativa, Electoral, de Casación Civil, de Casación Penal y de Casación Social, lo cual confirma una tradición respecto a los criterios atributivos de competencia a nivel del máximo tribunal del país. El primer criterio podría denominarse como *de competencia:* a su respecto las tareas son asignadas según la naturaleza del conflicto planteado. Así, cada Sala ejerce su función de juzgar en relación a una determinada materia, es decir, a un determinado complejo de relaciones, situaciones y estados jurídicos que presentan un denominador común. El segundo criterio se resuelve en la asignación de competencias excepcionales a alguna(s) Sala(s), en razón de circunstancias que atañen a la relevancia político-social del asunto de que se trate.

Dicha norma constitucional, tanto por su posición en la pirámide normativa (rango constitucional) cuanto por el criterio sustancial y excepcional que trasluce, tiene una incidencia en el orden jurídico normativo que puede observarse a la luz de los siguientes aspectos: i) jerárquico, lo que hace que prevalezca sobre las normas de menor rango, es decir, sobre las disposiciones que le desarrollen, pero que en todo caso no lo agotan, tales como las contenidas en los artículos 42 y 43 de la Ley Orgánica de la Corte Suprema de Justicia; ii) lógico-deductivo, según el cual tiene aptitud para que a su respecto se deriven otras normas, tanto de origen legislativo como judicial; iii) teleológico, en cuanto fija los fines de las normas que lo instrumentan; y, por último, iv) axiológico, en tanto guarda relación con una serie de valores que la ética pública estima relevantes, como aquel en que se resuelve la garantía procesal de ser juzgado por un juez predeterminado por el ordenamiento jurídico.

De allí que a las normas de rango legal no les sea dado innovar en lo que tiene de esencial el aludido artículo 262, es decir, en lo relativo a los aludidos criterios sustancial y de conveniencia, en ese orden. Ello justifica, lógicamente, que las facultades excepcionales (en cuanto atribuidas con carácter exclusivo a alguna de las Salas, con fundamento en criterios de conveniencia), estén (y deban estar) expresamente señaladas en la Constitución; así, la facultad del Tribunal Supremo de Justicia en Sala Plena de declarar si hay mérito o no para el enjuiciamiento del Presidente de la República o de quien haga sus veces y, en caso afirmativo, continuar conociendo previa autorización del órgano legislativo nacional, señalada en el artículo 266.2. de la Constitución vigente (asunto que *prima facie* podría corresponder a la Sala Constitucional o a la Sala de Casación Penal), atribuida, por razones también de conveniencia, en Italia, al Tribunal Constitucional -art. 134 Constitución-; en Alemania, al Tribunal Constitucional Federal -art. 61 Ley Fundamental-; en Francia, al Tribunal Supremo de Justicia (aun cuando existe un Consejo Constitucional) -art. 68 Ley Constitucional- y en la Federación Rusa atribuido conjunta y parcialmente al Tribunal Supremo y al Tribunal Constitucional -art. 93.1 Constitución-, por dar algunos ejemplos con los que se intenta demostrar la inoperancia del criterio sustancial en estos casos y la consagración a nivel constitucional de las excepciones, en tanto derogan dicho criterio.

Llegado este punto, siendo, pues, que la facultad de avocamiento conferida a la Sala Político-Administrativa por el artículo 43 de la Ley Orgánica de la Corte Suprema de Justicia no está prevista en la Constitución, ni se deduce de ella, ni la justifica su texto, y que, por el contrario, conspira contra el principio de competencia que informa la labor que desempeñan las Salas del máximo tribunal de la República (art. 232), esta Sala concluye en que dicho precepto resulta inconstitucional. (...)

4.- Por todo lo expuesto, la Sala estima:

Que la norma contenida en el artículo 43 de la Ley Orgánica de la Corte Suprema de Justicia que reserva de modo exclusivo y excluyente a la Sala Político-Administrativa la facultad de avocamiento contenida en el artículo 42.29. de la misma ley, es incompatible con el principio de distribución de competencias por la materia a nivel del máximo tribunal de la República, sin que la propia Constitución lo autorice ni establezca una excepción al mismo en tal sentido,

Que el artículo 336.1. de la Constitución le otorga la facultad de anular total o parcialmente las leyes nacionales que colidan con la Constitución;

Que, no obstante tratarse de un asunto prejudicial respecto al fondo de la solicitud planteada, tiene la potestad de anular dicha norma con efectos pro futuro y *erga omnes;*

Que dicha norma resulta inconstitucional y, por lo tanto, nula, desde la publicación del presente fallo en la Gaceta Oficial de la República Bolivariana de Venezuela;

Y, finalmente, que es competente para conocer la solicitud de avocamiento en el caso de autos. Así se declara.

Por tanto, a raíz de esta decisión, la facultad de avocamiento, prevista originalmente sólo a favor de la Sala Político-Administrativa, conforme al artículo 42.29 de la *Ley Orgánica de la Corte Suprema de Justicia*, se extendió ahora a todas las otras Salas del Tribunal Supremo de Justicia.

Conforme a esta decisión, las solicitudes de avocamiento debían (y como veremos luego, deben) presentarse por ante la Sala del Tribunal Supremo de Justicia que tenga competencia afín con la naturaleza del asunto que se esté debatiendo (*criterio de la afinidad*). De allí, que a partir de la decisión recaída en el caso *Sintracemento*, todas las Salas del Tribunal Supremo de Justicia quedaron habilitadas para conocer de solicitudes de avocamiento, relacionadas con asuntos tramitados ante los tribunales de instancias.

Como es lógico, a partir de esta decisión el número de solicitudes de avocamientos aumentaron considerablemente, pues desde entonces todas las Salas son competentes para conocer de éstas; y cada una de ellas ha venido configurando sus propios criterios de admisibilidad y procedencia.

3. *El avocamiento a raíz de la entrada en vigencia de la Ley Orgánica del Tribunal Supremo de Justicia de 2004 y su regulación actual*

Como hemos adelantado en otros capítulos, la *Ley Orgánica del Tribunal Supremo de Justicia* de 2004 ha sido uno de los peores ejemplos legislativos de nuestra historia. Se trata de una ley realizada a la carrera, con la clara intención de cooptar políticamente el Máximo Tribunal, mediante el cambio de la relación de fuerzas de algunas Salas del Tribunal Supremo de Justicia y de reducir -por no decir eliminar- la autonomía e independencia del Poder Judicial. Ello es, en definitiva, lo que justificó su precaria técnica legislativa, así como muchas de sus controversiales disposiciones.

Es claro que la oportunidad de dictar esa *Ley Orgánica del Tribunal Supremo de Justicia* de 2004 se aprovechó[343] para establecer algunas directrices, de dudosa constitucionalidad, que fueron recogidas sobre la marcha, es decir, respondiendo a determinados acontecimientos políticos del momento.

En particular, en la materia relacionada con la facultad de avocamiento se realizó un cambio sustancial en la parte referida a quién debía decidir las solicitudes de avocamiento. La opción asumida por el Proyecto fue dejada a un lado, debido a un caso concreto, de altísimo contenido político, al cual nos referiremos más adelante.

En efecto, el Proyecto inicial de la *Ley Orgánica del Tribunal Supremo de Justicia* establecía en su artículo 105 lo siguiente:

> Artículo 105. Sentencia. La sentencia sobre el avocamiento la dictará el Tribunal Supremo de Justicia, en Sala Plena, a solicitud de la Sala que haya iniciado el trámite correspondiente. En ella, podrá decretar la nulidad y subsiguiente reposición

---

[343] Conviene resaltar que el *Proyecto de Ley Orgánica del Tribunal Supremo de Justicia* de 2004 salió de las propias manos del Gobierno nacional; a diferencia de lo que había venido sucediendo con las leyes anteriores del Máximo Tribunal, cuyos Proyectos habían sido preparados por el mismo Máximo Tribunal. Quizás por ello se trate, sin ningún temor a equivocarnos, de una de las leyes más políticas de nuestro ordenamiento jurídico.

del juicio al estado que estime pertinente, o decretar la nulidad de alguno o algunos actos del proceso; u ordenar la remisión del expediente para la continuación del proceso en otro Tribunal competente por la materia, así como adoptar cualquier medida legal que considere idónea para restablecer el orden jurídico infringido.

Como vemos, la idea era que la decisión sobre la procedencia o no de las solicitudes de avocamiento fuera tomada por la Sala Plena del Tribunal Supremo de Justicia, con la idea de matizar el riesgo de que el uso ligero de esta excepcional herramienta procesal pudiera desnaturalizar su propia finalidad.

Igualmente, la *Ley Orgánica del Tribunal Supremo de Justicia* de 2004 aprovechó para terminar de consolidar la tesis de la superioridad de la Sala Constitucional frente al resto de las Salas. Así, con la experiencia de las decisiones relacionadas con la impugnación de la convocatoria a un referéndum revocatorio presidencial, la Ley permitió la posibilidad de que la Sala Constitucional pudiera avocarse, de oficio o a solicitud de parte, al conocimiento de casos llevados por otras Salas del mismo Tribunal (artículo 5.4). Esta posición se repite en la *Ley Orgánica del Tribunal Supremo de Justicia* vigente (25.16).

Antes del polémico caso relacionado con el referéndum revocatorio presidencial, la Sala Constitucional había establecido, de manera constante y uniforme, que no podía avocarse a asuntos tramitados ante otra Sala del mismo Tribunal Supremo de Justicia, al tratarse de tribunales de la misma jerarquía. Incluso, en un caso previo muy parecido, relacionado con una solicitud de referéndum consultivo y tramitado también por la Sala Electoral, se le solicitó a la Sala Constitucional que se avocara al conocimiento del asunto, lo que fue rechazado categóricamente por esta última Sala.

Así, en un primer momento, y ante una solicitud de avocamiento frente a una decisión de la Sala Electoral que beneficiaba al Presidente de la República, la Sala Constitucional, en sentencia de fecha 4 de abril de 2003, caso: *María Soledad Sarría*, sostuvo lo siguiente:

> Esta Sala, con base en los antes señalado, dado que en la presente solicitud se le solicita avocarse al conocimiento de dos causas que cursan ante la Sala Electoral de este mismo Tribunal Supremo de Justicia, y dado que dichas Salas cuentan con igual rango, siendo ambas, en su orden, las cúspides

de la jurisdicción constitucional y electoral, declara que la presente solicitud de avocamiento es inaccedible en derecho, y así se declara.

Respecto de la igualdad jerárquica de las Salas del Tribunal Supremo de Justicia, esta Sala, en su sentencia n° 37 del 25 de enero de 2001 (caso: *Israel Fernández Amaya y otros*), se pronunció de la manera siguiente:

> "La Sala estima, en definitiva, que el ejercicio de la jurisdicción constitucional, conforme lo prevé el artículo 266.1 y el Título VIII sobre la Protección de la Constitución de la República Bolivariana de Venezuela, no implica superioridad jerárquica de la Sala Constitucional, sino potestad para garantizar la supremacía Constitucional, conforme al Estado de derecho y de justicia, proclamado por la Constitución de la República Bolivariana de Venezuela. La doctrina constitucional clásica ha asignado al Máximo Tribunal la atribución de dirimir los conflictos dentro de los poderes públicos ex auctoritate, pese al principio de la división del poder y la propiedad de las potestades que corresponden a cada rama del Poder Público".

En conclusión, sobre la base de la anterior motivación, esta Sala Constitucional del Tribunal Supremo de Justicia declara que no ha lugar a la solicitud de avocamiento planteada por los abogados María Soledad Sarría Pietri y José Pedro Barnola, respecto de "*los recursos contencioso electorales con solicitudes de medidas cautelares, interpuestos, respectivamente, uno por DESIRE SANTOS AMARAL, RAMON DARIO VIVAS VELASCO y JOSE SALAMAT KHAN (...) y otro por RICARDO GUTIERREZ e ISMAEL GARCÍA (...) contra la Resolución n° 021203-457, emanada del Consejo Nacional Electoral de fecha 3-12-2002 (...) por la cual se acordó la incorporación del ciudadano Leonardo Pizani como miembro suplente de ese organismo (...) y, en consecuencia, también, conozca de las excepciones de incompetencia planteadas por nosotros y otras personas ante la Sala Electoral de este Supremo Tribunal, el (...) 21 de enero de 2003, en los expedientes núms. 2003-000001 y 2003-000002, contentivo de dichos recursos (sic)*". Así se decide.

Mientras que, en claro contraste con esta posición, en el fallo del 12 de abril de 2004, caso: Ismael García, la Sala Constitucional, sin ningún tipo de motivación suficiente y sin al menos anunciar y justificar que estaba abandonando criterios anteriores, se avocó al conocimiento de un caso donde se había dictado una decisión que, ahora, perjudicaba los intereses del mismo Presidente de la República.

En esta oportunidad, la Sala Constitucional dispuso que:

> De esta manera, no existen límites para que la Sala Constitucional como máxima intérprete de las normas y principios constitucionales y en aras de velar por su correcta aplicación (artículo 335 de la Constitución) pueda avocarse -de juzgarlo pertinente- al conocimiento de un asunto cursante en un expediente de otra Sala de este Alto Tribunal, toda vez que como se ha sostenido en el fallo n° 37 del 25 de enero de 2001 (caso: *Israel Fernández Amaya y otros*), lo resaltante es que: "*...el ejercicio de la jurisdicción constitucional, conforme lo prevé el artículo 266.1 y el Título VIII sobre la Protección de la Constitución de la República Bolivariana de Venezuela, no implica superioridad jerárquica de la Sala Constitucional, sino potestad para garantizar la supremacía Constitucional, conforme al Estado de derecho y de justicia, proclamado por la Constitución de la República Bolivariana de Venezuela*". Por lo que, constatada una situación que contraríe los postulados constitucionales, la Sala Constitucional debe avocarse, sin importar que se trate de una Sala de este Supremo Tribunal quien conoce la causa, siempre que haya necesidad de garantizar la supremacía de la Constitución. Esto no significa que una Sala sea superior a la otra, ni que el avocamiento necesariamente funcione de superior a inferior.
>
> La posibilidad de que una Sala de este Supremo Tribunal se avoque al conocimiento de causas que cursan en otra de sus Salas, fue resuelta por la Sala Político-Administrativa de este Alto Tribunal, con ocasión de una solicitud de avocamiento formulada por las abogadas Alicia González Quintero, Farra Antor Taja, Aurilivi Linares Martínez, Lennia Suárez Balza y Mercedes Gómez Castro, actuando como representantes de la República de Venezuela, en causas relacionadas con la sucesión *ab intestato* del ciudadano Miguel Ángel Capriles Ayala, requirió un expediente a la Sala de Casación Civil, para el examen de la procedencia o no del avocamiento que le fue pedido (v. sentencia de la Sala Político-Administrativa del 11 de noviembre de 1999, en el expediente 16.289).

A parte de la clara justificación política que parece estar detrás de estos fallos, es importante resaltar que, en esta última sentencia, la Sala Constitucional trató de justificar su potestad de avocamiento frente a otras Salas del Tribunal Supremo de Justicia en un fallo preconstitucional, donde además no se había producido ningún avocamiento frente a otra Sala, por lo que no es sincera la invocación de ese precedente. Esta imprecisión la llegó a calificar el magistrado RONDÓN HAAZ, en el voto salvado del fallo del 23 de abril de 2004, como una falta de ética de los Magistrados que suscribieron el fallo del 12 de abril de 2004, pues mal puede invocarse como precedente un supuesto a todas luces distinto, más aún cuando se trata de la Sala Constitucional[344].

Pues bien, lo cierto del caso es que con esta decisión la Sala Constitucional abrió la posibilidad de avocarse al conocimiento de asuntos tramitados por ante otras Salas del Tribunal Supremo de Justicia, lo que actualmente se encuentra consagrado en el artículo 25.16 de la *Ley Orgánica del Tribunal Supremo de Justicia* vigente, en los siguientes términos:

> Son competencias de la Sala Constitucional del Tribunal Supremo de Justicia: (...)
>
> 16. Avocar las causas en las que se presuma violación al orden público constitucional, tanto de las otras Salas como de los demás tribunales de la República, siempre que no haya recaído sentencia definitivamente firme.

Y más adelante, en el artículo 31 *eiusdem,* se desarrolla esta facultad de avocamiento que se le confiere al todas las Salas del Tribunal Supremo, lo que quedó redactado en los siguientes términos:

> Son competencias comunes de cada Sala del Tribunal Supremo de Justicia:

344 Consideramos que este voto salvado del magistrado Rondón Haaz es realmente una pieza histórica, pues con mucha valentía pone al descubierto las graves irregularidades cometidas por la mayoría de la Sala Constitucional. En todo caso, para un análisis jurídico completo de las decisiones relacionadas con la polémica del referéndum revocatorio presidencial, puede verse la obra colectiva *La guerra de las Salas del TSJ ante el referéndum revocatorio,* Editorial Aequitas, Caracas, 2004.

> Solicitar de oficio, o a petición de parte, algún expediente que curse ante otro tribunal y avocarlo en los casos que dispone esta Ley.

Y como veremos *infra*, la *Ley Orgánica del Tribunal Supremo de Justicia* vigente desarrolla ampliamente la figura del avocamiento, en los artículos 106 al 109. En suma, con la entrada en vigencia de la *Ley Orgánica del Tribunal Supremo de Justicia* de 2004 y con la ley vigente se adoptó la posición jurisprudencial asumida por la Sala Constitucional, en el fallo *Sintracemento*, en el sentido de que todas las Salas del Tribunal Supremo de Justicia están facultadas para avocarse al conocimiento de asuntos que le sean afines a la naturaleza de los temas que tienen asignados.

Por otra parte, esta Ley asume también el criterio jurisprudencial expuesto en la sentencia *Ismael García*, en el sentido de que faculta a la Sala Constitucional a avocarse a asuntos que estén en conocimiento de cualquier otra Sala del Tribunal Supremo de Justicia.

III. LOS SUJETOS QUE INTERVIENEN EN LAS SOLICITUDES DE AVOCAMIENTO

Corresponde ahora referirnos a los sujetos procesales que pueden intervenir en una solicitud de avocamiento, pues a pesar de que pareciera obvio que la legitimación para intervenir en estas solicitudes la tienen las propias partes involucrados en la controversia judicial pendiente, existen algunas consideraciones que requieren ser precisadas con cierta profundidad.

1. *Legitimación activa y la posibilidad de ejercer esta facultad "de oficio"*

La legitimación para presentar una solicitud de avocamiento la tiene, en principio, cualquiera de las partes involucradas en una controversia judicial. Es decir, tanto el demandante como el demandado, tanto el recurrente como el órgano recurrido; así como cualquier tercero particular o institucional que forme parte del litigio que da origen a un avocamiento.

Como veremos más adelante, el procedimiento del avocamiento se inicia con una solicitud presentada por cualquiera de las partes involucradas en un litigio, dirigida a la Sala del Tribunal Supremo de Justicia afín con la naturaleza del asunto debatido. Pues bien, esa solicitud que da inicio a la posibilidad de que una Sala se avoque al conocimiento de un caso, es lógico que sea presentada por alguna de las partes del litigio que se siente afectada por la forma como éste se está llevando a cabo, o por considerar que se requiere la intervención inmediata del Tribunal Supremo de Justicia, en virtud de la relevancia o consecuencias que pudieran derivarse de ese proceso.

Por tanto, en principio, son las partes de un juicio las que pueden solicitar un avocamiento. Ahora bien, habría que preguntarse si ¿podrá un sujeto extraño a un juicio solicitar que alguna de las Salas del Tribunal Supremo se avoque al conocimiento del mismo?

Una respuesta negativa pareciera la más lógica, pues mal podría ejercer un recurso alguien que no siente afectado directamente sus intereses particulares. Las llamadas *acciones populares* son muy excepcionales, toda vez que abrir en extremo la legitimación para resolver cualquier asunto, podría generarle inconvenientes a los principales actores, quienes suelen ser los más afectados. Así, por ejemplo, podría ser que tanto el demandante como el demandado estén conformes en la forma como se está llevando un determinado juicio, y luciría claramente injusto que un tercero ajeno a esa controversia pueda pretender trasladar ese proceso al Tribunal Supremo de Justicia.

Ahora bien, es el caso que los artículos 26, 27, 31 y 106 de la *Ley Orgánica del Tribunal Supremo de Justicia* vigente prevén la posibilidad de que la Sala respectiva se avoque a un asunto de *oficio*, es decir, sin que nadie se lo pida expresamente. Y es el caso que, si cualquier Sala del Tribunal Supremo puede avocarse de oficio, ello permitiría que cualquier persona pueda poner en conocimiento de alguna Sala, la existencia de alguna irregularidad jurídica.

Es decir, si las Salas pueden avocarse de oficio al conocimiento de un litigio pendiente en otro tribunal, es claro que cualquier persona podría "denunciar" o presentar una "queja" ante la Sala respectiva, a los fines de que ésta ejerza sus poderes de oficio. Sin lugar a dudas que al abrirse la posibilidad de que las Salas actúen de oficio se abre también el abanico de la legitimación.

Precisamente por ello las facultades de oficio en manos del Poder Judicial son bastante excepcionales, al menos en derecho comparado. Es claro que al permitírsele a una Sala del Tribunal Supremo de Justicia pasar por encima de la voluntad de las partes involucradas en un litigio se está penetrando en un campo bastante riesgoso para el principio de separación de poderes, pues los tribunales estarían dejando de ser meros órganos encargados de resolver controversias, para transformarse en actores protagonistas de las políticas públicas o problemas de una determinada sociedad.

Por lo general los jueces están para *resolver casos y controversias*, no para generarlas o prolongarlas. Las otras ramas del poder público disponen de otra serie de funciones que, en conjunto, se equilibran. Además, también el principio de economía procesal pareciera aconsejar dejar que los tribunales atiendan los asuntos que le son requeridos y no los que ellos mismos consideren necesarios. Por último, otro de los argumentos tradicionales que aconsejan limitar la función judicial a los requerimientos de las partes, es la necesidad de que exista un contradictorio. Si los jueces inician los litigios o incidencias y ellos mismos las resuelven, entonces se pierde gran parte de las bondades de un proceso judicial, esto es, la adversidad y contención.

En todo caso, nuestro legislador habilitó a las Salas del Tribunal Supremo de Justicia para asumir, de oficio, casos pendientes en otros tribunales. Ello implica, a nuestro juicio, una lógica amplitud de la legitimación activa, pues cualquier persona podría solicitarle a una Sala del Tribunal Supremo que ejerza sus poderes de oficio y se avoque a un determinado juicio.

Esa pareciera ser la posición, aunque implícita, asumida por la Sala Constitucional, en el polémico caso a que hemos hecho referencia anteriormente, relacionado con la solicitud de un referéndum revocatorio del Presidente de la República, en el año 2004.

En efecto, la solicitud de avocamiento que originó la sentencia del 12 de abril de 2004, caso: *Ismael García*, fue presentado por este ciudadano, un Diputado de la Asamblea Nacional, quien decía representar al llamado *Comando Ayacucho*, esto es una organización de hecho, creada por el Presidente de la República, destinada a llevar adelante su campaña electoral en ese referéndum revocatorio.

El *Comando Ayacucho* no tenía personalidad jurídica alguna, al no ser ningún partido político, asociación o fundación civil o de cualquier otra naturaleza. Y más aún, el Diputado Ismael García no acreditó su condición de legítimo representante de la misma. Pero lo que nos interesa resaltar aquí es que el llamado *Comando Ayacucho* no era parte del juicio cuyo avocamiento fue solicitado. En efecto, se trataba de un recurso de nulidad ejercido por unos partidos políticos, ante la Sala Electoral, contra un acto del Consejo Nacional

Electoral que implicaba la necesidad de convocar a un referéndum revocatorio del Presidente de la República. A penas se dictó una medida cautelar en ese proceso, y sin que la misma se hubiese notificado, el *Comando Ayacucho* presentó la solicitud de avocamiento que terminó requiriéndole a la Sala Electoral el envío del expediente respectivo.

Vemos entonces como la Sala Constitucional admitió la legitimación del llamado *Comando Ayacucho* y de la persona que ejerció su representación, sin que éste haya sido parte del juicio cuyo avocamiento se solicitaba. Obviamente se trató de un caso con altísimo contenido político, donde lamentablemente el derecho parece haber jugado un papel colateral, pero que en todo caso puede servir de precedente para justificar una legitimación abierta o popular frente a solicitudes de avocamiento.

De igual forma, la Sala de Casación Civil llegó a admitir y declarar procedente una solicitud de avocamiento que había sido realizada por la Asamblea Nacional, no a través de una solicitud judicial sino mediante un Acuerdo legislativo donde exhortaba "al Tribunal Supremo de Justicia a que proceda al avocamiento en Sala de Casación Social de todas las causas de reclamo de trabajadores de la empresa Coca-Cola Femsa de Venezuela, S.A. pendientes y en curso por ante los distintos tribunales de la República Bolivariana de Venezuela en todo el territorio nacional".

Frente a esa solicitud, la Sala de Casación Civil, en sentencia de fecha 14 de marzo de 2007, señaló lo siguiente:

> Así mismo cuando se señala que procede el avocamiento, siempre que sea necesario restablecer el orden de algún proceso judicial que lo amerite en razón de su trascendencia o importancia, se debe entender, en primer lugar, que es posible el avocamiento si estamos en presencia de irregularidades o trastornos procesales graves; y, en segundo lugar, que el caso sea realmente trascendente e importante, pues no basta que exista un trastorno procesal grave sino que es necesario que el asunto revista particular relevancia, lo que sólo se da en forma excepcional cuando el alcance de los efectos jurídicos de las decisiones que deban ser dictadas, influyen sobre un considerable número de personas o afectan lo más altos intereses tutelados por el ordenamiento jurídico.

En el caso concreto, expone el Acuerdo de la Asamblea Nacional que de conformidad con lo establecido en los artículos 87, 88, 89 y 92 de la Constitución de la República Bolivariana de Venezuela el conflicto de los ex trabajadores de la empresa transnacional Coca-Cola FEMSA de Venezuela, S.A. fue declarado un asunto de interés social, lo cual considera la Sala que justifica el avocamiento por tratarse de un asunto que rebasa el interés particular de las partes, razón por la cual cumple con el tercer supuesto anteriormente explicado.

Por los motivos anteriormente indicados, al cumplirse los requisitos necesarios, considera la Sala que es procedente la solicitud de avocamiento de todas las causas de reclamo de trabajadores de la empresa Coca-Cola Femsa de Venezuela, S.A. pendientes y en curso por ante los distintos tribunales de la República Bolivariana de Venezuela en todo el territorio nacional que a la fecha de la solicitud (1° de noviembre de 2006) no tengan sentencia definitivamente firme.

Como puede apreciarse, esta decisión amplió considerablemente la legitimación en materia de avocamientos, pues resulta obvio que la Asamblea Nacional no era parte en ninguno de los juicios de los ex trabajadores de Coca-Cola, y sin embargo ese exhorto derivó en el requerimiento de decenas de expedientes a la Sala Civil. Claro, al considerarse que el avocamiento puede realizarse de oficio, la Sala entendió el exhorto de la Asamblea Nacional como una simple denuncia, lo que le permite ejercer sus potestades de oficio.

En definitiva, la posibilidad de ejercer la potestad de avocamiento *de oficio* trae consigo, a nuestro juicio, una ampliación indirecta de la legitimación para presentar estas solicitudes, pues éstas podrían verse como una forma de poner en conocimiento a la Sala respectiva de un determinado asunto que requiere de su intervención (una especie de *notitia criminis*). Lo lógico sería que cuando un sujeto ajeno a un proceso sea el que solicite un avocamiento, la Sala respectiva de respuesta a dicha solicitud limitándose a responder si es conveniente o no ejercer de oficio esa facultad extraordinaria.

En todo caso, si la Sala correspondiente no considera procedente la solicitud presentada por una persona ajena a un litigio, le bastará con negar o rechazar la denuncia, pero sin que ello obste o impida que luego cualquiera de las partes pueda, con mayor detalle de la situación jurídica, presentar una nueva solicitud de avocamiento.

Por último, y aunque parezca de perogrullo, si se admite la posibilidad de que cualquier persona ajena a un litigio pueda presentar una solicitud de avocamiento, es evidente que también podrán hacerlo determinadas instituciones públicas encargadas de la defensa de los intereses del Estado o sus ciudadanos (v.g. Procuraduría General de la República, Ministerio Público, Defensoría del Pueblo, etc.).

2. *Legitimación pasiva y los terceros adhesivos*

Presentada una solicitud de avocamiento pareciera lógico admitir que el resto de las partes del expediente cuyo avocamiento es requerido, puedan presentar en cualquier oportunidad las consideraciones que juzguen pertinentes para la mejor defensa de sus derechos e intereses.

Es más, podría darse el caso que varias o todas las partes involucradas en un juicio estén conformes con que la Sala respectiva del Tribunal Supremo de Justicia se avoque al conocimiento del asunto. Lo que no implica que ésta deba hacerlo, por el solo hecho que exista unanimidad. Así como también podría suceder que todas las partes del juicio estén en contra de que una Sala se avoque al conocimiento de un asunto, pero ésta decida hacerlo de oficio.

Lo relevante es que cónsono con la amplitud de la legitimación activa en las solicitudes de avocamiento, debe también admitirse la mayor amplitud para que el resto de los sujetos procesales relacionados con una determinada controversia puedan participar en el procedimiento respectivo, bien sea para sumarse a la solicitud u oponerse a ella. Otro problema será el de la oportunidad para ejercer esa participación, lo que analizaremos más adelante, al referirnos al procedimiento para tramitar estas solicitudes.

El mismo criterio de amplitud debe asumirse para la intervención de los terceros en el procedimiento destinado a tramitar las solicitudes de avocamiento. De hecho, este criterio de amplitud parece haber guiado a la Sala Político-Administrativa del Tribunal Supremo de Justicia, en la sentencia de fecha 4 de mayo de 2004, caso: *PDVSA Petróleo S.A.*, donde se admitió la participación de unas personas ajenas al litigio que originó la solicitud de avocamiento, con base en los siguientes términos:

Dentro de este orden de ideas, la Sala observa que es un hecho notorio comunicacional, que el presente caso está directamente relacionado con la crisis que se generó en la actividad petrolera, en la principal empresa del Estado Venezolano dedicada a las actividades de exploración, explotación, distribución, transporte, industrialización, comercialización, refinación y expendio de hidrocarburos a nivel nacional; lo cual evidencia el interés público y social que para toda la Nación tienen las actividades de la referida empresa, y las repercusiones que ese conflicto generó, trascendiendo, en consecuencia, de los intereses propios de los recurrentes afectados por los indicados actos administrativos, e incidiendo en el desarrollo y desenvolvimiento normal de la vida económica y social de la República Bolivariana de Venezuela.

En este sentido, y con fundamento en las premisas antes expuestas, esta Sala estima, en virtud de los intereses públicos y generales involucrados en la presente controversia y de conformidad a lo dispuesto en el ordinal 3° del citado artículo 370, que la intervención adhesiva propuesta por los ciudadanos Minnori Martínez Gómez, Carmen Luisa Rodríguez, Graciela Rodríguez Chirivella, Cielo Merchán Correa, Nubia Díaz Colmenares, Flor Pérez Carrillo, Deglis Martínez Freites, Diana Aponte Rodríguez, Alvaro Ospino González, Elvigio Riera Franco, Anthony Ramírez, debe admitirse en este procedimiento. Así se decide.

Obviamente, el tema de la amplitud de la legitimación activa y pasiva guarda también mucha relación con el tipo de proceso de que se trate. Así, en los casos donde se encuentra involucrado el interés general, lo que normalmente ocurre en jurisdicciones como la constitucional, contencioso-administrativa y electoral, puede justificarse con menos resistencia, la participación de sujetos ajenos a la controversia, lo que pudiera resultar más controversial en juicios civiles o mercantiles, donde suelen ventilarse, por lo general, únicamente intereses entre las partes en conflicto.

IV. EL PROCEDIMIENTO PARA TRAMITAR LOS AVOCAMIENTOS

En principio, la *Ley Orgánica del Tribunal Supremo de Justicia* no establece un procedimiento especial para la tramitación de las solicitudes de avocamiento. Sin embargo, de la lectura del artículo 108 *eiusdem*, al menos se puede desprender que se trata de un proceso que involucra dos etapas. Textualmente dispone la norma:

> La Sala examinará las condiciones de admisibilidad del avocamiento, en cuanto que el asunto curse ante algún tribunal de la República, independiente de su jerarquía y especialidad o de la etapa o fase procesal en que se encuentre, así como que las irregularidades que se alegan hayan sido oportunamente reclamadas sin éxito en la instancia a través de los medios ordinarios. Cuando se admita la solicitud de avocamiento, la Sala oficiará al tribunal de instancia, requerirá el expediente respectivo y podrá ordenar la suspensión inmediata del curso de la causa, así como la prohibición de realizar cualquier clase de actuación. Serán nulos los actos y las diligencias que se dicten en desacato a la suspensión o prohibición que se expida.

La primera etapa se refiere a la admisibilidad de la solicitud y la segunda a su procedencia. Veamos cada una de ellas, junto con las consideraciones que han destacado las distintas Salas del Tribunal Supremo para cada una de estas fases.

1. *La primera etapa del procedimiento de avocamiento. La admisibilidad de la solicitud*

De acuerdo con el artículo 108 de la *Ley Orgánica del Tribunal Supremo de Justicia*, existe una primera etapa referida al análisis de las condiciones concurrentes para la admisibilidad del avocamiento. Por lo general esta fase se inicia ante una solicitud de avocamiento, la cual, como vimos, puede ser presentada por cualquiera de las partes de un proceso, y hasta por cualquier interesado que no sea parte del juicio, en virtud de la facultad que tienen las Salas de avocarse *de oficio* a cualquier proceso.

Esta solicitud, por lo general, contiene una sola versión de la controversia, en la cual una de las partes denuncia alguna irregularidad o, en definitiva, presenta los argumentos que justificarían el avocamiento de la Sala respectiva. Y ello se hace a espaldas del resto de las partes involucradas en el juicio correspondiente, pues se hace directamente ante la Sala competente del Tribunal Supremo. Pues bien, dependiendo de la contundencia de estos argumentos, la Sala podría pedir el expediente cuyo avocamiento se solicita, para luego decidir, una vez estudiados los autos, si ejerce o no la facultad de avocamiento.

Ahora bien, a nuestro juicio esta práctica puede vulnerar el derecho a la defensa y debido proceso del resto de las partes involucradas en la controversia cuyo avocamiento se solicita, y en particular *la garantía constitucional de un juicio sin dilaciones indebidas*, la cual se encuentra prevista en el artículo 26 de la Constitución, el cual textualmente señala que:

> Toda persona tiene derecho de acceso a los órganos de administración de justicia para hacer valer sus derechos e intereses, incluso los colectivos o difusos; a la tutela efectiva de los mismos y a obtener con prontitud la decisión correspondiente.
>
> El Estado garantizará una justicia gratuita, accesible, imparcial, idónea, transparente, autónoma, independiente, responsable, equitativa y expedita, sin dilaciones indebidas, sin formalismos o reposiciones inútiles.

La violación constitucional existe, toda vez que requerir el expediente *original*[345] implica la paralización de la causa, hasta tanto se tome la decisión del avocamiento, lo que puede implicar un lapso de tiempo indeterminado, que en algunos casos ha llegado a prolongarse por más de 2 años. Todo ello, sin antes haber escuchado al resto de las partes involucradas en el juicio, quienes deberían tener la posibilidad de objetar la solicitud de avocamiento, antes de que se pida el expediente y se paralice el proceso.

A nuestro juicio, antes de solicitarse un expediente (en original o en copia certificada), la Sala correspondiente debería notificarle al resto de los sujetos procesales involucrados en el juicio[346], la exis-

---

[345] Más adelante haremos referencia a una decisión dictada por la Sala Constitucional, en fecha 05 de abril de 2004, caso: *Mayra Rincón Lugo*, la cual determina que los tribunales deben enviar copia certificada del expediente, a los fines de evitar la vulneración del derecho al debido proceso y a un juicio sin dilaciones indebidas. Esta decisión fue sencillamente ignorada por la propia Sala Constitucional y por el resto del Tribunal Supremo de Justicia. Se trató de un precedente que no tuvo ningún impacto en el resto de la jurisprudencia del Máximo Tribunal.

[346] Esta notificación podría realizarse con un simple auto dirigido al tribunal que está conociendo del juicio, donde se indique la existencia de una solicitud de avocamiento ante una Sala del Tribunal Supremo de

tencia de una solicitud de avocamiento, a los fines de que éstos hagan valer sus argumentos y consideraciones. Sólo así se debería proceder al requerimiento del expediente, pues de lo contrario, la causa podría paralizarse por un período de tiempo importante, sin que existan realmente motivos para ellos. Hay que recordar que el mecanismo de decisión de los tribunales colegiados es bastante lento, de allí que así la Sala correspondiente ponga su mejor diligencia, ello va a implicar un retraso importante en el juicio cuyo expediente ha sido solicitado.

Además, a diferencia de las medidas cautelares, donde el elemento sorpresa puede ser importante para evitar que el demandado se insolvente o tome medidas destinadas a evitar la efectividad de la justicia, en las solicitudes de avocamiento ese elemento de urgencia no es tan necesario, pues ya la controversia está en manos del tribunal que la ley ha considerado competente.

En todo caso, es bueno señalar que la práctica común -hasta los momentos- de todas las Salas del Tribunal Supremo ha sido la de considerar las solicitudes en forma *inaudita alteram parte*, es decir, sin escuchar la opinión del resto de las partes involucradas en el juicio cuyo avocamiento es requerido.

En relación al contenido del auto de admisión de la solicitud de avocamiento, éste por lo general contiene una orden de envío inmediato del expediente original contentivo de los autos, acompañada de una advertencia de que se suspenda inmediatamente todo tipo de trámite o decisión. Ello, para evitar que el tribunal requerido dicte alguna decisión, interlocutoria o definitiva, una vez que ha recibido un requerimiento del expediente.

En todo caso, recordemos que la parte in fine del artículo 108 de la *Ley Orgánica del Tribunal Supremo de Justicia* señala que: "Serán nulos los actos y las diligencias que se dicten en desacato a la suspensión o prohibición que se expida".

En algunas oportunidades la Sala Constitucional ha ordenado el envío de las copias certificadas del expediente respectivo, pero en ocasiones, sobre todo frente a la dificultad o alto costo de las respectivas copias, ha dispuesto el envío del original del expediente. Con-

---

Justicia. Esta notificación podría contener un plazo breve de emplazamiento (5 días, por ejemplo).

cretamente, en el fallo de fecha, 2 de marzo de 2018, caso: *Ado Salas*, la Sala dispuso lo siguiente:

> Ahora bien, dado que ambos juzgados alegan actualmente la imposibilidad de reproducción y posterior remisión de las copias certificadas solicitadas en la sentencia n° 717 del 14 de agosto de 2017, dado el volumen de las piezas y los folios que conforman los expedientes requeridos, por carecer de los medios y el material necesario para ello, y visto que para esta Sala Constitucional del Tribunal Supremo de Justicia, resulta indispensable, a los fines de garantizar el principio de celeridad procesal, y formarse un mejor criterio sobre el asunto, amén de constatar las violaciones de orden constitucional denunciadas, se ORDENA conforme al artículo 108 de la Ley Orgánica del Tribunal Supremo de Justicia, al Tribunal de Primera Instancia Marítimo con Competencia Nacional y sede en la ciudad de Caracas, hoy denominado Tribunal Décimo Tercero de Primera Instancia en lo Civil, Mercantil, Tránsito, Bancario y Marítimo con sede en la ciudad de Caracas, de conformidad con la Resolución de la Sala Plena n° 2017-0020 del 25 de octubre de 2017, que remita original de la totalidad de las actas contenidas en los expedientes n° 2005-00091; 2010-000252 y 2010-000253; 2006-000127; y 2009-000298, de la nomenclatura de ese Tribunal; así como, al Tribunal Superior Marítimo con Competencia Nacional, y sede en la ciudad de Caracas, hoy denominado Tribunal Superior Undécimo en lo Civil, Mercantil, Tránsito, Bancario y Marítimo con sede en la ciudad de Caracas, de conformidad con la Resolución de la Sala Plena n° 2017-0020 del 25 de octubre de 2017; la inmediata remisión del original de la totalidad del expediente signado con el n° 2013-000335 (TI 2009-000298); que cursa por ante ese Tribunal Superior. Así se decide.

Es importante señalar que, en algunas oportunidades, la Sala Constitucional ha ordenado la notificación de la admisión del avocamiento por vía telefónica, disponiendo además que se notifique al resto de las partes del juicio de la admisión de la solicitud de avocamiento. Así, en la misma decisión mencionada en el párrafo anterior, la Sala señaló:

> La remisión antes ordenada, deberá ser efectuada en el lapso de cinco (5) días continuos siguientes a su notificación. La notificación se realizará de conformidad con lo dispuesto en el artículo 91 numeral 3 de la Ley Orgánica del Tribunal Supremo de Justicia. Así se decide.

En este sentido, se ordena a los Juzgados arriba mencionados, procedan a notificar a las partes intervinientes en los procesos judiciales antes señalados a partir del momento en que reciban notificación telefónica de la presente decisión. Asimismo, deberán dichos Juzgados enviar las resultas correspondientes de las notificaciones ordenadas, a los fines de que las mismas puedan ser anexadas a la pieza principal. Así se decide. (*Vid.* Sentencia de la Sala Constitucional n° 1361 del 12 de noviembre de 2015, caso: "*José Gregorio y otros*").

Se advierte a los jueces requeridos que la inobservancia de lo solicitado por esta Sala podría acarrear responsabilidad administrativa, de conformidad con lo establecido en el artículo 122 de la Ley Orgánica del Tribunal Supremo de Justicia, que prevé lo siguiente:

"Las Salas de Tribunal Supremo de Justicia sancionarán con multa equivalente hasta doscientas unidades tributarias (200 U.T.) a las personas, funcionarios o funcionarias que no acataren sus órdenes o decisiones, o no le suministraren oportunamente las informaciones, datos o expedientes que solicitare de ellos, sin perjuicio de las sanciones penales, civiles, administrativas o disciplinarias a que hubiere lugar".

En cuanto al incumplimiento de la orden de remisión del expediente solicitado, la Sala Constitucional no ha dudado en imponerle la multa a que se el artículo 122 de la *Ley Orgánica del Tribunal Supremo de Justicia* al juez que desacatado el mandato de la Sala. Así, en la sentencia de fecha 22 de noviembre de 2017, caso: *Olida Matheus*, se dispuso lo siguiente:

Sin menoscabo de lo descrito con antelación, se evidencia que en fecha 6 de abril de 2016, se notificó al Juzgado Segundo de Municipio Ordinario y Ejecutor de Medidas del Municipio Cabimas de la Circunscripción Judicial del estado Zulia de la sentencia emitida por esta Sala el 28 de marzo de 2016, referente al suministro de información sobre la presente causa, sin embargo, el referido órgano jurisdiccional -comisionado para practicar la medida de embargo- no proveyó oportunamente la información requerida. Por ello, se le IMPONE al Juez titular del referido órgano jurisdiccional ciudadano WILLIAN E. MACHADO BELTRÁN una multa por la cantidad de diez unidades tributarias (10 U.T.), pagaderos a favor de la Tesorería Nacional en cualquier institución financiera receptora de fondos nacionales, cuyo pago deberá acreditar mediante la consignación en autos del comprobante correspondiente, dentro de los cinco (5) días siguientes a su notificación o, en todo caso, ante el Juzgado de Primera Instancia en lo Civil, Mercantil y del Tránsito de la Circunscripción Judicial del estado Zulia, en caso de haber enviado el expediente a esta Sala, procederá a enviar las resultas correspondientes a los fines de ser anexadas a la pieza principal. Así se declara.

Finalmente, es importante advertir que esta primera fase puede concluir con la solicitud de avocamiento, pues las Salas pueden considerar, sin ningún tipo de averiguación sumaria y sin necesidad de requerir el expediente, que la petición resulta inadmisible o improcedente. Es decir, las Salas pueden rechazar también *inaudita parte* las solicitudes de avocamiento.

2. *Las causales de inadmisibilidad*

En primer lugar, debemos señalar que el artículo 133 de la *Ley Orgánica del Tribunal Supremo de Justicia* vigente establece unas causales de inadmisibilidad generales, las cuales son aplicables a todos los procesos que, en principio, se ventilan ante la Sala Constitucional; pero que en realidad son aplicables a todos los procesos judiciales que se tramitan ante las distintas Salas del Tribunal Supremo de Justicia.

Pues bien, estas causales genéricas de inadmisibilidad deben aplicarse también a las solicitudes de avocamiento, de manera que si, por ejemplo, una solicitud de avocamiento se presenta sin los debidos recaudos o se presenta dos veces, la misma debe declararse inadmisible.

Así, por ejemplo, en relación con la causal de inadmisibilidad referida a la cosa juzgada, la Sala Constitucional, en sentencia de fecha 14 de diciembre de 2004, caso: *César Augusto López*, destacó que:

> Lo anterior, pone en evidencia que -sobre el avocamiento solicitado- la Sala ya profirió sentencia definitiva, acordando tal petición. De modo tal que, existiendo cosa juzgada en el presente asunto, no resta a la Sala sino declarar inadmisible la solicitud examinada, tal y como lo prevé el quinto aparte del artículo 19 de la Ley Orgánica del Tribunal Supremo de Justicia. Así se decide.

Sin embargo, es pertinente destacar que este criterio jurisprudencial no excluye la posibilidad que en una misma causa existan varias solicitudes de avocamiento, a lo largo del *iter* procedimental. Es decir, es posible que luego de una solicitud de avocamiento negada, la misma parte u otro sujeto procesal pidan de nuevo el avocamiento, pero justificándolo en otras razones. El precedente citado parece limitarse al caso donde las razones o motivos del avocamiento son similares.

Por otra parte, esa misma Sala Constitucional, en decisión de fecha 31 de marzo de 2005, caso: *Marienna García-Gallo*, ahora en relación con la falta de representación, dispuso lo siguiente:

> En el presente caso, no consta en los autos, documento alguno que acredite la representación que dicen los abogados solicitantes que ostentan, esto es, de defensores del ciudadano Jesús Faría Rodríguez. Tan es así, que no consta igualmente la identificación de éstos, ni de su presunto representado.

Por tanto, las causales de inadmisibilidad genéricas, previstas en el artículo 133 de la *Ley Orgánica del Tribunal Supremo de Justicia* son aplicables a las solicitudes de avocamiento. Ahora bien, los artículos 107 y 108 de la *Ley Orgánica del Tribunal Supremo de Justicia* establecen lo que podría considerarse como otras causales de inadmisibilidad y lo que serían los requisitos de procedencia especiales o concretos para los casos de avocamiento.

Estas normas disponen:

> Artículo 107.- El avocamiento será ejercido con suma prudencia y sólo en caso de graves desórdenes procesales o de escandalosas violaciones al ordenamiento jurídico que perjudiquen ostensiblemente la imagen del Poder Judicial, la paz pública o la institucionalidad democrática.
>
> Artículo 108.- La Sala examinará las condiciones de admisibilidad del avocamiento, en cuanto a que el asunto curse ante algún tribunal de la República, independientemente de su jerarquía y especialidad o de la etapa o fase procesal en que se encuentre, así como que las irregularidades que se aleguen hayan sido oportunamente reclamadas sin éxito en la instancia a través de los medios ordinarios...

Como vemos, en el artículo 108 de la *Ley Orgánica del Tribunal Supremo de Justicia* se señala que para la admisión de una solicitud de avocamiento las Salas deberán verificar: i) que el asunto curse ante otro tribunal (o Sala); y ii) que las irregularidades hayan sido alegadas, sin éxito, a través de los medios ordinarios.

De igual forma, al margen de las causales de inadmisibilidad que suelen aplicarse a este tipo de procedimientos, las distintas Salas del Tribunal Supremo han tratado de establecer cuáles serían las razones que justificarían la admisibilidad de una solicitud de avocamiento, aunque frecuentemente confunden el término de admisibilidad con procedencia, lo que genera confusión. Así, por ejemplo, en una decisión del 16 de mayo de 2018, caso: *Universidad de Los Andes*, la Sala Político-Administrativa señaló lo siguiente:

> Ahora bien, aparte del carácter extraordinario que reviste la figura del avocamiento, se advierte, implícitamente, de la propia redacción del texto legal que lo prevé, la necesidad de cumplir un procedimiento por etapas sucesivas para su correcta tramitación, siendo estas: una primera fase en la que previo examen de la solicitud de avocamiento se proceda a su admisión y consecuencialmente al correspondiente requerimiento del expediente para su estudio; y una segunda parte en la que analizada la concurrencia de las condiciones establecidas en la Ley se asume el conocimiento del asunto o, en su defecto, se asigna a otro tribunal.
>
> Coherente con tales premisas y encontrándonos en la primera de las fases señaladas, es oportuno indicar que la Sala ha señalado reiteradamente (*Vid.*, entre otras, sentencia Nro. 653 del 20 de mayo de 2009, caso: *C.V.G. Venezolana de Aluminio, C.A. contra Multinacional de Seguros, C.A.* y Nro. 698 del 17 de junio de 2015, caso: *S.C. Bigott, C.A.*), que su admisibilidad está supeditada a la verificación de una serie de elementos que permitan advertir su pertinencia, a saber:
>
> **i).** Que el asunto judicial curse ante algún otro Tribunal de la República;
>
> **ii)** Que aun si en la causa se hubiere dictado sentencia firme, pasada con autoridad de cosa juzgada, será procedente el avocamiento si dicha sentencia menoscaba el debido proceso, o distorsiona de tal manera la realidad que se configure una antinomia con los hechos debatidos procesalmente;

iii) Que el juicio de que se trate rebase el interés privado involucrado y afecte de manera directa al interés público, o que exista la necesidad de evitar flagrantes injusticias;

iv) Que en el juicio exista un desorden procesal de tal magnitud que exija la intervención del órgano jurisdiccional;

v) Que "el asunto objeto de la solicitud de avocamiento verse sobre una materia que no contradiga las competencias de esta Sala Político-Administrativa".

Nótese que en el fallo se confunden las razones que justificarían la *admisión* de una solicitud de avocamiento (primera etapa), con los motivos que justificarían la *procedencia* del avocamiento (segunda etapa).

De seguidas vamos a verificar las razones que justificarían la admisibilidad de una solicitud de avocamiento, dejando para el capítulo correspondiente, los motivos que implicarían su procedencia.

A. *El expediente debe cursar ante otro Tribunal de la República*

Recordemos que la decisión dictada por la Sala Constitucional, en el caso *Sintracemento*, dispuso lo siguiente:

> ... esta Sala es del parecer que tal potestad es inconsistente desde el punto de vista constitucional, y que la misma corresponde, en un sentido contrario a como lo trata dicho dispositivo, a todas las Salas del Tribunal Supremo de Justicia, según que el juicio curse en un tribunal de instancia de inferior jerarquía a la Sala que en definitiva decida examinar la petición (aquí el vocablo *inferior* se entiende en sentido amplio, ya que algunas de estas Salas no son propiamente *alzada* de dichos tribunales; tal sucede con las de casación).

Esto es lo que se denomina el *criterio de la afinidad*, el cual conlleva a que las solicitudes de avocamiento deben presentarse por ante la Sala del Tribunal Supremo que sea más afín con la naturaleza del asunto debatido.

Con base en este criterio, la Sala Constitucional ha declinado el conocimiento de solicitudes de avocamiento en la Sala que considera más afín a la naturaleza del caso. Así, en sentencia de fecha 5 de abril de 2006, caso: *Representaciones Renaint*, esa Sala precisó:

> En el presente caso, considera la Sala que no es ostensible la presencia de las condiciones a que apunta la redacción del precepto transcrito, originado por una *"conmoción procesal"* como lo expresa la solicitante, por una parte, y por otra, no se trata de una demanda que involucre competencias atribuidas a esta Sala de forma exclusiva, ni se encuentran involucrados intereses colectivos o difusos, razón por la cual esta Sala Constitucional decide declinar la competencia para conocer de la solicitud planteada en la Sala de Casación Social de este Máximo Tribunal, visto que la causa involucra situaciones y relaciones jurídicas de cuya resolución se ocuparía la jurisdicción laboral, como es la determinación de la naturaleza de la relación supuesta *"mercantil"* alegada y no laboral, entre otras, y a la que corresponderá analizar en todo caso, los requisitos de procedencia de la figura del avocamiento. Además, debe destacarse que, la Sala declarada competente puede avocarse de un juicio *"...incluso después de que la sentencia definitiva quede firme, esto es, en fase de ejecución, pues, acorde con nuestra legislación, el juicio no concluye con la sentencia definitiva y firme..."*, como así declaró dicha Sala en sentencia n° 1442 del 15 de noviembre de 2004 (caso: *Arepera Punto y Coma S.R.L.*)

Igualmente, en decisión de fecha 10 de marzo de 2006, caso: *Miguel Villalobos*, la misma Sala Constitucional destacó:

> De acuerdo con la transcripción legal que antecede, concluye esta juzgadora que el órgano jurisdiccional materialmente competente para la decisión de la pretensión de avocamiento de autos es la Sala de Casación Penal de este Tribunal Supremo de Justicia, por razón de la afinidad que existe entre la materia que se debate en el proceso cuyo conocimiento, por avocamiento, pretende el legitimado activo y la que, de conformidad con la Ley Orgánica del Tribunal Supremo de Justicia, está asignada a la competencia de la Sala de Casación Penal, razón por la cual esta Sala Constitucional debe declinar en aquella el conocimiento y la decisión que corresponda a la solicitud que se examina. Así se declara.

Existen casos donde pareciera no existir dudas sobre la Sala más afín a la naturaleza del asunto debatido. Por ejemplo, si se trata de un litigio llevado por ante los tribunales laborales, relacionado con asuntos netamente del trabajo, pareciera lógico que la Sala afín para conocer de una solicitud de avocamiento sería la Social. Ahora bien, no todos los casos pueden ser tan sencillos, de hecho, pues hay asuntos que podrían prestarse a confusión, al ser varias las Salas afines al objeto de un mismo proceso.

En efecto, si bien en principio pareciera lógico que a cada una de las Salas le corresponderá conocer de las solicitudes de avocamiento relacionadas con juicios pendientes ante los tribunales de inferior jerarquía de esa misma jurisdicción, existen casos donde una Sala ajena a una determinada jurisdicción puede ser más idónea para conocer de la solicitud de avocamiento.

De hecho, existen varios casos donde, por ejemplo, la Sala Político-Administrativa se ha avocado al conocimiento de juicios llevados por tribunales civiles, por considerar que se trata de asuntos relacionados con algún servicio público o que involucran algún órgano de la Administración Pública.

Así, en sentencia de fecha 28 de septiembre de 2004, caso: *Estación San Luis del Este*, la Sala Político-Administrativa señaló:

> Al respecto, se observa que la causa objeto de la solicitud, la cual cursa por ante el Juzgado Undécimo de Primera Instancia en lo Civil, Mercantil y del Tránsito de la Circunscripción Judicial del Área Metropolitana de Caracas, en el expediente signado con el N° 20903, tiene por objeto la resolución de un contrato de concesión de las actividades de servicio público de distribución y expendio de hidrocarburos y lubricantes en el mercado interior destinados al consumo colectivo en el Estado Lara, materia ésta que es afin a la competencia de la jurisdicción contencioso administrativa. Así se declara.

En el mismo sentido, la Sala Constitucional se ha avocado a procesos judiciales pendientes por ante los tribunales penales. En efecto, en la sentencia de fecha 15 de julio de 2004, caso: *General Motors*, esa Sala indicó:

> A la Sala Constitucional le corresponde, conforme a lo dispuesto en el último aparte del artículo 266 de la Constitución, ejercer la jurisdicción constitucional. La jurisdicción constitucional comprende, entre otros asuntos, no sólo declarar la nulidad de las leyes y demás actos de los órganos que ejercen el poder público, dictados en ejecución directa e inmediata de la Constitución o que tengan rango legal (artículo 334 de la Constitución de la República Bolivariana de Venezuela), sino también la revisión de las sentencias de amparo

constitucional y de control de constitucionalidad de las leyes o normas jurídicas dictadas por los Tribunales de la República, en los términos establecidos por la ley orgánica respectiva (numeral 10 del artículo 336 de la Constitución) y de avocarse al conocimiento de una causa determinada, "aun cuando por razón de la materia y en virtud de la ley, la competencia le esté atribuida a otra Sala, tal como lo prevé el numeral 4 del artículo 5 de la Ley Orgánica del Tribunal Supremo de Justicia.

Igualmente, es claro que la materia de su conocimiento abarca las infracciones constitucionales, como lo demuestran las atribuciones que la Constitución de la República Bolivariana de Venezuela otorga a la Sala Constitucional en su artículo 336. Esta circunstancia la convierte en la Sala que por la materia tiene la competencia para conocer, según el caso, de las acciones de amparo constitucional propuestas conforme a la Ley Orgánica de Amparo Sobre Derechos y Garantías Constitucionales.

En el presente caso, se solicitó el avocamiento de una causa seguida ante el Juzgado Tercero de Primera Instancia en lo Civil y Mercantil de la Circunscripción Judicial del Estado Zulia, con motivo al incumplimiento de un mandamiento de amparo constitucional, decretado en contra de las solicitantes, motivo por el cual, al tratarse de una acción de amparo propuesta y de denuncias de orden constitucional que presumen "*fundadamente la violación de principios jurídicos fundamentales contenidos en la Constitución de la República Bolivariana de Venezuela*", resulta competente esta Sala para conocer de la solicitud de avocamiento, en los términos ***supra*** indicados. Así se decide.

Esta decisión nos sirve de antesala a un problema algo más complejo, y es el relacionado a ¿qué debe considerarse como un asunto constitucional, a los fines de que la Sala Constitucional conozca de una determinada solicitud de avocamiento? Pues pareciera evidente que la Sala Constitucional no es la más idónea para avocarse, como hizo en el caso citado, al conocimiento de un proceso penal, relacionado con la comisión del delito de desacato. Pareciera lógico que ello debe corresponderle a la Sala Penal del mismo Tribunal Supremo.

a. *Competencia de la Sala Constitucional en materia de avocamiento*

De aceptarse el criterio implícito sostenido en la sentencia de fecha 15 de julio de 2004, caso: *General Motors*, transcrita anteriormente, se podría llegar al absurdo de que la Sala Constitucional sería la competente para conocer de cualquier solicitud de avocamiento, independientemente del tribunal que esté conociendo del asunto y de la materia de que se trate, pues parece evidente que siempre podrá alegarse algún matiz constitucional o alguna relación, así sea indirecta, de un proceso judicial con alguna norma fundamental.

Lo cierto del caso es que la Sala Constitucional se ha venido declarando competente para conocer de solicitudes de avocamiento, sin ningún tipo de criterio sólido y uniforme. Pareciera más bien utilizar argumentos extremadamente casuísticos y poco uniformes para aceptar o rechazar su competencia.

A manera de ejemplo, en la sentencia del 9 de diciembre de 2005, caso; *Asociación Civil Promotora Educacional*, la Sala Constitucional se avocó a un asunto considerando que:

> Así, en el caso *sub examine*, se denunció la supuesta afectación de derechos y principios que involucran el orden público constitucional como consecuencia de un supuesto desorden procesal, que prohíbe el artículo 49 de la Constitución. En atención de ello, así como del cardinal 48 y parágrafo primero del artículo 5 de la Ley Orgánica del Tribunal Supremo de Justicia, la Sala se declara competente para el conocimiento de esta solicitud.

Igualmente, en la decisión de fecha 11 de mayo de 2005, caso: *Luis F. Acosta Carlez*, la Sala Constitucional consideró lo siguiente:

> Acorde con lo expuesto precedentemente, esta Sala sólo podrá conocer, en principio, de las peticiones de avocamiento que versen sobre juicios en los cuales se diriman asuntos concernientes a la jurisdicción constitucional, la cual comprende, como ya lo ha expresado la Sala (*vid.* Sentencia No. 25 del 22 de enero de 2003, caso: Carlos Alberto Gamarra) y de acuerdo con lo establecido en la Ley Orgánica del Tribunal Supremo de Justicia, la revisión de las sentencias de amparo constitucional y control difuso de la constitucionalidad de leyes o normas jurídicas dictadas por los demás tribunales de la Re-

pública; el control concentrado de constitucionalidad de las leyes y demás actos dictados por los órganos del Poder Público en ejecución directa e inmediata de la Constitución; el control de la omisión del Poder Legislativo Municipal, Estadal o Nacional, así como de cualquier órgano que ejerza el Poder Público Nacional, respecto a las obligaciones o deberes establecidos directamente por la Constitución; resolver las colisiones de leyes; dirimir las controversias constitucionales que se susciten entre los órganos del Poder Público; el control previo del carácter orgánico de las leyes; el conocimiento de las infracciones a derechos y garantías constitucionales a través de la acción de amparo constitucional y de las acciones tendientes a la protección de derechos e intereses difusos y colectivos, entre otros asuntos.

En el presente caso se solicitó el avocamiento de la Sala para conocer una acción de amparo constitucional interpuesta -en su oportunidad- ante la Corte Primera de lo Contencioso Administrativo. Siendo así y visto que la materia, en esencia, concierne a la jurisdicción constitucional, esta Sala es competente para conocer el avocamiento solicitado, y así se declara.

También en una decisión de fecha 15 de noviembre de 2005, caso: *Remavenca*, la Sala Constitucional destacó:

... esta Sala estima que -dadas las circunstancias que han rodeado el presente caso- resulta necesario la ruptura del principio del juez natural, establecido en el artículo 23 de la Ley de Expropiación por Causa de Utilidad Pública o Social, dado que una razón de interés supremo como lo es el mantenimiento del orden constitucional así lo requiere, así lo ha señalado esta Sala en fallos dictados con anterioridad (v. sentencia Nº 2476 del 5 de agosto de 2005), sosteniendo que:

"El objeto de la institución procesal del avocamiento es traer al Tribunal Supremo de Justicia en sus diferentes Salas - de acuerdo a la naturaleza del asunto discutido-, 'cualquier asunto que por su gravedad y por las consecuencias que pudiera producir un fallo desatinado, amerite un tratamiento de excepción con el fin de prevenir antes de que se produzca una situación de caos, desquiciamiento, anarquía o cualesquiera otros inconvenientes a los altos intereses de la Nación y que pudiera perturbar el normal desenvolvimiento de las activi-

> dades políticas, económicas y sociales consagradas en nuestra carta fundamental' (*vid.* Sentencia No. 2147 del 14 de septiembre de 2004)..."
>
> En el presente caso, no cabe duda que lo planteado en autos tiene un matiz esencialmente constitucional, toda vez que en los actos impugnados se declaró de utilidad pública y social bienes de un particular, se decretó la expropiación y se calificó de urgente realización la ejecución de la obra declarada de utilidad pública, por ello esta Sala se avoca al conocimiento de la presente causa, obvia el presupuesto procesal de la primera fase del procedimiento de avoca-miento, por no existir juicio de expropiación en curso, y así se decide.

Siguiendo este criterio bastante indeterminado, también otras Salas del Tribunal Supremo han declinado la competencia de una determinada solicitud de avocamiento en la Sala Constitucional, al considerar que se trata de asuntos relacionados con materias constitucionales, o que han sido presentados a través de determinados recursos constitucionales.

Así, en sentencia dictada por la Sala Político-Administrativa, en fecha 23 de marzo de 2004, se dispuso lo siguiente:

> Así pues, esta Sala siguiendo los criterios interpretativos expresados por la Sala Constitucional, tal y como lo establece el artículo 335 de la Constitución de 1999, observa que en el presente caso, se ejerció una acción de amparo autónoma conjuntamente con medida cautelar, la cual en circunstancias normales debía ser conocida en primera instancia por la Corte Primera de lo Contencioso Administrativo y siendo que en materia de amparo autónomo la Alzada de la Corte Primera de lo Contencioso Administrativo es la Sala Constitucional, resulta forzoso declinar la competencia para conocer de la solicitud de avocamiento en la Sala Constitucional de este Tribunal Supremo de Justicia, por cuanto la misma resulta afín con las competencias atribuidas a dicha Sala. Así se decide.

En suma, este cúmulo de precedentes generan cierta indeterminación sobre la competencia de la Sala Constitucional para conocer de solicitudes de avocamiento, pues en algunos casos ésta ha justificado su competencia en la importancia del asunto (caso: *Remavenca*) y en otras oportunidades por considerar que se trata de casos iniciados bajo la utilización de acciones de naturaleza constitucional, como los amparos constitucionales (caso: *Luis F. Acosta Carlez*).

Ambos criterios son bastante inconsistentes y poco uniformes. En efecto, el hecho de que un asunto sea de mucha importancia pareciera no justificar la necesidad de desconocer la competencia del juez natural. Por otra parte, una acción de amparo constitucional puede referirse a derechos de naturaleza muy diversa, y lo lógico sería que dependiendo de la naturaleza de los derechos constitucionales denunciados se determine cuál sería la Sala más afín para conocer de una determinada solicitud de avocamiento.

A nuestro juicio, más bien lo que podría justificar que la Sala Constitucional se avoque al conocimiento de un determinado juicio es que éste deba ser decidido, básicamente, con el uso exclusivo de normas y/o criterios estrictamente constitucionales, lo que no es tampoco muy preciso, pero al menos ello permitiría ir creando un cuerpo de precedentes un poco más claros y consistentes.

En todo caso, pareciera que la Sala Constitucional es de la tesis de que, además de los casos donde identifique cierto vínculo constitucional, también sería ella la competente para conocer de las solicitudes de avocamiento relacionadas con procesos de naturaleza constitucional, como serían las acciones de amparo constitucional, o, así como cualquier otro juicio donde se haya ejercido el control difuso de la constitucionalidad de normas jurídicas.

b. *La facultad de la Sala Constitucional para avocarse a procesos en manos de otras Salas del Tribunal Supremo de Justicia*

Donde sí pareciera no haber dudas sobre la competencia de la Sala Constitucional es a la hora de que ésta decida avocarse al conocimiento de asuntos tramitados por ante otras Salas del Tribunal Supremo de Justicia, pues en este supuesto ninguna otra Sala estaría facultada para hacerlo.

Recordemos que el artículo 25.16 de la *Ley Orgánica del Tribunal Supremo de Justicia* consagró, guste o no, la posibilidad de que la Sala Constitucional pueda avocarse al conocimiento de asuntos pendientes por ante otras Salas del mismo Tribunal Supremo de Justicia.

Textualmente esa norma dispuso:

> Son competencias de la Sala Constitucional del Tribunal Supremo de Justicia:
>
> (...)
>
> 16. Avocar las causas en las que se presuma violación al orden público constitucional, tanto de las otras Salas como de los demás tribunales de la República, siempre que no haya recaído sentencia definitivamente firme.

Como vemos, en este supuesto el legislador suele ser mucho más impreciso en relación con los supuestos que justificarían la posibilidad de que la Sala Constitucional exija el envío de un asunto en trámite ante otra Sala del Tribunal Supremo. Es decir, otorga una facultad mucho más amplia y discrecional a la Sala Constitucional, al hablar de posibles quebrantamientos al "orden público constitucional", lo que sin duda se trata de un concepto jurídico indeterminado que puede dar lugar, básicamente, a cualquier cosa.

En primer lugar, la norma habla de situaciones donde se "*presuma*" violación al orden público constitucional. Es decir, ello podría justificar un avocamiento ante el riesgo de que otra Sala vaya a decidir en un determinado sentido, pudiendo comprometer algunos principios jurídicos fundamentales, lo que nos lleva más bien al campo de las especulaciones.

En segundo lugar, la *Ley Orgánica del Tribunal Supremo de Justicia* pareciera admitir la posibilidad de que la Sala Constitucional se avoque a un juicio pendiente por ante otra Sala del Tribunal Supremo de Justicia, independientemente de la naturaleza del asunto. Es decir, podría tratarse de un asunto enteramente civil o exclusivamente penal, y ello no impediría el uso de esta facultad extraordinaria de la Sala Constitucional, pues el legislador parece no haberle puesto límite alguno a esa Sala.

Así, por ejemplo, en el caso de la impugnación del proceso electoral presidencial del año 2013, la Sala Constitucional decidió avocarse, de oficio, al juicio contentivo de los recursos contencioso-electorales que se encontraban pendientes de admisión por ante la Sala Electoral, a pesar de ser un asunto claramente de naturaleza comicial, lo que justifica la existencia misma de esa Sala del Tribunal Supremo. En efecto, en el fallo de fecha 20 de junio de 2013, caso: *Henrique Capriles R.*, se dispuso que:

> Así pues, la jurisdicción constitucional en la oportunidad respectiva debe atender al caso concreto y realizar un análisis en cuanto al contrapeso de los intereses involucrados y a la posible afectación de los requisitos de procedencia establecidos para la avocación, en los términos expuestos, con la finalidad de atender prontamente a las posibles vulneraciones de los principios jurídicos y los derechos constitucionales de los justiciables. De esta manera, la competencia de la Sala establecida en la referida disposición viene determinada, como se expuso, en función de la situación de especial relevancia que afecte de una manera grave al colectivo, en cuyo caso, la Sala podría uniformar un criterio jurisprudencial, en aras de salvaguardar la supremacía del Texto Fundamental y, así, el interés general. (...)
>
> con mayor razón, existen méritos suficientes para que esta Sala estime justificado el ejercicio de la señalada potestad, pues ha sido cuestionada la trasparencia de un proceso comicial de la mayor envergadura, como el destinado a la elección del máximo representante del Poder Ejecutivo, así como la actuación de órganos del Poder Público en el ejercicio de sus atribuciones constitucionales, de lo que se deduce la altísima trascendencia para la preservación de la paz pública que reviste cualquier juzgamiento que pueda emitirse en esta causa[347].

Como vemos, esta atribución contenida en el artículo 25.16 de la *Ley Orgánica del Tribunal Supremo de Justicia* termina de consolidar la tesis, asumida por la propia Sala Constitucional -y a nuestro juicio sin ningún tipo de respaldo del Texto Fundamental-, de que esa Sala es una especie de Tribunal Constitucional, superior al resto de las Salas del mismo Tribunal Supremo de Justicia[348].

---

347 Frente a este fallo uno puede preguntarse ¿qué sentido tiene que exista una Sala Electoral en el Tribunal Supremo de Justicia? si la Sala Constitucional requiere el expediente de los juicios de impugnación de las elecciones presidenciales sin que exista ni siquiera la primera actuación de la Sala, es decir, antes de la admisión del caso.

348 Sin embargo, es bueno indicar que tampoco en los ordenamientos jurídicos donde existen Tribunales o Cortes Constitucionales, distintos o fuera de los respectivos Tribunales Supremos de Justicia (v.g. Espa-

Esta facultad discrecional tan amplia, junto a una Sala Constitucional nada tímida, nos permite plantearnos otra disyuntiva: ¿podrá la Sala Constitucional avocarse al conocimiento de un asunto en trámite por ante la Sala Plena del mismo Tribunal Supremo de Justicia?

Aun cuando ello pareciera un absurdo desde el punto de vista lógico, no descartamos la posibilidad de que la Sala Constitucional pretenda hacer uso de la facultad que le confiere el artículo 25.16 de la *Ley Orgánica del Tribunal Supremo de Justicia* para arrebatarle un caso en trámite a la Sala Plena, a pesar que ésta conoce, básicamente, de antejuicios de mérito destinados a permitir el enjuiciamiento de altos funcionarios del Estado[349].

Nos atrevemos a realizar esta afirmación debido a que ya la Sala Constitucional ha admitido la posibilidad de *revisar*, conforme a la potestad consagrada en el numeral 10 del artículo 336 de la *Constitución*, decisiones definitivas de la Sala Plena, pues se consideró a ésta como otra Sala más del Tribunal Supremo de Justicia, a pesar de estar conformada por los Magistrados que conforman las otras Salas[350]. Pues bien, si se es coherente con ese criterio, el cual no compartimos, habría que concluir, necesariamente, en la posibilidad de que la Sala Constitucional se avoque al conocimiento de asuntos pendientes por ante la Sala Plena, en cuyo caso, habrá quedado modificada la *Constitución*, en el sentido de que los antejuicios de

---

ña, Perú, Colombia, Alemania, etc.), se conoce una facultad tan importante y hasta injustificada, como es la posibilidad de que estas Cortes o Tribunales interfieran con un determinado proceso judicial llevado por ante los respectivos Tribunales Supremos de Justicia. Es decir, la figura del avocamiento, y en especial el que faculta a la Sala Constitucional a asumir el conocimiento de juicios tramitados ante otras Salas, es una innovación criolla que convierte a nuestra Sala Constitucional en, probablemente, el Tribunal con más poderes del mundo.

349 La otra competencia que tiene la Sala Plena, distinta a los antejuicios de mérito, es la consagrada en el artículo 24.3 de la *Ley Orgánica del Tribunal Supremo de Justicia* la cual se refiere a dirimir los conflictos que se planteen entre tribunales de instancia con distintas competencias materiales, cuando no exista una Sala con competencia afín a la de ambos.

350 Véase la sentencia dictada por la Sala Constitucional, en fecha 11 de marzo de 2005, caso: *Julián Isaías Rodríguez*

mérito previos al enjuiciamiento de altos funcionarios del Estado pasarán a ser conocidos por la Sala Constitucional, a menos que ésta prefiera no asumir su facultad discrecional.

c. *El avocamiento para rescatar la competencia de una determinada Sala del Tribunal Supremo*

Vale la pena referirnos a la posibilidad de que una Sala del Tribunal Supremo de Justicia se avoque al conocimiento de un caso, por considerar que ella es la competente del asunto. Es decir, ello implicaría el uso de la facultad del avocamiento como una especie de regulación de la competencia.

En principio, pareciera contradictorio que una Sala del Tribunal Supremo de Justicia se avoque al conocimiento de un caso, cuando ella es la competente natural para tramitarlo. En efecto, avocarse implica la posibilidad de asumir un caso, a pesar de no tener la competencia para conocer de ese juicio. Sin embargo, es lo cierto que en varias oportunidades algunas Salas del Tribunal Supremo se han avocado a un juicio, por considerar que son éstas las competentes naturales para la tramitación del mismo.

En efecto, ello fue lo que ocurrió en el caso: *Ismael García*, a que hicimos referencia *supra*, donde la Sala Constitucional, ante una solicitud de avocamiento, decidió asumir el conocimiento del asunto, entre otras razones, por considerar que se trataba de la impugnación de un acto (emanado del Consejo Nacional Electoral) en ejecución directa e inmediata de la *Constitución*.

En el mismo sentido, en la sentencia de fecha 21 de abril de 2004, la Sala Político-Administrativa, ante una solicitud de avocamiento, anuló unas decisiones interlocutorias dictadas por la Corte Primera de lo Contencioso Administrativo, entre otras razones, por considerar que era esa máxima instancia la competente para conocer de la impugnación de una Resolución emanada del SENIAT.

d. *Es irrelevante la oportunidad procesal en que se encuentre el juicio cuyo avocamiento se solicita*

También vale aclarar que nuestra jurisprudencia ha admitido la posibilidad de que una Sala del Tribunal Supremo de Justicia se avoque al conocimiento de un juicio, independientemente de la fase o instancia en que éste se encuentre.

Así, la Sala Constitucional se ha avocado a procesos judiciales antes que se interpongan por ante el tribunal competente, tal y como sucedió en la decisión de fecha 15 de noviembre de 2005, caso: *Remavenca*, transcrito *supra*, donde la Sala Constitucional se avocó al conocimiento del asunto, antes de que este hubiese iniciado ante el tribunal competente. Es decir, la actora interpuso una acción de inconstitucionalidad por ante la Sala Constitucional, la cual consideró que no era la competente para conocer del asunto, pero se avocó al conocimiento del juicio, en virtud de la importancia del juicio (expropiación de unos silos del grupo de empresas Polar).

Ya hemos expuesto como en el fallo de fecha 20 de junio de 2013, caso: *Henrique Capriles R.*, la Sala Constitucional se avocó de oficio a los juicios que contenían las impugnaciones del proceso electoral del 2013, antes de que fuesen admitidos por la Sala Electoral.

Y, por otra parte, la Sala Constitucional y la Sala de Casación Social han señalado expresamente que el avocamiento procede aún en fase de ejecución de sentencia. En efecto, en el fallo de fecha 5 de abril de 2006, caso: *Representaciones Renaint*, la Sala Constitucional, haciendo referencia a un fallo de la Sala Social, dispuso lo siguiente:

> Además, debe destacarse que, la Sala declarada competente puede avocarse de un juicio "...incluso después de que la sentencia definitiva quede firme, esto es, en fase de ejecución, pues, acorde con nuestra legislación, el juicio no concluye con la sentencia definitiva y firme...", como así declaró dicha Sala en sentencia n° 1442 del 15 de noviembre de 2004 (caso: Arepera Punto y Coma S.R.L.)

Más controversial, por decir lo menos, es lo sucedido en una solicitud de avocamiento presentada por la empresa *General Motors*, donde la Sala Constitucional negó el avocamiento luego de dos años de espera. Se trataba de un caso donde se había solicitado el avocamiento, entre otros procesos, de un juicio de amparo que ya había decidido en sus dos instancias e, incluso, fue objeto de un recurso extraordinario de revisión por ante la misma Sala Constitucional. Sin embargo, a pesar de ello, la Sala Constitucional, en los fallos de fecha 15 de julio de 2004 y 13 de agosto de 2004, requirió, a solicitud de la empresa *General Motors*, el expediente contentivo de ese proceso de amparo culminado y revisado por esa misma Sala.

B. *Es necesario que se hayan desatendido o mal tramitado los recursos ordinarios que los interesados hubieren ejercido*

El segundo requisito de admisibilidad es de suma importancia, pues es lo que justifica el carácter excepcional de la facultad de avocamiento, toda vez que una violación al ordenamiento jurídico, por muy grave que sea, puede ser remediada a través del sistema recursivo ordinario y extraordinario.

Permitir el ejercicio de la facultad de avocamiento, a pesar de la existencia de vías judiciales ordinarias (y hasta extraordinarias), implicaría distorsionar todo nuestro sistema procesal, lo que conllevaría a una violación a los principios de economía judicial y jerarquía del Poder Judicial. Además, dejaría mucho que desear nuestro ordenamiento jurídico si las distintas Salas del Tribunal Supremo de Justicia comienza a dedicarse a la tarea de sustituirse en las funciones de los tribunales de instancia.

Es importante destacar que el primer párrafo del artículo 18 de la derogada *Ley Orgánica del Tribunal Supremo de Justicia* de 2004, relacionado con la figura del avocamiento, hacía referencia a la necesidad de que hubiesen sido desatendidos los recursos *ordinarios* y *extraordinarios*. Sin embargo, en el artículo 108 de la vigente *Ley Orgánica del Tribunal Supremo de Justicia* se relaja esta postura, al dejarse por fuera las vías extraordinarias. Es decir, pareciera que el legislador consideró que no era necesario la utilización de vías judiciales extraordinarias, como, por ejemplo, el amparo constitucional, el recurso de casación, entre otras, para considerar la admisibilidad de una solicitud de avocamiento.

A nuestro juicio esto debería considerarse como una simple imprecisión del legislador, de manera que siempre deberá exigirse el agotamiento, o la simple existencia de vías judiciales *ordinarias y/o extraordinarias* destinadas a combatir las graves violaciones a nuestro ordenamiento jurídico que podrían justificar la potestad de avocamiento.

La jurisprudencia de nuestro Máximo Tribunal ha sabido destacar, en ocasiones, este criterio de la excepcionalidad. Así, la Sala Político-Administrativa, en sentencia de fecha 21 de mayo de 1997, caso: *General Marien Service de Venezuela*, precisó lo siguiente:

> esta Sala ha tenido ocasión de precisar que no puede significar la posibilidad excepcional del avocamiento una sustitución de los remedios y mecanismos procesales ordinarios

que la legislación adjetiva otorga a los justiciables: "...tampoco sería suficiente para que la Sala ejerza su facultad de avocarse, ya que para corregir cualquier irregularidad procesal el ordenamiento jurídico pone a disposición del afectado suficientes medios legalmente consagrados?".

Ahora bien, una revisión detallada de la jurisprudencia de las distintas Salas del Tribunal Supremo de Justicia nos podría demostrar que este requisito de procedencia del avocamiento es probablemente el más ignorado, pues en la mayoría de los casos donde una Sala decide admitir una solicitud de avocamiento existe la posibilidad de que las partes hagan valer recursos o incidencias procesales destinadas a corregir los supuestos errores de juzgamiento.

Así, por ejemplo, en la decisión dictada por la Sala Político-Administrativa del Tribunal Supremo de Justicia, en fecha 4 de mayo de 2004, caso: *PDVSA Petróleo S.A.*, se justificó el avocamiento, en virtud de una medida cautelar dictada por la Corte Primera de lo Contencioso Administrativo, contra la cual ni siquiera se ejerció la oposición a que hace referencia los artículos 602 y siguientes del *Código de Procedimiento Civil*. Así, esa Sala se limitó a señalar lo siguiente:

> En tal virtud, al trascender los efectos de dicha medida cautelar del mero interés privado de las partes e involucrar intereses públicos y generales que pueden afectar a la colectividad y al Estado Venezolano, incidiendo en el desarrollo y desenvolvimiento normal de la vida económica y social de la República Bolivariana de Venezuela, esta Sala, atendiendo a su deber de impartir justicia, imparcial, idónea, transparente, autónoma, independiente, responsable, equitativa y sin formalismos o reposiciones inútiles, considera PROCEDENTE AVOCARSE al conocimiento del amparo cautelar decretado por la Corte Primera de lo Contencioso Administrativo en fecha 12 de junio de 2003. Así se decide.

Lo mismo habría que decir en cuanto a la sentencia, comentada *supra*, dictada por la Sala Constitucional en el caso: *Ismael García*. En esa oportunidad se trató de una medida cautelar dictada por la Sala Electoral, contra la cual cabía la vía de la oposición, conforme a los mencionados artículos 602 y siguientes del *Código de Procedimiento Civil*.

Y ni hablar del caso del avocamiento del juicio de nulidad contra el proceso electoral de las elecciones presidenciales de 2013, donde la Sala Constitucional se avocó a ese asunto cuando ni siquiera se había dictado la primera sentencia del juicio, es decir, donde no había ninguna decisión que cuestionar y, por ende, ningún recurso que ejercer.

Ahora bien, a parte de estos casos de alto contenido político, consideramos que es imprescindible que la Sala respectiva, a la hora de evaluar la procedencia de una solicitud de avocamiento, analice en detalle los remedios procesales que se encuentran al alcance de las partes para tratar de corregir las injusticias o errores graves con que se pretende justificar el avocamiento.

En la medida en que las distintas Salas del Tribunal Supremo de Justicia sean rígidas, coherentes y uniformes en la exigencia de este requisito indispensable, en esa misma medida se evitará que esta potestad excepcional desborde los límites de lo razonable y se convierta en una perversa herramienta destinada a desconocer la autonomía e independencia del Poder Judicial, así como los derechos fundamentales a ser juzgado por los jueces naturales y predeterminados, así como el derecho a la igualdad.

3. *La segunda etapa del procedimiento para tramitar las solicitudes de avocamiento.*

Luego de que la Sala respectiva analiza las causales de inadmisibilidad de las solicitudes de avocamiento a que hemos hecho referencia anteriormente, la Sala respectiva puede tomar alguna de las siguientes decisiones: i) declarar inadmisible la solicitud, de acuerdo a alguna de las causales antes analizadas; ii) requerir el expediente respectivo, a los fines de analizar el caso y tomar los correctivos necesarios de ser el caso; o iii) excepcional-mente pronunciarse de una vez sobre el fondo del avocamiento, sin antes haber solicitado el expediente de donde surgieron los quebrantamientos constitucionales o legales denunciados.

En el primer caso, no habría lugar a la segunda etapa del procedimiento para tramitar el avocamiento, toda vez que al declararse la inadmisibilidad de la solicitud no hay posteriores incidencias ante la Sala respectiva. Sencillamente se archiva el expediente que contiene la solicitud y en nada se afecta el juicio que motivó el requerimiento. Muchas veces ni siquiera el resto de las partes se enteran de una solicitud de avocamiento declarada inadmisible, al no requerirse el envío del expediente a la Sala.

En el segundo supuesto, esto es, de haberse declarado admisible la solicitud de avocamiento, las Salas por lo general requieren, conforme a lo dispuesto en la última parte del artículo 108 de la *Ley Orgánica del Tribunal Supremo de Justicia*, el envío del expediente respectivo, ordenando la suspensión del proceso hasta tanto se resuelva la solicitud de avocamiento. Ello, a los fines de tomar su decisión sobre la procedencia o improcedencia del avocamiento. Obviamente, el solo hecho de que se haya solicitado el expediente ya constituye un indicio bastante revelador de la posibilidad de que la Sala respectiva va a tomar una decisión que afectará el proceso objeto de análisis.

A. *El poder cautelar de las Salas del Tribunal Supremo en los avocamientos*

La doctrina más calificada ha sostenido, acertadamente, que el poder cautelar del juez es una condición inseparable de la posibilidad de resolver controversias en justicia[351]. En un Estado de Derecho no puede ejercerse la labor jurisdiccional si el que decide no tiene la posibilidad de asegurar que el fallo pueda cumplirse para cualquier de las dos partes en litigio.

Este poder cautelar inherente a las labores jurisdiccionales se encuentra recogido en forma contundente en el artículo 130 de la *Ley Orgánica del Tribunal Supremo de Justicia*, donde se establece que la Sala Constitucional puede acordar, en cualquier estado y grado del proceso y aún de oficio, las medidas cautelares que considere pertinente. Destaca la norma que la Sala dispondrá de "amplios poderes cautelares" para garantizar la tutela judicial efectiva.

Pues bien, estos poderes cautelares pueden ser ejercidos por las distintas Salas del Tribunal Supremo frente a las solicitudes de avocamiento. Por lo general, la oportunidad en suelen decretarse medidas cautelares en este tipo de procedimientos es al momento de admitirse la solicitud y mientras se espera por la llegada del expediente respectivo a la Sala. Sin embargo, nada obsta a que la medida preventiva pueda dictarse luego de que la Sala ha recibido el expediente e iniciado el estudio del mismo.

---

351 GARCÍA DE ENTERRÍA, Eduardo, "*La Batalla por las Medidas Cautelares*", 2da. Edición, Civitas, Madrid, 1995.

En este sentido, en la sentencia dictada por la Sala Constitucional, en fecha 14 de agosto de 2017, caso: *Alconca C.A*, la Sala señaló:

> Tomando en cuenta esta Sala que en la presente solicitud se denunció la incursión en graves desórdenes procesales derivados de una serie de medidas cautelares dictadas en los juicios cuyo avocamiento se peticiona, al tiempo que se esgrimió la paralización del giro social de la sociedad mercantil Granja Alconca C.A., y dado que se demandó la nulidad de actas de asambleas relacionadas con la referida sociedad de comercio, por lo que se ha peticionado ante esta Sala la urgencia en el decreto de las cautelares peticionadas a los efectos de evitar mayores daños en los derechos de propiedad de los solicitantes y, en definitiva al haberse impugnado la validez de las convocatorias y actas de asambleas, se considera que se han cambiado los supuestos del artículo 275 del Código de Comercio que prescriben las facultades de la asamblea ordinaria en la sociedades de comercio, por lo que en criterio de esta Sala dada las circunstancias referidas no se está ante la actividad habitual de giro de la empresa, por lo que se cumplen los supuestos establecidos jurisprudencialmente tanto por la Sala de Casación Civil de este Tribunal Supremo de Justicia como por esta Sala, para que a instancia de parte sucumba la supremacía del órgano societario y se de paso a la determinación judicial de las siguientes medidas cautelares innominadas hasta tanto se resuelva el fondo de la presente solicitud de avocamiento., (Ver sentencia de la Sala de Casación Civil RC-0671 del 7 de noviembre de 2003, caso: Angelo Gianturco Di Bianco y otros Vs. Mauro Bevilacqua y otros; y decisión n° 159 de esta Sala Constitucional dictada el 7 de abril de 2017, caso: Francesco Accettura), y en este sentido:
>
> 1.- Se levanta la medida dictada el 2 de febrero de 2016, por el Juzgado Segundo de Primera Instancia en lo Civil, Mercantil y Tránsito de la Circunscripción Judicial del Estado Aragua y la medida decretada el 7 de diciembre de 2016, por el Juzgado Primero de Primera Instancia en lo Civil, Mercantil y Tránsito de la Circunscripción Judicial del Estado Aragua, con sede en Cagua.
>
> 2.- Se convoca por esta Sala una Asamblea General Extraordinaria de Accionistas para definir con la mayoría prevista en el artículo 276 del Código de Comercio los miembros de la Junta Directiva de Granja Alconca C.A.

3.- Dicha convocatoria de la asamblea referida precedentemente, se realizará por analogía, conforme a lo previsto el artículo 277 del Código de Comercio mediante cartel librado por esta Sala y publicado en periódico de circulación nacional con cinco (5) días de anticipación por lo menos al fijado para la reunión.

4.- Dicha asamblea extraordinaria será celebrada en el domicilio social de Granja Alconca C.A., establecida en sus estatutos.

5.- Para la celebración de la Asamblea General Extraordinaria de Accionistas antes señalada, debe dejar fe pública mediante un juez de municipio o un juez de municipio ejecutor de medidas de la Circunscripción Judicial del Estado Aragua que sea comisionado para ello.

Como puede apreciarse, al momento en que la Sala Constitucional admitió la solicitud del expediente y ordenó su remisión, dictó una serie de medidas cautelares, a los fines de que la suspensión del juicio no impidiera la realización de unos actos societarios que la Sala consideró necesarios para restablecer la situación jurídica infringida.

Los requisitos de procedencia de las medidas cautelares en los procedimientos de avocamiento son los mismos que se exigen para todas las medidas preventivas, esto es, el *fumus boni iuris* y el *periculum in mora*.

Para ello, es importante que el solicitante de la medida aporte todos los elementos necesarios que le permitan a la Sala realizar el estudio sumario sobre la procedencia de la cautelar. Ello no obsta a que la Sala ejerza sus poderes cautelares de oficio, incluso en contra de los intereses del solicitante del avocamiento.

En cuanto al trámite de la oposición, el artículo 131 de la *Ley Orgánica del Tribunal Supremo de Justicia* dispone que la parte contra la cual recae la medida puede ejercer oposición dentro de los 3 días de despacho siguientes a la notificación de la medida preventiva.

En ese caso, se abrirá el respectivo cuaderno separado, así como una articulación probatoria de 3 días de despacho para que las partes promuevan y evacúen las pruebas que consideren pertinentes[352].

La Sala deberá decidir dentro de los 5 días siguientes.

B. *Las incidencias o actuaciones de las partes en el avocamiento*

Es probable, y ocurre a menudo en la práctica, que, durante la segunda fase del avocamiento, el resto de las partes involucradas en el juicio cuyo expediente ha sido solicitado presentan escritos apoyando o rechazando la solicitud de avocamiento. Una vez que el Tribunal donde venía tramitándose la causa recibe el oficio y envía el expediente a la Sala respectiva, el resto de las partes del proceso pueden acudir a esa Sala a presentar sus consideraciones y para ello no pareciera haber límite temporal alguno. Es decir, al menos hasta que se dicte la sentencia sobre la procedencia o no del avocamiento, las partes están habilitadas para presentar sus escritos con sus respectivos anexos.

Obviamente, nada de esto obsta a que las partes presenten escritos ante la Sala respectiva, antes de la admisión del mismo, es decir, durante la primera etapa del procedimiento. El problema práctico es que el resto de las partes, distintas al solicitante, no suelen estar enterados de la existencia de la solicitud hasta tanto la Sala lo admite y comunica al tribunal que venía conociendo del asunto.

En relación a la facultad de solicitar diligencias probatorias, la verdad es que no conocemos de precedentes que lo hayan autorizado[353]. Sin embargo, en nuestro criterio, es perfectamente posible que las partes soliciten la evacuación de algún mecanismo probatorio indispensable para la mejor decisión sobre la procedencia o improcedencia del avocamiento, pues no puede perderse de vista que el artículo 89 de la *Ley Orgánica del Tribunal Supremo de Justicia* dispone que las Salas pueden actuar de oficio en los casos que disponga la

---

352 Si bien la norma no dispone nada al respecto, debe entenderse que luego de esos 3 días de promoción de pruebas, la Sala debe admitir las que considere legales y pertinentes, a los fines de disponer la forma en que deberán evacuarse las pruebas admitidas.

353 Obviamente es perfectamente posible acompañar a los distintos escritos pruebas documentales que apoyen las posiciones de las partes.

ley, lo que podría entenderse que estarían habilitadas para iniciar alguna incidencia probatoria que consideren pertinente, bien sea *motu proprio* o por que alguna de las partes lo ha solicitado.

4. *Los requisitos de procedencia de las solicitudes de avocamiento*

En cuanto a la procedencia de una solicitud de avocamiento, el legislador estableció unas condiciones bastante rigurosas que, de ser seguidas al pie de la letra, implicaría que la figura del avocamiento sería prácticamente inexistente. Sin embargo, como veremos, estos requisitos suelen ser obviados con suma frecuencia, toda vez que las Salas del Tribunal Supremo de Justicia han venido entendiendo al avocamiento como una facultad discrecional que les permite, cuando lo consideran prudente o necesario, asumir el conocimiento directo de una controversia, bien sea para seguir conociendo de la misma o para restablecer alguna situación jurídica infringida y devolver al mismo tribunal que venía conociendo del asunto o a otro distinto.

Si bien bajo la vigencia de la *Ley Orgánica de la Corte Suprema de Justicia* se le había otorgado un amplísimo y hasta absoluto margen de discrecionalidad a la Sala Político-Administrativa de la antigua Corte Suprema de Justicia, no sucede lo mismo con la actual *Ley Orgánica del Tribunal Supremo de Justicia*, donde parece haberse restringido o regulado los motivos que pudieran justificar el uso de esta faculta excepcional.

Lo paradójico del tema es que, bajo la vigencia de la *Ley Orgánica de la Corte Suprema de Justicia*, la Sala Político-Administrativa mantuvo una posición bastante conservadora, en el sentido de que fue extremadamente prudente con el uso de esta facultad; mientras que con la actual vigencia de la *Ley Orgánica del Tribunal Supremo de Justicia* hemos observado como esta facultad suele utilizarse con mayor facilidad.

Es pertinente comenzar por recordar que el artículo 107 de la vigente *Ley Orgánica del Tribunal Supremo de Justicia* señala que:

> El avocamiento será ejercido con suma prudencia y sólo en caso de graves desórdenes procesales o de escandalosas violaciones al ordenamiento jurídico que perjudiquen ostensiblemente la imagen del Poder Judicial, la paz pública o la institucionalidad democrática.

De igual forma, el numeral 16 del artículo 25 de la misma *Ley Orgánica del Tribunal Supremo de Justicia* dispone que son competencias de la Sala Constitucional:

> Avocar las causas en las que se presuma violación al orden público constitucional, tanto de las otras Salas como de los demás tribunales de la República, siempre que no haya recaído sentencia definitivamente firme.

De acuerdo al contenido de esta disposición se puede concluir, *a priori*, que se trata de una facultad excepcional, que sólo podría utilizarse ante situaciones realmente inusuales, que justifiquen pasar por encima de la competencia de los tribunales que la ley ha considerado como idóneos para resolver esas situaciones. Es decir, si para la procedencia del avocamiento es necesario que esté en juego la institucionalidad democrática o la paz pública resultaría prácticamente inútil este remedio judicial.

La primera condición que impone el artículo 107 de la *Ley Orgánica del Tribunal Supremo de Justicia* es que en el proceso cuyo avocamiento es solicitado hayan ocurrido graves desórdenes procesales o escandalosas violaciones al ordenamiento jurídico, que además hayan perjudicado la imagen del Poder Judicial, la paz pública y la institucionalidad democrática. No se trata de cualquier violación legal, sino de graves errores que pongan en peligro la institucionalidad democrática y el decoro del Poder Judicial.

En nuestro criterio, la norma pareciera referirse a errores inexcusables de derecho, los cuales tendrían que implicar hasta el inicio de un procedimiento disciplinario en contra del juez responsable, pues de lo contrario no se justificaría el desconocimiento del juez natural y predeterminado por la ley. No olvidemos que frente a cualquier error judicial existen otras vías ordinarias y extraordinarias para corregirlos.

Por tanto, ante la ocurrencia de una infracción legal de profundas magnitudes se justificaría la potestad excepcional de avocamiento de alguna Sala del Tribunal Supremo de Justicia, lo que debería implicar el subsiguiente inicio de un procedimiento disciplinario contra el juez infractor.

Pero lo cierto es que la realidad jurisprudencial es muy distinta a la rigurosidad plasmada en la *Ley Orgánica del Tribunal Supremo de Justicia*. Las distintas Salas del Tribunal Supremo nos muestran que las consideraciones para declarar procedente un avocamiento son mucho más flexibles, al punto de que podemos llegar a afirmar que pareciera más bien una potestad discrecional del Tribunal Supremo. Basta revisar algunas de las múltiples decisiones dictadas por las distintas Salas del Tribunal Supremo, donde se han declarado procedentes solicitudes de avocamiento, para verificar que los errores detectados, en la mayoría de los casos, distan mucho de ser "escandalosas violaciones" y mucho menos ponen en riesgo "la paz pública" o "la institucionalidad democrática".

En efecto, en algunos casos basta una motivación sencilla sobre la importancia del caso y su posible repercusión; y en otros pareciera suficiente relatar alguna violación legal o discrepancia jurídica.

Veamos brevemente algunos de los motivos que han generado la declaratoria de procedencia de las solicitudes de avocamiento.

A. *La importancia del caso y/o su posible repercusión*

Como hemos adelantado, en la práctica, la mayoría de los casos donde se admiten solicitudes de avocamiento no se observan esas gravísimas violaciones a nuestro ordenamiento jurídico a que trató de hacer referencia la *Ley Orgánica del Tribunal Supremo de Justicia*. Sobre todo, cuando se trata de la Sala Constitucional, donde más bien lo que pareciera importar es la relevancia del caso y sus posibles efectos.

El primer caso que demuestra esta afirmación es la ya mencionada sentencia de fecha 20 de junio de 2013, caso: *Henrique Capriles R.*, donde la Sala Constitucional se avocó al conocimiento de unos recursos contencioso-electorales que estaban pendiente de admisión por ante la Sala Electoral. Es decir, no se había dictado la primera sentencia del proceso y sin embargo la Sala Constitucional consideró que debía avocarse al conocimiento del asunto y asumir el conocimiento de esos recursos. Para justificar esta actuación señaló:

> En relación con esta extraordinaria potestad, consecuente con las altas funciones que como máximo garante de la constitucionalidad y último intérprete del Texto Fundamental han sido asignadas a esta Sala Constitucional, la doctrina de esta juzgadora ha dispuesto que el avocamiento es una figura de superlativo carácter extraordinario, toda vez que afecta las garantías del juez natural y, por ello, debe ser ejercida con suma prudencia y sólo en aquellos casos en los que pueda verse comprometido el orden público constitucional (***vid.*** Sentencias números 845/2005 y 1350/2006).

> Pero esta Sala no sólo hará uso de esta facultad en los casos de posible transgresión del orden público constitucional, ante la ocurrencia de acciones de diversa índole en las cuales se podría estar haciendo uso indebido de los medios jurisdiccionales para la resolución de conflictos o con el fin de evitar el posible desorden procesal que se podría generar en los correspondientes juicios, sino también cuando el asunto que subyace al caso particular tenga especial trascendencia nacional, esté vinculado con los valores superiores del ordenamiento jurídico, guarde relación con los intereses públicos y el funcionamiento de las instituciones o que las pretensiones que han generado dichos procesos incidan sobre la institucionalidad democrática o el ejercicio de los derechos fundamentales de los ciudadanos, particularmente sus derechos políticos. El esfuerzo de esta Sala debe, en fin, dirigirse a aclarar las dudas y agenciar los procesos previstos para darle respuesta a los planteamientos de los ciudadanos y garantizar el ejercicio de sus derechos.

Como vemos, con esta decisión la Sala Constitucional amplía considerablemente los requisitos de procedencia del avocamiento, pues ya no es sólo procedente cuando existan graves violaciones al ordenamiento jurídico, sino cuando se trate de asuntos de "*trascendencia nacional*" o donde estén vinculados "los valores superiores del ordenamiento jurídico". Es decir, pareciera suficiente que exista un caso que alguna de las Salas considere relevante, lo que evidentemente es el común denominador en los casos de naturaleza política.

Una posición similar asumió la Sala Constitucional en el fallo de fecha 16 de noviembre de 2012, caso: *Adriana Zorrilla,* en el caso relacionado con los problemas derivados de implantes mamarios defectuosos. En esa oportunidad se señaló que:

> Ahora bien, toda vez que la jurisprudencia de este Máximo Tribunal ha justificado el ejercicio del avocamiento ante casos de manifiesta injusticia, denegación de justicia, amenaza en grado superlativo al interés público y social o necesidad de restablecer el orden en algún proceso judicial que así lo amerite en razón de su trascendencia e importancia y visto que, aún cuando en el presente caso se ordenó la reposición de la causa al estado de que se celebrara nuevamente la audiencia oral y pública, a la misma se ha adherido una considerable cantidad de posibles afectadas, lo cual pone de relieve que la repercu-

sión de la presente causa trasciende el interés individual de la solicitante originaria y, por otra parte, la importancia que la misma tiene, por tratarse de los derechos a la salud y a la vida de las personas que solicitan tutela constitucional frente a una problemática que ya esta Sala calificó como de salud pública, justifica que, en esta oportunidad, la Sala avoque el conocimiento de la presente causa.

En consecuencia, esta Sala considera, dada la índole de los derechos que se denunció como afectados, esto el derecho a la vida y a la salud, aunado a la importancia y la trascendencia de la misma, procedente la solicitud en cuestión, avoca el conocimiento de la causa que se inició con la demanda de amparo que interpuso la ciudadana Adriana Alejandra Zorrilla González contra las sociedades mercantiles GALAXIA MÉDICA C.A., MULTI INDUSTRIAS MÉDICAS MULTIMED, C.A., LOCATEL SERVICIOS S.R.L., FARMACIA LOCATEL C.A. y LOCATEL FRANQUICIA C.A. y declara la nulidad del auto que emitió el Juzgado Noveno de Primera Instancia en lo Civil, Mercantil, del Tránsito y Bancario de la Circunscripción Judicial del Área Metropolitana de Caracas, el 9 de abril de 2012, mediante el cual ordenó la notificación a las partes de la fijación de la nueva audiencia oral por cuanto la causa seguirá su trámite ante esta Sala Constitucional. Así se decide.

Nótese que lo que justifica el avocamiento en estos dos casos no es tanto las irregularidades procesales que hayan podido existir, sino la importancia del caso y las repercusiones que pudieran derivarse de un posible error judicial.

B. *Las violaciones "graves" al ordenamiento jurídico*

En otras oportunidades las distintas Salas del Tribunal Supremo han declarado procedentes solicitudes de avocamiento, no por la importancia del caso o su repercusión pública, sino por considerar que existe "una manifiesta injusticia, denegación de justicia, amenaza en grado superlativo al interés público y social o necesidad de restablecer el orden en algún proceso judicial que así lo amerite en razón de su trascendencia"[354].

Es decir, en muchos casos las Salas acuerdan la solicitud de avocamiento al entender que existen discrepancias jurídicas o simples errores de juzgamiento, que en forma alguna pueden llegarse a considerar como inexcusables, o que comprometan la imagen del Poder Judicial o la institucionalidad democrática.

Un buen ejemplo de esta afirmación lo encontramos en la jurisprudencia de la Sala de Casación Penal, la cual suele utilizar las solicitudes de avocamiento para corregir fallos que considera errados o que sencillamente no se ajustaron a derecho.

Por ejemplo, en la sentencia del 10 de agosto de 2011, caso: *Rolando Elías Ramírez,* la Sala Penal señaló lo siguiente:

> Ahora bien, de la revisión tanto de la decisión que acordó la orden de aprehensión (30 de noviembre de 2009), como la que decretó la medida de privación judicial preventiva de libertad (8 de septiembre de 2010) anteriormente transcritas, se desprende que efectivamente le asiste la razón a la defensa privada, por cuanto las mismas, no establecieron de manera clara y precisa, cuales eran las circunstancias directas que justificaban adoptar tales resoluciones, lo que denota falta de motivación, y por ende violación al debido proceso, al derecho a la defensa y a la tutela judicial efectiva.

En el mismo sentido, en otra decisión de la misma Sala Penal del 18 de diciembre de 2006, caso: *Pedro José Maggino Belicchi,* se destacó lo siguiente:

> Realizada la revisión del expediente, se observaron violaciones cometidas durante la fase preparatoria del proceso penal seguido a los ciudadanos Pedro José Maggino Belicchi e Ismael Barrios Conde, las cuales quebrantaron los derechos constitucionales y legales consagrados en los artículos 26 y 49 (numeral 1) de la Constitución de la República Bolivariana de Venezuela, y en los artículos 125, 130, 131 y 132 del Código Orgánico Procesal Penal. En efecto, aparece en autos lo siguiente: (...)

---

354 Sentencia dictada por la Sala Constitucional N° 845/2005, caso: *Corporación Televen C.A.*

> Como se indicó anteriormente, se violaron disposiciones constitucionales y legales, con respecto a los ciudadanos Pedro José Maggino Belicchi e Ismael Barrios Conde, porque el acto de imputación formal al cual estaba obligado el Ministerio Público en el momento de atribuirle a los mencionados ciudadanos el supuesto delito de Transporte Ilícito Agravado de Sustancias Estupefacientes y Psicotrópicas no se llevó a cabo. (...)
>
> Con apoyo en los artículos 190, 191 y 195 del Código Orgánico Procesal Penal, la Sala de Casación Penal, en aras de garantizar la tutela judicial efectiva, el debido proceso, el respeto al derecho a la defensa y la correcta administración de justicia, en relación con los ciudadanos Pedro José Maggino Belicchi e Ismael Barrios Conde, ordena la reposición del proceso al estado en que el Ministerio Público cumpla con el respectivo acto de imputación formal con estricto cumplimiento a lo previsto en los artículos 125, 130, 131 y 133 del Código Orgánico Procesal Penal.

Por su parte, hemos observado como la Sala Político-Administrativa ha declarado, procedente, solicitudes de avocamiento, simplemente frente a la existencia de medidas cautelares dictadas por tribunales de inferior jerarquía, como las Cortes de lo Contencioso Administrativo o los Juzgados Superiores Contencioso-Administrativos, donde entiende que se han perjudicado los intereses de algunos organismos del Estado.

Por ejemplo, en la sentencia de fecha 21 de abril de 2004, caso: *SUDEBAN*, la Sala Político-Administrativa determinó que:

> Asimismo no puede dejar de apreciar esta Sala, que la decisión en la cual se acordó la aludida providencia cautelar, es precisamente la misma en que se admitió el recurso de nulidad, lo cual entre otras cosas, contraría el criterio que ha mantenido reiteradamente este órgano jurisdiccional sobre la materia, en el sentido de que salvo el caso del amparo cautelar para el resto de las medidas de esa misma índole, debe abrirse cuaderno separado y una vez notificadas las partes de la acción principal proveerse sobre éstas.
>
> Tales elementos ponen en evidencia, que existen irregularidades de orden procesal que si bien podrían ser subsanadas, en principio, por vía de los recursos ordinarios previstos para ello, como es el caso de la apelación, no debe pasarse por alto

el hecho de que dichos recursos en los actuales momentos serían absolutamente inoperantes, dada la suspensión de los miembros que integran a la Corte Primera de lo Contencioso Administrativos, y como quiera que el asunto debatido, rebasa el interés privado, como fuere explicado en las líneas que anteceden, no cabe duda que sí están dados los supuestos para que la Sala proceda a la avocación de la mencionada causa y así expresamente se decide.

En el mismo sentido se pronunció esa Sala en la sentencia de fecha 4 de mayo de 2004, caso: *PDVSA*, al señalar:

> De esta forma, la Corte Primera de lo Contencioso Administrativo, en su sentencia confundió, en criterio de esta Sala, el carácter anticipado, preventivo, instrumental y homogéneo de la pretensión cautelar, con la ejecución anticipada y en este caso condicional de la sentencia del recurso de nulidad; dejando a ésta, además, sin contenido u objeto, al haber analizado los efectos de las normas de la Ley Orgánica del Trabajo, referidas a la inamovilidad y estabilidad de los indicados trabajadores, a saber, artículos 427 y 450 de la Ley Orgánica del Trabajo, adelantando el dispositivo de lo que sería una sentencia futura, y sin hacer además, el necesario equilibrio al decretarla, para el supuesto de que los accionantes no resultaren vencedores en el proceso.
>
> En tal sentido, con todo el detallado análisis del expediente que ha sido objeto de la solicitud de avocamiento, concluye la Sala que la Corte Primera de lo Contencioso Administrativo, en su decisión soslayó los principios esenciales al instituto procesal de las medidas cautelares; en especial de la medida de amparo cautelar, al emitir un pronunciamiento de fondo e incurriendo en un claro prejuzgamiento, respecto de la controversia debatida, dejando sin contenido u objeto de estudio al recurso de nulidad, al dictar una medida ejecutiva en vez de cautelar, que comprometió seriamente el interés público y trascendió el interés de las partes involucradas, toda vez que se evidencia la posibilidad de causarse un daño importante y grave al patrimonio económico de la República, lo cual justifica el avocamiento de esta Sala.
>
> En consecuencia, tanto por las especiales razones de orden constitucional y legales señaladas y con la intención de corregir casos de graves injusticias de tal magnitud que esca-

pen al mero interés subjetivo de las partes involucradas y que trascienden a la colectividad, afectando el interés general de la sociedad; vista la irregularidad en la que incurrió la Corte Primera de lo Contencioso Administrativo, al pronunciarse respecto del fondo de la controversia, por medio del decreto de una medida de amparo cautelar, el cual afecta no sólo a las partes involucradas o intereses privados, sino a los intereses públicos, al tratarse de una empresa cuya actividad y producción contribuye de manera determinante con los ingresos que permiten el cumplimiento sostenido de los elevados fines públicos del Estado; y finalmente visto que todo lo anterior comporta un grave perjuicio para el desarrollo normal de la actividad económica del Estado Venezolano, esta Sala Político-Administrativa del Tribunal Supremo de Justicia conforme a la facultad concedida por el ordinal 29 del artículo 42 de la Ley Orgánica de la Corte Suprema de Justicia, *DECLARA LA NULIDAD DEL DECRETO CAUTELAR DE SUSPENSIÓN DE EFECTOS dictado por la Corte Primera de lo Contencioso Administrativo en fecha 12 de junio de 2003,* contra la providencia administrativa s/n del 9 de diciembre de 2002, así como contra la providencia administrativa número 003-001, del 06 de enero de 2003, ambas dictadas por el Director de Inspectoría Nacional y Otros Asuntos Colectivos del Trabajo del Sector Privado del Ministerio del Trabajo. Así se decide.

En consecuencia, y conforme a las razones expuestas, esta Sala Político-Administrativa del Tribunal Supremo de Justicia, en virtud de la avocación acordada y al haberse declarado la nulidad del indicado decreto cautelar, *anula y deja sin efecto* todas las decisiones y actuaciones materiales dictadas por la Corte Primera de lo Contencioso Administrativo en ejecución de la referida medida. Así se decide.

Más simple aún resulta la argumentación expuesta por la Sala de Casación Social en el fallo de fecha 10 de noviembre de 2005, caso: *CVG Ferrominera Orinoco,* donde se señaló que:

Expone así mismo que *"han existido irregularidades suscitadas durante todas las etapas procesales"*, y alega que es temeraria y errónea la pretensión del apoderado actor relativa al *"reajuste"* de la experticia complementaria del fallo -que concluyó que la demandada debía cancelar a los demandantes la suma de siete mil trescientos cuarenta y dos millones doscientos cuarenta y nueve mil ochenta y tres bolívares con noventa y

> ocho céntimos (Bs. 7.342.249.083,98)-, consignada en cumplimiento del mandato contenido en la sentencia del 7 de octubre de 1999, que resolvió en primera instancia el amparo sobrevenido; tal alegato se basa en que el mencionado fallo fue revocado por el Juzgado Superior Segundo del Trabajo de la Circunscripción Judicial del Estado Bolívar, el 17 de agosto de 2000. Adicionalmente, alega la solicitante que:
>
> ...en criterio de la Alzada no existe ninguna duda que alguna responsabilidad han tenido y tienen las anteriores y actuales Juntas Directivas y Consultores Jurídicos de CVG FERROMINERA (sic) en las dilaciones de la fase ejecutiva del proceso entablado en el año 1993 por 187 jubilados.
>
> Determinado lo anterior, se observa que el asunto objeto de la solicitud de avocamiento, trata del cobro de beneficios laborales -materia que resulta afín con la competencia de esta Sala-, en cuyo trámite procedimental, según se denuncia, se quebrantó el ordenamiento jurídico; en este orden de ideas, se desprende de las actas procesales que en instancia fueron agotados los recursos ordinarios, mediante los cuales se pudieron atacar los vicios denunciados en la presente solicitud de avocamiento, sin que se lograra subsanar tales irregularidades, que en definitiva, afectan de manera negativa y patente la imagen del Poder Judicial venezolano.
>
> Por las razones expuestas, y al haberse verificado el cumplimiento de los requisitos *supra* señalados, resulta forzoso declarar la procedencia del avocamiento solicitado, de modo que corresponde a esta Sala el conocimiento y decisión de la pretensión de cobro de beneficios laborales planteada contra C.V.G. Ferrominera Orinoco C.A. Así se declara.

Como vemos, se trata de fallos donde sencillamente existe una discrepancia en la aplicación del derecho, lo que jamás podría considerarse como un error gravísimo; y mucho menos podría afirmarse que estas decisiones pusieron en riesgo la institucionalidad democrática.

En otros casos, la Sala Constitucional ha declarado la procedencia de una solicitud de avocamiento no tanto por las irregularidades procesales detectadas, sino por considerar que es necesario emitir un pronunciamiento de fondo relevante, como sería el caso de la desaplicación, por razones de inconstitucionalidad, de unas normas jurídicas.

Así, por ejemplo, la Sala Constitucional en sentencia del 8 de diciembre de 2011, *caso: Martín Jimenez*, declaró la procedencia de una solicitud de avocamiento, con la siguiente argumentación:

> Al mismo tiempo, la Sala al advertir en el presente caso la posible transgresión del orden público constitucional, en el marco de los principios fundamentales que informan el derecho al debido proceso, a la correcta aplicación de las leyes, y en lo que concierne a la adecuación típica, concebida como el proceso mediante el cual una conducta o comportamiento humano, encuadra dentro de un tipo penal determinado, función esta que le es propia al juzgador a quien atañe el conocimiento del caso en concreto, con el objeto de evitar decisiones arbitrarias que coloquen en entredicho la imagen del poder judicial, en aras de preservar el derecho a la tutela judicial efectiva, con la finalidad de determinar, efectivamente, la posible vulneración al orden jurídico constitucional, y con el objeto de evitar criterios jurisprudenciales contradictorios en el presente caso, se avoca a su conocimiento. Así se decide. (...)
>
> En consecuencia, bajo las consideraciones expuestas, al verificarse que el artículo 471-a y el artículo 472, ambos del Código Penal, que contienen los tipos penales de invasión y de perturbación a la posesión pacífica, no hacen distinción en cuanto a los casos en los cuales las acciones que se presuman delictivas, versen sobre la disputa de bienes destinados a la actividad agraria o que pudieran presumirse de vocación agrícola, -en cuyo caso deben excluirse de los supuestos configurativos del tipo, pues en tal caso, los hechos objeto del proceso resultarían atípicos- y en consecuencia, se desprenda la falta de competencia material (*ratione materiae*) del juez penal, por lo que se entienden normas contrarias al deber de tipificación suficiente y a la garantía del debido proceso, establecido en el artículo 49 de la Constitución de la República Bolivariana de Venezuela, contentivo, a su vez, del principio de legalidad y del derecho a ser juzgado por los jueces naturales en las jurisdicciones ordinarias o especiales, -49.6 y 49.4 de la Constitución de la República Bolivariana de Venezuela-, aunado a la necesidad de generar seguridad jurídica en la interpretación del ordenamiento jurídico, esta Sala Constitucional, en uso de la potestad prevista en el artículo 334 de la Constitución de la República Bolivariana de Venezuela, desaplica por control difuso de la constitucionalidad los artículos

471-a y 472 del Código Penal Venezolano, en aquellos casos en donde se observe un conflicto entre particulares devenido de la actividad agraria, conforme a las previsiones establecidas en el artículo 197 de la Ley de Tierras y Desarrollo Agrario, resultando aplicable el procedimiento ordinario agrario establecido en el Capítulo VI del texto legal mencionado y competente para conocer en estos supuestos los juzgados de primera instancia agraria, teniendo el presente fallo carácter vinculante para todos los tribunales de la República, incluso para las demás Salas de este Tribunal Supremo de Justicia.

Como vemos, las distintas Salas del Tribunal Supremo de Justicia han considerado procedentes solicitudes de avocamiento sin atender a la rigurosidad de los requisitos establecidos en la *Ley Orgánica del Tribunal Supremo de Justicia*. En la mayoría de los casos se utiliza alguna argumentación sencilla sobre alguna discrepancia legal para justificar la intervención de la Sala. Precisamente por ello, consideramos que en la práctica la figura del avocamiento se ha vuelto como una especie de potestad discrecional de las distintas Salas del Tribunal Supremo de Justicia, para intervenir en el caso y resolver lo que se entienda necesario.

Por ello, gran parte del foro ha visto en esta herramienta procesal una vía bastante efectiva para contrarrestar cualquier decisión desfavorable a sus respectivos intereses, con lo cual se permite acceder directamente a la Sala del Tribunal Supremo de Justicia competente, para tratar de modificar el curso de una determinada controversia.

Y como es lógico imaginarse, esta posición jurisprudencial flexible y extremadamente casuística es lo que ha conllevado a la multiplicación de solicitudes de avocamiento, al punto de que es difícil encontrar litigios de envergadura donde no se haya realizado alguna solicitud de avocamiento.

Pero, en definitiva, esta facultad extraordinaria de avocamiento le ha permitido a las distintas Salas del Tribunal Supremo entrar a conocer controversias antes de que se ejerzan los recursos ordinarios o extraordinarios respectivos. Ello en algunas ocasiones ha servido para sanear un proceso llevado en forma viciada, pero en otros casos ha servido más bien del canal adecuado para torcer el sano curso de un juicio.

Lo cierto es que la Sala Constitucional ha utilizado esta figura como una herramienta poderosa de control constitucional de sentencias, pues a través de esta institución puede entrar a conocer cualquier juicio donde estime que se han dictado decisiones (o se han dejado de dictar) en contravención con las normas, valores o principios constitucionales. De allí, que forma parte del catálogo de recursos extraordinarios destinados a controlar las decisiones judiciales, antes de que se haya producido una sentencia definitivamente firme.

5. *La oportunidad para decidir las solicitudes de avocamiento*

El principal problema que se ha presentado en la segunda fase del proceso de avocamiento es que las Salas no disponen de ningún plazo máximo para la toma de la decisión respectiva, lo que suele generar graves daños a las partes involucradas en una contienda judicial.

De hecho, en varios casos la Sala Político-Administrativa e, incluso la propia Sala Constitucional, han solicitado el envío de expedientes en manos de tribunales de instancia, paralizando el trámite procesal por más de 2 años, lo que es a todas luces injustificable y constituye una clara violación al derecho a un juicio sin dilaciones indebidas, lo que compromete la tutela judicial efectiva[355].

Este problema fue abordado por la Sala Constitucional, la cual dictó una decisión, con carácter vinculante, donde se trató de corregir este problema. Sin embargo, se trató de un precedente aislado que nunca más fue repetido o seguido, ni siquiera por ella misma. Incluso, este fallo se ordenó publicar en la Gaceta Oficial, a los fines de darle la mayor divulgación posible, aun cuando su contenido sigue siendo ignorado por el resto de las Salas del Tribunal Supremo de Justicia (incluyendo la propia Sala Constitucional) y por los tribunales de instancia.

Nos referimos a la decisión de fecha 5 de abril de 2004, caso: *Mayra Rincón Lugo*, donde la Sala Constitucional estableció dos importantes pautas para el desarrollo del procedimiento del avocamiento. En primer lugar, estableció que las Salas, a la hora de admitir una solicitud de avocamiento, sólo podían solicitar *copia certificada*

---

[355] Véase, por ejemplo, la sentencia de fecha 15 de julio de 2004, caso: *General Motors* (Sala Constitucional); o el fallo del 4 de mayo de 2004, caso: *PDVSA*, (Sala Político-Administrativa).

del expediente respectivo; y, en segundo lugar, una vez que la Sala respectiva recibiese las copias certificadas del expediente *disponía sólo de 30 días hábiles para tomar su decisión* sobre la procedencia o improcedencia de la solicitud de avocamiento. Y una vez transcurrido dicho lapso, el tribunal que venía conociendo del juicio quedaba habilitado para continuar el proceso.

Textualmente dispuso la Sala Constitucional:

> El objeto de la figura procesal del avocamiento es traer al Tribunal Supremo de Justicia en sus diferentes Salas -de acuerdo a la naturaleza del asunto discutido- "*cualquier asunto que por su gravedad y por las consecuencias que pudiera producir un fallo desatinado, amerite un tratamiento de excepción con el fin de prevenir antes de que se produzca una situación de caos, desquiciamiento, anarquía o cualesquiera otros inconvenientes a los altos intereses de la Nación y que pudiera perturbar el normal desenvolvimiento de las actividades políticas, económicas y sociales consagradas en nuestra carta fundamental*".
>
> Por tanto, constituye una figura de interpretación y utilidad restrictiva, toda vez que su tramitación representa una ruptura del principio de la instancia natural, la cual se desarrolla en dos etapas procesales denominadas "*Fases del Avocamiento*".
>
> La primera, que se inicia con la solicitud de avocamiento, exige como requisitos de procedencia: 1) Que el asunto judicial curse ante algún otro Tribunal de la República, cualquiera que éste sea y con independencia de su jerarquía, competencia o su especialidad; 2) No importa la fase o etapa en que se encuentra el proceso; 3) Que el asunto rebase el interés privado y afecte el interés público o que exista la necesidad de evitar flagrantes injusticias, y 4) Que el asunto objeto de la solicitud de avocamiento verse sobre una materia que no esté prohibida expresa y directamente a la Sala, al constatarse el cumplimiento de los requisitos, se ordena la remisión de los expedientes que cursen ante otros tribunales, lo cual implica la orden de paralizar la causa, impidiendo, tanto al juez como a las partes, cualquier tipo de actuación.
>
> Y una *segunda etapa*, que es la de avocarse propiamente al conocimiento del asunto, cuando la Sala lo juzgue pertinente, lo cual conlleva a que la última decisión puede tener implícita la nulidad de algún o todos los actos procesales, cuando se

hubiere dejado de llenar un requisito esencial a su validez y, como consecuencia natural, la reposición de la causa al estado que la misma sentencia de avocamiento señale, e incluso pasar a la Sala el conocimiento material del asunto, o manejar o evitar un desorden procesal (*vid.* Sentencia No. 2.821 del 28 de octubre de 2003).

Ahora bien, a juicio de la Sala, es precisamente en las fases del avocamiento -concretamente en la primera de ellas- en las que puede resultar infringida la garantía constitucional de la tutela judicial efectiva, ya que la orden de remisión del expediente contentivo de la causa o causas cuyo avocamiento se solicitó, como antes se acotó, comporta inexorablemente la paralización de las mismas, con el consecuente retardo que produce la ruptura del *iter* procesal ordinario -paralización del procedimiento preestablecido-, mientras la Sala que pidió los expedientes los estudia y produce el fallo sobre el avocamiento solicitado.

La Sala apunta que, al no existir término para decidir, la paralización de las causas sobre las que se pide el avocamiento puede resultar desmedida, atentándose contra la celeridad procesal.

Por ello, la Sala pasa a establecer el lapso de treinta días hábiles -contados a partir del recibo del o de los expedientes pedidos- para que la Sala de este Tribunal Supremo, que en el trámite de una solicitud de avocamiento haya acordado la remisión de los expedientes, dicte la resolución respecto a la procedencia o no de la solicitud formulada.

Igualmente, para evitar las dilaciones indebidas en la resolución de las causas cuyos expedientes hayan sido solicitados para su estudio por las Salas, esta Sala Constitucional autoriza a los jueces que los conocen, remitir copia certificada de los expedientes a fin que, probado ante dichos jueces y en autos la preclusión del lapso para que las Salas decidan sin que ocurra sentencia sobre el avocamiento, procedan a sentenciar las causas paralizadas, previa citación de las partes. Y así se declara.

Sin duda que, de haberse aplicado este criterio, se hubiese reducido uno de los principales problemas de la potestad de avocamiento, pues la suspensión del juicio no sería exagerada y no se atentaría contra el derecho a un juicio sin dilaciones indebidas. Sin embargo, el problema es que una revisión de las decisiones posteriores a este fallo de la Sala Constitucional nos revela que la doctrina expuesta en esta sentencia no fue nunca aplicada, ni siquiera por la propia Sala Constitucional.

Compartimos plenamente la doctrina contenida en este fallo recaído en el caso: *Mayra Rincón Lugo*, pues es una buena forma de evitar las grandes injusticias que se pueden generarse con el uso inadecuado de la potestad de avocamiento. Lamentamos profundamente que la *Ley Orgánica del Tribunal Supremo de Justicia* no haya recogido esta doctrina jurisprudencial, y sobre todo que las Salas del Tribunal Supremo sigan haciendo caso omiso de esas importantes consideraciones.

Actualmente, ni la *Ley Orgánica del Tribunal Supremo de Justicia* ni las decisiones de la Salas del Tribunal Supremo han establecido algún lapso para dictar la sentencia sobre la procedencia del avocamiento. Con ello, una vez que una Sala requiere un expediente y el juicio se paraliza, esta suspensión puede extenderse en forma indefinida. Pero si hay que destacar que en muchas oportunidades las Salas sólo requieren copia certificada del expediente, lo que ayuda a agilizar la continuación del proceso, una vez que se decide el fondo de la solicitud del avocamiento.

V. LOS EFECTOS DE LA SOLICITUD DE AVOCAMIENTO. EL CONTENIDO DE LA SENTENCIA

Una vez que la Sala respectiva recibe un expediente (bien sea en original o en copia certificada), a raíz de una solicitud de avocamiento, podrían tomarse varios tipos de decisiones.

En este sentido, el artículo 109 de la *Ley Orgánica del Tribunal Supremo de Justicia* dispone lo siguiente:

> La sentencia sobre el avocamiento la dictará la Sala competente, la cual podrá decretar la nulidad y subsiguiente reposición del juicio al estado que tenga pertinencia, o decretar la nulidad de alguno o algunos de los actos de los procesos, u ordenar la remisión del expediente para la continuación del proceso o de los procesos en otro tribunal competente en la materia, así como adoptar cualquier medida legal que estime idónea para el restablecimiento del orden jurídico infringido.

Examinemos estas distintas alternativas por separado.

1. *Rechazo de la solicitud de avocamiento*

La primera alternativa ante una solicitud de avocamiento es que la Sala respectiva rechace la solicitud. Ello puede ocurrir en la propia primera fase, esto es, ante la simple solicitud de la parte interesada y sin necesidad de mayores consideraciones o trámites; o luego, en la segunda etapa de este procedimiento, es decir, una vez examinados los autos del juicio cuyo avocamiento se requiere.

En efecto, la inadmisibilidad e improcedencia del avocamiento puede realizarse en cualquier momento. Si la Sala correspondiente considera que no existen méritos para pedir un expediente cuyo avocamiento se solicita puede perfectamente hacerlo de una buena vez, bien por que considere que la solicitud es inadmisible o improcedente. Igualmente, si la Sala respectiva considera que de la solicitud existen méritos suficientes como para requerir un expediente, pero luego se percata que no existen razones para avocarse al asunto o tomar alguna decisión particular, entonces puede declarar la improcedencia del avocamiento.

Consideramos que, en este segundo caso, es decir, en el supuesto de que se haya requerido el expediente y luego haya determinado la improcedencia del avocamiento, debería condenarse en costas al solicitante, por todos los gastos y costos que le haya representado a su contraparte la incidencia del avocamiento.

Ello ayudaría a mantener a raya esta facultad extraordinaria de las diversas Salas del Tribunal Supremo, y evitaría el abuso en su utilización por parte de los litigantes. Sin embargo, la posición tradicional ha sido la de negar las costas en casos de avocamiento, pero sin ningún tipo de justificación[356].

2. *La Sala decide quedarse con el expediente y continuar su tramitación*

En principio, esta sería la respuesta lógica ante una declaratoria de procedencia de una solicitud de avocamiento, y de hecho es lo

---

356 Véase, por ejemplo, las sentencias dictadas por la Sala de Casación Civil, en fechas 9 de noviembre de 2004 y 30 de junio de 2005, casos: *Promoción M-35* y *Vicente de Santis León*, respectivamente.

que indica la propia definición del verbo "avocar". Sin embargo, como veremos más adelante esta opción pareciera ser hoy día la excepción.

En todo caso, la Sala respectiva puede considerar que, al tratarse de "escandalosas violaciones al ordenamiento jurídico que perjudique ostensiblemente la imagen del Poder Judicial, la paz pública o la institucionalidad democrática", es prudente que el asunto continúe tramitándose ante el Máximo Tribunal del país.

Ante este supuesto lo lógico es que en la propia sentencia donde la Sala decide quedarse con el expediente y continuar el procedimiento, se ordene la notificación de todas las partes del proceso y se otorgue un breve lapso prudencial para que se reanude el juicio en el estado en que se encontraba al momento de su suspensión, o en uno anterior si la misma Sala lo estima conveniente, ante la existencia de vicios procesales de cierta magnitud.

Así, una muestra de esta opción la constituye la decisión dictada por la Sala de Casación Social, en fecha 10 de noviembre de 2005, caso: *CVG Ferrominera Orinoco*, se dispuso lo siguiente:

> En mérito de las anteriores consideraciones, esta Sala de Casación Social del Tribunal Supremo de Justicia, administrando justicia en nombre de la República y por autoridad de la Ley, declara *PROCEDENTE* la solicitud de avocamiento presentada por la Consultora Jurídica de la sociedad mercantil C.V.G. Ferrominera Orinoco C.A. En consecuencia, *SE AVOCA* al conocimiento del juicio que por cobro de obligaciones laborales iniciaron 187 jubilados de C.V.G. Ferrominera Orinoco C.A. contra la mencionada empresa, y ordena la continuación del proceso objeto del avocamiento en el estado en que se encuentra, para lo cual se instruye al tribunal de la causa, Juzgado Cuarto de Primera Instancia de Sustanciación, Mediación y Ejecución del Régimen Procesal Transitorio del Trabajo de la Circunscripción Judicial del Estado Bolívar, con sede en Puerto Ordaz, la remisión inmediata de la totalidad del expediente inventariado bajo el número 8272, de acuerdo con su nomenclatura.

3. *La Sala respectiva decide enmendar algún error judicial y devolver el expediente al mismo u otro tribunal*

Recientemente, y sobre todo luego de la entrada en vigencia de la *Ley Orgánica del Tribunal Supremo de Justicia* hemos podido observar como lo más común en materia de avocamiento pareciera ser el darle un tratamiento de medio de impugnación, a través del cual se toma una decisión "correctiva" y luego se remite el expediente al mismo tribunal que venía conociendo del asunto o a otro distinto.

Precisamente por esto es que hemos considerado esta controversial potestad de avocamiento como un recurso o medio de impugnación, pues a través de esta figura se puede lograr que una Sala del Tribunal Supremo de Justicia, como máxima instancia de las jurisdicciones ordinarias y especiales, revise una decisión, interlocutoria o definitiva, la anule total o parcialmente, y luego ordene la continuación del juicio en el mismo tribunal donde se estaba tramitando el caso, o en otro distinto de esa misma instancia.

Es decir, en estos casos el avocamiento funcionaría como una especie de apelación anticipada por ante el Máximo Tribunal de una determinada jurisdicción.

Así, por ejemplo, en la sentencia dictada por la Sala de Casación Penal, en fecha 16 de noviembre de 2004, caso: *María Corina Machado,* se señaló lo siguiente:

> Por las razones expuestas, el Tribunal Supremo de Justicia en Sala de Casación Penal, administrando Justicia en nombre de la República y por autoridad de la ley, hace los pronunciamientos siguientes: 1) Se AVOCA al conocimiento de la presente causa que se le sigue a los ciudadanos imputados MARÍA CORINA MACHADO, RICARDO L. ESTÉVEZ MAZZA y ALEJANDRO PLAZ CASTILLO; 2) *Ordena al Juzgado Cuadragésimo Primero de Primera Instancia en función de Control del Circuito Judicial Penal del Área Metropolitana de Caracas que realice la audiencia preliminar*; 3) Ordena que se admitan las pruebas indicadas en esta decisión y que fueran ya solicitadas por la Defensa, así como aquellas nuevas pruebas de las cuales hayan tenido conocimiento con posterioridad a la acusación fiscal y que sean pertinentes. (Cursivas añadidas).

En el mismo sentido, la Sala de Casación Civil, en sentencia de fecha 30 de junio de 2005, caso: *Vicente de Santis León*, declaró con lugar una solicitud de avocamiento señalando lo siguiente:

> En mérito de las anteriores razones, este Tribunal Supremo de Justicia de la República Bolivariana de Venezuela, administrando justicia en nombre de la República y por autoridad de la Ley, declara *CON LUGAR EL AVOCAMIENTO* solicitado por el ciudadano *VICENTE DE SANTIS LEÓN* y, en consecuencia:
>
> 1) *NULA* la sentencia de fecha 30 de octubre de 2003 que corre inserta a los folios 6 al 12 de la pieza signada 1 de 6, mediante la cual el Juzgado de Primera Instancia en lo Civil, Mercantil, Tránsito, Agrario, Trabajo, Bancario y Constitucional de la Circunscripción Judicial del estado Delta Amacuro decretó medida de embargo ejecutivo sobre bienes propiedad del ciudadano *VICENTE DE SANTIS LEÓN, así como, todas las actuaciones que de ésta se deriven y en especial:*
>
> 2) *NULO* el auto de fecha 18 de noviembre de 2003 del Juzgado de Primera Instancia en lo Civil, Mercantil, Tránsito, Agrario, Trabajo, Bancario y Constitucional de la Circunscripción Judicial del estado Delta Amacuro, que decretó medida de embargo ejecutivo sobre un lote de terreno y bienhechurías propiedad del ciudadano *VICENTE DE SANTIS LEÓN*, la cual consta a los folios 49 al 50 de la pieza signada 1 de 6.
>
> 3) *NULA* la sentencia de la Corte de Apelaciones del Circuito Judicial Penal del Estado Delta Amacuro, de fecha 27 de enero de 2004, que declaró sin lugar la apelación interpuesta por el ciudadano *VICENTE DE SANTIS LEÓN*, contra la decisión del Juzgado a quo de fecha 30 de octubre de 2003, la cual consta a los folios 192 al 212 de la pieza signada 1 de 6.
>
> 4) *NULO* el auto de fecha 11 de mayo de 2004 del Juzgado de Primera Instancia en lo Civil, Mercantil, Tránsito, Agrario, Trabajo, Bancario y Constitucional de la Circunscripción Judicial del Estado Delta Amacuro, que decretó medida ejecutiva de embargo sobre acciones propiedad del ciudadano *VICENTE DE SANTIS LEÓN*, en la sociedad mercantil Aserradero Don Vicente C. A. la cual consta a los folios 261 al 264 de la pieza signada 1 de 6.

5) *NULOS* los remates de bienes propiedad del demandado; el primero de fecha 21 de mayo de 2004, el cual consta a los folios 289 al 290, de la pieza signada 1 de 6, y el segundo en fecha 4 de abril de 2005, el cual consta a los folios 1316 al 1321, de la pieza signada 2 de 6 y la participación de dicho remate mediante oficio Nº 250-05 de fecha 04 de abril 2005 a la Oficina Inmobiliaria de Registro Público de los Municipios Sotillo, Uracoa y Libertador del estado Monagas. En consecuencia, el Juzgado de Primera Instancia, antes referido, deberá oficiar al mencionado Registrador de la nulidad aquí declarada y girar las instrucciones necesarias a los fines de que se pueda realizar la entrega material de los bienes al mencionado ciudadano Vicente De Santis León.

En razón de las declaratorias de nulidades antes acordadas, se *ORDENA* la continuación de la causa al estado en que el Juzgado a quo fije el lapso para que las partes presenten informes, y luego de vencido el mismo, se dicte sentencia, en la oportunidad legal correspondiente, respecto al juicio que por cobro de bolívares incoara Pedro Sebastián Gil Marín en su carácter de endosatario en procuración del ciudadano Luís Antonio Idrogo Barberii contra Vicente De Santis.

Como vemos, las Salas anulan fallos definitivos o interlocutorios, reponen la causa a determinadas fases del proceso y reenvían el expediente al tribunal que venía conociendo del asunto.

Debe destacarse que la *Ley Orgánica del Tribunal Supremo de Justicia* permite que una vez que se la Sala correspondiente del Tribunal Supremo de Justicia ha tomado la decisión de anular o no actos o decisiones judiciales de un determinado proceso, puede ordenar la continuación del juicio en el mismo tribunal que venía conociendo del asunto, *o en otro tribunal competente por la materia*.

Ello implica, a nuestro juicio, una clara violación del derecho al juez natural, pues si bien algunos pueden justificar la potestad de avocamiento, ante la necesidad de que el Máximo Tribunal del país asuma el conocimiento de un importante o sensible juicio, no encontramos razones legítimas que permitan que una Sala del Tribunal Supremo le arrebate un expediente a un determino tribunal y se lo asigne a otro de igual jerarquía, al menos sin que haya considerado que existieron errores judiciales graves que puedan comprometer la imparcialidad del juez.

Con esta habilitación legal, el avocamiento también puede funcionar como una especie de radicación de un juicio, pero en tribunales de una misma jurisdicción, lo que luce claramente inconstitucional. Y es que aun cuando se asigne el conocimiento del asunto en otro tribunal de otra jurisdicción, como para tratar de justificar esa especie de radicación, se estaría violando el derecho al juez natural, pues la figura de radicación tiene unos presupuestos bien concretos, al ser una figura destinada a evitar que se produzcan situaciones de presión pública en una determinada zona del país, que impidan garantizar el debido proceso.

La Sala de Casación Penal ha dictado varias decisiones en donde ha corregido errores judiciales y luego ha ordenado la continuación del juicio en un tribunal distinto al que venía conociendo del asunto. Así, por ejemplo, en la sentencia de fecha 21 de marzo de 2006, caso: *Douglas Matos*, señaló lo siguiente:

> Primero: Con Lugar la solicitud de avocamiento propuesta por los ciudadanos Fernando León Urdaneta y Amilcar Rafael Villavicencio López, abogados defensores de los ciudadanos Teniente Coronel UN Douglas Alberto Matos Palomares y Capitán (Ej.) Aldrin Alexis Zambrano Colmenares.
>
> Segundo: declara competente a la jurisdicción penal ordinaria para conocer de la presente causa.
>
> Tercero: Radica la causa en el Circuito Judicial Penal del Estado Yaracuy y ordena remitir el expediente al Presidente del mismo Circuito Judicial Penal, para su distribución correspondiente.
>
> Cuarto: se ordena notificar de la presente decisión a la Sala Accidental de la Corte de Apelaciones del Circuito Judicial Penal del Estado Lara, al Tribunal Quinto de Primera Instancia en funciones de Juicio del mismo Circuito Judicial Penal y al Tribunal Militar Segundo de Juicio de Maracay, Estado Aragua.

Insistimos en que esta potestad de asignar el expediente a otro tribunal de la misma jerarquía al que venía conociendo del asunto luce abiertamente inconstitucional e injustificada. En todo caso, consideramos que, a lo menos, la remisión debe realizarse en el tribunal distribuidor correspondiente, para que éste a través del proceso de insaculación correspondiente asigne el expediente al nuevo tribunal.

Con ello se trataría de evitar, con posibilidades de no lograrlo, que se escoja a dedo al juez a quien se quiere que continúe conociendo de un proceso.

Consideramos que, si una Sala del Tribunal Supremo de Justicia determina que ha existido un error judicial, y luego de corregirlo considera que el asunto debe seguir siendo tramitado por el tribunal que venía conociendo del caso, ello no puede dar lugar a una inhibición del juez *a-quo*, pues éste no puede separarse del caso por el simple hecho de que el Máximo Tribunal de esa jurisdicción haya asumido un criterio distinto. Pareciera de perogrullo, pero hay que insistir en que no puede haber inhibiciones o recusaciones por discrepancias jurídicas entre un juez y su tribunal superior.

Las Salas del Tribunal Supremo de Justicia no tienen por qué presumir que el tribunal que venía conociendo del asunto va a incurrir de nuevo en el mismo error. Y si en todo caso, existen evidencias ciertas de que el juez se encuentra parcializado, la Sala tendrá que exponerlo debidamente y ordenar la apertura de la averiguación correspondiente por ante la instancia competente, pero eso ya es otro asunto que escapa a este tema.

Hay que resaltar que el artículo 109 de la *Ley Orgánica del Tribunal Supremo de Justicia* faculta a la Sala respectiva a dictar "cualquier medida legal que estime idónea para el restablecimiento del orden jurídico infringido", lo que significa que se disponen de amplísimas facultades para corregir cualquier error judicial detectado. Ello puede implicar anulaciones, reposiciones, asunción de medidas cautelares, entre otras posibles soluciones.

Finalmente, hay que destacar que la *Ley Orgánica del Tribunal Supremo de Justicia* no establece ninguna limitación al número de avocamientos que pueden solicitarse en un mismo proceso. Una sentencia de avocamiento causaría cosa juzgada pero sólo para los mismos supuestos que justificaron la solicitud, de allí que, si en un determinado juicio se niega un avocamiento, pero luego suceden nuevos desórdenes procesales que justifiquen una nueva solicitud, no podrá hablarse entonces de cosa juzgada. Cada una de las partes puede, en definitiva, pedir los avocamientos que considere necesario, con la sola salvedad que el uso malintencionado de esta institución podría derivar en las sanciones de multa a que se refiere el artículo 121 *eiusdem*.

También debe tenerse presente que es posible que en un mismo juicio una Sala del Tribunal Supremo de Justicia se avoque al conocimiento de un asunto y luego la Sala Constitucional se avoque al mismo expediente, pues como hemos señalado ya y es una de las conclusiones del presente trabajo, la Sala Constitucional se ha auto configurado como un Tribunal Constitucional que se encuentra por encima del resto de las Salas.

CAPÍTULO DIECISÉIS

EL RECURSO EXTRAORDINARIO DE REVISIÓN CONSTITUCIONAL

I.- CONSIDERACIONES GENERALES

Unos de los más importantes aspectos positivos de la *Constitución* de 1999 fue la incorporación del recurso extraordinario de revisión, el cual se encuentra previsto en el numeral 10° del artículo 336 de la *Constitución,* a través del cual se le otorga a la Sala Constitucional competencia para revisar decisiones definitivamente firmes en los casos o supuestos que señala la *Constitución* y la jurisprudencia de la Sala Constitucional. Se trata de una herramienta procesal que apareció por primera vez en nuestro ordenamiento jurídico y que permite una ulterior revisión de una decisión judicial definitiva, para de esta forma corregir cualquier desviación constitucional.

Textualmente la norma expresa lo siguiente:

> Son atribuciones de la Sala Constitucional del Tribunal Supremo de Justicia:
>
> 10. Revisar las sentencias definitivamente firmes de amparo constitucional y de control de constitucionalidad de leyes o normas jurídicas dictadas por los tribunales de la República, en los términos establecidos por la ley orgánica respectiva[357].

---

[357] La norma original que fue aprobada por el referéndum aprobatorio de la Constitución de 1999 no contenía la frase "definitivamente firmes", lo que le fue agregado en la supuesta corrección de errores materiales que se le efectuó al Texto Fundamental una vez que había sido aprobado (Gaceta Oficial Nro. 5.453 del 24 de marzo de 2000). En todo caso, consideramos que a pesar de las objeciones que puedan hacerse

Esta facultad revisora fue luego recogida, ya en forma ampliada, en la vigente *Ley Orgánica del Tribunal Supremo de Justicia*, donde se establece:

> Son competencias de la Sala Constitucional del Tribunal Supremo de Justicia:
>
> 10. Revisar las sentencias definitivamente firmes que sean dictadas por los tribunales de la República, cuando hayan desconocido algún precedente dictado por la Sala Constitucional; efectuado una indebida aplicación de una norma o principio constitucional; o producido un error grave en su interpretación; o por falta de aplicación de algún principio o normas constitucionales.
>
> 11. Revisar las sentencias dictadas por las otras Salas que se subsuman en los supuestos que señala el numeral anterior, así como la violación de principios jurídicos fundamentales que estén contenidos en la Constitución de la República Bolivariana de Venezuela, tratados, pactos o convenios internacionales suscritos y ratificados válidamente por la República o cuando incurran en violaciones de derechos constitucionales.
>
> 12. Revisar las sentencias definitivamente firmes en las que se haya ejercido el control difuso de la constitucionalidad de las leyes u otras normas jurídicas, que sean dictadas por las demás Salas del Tribunal Supremo de Justicia y demás Tribunales de la República.

Esta facultad extraordinaria es, probablemente, la herramienta judicial más trascendente de nuestro ordenamiento jurídico, toda vez que permite la revisión de cualquier sentencia firme a la que se le impute alguna irregularidad constitucional. Ello permite que la Sala Constitucional tenga la última palabra en cualquier controversia que verse sobre temas constitucionales, independientemente si el asunto proviene de tribunales o Salas civiles, penales, contencioso-administrativos, o de cualquier otra jurisdicción.

---

por la usurpación de la voluntad popular, es lo cierto que la modificación realizada era de vital importancia para evitar equívocos en la utilización de esta importante herramienta procesal, pues permitir el ejercicio de la revisión constitucional frente a una decisión que todavía admite mecanismos ordinarios de impugnación podía distorsionar la finalidad y naturaleza misma de esta institución.

Es importante destacar que antes de la entrada en vigencia de la *Constitución* de 1999, no existía un órgano judicial encargado de ejercer el control absoluto de la constitucionalidad de las normas jurídicas y de las decisiones judiciales. Estas tareas se encontraban dispersas entre las distintas Salas de la antigua Corte Suprema de Justicia, pero sin que existiese una de ellas que tuviese la última palabra en materia de interpretación constitucional. Igualmente, no existía ningún mecanismo que atribuyera a un único tribunal, el control constitucional de las decisiones judiciales, por lo que una sentencia definitiva dictada por un tribunal de instancia podía diferir y hasta contrariar otra de una Sala de la Corte Suprema de Justicia, en relación a temas constitucionales.

De hecho, la Sala Plena de la Corte Suprema de Justicia no podía conocer o revisar las decisiones dictadas por el resto de las Salas de la Corte Suprema de Justicia y mucho menos las de tribunales de instancia. De allí, que podía darse el caso que cada una de las distintas Salas de la Corte Suprema de Justicia tuviesen un criterio distinto referente, por ejemplo, al contenido de algún derecho fundamental o al alcance de alguna norma constitucional.

Este problema se repetía también con los tribunales inferiores, pues no todos los casos podían llegar a la Corte Suprema de Justicia, por lo que los Juzgados Superiores de una determinada jurisdicción podían diferir de aquélla, con respecto a los criterios de interpretación constitucional. Así, por ejemplo, si una sentencia de un Tribunal Superior Civil ejercía el control difuso de la constitucionalidad de una norma jurídica, y por tanto tomaba una decisión desaplicando una norma de rango legal, por considerarla contraria a la *Constitución*, esa sentencia podía ser contraria a algún criterio constitucional expuesto por cualquiera de las Salas de la Corte Suprema de Justicia; e, incluso, podía ser contraria a una sentencia de las Salas que ejercían el control concentrado de la constitucionalidad de los actos normativos (Sala Plena y Político-Administrativa)

Esta situación, sin duda, generaba cierta inseguridad jurídica, pues una misma norma constitucional podía ser entendida o interpretada en forma distinta por diversos tribunales, sin la posibilidad de unificar o consolidar un criterio único de interpretación constitucional.

Ahora, con la *Constitución* de 1999 es difícil que ello ocurra, pues la Sala Constitucional puede, a través de los diversos mecanismos objeto del presente trabajo, verificar los criterios de interpretación constitucional de cualquier tribunal del país, lo que incluye al resto de las Salas del Tribunal Supremo de Justicia. Incluso, esta potestad de control puede ejercerse durante la tramitación del caso, tal y como vimos en el capítulo precedente (avocamiento).

De allí, que uno de los objetivos de la *Constitución* de 1999 fue el de integrar el sistema de interpretación constitucional, toda vez que ahora existe un órgano judicial (Sala Constitucional) que, para bien o para mal, tiene la última palabra en materia de interpretación constitucional. Si ocurren desigualdades en materia de interpretación constitucional, ya no será por una falla del sistema de justicia constitucional, sino por razones de otra índole que escapan al mundo de lo jurídico.

Tampoco podemos dejar de advertir, tal y como se pone en evidencia con este trabajo, que los distintos mecanismos de revisión de los criterios de interpretación constitucional, por parte de la Sala Constitucional, no se encuentran perfectamente relacionados y compatibilizados. Quizás debido a la novedad y particularidad de muchos de los mecanismos de control constitucional de sentencias utilizados por nuestra Sala Constitucional, y/o quizás debido a la audacia con que se han implementado estos remedios, no existen reglas claras en relación a cuál de ellos debe prevalecer en las distintas situaciones jurídicas que suelen presentarse ante nuestro Máximo Tribunal.

De allí, que, por ejemplo, frente a una decisión dictada por un Tribunal Superior Civil, donde se haya hecho uso del control difuso de la constitucionalidad de alguna norma jurídica, pueden ejercerse, de oficio y a instancia de parte, varios recursos, incidencias o acciones, a través de los cuales se puede poner en conocimiento a la Sala Constitucional del asunto. Así, por ejemplo, por un lado, el juez tiene la obligación de enviar, de oficio, la sentencia a la Sala Constitucional, conforme a lo dispuesto en el artículo 25.12 de la *Ley Orgánica del Tribunal Supremo de Justicia*; y al mismo tiempo esa sentencia puede ser cuestionada por las partes mediante el ejercicio de una acción de amparo constitucional o mediante una solicitud de revisión extraordinaria de sentencias, de acuerdo a lo establecido en el numeral 10 del artículo 336 de la *Constitución*. O, incluso, si la sentencia no se considerase firme, al existir la posibilidad de ejercer el recurso de casación, se podría ejercer una solicitud de avocamiento.

Lo grave es que este solapamiento de mecanismos de control por parte de la Sala Constitucional no cuenta con ningún orden de prelación para resolver el problema, lo que puede generar importantes confusiones de índole procesal y hasta sustantivo, pues el alcance de cada uno de estos mecanismos son claramente distintos, tal y como exponemos en el presente trabajo.

Estas confusiones deberían ser anticipadas y solucionadas por el legislador, principalmente al momento de dictar la tan esperada y requerida *Ley Orgánica de la Jurisdicción Constitucional*. Mientras tanto, la jurisprudencia debería ir dando las pautas necesarias para evitar este tipo de confusiones.

En una de las primeras decisiones de la Sala Constitucional, referente al recurso extraordinario de revisión, se precisó lo siguiente:

> Esta facultad, concebida para garantizar la integridad de la interpretación y el cumplimiento de los valores constitucionales, expresa la preocupación por impedir que las declaraciones de la Constitución no se conviertan en adagios gastados por el tiempo, ni en una contraseña vacía de sentido, sino en principios vitales, vivos, que otorgan y limitan los poderes del gobierno y de los otros órganos del poder público en general. Preocupación que es manifestada en la sentencia dictada por esta Sala el 9 de marzo de 2000 (caso José Alberto Quevedo), en la cual se indica que:
>
> "...Los principios inmersos en la Constitución, que la cohesionan, así no aparezcan en su texto, si no se aplican o se violan tienden a desintegrar a la Carta Fundamental, y si ello sucediere la Constitución desaparecería con todo el caos que ello causaría. Basta imaginar qué pasaría, si un juez ordena que un científico convierta a un humano en animal, o que cese el sistema democrático y se elija a un monarca, o que condene a muerte a alguien, a pesar de la aquiescencia de las partes del juicio donde surge esa situación. El Juez que dentro de un proceso lo conociera, que responde por la integridad y supremacía de la Constitución, de oficio tendría que dejar sin efectos tales determinaciones judiciales, ya que ellas contrarían el orden público constitucional y las violaciones del orden público se declaran de oficio. La Constitución, como se dijo, no sólo está formada por un texto, sino que ella está impregnada de principios que no necesitan ser repetidos en ella, porque al estar inmersos en la Constitución, son la causa por la cual existe...".

Si bien es cierto, que la Exposición de Motivos de la Constitución de la República Bolivariana de Venezuela remite a una Ley orgánica el desarrollo del mecanismo extraordinario de revisión de las decisiones de las otras Salas, la doctrina constitucional ha indicado el valor normativo directo del texto fundamental, para las competencias y funcionamiento de los órganos creados en la constitución. Precisamente, Eduardo García de Enterría (*La Constitución como Norma y el Tribunal Constitucional*, Editorial Civitas, tercera reimpresión 1994, páginas 77 a 82) ha indicado que "...Los preceptos orgánicos constitucionales son de inmediata aplicación por todos los poderes públicos y, en concreto, por los propios órganos a que la regulación constitucional se refiere. Existan o no normas complementarias o de desarrollo de esta regulación, ésta es plenamente eficaz por sí misma y, por tanto, rige la formación y el funcionamiento de los órganos afectados...".

En consecuencia, por constituir la facultad de revisión de los actos o sentencias dictadas por los tribunales de la República y de las otras Salas de este Tribunal Supremo, en especial en materia de amparo, una disposición constitucional vinculante para el funcionamiento de esta Sala, no obstante que no se ha promulgado la ley orgánica correspondiente, puede este órgano jurisdiccional, en resguardo del orden público constitucional, ejercer esa facultad en interés de la aplicación y correcta interpretación de los valores constitucionales, lo que a su vez es exigido por el ordinal 10 del artículo 336 de la vigente constitución"[358].

Como tendremos oportunidad de precisar, hasta los momentos esta importante institución ha sido manejada por la Sala Constitucional con una manga bastante ancha, en el sentido de que ha utilizado un exagerado casuismo que ha hecho bastante complicada su sistematización. En pocas palabras, la Sala Constitucional se ha venido aprovechando de la mora del legislador para ir conociendo de cada solicitud sin ningún tipo limitaciones y lineamientos procesales. Al punto, que se ha llegado hasta el absurdo de permitir la revisión de decisiones emanadas de la Sala Plena del Tribunal Supremo de Justicia, tal y como tendremos oportunidad de reseñar.

---

358 Sentencia Nro. 520 de fecha 7 de junio de 2000, caso: *Mercantil Internacional, C. A.*

En nuestro criterio, este recurso requiere de una mayor sistematización y precisión, pues la inconsistencia que tendremos oportunidad de evidenciar genera una gran dosis de inseguridad jurídica, al mismo tiempo que produce una peligrosa concentración de poderes y potestades en un órgano judicial, lo que muchas veces no luce del todo conveniente.

Sencillamente este remedio judicial es el futuro de la justicia constitucional; y la importancia de esta jurisdicción es realmente vital en nuestro sistema de administración de justicia, sobre todo si consideramos que actualmente vivimos una época de *constitucionalización* de todas las controversias o como lo han evidenciado los más destacados filósofos del Derecho. Difícilmente hoy pueda conseguirse un debate judicial de donde no pueda generarse un conflicto constitucional, y a ello ha contribuido bastante la amplísima declaración de derechos fundamentales que se expone en nuestra Constitución de 1999.

II. LA FINALIDAD DE LA REVISIÓN EXTRAORDINARIA DE SENTENCIAS DEFINITIVAMENTE FIRMES

Del análisis de la *Exposición de Motivos* de la *Constitución*, así como de las experiencias comparadas en lo que a la revisión constitucional se refiere, podemos afirmar que los principales objetivos de este recurso es lograr y mantener la uniformidad de criterios constitucionales y garantizar el carácter vinculante de las decisiones de la máxima instancia del control constitucional de los actos del Poder Público (Sala Constitucional).

Si bien gran parte de la experiencia comparada nos enseña que el recurso extraordinario de revisión nace en los países con un pronunciado gobierno federativo, a los fines de preservar el sistema federal y la supremacía del derecho federal sobre el local, al final de cuentas se ha volcado a cumplir con la no menos finalidad de asegurar la integridad y supremacía de la *Constitución*.

Esa es, al menos, la experiencia argentina, donde el recurso extraordinario ha pasado de servir exclusivamente a las cuestiones federales para resolver las controversias resueltas a través de "*sentencias arbitrarias*", lo que ha dado lugar a un interesante desarrollo jurisprudencial sobre el verdadero alcance de esta competencia extraordinaria de la Corte Suprema de La Nación[359].

En todo caso, creemos que, de la propia naturaleza de nuestro sistema de justicia constitucional, y de los primeros lineamientos que dio la jurisprudencia de la Sala Constitucional podemos desprender los principales fines de este novedoso recurso. Veamos por separado cada uno de estos objetivos:

1. *La uniformidad de criterios de interpretación constitucional.*

Tal y como lo recoge la temprana doctrina que adelantó opinión sobre este recurso[360], uno de los principales problemas que presentaba nuestro sistema de control de constitucionalidad antes de la entrada en vigencia de la *Constitución* de 1999, era la falta de *uniformidad* entre los distintos criterios que podían tener las distintas Salas de la antigua Corte Suprema de Justicia e incluso los distintos tribunales de instancia en las diferentes jurisdicciones especiales.

La propia y cuestionada *Exposición de Motivos* de la *Constitución* confiesa que la finalidad fundamental de este novedoso mecanismo judicial es:

> ... garantizar la uniformidad en la interpretación de las normas y principios constitucionales, la eficacia del Texto constitucional y la seguridad jurídica...vinculará por vez primera y dejando a salvo la temprana regulación de la Constitución de 1901, los métodos de control difuso y concentrado de la constitucionalidad que han coexistido en nuestro orde-

---

359 YMAZ, Esteban y REY, Ricardo, *El Recurso Extraordinario*, Abeledo-Perrot, Buenos Aires, 2000.

360 Consúltese, en especial, los artículos de CASAL, Jesús María; CANOVA GONZÁLEZ, Antonio; HARO, José Vicente; y KIRIAKIDIS, Jorge, los cuales se encuentran recogidos en la *Revista de Derecho Constitucional* Nro. 3, Editorial Sherwood, Caracas, 2000. También ESCUDERO, Margarita, "El mecanismo de revisión de sentencias por parte de la Sala Constitucional del Tribunal Supremo de Justicia", en *Novedades Jurisprudenciales del Tribunal Supremo de Justicia*, Vadell Hermanos Editores, Caracas, 2002, pp. 61 y ss. En el mismo sentido, ESCOVAR LEÓN, Ramón, "*El precedente y la interpretación constitucional*", Editorial Sherwood, Caracas, 2005.

namiento jurídico por más de cien años, respondiendo con ello a la principal crítica formulada a nuestro sistema de justicia constitucional, que reconocía la coexistencia de los mencionados métodos de control, pero que destacaba que entre uno y otro no existía realmente una coordinación, vínculo o conexión que procurara armonizarlos o articularlos para lograr una interpretación uniforme de la constitución, razón por la cual no podía ser calificado como integral, dado que existían modalidades de control paralelas, establecidas una al lado de la otra, sin conexión entre sí. Por tal razón, la Constitución consagra un sistema mixto e integrado de control de la constitucionalidad, atribuyéndole a la Sala Constitucional la función de coordinar los métodos de control mediante la armonización de la jurisprudencia constitucional y la interpretación uniforme del Texto Fundamental.

Y es que mucho antes del inicio del debate constituyente que dio lugar a la *Constitución* de 1999, un importante sector de nuestra doctrina constitucional había abogado por la necesidad de una Sala Constitucional y un mecanismo extraordinario de revisión que permitiese darles coherencia y unidad a los criterios de interpretación constitucional. Así, sobre esta particular AYALA CORAO sostuvo lo siguiente:

> No parece lógico que los organismos judiciales encargados de interpretar los supuestos valores constitucionales, la estructura constitucional y su contenido, puedan tener opiniones contrarias o diferentes. Esta incoherencia, hasta cierto punto podemos afirmar, contraría la esencial del Estado de Derecho, cual es la primacía de la Constitución y la d la ley sobre los gobernantes y los ciudadanos. Si cada juez pudiera interpretar la Constitución a su antojo y en forma contradictoria por demás se acabaría con el principio del Estado de Derecho. De allí, la importancia de contar con una justicia constitucional integrada y unificada…
>
> Irónicamente, siendo Venezuela uno de los países que tiene un control de la constitucionalidad más complejo, por haber asimilado elementos de ambos sistemas, la diversidad de órganos y jueces constitucionales ha dado pie para cierta incoherencia en la doctrina constitucional. Como hemos visto, la doctrina constitucional puede ser establecida en el caso del recurso de amparo por cualquier Juez de la República, y en la actualidad únicamente las sentencias sobre Amparo son recu-

> rribles por apelación por ante el tribunal Superior, no procediendo el Recurso de Casación. Igualmente, pudiera llegar a ocurrir en el caso de la cuestión o excepción de inconstitucionalidad, en el mejor de los casos controlada en la Corte de Casación. Además, tenemos la doctrina constitucional establecida por las Salas de Casación con motivo de la impugnación de sentencias de última instancia, por infracción de ley. Y, por último, la doctrina constitucional establecida por la Corte en Pleno en los casos de recursos de inconstitucionalidad contra actos legislativos y Reglamentos; y por la Sala Político-Administrativa frente a los recursos de inconstitucionalidad de actos administrativos. Sin embargo, esta no fue la intención de nuestro constituyente, ni puede ser la de nuestra Constitución[361].

Igualmente, y con la objetividad con que suelen opinar los autores foráneos, el constitucionalista colombiano YÉPEZ ARCILA alertaba, al referirse al sistema venezolano, sobre la incoherencia de un sistema que combinaba el control concentrado de la constitucionalidad de las normas con el difuso en forma paralela. Así, afirmaba que "para comprender el fenómeno y evaluarlo en toda su extensión, habría que replantearse si en la realidad los méritos que aplaudimos en el sistema dual colombiano y venezolano se basan en una característica del funcionamiento de éste. ¿Es realmente "mixto" ese sistema, como afirma el tratadista Brewer-Carías? En mi opinión la realidad estructural del sistema no lo configura como una modalidad mixta, dada la inexistencia de imbricación entre su modalidad de jurisdicción concentrada y su modalidad de jurisdicción difusa. Se trata, más que de un sistema mixto, de dos modalidades paralelas establecidas una al lado de la otra sin conexión entre sí, y su coexistencia sin la producción visible de efectos negativos durante las décadas precedentes es el fruto de la atrofia constante de una de ellas, la del control difuso. Tanto en Colombia como en Venezuela esta última, inequívocamente postulada por los textos constitucionales, nunca pasó a la *praxis* concreta en términos de podérsele atribuir importancia real, dado que sus manifestaciones fueron escasas y, en lo general, irrelevantes. La armonía del

361 AYALA CORAO, Carlos M., "Algunas consideraciones sobre la jurisdicción constitucional en Venezuela", en *Una mirada a los Tribunales Constitucionales*, Comisión Andina de Juristas, Lima, 1995, pp. 241 y ss.

sistema llamado por Gaona "integral", y distinguido por Brewer-Carías como este mismo calificativo, así como con el de "mixto", se funda en que una de sus dos expresiones técnicas sea inoperante"[362].

Como vimos anteriormente, el sistema constitucional previsto en la *Constitución* de 1961 carecía de uniformidad y hasta coherencia, toda vez que un importante grupo de tribunales tenían asignadas competencias constitucionales, a través de distintos mecanismos o remedios procesales, tales como el amparo constitucional, las acciones de inconstitucionalidad, los recursos contencioso-administrativos, los recursos de casación, etc. Sin embargo, no había ningún órgano jurisdiccional que tuviese la última palabra, que pudiese influir, para bien o para mal, en el resto de los tribunales, con relación a criterios constitucionales.

Con no poca frecuencia se presentaban en nuestro sistema situaciones disímiles que atentaban contra el grado mínimo de seguridad jurídica que se requiere en un Estado de Derecho. Así, por ejemplo, la jurisdicción contencioso-administrativa consideraba que el principio *solve et repete* era contrario al derecho a la defensa y al debido proceso, pero ello no era compartido por otras jurisdicciones especiales, como era la contencioso-tributaria. En el mismo sentido, los tribunales en materia de amparo constitucional podían tener criterios rígidos en relación con la interpretación, alcance y contenido de los derechos fundamentales; sin que estos criterios pudiesen ser valorados y calibrados por una instancia superior común a todas las jurisdicciones.

Sencillamente, había ocasiones donde el reconocimiento de un determinado derecho fundamental dependía únicamente de la suerte, pues el éxito en una determinada pretensión constitucional dependía de qué tribunal conociese del asunto, toda vez que no existían criterios unificados.

---

362 YÉPEZ ARCILA, Hernando, "Interrogantes sobre la justicia constitucional en Colombia", en *II Jornadas Colombo-Venezolanas de Derecho Público*, Universidad del Externado de Colombia, Bogotá, 1996. En el mismo sentido, HARO, José Vicente, "*La justicia Constitucional en Venezuela y la necesidad de un Tribunal Federal constitucional*", en *Revista de Derecho Administrativo* Nro. 6, Editorial Sherwood, Caracas, 1999.

Es por ello, que cuando la *Constitución* de 1999 crea una instancia superior en materia de control constitucional de los actos del Poder Público (Sala Constitucional) se pretende unificar y homogeneizar los distintos criterios que puedan existir sobre los valores, principios, normas y derechos fundamentales establecidos en nuestra *Constitución*. Ahora bien, ello no pudiese ser posible si no se le permite a esta Sala la posibilidad de acceder al conocimiento de asuntos constitucionales que fueron debatidos en instancias inferiores.

En este sentido, el recurso extraordinario de revisión le permite a la Sala Constitucional revisar fallos definitivamente firmes que contengan criterios constitucionales errados o disímiles, para de esta forma uniformar las respuestas judiciales ante los distintos conflictos que se presentan en nuestra sociedad. Se trata de establecer una última y final posición ante la interpretación y alcance del Texto Fundamental o ante la disparidad de criterios que puedan tener los distintos jueces que ejercen jurisdicción constitucional.

Igualmente CANOVA justifica la potestad revisora de la Sala Constitucional señalando que "es aconsejable, acaso necesario, que la organización judicial que da aplicación de la Constitución se acomode de manera que exista un órgano único que fije las directrices en torno a la manera más correcta de interpretar las normas y principios constitucionales, que dirima definitivamente cualquier discusión acerca de las cuestiones constitucionales que se susciten en los tribunales, que tenga el poder de restablecer la constitucionalidad cuando por acción u omisión haya sido violada o menoscabada por la actividad pública, incluso la judicial, y que, en conjunto, vele por la uniformidad de la jurisprudencia constitucional"[363].

Por su parte, la Sala Constitucional no ha dudado en reconocer este cometido esencial de la revisión constitucional. Así, en sentencia fecha 2 de marzo de 2000, caso: *Francia J. Rondón Astor*, señaló lo siguiente:

---

363 CANOVA GONZÁLEZ, Antonio, *"La Supersala (Constitucional) del Tribunal Supremo de Justicia"*, en *Revista de Derecho Constitucional* Nro. 3, Editorial Sherwood, Caracas, 2000, pág. 299.

> ...esta novísima figura de la revisión extraordinaria cuyo fundamento es el artículo 336 numeral 10 de la Constitución de la República Bolivariana de Venezuela, ha sido creada con la finalidad de uniformar criterios constitucionales, así como evitar decisiones que lesionen los derechos y garantías que consagra la Carta Magna.

Una buena muestra de esta función unificadora la podemos encontrar en la decisión dictada por la Sala Constitucional el 20 de noviembre de 2002 (caso: *Ricardo Baroni U.*), mediante la cual se resolvió un conflicto existente entre diversos tribunales, incluyendo Salas del propio Tribunal Supremo de Justicia. Específicamente, el problema se refería a cuál tribunal debía ser el competente para conocer de las negativas de los Inspectores del Trabajo a ejecutar forzosamente sus actos administrativos. Al respecto, la Sala de Casación Social, la Sala Político-Administrativa y la Corte Primera de lo Contencioso Administrativo tenían criterios diferentes.

En este fallo, la Sala Constitucional determinó que los órganos de la jurisdicción contencioso-administrativa, específicamente la Corte Primera de lo Contencioso Administrativo, debe conocer de las nulidades que se intenten contra los actos de los Inspectores del Trabajo; mientras que en el caso de que las actuaciones u omisiones de estos órganos administrativos se cuestionen a través de acciones de amparo constitucional, éstas podrían presentarse ante los jueces de la localidad, conforme a los criterios existentes para determinar la competencia en materia de amparo, expuestos por la Ley Orgánica de Amparo y la propia jurisprudencia de la Sala Constitucional[364].

Pues bien, una vez constatada la disparidad de criterios existentes entre algunas Salas del Tribunal Supremo de Justicia, la Sala Constitucional justificó la necesidad de corregir la interpretación de la Sala Político-Administrativa señalando lo siguiente:

---

364 En especial, atendiendo a lo dispuesto en la decisión dictada por esa misma Sala Constitucional en fecha 8 de diciembre de 2000, caso: *Yoslena Chanchamire Bastardo*. Sobre este articular puede consultarse nuestro trabajo *El Nuevo Régimen del Amparo Constitucional en Venezuela*, Editorial Sherwood, Caracas, 2001, pp. 57 y ss.

> Tal disparidad de criterios surge a todas luces inaceptable, contraria al principio de seguridad jurídica y de unificación de la jurisprudencia. En consecuencia, estima esta Sala necesario el ejercicio de la potestad de revisión extraordinaria que le atribuye el artículo 336, cardinal 10, de la Constitución de 1999, que antes se transcribió, en su condición de custodia de la uniforme interpretación y aplicación constitucional y, consecuentemente, declara que, en lo sucesivo, deberá prevalecer el criterio que se reitera en el presente fallo, el cual deberá acatarse por las demás Salas y tribunales del país. Así se decide.

Así, para resolver definitivamente el conflicto competencial existente, la Sala Constitucional dispuso categóricamente lo siguiente:

> Con fundamento en las consideraciones que se expusieron, y en ejercicio de la facultad de máxima intérprete del Texto Constitucional, esta Sala deja sentado el siguiente criterio, con carácter vinculante para las otras Salas del Tribunal Supremo de Justicia y demás tribunales de la República:
>
> i).- La jurisdicción competente para el conocimiento de las pretensiones de nulidad de los actos administrativos que dicten las Inspectorías del Trabajo, así como de cualquier otra pretensión -distinta de la pretensión de amparo constitucional- que se fundamente en las actuaciones u omisiones de dichos órganos, es la jurisdicción contencioso-administrativa.
>
> (ii) De los tribunales que conforman esta jurisdicción, el conocimiento de las pretensiones antes especificadas corresponde, en primera instancia, a la Corte Primera de lo Contencioso Administrativo y en segunda instancia, cuando ésta proceda, a la Sala Político-Administrativa de este Supremo Tribunal.
>
> (iii) De las demandas de amparo constitucional autónomo que se intenten contra los actos, actuaciones u omisiones de las Inspectorías del Trabajo, conocerán los Juzgados Superiores en lo Contencioso Administrativo de la Circunscripción Judicial correspondiente al lugar donde se produjo la supuesta lesión al derecho constitucional, y en segunda instancia, la Corte Primera de lo Contencioso Administrativo. A falta de los primeros en la localidad en donde se hubiere producido el hecho lesivo, conocerán, con fundamento y de acuerdo al pro-

cedimiento que establece el artículo 9 de la Ley Orgánica de Amparo sobre Derechos y Garantías Constitucionales, los tribunales de Primera Instancia en lo Civil -si lo hubiere- o de Municipio -a falta de aquél- de la localidad Así se declara.

Es importante destacar que el conflicto que resuelve la Sala Constitucional en esta decisión no se refiere a la interpretación de una norma, principio o derecho fundamental, sino más bien a la interpretación de las disposiciones legales que les atribuyen competencias a los tribunales de la jurisdicción contencioso-administrativa. Sin embargo, la revisión resultaba procedente toda vez que los conflictos se presentaban también en acciones de amparo constitucional, razón por la cual se requería la intervención de la última instancia de la jurisdicción constitucional. Además de que se estaba desconociendo una posición jurisprudencial anterior de la propia Sala Constitucional.

Este mismo ejemplo nos permite destacar lo importante de la uniformidad de criterios dentro de una determinada jurisdicción, pues la gran inseguridad jurídica que se había generado a raíz de la enorme indeterminación que se produjo con las disímiles decisiones emanadas de la Sala Político-Administrativa y de la Sala de Casación Social atentaban contra el ejercicio mismo del derecho constitucional que se reclamaba en cada una de las acciones destinadas a lograr la ejecución de los actos administrativos dictados por las Inspectorías del Trabajo. En efecto, la impugnación de las omisiones del Inspector del Trabajo se habían convertido en una verdadera lotería, pues no existía certeza alguna del órgano judicial encargado de ejercer ese control, lo que producía importantes retardos que iban en desmedro de la tutela judicial efectiva[365].

---

365 No queremos decir con esto que la decisión de la Sala Constitucional haya sido la solución más acertada, ya que a nosotros nos luce que todavía el problema no se ha atacado en su raíz, pues lo lógico sería dotar a los órganos administrativos del poder suficiente para ejecutar sus propios actos, de modo de evitar que el particular tenga que acudir a instancias judiciales para ejecutar una decisión administrativa firme. Pero no cabe duda que el fallo acabó, al menos temporalmente, con la incertidumbre generada por los distintos y dispersos criterios jurisprudenciales previos.

Por tanto, no cabe duda que el recurso extraordinario de revisión cumple una función unificadora importante. Este cometido es esencial para nuestro Estado de Derecho, pues la seguridad y certeza jurídica son valores fundamentales que encuentran respaldo expreso en nuestra *Constitución*[366], y además son consustanciales con cualquier comunidad organizada. En suma, consideramos que es preferible disponer de un criterio definitivo, aunque sea errado; que permitir la coexistencia de distintas posiciones, pues los criterios errados pueden combatirse con mejores argumentos; pero la desigualdad que se genera ante la ausencia de una última palabra es, simplemente, imposible de solventar.

2. *La garantía del carácter vinculante de las decisiones de última instancia*

Otro de los principales cuestionamientos que se le hacía al sistema de control constitucional establecido en la Constitución de 1961 se refería a la imposibilidad de consolidar los criterios jurisprudenciales de las máximas instancias judiciales; sobre todo cuando éstas ejercían el control concentrado de la constitucionalidad de actos normativos. Ello, entre otras razones, debido a que no existía un único órgano encargado de dar la última palabra en materia constitucional; al mismo tiempo que no existía la obligación constitucional o legal de respetar las decisiones de los tribunales de mayor jerarquía.

Como hemos señalado, bajo nuestro sistema constitucional anterior podía suceder que la Sala Plena de la Corte Suprema de Justicia asumiese un criterio constitucional específico a la hora de decidir una determinada acción de inconstitucionalidad; sin embargo, ese criterio podía o no ser compartido por el resto de los tribunales del país a la hora de ejercer el control difuso de la constitucionalidad de las normas, o a la hora de conocer de acciones de amparo constitucional.

Es decir, existía una total independencia entre el mecanismo de control concentrado y el mecanismo del control difuso; al mismo tiempo de que las decisiones de los tribunales de mayor jerarquía no eran vinculantes para el resto de los tribunales del país.

---

[366] Artículo 335 de la Constitución.

Esta situación implicaba que no se disponía de garantías suficientes que permitiesen respetar las decisiones de los principales órganos de administración de justicia. A fin de cuentas, todo dependía del valor moral que se le quisiese dar a la jurisprudencia.

Pues bien, ante esta realidad, y reconociendo la tendencia universal de ir hacia la creación de Salas o Tribunales Constitucionales, la *Constitución* de 1999 concentró en un solo tribunal (Sala Constitucional)[367] el poder suficiente para controlar todas las decisiones con implicaciones constitucionales, dándole a sus decisiones un carácter vinculante y obligatorio para el resto de los tribunales del país.

En efecto, el artículo 335 de la *Constitución* establece lo siguiente:

> El Tribunal Supremo de Justicia garantizará la supremacía y efectividad de las normas y principios constitucionales; será el máximo y último interprete de esta Constitución y velará por su uniforme interpretación y aplicación. Las interpretaciones que establezca la Sala Constitucional sobre el contenido o alcance de las normas y principios constitucionales son vinculantes para las otras Salas del Tribunal Supremo de Justicia y demás tribunales de la República.

En este sentido, explica CANOVA, que era necesario "introducir un órgano judicial máximo, especializado, que se encargue de revisar tales decisiones y de sentar los criterios interpretativos definitivos que deben ser seguidos en el futuro por el resto del Poder Judicial, y, por la otra, facilitar los medios a través de los cuales dicho tribunal dedicado a los temas constitucionales tenga oportunidad de llevar a cabo efectivamente esa misión de dirección y fiscalización. Como bien lo destaca RUBIO LLORENTE, a razón de la actual percepción de la Constitución y de la formulación muy genérica, lapidaria, de sus preceptos, y por ende ante la atenuación del valor de la ley y el riesgo de incertidumbre y de arbitrariedades de

---

[367] Según lo dispuesto en el artículo 266 de la *Constitución*, la Sala Plena del Tribunal Supremo de Justicia tiene únicamente atribuida la competencia para conocer de los antejuicios de mérito de los funcionarios de mayor jerarquía. Por tanto, ha sido la Sala Constitucional la que quedó con el mayor número de competencias constitucionales, entre las cuales se encuentra la de conocer de los recursos extraordinarios de revisión.

los jueces: "...la vigencia plena de los derechos exige no sólo el control de constitucionalidad de las leyes, sino también, directamente, el de las decisiones judiciales que las aplican..."[368].

Así, en los Estados Unidos de Norteamérica, una de las principales finalidades del *writ of certiorari* es, precisamente, denunciar el desconocimiento de criterios judiciales previamente expuestos por la Corte Suprema de Justicia. En efecto, el artículo 17, numeral 1° de la normativa de este órgano judicial dispone lo siguiente:

> La revisión no constituye una cuestión de derecho, sino de discreción judicial, y únicamente se concederá cuando existan razones especiales e importantes para ello. A continuación, se exponen con carácter indicativo y no exhaustivo la índole de las razones que serán consideradas:
>
> Cuando un tribunal federal de apelación haya resuelto contrariamente a lo resuelto por otro tribunal federal de apelación sobre la misma cuestión; o se haya resuelto sobre una cuestión federal contrariamente al criterio de un tribunal estatal superior; se haya apartado de lo que hasta ahora se considera el curso normal del procedimiento judicial, o haya realizado esa desviación por un tribunal inferior, a fin de requerir la intervención de este tribunal.
>
> Cuando un tribunal estatal supremo haya dictaminado una cuestión federal contrariamente a otro tribunal estatal o un tribunal federal de apelación.
>
> Cuando un tribunal estatal o uno federal de apelación haya dictaminado una cuestión importante relativa al Derecho Federal que no haya sido fallada, pero lo debería haber sido por este Tribunal, *o haya dictaminado una cuestión federal contrariamente a las decisiones aplicables de este Tribunal*" (Resaltado añadido).

Vemos entonces como una de las razones que la Corte Suprema de los Estados Unidos toma en consideración a la hora de seleccionar los casos que va a revisar es el hecho de que se trate de un asunto federal que haya sido decidido en forma distinta a los manda-

---

368 CANOVA GONZÁLEZ, Antonio, "*La Supersala (Constitucional) del Tribunal Supremo de Justicia*", *op. cit.* p. 303.

mientos de la propia Corte Suprema, es decir, se utiliza el *certiorari* para hacer respetar el carácter vinculante de las decisiones de la máxima instancia (*stare decisis*).

Y es que mal podría consolidarse un sistema integrado, coherente y unificado de control constitucional si no se le otorga a la máxima instancia de la jurisdicción constitucional el carácter vinculante y obligatorio de sus decisiones. Y, aunado a ello, la posibilidad de revisar y corregir las decisiones que contraríen sus interpretaciones, pues de lo contrario, ese carácter vinculante de sus fallos quedaría en una mera recomendación o sugerencia. Por tanto, el recurso extraordinario de revisión cumple una función de policía, en el sentido que le permite a la Sala Constitucional asumir el conocimiento de una sentencia definitivamente firme que ha desconocido un criterio de interpretación constitucional previamente expuesto por la misma Sala Constitucional.

Como un ejemplo del ejercicio de esta función fiscalizadora de los criterios previos de la Sala Constitucional, podemos mencionar la decisión dictada por la Sala Constitucional en fecha 14 de diciembre de 2001, en el caso: *D.H.L.*, donde se dispuso lo siguiente:

> En efecto, esta Sala Constitucional, en ejercicio de su labor interpretativa de la Constitución, se pronunció sobre la imposibilidad de declarar la perención de la instancia ante la inactividad del órgano jurisdiccional después de vista la causa, cuando no cumpliera con su obligación de sentenciar en los términos señalados en las leyes, paralizando con ello la causa, pues, sólo cuando la paralización sea incumbencia de las partes, podrá ocurrir la perención, razón por la cual debe considerarse que la sentencia recurrida se ha apartado abiertamente de la interpretación mencionada, en perjuicio de los derechos constitucionales de las compañías recurrentes a la defensa, al debido proceso y a la tutela judicial efectiva. Asimismo, tal como fue expresado anteriormente, en salvaguarda de quienes tuvieren causas paralizadas pendientes de decisión ante esta Sala y otros tribunales de la República, en protección del derecho a la tutela judicial efectiva y del principio de la confianza legítima, esta Sala Constitucional determinó que el juez podrá declarar, de oficio o a instancia de parte, la extinción de la acción, previa notificación del actor, para que concurriese en el término fijado para ello, a desvirtuar la presunción de abandono que, hasta ese momento, revelara su inactividad en obtener una decisión que pusiera fin al proceso.

Precisado lo anterior, considera esta Sala que la adopción obligatoria por parte de los tribunales de la República y de las demás Salas de este Tribunal Supremo de Justicia, de la doctrina jurisprudencial mencionada, ha debido ser cumplida, inexorablemente, a partir del 1° de junio de 2001, por ser esta la ocasión en la que esta Sala Constitucional formalmente asumió, por primera vez, un criterio interpretativo sobre la perención de la instancia y el artículo 26 de la Constitución vigente.

Por tanto, se concluye que, si y sólo si se evidencia que una actuación jurisdiccional, posterior a la oportunidad indicada, resulta ser contraria a la doctrina sentada por esta Sala Constitucional en la interpretación constitucional aludida, será conveniente la injerencia de esta Sala y el correspondiente control posterior que tenga como objetivo subsanar la violación producida, como una expresión de la potestad correctiva de la que goza.

Sentado lo anterior, se observa que, en el presente caso, la sentencia cuya revisión se solicita, fue proferida con posterioridad al fallo dictado por esta Sala Constitucional el 1° de junio de 2001, motivo por el cual la Sala, para garantizar la uniformidad de la interpretación de las normas y principios constitucionales, en ejercicio de las potestades que tiene atribuidas en materia de revisión, en los términos indicados en el presente fallo, anula la decisión N° 762 del 8 de mayo de 2001, dictada por la Sala Político Administrativa del Tribunal Supremo de Justicia y, en consecuencia, ordena la reposición de la causa al estado en que dicha Sala se pronuncie acerca del recurso contencioso administrativo de anulación interpuesto y, así se declara[369].

---

369 Debemos destacar que la decisión que estaba siendo objeto de revisión era una de las tantas dictadas por la Sala Político-Administrativa, mediante las cuales se declaraba la perención de la instancia luego de dichos vistos, es decir, luego de que el caso se encontraba en estado de sentencia. Y lamentablemente la Sala Constitucional sustentó la revisión del fallo cuestionado en el desconocimiento de una sentencia de la propia Sala Constitucional de junio del 2001, en lugar de sustentarlo en otras causales que posteriormente estudiaremos, como es el caso de la omisión de aplicación de normas constitucionales. Con ello, negó la

Incluso, tal y como tendremos oportunidad de profundizar más adelante, la protección de los criterios previos de la Sala Constitucional fue lo que ha venido justificando la posibilidad de que la Sala Constitucional revise decisiones del resto de las Salas del Tribunal Supremo de Justicia[370]. En efecto, en el fallo de fecha 25 de enero de 2001, caso: *Baker Hughes, S.A.* se señaló lo siguiente:

> Dicha potestad de revisión se deduce positivamente del artículo 335 *eiusdem*, cuando afirma que las "interpretaciones que establezca la Sala Constitucional sobre el contenido y alcance de las normas y principios constitucionales son vinculantes para las otras Salas del Tribunal Supremo de Justicia y demás Tribunales de la República". Tal vinculación no podría ser meramente ética, como lo era la Ley para el Monarca en un estadio de la evolución política del Estado Moderno, quien estaba supuesto a cumplirla en tanto código valorativo de conducta, pero no existía poder alguno, más que su propia conciencia, para hacer que la cumpliera.
>
> No estamos frente a una situación siquiera parecida a la que fue objeto de la reseña anterior. Nuestra Constitución, por el contrario, al vincular a las demás Salas de este Tribunal Supremo a la doctrina de la Sala Constitucional (artículo 334, primer párrafo y articulo 335, segundo párrafo), según el principio de supremacía de la Constitución, y al dar potestad a esta Sala Constitucional para tutelar la Carta Magna como

---

revisión de fallos idénticos pero dictados con anterioridad a la decisión de la Sala Constitucional del 1° de junio de 2001, donde se había expuesto un criterio sobre la perención de la instancia en materia de amparo constitucional. Con ello, se creó una gran injusticia, pues fueron muchas las decisiones que la Sala Político-Administrativa dictó antes del 1° de junio de 2001, declarando la perención de la instancia luego que la causa se encontraba esperando sentencia, y esas decisiones previas no pudieron ser revisadas por la Sala Constitucional. Y esto tiene un significado importante, sobre todo si tomamos en consideración que el criterio jurisprudencial de la Sala Político-Administrativa fue, sencillamente, uno de los más terribles criterios jurisprudenciales de nuestra historia.

370 Insistimos que sobre este tema volveremos más adelante, principalmente, para cuestionar la posibilidad de revisar sentencia de la Sala Plena del Tribunal Supremo de Justicia.

cúspide de la Jurisdicción Constitucional, en ejercicio del Poder de Garantía Constitucional, deviene, pues, autorizada para revisar tanto las decisiones que dicten las demás Salas en contravención de la Norma Fundamental, como en oposición a las interpretaciones que de la Constitución asiente la Sala Constitucional".

En el mismo sentido, en una de las sentencias líderes en materia del recurso extraordinario de revisión constitucional (caso: *Corpoturismo*)[371], se precisa como uno de los supuestos que habilita la revisión constitucional, conforme al numeral 10° del artículo 336 de la *Constitución*:

> Las sentencias definitivamente firmes que hayan sido dictadas por las demás Salas de este Tribunal o por los demás tribunales o juzgados del país apartándose u obviando expresa o tácitamente alguna interpretación de la Constitución contenida en alguna sentencia dictada por esta Sala con anterioridad al fallo impugnado, realizando un errado control de constitucionalidad al aplicar indebidamente la norma constitucional.

Es importante resaltar una importante polémica que tiene que ver con el carácter vinculante de las decisiones de la Sala Constitucional, ya que para algunos lo vinculante debe ser únicamente la específica interpretación constitucional que se realice sobre un determinado asunto, y no el resto del contenido del fallo, pues la letra del artículo 335 se refiere únicamente a las interpretaciones que se realicen sobre "el contenido y alcance de las normas y principios constitucionales". Y este debate no es baladí, sobre todo si tomamos en consideración que el contenido de muchas decisiones de la Sala Constitucional no se limita a considerar normas o principios constitucionales, sino que interpretan otras disposiciones de rango inferior.

Así, por ejemplo, en la decisión a que hicimos referencia en el aparte anterior (caso: *Ricardo Baroni U.*) la Sala Constitucional básicamente se limitó a interpretar normas de rango legal, como es el caso de las distintas disposiciones de la antigua Ley Orgánica de la Corte Suprema de Justicia que distribuían las competencias dentro

---

371 Sentencia del 6 de febrero del 2001.

de la jurisdicción contencioso-administrativa. Por tanto, de limitarse el carácter vinculante de las decisiones de la Sala Constitucional a los criterios de interpretación constitucional, entonces tendríamos que llegar a la conclusión de que todo lo dispuesto en esa decisión no sería vinculante para el resto de los tribunales del país, ya que no se trató de la interpretación de una norma o principio constitucional.

Existe entonces cierta contradicción a nivel constitucional, pues por un lado el numeral 10 del artículo 336 de la *Constitución* permite la revisión de los fallos definitivamente firmes de amparo constitucional, con la lógica intención de unificar criterios en esta materia; y no pareciera que esta unificación se refiere únicamente al contenido del fondo de los asuntos tratados en los amparos, esto es, a las consideraciones referentes a los derechos fundamentales en controversia. Mientras que, por otra parte, la letra del artículo 335 de la *Constitución* parece limitar el carácter vinculante únicamente a las interpretaciones sobre el contenido y alcance de las normas y principios constitucionales.

La posición que se asuma traerá importantes consecuencias en lo referente al alcance y potencia de la Sala Constitucional, toda vez que no cabe la menor duda que la labor de esta Sala ha ido mucho más allá que la simple interpretación de normas o principios constitucionales. Sobre todo, cuando la Sala ha asumido la revisión de decisiones de amparo constitucional para aclarar la interpretación que debe dársele a la *Ley Orgánica de Amparo sobre Derechos y Garantías Constitucionales*, buscando unificar los dispersos criterios que manejan todos los tribunales que conocen de acciones de amparo constitucional. En este supuesto, somos del criterio que el carácter vinculante de las decisiones de la Sala Constitucional no puede limitarse únicamente a las interpretaciones sobre el contenido y alcance de las normas y principios constitucionales, pues de lo contrario se vería insatisfecho el principio de seguridad jurídica, debido a que permanecería una de las razones que justificó la aparición de esta importante herramienta procesal.

Ahora bien, si bien por un lado luce conveniente extender el carácter vinculante de las decisiones de la Sala Constitucional al caso de la interpretación de las normas relacionadas con la materia de amparo constitucional; por otra parte no luciría descabellado tratar de limitar el carácter vinculante de las decisiones de la Sala Constitucional cuando ésta pretenda extender sus competencias más allá de los límites que la propia *Constitución* le ha impuesto, pues ello podría servir de contrapeso al exagerado poder que se ha atribuido la propia Sala Constitucional, la cual ha llegado a usurpar atribuciones conferidas a otras jurisdicciones e incluso a otros órganos del Poder Público.

Un buen ejemplo de esta afirmación lo podemos encontrar en la decisión de fecha 19 de noviembre de 2002, caso: *Gladys J. Jorge Saad*, donde la Sala Constitucional revocó un fallo de la Sala Político-Administrativa que había negado la responsabilidad extracontractual del Estado, en el caso del asesinato del conocido abogado Ramón Carmona. Para justificar la revocatoria, la Sala Constitucional consideró lo siguiente:

> De allí que difiera esta Sala del criterio expresado por la Sala Político-Administrativa en la sentencia objeto de revisión cuando expresa que la responsabilidad extracontractual de la Administración debe ser interpretada bajo criterios restringidos a objeto de evitar generalizaciones que lleven a la Administración a asumir la responsabilidad de todas las situaciones de daño y afecten el erario público. Antes bien, considera esta Sala Constitucional que tratándose la responsabilidad patrimonial del Estado de una garantía constitucional inherente a todo Estado de Derecho, consagrada a favor del particular afectado por la conducta administrativa dañosa, la misma debe ser interpretada por los jueces en forma progresiva y amplia, a favor del administrado.
>
> Del análisis de la normativa constitucional vigente, infiere esta Sala que la responsabilidad patrimonial del Estado no debe ser considerada como una garantía en favor de los entes públicos; por el contrario, su consagración constitucional exige que la misma sea interpretada por los jueces en sentido amplio y progresista como una garantía patrimonial del administrado frente a las actuaciones de la Administración generadoras de daño.
>
> En cambio, la Sala Político-Administrativa haciendo una interpretación restringida del régimen de responsabilidad patrimonial del Estado previsto en la Constitución de la República Bolivariana de Venezuela, y dando mayor relevancia al carácter subjetivo de la conducta de los agentes involucrados y a la integridad del erario público por sobre el carácter objetivo que la Constitución confiere a la responsabilidad del Estado, -criterio respecto del cual esta Sala Accidental Constitu-

cional ya manifestó su desacuerdo-, consideró que los agentes públicos cometieron el hecho dañoso impulsados por razones de odio, venganza y enemistades, actitudes éstas de marcada naturaleza dolosas que no se corresponden con la prestación del servicio de policía y que excluyen, por tanto, la responsabilidad del Estado, por tratarse del hecho de terceros; llegándose a señalar en la sentencia, que las conductas dolosas de los agentes excluyen la responsabilidad de la Administración incluso cuando éstos hubieren estado en aparente ejercicio de la función pública o actuando con ocasión de la misma (folio. 87 de la sentencia).

Ahora bien, además de insistir en que la interpretación efectuada por la Sala Político-Administrativa para arribar a la conclusión precedentemente expuesta no resulta cónsona y acorde con la intención del Constituyente al consagrar la responsabilidad del Estado como una garantía a favor del particular; observa esta Sala que la existencia de una falta personal del funcionario no excluye directamente la responsabilidad del Estado, pues cuando esa falta concurra con el servicio o no esté totalmente desligada del mismo compromete la responsabilidad patrimonial de la Administración.

En ese sentido, trasladando las consideraciones precedentes al caso concreto, esta Sala observa que del análisis del acervo probatorio se desprenden indicios suficientes que la llevan a la convicción de que el hecho dañoso que culminó con el homicidio del ciudadano Ramón Carmona Vásquez fue ejecutado por los agentes involucrados valiéndose y aprovechándose de los medios, instrumentos y poderes que su condición de funcionarios prestadores del servicio de policía les brindaba. Concretamente, los funcionarios se sirvieron del vehículo que era propiedad del Estado, de las armas que como funcionarios policiales tenían asignadas y de su posición dentro del organismo policial con el fin de establecer tácticas dirigidas al desvío de las investigaciones.

Estas circunstancias constituyen, en criterio de esta Sala, razones más que suficientes para afirmar que el hecho dañoso cometido por los agentes públicos involucrados no estuvo desprovisto de todo vínculo con el servicio de policía, a cuya prestación con parámetros medios de calidad estaba obligada la Administración, a tenor de lo establecido en el ordinal 6 del artículo 156 de la Constitución, razón por la cual estima esta

Sala que el Estado si resulta responsable por los daños derivados del homicidio del ciudadano Ramón Carmona Vásquez, cometido por agentes de policía. Así se declara.

Aun cuando la Sala Constitucional trata de fingir una vinculación constitucional, es claro que lo que realiza es una nueva revisión del caso concreto, para determinar la existencia de responsabilidad del Estado. Lejos de revisar criterios de interpretación constitucional de normas o principios constitucionales, se entra en el detalle de la consideración de los supuestos de procedencia de la responsabilidad extracontractual del Estado, lo que sin duda es materia exclusiva de la jurisdicción contencioso-administrativa. En efecto, no puede considerarse que con la mera excusa de que existe una norma constitucional (artículo 140) que se refiere a la consagración del principio de responsabilidad del Estado, la jurisdicción constitucional está facultada para determinar cuándo se dan los supuestos de procedencia de la responsabilidad o para considerar y ponderar el acervo probatorio del caso. Si así fuere, sencillamente estamos en presencia de una jurisdicción constitucional todo poderosa que sin duda penetrará en los rincones más recónditos del resto de las jurisdicciones de nuestro sistema judicial[372].

En efecto, no puede desconocerse que de toda controversia judicial siempre es posible extraer alguna remota conexión constitucional con algún principio o valor constitucional. Es por ello importante tratar de mantener cierta prudencia para evitar que se desborde el alcance del recurso extraordinario de revisión, y con ello la propia jurisdicción constitucional[373]. Y una buena forma de reducir el alcance de la jurisdicción constitucional es reservando el carácter de vinculante únicamente a los fallos que interpreten directamente normas o principios constitucionales.

---

372 No queremos decir con esto que defendemos el fondo o el mérito de la decisión dictada por la Sala Político-Administrativo que fue objeto de revisión por el fallo que comentamos, pues sin lugar a dudas que se trató de una interpretación bastante limitada del alcance de la responsabilidad del Estado; pero queremos alertar que de permitirse la revisión de este tipo de fallos por parte de la Sala Constitucional se estaría abriendo las puertas a una jurisdicción ilimitada que rompería con los parámetros y limitaciones impuestas por la propia Constitución.

373 Sobre este particular volveremos al momento de precisar los efectos de la decisión del recurso extraordinario de revisión constitucional.

3. *Corrección de errores graves de interpretación constitucional*

Por último, otro de los principales objetivos del recurso extraordinario de revisión es la corrección de errores graves de interpretación constitucional en que hayan incurrido el resto de los tribunales de nuestra organización judicial. En efecto, al ser la Sala Constitucional, conforme a lo dispuesto en el artículo 335 de la *Constitución*, el máximo y último intérprete del Texto Fundamental, tiene entonces la competencia para revisar los fallos que ésta considere contrarios a la sana y adecuada interpretación de las normas y principios constitucionales.

Con este objetivo puede verse claramente la gran importancia del recurso extraordinario de revisión, pues con tan sólo justificar que se ha cometido un error grave de interpretación constitucional; o que incluso, se ha dejado de aplicar o valorar un principio o derecho constitucional en una determinada controversia, la Sala Constitucional puede traer a su seno el conocimiento de cualquier sentencia definitivamente firme para revocarla, modificarla o confirmarla. E insistimos que rara vez puede encontrarse algún asunto judicial donde no pueda encontrarse alguna vinculación constitucional.

Ya la Sala Constitucional ha confirmado que la corrección de errores graves de interpretación constitucional es motivo suficiente para revisar fallos definitivamente firmes. Así, en la misma decisión del 21 de enero de 2001 (caso: *Baker Hughes, S.A.*) se señaló lo siguiente:

> 1.- La potestad de revisión abarca, pues, tanto las decisiones que se denuncien violatorias de la doctrina de la Sala Constitucional, ***como las decisiones que infrinjan principios o reglas de rango constitucional,*** siempre que hubieren sido dictadas con posterioridad a la entrada en vigencia de la Constitución. Ello en razón de que sería un contrasentido que la Sala Constitucional (órgano en ejercicio del Poder de Garantía Constitucional), pueda vincular con sus decisiones a las demás Salas (cúspides en sus respectivas jurisdicciones: penal, civil, político-administrativa, social, electoral, plena), pero que éstas no estuvieran vinculadas a la Constitución más que formalmente, y sus posibles decisiones inconstitucionales, no estén sujetas a ningún examen. No es lógico que la fuente del ordenamiento político-jurídico de nuestro país no pudiera, según esta tesis, contrastarse con las decisiones de las demás

> Salas, pero, que sí cupiera el contraste de estas decisiones con la doctrina de la Sala Constitucional, que es realización de esa Norma Fundamental. (Resaltado añadido).

Igualmente, en la importante sentencia mencionada anteriormente (caso: *Corpoturismo*), también se precisa como otro de los supuestos que habilita la revisión constitucional, conforme al numeral 10° del artículo 336 de la *Constitución*:

> 4.- Las sentencias definitivamente firmes que hayan sido dictadas por las demás Salas de este Tribunal o por los demás tribunales o juzgados del país que de manera evidente hayan incurrido, según el criterio de la Sala, en un error grotesco en cuanto a la interpretación de la Constitución o que sencillamente hayan obviado por completo la interpretación de la norma constitucional. En estos casos hay también un errado control constitucional.

Insistimos en que es importante resaltar que la Sala Constitucional aumenta el alcance de su competencia para ejercer la revisión constitucional a que se refiere el artículo 336, numeral 10°, no sólo en los casos de errores graves de interpretación constitucional, sino también a los casos donde una sentencia definitivamente firme haya obviado la interpretación de una norma constitucional. Esto, indudablemente, conlleva a la posibilidad de revisar básicamente cualquier decisión que le provoque a la Sala Constitucional, pues como decía el Magistrado HOLMES, al hablar del *writ of certiorari*, la revisión procederá cuando las decisiones "contengan una equivocación tan grosera que aparezca como inconcebible dentro de una racional administración de justicia"[374].

Es por ello, y tomando en consideración la enorme brecha que este objetivo abre dentro de la revisión constitucional, que cuestionamos profundamente que la Sala Constitucional haya fundamentado la revisión de los fallos de la Sala Político-Administrativa mediante los cuales se decretaba la perención de la instancia luego de dicho vistos[375], basándose en el desconocimiento del carácter vincu-

---

374 STERN, Robert y GREESMAN, Eugene, "*Supreme Court Practice*" Seventh Edition, The Bureau of National Affairs, Washington, D.C., 1995.

375 Sentencia *D.H.L.*, del 14 de diciembre de 2001, transcrita parcialmente *supra*.

lante de una sentencia de la misma Sala Constitucional del 1° de junio del 2001, cuando ha podido justificar la revisión, y así exterminar ese cáncer jurisprudencial por completo, con el simple argumento que esos fallos obviaban la aplicación del derecho fundamental a la tutela judicial efectiva, previsto en los artículos 26 y 49 de la *Constitución*.

En suma, podemos concluir en que si bien la Sala Constitucional ha señalado en sus decisiones que la finalidad del recurso extraordinario de revisión es buscar la uniformidad y homogeneidad ante los distintos criterios jurisprudenciales que puedan tener el gran número de tribunales que ejercen competencias constitucionales en nuestro sistema judicial (ya sea a través del control difuso o concentrado); hacer respetar sus interpretaciones vinculantes sobre las normas y principios constitucionales frente al resto de los tribunales del país; así como corregir los errores o las omisiones graves de interpretación constitucional; no es menos cierto que en la práctica este remedio procesal, como veremos, se ha convertido en un mecanismo de depuración de errores constitucionales y legales, lo que ha implicado que la Sala Constitucional se ha convertido en la última instancia de las distintas jurisdicciones de nuestro ordenamiento jurídico.

Por tanto, nos atrevemos a afirmar que la verdadera finalidad de la revisión extraordinaria es lograr un control absoluto de todas las posibles decisiones de los distintos tribunales del país, de modo tal que no haya ninguna decisión que escape del alcance de la Sala Constitucional. Este mecanismo procesal ha convertido a esta Sala en un verdadero Tribunal o Corte Constitucional.

III. LA NATURALEZA JURÍDICA DEL RECURSO EXTRAORDINARIO DE REVISIÓN CONSTITUCIONAL

Un punto que generó cierta polémica en la doctrina nacional fue el de la naturaleza jurídica de esta competencia asignada a la Sala Constitucional, toda vez que la forma como se buscó concebir este mecanismo difiere de las concepciones procesales tradicionales que se han manejado en nuestro foro hasta el presente. Esto no quiere decir que se trate de un particular descubrimiento realizado por el constituyente, pues como veremos existen suficientes ejemplos en derecho comparado que nos permiten realizar un balance sobre las distintas alternativas que se le presentarán al legislador a la hora de promulgar la ley que regule esta jurisdicción.

Sobre este aspecto también la *Exposición de Motivos* de la *Constitución* da algunas luces, al señalar:

> Ahora bien, la referida competencia de la Sala Constitucional no puede ni debe entenderse como parte de los derechos a la defensa, tutela judicial efectiva y amparo consagrados en la Constitución, sino, según lo expuesto, como un mecanismo extraordinario de revisión cuya finalidad constituye únicamente darle uniformidad a la interpretación de las normas y principios constitucionales.
>
> Por ello, no siendo un derecho y teniendo en cuenta que el legislador puede ensayar y errar en forma evolutiva en la búsqueda del mecanismo extraordinario más adecuado, la Asamblea Nacional Constituyente decidió dejar a la ley orgánica respectiva su desarrollo concreto. Siendo así, la ley orgánica podrá establecer, por ejemplo, un mecanismo extraordinario de revisión de ejercicio discrecional por la Sala Constitucional, tal como el *writ of certiorari* que utiliza la Suprema Corte de los Estados Unidos de América; un mecanismo cuyos rasgos de discrecionalidad no sean absolutos, como el utilizado por el Tribunal Constitucional Federal de Alemania; o bien, un mecanismo cuyos requisitos de admisibilidad y procedencia estén preestablecidos en la ley, como el que se puede evidenciar en algunos ejemplos de derecho comparado.

Puede observarse entonces que la primera idea que se desprende de la *Exposición de Motivos* es el hecho de que este recurso no forma parte del derecho a la defensa del solicitante, básicamente debido a que, como veremos más adelante, la revisión está reservada a decisiones definitivamente firmes, por lo que se entiende que ya para ese momento los litigantes han obtenido remedios procesales suficientes como para resolver sus controversias.

En efecto, las distintas leyes procesales establecen un conjunto de acciones y recursos a través de los cuales se pueden resolver los conflictos de los particulares y de los órganos del Poder Público. Muchas veces para obtener una decisión definitivamente firme se requiere pasar hasta por tres tipos de tribunales distintos, si tomamos en cuenta los casos donde procede el recurso de casación. Pareciera entonces que nuestro Estado de Derecho otorga garantías suficientes para resolver todo tipo de controversia, razón por la cual puede considerarse la revisión extraordinaria como un remedio que no forma parte del catálogo de garantías judiciales de los ciudadanos.

Esta concepción del recurso extraordinario no ha sido fácil de digerir por la doctrina tradicional, sobre todo cuando un remedio de esta naturaleza debuta en un determinado ordenamiento jurídico. Por ejemplo, cuando en la legislación argentina se introdujo el artículo 280 del Código de Procedimiento Civil y Comercial de la Nación (ley 23.774)[376], no se hicieron esperar las reacciones a este cambio de concepción procesal tan contundente. Así, PADILLA destacó inmediatamente que esta innovación constituía una "lesión al derecho de acceso a la justicia, pues la utilización del recurso extraordinario es un derecho del litigante y no una gracia del tribunal"[377].

Sin embargo, el Tribunal Supremo argentino ha expuesto en forma reiterada que el indicado artículo 280 le otorga facultades discrecionales para rechazar recursos intrascendentes, sin justificación alguna.

Desde las primeras decisiones de la Sala Constitucional, en materia de revisiones de sentencias definitivamente firmes, se hizo suficiente hincapié en que se trataba de una herramienta procesal de carácter excepcional, discrecional y selectiva. Así, en la primera sentencia de esta Sala se hizo referencia a esta facultad en los siguientes términos:

> La labor revisora de las sentencias de amparo que atribuye el numeral 10 del artículo 336 de la vigente Constitución a esta Sala y que será desarrollada por la ley orgánica respectiva, la entiende esta Sala en el sentido de que en los actuales momentos una forma de ejercerla es mediante la institución de la consulta, prevista en el artículo 35 de la Ley Orgánica de Amparo Sobre Derechos y Garantías Constitucionales, pero como la institución de la revisión a la luz de la doctrina constitucional es otra, y las instituciones constitucionales deben entrar en vigor de inmediato, cuando fuera posible, sin esperar desarrollos legislativos ulteriores, ***considera esta Sala que***

---

376 Esta norma dispone que "la Corte, según su sana discreción, y con la sola invocación de esta norma podrá rechazar el recurso extraordinario, por falta de agravio federal suficiente o cuando las cuestiones resultaran insustanciales o carentes de trascendencia".

377 PADILLA, Miguel, *Constitución de la Nación Argentina*, Editorial Abeledo-Perot, Buenos Aires, 1994.

> ***en forma selectiva, sin atender a recurso específico y sin quedar vinculado por peticiones en este sentido, la Sala por vía excepcional puede revisar discrecionalmente las sentencias de amparo*** que, de acuerdo a la competencia tratada en este fallo, sean de la exclusiva competencia de los Tribunales de Segunda Instancia, quienes conozcan la causa por apelación y que por lo tanto no susceptibles de consulta, así como cualquier otro fallo que desacate la doctrina vinculante de esta Sala, dictada en materia constitucional, ello conforme a lo dispuesto en el numeral 10 del artículo 336 de la Constitución de la República Bolivariana de Venezuela[378]. (Subrayado añadido)

Posteriormente, en otra decisión de la misma Sala Constitucional, de fecha 2 de marzo de 2000, caso: *Francia Rondón*, se precisó que:

> En efecto, esta novísima figura de la revisión extraordinaria cuyo fundamento es el artículo 336 numeral 10 de la Constitución de la República Bolivariana de Venezuela, ha sido creada con la finalidad de uniformar criterios constitucionales, así como evitar decisiones que lesionen los derechos y garantías que consagran la Carta Magna. Su eficacia dependerá de la forma como se sistematice y la correcta aplicación de sus postulados.
>
> En este contexto, esta Sala Constitucional ha venido diseñando la estructura de este medio extraordinario, cuando en decisión de fecha 20 de enero del año 2000, a raíz de la interpretación que hiciere del referido artículo 336 numeral 10 de la Constitución, señaló que, esta revisión respecto de las sentencias dictadas por los Juzgados Superiores de la República, Corte Primera de lo Contencioso Administrativo y las Cortes de Apelaciones en lo Penal se ejerce, bien de manera obligatoria -entre las cuales se encuentran las consultas o apelaciones a que se refiere el artículo 35 de la Ley Orgánica de Amparo sobre Derechos y Garantías Constitucionales- *o de manera facultativa, cuando la decisión llegue a esta Sala una vez agotada la doble instancia*.

---

[378] Sentencia del 20 de enero de 2000, caso: *Emery Mata*.

> Ahora bien, esta discrecionalidad que se le atribuye a la revisión a que se ha hecho referencia, no debe ser entendida como una nueva instancia, ya que como se dijo precedentemente, la misma sólo procede en casos de sentencias ya firmes, esto es, decisiones que hubieren agotado todas las instancias que prevé el ordenamiento constitucional.
>
> De allí que la Sala no se encontraría en la obligación de pronunciarse sobre todos y cada uno de los fallos que son remitidos para su revisión, ni podría ser entendida su negativa, como violación del derecho a la defensa y al debido proceso de las partes, por cuanto se trata de decisiones amparadas por el principio de la doble instancia judicial.
>
> Todo lo anterior, facultaría a esta Sala a desestimar la revisión, sin motivación alguna, cuando en su criterio, constate que la decisión que ha de revisarse, en nada contribuya a la uniformidad de la interpretación de normas y principios constitucionales, ni constituya una deliberada violación de preceptos de ese mismo rango.

Y luego, en la decisión que se mantuvo como líder, al menos hasta la entrada en vigencia de la *Ley Orgánica del Tribunal Supremo de Justicia* (caso: *Corpoturismo*), la Sala señaló lo siguiente:

> Para determinar el ámbito de la potestad revisora de sentencias de amparo definitivamente firmes por parte de esta Sala, es necesario, ante todo, interpretar lo establecido en el Texto Constitucional. En este sentido, el numeral 10 del artículo 336 antes citado, establece la potestad extraordinaria de esta Sala para revisar las sentencias de amparo definitivamente firmes, así como de control de constitucionalidad de leyes o normas jurídicas dictadas por los tribunales de la República. Ahora bien, esta norma constitucional no intenta de manera alguna crear una tercera instancia en los procesos de amparo constitucional o de control de constitucionalidad de leyes o normas jurídicas. El precepto constitucional referido lo que incorpora es una potestad estrictamente excepcional, extraordinaria y discrecional para la Sala Constitucional. Es por ello que, esta Sala, al momento de ejecutar tal potestad de revisión de sentencias definitivamente firmes, está obligada, de acuerdo a una interpretación uniforme de la Constitución, y en consideración de la garantía de la cosa juzgada, a ser excesi-

vamente prudente en cuanto a la admisión y procedencia de recursos que pretendan la revisión de sentencias que han adquirido dicho carácter de cosa juzgada judicial.

Y básicamente en casi todas las sentencias subsiguientes en materia de revisión, la Sala Constitucional ha tratado de dejar claro que se trata de un mecanismo judicial distinto, que la faculta a rechazar sin motivación alguna las solicitudes que no considere relevante, al no tratarse de una tercera instancia. Ha insistido hasta la saciedad en su carácter extraordinario, discrecional y excepcional.

Ahora bien, todas estas precisiones de la Sala Constitucional no le niegan, en nuestro criterio, el carácter recursivo y subjetivo de la revisión extraordinaria, pues en definitiva en la gran mayoría de los casos el proceso se inicia con un recurso o solicitud, donde la parte perjudicada por una decisión definitivamente firme le solicita a la Sala su nulidad, alegando motivos de inconstitucionalidad[379]. Ello, como veremos, sin descartar la posibilidad que tiene la propia Sala de ejercer la revisión de oficio.

Y este carácter recursivo no solo deriva de la forma como se activa el mecanismo, sino también por el hecho de que al menos hasta ahora la Sala Constitucional analiza cada solicitud y la responde con una sentencia donde se expone alguna motivación. A veces esta motivación suele ser escueta y preformateada, pero responde a los hechos y denuncias concretas de cada caso. Es decir, la Sala analiza cada solicitud y la responde, bien sea para rechazarla sucintamente o para considerar una posible revisión del fallo cuestionado.

Ello a diferencia de la revisión extraordinaria en algunos otros ordenamientos jurídicos, donde simplemente se rechazan las solicitudes al no incluirlas en la lista de sentencias que serán objeto de consideración, tal y como sucede en el caso del *writ of certiorari* en los Estados Unidos. En efecto, en el caso de los Estados Unidos, la Corte Suprema de Justicia suele recibir entre 5.000 a 10.000 solicitu-

---

379 DEVIS ECHENDIA define el término procesal recurso como "la petición formulada por una de las partes, principales o secundarias, para que el mismo juez que profirió una providencia o su superior la revise, con el fin de corregir los errores del juicio o de procedimiento". Véase, *Compendio de Derecho Procesal*, Bogotá, Editorial ABC, 1985, p. 557.

des de revisión, pero se limita a conocer entre 100 a 300 casos. Y sólo en algunos de esos casos tramita un procedimiento donde permite la presentación de escritos y realiza una audiencia pública. En el resto de los casos no produce decisión alguna, pues se entiende que ha quedado firme la sentencia objeto de cuestionamiento[380].

Por tanto, el recurso de revisión de sentencias definitivamente firmes en Venezuela tiene muchas de las características del resto de los recursos ordinarios y extraordinarios de nuestro ordenamiento jurídico, pues constituye un medio de impugnación de una decisión previa (definitivamente firme), a la cual se le imputan unos vicios, los cuales son analizados (al menos sucintamente) por la Sala Constitucional. Y, como veremos más adelante, la jurisprudencia de esta Sala muchas veces le ha dado el tratamiento a la revisión de una tercera instancia o al menos de una apelación, pues se han anulado decisiones, entre otras razones, por errores en la interpretación de los hechos, por falta de apreciación de las pruebas, por errores de interpretaciones legales (y no sólo constitucionales).

En efecto, baste sólo con adelantar un par de fallos dictados por la Sala Constitucional. El primero del 27 de marzo de 2009, caso: *Jesús R. Jimenez,* donde se afirmó lo siguiente:

> Ahora bien, de las actas del expediente se desprende que la situación planteada se ajusta a los fines que persigue la potestad excepcional de revisión constitucional, dado que es posible examinar en esta sede extraordinaria la valoración que efectuó el juzgador para dictar el dispositivo cuestionado y el alcance de las interpretaciones de normas legales realizadas en la referida sentencia, toda vez que se detectó que la misma contraría en forma manifiesta la doctrina vinculante de esta Sala Constitucional.

Y el segundo, de fecha 17 de enero de 2017, caso: *Inver Group,* donde se señaló:

> Ante tales eventos procesales, considera esta Sala que en el presente asunto se violentó el debido proceso y derecho a la defensa de la parte solicitante de la revisión, pues la decisión señalada como lesiva consideró que los demandados en el jui-

---

380 Véase, al respecto, JACKSON, Vicki y TUSHNET, Mark, "*Comparative Constitutional Law*", Foundation Press, 1999, pp. 609 y ss.

cio principal habían incurrido en confesión ficta por no haber contestado la demanda, ni haber probado nada en su favor, *cuando se verifica de los autos una absoluta falta de certeza de los lapsos procesales transcurridos en el juicio primigenio ocasionada por la irregularidad que se presentó con lo dispuesto en el auto dictado por el tribunal de cognición el 17 de mayo de 2016 -que sirvió de base para los cómputos procesales- contenidos en la decisión que hoy se revisa*, pues con tal actuación se cambió no solo la forma de citación acogida en el auto de admisión de la demanda -citación personal en cada uno de los demandados- quienes conformaban un litisconsorcio pasivo necesario y que debían ser llamados a juicio en la forma legalmente prevista para cada uno de acuerdo a su condición de personas naturales y/o jurídicas, sino que además estableció nuevos lapsos, sin que mediara notificación para las partes de tales cambios, lo que sin duda alguna creó un caos procesal que indeterminó toda certeza que se pudiera tener sobre los actos cumplidos y por cumplir en el proceso, toda vez que lo establecido en el auto de admisión primigenio no fue revocado, ni anulado por las vías correspondientes para ello.

Asimismo, se aprecia que en el juicio primigenio por decisión del 16 de marzo de 2017, el Juzgado Décimo de Primera Instancia en lo Civil, Mercantil del Tránsito y Bancario de la Circunscripción Judicial del Área Metropolitana de Caracas, homologó un desistimiento de la acción presentado por la parte demandante únicamente con relación a uno de los co-demandados en la causa principal, ciudadano Alejandro Filomeno Spatafora, homologación ésta que se produjo después de haberse dictado sentencia de fondo en el asunto, *en razón de lo cual la misma no se atuvo a las previsiones de los artículos 263 y 264 del Código de Procedimiento Civil, pues el desistimiento puede efectuarse en cualquier estado y grado de la causa hasta tanto no se hubiera pronunciado sentencia firme* o se hubiera culminado el juicio -como ocurrió en el presente asunto-, lo que indefectiblemente quebrantó el derecho a la defensa, el debido proceso y la seguridad jurídica de los co-demandados en el juicio primigenio.

Por tanto, evidenciadas como han sido las múltiples transgresiones de orden constitucional en el juicio originario, considera esta Sala que de acuerdo a lo dispuesto en el artículo 35 de la Ley Orgánica del Tribunal Supremo de Justicia, el efecto de la presente revisión debe ser anulatorio no sólo de la sentencia objeto de revisión sino de todos los actos llevados a cabo en el juicio originario luego de la admisión de la demanda verificada el 17 de diciembre de 2015, por lo que se deberá ordenar en el dispositivo de la presente decisión la reposición de la causa al estado que se realicen las citaciones conforme al auto de admisión en referencia, tomando en cuenta que las personas naturales y jurídicas co-demandadas deben ser llamadas a juicio en forma personal de acuerdo a su condición procesal, en las direcciones contractualmente establecidas y, en atención a las previsiones contenidas en los artículos 215 y siguientes del Código de Procedimiento Civil. Y así se decide.

Como vemos, se ha considerado que el análisis de las interpretaciones legales de las decisiones cuestionadas forma parte del alcance del recurso extraordinario de revisión constitucional, pues éstas pueden contrarias precedentes de la misma Sala Constitucional. De allí, que el alcance de este recurso luce bastante parecido a una nueva instancia.

Quizás la gran diferencia entre la revisión constitucional y el resto de los recursos tradiciones estribe en: i) el hecho de que no exista un procedimiento para tramitar estas solicitudes; ii) en algunos casos se ejerce de oficio por la propia Sala Constitucional; y iii) la motivación de las sentencias que niegan la revisión son bastante simples, sin necesidad de referirse a cada uno de los argumentos presentados por el solicitante, pues muchas veces la Sala Constitucional se limita a destacar que este remedio no es una tercera instancia o el caso no presenta ninguna denuncia constitucional relevante.

En suma, consideramos que estamos en presencia de un medio de impugnación de sentencias definitivamente firmes (recurso), independientemente de las facultades de oficio que tiene la Sala Constitucional. Ello, como afirma ESCOVAR LEÓN, ha convertido a la Sala Constitucional "en una nueva instancia y, 'la voz última' en todos los asuntos judiciales[381].

---

381 ESCOVAR LEÓN, Ramón, "*El precedente y la interpretación constitucional*", *op. cit.* p. 120.

IV. LOS SUJETOS QUE INTERVIENEN EN LA REVISIÓN EXTRAORDINARIA DE SENTENCIAS

En principio, la legitimación para presentar un recurso extraordinario de revisión constitucional la tiene cualquiera de las partes que participó en el juicio que dio lugar al fallo cuestionado, y por lo general, esto se reduce a la parte que resultó derrotada, total o parcialmente, en ese juicio. Esto incluye a cualquier otro tercero particular o institucional (Ministerio Público, Defensoría del Pueblo, entre otros) que haya formado parte del litigio[382].

Sin embargo, la Sala Constitucional ha negado la legitimación del juez que dictó el fallo cuestionado para ejercer la solicitud de revisión. Así, en sentencia de fecha 14 de noviembre de 2005, caso: *Eliana Cherubini*, se precisó que:

> En todo caso, advierte la Sala que, en el caso que se examina, se trataría de supuestos agravios a derechos fundamentales que derivaron de los antes referidos fallos que expidieron el Juez Superior Tercero en lo Penal de la Circunscripción Judicial del Área Metropolitana de Caracas y la Sala de Casación Penal de la Corte Suprema de Justicia, supuesto en el cual la legitimación para la solicitud de revisión de dichos pronunciamientos, supuesta la subsunción de los mismos en alguno de los supuestos que esta Sala estableció en su fallo n° 0093, de 06 de febrero de 2001 (caso CORPOTURISMO), recae, exclusivamente, en los titulares de dichos derechos, vale decir, los antes mencionados procesa-dos penales. Por consiguiente, ni siquiera bajo la situación que se ha descrito en este párrafo, tenía la Jueza Quinta de Ejecución del Circuito Judicial Penal del Área Metropolitana de Caracas competencia para la solicitud de revisión que impulsó la presente causa, lo cual es una razón que se añade como fundamento de la declaración de inadmisibilidad de dicha pretensión. Así se declara.

---

382 Así, por ejemplo, en la sentencia N° 1202 del 16 de junio de 2006, la Sala declaró procedente un recurso de revisión intentado por unos inquilinos desalojados de un inmueble, quienes no habían sido parte del proceso de ejecución de hipoteca que concluyó con la sentencia objeto de revisión.

Ahora bien, la jurisprudencia de la Sala Constitucional ha considerado que también otras personas ajenas a la controversia pueden solicitar la revisión extraordinaria del fallo definitivamente firme, lo que en principio luce contrario a la sana lógica, toda vez que, si las partes estuvieron conformes con la decisión final, mal podría permitirse que un sujeto ajeno al pleito pida la anulación o modificación del fallo.

Sin embargo, en un caso de clarísima naturaleza política, la Sala Constitucional admitió que una organización (sin personalidad jurídica) ejerciese un recurso extraordinario de revisión, a pesar de que no era parte del juicio que dio lugar a la sentencia cuestionada. En efecto, la solicitud de revisión constitucional que originó la sentencia del 23 de marzo de 2004, caso: *Ismael García*, fue presentado por este ciudadano, un Diputado de la Asamblea Nacional, quien decía representar al llamado *Comando Ayacucho*, esto es una organización de hecho, creada por el Presidente de la República, destinada a llevar adelante su campaña electoral en ese referéndum revocatorio.

El *Comando Ayacucho* no era parte del juicio donde se había producido la sentencia (cautelar) objeto de revisión constitucional, sin embargo, la Sala Constitucional, sin hacer ni siquiera referencia al tema de la legitimación, declaró con lugar la revisión y anuló la sentencia cuestionada[383].

Pero al igual que expusimos en el capítulo precedente, referido al tema del avocamiento, cuando se admite que la Sala Constitucional pueda iniciar un determinado proceso *de oficio*, esto trae consigo la ampliación de la legitimación activa, pues es claro que cualquier persona podría "denunciar" o presentar una "queja" ante la Sala respectiva, a los fines de que ésta ejerza sus poderes de oficio.

Y es que también en el caso del recurso extraordinario de revisión, la Sala Constitucional ha entendido que dicha revisión puede iniciarse de oficio, es decir, sin que ninguna de las partes lo solicite.

---

383 Para un análisis de los distintos hechos y decisiones relacionados con este polémico y trascendente caso relacionado con la convocatoria a un referéndum revocatorio del Presidente de la República, puede verse la obra colectiva *La Guerra de las Salas del TSJ frente al Referéndum Revocatorio*, Aequitas, Caracas, 2004.

Ello a pesar de que la *Ley Orgánica del Tribunal Supremo de Justicia* no la faculta expresamente para ello, como si lo hace para los casos de avocamiento[384].

Así, en la sentencia líder en esta materia, de fecha 6 de febrero de 2001, caso: *Corpoturismo*, la Sala señaló:

> En cuanto a la potestad de esta Sala para revisar de oficio las sentencias definitivamente firmes en los mismos términos expuestos en la presente decisión, esta Sala posee la potestad discrecional de hacerlo siempre y cuando lo considere conveniente para el mantenimiento de una coherencia en la interpretación de la Constitución en todas las decisiones judiciales emanadas por los órganos de administración de justicia.

Esta facultad de oficio ha sido efectivamente ejercida por la Sala Constitucional en algunos casos -como puede imaginarse- de impacto político. Muestra de ello es la sentencia dictada el 15 de octubre de 2007, caso: *Yolanda Vivas*, donde se dispuso el inicio de la revisión de oficio de una sentencia dictada por la Sala Político-Administrativa, donde se había cuestionado la posibilidad de destituir jueces provisorios sin garantizarles el debido proceso.

La Sala Constitucional consideró de suma gravedad esta legítima posición de la Sala Político-Administrativa y por ello dispuso en este fallo lo siguiente:

> 1.- ORDENAR a la Secretaría de la Sala Constitucional del Tribunal Supremo de Justicia, abrir el correspondiente expediente a los fines de que esta Sala en ejercicio de las competencias contenidas en los artículos 336.10 de la Constitución de la República Bolivariana de Venezuela, 5.4 de la Ley Orgánica del Tribunal Supremo de Justicia de la República Bolivariana de Venezuela y del criterio vinculante de su sentencia N° 93 del 6 de febrero de 2001 (caso: "Corpoturismo"), conozca de oficio la revisión de la sentencia N° 1.415/2007 de la Sa-

---

384 Nótese que el artículo 89 de la *Ley Orgánica del Tribunal Supremo de Justicia* faculta a las destinas Salas del Tribunal Supremo a actuar de oficio, pero sólo cuando la ley expresamente lo disponga. Y es el caso que para la revisión extraordinaria de sentencias no existe ninguna norma que faculte a la Sala Constitucional para actuar de oficio.

la Político Administrativa del Tribunal Supremo de Justicia, para lo cual se ordena realizar todos los trámites de ley correspondientes a tal efecto.

2.- ORDENAR a la Secretaría de la Sala Constitucional del Tribunal Supremo de Justicia, oficiar a la Sala Político-Administrativa de este Tribunal, a los fines que remita copia certificada de la sentencia N° 1.415/2007, ya identificada, dentro del lapso de tres (3) días contados a partir de su notificación.

Y en una sentencia posterior, del 20 de diciembre de 2007, la Sala dispuso que se:

> *ANULA*, de oficio, la sentencia N° 01415, dictada el 2 de agosto de 2007 por la Sala Político-Administrativa de este Tribunal y, consecuencia, *ORDENA* a esa Sala reponer la causa a efecto de que dicte nuevo pronunciamiento respecto de la demanda de nulidad interpuesta por la ciudadana Yolanda del Carmen Vivas Guerrero, que se ajuste al criterio establecido en este fallo.

Como vemos, la Sala Constitucional inició una revisión extraordinaria de oficio y dispuso la nulidad del fallo objetado, sin que ninguna de las partes de ese proceso lo hubiese solicitado. Frente a esta posición jurisprudencial no podemos más que insistir en que los jueces están para *resolver casos y controversias*, no para generarlas o prolongarlas. Si los jueces inician los litigios o incidencias y ellos mismos las resuelven, entonces se pierde gran parte de las bondades de un proceso judicial, esto es, la adversidad y contención.

En cuanto a la legitimación pasiva consideramos que debe también admitirse la mayor amplitud para que el resto de los sujetos procesales que participaron en el juicio que dio lugar al fallo impugnado puedan presentar sus argumentos y consideraciones, a los fines de defender sus respectivos intereses. Otro problema será el de la oportunidad para ejercer esa participación, lo que analizaremos más adelante, al referirnos al procedimiento para tramitar este recurso.

Pero, en suma, el mismo criterio de amplitud debe asumirse para la intervención de los terceros frente al ejercicio de la potestad revisora de sentencias definitivamente firmes.

V. LAS SENTENCIAS OBJETO DEL RECURSO EXTRAORDINARIO DE REVISIÓN CONSTITUCIONAL

Toca revisar cuáles son las decisiones que pueden ser objeto de revisión constitucional, conforme a lo dispuesto en el numeral 10° del artículo 336 de la *Constitución*, los numerales 10, 11 y 12 del artículo 25 de la *Ley Orgánica del Tribunal Supremo de Justicia* y la jurisprudencia de la Sala Constitucional.

Lo primero que debemos advertir es que el numeral 10° del artículo 336 de la *Constitución* parece haber dejado claro que esta facultad quedaba limitada a dos tipos de sentencia, a saber, las sentencias definitivamente firmes en materia de amparo constitucional y las sentencias definitivamente firmes en materia de control constitucional de leyes (control difuso). Sin embargo, en la sentencia líder mencionada *supra* (caso: *Corpoturismo*), la Sala Constitucional realizó una interpretación concatenada de este numeral 10° del artículo 336 de la *Constitución* con el artículo 335 *eiusdem*. Por la importancia del tema conviene la extensa cita:

> Ahora bien, ¿puede esta Sala, de conformidad con lo establecido en la Constitución, revisar las sentencias definitivamente firmes diferentes a las establecidas en el numeral 10 del artículo 336 de la Constitución que contraríen el criterio interpretativo que esta Sala posee de la Constitución?
>
> Es necesario en este aspecto interpretar lo establecido en el artículo 335 de la Constitución, el cual textualmente indica:
>
> "El Tribunal Supremo de Justicia garantizará la supremacía y efectividad de las normas y principios constitucionales; será el máximo y último intérprete de la Constitución y velará por su uniforme interpretación y aplicación.
>
> Las interpretaciones que establezca la Sala Constitucional sobre el contenido o alcance de las normas y principios constitucionales son vinculantes para las otras Salas del Tribunal Supremo de Justicia y demás tribunales de la República". (Subrayado nuestro)
>
> De acuerdo con la norma transcrita, no existe duda alguna de que esta Sala posee la máxima potestad de interpretación de la Constitución y que sus decisiones son vinculantes para las otras Salas del Tribunal Supremo de Justicia y los demás tribunales de la República. Así las cosas, las demás Sa-

las del Tribunal Supremo de Justicia y los demás tribunales y juzgados de la República están obligados a decidir con base en el criterio interpretativo que esta Sala tenga de las normas constitucionales. El hecho de que el Tribunal Supremo de Justicia o los demás tribunales de la República cometan errores graves y grotescos en cuanto a la interpretación de la Constitución o no acojan las interpretaciones ya establecidas por esta Sala, implica, además de una violación e irrespeto a la Constitución, una distorsión a la certeza jurídica y, por lo tanto, un quebrantamiento del Estado de Derecho. Por ello, la norma contenida en el artículo 335 de la Constitución establece un control concentrado de la constitucionalidad por parte de esta Sala en lo que respecta a la unificación de criterio relativa a la interpretación de la Constitución.

El Texto Fundamental le otorga pues a la Sala Constitucional una potestad única y suprema en cuanto a la interpretación de la Constitución. Dicha potestad tiene por objeto tal como lo señala la autora española Ana Aba Catoira, el "*...preservar la unidad del Texto Constitucional, de donde deriva la necesidad de coherencia o ausencia de contradicciones en los preceptos constitucionales...*". Asimismo, señala la misma autora como principios de interpretación "*...el principio de la función integradora que cumple la Constitución al ser instrumento de cohesión o unión y, por último, el principio de la fuerza normativa de la Constitución en cuanto que norma jurídica suprema del ordenamiento que actúa como límite*". (V. *Ob. Cit*, p. 241).

Ahora bien, ¿cómo puede esta Sala ejercer esa potestad máxima de interpretación de la Constitución y unificar el criterio interpretativo de los preceptos constitucionales, si no posee mecanismos extraordinarios de revisión sobre todas las instancias del Poder Judicial incluyendo las demás Salas en aquellos casos que la interpretación de la Constitución no se adapte al criterio de esta Sala? Es definitivamente incongruente con la norma constitucional contenida en el artículo 335 antes citado que, habiendo otorgado la Constitución a esta Sala el carácter de máximo intérprete de los preceptos constitucionales en los términos antes señalados, y habiendo establecido el Texto Fundamental el carácter vinculante de tales decisiones, no pueda esta Sala de oficio o a solicitud de la parte afectada por una decisión de alguna otra Sala del Tribunal Supremo de Justicia o de algún tribunal o juzgado de la

República, revisar la sentencia que contraríe una interpretación de algún precepto constitucional previamente establecido o que según esta Sala erróneamente interprete la norma constitucional.

De conformidad con lo anterior, sería inútil la función integradora y de mantenimiento de la coherencia o ausencia de contradicciones en los preceptos constitucionales ejercida por esta Sala, si ésta no poseyera la suficiente potestad para imponer el carácter vinculante de sus interpretaciones establecido expresamente en el artículo 335 de la Constitución o que no pudiera revisar sentencias donde es evidente y grotesca la errónea interpretación.

En el mismo sentido, la norma constitucional referida sería inútil si los tribunales de la República o las demás Salas del Tribunal Supremo de Justicia, en ejercicio del control difuso de la constitucionalidad establecido en el artículo 334 de la Constitución, no pudieren corregir decisiones que se aparten del criterio interpretativo establecido por la Sala Constitucional. Es, más bien, imperativo para todos los tribunales del país, así como para las demás Salas del Tribunal Supremo de Justicia, en ejercicio del control difuso de la constitucionalidad establecido en el artículo 334 de la Constitución de la República Bolivariana de Venezuela, revocar en segunda instancia aquellas decisiones que se aparten de alguna interpretación que esta Sala haya realizado de las normas constitucionales.

Es pues evidente, que la Constitución de la República Bolivariana de Venezuela estableció una fórmula para cohesionar la interpretación de la norma constitucional, y, en tal sentido, el Texto Fundamental designó a la Sala Constitucional como el ente con la máxima potestad para delimitar el criterio interpretativo de la Constitución y hacerlo vinculante para los demás tribunales de la República y las demás Salas del Tribunal Supremo de Justicia. Por ello, la Sala Constitucional posee discrecionalmente la potestad coercitiva otorgada por la Constitución para imponer su criterio de interpretación de la Constitución, cuando así lo considere en defensa de una aplicación coherente y unificada de la Carta Magna, evitando así que existan criterios dispersos sobre las interpretaciones de la norma constitucional que distorsionen el sistema jurídico creando incertidumbre e inseguridad en el mismo.

> Por consiguiente, esta Sala considera que la propia Constitución le ha otorgado la potestad de corregir las decisiones contrarias a las interpretaciones preestablecidas por la propia Sala o que considere la Sala acogen un criterio donde es evidente el error en la interpretación de las normas constitucionales. Esto tiene el propósito de imponer la potestad constitucional de la Sala Constitucional de actuar como "máximo y último intérprete de la Constitución". Se desprende entonces del artículo 335 de la Constitución de la República Bolivariana de Venezuela, que esta norma establece expresamente la potestad de revisión extraordinaria de sentencias definitivamente firmes que se aparten de la interpretación que de manera uniforme debe imponer esta Sala. Posee entonces potestad esta Sala para revisar tanto las sentencias definitivamente firmes expresamente establecidas en el numeral 10 del artículo 336 contra aquellas, tal como se dejó sentado anteriormente, así como las sentencias definitivamente firmes que se aparten del criterio interpretativo de la norma constitucional que haya previamente establecido esta Sala, lo que en el fondo no es más que una concepción errada del juzgador al realizar el control de la constitucionalidad, y así se declara.

En pocas palabras, con este fallo la Sala Constitucional consideró que su función de último garante de la interpretación constitucional, encomendada por el artículo 335 de la *Constitución*, conlleva a la posibilidad de revisar cualquier sentencia que considere contraria a la *Constitución*.

> Y en tal virtud, en esa misma sentencia se expuso los 4 tipos de sentencias que podían ser objeto de revisión, los cuales luego recogidos legislativamente en los numeral 10, 11 y 12 del artículo 25 de la *Ley Orgánica del Tribunal Supremo de Justicia*. Estas disposiciones textualmente señalan:
>
> Son competencias de la Sala Constitucional del Tribunal Supremo de Justicia:
>
> 10. Revisar las sentencias definitivamente firmes que sean dictadas por los tribunales de la República, cuando hayan desconocido algún precedente dictado por la Sala Constitucional; efectuado una indebida aplicación de una norma o principio constitucional; o producido un error grave en su interpretación; o por falta de aplicación de algún principio o normas constitucionales.

11. Revisar las sentencias dictadas por las otras Salas que se subsuman en los supuestos que señala el numeral anterior, así como la violación de principios jurídicos fundamentales que estén contenidos en la Constitución de la República Bolivariana de Venezuela, tratados, pactos o convenios internacionales suscritos y ratificados válidamente por la República o cuando incurran en violaciones de derechos constitucionales.

12. Revisar las sentencias definitivamente firmes en las que se haya ejercido el control difuso de la constitucionalidad de las leyes u otras normas jurídicas, que sean dictadas por las demás Salas del Tribunal Supremo de Justicia y demás Tribunales de la República

Con base en estas competencias la Sala Constitucional puede, básicamente, revisar cualquier sentencia definitivamente firme, dictada por cualquier tribunal del país o Sala del Tribunal Supremo que considere contraria a la Constitución; contrario a alguno de sus precedentes; o que simplemente haya ejercido el control difuso de la constitucionalidad de las normas jurídicas.

Son estos supuestos los que se utilizan como motivos de procedencia de los recursos de revisión, pues para que se declare procedente una solicitud de revisión debe alegarse, entre otras razones, que hubo una errada aplicación de una norma o principio constitucional, que se violó algún precedente de la Sala Constitucional o que se desconoció un principio jurídico fundamental. Por lo que sobre el contenido de estos 3 numerales volveremos más adelante.

Ahora bien, conviene de seguidas referirnos a algunos supuestos donde la Sala Constitucional ha extendido su potestad revisora, desafiando la letra misma de la Constitución y la *Ley Orgánica del Tribunal Supremo de Justicia*; así como la única limitación que hasta ahora se ha impuesto, al menor formalmente, esto es, las decisiones dictadas por ella misma.

1. *Las sentencias dictadas con anterioridad a la entrada en vigencia de la Constitución*

En la tantas veces citada sentencia *Corpoturismo*, la Sala Constitucional parecía haber dejado claro que su potestad revisora sólo podía extenderse a fallos dictados con posterioridad a su creación, es decir, a la entrada en vigencia de la *Constitución* de 1999.

De hecho, esa sentencia declaró inadmisible la solicitud de revisión, entre otras razones, por haber sido dictada antes de la entrada en vigencia de la *Constitución* de 1999.

Esta posición fue asumida más claramente en una decisión posterior, de fecha 25 de septiembre de 2001, caso: *Antonio Volpe*, donde se dispuso que:

> Por eso esta Sala, ya desde sus primeras decisiones sobre el tema, determinó, conforme a la disposición contenida en el artículo 24 de la Constitución vigente (la cual prohíbe que disposición alguna tenga efecto retroactivo, excepto cuando imponga menor pena), que las solicitudes de revisión dispuestas en el artículo 336.10 *eiusdem*, así como las que la propia jurisprudencia le ha sumado (*cf.* Sent. 93/2001, caso: *Corpoturismo*), sólo tuvieran alcance respecto a decisiones dictadas durante la vigencia de la norma configuradora de dicho medio; debido a que para las decisiones dictadas bajo el régimen jurídico surgido bajo la Constitución de 1961 no estaba previsto una vía de revisión con este talante, ni existía un órgano con la entidad que hoy ostenta la Sala Constitucional, es decir, titular del *poder garantizador de la Constitución*, el cual, según alguna doctrina (Peces-Barba, p.ej.), es una rama o dimensión que debe añadirse a la clásica división del Poder Público (ejecutivo, legislativo y judicial), que en nuestro caso se ha visto ampliada con un reciente añadido (electoral y moral).

Con ello parecía quedar claro el límite temporal de las decisiones objeto de revisión, pues la consolidación de la unificación de los criterios constitucionales sólo podía llevarse a cabo luego de creada la Sala Constitucional, a la cual el artículo 335 le otorgó esa facultad de ser el máximo y último intérprete del Texto Fundamental.

Sin embargo, en esa misma sentencia se dispuso una excepción, mediante la cual se quiso "atemperar" el criterio antes expuesto. Así, la Sala señaló que:

> No obstante, la Sala, en reciente decisión (exp. N° 00-2548, caso: *Jesús Ramón Quintero*), dejó abierta la posibilidad de revisar sentencias proferidas con anterioridad a la vigencia de este medio. Sin embargo, debe acotarse que tal posibilidad es de aplicación restrictiva, y sólo procederá bajo aquellas circunstancias en que la propia Constitución permite la retroactividad de una norma jurídica, esto es, *en el supuesto que contempla el artículo 24 constitucional, referido a la aplicación de*

> *normas que impongan menor pena (el cual ha sido extendido por la dogmática penal a circunstancias distintas mas no distantes de la reducción de la extensión de una sanción determinada).* Así, dentro, de las normas que mejoran una condición o situación jurídica derivada de la actuación de los entes públicos en materia penal, esta Sala considera que se encuentra la solicitud de revisión tantas veces aludida. Por lo que la admisión de un medio tal, en los casos referidos a la excepción contenida en el artículo 24 (que imponga menor pena, entendido dicho enunciado en sentido amplio), no viola el principio de irretroactividad de la ley contenido en dicho precepto. De allí que la retroactividad de la revisión quede definitivamente asociada a la nulidad de decisiones relacionados con los bienes fundamentales tutelados por el derecho penal, acaecidas con anterioridad a la Constitución de 1999, pero cuya irracionalidad o arbitrariedad, puestos en contraste con las normas constitucionales, exija su corrección, aparte, además, aquellas decisiones que evidencien de su contenido un error ominoso que afecte el orden público, es decir, que la sentencia a revisar contenga una grave inconsistencia en cuanto a la aplicación e interpretación del orden jurídico-constitucional.
>
> Se atempera de este modo, el criterio que a este respecto sentó la Sala en su sentencia n° 44/2000 del 2 de marzo, caso: *Francia Josefina Rondón Astor*. (Destacado añadido).

Pero posteriormente, esa excepción referida únicamente a los casos donde la nueva normativa legal impusiese una menor pena fue ampliada para más bien volver sobre procesos penales donde se habían exculpado a los imputados. Es decir, se comenzó a utilizar el recurso de revisión para volver a enjuiciar a personas que habían sido absueltas[385].

Concretamente, en la sentencia de fecha 21 de julio de 2015, caso: *Juan Carlos Tabares*, se dispuso lo siguiente:

> Ahora bien, según se desprende de las actas, esta Sala observa que la sentencia sometida a revisión fue dictada el 25 de mayo de 1971 por el Juzgado Militar de Primera Instancia Permanente de Maturín, en la fase sumarial del proceso penal

---

385 El matiz político de esta jurisprudencia resulta más que evidente.

militar, regido por el Código de Justicia Militar (1967) y supletoriamente por el Código de Enjuiciamiento Criminal (1962), investida del carácter definitivo porque puso fin al proceso y que, con posterioridad, fue confirmada en consulta por el Consejo de Guerra Permanente de Maturín, mediante la sentencia dictada el 11 de junio de 1971; por lo que adquirió firmeza y pasó a ser una sentencia irrecurrible, es decir, definitivamente firme. Así se declara.

Sin embargo, es pertinente insistir en que la revisión constitucional procede respecto de aquellos fallos dictados en vigencia de la Constitución de 1999 y, de forma restrictiva y muy excepcionalmente, de sentencias que hayan sido dictadas antes de dicho Texto Fundamental, sólo, como en este caso, cuando evidencien la existencia de gravísimas violaciones a los derechos fundamentales, que amerite la intervención de esta Sala Constitucional con el propósito de cumplir con la garantía universal de los derechos humanos, en atención al valor superior de justicia, principio rector e inspirador de la Carta Magna de 1961, así como de la actual y a lo previsto también en los diferentes tratados internacionales suscritos por Venezuela.

En este orden de ideas, la Ley Para Sancionar los Crímenes, Desapariciones, Torturas y otras Violaciones de los Derechos Humanos por Razones Políticas en el Período 1958-1998, en su artículo 19, señala lo siguiente:

"Cuando de las investigaciones del Ministerio Público o de la Comisión por la Justicia y la Verdad, se evidencie la existencia de pruebas fehacientes que constaten plenamente la materialidad de violaciones graves a los derechos humanos y delitos de lesa humanidad, o la responsabilidad plena en la perpetración de los mismos, por las razones previstas en la presente Ley, las cuales sean pertinentes a causas judiciales o procedimientos administrativos que por cualquier razón procesal se encontrasen firmes, siendo dichas pruebas de tal naturaleza que de haber sido conocidas en su oportunidad la decisión definitiva hubiese sido distinta a la que constase en autos, el Ministerio Público solicitará a la Sala Constitucional del Tribunal Supremo de Justicia la revisión del expediente a los fines de su reapertura. La Sala Constitucional se pronunciará sobre la solicitud y, de considerarla pertinente, ordenará al Ministerio Público la reapertura del caso y su tramitación procesal por vía ordinaria".

Cabe destacar que a la luz de dicha norma, la Sala Constitucional con ocasión de la pretensión de revisión constitucional formulada por el Ministerio Público -cuando de las investigaciones realizadas éste evidencie la existencia de pruebas fehacientes de violaciones graves a los derechos humanos y delitos de lesa humanidad o la responsabilidad plena en la comisión de los mismos, que de haber sido conocidas en su oportunidad la decisión definitiva hubiese sido distinta-, analizará la sentencia cuestionada y de ser procedente la solicitud, determinará la pertinencia de reabrir la causa penal y su tramitación procesal por la vía ordinaria.

Al respecto, es pertinente precisar que en el ejercicio de la potestad de revisión que le atribuye a la Sala el artículo 19 de la referida Ley, le corresponde analizar la sentencia cuestionada en atención a las denuncias formuladas por el Ministerio Público, a la Constitución y leyes vigentes para la fecha en la cual fue dictada y a los elementos probatorios que consten en autos, pero en ningún caso esta instancia constitucional se pronunciaría sobre la determinación de los hechos ni a la responsabilidad penal pues ello corresponde al juez natural de la materia penal, como expresamente lo señala dicha norma.

En este sentido, se reitera lo señalado por esta Sala en la sentencia número 1.713/2007, que es del tenor siguiente:

"Pero la tarea que ha de desplegar la Sala en este sentido consistirá en advertir elementos que den lugar a la reapertura de una investigación, mas no de determinar que efectivamente ocurrieron unos hechos de un modo tal o cual, o que quienes actuaron lo hicieron con una intención determinada.

Si así fuese, es decir, si el ejercicio de la potestad de revisión que le atribuye el artículo 19 de la Ley a esta Sala consistiese en un juicio acerca de si efectivamente ocurrieron unos hechos y quiénes son sus responsables, no tendría sentido la reapertura del expediente permitida en dicha disposición, ni tampoco tendría sentido la posibilidad consentida por dicha norma de que se tramite nuevamente el caso ante la jurisdicción ordinaria".

Precisado lo anterior, pasa esta Sala a analizar la solicitud de revisión, la sentencia cuestionada y las actas procesales que constan en autos para determinar si, en este caso, existen suficientes elementos que autoricen abrir nuevamente la cau-

> sa y sustanciar un proceso penal para que se determine si hubo la comisión de un hecho punible y la responsabilidad penal, conforme a las garantías previstas en la Constitución y en el Código de Justicia Militar vigentes para la fecha en la cual fue dictado el fallo objeto de revisión, esto es, el 25 de mayo de 1971, en cuanto a lo sustantivo en atención al principio *ratione temporis*, exceptuando las normas procesales actuales que resulten aplicables o las sustantivas que beneficien a los responsables en virtud del principio *in dubio pro reo*.

Como vemos, con esta nueva tesis jurisprudencial se extiende la facultad revisora de sentencias a fallos dictados con anterioridad a la *Constitución* de 1999, amparándose en *Ley Para Sancionar los Crímenes, Desapariciones, Torturas y otras Violaciones de los Derechos Humanos por Razones Políticas en el Período 1958-1998*, con lo cual se crea un peligroso precedente que puede dar lugar a una serie de retaliaciones políticas y claras violaciones al debido proceso, pues resulta obvio que la defensa procesal de los (de nuevo) imputados, luego de más de 40 años, puede ser, a lo sumo, extremadamente difícil.

Y no es de extrañar que la Sala Constitucional siga desconociendo esta limitación temporal para fallos que no guarden relación con procesos penales.

2. *La revisión constitucional de sentencias interlocutorias*

A pesar de que la *Constitución* y la *Ley Orgánica del Tribunal Supremo de Justicia* parecen haber sido bastante claras en cuanto a que la facultad revisora de sentencias se limitaba a decisiones definitivamente firmes, como veremos de seguidas la Sala Constitucional ha extendido sus poderes a fallos interlocutorios, es decir, a aquellos que no ponen fin al proceso.

En un primer momento la Sala Constitucional había negado tajantemente esta posibilidad de revisar sentencias interlocutorias. Así, en la tantas veces citada sentencia *Corpoturismo*, la Sala negó la revisión, entre otras razones, por tratarse de una sentencia que no era definitiva. Y fue mucho más clara en una decisión posterior del 29 de octubre de 2003, caso: *Tulio Alvarez*, en la cual señaló:

> En tal sentido, visto que la sentencia emanada de la Sala Electoral Accidental objeto de la presente solicitud de revisión, en virtud de sus efectos provisionales no podía adquirir la condición de una sentencia definitivamente firme, lo cual

> constituye un requisito sine qua non para que esta Sala pueda ejercer la potestad extraordinaria, excepcional y discrecional de revisión que tiene atribuida de conformidad con lo previsto en el Texto Fundamental, con base en el criterio contenido en su decisión n° 93/2001, del 6 de febrero, complementado por la doctrina reiterada en sentencias números 910/2001, del 1 de junio, y 3090/2002, del 3 de diciembre, en las que se estableció la inadmisibilidad de la revisión constitucional cuando sea solicitada respecto de sentencias interlocutorias, como son las que resuelven amparos cautelares resulta, en consecuencia, forzoso declarar inadmisible la solicitud de revisión planteada en el caso de autos. Así se decide.

Como puede observarse, la Sala Constitucional expresamente señaló que no procedía la revisión extraordinaria de sentencias cautelares dictadas por la Sala Electoral. En cambio, en una oportunidad posterior, ante una medida cautelar de la Sala Electoral, mucho menos drástica que cuestionada en la sentencia anteriormente citada, la Sala Constitucional decidió con una velocidad abrumadora un recurso extraordinario de revisión interpuesto por una persona ajena al proceso que había originado el fallo cuestionado, declarando la nulidad de esa medida preventiva, sin ni siquiera señalar que se apartaba de su criterio anterior (y de la *Constitución*).

En este fallo del 23 de marzo de 2004, caso: *Ismael García*, la Sala Constitucional estableció:

> Ahora bien, esta Sala en anteriores oportunidades ha declarado que no ha lugar a las solicitudes de revisión de sentencias referidas a pretensiones de amparo cautelar, cuando penden de una causa principal que cursa ante el mismo tribunal que la profirió, dado la pendencia de pronunciamiento definitivo sobre el mérito de la controversia (Vid. Sentencia n° 2858/2003 del 3 de noviembre, caso: *Arnoldo José Echegaray Salas*). No obstante, la decisión cuya revisión se solicita, en virtud de que frente a ella no hay posibilidad de ejercer recurso de apelación ni posibilita la consulta prevista en el artículo 35 de la Ley Orgánica de Amparo sobre Derechos y Garantías Constitucionales, no es susceptible de impugnación por vía de los medios judiciales ordinarios, por lo que adquiere carácter de sentencia definitivamente firme, aunque haya sido proferida en sede cautelar.

> Aunado a lo anterior, la doctrina establecida por esta Sala Constitucional en el fallo nº 93/2001, antes citado, respecto a las sentencias sobre las cuales la Sala ejerce su potestad de revisión, incluye no sólo los fallos dictados en amparos autónomos, sino también los pronunciados en sede cautelar, siempre que sea definitivamente firme.

Sobre esta motivación es imprescindible destacar, al menos, dos cosas. Primero es completamente falso que contra la medida cautelar dictada por la Sala Electoral no existía la posibilidad de ejercer recurso alguno, pues tal y como lo señaló luego la propia Sala Electoral ésta abrió el cuaderno separado respectivo para que pudiese ejercerse la oposición a que hace referencia el artículo 602 y siguientes del *Código de Procedimiento Civil*, lo que en efecto ocurrió, pues en ese cuaderno separado se ejerció una oposición. Pero más aún, ¿y es que acaso ese fallo cautelar no iba a extinguirse con la sentencia definitiva de ese proceso? Las partes involucradas en ese juicio podían -como en efecto lo hicieron- aportar sus argumentos, tanto en la oposición de la cautela como en el propio cuaderno principal, y así tratar de convencer con mejor derecho a la Sala Electoral. En suma, es completamente falso que la medida cautelar que fue cuestionada hubiera adquirido "carácter de sentencia definitivamente firme"[386].

Este drástico cambio jurisprudencial (y hasta constitucional) se realizó en un caso claramente político, por lo que quedaba la duda si ese criterio iba a repetirse. Y la duda fue aclarada con algunas sentencias posteriores que confirman la posibilidad de cuestionar, vía revisión constitucional, sentencias interlocutorias.

Así, en la sentencia de fecha 23 de febrero de 2012, caso: *CEMEX*, donde se citan otros fallos anteriores, la Sala Constitucional señaló lo siguiente:

> Como punto previo, visto que la presente revisión constitucional fue interpuesta contra una decisión cautelar dictada por la Sala Político-Administrativa, esta Sala destaca que en anteriores oportunidades ha conocido de solicitudes de revisión de sentencias referidas a medidas cautelares, no obstante,

---

386 Sobre este polémico caso puede verse la obra colectiva *La Guerra de las Salas del TSJ frente al Referéndum Revocatorio*, Aequitas, Caracas, 2004.

> pendan de una causa principal que cursa ante el mismo tribunal que la profirió y del pronunciamiento definitivo sobre el mérito de la controversia. En efecto, se advierte que respecto de la decisión cuya revisión se solicita, no hay posibilidad de ejercer recurso de apelación, no es susceptible de impugnación por vía de los medios judiciales ordinarios, por lo que adquiere carácter de sentencia definitivamente firme, aunque haya sido proferida en sede cautelar, razón por la cual, es susceptible de revisión constitucional (Vid. Sentencias de esta Sala Nros. 442/2004 y 428/2005, entre otras)·

Nuevamente la Sala Constitucional incurre en el error de considerar que una sentencia cautelar puede considerarse como definitivamente firme, por el hecho de que contra ella no pueda ejercerse recurso alguno, pues es evidente que este tipo de sentencias cautelares no son definitivas, pues fenecen con la sentencia de fondo, al ser las medidas preventivas un instrumento de la decisión final del proceso.

En nuestro criterio, esta tesis de la Sala Constitucional no solo desconoce la letra de la Constitución, sino también la lógica, justificación y razón de ser del recurso extraordinario de revisión, pues éste fue diseñado para corregir la emisión de sentencias que contradigan la Constitución, luego de que se han agotado todos los remedios y vías ordinarias y extraordinarias para cuestionar el fallo. No se justifica, bajo ningún supuesto, que la Sala Constitucional entre a revisar decisiones cuyos vicios aún pueden ser subsanados a través de algún recurso o, lógicamente, con la sentencia definitiva del propio proceso donde surgió la decisión interlocutoria.

3. *La revisión de sentencias dictada por la Sala Plena del Tribunal Supremo de Justicia*

Aunque parezca insólito, la Sala Constitucional ha llegado a revisar decisiones dictadas por la Sala Plena (de la cual forman parte sus Magistrados), en casos relacionados con la declaración de méritos para enjuiciar a altos funcionarios del Estado. Obviamente, se trata de una jurisprudencia de altísimo contenido político, pero que pone en evidencia la voracidad de la Sala Constitucional en el uso y abuso de la potestad revisora de sentencias definitivamente firmes.

Así, en la sentencia del 11 de marzo de 2005, caso: *Julián Isaías Rodríguez*, la Sala Constitucional revisó una decisión de fecha 14 de agosto de 2002, dictada por la Sala Plena del Tribunal Supremo de Justicia, mediante la cual se había declarado no haber lugar al enjuiciamiento de 4 militares de alto rango, y su consecuente sobreseimiento.

Sin ningún tipo de justificación y sin ni siquiera abordar la muy cuestionada competencia para anular una sentencia de una Sala de la cual ella misma forma parte, la Sala Constitucional desconoció las normas constitucionales y legales que le atribuyen al Pleno del Tribunal Supremo la competencia político-jurídica de considerar si hay méritos o no para enjuiciar a altos funcionarios del Estado. En nuestro criterio, con esta posición jurisprudencial se desconoce la voluntad del constituyente de otorgarle la consideración de esta importante prerrogativa en favor de determinados funcionarios, a todos los Magistrados (y no sólo a 7) del Tribunal Supremo de Justicia.

Por tanto, la única competencia relevante que tiene asignada la Sala Plena es prácticamente de adorno, pues su decisión puede ser controlada y revisada por la Sala Constitucional, lo que parece confirmar la tesis de que más bien estamos en presencia de un Tribunal o Corte Constitucional que está por encima del resto de los órganos jurisdiccionales del Poder Judicial.

4. *La revisión de fallos definitivamente firmes que han ejercido el control difuso de la constitucionalidad de normas jurídicas*

Con el objeto de darle mayor eficacia y conexión a los dos sistemas de control constitucional de normas jurídicas (concentrado y difuso), el numeral 12 del artículo 25 de la *Ley Orgánica del Tribunal Supremo de Justicia* estableció que la Sala Constitucional debe:

> Revisar las sentencias definitivamente firmes en las que se haya ejercido el control difuso de la constitucionalidad de las leyes u otras normas jurídicas, que sean dictadas por las demás Salas del Tribunal Supremo de Justicia y demás Tribunales de la República.

Con ello se busca que cualquier desaplicación de una norma jurídica que realice algún tribunal del país, para un caso concreto y en uso de la facultad otorgada por el artículo 334 de la *Constitución*, deba ser evaluada por la Sala Constitucional, como máximo y último intérprete de la *Constitución*.

Y aunque no lo diga la norma antes citada, la jurisprudencia de la Sala Constitucional ha señalado que esta revisión es *obligatoria*, de allí que los jueces que dicten decisiones definitivamente firmes, y que hayan utilizado el control difuso de normas jurídicas, deben enviar su decisión a la Sala Constitucional, a los fines de que ésta verifique que se trata de una interpretación correcta y, de ser el caso, determine si debe dársele o no efectos *erga omnes* a esa desaplicación, mediante la declaratoria general de inconstitucionalidad de la norma desaplicada.

Incluso, antes de la entrada en vigencia de la *Ley Orgánica del Tribunal Supremo de Justicia* ya la Sala Constitucional había considerado que esta remisión era obligatoria y necesaria para garantizar lo dispuesto en los artículos 335 y numeral 10° del 336 de la *Constitución*. Así, en sentencia del 22 de julio de 2003, caso: *Bernabé García*, se determinó que:

> En lo que respecta a las decisiones definitivamente firmes de control de constitucionalidad se revisa una decisión que declara la inconstitucionalidad de una norma -con efectos sólo en el caso concreto-, cuya aplicación o desaplicación puede vulnerar el orden público constitucional, y cuya inconstitucionalidad, con efectos vinculantes para las demás Salas y todos tribunales de la República, sólo puede ser pronunciada por esta Sala, la única con atribución constitucional para tal pronunciamiento.
>
> Esta Sala, en anterior decisión con respecto a la remisión por los jueces, de oficio, de la decisión definitivamente firme en la cual desaplicaron una norma jurídica en ejercicio del control difuso de la constitucionalidad, estableció:
>
> "En atención a la incidencia en el ordenamiento jurídico de tal cuestión, el Tribunal o Sala desaplicante deberán remitir a esta Sala Constitucional copia de la decisión, a la cual anexarán copia de los autos, con el fin de someterlo a la revisión correspondiente, todo en obsequio de la seguridad jurídica y de la coherencia que debe caracterizar al ordenamiento jurídico en su conjunto..." (s S.C. n° 1225, del 19-10-00. Subrayado añadido).

Y en algunas oportunidades la Sala Constitucional ha negado la desaplicación de normas jurídicas, anulando la decisión que fue remitida por el tribunal o Sala que aplicó el control difuso.

Así, en la sentencia de fecha 26 de agosto de 2013, caso: *Sindicato de Obreros del Estado Falcón*, se señaló lo siguiente:

> Siendo ello así, toda desaplicación por control difuso amerita un análisis de contraste entre el Texto Fundamental y las disposiciones cuya aplicación se considera lesiva de la Carta Magna y, en tal sentido, del examen de la sentencia sobre la cual versan las presentes consideraciones se observa, que la Sala Electoral de este Alto Tribunal obvió cualquier análisis que permita deducir alguna colisión entre el artículo 406 de la Ley Orgánica del Trabajo, las Trabajadoras y los Trabajadores y la Constitución de la República Bolivariana de Venezuela.
>
> En efecto, la referida decisión se limitó a establecer que es evidente que "la jurisdicción" que debe conocer del asunto planteado es la que pertenece a la Sala Electoral, sin precisar, cuál o cuáles son los preceptos constitucionales vulnerados y en qué consiste la eventual vulneración.
>
> En tal virtud, resulta patente que la decisión bajo examen no hizo el debido contraste entre la Constitución y la norma desaplicada, razón por la cual, se hace necesario declarar no conforme a derecho la desaplicación y, en consecuencia, anular la decisión sometida a consulta y ordenar a la Sala Electoral de este Alto Tribunal, que vuelva a emitir un pronunciamiento tomando en consideración la doctrina vertida en el presente fallo. Con lo cual, deberá precisar en qué consiste la eventual inconstitucionalidad del artículo 406 de la Ley Orgánica del Trabajo, las Trabajadoras y los Trabajadores y cuáles son las disposiciones constitucionales vulneradas. Así se decide.

De igual forma, en sentencia del 1 de junio de 2007, caso: *Gregory Maka Valero*, la Sala Constitucional destacó:

> Sin duda alguna, la inmotivación que se aprecia en la desaplicación efectuada en la decisión *sub examine*, contraviene el principio *reddere rationem, y, especialmente,* los derechos a la defensa, al debido proceso y a la tutela judicial efectiva.
>
> En efecto, entre las exigencias de la tutela judicial efectiva y del debido proceso se encuentra la de dar respuesta motivada y fundada en derecho, a las cuestiones suscitadas en el proceso que ameritan un pronunciamiento judicial, pues co-

mo lo afirma el jurista italiano Luigi Ferrajoli, "*es por la motivación como las decisiones judiciales resultan avaladas y, por tanto, legitimadas por aserciones, en cuanto tales verificables y refutables, aunque sea de manera aproximativa*" (Ferrajoli, Luigi. *Derecho y Razón*. Segunda edición, Trotta, Madrid, 1997, pág. 623).(...)

En este orden de ideas, considera este órgano jurisdiccional que para determinar si existe incompatibilidad o no entre el Texto Constitucional y una o varias normas jurídica, y, en caso de que exista, aplicar las disposiciones constitucionales respectivas en el caso concreto y, por supuesto, omitir la aplicación de la otra u otras normas ('desaplicación'), el juez debe efectuar una serie de actividades intelectivas encaminadas a tal fin, las cuales deben estar plasmadas, cuando menos sintéticamente, en el texto de la decisión.

Así pues, básica y sistemáticamente, el juez debe determinar cuáles son las normas en posible conflicto, tanto las de rango legal como las de rango constitucional y, seguidamente, debe desentrañar el sentido y alcance de las mismas, es decir, debe interpretarlas, para luego proceder a analizar si efectivamente la o las normas legales colisionan con la o las normas constitucionales en cuestión, para posteriormente arribar a una conclusión y decidir en ese sentido, todo lo cual deberá ser expresado suficientemente en la decisión, para cumplir con el cardinal principio *reddere rationem*, y, especialmente, para garantizarles a los justiciables el derecho a la defensa, y, en fin, al debido proceso y a la tutela judicial efectiva.

Por tanto, conforme al indicado numeral 12 del artículo 25 de la *Ley Orgánica del Tribunal Supremo de Justicia*, todas las sentencias definitivamente firmes dictadas por cualquier tribunal o Sala, donde se haya hecho uso del control difuso previsto en el artículo 334 de la *Constitución*, deben ser remitidas de oficio por los propios tribunales a la Sala Constitucional, a los fines de que esta se pronuncie sobre el uso adecuado de este mecanismo de control constitucional.

5. *La imposibilidad de revisar sentencias dictadas por la propia Sala Constitucional*

Por último, vale la pena destacar que, al menos hasta ahora, la Sala Constitucional ha señalado que no es posible la revisión de sentencias dictadas por la propia Sala Constitucional. En efecto, en el fallo de fecha 14 de mayo de 2008, caso: *María Pulido*, se señaló lo siguiente:

En el presente caso, se ha ejercido el recurso de revisión *contra una sentencia que dictó la propia Sala Constitucional,* el 21 de noviembre de 2006, la cual declaró inadmisible la acción de amparo constitucional interpuesta por los abogados Juan José Flores, Héctor Rafael Febres González y Nery José Febres González, en su carácter de apoderados judiciales de la ciudadana María de Lourdes Pulido de Cermeño.

La eficacia de la autoridad de la cosa juzgada, según lo establecido por la doctrina de este Máximo Tribunal en numerosas oportunidades, (*Vid.* S. SCC-C.S.J. del 21-02-90), se traduce en tres aspectos: a) inimpugnabilidad, según la cual la sentencia con autoridad de cosa juzgada no puede ser revisada por ningún juez cuando ya se hayan agotado todos los recursos que dé la ley, inclusive el de invalidación (*non bis in idem*). A ello se refiere el artículo 272 del Código de Procedimiento Civil; b) Inmutabilidad, según la cual la sentencia no es atacable indirectamente, por no ser posible abrir un nuevo proceso sobre el mismo tema; no puede otra autoridad modificar los términos de una sentencia pasada en cosa juzgada; y, c) Coercibilidad, que consiste en la eventualidad de ejecución forzada en los casos de sentencias de condena; esto es, "*la fuerza que el derecho atribuye normalmente a los resultados procesales*"; se traduce en un necesario respeto y subordinación a lo dicho y hecho en el proceso.

Las decisiones dictadas por esta Sala Constitucional adquieren, desde su publicación, el carácter de cosa juzgada formal, consagrado en el artículo 272 del Código de Procedimiento Civil, lo que se traduce en que lo decidido en la sentencia en cuestión, no es atacable y al mismo tiempo se perfecciona el carácter de cosa juzgada material dispuesto en el artículo 273 *eiusdem,* que impone que se tenga en cuenta el contenido de la decisión en todo proceso futuro entre las mismas partes y sobre el mismo objeto. En tal sentido, esta Sala en decisión número 3180 del 15 de diciembre de 2004 (caso: *Tecnoagrícola Los Pinos, C.A.*) indicó que la autoridad de la cosa juzgada constituye un aspecto esencial de la seguridad jurídica entendida como un principio constitucional. Así pues, se añade que existe expectativa legítima en derecho cuya base es la uniformidad de la jurisprudencia. Por tanto, permitir que la Sala Constitucional del Tribunal Supremo de Justicia considere sus propias decisiones mediante el mecanismo ex-

> traordinario de la revisión conduciría a un caos interpretativo, que afectaría la transparencia y la imparcialidad del sistema de administración de justicia. (Destacado añadido).

Ahora bien, si bien esta posición jurisprudencial ha sido respetada por la Sala Constitucional desde su creación, no podemos dejar de mencionar las polémicas sentencias N° 157 y 158 del 1° de abril de 2017, donde la Sala Constitucional modificó dos decisiones previas que generaron una importantísima polémica nacional, en virtud de su clara extralimitación de funciones.

Pues bien, a raíz de las polémicas generadas, de la reacción de una buena parte de la comunidad nacional e internacional y frente a una extraña e inédita convocatoria del Presidente de la República al Consejo de Defensa de la Nación, la Sala Constitucional decidió modificar dos decisiones (las N° 155 y 156 del 28 y 29 de marzo de 2017) que claramente tenían carácter definitivo. Si bien ello no lo hizo mediante la potestad revisora de sentencias, prevista en el numeral 10° del artículo 336 de la Constitución, al menos hay que destacar que se trató de una anulación parcial de fallos previamente dictados por ella.

Para ello, la Sala hizo uso de la norma prevista en el artículo 252 del *Código de Procedimiento Civil*, referente a las aclaratorias de sentencias, más, sin embargo, resulta evidente que lejos de aclarar sus decisiones lo que hizo fue reconsiderarlas y anularlas parcialmente.

Así, en el fallo de fecha 1 de abril de 2017, caso: *Héctor Rodríguez*, la Sala Constitucional señaló:

> Ahora bien, en dicha sentencia n° 155 del 28 de marzo de 2017, esta Sala hizo referencia en la motiva a la inmunidad parlamentaria, mas no en su dispositiva. Dicho señalamiento aislado en la motiva, fue tema central del debate público, toda vez que medios de comunicación nacionales e internacionales, voceros políticos y autoridades legítimas del Estado Venezolano emitieron opiniones e interpretaciones disímiles del mismo, hecho este que la Sala saluda como expresión de una robusta democracia en el marco del Estado Democrático y Social de Derecho y de Justicia que se desarrolla y funciona plenamente en Venezuela, donde existe una democracia participativa y protagónica, que permite el desarrollo de opiniones diversas y del libérrimo ejercicio de la libertad de expresión, dentro del pluralismo político reconocido por nuestra Constitución.

Esta Sala Constitucional del Tribunal Supremo de Justicia respeta las diversas opiniones que sobre sus fallos se emiten en el marco del Estado de Derecho reinante en Venezuela, toda vez que nuestra Constitución a diferencia de las anteriores, permite el pleno protagonismo de la ciudadanía a expresarse libremente.

Por otra parte, a cualquier ciudadano o ciudadana que tenga interés legítimo en un proceso judicial o autoridad pública, incluyendo a la Procuraduría General de la República, a la Defensoría del Pueblo o a la Fiscalía General de la República, entre otros, les asiste el derecho a solicitar formalmente la aclaratoria de cualquier sentencia, una vez pronunciada la misma, en atención a la tutela judicial efectiva y al debido proceso consagrados en el Texto Fundamental.

En el marco del derecho a la información veraz y oportuna que tienen los ciudadanos y ciudadanas y habitantes de la República, esta Sala Constitucional en el ámbito de sus competencias en Protección de la Constitución y velando por el ejercicio pleno de este derecho, observa que se difundieron diversas interpretaciones erradas sobre algunos aspectos de la decisión objeto de esta aclaratoria.

Ahora bien, la convocatoria efectuada por el Jefe del Estado en aplicación del artículo 323 de la Constitución para reunir al Consejo de Defensa de la Nación, a objeto de tratar en su seno la controversia surgida entre autoridades del Estado venezolano, se nos presenta como una situación inédita para la jurisdicción constitucional.

Sobre la base de lo antes expuesto, en ejercicio de la potestad que para este caso corresponde y con base en el artículo 252 del Código de Procedimiento Civil, el cual es aplicable supletoriamente a las causas que conoce este Máximo Tribunal, en concordancia con el artículo 98 de la Ley Orgánica del Tribunal Supremo de Justicia, esta Sala *procede de oficio a aclarar* que en el fallo n° 155 dictado el 28 de marzo de 2017 el dispositivo 5.1.1 y lo contenido sobre el mismo en la motiva; así como lo referido a la inmunidad parlamentaria, obedecen a medidas cautelares dictadas por esta Sala conforme a la amplia potestad que es propia de su competencia (artículo 130 de la Ley Orgánica del Tribunal Supremo de Justicia) y, en consecuencia, como garantía de la tutela judicial efectiva consagrada en el artículo 26 constitucional, teniendo en cuenta que las mismas se caracterizan por la instrumentalidad, provisionalidad y mutabilidad, esto es, que para este ejercicio se tendrán en cuenta las circunstancias del caso y los intereses públicos en conflicto (sentencia de esta Sala n° 640 del 30 de mayo de 2003), se revocan en este caso la medida contenida en el dispositivo 5.1.1, así como lo referido a la inmunidad parlamentaria. Así se decide.

Téngase la presente decisión como parte complementaria de la sentencia n° 155 del 28 de marzo de 2017. Así se decide.

Insistimos, si bien no se basó la Sala en la facultad revisora prevista en el numeral 10° del artículo 336 de la *Constitución*, si hay que reconocer que se trató de la anulación parcial de unos fallos definitivos dictados por ella misma. Como suele advertirse, los casos políticos generan deficiente jurisprudencia.

VI. EL PROCEDIMIENTO PARA TRAMITAR LOS RECURSOS EXTRAORDINARIOS DE REVISIÓN

Debemos comenzar insistiendo que, a pesar de haber transcurrido ya casi dos décadas de la entrada en vigencia de la *Constitución* de 1999, aún no se ha dictado la tan necesaria ley de la jurisdicción constitucional.

Ello ha implicado que la jurisdicción más importante no tiene una regulación detallada de sus aspectos sustantivos y adjetivos, lo que ha generado una clara inseguridad jurídica y, en muchos casos, graves extralimitaciones de funciones por parte de la Sala Constitucional.

Hasta ahora, la única regulación parcial de los aspectos adjetivos de la jurisdicción constitucional se encuentra en las Disposiciones Transitorias de la *Ley Orgánica del Tribunal Supremo de Justicia*, donde se establecen algunos procedimientos constitucionales. Sin embargo, el artículo 128 de la *Ley Orgánica del Tribunal Supremo de Justicia* excluye de la aplicación de los procedimientos allí mencionados a los recursos extraordinarios de revisión de sentencias definitivamente firmes.

Por tanto, ha sido la jurisprudencia de la propia Sala Constitucional la que ha venido regulando los aspectos procesales relacionados con esta facultad revisora. Así, en un primer momento, la sentencia líder en esta materia, de fecha 6 de febrero de 2001, caso: *Corpoturismo*, trató de dar los primeros lineamientos procesales para el uso de esta importante competencia de la Sala Constitucional. Textualmente señaló la Sala:

> Luego de aclarado lo anterior, y partiendo de la protección constitucional a la tutela judicial efectiva establecida en los artículos 26 y 27 de la Constitución que establece el derecho de las partes de acudir al poder judicial para defender sus derechos e intereses, tomando a su vez en consideración que no ha sido dictada la ley orgánica que regule el procedimiento de revisión extraordinaria, y considerando además que existen una serie de solicitudes de revisión interpuestas ante esta Sala y que es obligación de esta Sala analizar su admisibilidad y procedencia en respeto de la tutela judicial efectiva; es menester, en esta oportunidad, determinar el procedimiento que debe aplicarse en caso de solicitud de revisión extraordinaria de sentencias definitiva-mente firmes de conformidad con los términos establecidos anteriormente. En este sentido, es necesario definir un procedimiento especial para llevar a cabo la potestad revisora de esta Sala. Esto, de acuerdo a lo establecido en el artículo 102 de la Ley Orgánica de la Corte Suprema de Justicia, el cual establece que "*cuando ni en esta Ley, ni en los códigos y otras leyes nacionales se prevea un procedimiento especial a seguir, la Corte podrá aplicar el que juzgue más conveniente, de acuerdo con la naturaleza del caso*".
>
> Al respecto esta Sala acoge, en caso de ser admitido el recurso de revisión extraordinaria de sentencias definitivamente firmes, el procedimiento de apelación de sentencias de amparo constitucional establecido en la Ley Orgánica de Amparo sobre Derechos y Garantías Constitucionales y en la jurisprudencia de esta Sala. En lo que respecta a la admisibilidad de tales solicitudes de revisión extraordinaria esta Sala posee una potestad discrecional de admitir o no admitir el recurso cuando así lo considere, y, en todo caso, la Sala no admitirá aquellos recursos que no se refieran a las sentencias o a las circunstancias que define la presente decisión. En este sentido, se mantiene el criterio que dejó sentado la sentencia dictada por esta Sala en fecha 2 de marzo de 2000 (caso: Francia Josefina Rondón Astor) en cuanto a que esta Sala no está en la obligación de pronunciarse sobre todos y cada uno de los fallos que son remitidos para su revisión, y la negativa de admitir la solicitud

> de revisión extraordinaria como violación del derecho a la defensa y al debido proceso de las partes, por cuanto se trata de decisiones amparadas por el principio de la doble instancia judicial.
>
> Por lo tanto, esta Sala puede en cualquier caso desestimar la revisión, "...sin motivación alguna, cuando en su criterio, constate que la decisión que ha de revisarse, en nada contribuya a la uniformidad de la interpretación de normas y principios constitucionales...".

En esta sentencia la Sala Constitucional señala que el procedimiento para tramitar los recursos extraordinarios de revisión será el de apelación de sentencias de amparo constitucional, previsto en el artículo 35 de la *Ley Orgánica de Amparo sobre Derechos y Garantías Constitucionales*. Pero lo irónico es que esa norma no establece ningún procedimiento, sino únicamente un plazo para dictar sentencia (30 días).

Por tanto, lo que ha dispuesto la Sala Constitucional es que, sencillamente, no debe haber ningún tipo de trámites o incidencias procesales frente a una solicitud de revisión extraordinaria de sentencias; sino que una vez presentado el recurso, la Sala dispone de un plazo de 30 días para dictar su sentencia, el cual, por cierto, rara vez se cumple.

Esto quiere decir que la Sala Constitucional puede anular o revocar un fallo en forma *inaudita alteram parte*, es decir, sin antes haberle dado a las partes involucradas en el proceso que produjo la sentencia revisada una oportunidad para hacer valer sus consideraciones, lo que en nuestro criterio compromete el derecho a la defensa y al debido proceso.

Si es pertinente destacar que durante una época la Sala Constitucional dejó abierta la posibilidad de, en determinados casos, abrir un breve contradictorio, disponiendo la notificación de las partes y convocando a una audiencia oral. Así, en sentencia de fecha 17 de junio de 2005, caso: *Hector Serpa*, se señaló lo siguiente:

> Como complemento de la sentencia parcialmente trascrita, la Sala en sentencia N° 775 del 18 de mayo de 2001 (caso: "*Rosana Orlando de Valerio*"), admitió la posibilidad de emitir la decisión que resulte de una solicitud de revisión constitucional determinada, previa realización de una audiencia en la que las partes expongan sus alegatos. Al respecto, señaló que:

"(...) dentro de esa facultad que posee la Sala, y complementando el procedimiento referido en la sentencia antes citada, en aquellas ocasiones que discrecionalmente así lo considere, la Sala puede dictar un procedimiento previo que permita analizar la procedencia o no de la admisión del recurso de revisión y, en tal sentido, antes de admitir o negar el recurso extraordinario de revisión, la Sala podrá, sólo si a su discreción lo considera, y a manera de ahondar en el conocimiento del proceso objeto de la sentencia impugnada, así como proteger, si es necesario, la tutela judicial efectiva de la recurrente o de quien lo requiera, adoptar las medidas que sean convenientes, así como ordenar las actividades concernientes que le permitan aclarar la situación planteada, y, con base en ello, complementar el análisis necesario para dictar el auto de admisión o negar la admisión del recurso extraordinario de revisión.

Atendiendo ese orden de ideas, la Sala, previo a la decisión sobre la admisión de la demanda, considera, aplicar el procedimiento de la audiencia pública constitucional correspondiente a los juicios de amparo constitucional definido en la sentencia del 1° de febrero de 2000 (caso: José Amado Mejía Betancourt), en el sentido de que con el objeto de analizar la admisión o no del recurso extraordinario de revisión puede este sentenciador celebrar una audiencia oral y pública con el fin de oír de las partes interesadas, del Ministerio Público y la Defensoría del Pueblo sus argumentos con relación a la revisión solicitada (...)".

De las sentencias parcialmente citadas, se pueden distinguir dos (2) procedimientos para la resolución de las solicitudes de revisión planteadas ante esta Sala, la primera sin contradictorio y, la segunda, con la tramitación de un contradictorio sumario a través de la convocatoria de una audiencia en la que pueden participar las partes del proceso cuya sentencia es objeto de la revisión solicitada, así como todas las demás personas que considere necesario la Sala para la resolución de la solicitud planteada.

Ciertamente, es potestativo de la Sala la convocatoria de una audiencia para lograr un mejor conocimiento del caso, permitiendo sobre la base del principio de inmediación la participación de aquellas personas que considere necesario. No obstante, puede declarar *prima facie* ha lugar la solicitud de revisión en caso de que estime que los elementos que constan en el expediente son suficientes y el pronunciamiento de la Sala contribuya a la interpretación de las normas o principios constitucionales o se contraríe en la sentencia objeto de revisión, criterios vinculantes de la Sala o, en caso contrario, desestimar la solicitud por ser una potestad discrecional.

En el primer supuesto, referido a la declaratoria sobre el fondo del asunto planteado sin la celebración de una audiencia, la Sala puede declarar no ha lugar la solicitud formulada, en el marco del ejercicio de su potestad extraordinaria de revisión, en cuyo caso sólo se puede considerar como parte aquella que interpuso la solicitud revisión puesto que se trata de un control objetivo de la constitucionalidad de decisiones definitivamente firmes, ya que esa declaratoria o la inadmisibilidad de la solicitud de revisión, al afectar únicamente al solicitante, no hace necesario la notificación del particular que obtuvo una decisión favorable con autoridad de cosa juzgada, en las instancias correspondientes.

Sin embargo, cuando la solicitud es declarada ha lugar por la Sala, surge la necesidad de notificar a todas aquellas partes, diferentes a la solicitante, involucradas en el juicio que dio origen a la sentencia de la cual se alega una presunta inconstitucionalidad, debido a que sólo en ese supuesto, se afecta desde el punto de vista objetivo la intangibilidad de la cosa juzgada y, desde una perspectiva subjetiva, los derechos o intereses de la parte que obtuvo una decisión favorable una vez agotadas las instancias correspondientes.

Por ello, si bien la Sala ha reiterado el carácter extraordinario y discrecional de la potestad de revisión, por constituirse dicha facultad en una excepción a la garantía constitucional de la cosa juzgada, es preciso reseñar que la consecuencia inmediata de una decisión judicial que aparentemente quebranta dicha garantía en orden a tutelar los principios y derechos fundamentales que informan al ordenamiento constitucional, trae consigo la necesidad de notificar a las partes involucradas en el correspondiente proceso primigenio.

Ahora bien, un análisis minucioso de la jurisprudencia de los últimos años de la Sala Constitucional revela que esa posición quedó básicamente abandonada, pues en todos los procesos de revisión se ha omitido el trámite de notificación y audiencia oral, por lo que las decisiones se dican en forma *inaudita alteram parte,* con lo cual, insistimos, se compromete el derecho a la defensa y al debido proceso.

En efecto, creemos que aun cuando las partes involucradas en un juicio hayan tenido la oportunidad de hacer valer sus argumentos y consideraciones en varias fases e instancias judiciales, no es permisible que luego de haberse obtenido una sentencia definitivamente firme, se pueda anular o modificar el fallo a espaldas de la parte vencedora, quien por lo general no se entera de la existencia del recurso presentado, en la mayoría de los casos, por la parte vencida.

Nótese, además, y como veremos *infra,* que no existe ningún lapso de caducidad para el ejercicio del recurso extraordinario de revisión, por lo que la parte derrotada puede, en cualquier momento presentar su solicitud, sin que el vencedor se entere de la existencia de este nuevo proceso que puede derivar en la anulación de todo lo actuado.

En nuestro criterio, la importancia de los efectos de una sentencia que revisa un fallo definitivamente firme amerita que al menos se le permita al resto de las partes del proceso presentar sus argumentos y consideraciones sobre la solicitud de revisión interpuesta, de manera que al menos exista un breve contradictorio que le permita a la Sala Constitucional obtener las dos o más versiones del fallo cuestionado. Ello es además necesario para garantizar el principio de igualdad de las partes ante el proceso.

Con esta posición jurisprudencial pareciera que a la Sala Constitucional no le interesan o sirven los argumentos que puedan presentar las partes, pues para ella bastaría la lectura de la decisión cuestionada para verificar si existe alguna contradicción constitucional, es decir, entiende que sólo es necesario un análisis objetivo y reservado del fallo. Se trata de una posición muy arrogante que desconoce la realidad misma de los procesos judiciales, donde muchas veces las sentencias no reflejan la totalidad de los detalles de forma y fondo del litigio. Por eso, siempre es importante escuchar a todas las partes frente al ejercicio de un recurso.

La Sala Constitucional parece haber asimilado el recurso extraordinario de revisión constitucional al mecanismo de revisión de sentencias de tutela en Colombia, donde en efecto la Corte Constitucional tampoco da trámite a las partes a la hora de conocer la revisión prevista en el artículo 33 del Decreto 2591 de 1991, mediante el cual se reglamenta la acción de tutela consagrada en el artículo 86 de la Constitución colombiana. Pero consideramos que se trata de un mecanismo distinto, pues en el caso colombiano la revisión se refiere únicamente a acciones de tutela (amparos) y existe una regulación muy concreta del mecanismo de selección de las decisiones que serán objeto de revisión ante la Corte Constitucional[387].

La revisión extraordinaria de sentencias en Venezuela es mucho más amplia que la revisión de tutelas colombianas, al referirse a cualquier decisión definitivamente firme, independientemente de la naturaleza o jurisdicción de donde provenga el fallo. Esto implica que la Sala Constitucional debe conocer de toda la legislación aplicable y, por ende, su labor es mucho más compleja y hasta audaz. Por eso es que resulta recomendable al menos un trámite corto y sencillo que le permita a las partes interesadas presentar sus argumentos jurídicos para la defensa de sus respectivos intereses.

Por eso, la facultad prevista en el numeral 10° del artículo 336 de la *Constitución* se asemeja más al recurso extraordinario argentino o al *certiorari* de los Estados Unidos, pues éstos también se refieren a la posibilidad de controlar todo tipo de decisiones judiciales. Y en ambos casos, tanto la Corte Suprema de la Nación argentina como la Corte Suprema de los Estados Unidos permiten que las partes interesadas presenten argumentos, una vez que se ha decidido revisar una sentencia definitiva[388].

En suma, en nuestro criterio debería existir, al menos, una breve incidencia donde se le permita a las partes que no han ejercido la revisión, presentar sus argumentos y consideraciones. Así, por ejemplo, bastaría notificar de la admisión del recurso al juez que dictó el fallo, para que éste se encargue de comunicarle al resto de las partes la existencia y admisión de la revisión extraordinaria.

---

387 Véase, TOBO RODRÍGUEZ, Javier, *La Corte Constitucional y el control de constitucionalidad en Colombia*, Ibañez, Bogotá, 2006.

388 Para el caso del recurso extraordinario argentino puede consultarse YMAZ, Esteban y REY, Ricardo, *El Recurso Extraordinario*, Abeledo-Perrot, Buenos Aires, 2000; y para el caso del *certiorari* estadounidense puede revisarse JACKSON, Vicki y TUSHNET, Mark, *Comparative Constitutional Law*, Foundation Press, 1999, pp. 609 y ss.

Y una vez que consten en autos esas notificaciones se le puede conceder a las partes un plazo de 10 días para que presenten un único escrito de oposición. Luego de este plazo entraría el caso en fase de sentencia.

Sin embargo, insistimos, la Sala Constitucional ha preferido evitar todo tipo de trámite procedimental, por lo que, conforme al estado de la jurisprudencia actual, una vez interpuesto el recurso extraordinario, la Sala puede decidir el fondo del asunto, sin necesidad de notificar al resto de las partes del juicio que originó el fallo impugnado.

Ahora bien, aun cuando no exista un procedimiento contradictorio como tal para la tramitación de los recursos extraordinarios de revisión, conviene destacar algunas consideraciones procesales relacionadas con esta facultad revisora.

1. *La potestad de dictar medidas cautelares frente al ejercicio de un recurso extraordinario de revisión constitucional*

A pesar de que no exista ninguna incidencia procesal en la revisión constitucional de sentencias, es factible y hasta indispensable en algunos casos, que la Sala Constitucional haga uso de su poder cautelar amplio para evitar que la sentencia llegue demasiado tarde. Recordemos que el poder cautelar del juez es una condición inseparable de la posibilidad de resolver controversias en justicia, pues no puede ejercerse la labor jurisdiccional si el que decide no tiene la posibilidad de asegurar que el fallo pueda cumplirse para cualquier de las dos partes en litigio[389].

El artículo 130 de la *Ley Orgánica del Tribunal Supremo de Justicia* establece que la Sala Constitucional puede acordar, en cualquier estado y grado del proceso y aún de oficio, las medidas cautelares que considere pertinentes, disponiendo de "amplios poderes cautelares" para garantizar la tutela judicial efectiva.

En la mayoría de los casos la solicitud cautelar se refiere a la necesidad de suspender la ejecución de una sentencia que quedó definitivamente firme y contra la cual se ha intentado una revisión ex-

---

389 GARCÍA DE ENTERRÍA, Eduardo, *La Batalla por las Medidas Cautelares*, 2da Edición, Civitas, Madrid, 1995.

traordinaria. En este tipo de casos, y cuando la Sala Constitucional considera cumplidos los requisitos de procedencia de toda cautela, se ha dispuesto la suspensión del fallo hasta que se dicte la sentencia definitiva de revisión de sentencia.

Un ejemplo de esta afirmación lo encontramos en la sentencia del 6 de octubre de 2016, caso: *123.com.ve.*, donde se señaló lo siguiente:

> Respecto a la medida cautelar solicitada, relativa a la suspensión temporal de la sentencia dictada el 30 de junio de 2015 por el Juzgado Superior Segundo en lo Civil, Mercantil, Tránsito y Bancario de la Circunscripción Judicial del Área Metropolitana de Caracas (respecto de la cual la Sala de Casación Civil del Tribunal Supremo de Justicia, mediante sentencia dictada el 17 de marzo de 2016, en el expediente AA20-C-2015-000712, declaró perecido el recurso de casación) hasta tanto se resuelva el fondo de la solicitud de revisión, en virtud de que se alegó que la ejecución de tal decisión causaría gravísimos perjuicios económicos en contra de la hoy solicitante en revisión, toda vez que presta un servicio público de telecomunicaciones, el cual podría verse afectado ante una eventual ejecución forzosa de lo decidido, esta Sala, a fin de garantizar que la presente revisión no se vea afectada en caso de que dicha sentencia sea ejecutada, sin prejuzgar sobre el fondo del asunto, y apegada a los criterios establecidos mediante decisión n° 2.197 del 17 de septiembre de 2004 (caso: República Bolivariana de Venezuela), ratificado entre otras en sentencia n° 1951 del 15 de diciembre de 2011 (caso: "adolescentes sucesores de RAÚL BRAZÓN"), ACUERDA medida cautelar innominada de suspensión de efectos de la decisión antes reseñada. Y así se decide.

En algunos casos, la Sala Constitucional ha dictado *de oficio* la medida cautelar de suspensión de efectos del fallo cuestionado, hasta que se produzca la sentencia definitiva. Así, en sentencia de fecha 17 de septiembre de 2004, caso: *República Bolivariana de Venezuela*, la Sala expresó:

> Asimismo, la Sala al objeto de garantizar que la incolumidad del presente recurso de revisión así como su resolución no se vean afectadas en caso de que la sentencia impugnada sea ejecutada, *ACUERDA*, de oficio y con fundamento en el artículo 19, párrafo undécimo de la Ley Orgánica del Tribunal

Supremo de Justicia, *MEDIDA CAUTELAR DE SUSPENSIÓN DE EFECTOS* de la sentencia n° 00389 dictada, el 22 de abril de 2004, por la Sala Político-Administrativa, en Sala Accidental, de este Máximo Tribunal, hasta tanto se resuelva la presente revisión.

También la Sala Constitucional ha ordenado la suspensión de sentencias distintas a las que está revisando, cuando, por ejemplo, ordena la reposición de la causa al estado en que se dicte una nueva decisión en casación, evitando que se ejecute un fallo que había quedado definitivamente firme antes de ejercerse la casación. Así, en sentencia de fecha 27 de octubre de 2017, caso: *Adriana Piedrahita*, la Sala dispuso:

> Como consecuencia de la anterior declaratoria, esta Sala acuerda la medida cautelar de suspensión de efectos de la sentencia impugnada hasta tanto se dicte sentencia definitivamente firme sobre el fondo del juicio que por cumplimiento de contrato de compra venta interpuso la ciudadana Dulce María Sosa Pimentel contra el ciudadano Gustavo Emilio López Merchán. Así se decide.

Por tanto, no se cuestiona el poder cautelar amplio de la Sala Constitucional, de oficio o a instancia de parte, frente a los recursos extraordinarios de revisión, pudiendo decretar las medidas cautelares que considere necesarias para garantizar la efectividad del fallo definitivo.

2. *La no existencia de lapso de caducidad para la interposición de una revisión constitucional*

Uno de los aspectos más polémicos del status actual del recurso extraordinario de revisión tiene que ver con la ausencia de un lapso de caducidad para su interposición. Esto significa que este recurso extraordinario puede ejercerse en cualquier momento, lo que genera no pocas adversidades.

En efecto, el primer cuestionamiento frente a la ausencia de un lapso de caducidad tiene que ver con la escasa protección que se le da al valor de la cosa juzgada, pues esto implica que no habrá culminado efectivamente ningún proceso judicial en Venezuela hasta tanto se haya intentado y decidido el respectivo recurso extraordinario de revisión constitucional, lo que puede implicar, en algunos casos, la espera de largos años.

Ya hemos visto *supra* como la Sala Constitucional ha aceptado el cuestionamiento de fallos dictados antes de la entrada en vigencia de la *Constitución*, lo que ha implicado la revisión y anulación de decisiones dictadas hace más de 40 años, lo que implica el desconocimiento absoluto de la estabilidad de los fallos y la seguridad jurídica[390].

El segundo problema que genera la ausencia de un lapso de caducidad para el ejercicio de la revisión de sentencias tiene que ver con el derecho a la defensa y al debido proceso de las partes, pues evidentemente este derecho puede quedar comprometido cuando se pretende reabrir una controversia años más tarde de su culminación. Ello podría implicar que las partes ya no dispongan del mismo interés o las mismas herramientas procesales para ejercer una efectiva defensa.

Así, por ejemplo, si a una persona que fue absuelta 30 años atrás se le reinicia el proceso, difícilmente vaya a poder ejercer una buena defensa, pues probablemente ya no disponga de los medios probatorios necesarios para evidenciar su inocencia.

Sencillamente, no es sano para un ordenamiento jurídico que exista la posibilidad de revisar decisiones en cualquier momento. En esto la Sala Constitucional se ha aprovechado injustamente de la ausencia de una ley especial de la jurisdicción constitucional para hacerse de este poder exorbitante que le permite conocer de cualquier decisión judicial, independientemente de la fecha en que ha sido dictada y sin reparar en que las partes deseen continuar con el litigio.

Se trata de una posición claramente desconocida en derecho comparado, pues en todos los ordenamientos jurídicos donde se permite la revisión de sentencias definitivas se suelen establecer lapsos de caducidad (normalmente breves) para el ejercicio del recurso. Así, por ejemplo, en el caso del recurso extraordinario argentino, se estipula un plazo de 3 meses para su interposición.

Consideramos que la ausencia de un lapso de caducidad para el ejercicio de un recurso extraordinario de revisión es una de las razones más poderosas para agilizar la promulgación de la ley espe-

390 Véase, entre otras, la sentencia de fecha 21 de julio de 2015, caso: *Juan Carlos Tabares*, donde se anuló una decisión dictada en el año 1971.

cial para esta jurisdicción, donde el legislador debería establecer un plazo breve para el ejercicio de esta facultad extraordinaria, de modo que al transcurrir ese plazo se consolide la cosa juzgada. Esto no obsta a que la Sala Constitucional, por vía jurisprudencial, establezca un lapso prudencial, pero esto luce ingenuo, pues difícilmente la Sala Constitucional quiera establecerse límites a este poder tan amplio de revisar sentencias en cualquier momento.

3. *Algunas exigencias especiales frente al ejercicio de recursos extraordinarios de revisión constitucional*

A pesar de que la jurisprudencia de la Sala Constitucional se ha caracterizado por abandonar las posiciones excesivamente formalistas, extraña que en el caso del recurso extraordinario de revisión ha venido exigiendo algunas particularidades que consideramos contrarias al acceso a la justicia.

Por ejemplo, ha llegado a exigir que en el poder que presente el solicitante de la revisión exista una facultad expresa para el ejercicio de este remedio extraordinario. En la sentencia de fecha 27 de julio de 2010, caso: *Carmen Tovar*, la Sala Constitucional expresó:

> Tratándose la solicitud de revisión de una pretensión autónoma y no un recurso ordinario ni extraordinario que pueda interponerse en una causa para dar lugar a otra instancia derivada del proceso que dio origen a la sentencia objeto de la solicitud de revisión, es necesario que el apoderado se encuentre facultado para su presentación y, que ello, esté debidamente acreditado en el documento poder que se consigna, tal como se desprende de la doctrina reiterada por esta Sala en la sentencia N° 1558, del 21 de octubre de 2008, que es del siguiente tenor:
>
> "...Asimismo, la Sala en sentencia N° 1.247 del 29 de julio de 2008, reiteró el referido criterio, señalando lo siguiente:
>
> '(...) Ahora bien, revisadas las actas que conforman el presente expediente, esta Sala advierte que el poder presentado por los abogados (...), al incoar la revisión constitucional del fallo dictado por el Tribunal Superior Primero para el Régimen Procesal Transitorio del Circuito Judicial del Trabajo de la Circunscripción Judicial del Área Metropolitana, no cumple a cabalidad los requerimientos para el ejercicio de tal solici-

tud, toda vez que dicho instrumento no los faculta de manera expresa para interponer la solicitud de revisión presentada ante esta Sala. (...)

En virtud de las anteriores consideraciones, resulta forzoso para esta Sala declarar inadmisible la presente solicitud de revisión constitucional, de conformidad con lo dispuesto en el aparte quinto del artículo 19 de la Ley Orgánica del Tribunal Supremo de Justicia, toda vez que no se encuentra acreditada, en forma manifiesta, la representación judicial de la abogada (...), puesto que el instrumento poder que consta en autos no la faculta de manera expresa para ejercer esta extraordinaria vía judicial. Así se decide". (Resaltado de este fallo).

En el marco de lo expuesto, esta Sala observa que, en el poder otorgado a la abogada actuante, no consta la facultad para presentar la solicitud de revisión constitucional ante esta Sala, por lo que considera que dicho instrumento resulta insuficiente en derecho y, siendo así, no se encuentra acreditada la debida representación judicial en el caso de autos.

En nuestro criterio, se trata de un formalismo innecesario que vulnera el derecho a la tutela judicial efectiva, sobre todo en aquellos casos donde la redacción del poder evidencia la voluntad del mandante de otorgar a sus abogados facultades para ejercer todo tipo de remedios judiciales.

De igual forma, la Sala Constitucional ha venido exigiendo que junto con el recurso extraordinario de revisión se anexe *copia certificada* del fallo cuestionado. Y a falta de ello suele declarar inadmisible la solicitud. Así, en sentencia de fecha 23 de abril de 2007, caso: *PDVSA*, la Sala señaló:

De allí que, a juicio de la Sala, quien ejerce una revisión tiene la carga de aportar al tribunal copia certificada de la decisión impugnada, por no ser función de la Sala recabar dicho fallo, y sin que esto menoscabe la facultad de la Sala de fijar los hechos en base a los conocimientos adquiridos como órgano judicial. Así, para admitir la solicitud de revisión presentada la Sala requiere que el solicitante le facilite la sentencia impugnada y ello en prueba fehaciente (*Vid.* Sentencia de esta Sala N° 150/2000, caso: *José Gustavo Di Mase y otros*).

En este contexto, la Sala mediante sentencias números 157 del 2 de marzo de 2005 (caso: *Grazia Tornatore de Morreale*) y 406 del 5 de abril de 2005 (caso: Carmen Beatriz Rodríguez Parada), dispuso que:

"... en los casos en que la solicitud de revisión de una sentencia no se acompañe con la copia certificada de la misma, se declarará inadmisible de conformidad con el artículo 19, quinto aparte de la Ley que rige a este Alto Tribunal...".

De allí que, constatado que en el caso de autos no se acompañó copia certificada del instrumento fundamental de la presente solicitud, concluye la Sala que la revisión solicitada resulta inadmisible, de conformidad con lo previsto en el quinto aparte del artículo 19 de la Ley Orgánica del Tribunal Supremo de Justicia. Así se decide[391].

Sin embargo, la misma Sala ha señalado que, excepcionalmente, en el caso de que exista alguna imposibilidad material para obtener una copia certificada de la sentencia impugnada, podría admitirse la solicitud de revisión con una copia simple de la misma. Así, en el fallo de fecha 30 de enero de 2007, caso: *Municipio Tucupita*, se señaló lo siguiente:

Al respecto a juicio de la Sala, quien incoa una revisión tiene la carga de aportar al Tribunal la decisión impugnada, por no ser función de la Sala recabar dicho fallo, y sin que esto menoscabe la facultad de la Sala de fijar los hechos en base a los conocimientos adquiridos como órgano judicial. Así, para admitir las revisiones la Sala requiere que el accionante le facilite la sentencia impugnada y ello en prueba fehaciente (*Vid.* Sentencias de esta Sala Nros. 150/2000, caso: "José Gustavo Di Mase y otros" y 1.137/2005, caso: "Domitila Pantoja Sinchi").

Empero, ciertamente la aplicación de dichos criterios deben atender al caso concreto al cual se aplica, dado que resulta distinto que el accionante por negligencia no consigne las co-

391 La Sala Constitucional ha considerado que no es admisible la impresión directa del sitio web del Tribunal Supremo de Justicia, al negarle la fe pública de estos instrumentos. Véase en este sentido la sentencia N° 429 del 13 de marzo de 2007.

> pias certificadas, a que por causas no imputables a él se le imposibilite el cumplimiento de tal carga y, por tanto se libere a éste justificadamente, del cumplimiento de la misma, ello porque se debe tener en cuenta la amplitud con que la Constitución concibe el derecho a la tutela judicial efectiva, el cual comporta "(...) que el sistema de justicia vigente impone a los órganos judiciales que en la búsqueda de una adecuada administración de justicia, interpreten y den a las normas jurídicas [y a los precedentes judiciales] la aplicación correcta en resguardo del derecho a la tutela judicial efectiva (...)" (*Vid.* Sentencia de esta Sala N° 1764/2001) (corchetes de este fallo).
>
> Es decir, que, ante la imposibilidad material del accionante de consignar las copias certificadas, esta Sala puede liberarlo del cumplimiento de la carga procesal, sin que ello signifique que deba sentenciar sin los fotostatos auténticos de las actuaciones correspondientes, pues los mismos, son un requisito sine qua non para pronunciarse acerca de la solicitud de revisión. De manera que, en virtud de sus potestades especiales la Sala puede requerir –cuando lo considere justificado- a los órganos jurisdiccionales que remitan las copias certificadas respectivas, sin que ello signifique la suplencia de la defensa del accionante.
>
> Por lo tanto, esta Sala observa a los fines de salvaguardar la tutela judicial efectiva en cada caso, que le es dado al juez de la revisión constitucional, previo a la emisión del fallo correspondiente, la posibilidad de requerir la información que sea necesaria a las partes o solicitarla de oficio cuando lo estime pertinente para la resolución del asunto sometido a su conocimiento.

Ahora bien, contrariando el principio de seguridad e igualdad jurídica, en otras oportunidades la Sala Constitucional ha ordenado de oficio el envío de la copia certificada del fallo cuestionado, sin que existan o hayan alegado circunstancias especiales que hubiesen impedido la obtención de la copia certificada. Así, en la sentencia de fecha 22 de junio de 2005, caso: *Pedro Rojas*, se dispuso que:

> Por cuanto, la parte actora requirió la revisión de una sentencia que emitió la Corte Superior de Apelaciones del Tribunal de Protección del Niño y del Adolescente de la Circunscripción Judicial del Área Metropolitana de Caracas y Nacional de Adopción Internacional el 12 de febrero de 2004;

Por cuanto, la parte solicitante no acompañó copia certificada de la sentencia objeto de revisión, sino que se limitó a la consignación de una copia simple de la misma, y que para el pronunciamiento sobre su pedimento esta Sala, en protección del interés superior del sujeto menor de edad que está involucrado en el asunto de autos, la requiere;

En consecuencia, esta Sala Constitucional del Tribunal Supremo de Justicia, administrando justicia en nombre de la República por autoridad de la Ley, *ORDENA* a la parte accionante que, dentro de los tres (3) días siguientes a cuando se le notifique de este auto, consigne copia certificada de fallo que impugnó, que expidió, que dictó la Corte Superior de Apelaciones del Tribunal de Protección del Niño y del Adolescente de la Circunscripción Judicial del Área Metropolitana de Caracas y Nacional de Adopción Internacional, el 12 de febrero de 2004.

Finalmente, es pertinente destacar que la Sala Constitucional ha negado la posibilidad de que se acumulen, así sea en forma subsidiaria, una acción de amparo constitucional contra sentencia y un recurso extraordinario de revisión. Concretamente, en la decisión de fecha 24 de agosto de 2004, caso: *Depositaria Judicial Los Andes*, se señaló lo siguiente:

Determinada la competencia y realizado el estudio exhaustivo del presente expediente, esta Sala observa que, en el presente caso, la apoderada judicial de DEPOSITARIA JUDICIAL LOS ANDES C.A., interpuso acción de amparo constitucional con solicitud subsidiaria de revisión constitucional, por lo que se hace pertinente señalar lo expuesto por esta Sala Constitucional en sentencia N° 3045/02 del 2 de diciembre, en la cual se puede leer lo siguiente:

"...Por último esta Sala considera oportuna la cita del único aparte del artículo 78 del Código de Procedimiento Civil, que complementa al artículo transcrito supra, en los siguientes términos:

'... podrán acumularse en un mismo libelo dos o más pretensiones incompatibles para que sean resueltas una como subsidiaria de otra *siempre que sus respectivos procedimientos no sean incompatibles entre sí'* (Subrayado añadido).

De la lectura de la norma en cuestión se colige que sólo es posible la acumulación de pretensiones incompatibles, en una misma demanda, cuando el demandante las propone de forma subsidiaria, sin embargo, el mismo artículo coarta dicha posibilidad cuando se trata de pretensiones con procedimientos incompatibles.

Entiende entonces esta Sala que la acumulación de pretensiones con procedimientos incompatibles no puede darse *en ningún caso*, es decir, ni de forma simple o concurrente, ni de manera subsidiaria.

Lo que antes fue expuesto conduce a esta Sala a la rectificación de la posición que hasta ahora asumió en casos en los que se le dio cabida a la acumulación de pretensiones de amparo y revisión propuestas de manera subsidiaria, razón por la cual ordena que se destaque, en el sitio web de este Tribunal Supremo de Justicia, la información de la publicación de esta decisión".

La misma posición fue ratificada por esta Sala Constitucional, así en sentencia N° 3516/03 del 17 de diciembre, se señaló lo siguiente:

"...pero procesalmente entre el trámite de una pretensión y la otra, existen grandes diferencias, tales como: i) la revisión, al contrario del amparo, es facultativo de la Sala analizar su admisibilidad o su procedencia; ii) mientras el amparo tiene pautado un procedimiento, la revisión carece de él, correspondiendo a esta Sala crearlo para cada caso; iii) mientras en el amparo hay actividad probatoria, en la revisión no, excepto la copia certificada del fallo impugnado.

Tales diferencias conducen a que, si bien las pretensiones podrían acumularse, los procedimientos resultan incompatibles entre sí, lo que hace inadmisible la acumulación...".

Más adelante se indicó en el mismo fallo:

"...Por último, el amparo es un proceso contradictorio, pero en teoría la revisión podría no serlo, y esta distinta naturaleza desde el punto de vista objetivo, expresa que se trata de procedimientos incompatibles, donde es imposible acumular pretensiones que puedan ventilarse o no por vía contenciosa...".

> En el presente caso es obvia la acumulación de pretensiones hecha por la accionante, por lo que esta Sala Constitucional ratifica los criterios que ha venido aplicando en esta materia. (...)
>
> Por las razones anteriormente expuestas, esta Sala Constitucional debe declarar la inadmisibilidad de la presente acumulación de pretensiones, así se decide.

Como vemos, la jurisprudencia de la Sala Constitucional ha sido bastante formal en lo que al recurso de revisión constitucional se refiere, determinando la inadmisibilidad del recurso en situaciones que probablemente pudiera corregir con un simple *despacho saneador*, de modo de evitar el acceso a este remedio procesal. En nuestro criterio, la falta de presentación de la copia certificada o una insuficiencia en las facultades del poder otorgado no deberían derivar en una declaratoria de inadmisibilidad, sobre todo porque el solicitante podría volver a presentar el recurso, al no existir cosa juzgada por falta de pronunciamiento sobre el fondo del asunto. Por tanto, en aras de garantizar la celeridad y economía procesal, bastaría un simple auto donde se ordene la subsanación del error u omisión cometido por el recurrente.

Finalmente, vale la pena destacar que la Sala Constitucional tiene potestades para solicitar informaciones adicionales al tribunal que dictó el fallo impugnado, a los fines de generarse un mejor criterio sobre el recurso intentado. Así, en sentencia de fecha 31 de julio de 2009, caso: *INTI*, se dispuso lo siguiente:

> De la revisión de las actas del expediente, la Sala observa que la representación judicial del Instituto Nacional de Tierras, afirmó que en el presente caso se verificó la perención breve en los procedimientos contencioso agrarios, circunstancia que fue desconocida en la sentencia objeto de revisión, mediante el cambio del criterio jurisprudencial de la Sala Especial Agraria de la Sala de Casación Social del Tribunal Supremo de Justicia, en relación con el artículo 174 de la Ley de Tierras y Desarrollo Agrario.
>
> Ahora bien, esta Sala observa, a los fines de salvaguardar la tutela judicial efectiva en cada caso, que le es dado al juez de la revisión constitucional, previo a la emisión del fallo correspondiente, la posibilidad de requerir la información que sea necesaria a las partes o solicitarla de oficio cuando lo estime pertinente para la resolución del asunto sometido a su conocimiento.

VII. LOS MOTIVOS DE IMPUGNACIÓN EN LA REVISIÓN DE SENTENCIAS DEFINITIVAMENTE FIRMES

Tal y como adelantamos en el aparte referido a las sentencias que pueden ser objeto de revisión constitucional, en los numerales 10, 11 y 12 del artículo 25 de la *Ley Orgánica del Tribunal Supremo de Justicia* se recogen lo que serían los motivos de impugnación de sentencias definitivamente firmes.

La lectura de estas disposiciones arroja la conclusión de que los argumentos que deben presentar quienes solicitan un recurso de revisión deben estar dirigidos a evidenciar que el fallo cuestionado desconoció algún precedente de la Sala Constitucional; o se realizó una indebida aplicación de una norma o principio constitucional o se interpretó en forma errada; o por haberse omitido la aplicación de algún principio o norma constitucional; o cuando se hayan violado principios jurídicos fundamentales consagrados en la Constitución o tratados internacionales.

Y son precisamente estos motivos de impugnación los que determinan las razones por las cuales se declaran procedente las revisiones constitucionales y se anulan los fallos cuestionados.

Veamos de seguidas los principales motivos de impugnación que dan lugar a revisiones constitucionales.

1. *El desconocimiento de algún precedente de la Sala Constitucional o del propio tribunal o Sala que dictó el fallo*

Es bastante común la declaratoria de procedencia de recursos extraordinarios de revisión cuando la sentencia impugnada desconoce o malinterpreta un precedente de la Sala Constitucional. Un ejemplo de ello lo podemos ver en la sentencia de fecha 30 de noviembre de 2017, caso: *Juan J. Dioro*, donde se precisó que:

> Asimismo, la Sala observa que la sentencia objeto de revisión determinó que la no comparecencia de la ciudadana Gladys Valle Bello al acto de celebración de la audiencia constitucional no significó la aceptación de los hechos expuestos por el presunto agraviado, basado en el criterio contenido en la sentencia número 1379 del 13 de noviembre de 2014, caso: "*Jean Carlos Medina Negrín*", que establece, entre otras cosas, lo siguiente: (...)

En la fundamentación de la apelación, el apoderado judicial de la parte accionante se basó en tres aspectos: (i) que la parte accionante no consignó la copia certificada por razones de tiempo; (ii) que correspondía al Juez de primera instancia solicitar la copia certificada y (iii) que el Juez que dictó el fallo accionado no se hizo parte en el juicio de amparo.

...Finalmente, esta Sala advierte al apoderado actor, que él antes citado fallo N° 7 del 1 de febrero de 2000 (caso J. A. Mejía Betancourt), adaptó la Ley Orgánica de Amparo sobre Derechos y Garantías Constitucionales para adecuarla a la nueva Constitución de 1999, por mandato de su artículo 27. En tal sentido, el informe requerido al presunto agraviante, contenido en el artículo 23 de la ley 'in commento' fue eliminado, así como las consecuencias que preveía su no consignación. Asimismo, la Sala expresamente estableció que 'La falta de comparecencia del Juez que dictó el fallo impugnado o de quien esté a cargo del Tribunal, *no significará aceptación de los hechos, y el órgano que conoce del amparo, examinará la decisión impugnada'* (Subrayado de este fallo)".

Al respecto, resulta necesario para esta Sala advertir que el Juzgado Superior Décimo en lo Civil, Mercantil, Tránsito y Bancario de la Circunscripción Judicial del Área Metropolitana de Caracas *erro al analizar y aplicar el criterio anteriormente transcrito para arribar a la conclusión de que la no comparecencia de la accionada a la audiencia constitucional no significaba la aceptación de los hechos, por cuanto es clara la sentencia al aplicar dicho supuesto exclusivamente al juez que haya dictado la sentencia impugnada en amparo, ratificando el criterio contenido en la sentencia N° 7 del 1 de febrero de 2000, caso: "J.A. Mejía Betancourt"*, razón por la cual se le hace un llamado de atención para que en lo sucesivo se abstenga de interpretar de manera errónea la jurisprudencia de esta Sala Constitucional.

Por las razones expuestas, esta Sala declara que ha lugar la presente solicitud de revisión constitucional y, en consecuencia, anula la sentencia dictada el 12 de febrero de 2016 por el Juzgado Superior Décimo en lo Civil, Mercantil, Tránsito y Bancario de la Circunscripción Judicial del Área Metropolitana de Caracas. Así se decide. (Destacado añadido).

En el mismo sentido, en la decisión de fecha 11 de agosto de 2017, caso: *Job Pérez*, se destacó:

Sobre la base del criterio jurisprudencial establecido de manera pacífica y reiterada por esta Sala Constitucional, es menester considerar que, cuando la Corte Segunda de lo Contencioso Administrativo afirmó que "*entrar a conocer de la pretensión de jubilación solicitada ante esta Alzada sin que la misma haya formado parte del contradictorio en primera instancia y sin que la parte contra quien obra tal pedimento haya tenido la oportunidad de exponer lo que a bien considera al respecto, resultaría contrario a los derechos constitucionales referidos [a la defensa, al debido proceso y a la tutela judicial efectiva]; razón por la que, esta Corte Segunda de lo Contencioso Administrativo se encuentra imposibilitada de verificar la procedencia o no de tal pretensión*" (Negrillas añadidas), desconoció abiertamente la jurisprudencia reitera-da por esta Sala en cuanto a la prevalencia del estudio del cumplimiento o no de los requisitos para el otorgamiento del derecho constitucional a la jubilación, de manera tal que garantizara el eventual derecho constitucional a la jubilación del recurrente en aquel juicio. De manera tal que, ante el argumento expuesto por el actor en ese sentido, sin importar el estado o grado del proceso, la Corte debía proceder al estudio del alegato conforme a la referida sentencia de esta Sala N° 1518/2007, teniendo en cuenta, además, de ser aplicables, los criterios vinculantes de esta Sala en relación al Reglamento de Jubilaciones y Pensiones del Personal del Cuerpo Técnico de Policía Judicial (*Cfr*. Sentencia de esta Sala N° 1230/2014).

Como consecuencia de las anteriores consideraciones, esta Sala reitera que ante el alegato expuesto por la parte actora, lo correcto era que la Corte Segunda de lo Contencioso Administrativo conociera, aun de oficio, tal argumento, y no desestimarlo en los términos expuestos, desconociendo los criterios vinculantes de esta Sala sobre la materia, por lo que corresponde al órgano jurisdiccional dar respuesta al pedimento efectuado por el ahora solicitante, para lo cual deberá tener en cuenta las actas del expediente y hacer uso de sus potestades oficiosas, de ser el caso. Siendo que este no fue el proceder de la mencionada Corte, esta Sala declara ha lugar la solicitud de revisión constitucional, en consecuencia, anula el fallo sometido a revisión y ordena a la Corte Primera de lo Contencioso Administrativo dicte un nuevo pronunciamiento en la presente causa, con observancia de lo dispuesto en el presente fallo. Así se declara.

Incluso, en otras oportunidades la Sala Constitucional ha considerado procedente una solicitud de revisión constitucional cuando el fallo cuestionado se aparta de los precedentes del propio tribunal o Sala que lo dictó, al considerar que ello puede ser considerado como una *inmotivación* violatoria del derecho a la defensa y al debido proceso. Así, en sentencia de fecha 11 de agosto de 2017, caso: *Alberto Villasmil*, la Sala señaló que:

> En atención a los referidos criterios jurisprudenciales, se advierte que, ante la falta de motivación tantas veces anotada, esta Sala considera procedente la solicitud de revisión constitucional de oficio en el presente caso, habida cuenta que la Sala de Casación Civil se apartó de sus propios criterios en cuanto al reestudio de los parámetros a tener en cuenta a los fines de la determinación motivada de la indemnización en casos de daños morales, lo cual se constituye en una vulneración a los derechos y garantías constitucionales de los solicitantes, tutelable mediante la presente solicitud, conforme el criterio expuesto en sentencias de esta Sala antes citados.

Criterio que se reitera en la sentencia de fecha 20 de diciembre de 2007, caso: *Yolanda Vivas*, donde se expresó:

> Como se observa, la Sala Político-Administrativa había aceptado que la Comisión Judicial del Tribunal Supremo de Justicia podía dejar sin efecto la designación de un juez o jueza con carácter provisorio, basada en "observaciones" a su desempeño, sin necesidad de motivarlas, pues tales jueces carecen de estabilidad, y así lo había sostenido dicha Sala en su sentencia N° 1798/2004.
>
> De ese modo, no se aplicó a la abogada Yolanda del Carmen Vivas Guerrero el precedente que esa misma Sala había sentado, según el cual la Comisión Judicial puede dejar sin efecto el nombramiento de jueces y juezas provisorios, de existir observaciones en su contra, con lo que se produjo un cambio casuístico de la jurisprudencia, como la propia Sala lo afirmó en el fallo objeto de revisión.

2. *El desconocimiento o errada interpretación de un derecho o principio constitucional*

Otro de los motivos más frecuentes de impugnación y que suele determinar la nulidad del fallo cuestionado es la violación de derechos o principios constitucionales. Esto implica, en definitiva, un control constitucional pleno de las decisiones judiciales, lo que en no pocos casos convierten la revisión en una tercera instancia.

Y cualquier revisión jurisprudencial sencilla de la Sala Constitucional pone en evidencia que probablemente el derecho constitucional más denunciado y que ha determinado más anulaciones de sentencias, es el derecho a la defensa y al debido proceso, pues este derecho fundamental implica entre otras cosas, la garantía de ser oído en la oportunidad procesal pertinente; la obligación que tienen los jueces de fundamentar en forma efectiva las decisiones judiciales; o la necesidad de apreciar y valorar plena y correctamente todo el acervo probatorio que curse en autos.

Así, por ejemplo, en muchas oportunidades la Sala Constitucional ha anulado decisiones por considerar que los jueces han impedido el ejercicio del derecho a la defensa en la oportunidad legalmente establecida. Por ejemplo, en la sentencia dictada en fecha 16 de junio de 2006, caso: *Cerámica Carabobo*, se precisó lo siguiente:

> Como se observa, aun cuando se notificó a la solicitante del abocamiento de la jueza del Juzgado a quo del proceso laboral, sin embargo, la representación judicial de la pretensora no tuvo conocimiento de la oportunidad cuando se produciría la audiencia preliminar, pues ésta no se fijó en el auto de abocamiento, sino que, por el contrario, se fijó dos meses después de su notificación, razón por la cual nunca tuvo certeza de la oportunidad cuando se realizaría ese acto procesal de superlativa importancia para el ejercicio de su derecho a la defensa. Así, debe subrayarse que, en los procesos laborales, los actos tendientes al ejercicio de ese derecho no se producen en un lapso sino en un acto, por tanto, las partes deben tener certeza del momento cuando éste va a celebrarse, para el ejercicio pleno de sus derechos constitucionales. De lo contrario, se permitiría el sometimiento de las partes a una constante revisión del expediente continente de la causa laboral para la verificación de la oportunidad cuando va a producirse la audiencia preliminar, en aquellos supuestos donde se cumpla con lo que preceptúa el artículo 126 de la Ley Adjetiva Laboral.(…)
>
> De la disposición que fue transcrita, se infiere que debe dársele certeza, a la parte demandada, sobre la oportunidad cuando deba asumir la audiencia preliminar, para una garantía plena de su derecho a la defensa, certeza que no se dió en

> el proceso laboral en el que recayó el fallo cuya revisión se requirió, debido a que, en la boleta de notificación, no se fijó dicha oportunidad; por el contrario, fue en un acto procesal posterior donde ésta se determinó (26 de abril de 2004), es decir, dos meses después desde cuando se dejó constancia de su notificación (26 de febrero de 2004).
>
> En definitiva, de lo que antecede se desprende claramente que el Juzgado Superior del Trabajo de la Circunscripción Judicial del Estado Bolívar, con sede en Puerto Ordaz, mediante el fallo objeto de revisión, se apartó, expresamente, de la doctrina que estableció esta Sala Constitucional sobre el contenido del derecho a la defensa, pues obvió, por completo, la interpretación del derecho constitucional a la defensa cuando expidió el fallo en cuestión.

En el mismo sentido, se han anulado sentencias por haberse detectado una errada apreciación de los hechos, cuando ello puede implicar una violación al debido proceso. Así, la sentencia de fecha 30 de noviembre de 2017, caso: *Luisa Díaz*, se señaló:

> De conformidad con lo anterior, se estima, que en el fallo sometido a revisión, se incurrió en el vicio de falsa suposición al determinar que fue practicada en fecha 10 de diciembre de 2014, la última de las notificaciones de la decisión proferida por el Juzgado Segundo de Primera Instancia en lo Civil, Mercantil y Tránsito de la Circunscripción Judicial del Estado Monagas, cuando se demuestra de actas procesales que en fecha 01 de diciembre de 2014, el alguacil encargado de practicar las notificaciones consignó en boleta de notificación única las resultas positivas de la misma, en la cual se encuentra la rúbrica de ambas partes y asimismo, se desprende que corresponde la fecha en la cual se practicó la misma, siendo diferente la diligencia consignada por el referido alguacil en fecha 10 de diciembre en donde refiere que efectivamente la notificación practicada en la persona de Luisa Díaz fue el día 01 de diciembre de 2014.
>
> En consecuencia, el hecho establecido en el fallo, en donde se pretende dar como fecha cierta de última notificación el día 10 de diciembre de 2014, sobre la verdad que se desprende de actas procesales, es razón suficiente para encuadrarlas dentro del concepto de suposición falsa. (Sentencia No. 254 de fecha 3 de agosto de 2000, caso: *Henry Bravo y otros c/ Protinal, C.A.*).

Visto, por esta Sala Constitucional lo anterior, es necesario referir que la Sala de Casación Civil erró en determinar que no hubo quebrantamiento de formas sustanciales que menoscabaran el derecho a la defensa, siendo que se evidencia, tal como fue alegado de forma insistente por la abogada Luisa Mercedes Díaz, que la apelación contra la sentencia emanada del referido Juzgado Segundo de Primera Instancia, no debió ser oída en razón de ser extemporánea la misma, en consecuencia, al ser tramitada la misma resultó en un claro atentado contra la tutela judicial efectiva, economía y celeridad procesal, resultando lo procedente en derecho declarar tal quebrantamiento y ante los vicios delatados ordenar la reposición, en tanto, al no evidenciarse la misma se dejó al hoy solicitante en estado de indefensión.

Entonces, es imperioso señalar, que la utilidad de la reposición se encuentra íntimamente ligada a los principios y postulados desarrollados en la Constitución de la República Bolivariana de Venezuela, en cuanto a una verdadera tutela judicial efectiva, al proceso como realización de la justicia, así como a los principios de economía y celeridad que caracterizan al proceso.

También la Sala Constitucional ha declarado procedente la revisión de sentencias en casos donde no se valoraron todas las pruebas aportadas a los autos. Por ejemplo, en la sentencia del 30 de mayo de 2013, caso: *Banco Nacional de Crédito*, la Sala Constitucional declaró con lugar la revisión por considerar que se omitió la valoración de algunas pruebas fundamentales. Textualmente señaló:

Al efecto, esta Sala en decisión n° 1.789 del 5 de octubre de 2007 (caso: *"Luz Elena Vélez Mosquera"*), indicó que:

"...De tal manera que, es evidente que los hechos alegados por el querellante quedaron desvirtuados completa-mente con las mismas actas procesales que constaban en el expediente, instrumentos éstos que el juez del fallo cuya revisión se solicita no valoró, decidiendo en su lugar sobre la base de un falso supuesto de hecho, derivado de pruebas testimoniales que se contradecían con los mismos hechos que constaban en el expediente, además de incurrir en silencio de pruebas, tal como fue alegado por el apoderado judicial de la solicitante, pues las aludidas circunstancias fueron alegadas oportunamente, sin que fueran estimadas, situación ésta que condujo al desconocimiento del debido proceso, de la tutela judicial efectiva y de la defensa de la solicitante. Así se declara...".

Este mismo criterio, fue ratificado, entre otras, en sentencia nº 319, del 6 de marzo de 2008 (caso: "*Federación Centro Cristiano para las Naciones*"), en la cual se expresó:

"...En consecuencia, debe concluir esta Sala que el juez de casación en el fallo objeto de revisión constitucional obvió el respeto a los derechos a la tutela judicial efectiva y a la defensa, al haber incurrido en el vicio de silencio de pruebas, en virtud de no haberse pronunciado sobre todos los argumentos de hecho y derechos expuestos por la parte, con fundamento en el cúmulo probatorio cursante en el expediente, en razón por la cual, debe declararse ha lugar la revisión constitucional...".

En atención a los referidos criterios jurisprudenciales, se advierte que el juez competente al momento de decidir la pretensión interpuesta debe pronunciarse respecto a todos los alegatos formulados por las partes, así como los elementos probatorios que se encuentren en el expediente, de una manera razonable, congruente y fundada, a fin de emitir un fallo coherente y justo, *so pena* de vulnerar el derecho a la tutela judicial efectiva, a la defensa y al debido proceso de las partes.

En atención a las consideraciones expuestas, aprecia esta Sala que ciertamente el Juzgado Superior Décimo en lo Civil, Mercantil, y del Tránsito de la Circunscripción Judicial del Área Metropolitana de Caracas, obvió al momento de dictar su decisión el análisis de parte del acervo probatorio inserto en el expediente, lo cual restringe el derecho a la tutela judicial efectiva del solicitante, y contradice el criterio interpretativo de la Sala respecto de la necesidad de que se eviten decisiones que obvien la totalidad o parte de las pruebas, o donde exista un tratamiento incompleto hacia la totalidad de las probanzas presentadas por las partes (Vid. Sentencia de esta Sala n.° 383 del 26 de febrero de 2003, caso: "*Terminales Maracaibo, C.A.*").

De manera que, advierte esta Sala Constitucional la violación al derecho a la tutela judicial efectiva de la parte accionante con ocasión de la sentencia impugnada, al no haberse pronunciado sobre la totalidad del cúmulo probatorio cursante en el expediente tendente a demostrar, precisamente, que aun no había fenecido el lapso de prescripción de la acción, en virtud de la interrupción de la misma. Así se decide.

De igual forma se ha considerado procedente la revisión cuando se rechazan ilegalmente las pruebas promovidas por las partes, como lo demuestra esta decisión de fecha 8 de abril de 2008, caso: *Taller Pinto Center,* donde se expresó lo siguiente:

> De modo pues que, al haber declarado inadmisibles las testimoniales promovidas en los términos expuestos *supra* y no haberlas valorado en la sentencia definitiva, la Sala Político-Administrativa de este Tribunal Supremo de Justicia, privó indebidamente a la demandante de dicho medio de prueba, con lo cual le causó indefensión, vulnerando de esta forma sus derechos constitucionales al debido proceso y tutela judicial efectiva, siendo relevante destacar que el análisis y valoración de tales probanzas pudo haber sido determinante en el dispositivo del fallo, específicamente en lo que respecta a la validez de las facturas que fueron acompañadas como instrumento fundamental de la demanda.
>
> Asimismo, desconoció dicha Sala el principio jurídico fundamental que la doctrina denomina ***favor probationes,*** que prescribe el favorecimiento de la prueba cuando ella es producida en juicio de manera regular, íntimamente conectado con el derecho a la tutela judicial efectiva que estable los artículos 26 y 257 de la Constitución de la República Bolivariana de Venezuela, en tanto coadyuva con la finalidad del proceso como instrumento para la realización de justicia y con la delicada labor del órgano jurisdiccional de sentenciar, sobre todo, en aquellos casos como el presente, en los que puede dificultarse la prueba.

Mientras que, en la decisión del 14 de agosto de 2017, caso: *Angel Sanchez,* la Sala Constitucional anuló la decisión cuestionada por considerar que el tribunal erró al invertir la carga de la prueba. El fallo expresó lo siguiente:

> En virtud de lo anterior, esta Sala, al constatar, que en el presente caso la sentencia dictada el 29 de noviembre de 2011 por el Juzgado del Municipio Los Salias de la Circunscripción Judicial del Estado Bolivariano de Miranda, con sede en San Antonio de Los Altos, (actualmente Juzgado de Municipio

Ordinario y Ejecutor de Medidas del Municipio Los Salias de la Circunscripción Judicial del Estado Bolivariano de Miranda, con sede en San Antonio de Los Altos), incurrió en una indebida inversión o desplazamiento de la carga de la prueba, situación similar a aquella que se produce cuando la valoración de la prueba resulta claramente errónea o arbitraria, ha de considerarse que se apartó de la jurisprudencia vinculante de la Sala y que infringió los derechos constitucionales a la defensa y al debido proceso del solicitante de revisión al haber roto el equilibrio procesal entre las partes, concediéndole una ventaja indebida a una de ellas sobre la otra, razón suficiente para declarar ha lugar la solicitud de revisión, y en consecuencia, se ordena al Juzgado de Municipio Ordinario y Ejecutor de Medidas del Municipio Los Salias de la Circunscripción Judicial del Estado Bolivariano de Miranda, con sede en San Antonio de Los Altos, dictar una nueva decisión sobre el fondo de la controversia sin incurrir en el vicio aquí advertido.

Por otra parte, se han anulado decisiones a través de esta facultad revisora cuando se desconocen algunos valores fundamentales como el principio *pro actione* o la confianza legítima. Así, en sentencia de*14 de agosto de 2017, caso: Pedro Pérez,* la Sala dispuso:

> De esta manera, esta Sala concluye que la decisión objeto de revisión se apartó de la interpretación que ha hecho esta Sala Constitucional sobre el derecho constitucional a la obtención de una tutela judicial efectiva, acceso a la justicia y principio *pro actione,* según los cuales todo ciudadano tiene derecho a acceder a la justicia, al juzgamiento con las garantías debidas, a la obtención de una sentencia cuya ejecución no sea ilusoria y a que los requisitos procesales se interpreten en el sentido más favorable a la admisión de las pretensiones procesales.
>
> El alcance del principio *pro actione* (a favor de la acción) ha sido objeto de un sistemático tratamiento por parte de esta Sala. La conclusión que se puede extraer de las decisiones que han considerado el tema, es que las condiciones y requisitos de acceso a la justicia no deben imposibilitar o frustrar injustificadamente el ejercicio de la acción a través de la cual se deduce la pretensión, toda vez que "*el propio derecho a la tutela judicial efectiva garantiza la posibilidad de ejercicio eficiente de los medios de defensa, así como una interpretación de los mecanismos*

> *procesales relativos a la admisibilidad que favorezca el acceso a los ciudadanos a los órganos de justicia"* (s.S.C. nº 1.064 del 19-09-00).
>
> De este modo, al determinarse que la sentencia objeto de revisión se apartó expresamente de la interpretación que ha hecho esta Sala Constitucional sobre el derecho constitucional a la obtención de una tutela judicial efectiva, acceso a la justicia y principio *pro actione*, esta Sala declara ha lugar la presente solicitud de revisión constitucional y, en consecuencia, anula el fallo dictado el 08 de febrero de 2017, por el Juzgado Superior Primero en lo Civil, Mercantil, Tránsito y Bancario de la Circunscripción Judicial del Estado Aragua, y repone la causa del juicio de cobro de honorarios profesionales al estado en que un Juzgado Superior en lo Civil de la misma Circunscripción Judicial, distinto, dicte un nuevo pronunciamiento sobre el mérito de la apelación ejercida por la parte demandada, contra la sentencia dictada el 10 de junio de 2015, por el Juzgado Primero de Primera Instancia en lo Civil y Mercantil de la Circunscripción Judicial del Estado Aragua, considerando los razonamientos sostenidos en el presente fallo. Así se decide.

Y en el fallo de fecha 14 de agosto de 2017, caso: *Banesco*, se anuló una decisión que se consideró que había obviado el principio de la confianza legítima, en los siguientes términos:

> Así las cosas, se aprecia que con tal proceder, la referida sentencia N° 886 dictada por la Sala de Casación Social el 16 de octubre de 2013, desconoció igualmente, los criterios que sobre la garantía de confianza legítima ha desarrollado de manera reiterada esta Sala Constitucional, por haber aplicado a supuestos de hecho similares, consecuencias jurídicas distintas; en efecto, tal como lo afirmó la parte solicitante en revisión, tanto en la referida sentencia del 25 de enero de 2005, como en la N° 1168 del 17 de julio de 2008, la Sala de Casación Social, había establecido, sin ningún margen de duda, que la homologación de las pensiones por jubilación debían hacerse en atención al salario mínimo; es por ello, que al haber aplicado un criterio distinto al que se encontraba vigente, la Sala de Casación Social vulneró de manera flagrante el aludido principio de confianza legítima, con respecto al cual, esta Sala señaló en sentencia N° 276 del 9 de marzo de 2012 (Caso: William Salazar Rodríguez), lo siguiente:

Respecto de la confianza legítima de los ciudadanos frente a la falta de aplicación uniforme de la jurisprudencia, esta Sala Constitucional ha indicado reiteradamente que: (...) *"la uniformidad de la jurisprudencia es la base de la seguridad jurídica, como lo son los usos procesales o judiciales que practican los Tribunales y que crean expectativas entre los usuarios del sistema de justicia, de que las condiciones procesales sean siempre las mismas, sin que caprichosamente se estén modificando"* (Ver sentencia n.°: 3180, del 15 de diciembre de 2004, caso: Rafael Terán, criterio ratificado en sentencia n° 909, del 08 de junio de 2011, caso: *Amado Afif,* entre otras).

Por ello, en el caso de autos, esta Sala Constitucional estima que la Sala de Casación Social violentó la garantía de tutela judicial efectiva del recurrente en casación, hoy solicitante en revisión, por falta de aplicación de lo establecido en el artículo 26 de la Carta Magna y vulneró el principio de confianza legítima y seguridad jurídica del justiciable, al abstenerse de aplicar su doctrina e inobservando lo establecido por esta Sala Constitucional sobre la tutela judicial efectiva...

3. *Violación de normas legales*

Finalmente vale la pena destacar como la Sala Constitucional ha llegado a señalar que la revisión constitucional procede frente a errores de interpretaciones legales (y no sólo constitucionales), lo que evidentemente convierte a este recurso en una especie de tercera instancia, aun cuando la Sala lo niegue en infinidad de oportunidades.

Así, en la sentencia del 27 de marzo de 2009, caso: *Jesús R. Jimenez,* se afirmó lo siguiente:

> Ahora bien, de las actas del expediente se desprende que la situación planteada se ajusta a los fines que persigue la potestad excepcional de revisión constitucional, dado que es posible examinar en esta sede extraordinaria la valoración que efectuó el juzgador para dictar el dispositivo cuestionado y el alcance de las interpretaciones *de normas legales realizadas en la referida sentencia,* toda vez que se detectó que la misma contraría en forma manifiesta la doctrina vinculante de esta Sala Constitucional. (Resaltado añadido).

Y, de igual forma, en la sentencia de fecha 17 de enero de 2017, caso: *Inver Group*, se expuso lo siguiente:

> Ante tales eventos procesales, considera esta Sala que en el presente asunto se violentó el debido proceso y derecho a la defensa de la parte solicitante de la revisión, pues la decisión señalada como lesiva consideró que los demandados en el juicio principal habían incurrido en confesión ficta por no haber contestado la demanda, ni haber probado nada en su favor, cuando se verifica de los autos una absoluta falta de certeza de los lapsos procesales transcurridos en el juicio primigenio ocasionada por la irregularidad que se presentó con lo dispuesto en el auto dictado por el tribunal de cognición el 17 de mayo de 2016 -que sirvió de base para los cómputos procesales- contenidos en la decisión que hoy se revisa, pues con tal actuación se cambió no solo la forma de citación acogida en el auto de admisión de la demanda -citación personal en cada uno de los demandados- quienes conformaban un litisconsorcio pasivo necesario y que debían ser llamados a juicio en la forma legalmente prevista para cada uno de acuerdo a su condición de personas naturales y/o jurídicas, sino que además estableció nuevos lapsos, sin que mediara notificación para las partes de tales cambios, lo que sin duda alguna creó un caos procesal que indeterminó toda certeza que se pudiera tener sobre los actos cumplidos y por cumplir en el proceso, toda vez que lo establecido en el auto de admisión primigenio no fue revocado, ni anulado por las vías correspondientes para ello.
>
> Asimismo, se aprecia que en el juicio primigenio por decisión del 16 de marzo de 2017, el Juzgado Décimo de Primera Instancia en lo Civil, Mercantil del Tránsito y Bancario de la Circunscripción Judicial del Área Metropolitana de Caracas, homologó un desistimiento de la acción presentado por la parte demandante únicamente con relación a uno de los codemandados en la causa principal, ciudadano Alejandro Filomeno Spatafora, homologación ésta que se produjo después de haberse dictado sentencia de fondo en el asunto, en razón de lo cual la misma *no se atuvo a las previsiones de los artículos 263 y 264 del Código de Procedimiento Civil, pues el desistimiento puede efectuarse en cualquier estado y grado de la causa hasta tanto no se hubiera pronunciado sentencia firme* o se hubiera culminado el juicio -como ocurrió en el presente asunto-, lo que inde-

fectiblemente quebrantó el derecho a la defensa, el debido proceso y la seguridad jurídica de los co-demandados en el juicio primigenio.

Por tanto, evidenciadas como han sido las múltiples transgresiones de orden constitucional en el juicio originario, considera esta Sala que de acuerdo a lo dispuesto en el artículo 35 de la Ley Orgánica del Tribunal Supremo de Justicia, el efecto de la presente revisión debe ser anulatorio no sólo de la sentencia objeto de revisión sino de todos los actos llevados a cabo en el juicio originario luego de la admisión de la demanda verificada el 17 de diciembre de 2015, por lo que se deberá ordenar en el dispositivo de la presente decisión la reposición de la causa al estado que se realicen las citaciones conforme al auto de admisión en referencia, tomando en cuenta que las personas naturales y jurídicas co-demandadas deben ser llamadas a juicio en forma personal de acuerdo a su condición procesal, en las direcciones contractualmente establecidas y, en atención a las previsiones contenidas en los artículos 215 y siguientes del Código de Procedimiento Civil. Y así se decide. (Destacado añadido).

En suma, dada la amplitud y vaguedad de los términos utilizados por los numerales 10, 11 y 12 del artículo 25 de la *Ley Orgánica del Tribunal Supremo de Justicia* y considerando los criterios jurisprudenciales de la Sala Constitucional, es lógico concluir que la revisión extraordinaria de sentencias se ha convertido en un recurso que permite cuestionar no sólo la errada aplicación de una norma constitucional, sino también cualquier otro error judicial de relativa trascendencia.

Al verificar los fallos que han declarado con lugar las solicitudes de revisión se pone en evidencia que muchas veces la Sala Constitucional actúa como un tribunal de alzada, convirtiéndose en la última instancia en todas las jurisdicciones del país. No en vano el número de solicitudes ha venido aumentando considerablemente en los últimos años, pues básicamente los motivos de impugnación se volvieron infinitos.

Es claro que a estas alturas casi siempre habrá algún precedente de la Sala Constitucional o de cualquier otra Sala que se pueda denunciar como transgredido; o alguna errada percepción de los hechos o el derecho que pueda considerarse como violatorio del derecho al debido proceso o a la tutela judicial efectiva. Esto es lo que hemos querido evidenciar con los fallos que hemos citado en el presente capítulo, pues así queda claro que la Sala Constitucional no solo ha pasado a ser el máximo intérprete de la *Constitución*, sino también del resto del ordenamiento jurídico.

VIII. LOS EFECTOS DE LA DECISIÓN EN MATERIA DE REVISIÓN CONSTITUCIONAL

El contenido de la sentencia que resuelve el recurso extraordinario de revisión puede contener una gran diversidad de decisiones, dependiendo de la procedencia o no del recurso, y de la forma como deba reestablecerse la situación jurídica infringida.

En este sentido, el artículo 35 de la *Ley Orgánica del Tribunal Supremo de Justicia* se refiere concretamente a los efectos que pueden derivarse de este remedio procesal. Textualmente dispone esta norma:

> Cuando ejerza la revisión de sentencias definitivamente firmes, la Sala Constitucional determinará los efectos inmediatos de su decisión y podrá reenviar la controversia a la Sala o Tribunal respectivo o conocer la causa, siempre que el motivo que haya generado la revisión constitucional sea de mero derecho y no suponga una nueva actividad probatoria; o que la Sala pondere que el reenvío pueda significar una dilación inútil o indebida, cuando se trate de un vicio que pueda subsanarse con la sola decisión que sea dictada.

Veamos entonces cuáles pueden ser los posibles contenidos del fallo que resuelva la revisión de sentencia.

1. *La declaratoria de inadmisibilidad, improcedencia o no ha lugar*

Lo primero que puede suceder frente a una solicitud de revisión constitucional es que la Sala Constitucional considere que el recurso es *inadmisible*, por considerar que hay alguna omisión o deficiencia en el mismo, motivo por el cual se rechaza la consideración sobre el fondo del asunto. Para ello, la Sala puede aplicar las distintas causales de inadmisibilidad previstas en el artículo 133 de la *Ley Orgánica del Tribunal Supremo de Justicia* o en algunos de sus fallos.

Ya hemos visto como en algunas ocasiones la Sala ha declarado inadmisibles solicitudes de revisión por considerar que el poder acreditado no es suficiente; por no haberse consignado copia certificada del fallo cuestionado; por contener conceptos irrespetuosos; o por haberse realizado una inepta acumulación de pretensiones.

En estos casos, al no haber pronunciamiento sobre el fondo del asunto y al no existir ningún lapso de caducidad que precluya una posterior presentación del recurso, no se genera cosa juzgada, de tal manera que el recurrente podrá volver a ejercer su pretensión de revisión.

Lo segundo que puede suceder es que la Sala declare el recurso de revisión *improcedente* o *no ha lugar*. Básicamente ello implica que la Sala no ha encontrado motivos suficientes para anular, total o parcialmente, la decisión cuestionada, quedando entonces, ahora sí, definitivamente firme.

Como hemos señalado antes, a la hora de rechazar una solicitud, la Sala suele señalar que se trata de un mecanismo extraordinario y discrecional que no da lugar a una respuesta exhaustiva y motivada, por lo que basta con verificar que no se observa ninguna violación constitucional.

Obviamente, la importancia de esta decisión es que a partir de este momento la sentencia cuestionada adquiere realmente el carácter de cosa juzgada, pues al existir un pronunciamiento sobre el fondo del asunto se considera que la decisión impugnada es definitivamente y firme y sin posibilidad de ser modificada.

2. *La declaratoria de ha lugar o procedencia del recurso*

En el caso que la Sala estime que la decisión cuestionada viola alguno de sus precedentes o sencillamente es contraria a la *Constitución*, entonces deberá determinar la nulidad total o parcial del fallo, y las consecuencias que de ello se deriven.

Así, es posible que la Sala Constitucional anule la decisión definitiva y ordene un nuevo pronunciamiento (reenvío), tomando en consideración las consideraciones jurídicas expuestas en el fallo de revisión. Una muestra de ello la encontramos en la sentencia de fecha 20 de diciembre de 2007, caso: *Yolanda Vivas*, donde se dijo:

> Por las razones expuestas, esta Sala Constitucional del Tribunal Supremo de Justicia, administrando justicia en nombre de la República, por autoridad de la ley *ANULA*, de oficio, la sentencia N° 01415, dictada el 2 de agosto de 2007 por la Sala Político-Administrativa de este Tribunal y, consecuencia, *ORDENA* a esa Sala reponer la causa a efecto de que *dicte nuevo pronunciamiento respecto de la demanda de nulidad interpuesta por la ciudadana Yolanda del Carmen Vivas Guerrero, que se ajuste al criterio establecido en este fallo.* (Destacado añadido).

Otra alternativa es que la Sala Constitucional considere que no es necesario el reenvío, al entender que ello puede significar una dilación inútil o indebida, por tratarse de un vicio que puede subsanarse con la sola decisión de revisión, tal y como lo dispone el artículo 35 de la *Ley Orgánica del Tribunal Supremo de Justicia.*

En efecto, en ocasiones la declaratoria de nulidad de la sentencia puede implicar también la nulidad de todo el proceso que se considera inconstitucional, de manera que no es necesario volver a dictar sentencia alguna. Por ejemplo, en el fallo de fecha 27 de marzo de 2009, caso: *Jesús Jimenez,* la Sala entendió que la causa debía intentarse ante una autoridad jurisdiccional distinta (competente), al haberse ventilado un asunto contencioso a través de un proceso de jurisdicción voluntaria. En este caso, no podía continuar el proceso que dio lugar al fallo revisado. Por ello, el dispositivo del fallo indicó:

> En consecuencia, se *ANULA* la sentencia dictada por el Juzgado Superior en lo Civil, Mercantil y Tránsito de la Circunscripción Judicial del Estado Anzoátegui el 26 de julio de 2005 y las actuaciones posteriores a ella, así como la inmediata suspensión de la entrega material del bien inmueble.

En el mismo sentido, en la decisión de fecha 5 de mayo de 2006, caso: *Puertos Internacionales,* la Sala, luego de anular el fallo objeto de revisión consideró que el recurso que motivó la decisión impugnada había perimido, razón por la cual declaró de una vez el fin del procedimiento.

En otras oportunidades, la Sala considera que es necesario reponer la causa a un estado anterior al momento de dictar el fallo. Por ejemplo, en la sentencia del 16 de junio de 2006, caso: *Cerámica Carabobo,* la Sala además de anular indicó el estado en que debía continuarse el proceso. Textualmente señaló:

En consecuencia, *ANULA* la sentencia en cuestión, así como la decisión que expidió el Juzgado Cuarto de Primera Instancia de Sustanciación, Mediación y Ejecución del Régimen Procesal Transitorio del Estado Bolívar, con sede en Puerto Ordaz, el 18 de mayo de 2004; y, por consiguiente, *REPONE* la causa laboral al estado de que se celebre la audiencia preliminar, previa fijación de la misma y notificación a las partes.

En suma, cuando la Sala Constitucional declara procedente un recurso de revisión constitucional suele ordenar el reenvío del expediente para que el tribunal que dictó el fallo anulado vuelva a dictar su decisión, con base en la doctrina expuesta en la revisión. Excepcionalmente, la Sala, si tiene los elementos de juicio necesarios o si considera que no es necesario un nuevo pronunciamiento, puede dar por terminado el juicio en la propia sentencia que resuelva la solicitud de revisión.

3. *Órdenes adicionales o complementarias*

A parte de la decisión principal del recurso de revisión, la Sala Constitucional puede disponer otras órdenes adicionales, atendiendo a la particularidad del caso, las cuales pueden ser de muy variada índole.

Así, por ejemplo, dependiendo de la importancia del asunto o del criterio jurisprudencial fijado en el caso concreto, la Sala Constitucional puede ordenar la publicación del fallo en Gaceta Oficial[392].

En otras oportunidades la Sala Constitucional considera necesario enviar copia de la decisión a determinados organismos para que tomen las decisiones correspondientes. Así, por ejemplo, hay decisiones donde la Sala ordena remitir el fallo a la Inspectoría General de Tribunales, en el caso de que haya considerado que existió un error inexcusable de derecho por parte del juez que dictó el fallo anulado; o al Tribunal Disciplinario del Colegio de Abogados respectivo, en el caso que haya considerado que los abogados involucrados en el caso realizaron alguna conducta antiética o utilizaron conceptos irrespetuosos.

392 Por ejemplo, véase la sentencia del 21 de marzo de 2014, caso: *Rómulo Navas*.

También, en determinados casos la Sala Constitucional considera que deben analizarse posibles modificaciones legales, por lo que ordena la remisión de una copia de la decisión al órgano legislativo competente.

4. *Costas procesales*

La Sala Constitucional ha mantenido la posición de que en las revisiones de sentencias a que se refiere el numeral 10° del artículo 336 de la *Constitución* no resulta procedente la condenatoria en costas, aún en el caso en que se haya rechazado la solicitud.

Probablemente entienda la Sala que al no haber un contradictorio no es necesario que la parte perdidosa indemnice a la otra por los costos y gastos que se hayan podido generar por el ejercicio del recurso de revisión.

Consideramos que se trata de una posición que debería reconsiderarse, toda vez que el ejercicio temerario de remedios procesales puede generar graves perjuicios; y en efecto, si es posible que la parte que no intentó la revisión participe ante la Sala y prepare su defensa, en cuyo caso se le estarían generando unos gastos que debería pagar el solicitante, en caso de ser rechazada su solicitud y considerarse injustificada.

CAPÍTULO DIECISIETE

EL AMPARO CONSTITUCIONAL CONTRA DECISIONES JUDICIALES

I. CONSIDERACIONES GENERALES

El amparo constitucional constituye una de las instituciones jurídicas contemporáneas más importantes para la defensa de los derechos humanos, la democracia y el Estado de Derecho. De su ejercicio efectivo suele depender la vigencia de los derechos reconocidos en las Constituciones, las leyes y los instrumentos internacionales. Los valores y principios por los que ha venido luchando la humanidad quedarían en entredicho, si no existieran los remedios judiciales como el amparo, encargados de hacer realidad los derechos fundamentales. Pero precisamente porque la consolidación de estas garantías no fueron descubrimientos o inspiraciones del trasnocho, es que se ha logrado diseñar un proceso abreviado para restablecer cualquier intento de vulneración de estas cláusulas elementales de toda persona humana.

Hoy día existen compromisos internacionales consolidados que obligan a los Estados a proteger judicialmente a toda persona, mediante un proceso rápido y sencillo, exento de formalidades innecesarias, para velar por el respeto de los derechos humanos. Se reconoce que la justicia de protección de derechos es al mismo tiempo un derecho, y de allí que los jueces deben dar preferencia a estos asuntos, a los efectos de contar con una protección efectiva.

En Venezuela este derecho a la tutela efectiva de los derechos se denomina el amparo constitucional, y se encuentra consagrado en la Constitución (art. 27) y regulado por la *Ley Orgánica de Amparo sobre Derechos y Garantías Constitucionales* (Ley Orgánica de Amparo), la cual ha sido modificada notablemente por la jurisprudencia de la entonces Corte Suprema de Justicia y a partir del año 2000 por la Sala Constitucional del Tribunal Supremo de Justicia.

De allí, que una de las principales características de esta institución en Venezuela es que su regulación no sólo es legislativa, sino que al mismo tiempo se encuentra en variadas decisiones la jurisprudencia constitucional.

Ahora bien, el tema del amparo contra decisiones judiciales tampoco ha dejado de causar polémicas en nuestro foro, algunos sostienen que este mecanismo debe ser intensificado, de modo de fortalecer el control constitucional de las decisiones de los tribunales de justicia, y otros han llegado a abogar por su eliminación. Sobre este particular, nosotros hemos tenido la oportunidad de pronunciarnos en forma detallada[393]. Sin embargo, a raíz de la promulgación de la nueva *Constitución* y dada la avalancha de nuevas decisiones referentes a este tema, dictadas por la Sala Constitucional, vamos a aprovechar esta oportunidad para actualizar y replantear los conceptos que manejamos en aquella oportunidad.

Es importante advertir desde ya que la reciente jurisprudencia de la Sala Constitucional ha asimilado el amparo constitucional contra decisiones judiciales al recurso extraordinario de revisión constitucional, al menos en la forma de tramitarlo; en los requisitos de procedencia; y en los efectos o contenido del fallo.

Hoy día es raro ver que la Sala Constitucional abra a trámite un caso de amparo constitucional contra sentencia, pues en la mayoría de los casos que va a considerar procedentes, declara el asunto como de mero derecho o aplica la nueva teoría de la "procedencia *in limine litis*", mecanismos que en definitiva le permiten dictar sus decisiones sin ningún tipo de procedimiento, tal y como sucede con los recursos extraordinarios de revisión constitucional.

En todo caso, vamos a permitirnos reducir el presente capítulo a los puntos más álgidos y discutidos, con miras a presentar algunas reflexiones.

---

393 CHAVERO GAZDIK, Rafael J. *"La acción de amparo contra decisiones judiciales"*, Funeda y Editorial Jurídica Venezolana, Caracas, 1997; y *"El Nuevo Régimen del Amparo Constitucional en Venezuela"*, Editorial Sherwood, Caracas, 2001; y el *Suplemento 2002*, Ediciones Paredes, Caracas, 2002.

Trataremos para ello, de abordar y resaltar lo más importante sobre: i) el origen de la disposición contenida en el artículo 4 de la *Ley Orgánica de Amparo*; ii) la competencia para conocer de dichas acciones; iii) los sujetos que participan en este proceso; iv) el hecho lesivo denunciable por esta vía; v) los requisitos de procedencia de esta modalidad del amparo; vi) el procedimiento que se ha creado -y ahora replanteado- por vía jurisprudencial, en materia de amparo contra sentencia; vii) los efectos de la sentencia de amparo contra decisión judicial; viii) los mecanismos para mantener el sano ejercicio de la acción de amparo; para, por último, presentar algunas reflexiones.

1. *El origen del amparo contra decisiones judiciales*

Antes de la promulgación de la *Ley Orgánica de Amparo*, ya se había admitido la posibilidad de intentar acciones de amparo constitucional contra sentencias. La desesperación y angustia ciudadana causada por algunos fallos lesivos de normas fundamentales dio paso a su revisión mediante el amparo.

Resulta bastante ilustrativa la acción de amparo que se intentara contra una medida cautelar de embargo recaída sobre una máquina de imprescindible cuidado y mantenimiento, decretada un día antes del inicio de las vacaciones judiciales. Ante esta desesperante situación los apoderados de la empresa perjudicada intentaron una acción de amparo contra dicha providencia judicial -con lo cual se esquivaba el problema de las vacaciones judiciales- y el Tribunal Cuarto de Primera Instancia en lo Civil y Mercantil de la Circunscripción Judicial del Distrito Federal y Estado Miranda, declaró con lugar dicha acción y ordenó la suspensión inmediata de la medida cautelar.

Igualmente, en decisión de fecha 30 de noviembre de 1984, el mismo tribunal declaró con lugar una acción de amparo, también contra una medida de embargo, esta vez recaída contra la *Universidad Santa María* por violación del derecho a la educación.

En el mismo sentido se pronunció el Juzgado Superior en lo Civil, Mercantil y Contencioso Administrativo de la Región Centro Norte con sede en Valencia, en la sentencia del 13 de febrero de 1986, en la cual se señalaba como acto transgresor de derechos constitucionales un embargo practicado sobre la motonave *TACAMAR VIII*.[394]

Así mismo, y también con anterioridad a la promulgación de la *Ley Orgánica de Amparo*, la Corte Suprema de Justicia en Sala Político-Administrativa admitió la posibilidad de intentar acciones de amparo contra fallos judiciales.

En efecto, en la decisión del 5 de junio de 1986, dictada por esa Sala, en el caso: *José Luis Caraballo*, con Ponencia del Magistrado René de Sola, se señaló lo siguiente:

> Si bien la doctrina admite que el recurso de amparo puede intentarse contra decisiones judiciales, existe consenso en estimar que aquél sólo procedería en casos extremos. Tal cuando un Tribunal incurriere en usurpación de autoridad (artículo 119 de la Constitución) dictando algún acto de naturaleza administrativa o legislativa en perjuicio de los derechos o garantías constitucionales de una persona.
>
> Así mismo aún actuando dentro de la esfera de su competencia -administrar justicia-, dictare decisión que en forma manifiesta viole alguno de estos mismos derechos o garantías, por ejemplo, condenando un reo a la pena de muerte (artículo 58 *eiusdem*).

Pero a pesar de estos antecedentes, en los dos principales Proyectos que se manejaron para la elaboración de la *Ley Orgánica de Amparo* no se incluyó la posibilidad de intentar acciones de amparo contra sentencias; es más, en el Proyecto presentado por el partido COPEI era considerado como causal de inadmisibilidad esta modalidad de amparo (artículo 3, numeral 3°). Sin embargo, en las observaciones que elaborara el profesor BREWER-CARÍAS (Senador pa-

---

394. La transcripción íntegra de las sentencias mencionadas se encuentra en la obra *"El Amparo Constitucional en Venezuela"*, Tomo II, Diario de Tribunales, con motivo de las segundas jornadas sobre el amparo constitucional en Venezuela celebradas en Barquisimeto del 9 al 12 de octubre de 1987.

ra la época), se alertaba sobre la incongruencia de un sistema que permitiera la vulneración de derechos fundamentales mediante decisiones judiciales.

En este sentido, afirmaba BREWER, que "¿Por qué los jueces y tribunales van a quedar excluidos del control constitucional a través del amparo? ¿Por qué una sentencia violatoria de un derecho constitucional no puede ser objeto del ejercicio del derecho de amparo? El artículo 49 de la Constitución, ni distingue ni excluye, por lo que toda exclusión como la de este ordinal, sería inconstitucional"[395].

Y continuaba el mismo autor señalando que:

> Por otra parte, debe destacarse que en la concepción del derecho de amparo que sostenemos, el recurso de casación debería ser el medio 'ordinario' de amparo contra las sentencias, para lo cual habría que ampliar su procedencia cuando se plantee una violación de un derecho constitucional, otorgándoseles a la Sala de Casación poderes para tomar medidas tendientes a restablecer 'inmediatamente' la situación jurídica infringida, mientras se tramita el recurso de casación. Y sólo cuando no proceda el recurso de casación, en nuestro criterio procedería la acción de amparo autónoma contra las decisiones judiciales.
>
> Por ello, aun en la concepción del Proyecto, de la existencia de una única acción de amparo, no tiene sentido alguno excluir de la misma a las decisiones de los órganos judiciales, que pueden ser tan violatorios de los derechos constitucionales como las decisiones de otros órganos del Estado. Pero adicionalmente habría que recordar que los órganos judiciales no sólo adoptan sentencias, sino en muchos casos, actos administrativos que podrían violar derechos fundamentales, y que no tendría sentido excluir de alguna vía judicial de amparo[396].

---

395 El texto íntegro de las observaciones presentadas por el Senador *BREWER-CARÍAS*, puede verse en "*Estudios de Derecho Público III*", ediciones del Congreso de la República, Caracas, 1989, pp. 71 y ss.

396 *Ibídem.*

Estas observaciones, sin duda, influenciaron el Proyecto elaborado por la Comisión Permanente de Política Interior de la Cámara de Diputados de 1987, el cual constituye el origen más cercano a la vigente *Ley Orgánica de Amparo*, donde se introduce en el artículo 5°, el siguiente dispositivo:

> Igualmente procede la acción de amparo cuando un Tribunal de la República, actuando fuera de su competencia dicte una resolución o sentencia u ordene un acto que lesione un derecho constitucional[397].

Posteriormente, en el último informe del 14 de diciembre de 1987 que presenta la Comisión Permanente de Política Interior de la Cámara de Diputados a la Cámara del Senado de la República, en virtud de las observaciones realizadas en las discusiones de la sesión del 19 de noviembre del mismo año por los Senadores BREWER-CARÍAS y RACHADELL, quedó reubicado el amparo contra decisiones judiciales en el artículo 4 y se entendió: "necesario establecer una excepción a la competencia general de los Tribunales de Primera Instancia para conocer de las acciones de amparo, en el sentido de que en esos casos, los jueces competentes para conocer de las acciones de amparo contra actos judiciales, sean los superiores al que emita la decisión atacada". En este sentido se propone que se agregue al artículo 5 del Proyecto (posteriormente 4 como se indicó) un párrafo con el siguiente texto:

---

397 Debe señalarse que en el texto de la reforma del Proyecto COPEI propuesto por el Senador BREWER-CARÍAS se consagraba la posibilidad del ejercicio del amparo constitucional contra decisiones judiciales, en los siguientes términos: "Artículo 5°.- Igualmente procede el ejercicio del derecho de amparo cuando un Tribunal de la República, actuando fuera de su competencia, dicte una resolución o sentencia u ordene un acto que lesione un derecho constitucional.

En caso de proceder contra la decisión, apelación o alguno de los recursos ordinarios o extraordinarios previstos en el ordenamiento jurídico, incluido el recurso de casación, la pretensión de amparo deberá ejercerse mediante los mismos, en cuyo caso siempre tendrá efectos suspensivos. En estos casos, el juez competente podrá acordar la reducción de los lapsos procesales previstos para oír el recurso y decidirlo".

> En estos casos la acción de amparo debe interponerse por ante el tribunal superior al que emitió el pronunciamiento, quien decidirá en forma breve, sumaria y efectiva" (Paréntesis añadido)[398].

Estas observaciones fueron debidamente atendidas y, así, se incorporó el artículo 4 de la *Ley Orgánica de Amparo*. Posteriormente, ya durante las últimas discusiones se agregó el último párrafo del artículo, donde se estipula que es el juez superior al que dictó el fallo cuestionado de vulnerar derechos constitucionales el competente para conocer de dicha acción.

Y es importante resaltar este último párrafo del artículo 4, el cual no busca otra cosa que garantizar el principio de jerarquía e independencia en la administración de justicia, debido a que ha existido una tendencia jurisprudencial que pretendía burlar esta disposición que consagra un régimen de excepción al criterio rector seguido por la Ley Orgánica de Amparo para la determinación de la competencia, mediante la errada utilización del llamado *amparo sobrevenido*, pero sobre ello volveremos más adelante.

2. *La competencia para conocer de las acciones de amparo constitucional contra decisiones judiciales*

Sobre este asunto lo que hay que tener presente es que el tribunal competente debe ser aquél de superior jerarquía al que dictó el fallo lesivo de derechos fundamentales.

La intención de señalar al tribunal superior al que dictó el fallo lesivo obedece a que tiene que ser un órgano judicial de superior jerarquía el que revise la supuesta vulneración de derechos o garantías constitucionales, pues de aplicar los criterios normales de atribución de competencia en los amparos autónomos, serían los Tribunales de Primera Instancia según su materia afín los que juzgarían la denuncia de violación constitucional de un determinado fallo.

---

398 Este párrafo se añadió al transcrito anteriormente, lo que constituyó la redacción final del artículo 4 de la Ley Orgánica de Amparo.

Por tanto, el segundo párrafo del artículo 4 de la *Ley Orgánica de Amparo* señala, en relación con la competencia para conocer del amparo contra decisiones judiciales, que:

> En estos casos la acción de amparo debe interponerse por ante el tribunal superior al que emitió el pronunciamiento, quien decidirá en forma breve, sumaria y efectiva.

Como puede apreciarse, la intención del legislador fue la de establecer como tribunal competente a uno de superior jerarquía al que dictó la sentencia que vulnere derechos fundamentales, y no a los Tribunales Superiores a que se referían los artículos 75 y siguientes de la entonces *Ley Orgánica del Poder Judicial*.

Si bien no existe problema para determinar ese "tribunal superior" cuando la violación constitucional se le impute a un Tribunal de Primera Instancia —o que conozca en primera instancia-[399] o de Municipio de una determinada jurisdicción, pues el superior lo consagraba expresamente la antigua *Ley Orgánica del Poder Judicial* o las leyes especiales, surgieron algunas dudas donde no existía, nominalmente, ese Tribunal Superior que va a conocer en primera o segunda instancia. Sin embargo, hoy en día ya ha sido suficientemente rebatida por la doctrina y por la propia jurisprudencia la posición -sostenida primero por Sala de Casación Civil, luego por una minoría de los Magistrados, mediante la cual se quería hacer ver que dicha Sala no era un "Tribunal Superior" en el pleno sentido de la expresión, es decir, un órgano de alzada de los tribunales de instancia, negando la revisión de la sentencia. Actualmente, la expresión "tribunal superior" utilizada por el último párrafo del artículo 4 de la *Ley Orgánica de Amparo* es interpretado como un tribunal de superior jerarquía.

También hay que resaltar que con la *Constitución* de 1999 se eliminó la duda sobre cuál de las Salas de la Corte Suprema de Justicia -actualmente Tribunal Supremo de Justicia- debía ser la competente para conocer de las acciones de amparo intentadas contra un determinado Tribunal Superior, pues con la creación de la Sala Constitucional y con la distribución de competencias que ésta acor-

---

399 Véase la decisión dictada por la Sala Político-Administrativa del 16 de noviembre de 1989, caso: *Julio Cesar Moreno y otros vs. la Comisión Electoral del Partido Social Cristiano COPEI.*

dara en el fallo *Emery Mata Millán*[400], ahora es esta Sala la que asume, en forma monopólica, el conocimiento de las acciones de amparo intentadas en contra de las decisiones dictadas por los Jueces Superiores o de las apelaciones o consultas de amparo que se ejerzan contra los fallos de éstos en primera instancia[401].

Anteriormente, existía una gran disyuntiva sobre la Sala competente de la Corte Suprema de Justicia que debía conocer de los amparos contra decisiones dictadas por los Jueces Superiores, pues, en definitiva, todas las Salas de la Corte Suprema de Justicia eran tribunales de superior jerarquía a los Jueces Superiores, de forma tal que era necesario precisar qué criterio -el orgánico o el de afinidad con los derechos denunciados- debía utilizarse para asignar a una determinada Sala[402].

II. LAS PARTES EN EL PROCESO DE AMPARO CONTRA DECISIONES JUDICIALES

En relación con las partes que participan en el proceso de amparo contra decisiones judiciales, consideramos pertinente referirnos sólo a dos situaciones: a) el verdadero sujeto pasivo del amparo contra sentencia; y b) los terceros interesados en dicho proceso.

1. *Legitimación pasiva en el proceso de amparo*

La legitimación para comparecer en el proceso de amparo constitucional como parte demandada corresponde a la persona u órgano del Estado que se señale como presunto agraviante, el cual

---

400 Sentencia del 20-1-00.

401 Salvo, como expusimos en el Capítulo referido a la competencia, las sentencias de amparo autónomo dictadas en primera instancia por los Juzgados Superiores en lo Contencioso Administrativo y las apelaciones o consultas que se ejerzan contra las sentencias que éstos pronuncien, pues en estos casos, la competencia le corresponderá a la Corte Primera de lo Contencioso Administrativo. Véase, al respecto, la sentencia dictada por la Sala Constitucional, de fecha 14-3-00, caso: *C.A. Electricidad del Centro (Elecentro)*.

402 Sobre este problema, repetimos hoy ya inexistente, puede verse nuestro trabajo, CHAVERO GAZDIK, Rafael J. *"La acción de amparo contra decisiones judiciales"*, *op. cit.* pp. 50 y ss.

debe estar perfectamente identificado en el escrito de solicitud de tutela (artículo 18, numerales 2° y 3°). Pues bien, en el caso de los amparos intentados contra decisiones judiciales el sujeto agraviante será el *Tribunal* que profirió la sentencia cuestionada.

Ahora bien, hay que delimitar concretamente, quién es el sujeto pasivo, en la acción de amparo contra decisiones judiciales, es decir, si es el Juez que dictó la sentencia -entendido en su carácter estrictamente personal-, o si es el Tribunal como órgano de administración de justicia, visto desde el punto de vista orgánico. Esta distinción no es baladí, debido a que podrían plantearse varias circunstancias que, dependiendo de la tesis que se asuma, variaría el sujeto que se presente a informar acerca de la pretendida violación constitucional.

En efecto, puede darse el caso que se presente una acción de amparo constitucional contra una decisión dictada por un Juez accidental, un suplente o un conjuez, en el ejercicio provisorio del cargo, en cuyo caso podría pensarse que quien tendría que defender la sentencia cuestionada sea cualquiera de los funcionarios mencionados y no el titular actual del despacho.

Una primera aproximación al problema, la encontramos en la decisión dictada por la Sala de Casación Civil de la antigua Corte Suprema de Justicia, en fecha 15-7-93, caso: *Ricardo Montaner*, donde la notificación al sujeto pasivo se ordenó al Juez que dictó la decisión que se cuestionaba -que no era el mismo Juez para el momento de la interposición del amparo- pero se practicó ante el Juez que ostentaba el cargo para el instante del amparo.

Y al alegarse posteriormente la falta de cualidad del juez que se encontraba en ese momento a cargo del tribunal, la Sala precisó que:

> Sobre este particular considera la Sala, que si bien la notificación no fue practicada en la persona en que se ordenó hacerla de acuerdo con el auto de admisión del Juzgado de Sustanciación, es decir, en la persona del Juez que para el momento en que se intentó este recurso tenía a su cargo el referido Juzgado, hay que indicar, que el informe en este tipo de solicitud de amparo, persigue obtener la mayor cantidad de datos posibles sobre el caso planteado, lo cual se logró a cabalidad, razón por la cual a los fines de evitar retardos innecesarios e injustificados que atentarían contra el principio de celeridad procesal que informa la materia de amparo, esta Sala

aprecia que, en este asunto, la notificación efectuada en la persona de la ciudadana Adela Emperatriz Jiménez de Pulido, es válida, y así se declara.

De esta decisión pareciera desprenderse que la notificación debe realizarse en el funcionario judicial que efectivamente dictó la decisión denunciada como transgresora de derechos o garantías constitucionales -como así lo ordenó la Sala- pero de realizarse en el que se encuentre en el ejercicio del cargo para el momento de la interposición, y este presentara el informe, quedará subsanado el error en la notificación.

Sin embargo, este criterio no fue confirmado por decisiones ulteriores, ya que el verdadero sujeto pasivo del amparo contra decisiones judiciales es el órgano jurisdiccional y no su titular. En efecto, en la decisión recaída en el caso: *Bazar Bolívar*, dictada por la Corte Primera de lo Contencioso Administrativo, en fecha 1-3-94, se dispuso:

> Por tanto, si esta Corte ordenó notificar a la Juez Superior Segundo en lo Civil y Contencioso Administrativo de la Región Capital para que presentara los argumentos que considerara pertinentes, fue para que aportara elementos que permitieran a ese Órgano Jurisdiccional tomar la decisión correspondiente, pero en ningún caso por considerarla a ella personalmente como agraviante.
>
> Al respecto cabe advertir que la acción de amparo contra actos judiciales no está dirigida contra la persona titular del Órgano Jurisdiccional, sino contra los actos del Tribunal".

Esta doctrina parece haber tenido su fundamento en la jurisprudencia reiterada de los tribunales de la jurisdicción contencioso-administrativa que han venido señalando que el presunto agraviante será el funcionario que se encuentre en el ejercicio del cargo para el momento de realizarse la notificación[403].

---

403 Véase la decisión antes citada de la Sala Político-Administrativa de fecha 8-3-90, caso: *Luz Magaly Serna*, donde textualmente se señaló que: "...es evidente que el órgano administrativo es el sujeto pasivo de la acción, y recae en quien ejerce el cargo para el momento en que se intenta la acción de amparo, ya que, en definitiva, es la administración pública, actuando a través de sus agentes, la que tiene y debe asumir

Sin duda alguna, este criterio resulta mucho más acorde con los principios del proceso de amparo, en el sentido de que debe aceptarse como sujeto pasivo de las acciones de amparo *al órgano jurisdiccional como tal* y no al juez que efectivamente dictó el fallo, pues si bien en determinadas ocasiones (jueces accidentales, asociados, suplentes, etc.) los que dictaron la decisión podrían traer mayor información al nuevo proceso contra la sentencia por ellos suscrita, es el caso que ese juez que efectivamente dictó el fallo -pero que para el momento de la tramitación del amparo ya no se encuentra en el tribunal-, no podría restablecer la situación jurídica infringida, precisamente, porque ya no es el competente. De forma que, el único que podría restablecer la lesión causada, es el tribunal, entendido desde el punto de vista orgánico.

En todo caso, en la sentencia del 1° de febrero de 2000, caso: *José Amando Mejía*, la Sala Constitucional precisó que la notificación debe realizarse "al juez o encargado del Tribunal", con lo cual parece quedar confirmado el criterio que hemos expuesto antes.

Sin embargo, como anunciamos ya y sobre el tema volveremos más adelante, la legitimación pasiva en los procesos de amparo constitucional ha perdido relevancia, pues la reciente jurisprudencia de la Sala Constitucional ha decidido tramitar los amparos contra decisiones judiciales, sin ningún tipo de procedimiento, es decir, sin ni siquiera notificar al Tribunal que dictó el fallo y mucho menos a las partes que participaron en el proceso que originó el fallo denunciado como lesivo.

2. *La participación de los terceros interesados en el proceso de amparo contra decisiones judiciales*

El proceso de la acción de amparo constitucional ejercido conforme a lo dispuesto en el artículo 4 de la *Ley Orgánica de Amparo* se venía desarrollando, tradicionalmente, entre dos partes, el sujeto

---

la responsabilidad por la actuación de éstos. La accionante designa como agraviante al actual funcionario que se encuentra al frente de la particular administración a la cual se le imputa la lesión y quien en este momento tiene la obligación, responsabilidad y competencia para actuar en el sentido exigido por la actora a fin de que se le restablezca en sus derechos constitucionales lesionados".

activo o presunto agraviado y el tribunal que dictó la decisión judicial o presunto agraviante. Ahora bien, tal y como expusimos en nuestro trabajo[404], en el caso del amparo ejercido contra una decisión judicial resalta claramente la necesaria participación de sujetos distintos a las partes principales, en virtud de que una decisión judicial, por regla general, perjudica los intereses de una persona, y al mismo tiempo, beneficia los intereses de otra. Por tanto, resulta lógico pensar que el adversario en la contienda que produjo la sentencia presuntamente transgresora de derechos fundamentales tenga un interés importante que hace imprescindible su incorporación en el proceso.

Más aún, en nuestro trabajo exponíamos que la falta de participación a ese tercero que fue parte dentro del proceso que originó el presunto acto lesivo -cuestionado ahora vía amparo constitucional- impediría un conocimiento completo y profundo de la situación debatida, y además, la práctica forense había venido demostrando que son muy contados los casos en que el titular del despacho a que se le imputa la violación presenta el informe requerido (de manera facultativa, tal y como se indicará más adelante).

De esta forma, hemos sostenido que en los procesos de amparo contra decisiones judiciales debe notificarse, en forma obligatoria, a la parte a quien favorece la sentencia atacada de vulnerar derechos o garantías constitucionales, pues con ello se evitaría una desigualdad o una indefensión dentro de un juicio que pretende, precisamente, evitar violaciones constitucionales.

Precisamente este fue uno de los mejores aportes realizados por la Sala Constitucional, en su sentencia de fecha 1° de febrero de 2000, caso: *Jose Amando Mejía*, en donde precisó lo siguiente:

> Cuando el amparo sea contra sentencias, las formalidades se simplificarán aún más y por un medio de comunicación escrita que deberá anexarse al expediente de la causa donde se emitió el fallo, inmediatamente a su recepción, se notificará al juez o encargado del Tribunal, así como a las partes en su domicilio procesal, de la oportunidad en habrá de realizarse la audiencia oral.

---

404 CHAVERO GAZDIK, Rafael J. "*La acción de amparo contra decisiones judiciales*", *op. cit.* pp. 89 y ss.

Conforme a este criterio, se configuró como una obligación para los jueces que conocen de acciones de amparo contra decisiones judiciales, notificar a los sujetos que participaron en el juicio que originó el fallo cuestionado, mediante una constancia que ha de dejarse en el expediente de dicho litigio y a través de notificación formal en el domicilio de estas partes.

En relación con la oportunidad para que los terceros interesados -y en especial los sujetos que participaron en el proceso que dio origen a la decisión sometida a revisión constitucional- accedan al proceso de amparo constitucional resulta aplicable el régimen general expuesto en el Capítulo referente al tema de las partes, es decir, deben regir los mismos principios que para las partes en el proceso, de modo de garantizar el derecho de la defensa y el principio de contradicción y de los participantes en el proceso de amparo constitucional y para no entorpecer la celeridad y urgencia de este juicio.

También aquí la decisión (considerada líder en su momento) en materia de procedimiento (caso: *José Amando Mejía*), precisó lo siguiente:

> Las partes del juicio donde se dictó el fallo impugnado podrán hacerse partes, en el proceso de amparo, antes y aún dentro de la audiencia pública, mas no después, sin necesidad de probar su interés. Los terceros coadyuvantes deberán demostrar su interés legítimo y directo para intervenir en los procesos de amparo de cualquier clase antes de la audiencia pública.

Pero insistimos, con la nueva posición jurisprudencial de la Sala Constitucional, a través de declaratorias de mero derecho o de la inventada figura de la "*procedencia in limine litis*", se evita, al menos en la mayoría de los casos, la tramitación de procedimiento alguno. Con ello, es prácticamente imposible que los terceros interesados puedan participar en el proceso, a menos que se enteren en forma casuística de la existencia del amparo contra sentencia.

III. EL ACTO LESIVO EN EL AMPARO CONTRA DECISIONES JUDICIALES

1. *El acto lesivo en el amparo contra sentencia es cualquier decisión judicial*

Ya hemos señalado que la sentencia que puede ser objeto de una acción de amparo, conforme a lo dispuesto en el artículo 4 de la *Ley Orgánica de Amparo* es cualquier decisión del juez *en función jurisdiccional,* bien sea voluntaria o contenciosa, bien se trate de sentencias definitivas o interlocutorias. Sin embargo, es muy importante retener que en los casos donde el juez actúe en función administrativa -es decir, cuando dicte actos administrativos- la vía pertinente para cuestionar cualquier transgresión de derechos fundamentales es conforme a lo dispuesto en el artículo 5 de la *Ley Orgánica de Amparo.*

Igualmente, debe recordarse que contra las decisiones dictadas por las distintas Salas del Tribunal Supremo de Justicia, no es admisible acciones de amparo constitucional, de conformidad con el ordinal 6° del artículo 6 de la *Ley Orgánica de Amparo,* aunque tal y como lo admite la Exposición de Motivos y la evolución jurisprudencial, es posible cuestionar ante la Sala Constitucional decisiones del resto de las Salas, a través del recurso extraordinario de revisión, previsto en el ordinal 10° del artículo 336 de la *Constitución,* tal y como hemos visto en el capítulo anterior.

2. *El amparo contra las conductas omisivas de los jueces*

Se ha planteado la posibilidad de utilizar la vía del amparo constitucional para denunciar la mora de los tribunales de justicia en pronunciarse dentro del lapso establecidos por las leyes, es decir, por las dilaciones indebidas en la tramitación o solución de los procesos judiciales ante una petición concreta de parte interesada.

Posibilidad ésta que ha sido reconocida en otros ordenamientos foráneos, como es el caso de la *Ley Orgánica del Tribunal Constitucional* español en su artículo 44.1, el cual textualmente señala:

> Las violaciones de los derechos y libertades susceptibles de amparo constitucional que tuvieran su origen inmediato y directo en un acto u omisión de un órgano judicial podrán dar lugar a este recurso siempre que se cumplan los requisitos siguientes...

Supuesto que ha sido tratado por la jurisprudencia del Tribunal Constitucional de ese país en diversas oportunidades, entre ellas puede señalarse el recurso de amparo promovido contra la conducta omisiva de la Sala Segunda de lo Contencioso Administrativo de la Audiencia Territorial de Madrid, por el retraso en más de un año en ejercer las medidas coactivas que la ley le otorgaba para obtener la remisión del expediente administrativo. En este caso el Tribunal Constitucional afirmó que esa omisión o retraso "ha de considerarse como una interrupción excesiva respecto al tiempo razonable en que debe desarrollarse un proceso y que como tal afecta al derecho del recurrente a obtener una tutela efectiva de los jueces y tribunales dentro de unos límites temporales razonablemente adecuados" (sentencia del 20 de julio de 1981)[405].

En Venezuela, en un principio la jurisprudencia fue muy cautelosa al tratar la posibilidad de admitir acciones de amparo constitucional contra conductas omisivas o abstenciones de los jueces en dictar sus decisiones en los lapsos correspondientes[406]. Así, en un

---

405. OLIVER ARAUJO, J. *"El recurso de amparo"*, Facultad de Derecho de Palma de Mayorca, 1986, pp. 216.

406. Sin embargo, debe señalarse que, con anterioridad a la promulgación de la Ley Orgánica de Amparo, la Corte Primera de lo Contencioso Administrativo reconoció la posibilidad del ejercicio de acciones de amparo contra omisiones judiciales. En efecto, en la decisión dictada en fecha 11 de agosto de 1987, caso: *María Rivas González* se dispuso que: "Estas actuaciones, si no están sometidas a un control jurisdiccional específico, pueden ser objeto de la acción de amparo y, a través del mismo lo que se pretenda sea el restablecimiento de la situación jurídica del accionante. En esta categoría se ubica la denegación de una actuación requerida o abstención por parte del órgano jurisdiccional, la cual se pone de manifiesto cuando el juez elude, mediante inhibiciones, declinatorias u otras dilaciones adoptar la providencia que le es requerida. En estos casos, intentar las acciones penales contra el titular del órgano jurisdiccional, o bien recurrir a la vía disciplinaria, podría significar obtener una sanción en contra del juez, lo cual no restablece la situación jurídica afectada. Esta situación

primer momento se negó la utilización de esta vía expedita contra el retardo judicial alegándose que el mismo artículo 4 de la *Ley Orgánica de Amparo* se refiere sólo a las actuaciones de los Tribunales de la República, y por tanto debe excluirse el amparo contra omisiones judiciales[407]. En el mismo sentido, se pronunció REYES, al señalar que "no hay recurso de amparo frente al silencio judicial, no es posible el amparo frente a la inacción de los tribunales y pienso que la voluntad del legislador, al establecer este establecimiento específico en el artículo 4° era de esa orientación"[408].

Otra de las razones que utilizó la jurisprudencia para justificar esta exclusión, radica en el carácter extraordinario de la acción de amparo, el cual hace ceder esta vía excepcional frente a las vías ordinarias consagradas en el ordenamiento jurídico. Así, se sostuvo que frente a las abstenciones de los jueces en dictar sus fallos, nuestras leyes procesales no sólo consagran medios eficaces para imponer sanciones correctivas, sino también sanciones disciplinarias y la posibilidad de exigir la responsabilidad civil de los jueces que incurran en denegación de justicia (artículos 19, 819 y siguientes del *Código de Procedimiento Civil*).

De esta forma, "todos estos medios y recursos son instrumentos ordinarios, idóneos y eficaces, aún no agotados, que le ofrece el ordenamiento jurídico al actor a fin de restablecer la situación jurídica que él denuncia como vulnerada. En tal virtud, la acción de amparo ejercida resulta inadmisible, pues lo contrario sería contravenir la naturaleza extraordinaria o especial de esta acción..."[409].

Igualmente, en la decisión dictada por la Sala de Casación Civil de fecha 25 de enero de 1989, caso: *Giuseppina D. Scisoli De Vangi*, se sostuvo que "el amparo -vía excepcional- es limitado y sometido a ciertos requisitos, al punto de que no lo hay cuando se trata de una

---

sólo podrá ser tutelada mediante el recurso extraordinario de amparo constitucional".

407 RONDÓN DE SANSO, Hildegard, "*La acción de amparo contra los Poderes Públicos*", *op. cit.*, pp. 178.

408 REYES, Pedro Miguel, "Procedencia del amparo constitucional frente a los actos judiciales", en *Revista de la Facultad de Ciencias Jurídicas y Políticas*, U.C.V. N° 70, Caracas, 1988, p. 248.

409 Sentencia dictada por la Sala Político-Administrativa del 11 de diciembre de 1990, caso: *Oficina Técnica Spinetto S.R.L.*

'abstención', porque el artículo 4 es claro: las resoluciones, ordenes, actos y sentencias son las que admiten amparo, no así las abstenciones, porque contra esto hay otros recursos, derechos y acciones".

Por su parte, la Sala de Casación Penal sostuvo el criterio de que:

> ...la acción de amparo constitucional incoada contra una resolución, acto o sentencia proveniente de un órgano jurisdiccional, no procede cuando lo que se pretende impugnar es una omisión de parte del órgano agraviante. En efecto, del texto del artículo cuarto de la Ley Orgánica de Amparo Sobre Derechos y Garantías Constitucionales, se desprende que sólo pueden ser atacadas aquellas decisiones en que pudieran incurrir en el cumplimiento de sus funciones. Es así como esa disposición alude a dos acciones, como lo son 'dictar' u 'ordenar', las cuales excluyen implícitamente la omisión[410].

Ahora bien, tal y como expusimos en nuestro trabajo sobre la acción de amparo contra decisiones judiciales, resultan sumamente cuestionables las razones que tanto la doctrina como la jurisprudencia utilizaron para descartar el ejercicio de acciones de amparo contra las ausencias absolutas de resolución de una controversia judicial. Sin embargo, en esa oportunidad expresamos que nos parecía peligroso entorpecer la actividad de administración de justicia promoviendo la proliferación de amparos para atacar las demoras judiciales, lo que significaría, más bien, retardar aún más las decisiones, pues lógicamente aumentaría el número de causas que le tocaría conocer a cada órgano del Poder Judicial.

Sin embargo, hicimos hincapié, en que los argumentos propuestos por la jurisprudencia citada anteriormente no son lo suficiente sólidos para convencer racionalmente la negativa del ejercicio de amparo contra retardos judiciales, pues, en primer lugar, debe señalarse que si bien es cierto que el artículo 4 de *la Ley Orgánica de Amparo* habla sólo de "actuaciones" de los Tribunales de la República, no es menos cierto que el artículo 2 de la misma Ley destaca que la acción de amparo "procede contra cualquier hecho, acto u omisión provenientes de los *órganos del Poder Público Nacional*, Estatal o Municipal", y al ser también los tribunales órganos del Poder Público pudiera pensarse que es admisible el amparo constitucional contra sus retardos.

---

410 Sentencia del 19 de julio de 1994, Expediente N° 91-45.

Igualmente, el argumento señalado en la decisión de la Sala Político-Administrativa en la decisión antes indicada del 11 de diciembre de 1990, de que en virtud del carácter extraordinario de la acción de amparo constitucional éste debe ceder ante las acciones destinadas a exigir o denunciar la responsabilidad civil, penal o administrativa de los jueces incursos en denegación de justicia, no resiste todas las consideraciones que se han señalado acerca del carácter especialísimo de la acción de amparo, pues la extraordinariedad de esta vía judicial no significa que por el solo hecho de existir otros medios o recursos principales debe descartarse el amparo constitucional, debido a que éste supone la necesidad de un inmediato restablecimiento cuando ningún otro medio establecido ofrece una protección efectiva[411]. Y, además, esas vías señaladas en el referido fallo buscan exigir una indemnización patrimonial o una sanción penal o administrativa, pero en modo alguno pueden considerarse eficaces para restablecer la situación jurídica infringida, esto es el retardo en el pronunciamiento de una decisión determinada.

Así lo reconoce una reciente decisión de la Sala de Casación Civil, de fecha 8 de mayo de 1996, caso: *José R. Cañón*, donde se cuestiona esta tesis que niega el amparo frente a omisiones judiciales, de la forma siguiente:

> Ahora bien, no obstante ser éste el criterio imperante en la actualidad, esta Sala considera necesario revisar nuevamente su doctrina sobre el punto de especie, y al efecto encuentra que el recurso de queja, en modo alguno restablece la situación jurídica lesionada por la abstención del funcionario judicial en pronunciarse sobre la providencia requerida. Tal afirmación se sustenta en lo siguiente:
>
> Aún cuando el recurso de queja, regulado en los artículos 830 y siguientes del Código de Procedimiento Civil, procede contra el Juez rebelde en pronunciarse en el tiempo legal sobre alguna solicitud, no menos cierto es que los efectos condenatorios de dicho recurso se circunscriben al resarcimiento de parte del Juez, de los daños y perjuicios causados al querellante, sin que ello afecte, en manera alguna, lo juzgado en el asunto civil al cual se refiere la queja, debiendo, en todo caso, abstenerse el Tribunal sentenciador de mezclarse en él"

---

411 Véase lo ya expuesto en el Capítulo correspondiente a los requisitos de procedencia de la acción de amparo constitucional.

> En efecto, no basta que el hecho generador de la violación constitucional encuadre en alguna figura procesal ordinaria, sino que debe analizarse si sus efectos coinciden con la protección constitucional solicitada que, en el caso bajo análisis, no es otro que obtener el pronunciamiento del Juez de la causa sobre la petición formulada, consecuencia ésta que en modo alguno se derivaría de la declaración de procedencia de un recurso de queja. En consecuencia, esta Sala abandona el criterio sustentado en anteriores fallos, entre otros, en sentencias de fecha 11-12-91, 13-03-92 y 29-09-95.

En todo caso, a pesar de que consideramos que acudir al remedio del amparo contra las omisiones o retardos judiciales no resuelve el problema de fondo de la lentitud de la justicia, creemos que con la *Constitución* de 1999 se ha manifestado una clara intención de luchar arduamente contra la dilación de los procesos judiciales. Así, por ejemplo, tanto el artículo 26 como el 257 hacen hincapié en la necesidad de un proceso expedito y sin dilaciones indebidas. Además, el ordinal 8º del artículo 49 de la misma *Constitución* ahora ha incorporado expresamente la responsabilidad del Estado Juez, y en particular, en casos de retardo u omisiones injustificadas.

Es más, ya la Sala Constitucional ha tenido la oportunidad de pronunciarse varias veces sobre esta modalidad de amparo, aceptando su procedencia para cuestionar los retardos injustificados. Muestra de ello, la decisión dictada en fecha 28-7-00, caso: *Luis Alberto Baca*, donde se precisó lo siguiente:

> 8.- Las omisiones judiciales lesivas a derechos o garantías constitucionales, que vienen a actuar como una vía de hecho, y que pertenecen al ámbito del artículo 4 de la Ley Orgánica de Amparo sobre Derechos y Garantías Constitucionales, como ya lo ha asentado esta Sala a pesar del silencio de la norma sobre ellas, son objeto inmediato de la acción de amparo, ya que la situación jurídica se convierte en sujeto de una lesión indefinida, mientras no se cumple la actuación.
>
> Todo retardo injustificado de un acto procesal que ha debido tener lugar, que lesiona a una parte en su situación jurídica, amenazando la irreparabilidad de la misma, es atacable por la vía de amparo; pero hay conductas activas de los jueces que retardan injustificadamente la declaración o actuación de los derechos de una de las partes, interfiriendo con la garantía judicial que consagra el artículo 49 de la Constitución vigente,

tal como ocurre cuando un juez oye una apelación en ambos efectos, cuando ha debido oírla en uno solo, retardando así un acto que ha debido llevarse a cabo[412].

Por tanto, el remedio del amparo contra decisiones judiciales podrá utilizarse para combatir esos retardos u omisiones judiciales injustificadas, que impidan el cumplimiento de uno de los fines vitales de nuestro Estado de Derecho y Justicia, como es la resolución de controversias sin dilaciones indebidas. Claro está, reiteramos que la utilización de esta vía para agilizar la justicia no puede ser el único paliativo contra tan lamentable mal, pues es preferible atacar el problema desde su raíz, esto es, creando más tribunales y distribuyendo mejor las causas[413].

---

412 Sobre esta controversial sentencia volveremos más adelante, aunque no para referirnos al tema de amparo contra omisiones o retardos judiciales.

413 No podemos dejar de manifestar nuestra preocupación por los graves retardos que se producen en la propia Sala Constitucional del Tribunal Supremo de Justicia, donde la gran cantidad de causas de amparo que se manejan en esta sede ha traído como consecuencia que muchas veces la sola admisión de un amparo tiene que esperar hasta cuatro o seis meses, lo que evidentemente es contrario a todos los principios de celeridad y sumariedad del amparo. Esto es algo que tendrá que afrontarse y corregirse con la elaboración de la Ley de la jurisdicción constitucional, donde se tendrá que volver a plantear el asunto de las competencias de la Sala Constitucional y se tendrán que incorporar remedios procesales eficaces para combatir el retardo procesal en esta máxima sede, como pudiera ser la sustanciación de los expedientes en forma individual por cada Magistrado, con miras a evitar el retardo necesario en la toma de toda decisión colegiada. Pero en todo caso, lo que nos queda claro es que pareciera incompatible el tiempo que se toma la Sala Constitucional para tramitar los amparos constitucionales, con los principios expuestos en nuestra Constitución, lo que creemos no es atribuible a fallas humanas, sino a la propia organización del sistema.

IV. LOS REQUISITOS DE PROCEDENCIA DE LA ACCIÓN DE AMPARO CONTRA DECISIONES JUDICIALES

1. *Requisitos de procedencia señalados en el propio texto del artículo 4 de la Ley Orgánica de Amparo*

El problema de los requisitos de procedencia de las acciones de amparo contra decisiones judiciales es, sin duda, el tema nuclear de esta modalidad de garantía constitucional, y en el análisis de cada uno de estos requisitos de procedencia es que el juez constitucional debe prestar mayores reflexiones y consideraciones para evitar el ejercicio indiscriminado de este tipo de acciones. Pues es evidentemente, que en los supuestos de acciones de amparo contra decisiones judiciales las condiciones de su procedencia deben ser más estrictas que en el resto de las modalidades de amparo consagradas en la Ley, para evitar la vulneración del principio de la cosa juzgada y la seguridad jurídica. Por tanto, en el juego de la interpretación de estos requisitos se encuentra el hilo de tensión entre justicia constitucional y desorden judicial.

Tenemos entonces que los requisitos legales exigidos para la procedencia de la acción de amparo contra sentencia son: a) cuando un juez actúe fuera de su competencia y, b) cuando cause una lesión a un derecho constitucional.

Sin embargo, luego de varios años de interpretación de la frase "actuando fuera de su competencia", como sinónimo de "abuso de poder" o "extralimitación de funciones", para tratar de evitar el desbordamiento o abuso del amparo contra sentencias, la jurisprudencia de la Sala Constitucional fue paulatinamente obviando ese requisito de procedencia; y más bien el carácter extraordinario del amparo ha servido de excusa para evitar que el amparo constitucional contra fallos judiciales se convierta en una nueva instancia[414].

---

414 Entre los autores que han propuesto la eliminación de la frase "actuando fuera de su competencia", podemos mencionar a BREWER-CARÍAS, Allan R. y AYALA CORAO, Carlos M., ambos en *Ley Orgánica de Amparo sobre Derechos y Garantías Constitucionales*; y más recientemente CANOVA GONZÁLEZ, Antonio, en "Cinco tesis y un corolario sobre el amparo contra decisiones judiciales", en Revista de

En conclusión, la expresión *actuando fuera de su competencia* hoy en día es sencillamente ignorada por la jurisprudencia de la Sala Constitucional, la cual se limita a determinar la existencia de un *error grave* en la interpretación del derecho debatido y a la vulneración de algún derecho fundamental.

2. *El carácter extraordinario de la acción de amparo contra decisiones judiciales*

Hemos sido del criterio que, para los casos del amparo contra decisiones judiciales, ejercidos de conformidad con el artículo 4 de la *Ley Orgánica de Amparo*, el carácter de extraordinario de la acción de amparo *debe intensificarse* para tratar, en lo posible, de evitar que los recursos ordinarios entren en desuso.

Es decir, que los jueces que conozcan de amparos contra decisiones judiciales deben ser mucho más rigurosos con la interpretación del carácter extraordinario de esta vía judicial, a los efectos de permitir -salvo casos verdaderamente excepcionales- su admisibilidad sólo cuando se hayan agotado previamente todos los recursos ordinarios o extraordinarios consagrados en nuestro ordenamiento jurídico, pero sin llegar a convertirse en subsidiario de forma estricta e irrefutable, como sucede en otros ordenamientos jurídicos (España, Alemania y Brasil).

Y es que manteniendo este carácter excepcional del amparo contra decisiones judiciales es que se puede equilibrar el peligro del desconocimiento de los principios de la inalterabilidad de la cosa juzgada judicial y de seguridad jurídica, pues aun cuando pueda afirmarse que no puede existir cosa juzgada cuando un derecho humano ha sido vulnerado, no es menos cierto que al Estado le interesa y conviene una armónica administración de justicia, el mantenimiento del principio de la seguridad jurídica y el respeto por las situaciones jurídicas creadas.

Sin embargo, no nos hemos querido inclinar absolutamente por el carácter subsidiario de la acción de amparo, debido a que a diario se presentan situaciones verdadera y extremadamente urgentes que hacen necesario la exoneración de las vías ordinarias, debido a que

---

Derecho Administrativo N° 9, Editorial Sherwood, Caracas, 2000, pp. 79 y ss.

de otro modo se violaría de manera inminente un derecho o garantía constitucional. Baste con llamar la atención de que con el abuso en la interpretación del carácter extraordinario de la acción de amparo contra decisiones judiciales está en juego el mismo ordenamiento procesal, y en la medida que los jueces de la República logren captar esta advertencia, en esa misma medida se mantendrá el éxito de esta institución. De otra forma, no estará lejos una reforma de la *Ley Orgánica de Amparo* que busque cerrar esta brecha protectora de los derechos fundamentales del ciudadano y marchitar un eficiente Estado de Derecho[415].

3. *La copia certificada del fallo cuestionado, como requisito de admisibilidad del amparo contra sentencia*

Debe destacarse que, en la sentencia dictada por la Sala Constitucional, el 1° de febrero de 2000, caso: *Jose Amando Mejía,* se exige que para la presentación de un amparo contra decisión judicial se requiere la presentación de la copia certificada del fallo, salvo que por razones de urgencia se haga imposible la obtención de la misma. Textualmente dispuso la Sala:

> Los amparos contra sentencias se intentarán con copia certificada del fallo objeto de la acción, a menos que por la urgencia no pueda obtenerse a tiempo la copia certificada, caso en el cual se admitirán las copias previstas en el artículo 429 del Código Procedimiento Civil, no obstante, en la audiencia oral deberá presentarse copia auténtica de la sentencia.

---

415 Resulta interesante la propuesta realizada por CANOVA GONZÁLEZ, en el trabajo citado en la nota anterior, donde llega a sugerir la eliminación del amparo contra sentencias no definitivas y propugnan que el amparo contra las definitivas se interponga directamente ante la Sala Constitucional, como último remedio de control constitucional de los fallos judiciales. A nosotros nos resulta inconveniente dicha tesis, en virtud de que la misma congestionaría aún más la Sala Constitucional, además de que impediría el control urgente -al menos a través del amparo- de algunos fallos no definitivos, los cuales pueden perfectamente ser corregidos rápidamente por los tribunales superiores. En todo caso, la propuesta de CANOVA, deberá ser revisada y tomada en cuenta a la hora de la tan esperada promulgación de la Ley de la jurisdicción constitucional.

Esta fue una importante aclaratoria de la Sala Constitucional, toda vez que ya la jurisprudencia, con anterior al cambio de régimen constitucional, había venido exigiendo la consignación de la copia certificada del fallo, so pena de declarar la inadmisibilidad de la acción, lo que muchas veces sorprendió a los accionantes que desconocían este requerimiento. De allí, que resultó beneficioso que se hiciera esta salvedad en el fallo citado, y, sobre todo, que se permitiera la consignación posterior de la copia certificada, en los casos donde la urgencia hace imposible la espera de la misma.

En todo caso, consideramos que si el accionante consigna copia simple de la sentencia cuestionada y, además demuestra que efectivamente solicitó la copia certificada de la sentencia denunciada como transgresora de derechos fundamentales, pero aún no ha podido obtenerla, por retardo del tribunal o por cualquier otro motivo ajeno a su voluntad, no podría imponérsele sanción alguna, pues ello podría causar notables injusticias en los casos en que los jueces se nieguen a otorgar las copias certificadas o simplemente porque el tribunal no está dando despacho. Igual solución cabría para el caso en que el accionante en amparo ni siquiera haya podido solicitar la copia certificada por causas no imputables a él.

Este tema de la consignación de la copia certificada de la sentencia objeto de la acción de amparo constitucional ha traído bastantes inconvenientes prácticos, los cuales se han tratado de venir corrigiendo por la propia jurisprudencia, claro está, a veces con los contratiempos de rigor.

En este sentido, en sentencia de fecha 5 de agosto de 2002, la Sala Constitucional destacó lo siguiente:

> Ahora bien, esta Sala debe dilucidar, en primer término, si la falta de consignación de las copias certificadas de la actuación procesal, objeto de la acción de amparo, configura un requisito indispensable para la admisión de las acciones de amparo contra decisiones judiciales. A tal efecto, observa la Sala que en sentencia dictada el 1° de febrero de 2000 (caso: José Amando Mejía Betancourt) se estableció lo siguiente:
>
> "(...) Los amparos contra sentencias se intentarán con copia certificada del fallo objeto de la acción, a menos que por la urgencia no pueda obtenerse a tiempo la copia certificada, caso en el cual se admitirán las copias previstas en el artículo 429 del Código de Procedimiento Civil, no obstante, en la audiencia oral deberá presentarse copia auténtica de la sentencia".

De igual manera, ha sido la práctica de esta Sala y con base en la no sujeción a formalidades y en búsqueda de la celeridad en los procesos de amparo, tal como lo exige el artículo 27 de la Constitución de la República Bolivariana de Venezuela, que, en caso de no consignarse las copias certificadas al momento de interponerse la solicitud de amparo constitucional, se exhorta a la parte accionante a que presente los documentos auténticos al momento de la audiencia oral.

En el caso bajo análisis, observa la Sala que el Juzgado Superior Sexto en lo Civil, Mercantil y del Tránsito de la Circunscripción Judicial del Área Metropolitana de Caracas, como se señaló, mediante auto del 16 de abril de 2001, procedió a admitir la acción de amparo propuesta, y a ordenar, por tanto, la notificación de la juez presuntamente agraviante y del representante del Ministerio Público. Ahora bien, juzga esta Sala que, en dicha oportunidad, el a quo debió exhortar a la parte accionante a la presentación de las copias certificadas de la decisión impugnada, y no esperar que el proceso de amparo culminara para proveer el fallo sometido a consulta.

Por ello, considera esta Sala que si bien resulta una obligación del quejoso consignar junto con su escrito libelar copia certificada de la decisión impugnada, la omisión en que incurrió el a quo del deber de incitar a éste a que presentara dichas copias al momento de celebrarse la correspondiente audiencia oral y pública, no puede constituir en modo alguno un perjuicio al accionante, aunado al hecho de que la decisión accionada se encontraba inserta en el expediente, en virtud de su consignación por parte de la juez presuntamente agraviante.

En consecuencia, esta Sala juzga que con base en el principio de no sujeción a formalidades no esenciales, previsto en el artículo 257 de la Constitución de la República Bolivariana de Venezuela, la decisión sometida a consulta debe ser revocada, y en virtud de que -como se señaló- el proceso de amparo llevado a cabo en el Juzgado Superior Sexto en lo Civil, Mercantil y del Tránsito de la Circunscripción Judicial del Área Metropolitana de Caracas fue sustanciado y tramitado en su totalidad, conforme a la brevedad y celeridad que caracteriza a la acción de amparo constitucional, considera pertinente pronunciarse sobre la procedencia de la misma.

Pero lo que sí ha llevado a la Sala Constitucional a devolver la solicitud de amparo es la ausencia de consignación de al menos una copia simple de la sentencia objeto de la acción de amparo constitucional. En efecto, en sentencia de fecha 31 de julio de 2002, caso: *Iván Sheligo Uih*, se dispuso lo siguiente:

> Ahora bien, observa esta Sala que no se encuentra consignada en el presente expediente, la copia simple, ni certificada, del auto accionado de fecha 29 de junio de 2001, encontrándose, sí, copia certificada de la sentencia accionada de la misma fecha. Precisa la Sala, habiéndolo así establecido con anterioridad, que el acto que se indique accionado, como todo documento que se pretenda esgrimir como prueba de las alegaciones efectuadas, deberá ser consignado en el expediente en copia certificada, lo cual podrá efectuarse hasta la oportunidad de la celebración de la audiencia constitucional siempre que se consignen previamente a la admisión, las copias simples de los dichos documentos.
>
> El artículo 18 de la Ley Orgánica de Amparo sobre Derechos y Garantías Constitucionales determina los requisitos que debe contener la solicitud de amparo y el artículo 19 *eiusdem*, establece que cuando la solicitud fuere oscura o no llenare los requisitos señalados en el artículo 18, se notificará al solicitante para que corrija y que, si no lo hiciere dentro del lapso de cuarenta y ocho (48) horas siguientes a la correspondiente notificación, la acción será declarada inadmisible.
>
> En atención a la omisión señalada supra de consignar la copia requerida, de conformidad con el artículo 19 de la Ley Orgánica de Amparo sobre Derechos y Garantías Constitucionales, la parte presuntamente agraviada debe ser notificada de que debe enmendar tal omisión dentro de las cuarenta y ocho (48) horas siguientes a la fecha en que conste en autos habérsele notificado, con la advertencia de que, en caso de que no dé cumplimiento a esta solicitud, la acción de amparo será declarada inadmisible. Así se declara.

V. EL PROCEDIMIENTO PARA TRAMITAR LAS ACCIONES DE AMPARO CONTRA DECISIONES JUDICIALES

Con fecha muy reciente a la entrada en vigencia de la *Ley Orgánica de Amparo*, la Sala Político-Administrativa decidió, en sentencia del 8 de noviembre de 1988, caso: *Restaurant El Alcavarán C.A.*, crear un procedimiento distinto, más abreviado y de carácter -si se quiere- facultativo para el presunto agraviante, para el caso de los amparos contra decisiones judiciales. Además, allí se estableció que no iban a entenderse como aceptados los hechos narrados por el accionante, en caso de que el juez que pronunció la sentencia denunciada como lesiva de derechos y garantías constitucionales, no presentare el respectivo informe, sanción prevista en el derogado artículo 24 de la misma *Ley Orgánica de Amparo.*

El mencionado fallo, textualmente expresó:

> En relación al procedimiento pertinente en el presente caso, cabe señalar que el artículo 23 de la citada Ley impone que, al no optar el Juez de la causa por restablecer de inmediato la situación jurídica infringida, deberá ordenar al ente a quien se imputa la violación constitucional objeto del recurso, que, en el término de 48 horas, contadas a partir de su notificación, informe sobre la violación que le es atribuida por el recurrente. En este orden, el artículo 24 *eiusdem* establece que dicho informe 'contendrá una relación sucinta y breve de las pruebas en las cuales el presunto agraviante pretenda fundamentar su defensa'.
>
> Más, estima la Corte que tratándose de una acción de amparo contra una sentencia judicial, en la cual se afirma que esta última el Tribunal que la dictó violó derechos constitucionales, observa la Sala que, según lo dispuesto en el artículo 243 del Código de Procedimiento Civil, la sentencia para ser considerada como tal, debe contener: 1) La indicación del Tribunal que la pronuncie; 2) La indicación de las partes y de sus apoderados; 3) Una síntesis clara, precisa y lacónica de los términos en que ha quedado planteada la controversia, sin transcribir en ella los actos del proceso que consten de autos; 4) Los motivos de hecho y de derecho de la decisión; 5) Decisión expresa, positiva y precisa con arreglo a la pretensión deducida y a las excepciones o defensas opuestas, sin que en ningún caso pueda absolverse de la instancia; y 6) La determinación de la cosa u objeto sobre la que recaiga la decisión; y así mismo, conforme al artículo 244 *eiusdem*, no debe ser contradictoria al punto que no pueda ejecutarse o no pueda determinarse lo decidido, ni ser condicional ni contener ultrapetita. De acuerdo con estas disposiciones es forzoso concluir que la sentencia como instrumento jurídico con esas caracte-

rísticas, ha de contener todos los datos requeridos en el informe a que alude el artículo 24 de la Ley Orgánica de Amparo Sobre Derechos y Garantías Constitucionales, siendo por tanto innecesaria la presentación de aquel.

Por otra parte, tomando en cuenta la autonomía de los funcionarios del Poder Judicial en la toma de sus decisiones, consagrada en el artículo 205 de la Constitución, resultaría improcedente obligar al Juez autor de una sentencia a explicar ante el tribunal superior que conozca de una acción de amparo contra aquella, qué razones, motivaciones y pruebas distintas a las ya contenidas en el instrumento que sirve de fundamento a la acción, tuvo para adoptar el fallo. Esto constituiría una nueva violación constitucional con todas las consecuencias que de ello pudiera derivarse. Y resulta improcedente, además, habida cuenta de la consecuencia prevista en el artículo 23 de la Ley Orgánica de Amparo; se entenderá como aceptación de los hechos incriminados la falta de informe correspondiente emanado del presunto agraviante, consecuencia inconcebible en casos como el de autos.

Por todo lo expuesto, esta Sala considera innecesario, cuando se trate de acciones contra decisiones judiciales, tanto el cumplimiento de la fase del proceso conformada por la presentación del Informe señalado en el artículo 23 de la Ley Orgánica de Amparo Sobre Derechos y Garantías Constitucionales, como la fijación de oportunidad prevista en el artículo 26 *eiusdem*, para que las 'partes' o sus representantes legales expresen en forma oral y pública los argumentos en los cuales pretenden fundamentar sus respectivas actuaciones. Sin embargo, considera la Sala que la forma breve, sumaria y efectiva exigida por el artículo 4° de la citada Ley, en relación con el procedimiento a seguir en estos casos, no debe excluir en forma absoluta la posibilidad de que el Juez cuya sentencia ha sido objeto de una acción de amparo, sea enterado de la interposición de la misma y pueda, si lo estima necesario, formular por escrito sus alegatos. Por lo demás, para decidir con mejor conocimiento de causa, podrían ser ilustrativos para la Sala, los argumentos adicionales presentados por aquél. Se concluye por tanto en que debe concedérsele una oportunidad para este acto de sustanciación, a los efectos indicados, vencida la cual, se procederá a dictar sentencia dentro del plazo más breve. Así se declara"[416].

Esta decisión, consideramos en su debida oportunidad[417], exageraba el carácter objetivo del procedimiento de amparo constitucional, y esto podía llevar a causar vulneraciones del derecho al debido proceso de la parte a quien el fallo tildado de inconstitucional beneficia e, incluso, al mismo juez que lo dictó.

Sin embargo, siempre compartimos la posición jurisprudencial que consideraba innecesario –o más bien inconveniente para una sana administración de justicia- obligar a un juez de la República que ha dictado una decisión, tener que acudir posteriormente ante un Juez Superior a defender los argumentos en que fundó su decisión. Esta circunstancia, además de atentar contra el derecho constitucional a la autonomía de los funcionarios del Poder Judicial, produce otro efecto paralelo, que es retardar aún más los procesos judiciales que tiene asignado ese juez presuntamente agraviante de derechos de rango constitucional, lo que desemboca en un mayor congestionamiento de expedientes en cada órgano judicial, lo que, sin duda, se refleja en las no pocas decepciones y obstinaciones de los litigantes.

Por ello, nos pronunciamos por la eliminación de esa visión objetiva ante el proceso de amparo contra sentencias, a los fines de lograr que este proceso se llevara a cabo, principalmente, entre las mismas partes que habían litigado en el juicio que originó el fallo denunciado como lesivo en el amparo contra sentencia. De esta forma, por ejemplo, se celebraría la audiencia constitucional a que se refiere el artículo 26 de la *Ley Orgánica de Amparo*, con la participación del accionante y de los terceros que se benefician del fallo cuestionado –que como vimos- su llamamiento al proceso de ampa-

---

416 Este criterio jurisprudencial fue asumido de manera uniforme por todas las Salas de la Corte Suprema de Justicia y por la Corte Primera de lo Contencioso Administrativo. Sin embargo, era bastante común encontrar procedimientos de amparo contra sentencia tramitados ante tribunales de instancia, donde se llevaba el trámite procesal ordinario consagrado en la Ley Orgánica de Amparo.

417 CHAVERO GAZDIK, Rafael J. *"La acción de amparo contra decisiones judiciales"*, *op. cit.* pp. 149 y ss.

ro contra sentencia es ahora obligatorio. En todo caso, siempre le es dable al juez que dictó el fallo cuestionado participar en el juicio de amparo, pero lo importante es que siempre se tramite en su integridad el proceso de amparo.

Esto, sin lugar a dudas, fue uno de los grandes aportes de la sentencia del 1° de febrero de 2000, caso: *Jose Amando Mejía*, en donde se destacó, en relación al proceso de amparo contra sentencia, lo siguiente:

> 2.- Cuando el amparo sea contra sentencias, las formalidades se simplificarán aún más y por un medio de comunicación escrita que deberá anexarse al expediente de la causa donde se emitió el fallo, inmediatamente a su recepción, se notificará al juez o encargado del Tribunal, así como a las partes en su domicilio procesal, de la oportunidad en que habrá de realizarse la audiencia oral, en la que ellos manifestarán sus razones y argumentos respecto a la acción. Los amparos contra sentencias se intentarán con copia certificada del fallo objeto de la acción, a menos que por la urgencia no pueda obtenerse a tiempo la copia certificada, caso en el cual se admitirán las copias previstas en el artículo 429 del Código Procedimiento Civil, no obstante, en la audiencia oral deberá presentarse copia auténtica de la sentencia.
>
> Las partes del juicio donde se dictó el fallo impugnado podrán hacerse partes, en el proceso de amparo, antes y aún dentro de la audiencia pública, mas no después, sin necesidad de probar su interés. Los terceros coadyuvantes deberán demostrar su interés legítimo y directo para intervenir en los procesos de amparo de cualquier clase antes de la audiencia pública.
>
> La falta de comparecencia del Juez que dicte el fallo impugnado o de quien esté a cargo del Tribunal, no significará aceptación de los hechos, y el órgano que conoce del amparo, examinará la decisión impugnada.

Vemos entonces como este fallo de la Sala Constitucional cambió la posición jurisprudencial que venía admitiendo al amparo contra sentencia como un proceso netamente objetivo, entre el accionante y el fallo denunciado como lesivo. Por tanto, ahora se concibe este proceso como un juicio subjetivo, básicamente entre el agraviado y los terceros que se benefician del fallo cuestionado, además de que permite la participación -no obligatoria- del juez que dictó la sentencia objeto de análisis.

Ahora bien, luego de años de consolidación de esta tesis jurisprudencial mediante la cual se tramitaba un procedimiento abreviado, la Sala Constitucional en sus más recientes parece haber regresado a la posición original que negaba la necesidad de tramitar un procedimiento frente a amparos contra decisiones judiciales.

Así, a través de declaratorias de mero derecho o de la inventada figura de la "*procedencia in limine litis*", la Sala Constitucional evita, al menos en la mayoría de sus recientes fallos, la tramitación de procedimiento alguno.

Muestra de esta afirmación la podemos ver en la decisión de fecha 23 de marzo de 2018, caso: *Yosmar Barrios*, donde se señaló lo siguiente:

> Esta Sala, en decisión número 993/2013 del 16 de julio (Caso: *Daniel Guédez Hernández y otros*), bajo una interpretación progresiva de normas constitucionales, y en procura de garantizar la tutela judicial efectiva y dar cumplimiento al mandato del artículo 334 de la Constitución de la República Bolivariana de Venezuela, estableció, con carácter vinculante y con base en el artículo 335 del referido texto, que habían situaciones en las que el justiciable exponía ser víctima de agravios constitucionales que, al ser evidenciados por esta Sala, no sólo permitía, sino que hacía exigible su participación para lograr un inmediato restablecimiento de la situación jurídica infringida; es así como en la referida sentencia se expresó lo siguiente:
>
> De modo que, es la inmediatez y el restablecimiento de la situación jurídica infringida lo que debe prevalecer en la ponderación con otros derechos constitucionales de igual rango como lo sería el derecho a la defensa.
>
> Así pues, tanto la acción de amparo como el derecho al amparo llevan implícita la celeridad y el restablecimiento inmediato de la situación jurídica lesionada constitucionalmente, razón por la cual el artículo 27 constitucional, conforme con el artículo 1 de la Ley Orgánica de Amparo sobre Derechos y Garantías Constitucionales, refieren que la autoridad judicial competente tendrá la potestad para restablecer *inmediatamente* la situación jurídica infringida o la situación que más se asemeje a ella; de allí que pueda o no hacerse exigible el contradictorio en el procedimiento de amparo, dependiendo ello del hecho de que el juez constitucional estime el procedimiento

más conveniente para el restablecimiento inmediato de la situación jurídica infringida que es lo medular en la vía del amparo; si ello no fuese así, el ámparo carecería de eficacia. Por lo tanto, cuando el mandamiento de amparo se fundamente en un medio de prueba *fehuciente* constitutivo de *presunción grave* de la violación constitucional, debe repararse *inmediatamente, en forma definitiva, y sin dilaciones* la situación infringida, sin que se haga necesario abrir el contradictorio, el cual, sólo en caso de duda o de hechos controvertidos, justificará la realización de una audiencia oral contradictoria. Si ello no fuera así se desvirtuaría la inmediatez y eficacia del amparo.

En efecto, existen situaciones de mero derecho *o de tan obvia violación constitucional* que pueden ser resueltas con inmediatez y sin necesidad del previo debate contradictorio porque se hace obvia igualmente la situación jurídica infringida; ¿por qué demorar entonces la restitución de los derechos constitucionales infringidos?

La Sala considera que el procedimiento de amparo constitucional, en aras de la celeridad, inmediatez, urgencia y gravedad del derecho constitucional infringido debe ser distinto, cuando se discute un punto netamente jurídico que no necesita ser complementado por algún medio probatorio ni requiere de un alegato nuevo para decidir la controversia constitucional. En estos casos, a juicio de la Sala, no es necesario celebrar la audiencia oral, toda vez que lo alegado con la solicitud del amparo y lo aportado con la consignación del documento fundamental en el momento en que se incoa la demanda, es suficiente para resolver el amparo en forma *inmediata y definitiva.*

En el presente caso, la parte actora denuncia la violación de la garantía constitucional del debido proceso la tutela judicial efectiva consagrados en los artículos 49 numeral 1, 26 y 257 de la Constitución de la República Bolivariana de Venezuela, por haber tramitado el recurso de apelación en forma inadecuada, así como por haber absuelto la instancia, al ordenar una reposición inútil de la causa.

Como puede apreciarse, la resolución señalada como causante del agravio constitucional, que fue consignada por los actores en copia certificada, declaró oficiosamente la nulidad de un fallo dictado por el Juzgado en Funciones de Control, por considerarla afectada de un vicio relacionado con el re-

> quisito de la motivación, aspecto que para su conocimiento y resolución por esta Sala, no requiere de ninguna actividad probatoria de las partes en conflicto, sino que puede perfectamente resolverse con las actas que constan en el expediente, todo lo cual no deja lugar a dudas en cuanto a que estamos frente a una situación de mero derecho.
>
> Así las cosas, estando, como ya se afirmó, frente a una situación de mero derecho, la presente acción de amparo puede ser resuelta con inmediatez y sin necesidad del previo debate contradictorio, razón por la cual, esta Sala pasará a decidir el fondo de las denuncias planteadas, sin necesidad de celebrar la audiencia pública constitucional, tal como se sostuvo en la citada sentencia número 993/13 del 16 de julio (caso: *Daniel Guédez Hernández y Otros).*

En el mismo sentido, pueden verse las sentencias dictada por la misma Sala Constitucional, en materia de amparo contra decisiones judiciales, del 27 de octubre de 2017, caso: *Lilia Burelli*; del 9 de noviembre de 2017, caso: *Luis Correa*; del 30 de noviembre de 2017, caso: *Rubidia Cadenas*; del 9 de febrero de 2018, caso: *Carlos Rincón*; y del 13 de marzo de 2018, caso: *Farmacia Policlínica*; entre otras.

Como vemos, la Sala Constitucional califica como de mero derecho cualquier acción de amparo contra sentencia, a los fines de evitar la realización del procedimiento abreviado que había dispuesto en la sentencia líder del 1° de febrero de 2000, caso: *Jose Amando Mejía*. Sobre este particular debemos destacar, en primer lugar, que esa potestad de declarar una causa como de "mero derecho" no está prevista actualmente en la *Ley Orgánica del Tribunal Supremo de Justicia*, de allí que se trate de una invención judicial que ha permitido dictar sentencias sin oportunidad de defensa para los interesados.

Ahora bien, aun cuando se admita la potestad tácita de decretar un determinado proceso judicial como de "*mero derecho*", ello implicaría, a lo sumo, la no necesidad de tramitar la etapa probatoria, por considerar que se trata de asuntos donde no es necesario determinar o precisar "*hechos*". Pero en forma alguna ello justificaría la eliminación de al menos una oportunidad para presentar alegatos de derecho. Sin embargo, la reciente jurisprudencia de la Sala Constitucional ha entendido que al tener un asunto como de "*mero derecho*" puede proceder directamente a dictar sentencia, sin necesidad de abrir a trámite el juicio.

Lo mismo habría que decir de la posición jurisprudencial de la Sala Constitucional que inventó la llamada procedencia *in limine litis*, lo que implica declarar con lugar una acción de amparo constitucional, sin abrir el caso a trámite y escuchar a la otra parte. Es decir, pareciera que ahora la práctica de la Sala Constitucional ha sido la de rescatar el derogado artículo 22 de la *Ley Orgánica de Amparo*[418].

Por último, en relación con el proceso de amparo contra decisiones judiciales, quizás sea conveniente recordar que en estos casos resultan plenamente admisibles las medidas cautelares innominadas a que se refiere el artículo 588 del *Código de Procedimiento Civil*, las cuales permitirían, entre otras cosas, lograr la no ejecución de un fallo, mientras se tramita el amparo[419].

VI. LOS EFECTOS DE LA ACCIÓN DE AMPARO CONSTITUCIONAL CONTRA DECISIONES JUDICIALES

En el supuesto del amparo contra sentencia fue donde comenzó a relajarse -y esperemos que algún día termine de desaparecer- ese insólito mito que veía como contrario a la naturaleza del amparo constitucional, su carácter anulatorio. Tal y como nos tocó exponer en nuestro trabajo referente a este tema concreto[420], muchas veces era sólo a través de la declaratoria de nulidad de la decisión judicial cuestionada, que podía restablecerse una lesión constitucional. De otra forma, es decir, suspendiendo únicamente los efectos de la decisión judicial no se estaría restableciendo la situación jurídica infringida denunciada, pues tanto al accionante como a todos los que intervienen en el proceso les interesa que haya una resolución definitiva del asunto, esto es, que se admita o rechace una determinada pretensión. La suspensión, entonces, congelaría la *litis* en perjuicio de los sujetos procesales.

418 Véase, entre otras, sentencia de fecha 15 de noviembre de 2016, caso: *Reinaldo Muñoz;* y sentencia de fecha 13 de marzo de 2018, caso: *Farmacia Policlínica.*

419 Véase, entre otras, sentencia dictada por la Sala Constitucional, en fecha 24-3-2000, caso: "*Corporación L'Hotels, C.A.*". Véase también lo ya expuesto en el Capítulo referente al procedimiento general de amparo.

420 CHAVERO GAZDIK, Rafael J. "*La acción de amparo contra decisiones judiciales*", *op. cit.* pp. 155 y ss.

La declaratoria de nulidad de las actuaciones procesales puede ser, entonces, total o parcial, es decir, que la decisión del amparo contra sentencia puede consistir únicamente en la eliminación de una orden del juez, o de una obligación recaída en alguna de las partes del proceso, quedando intacto, en consecuencia, el resto del fallo cuestionado. También ha sido frecuente las órdenes de reenvío, a los fines de que el tribunal que conoce del asunto emita una nueva decisión, pero esta vez respetando los derechos y garantías constitucionales del agraviado.

Claro está, esa declaratoria de nulidad por vía del amparo constitucional permite que las partes vuelvan a asumir la controversia en el estado en que se decidió reponerla, bien sea desde el comienzo o a partir de un determinado acto procesal. En este sentido, los tribunales que conocen de amparos contra decisiones judiciales en algunos casos -dependiendo del tipo de vulneración constitucional de que se trate- declaran la nulidad de todo lo actuado, es decir, de la decisión de primera y de segunda instancia y, en otros casos, reponen el juicio, manteniendo los actos del proceso que no han sido afectados por la lesión constitucional.

Debe destacarse, que para determinar el alcance de la nulidad de las actuaciones dentro del proceso judicial que dio origen a un fallo violatorio de garantías fundamentales, hay que atender a los principios de celeridad y estabilidad de los actos procesales, conforme lo dispone el artículo 206 del *Código de Procedimiento Civil*[421].

Y, además, la decisión debe limitarse exclusivamente a determinar si se han violado derechos o libertades y el juez debe abstenerse de pronunciarse sobre cualquier otra consideración sobre la actuación del órgano jurisdiccional presuntamente infractor. Es decir, no se trata de convertir el amparo contra decisiones judiciales en una especie de recurso de casación, aun cuando hay que reconocer la similitud de sus efectos, pero -se reitera- la decisión del amparo debe concretarse en el pronunciamiento sobre si ha habido violación o no de los derechos denunciados.

---

421 La mencionada norma textualmente dispone: "Los jueces procurarán la estabilidad de los juicios, evitando o corrigiendo las faltas que puedan anular cualquier acto procesal. Esta nulidad no se declarará sino en los casos determinados por la ley, o cuando haya dejado de cumplirse en el acto alguna formalidad esencial a su validez". En ningún caso se declarará la nulidad si el acto ha alcanzado el fin al cual estaba destinado".

Finalmente, debemos destacar que actualmente no existen mayores diferencias entre los efectos que pueden producir las decisiones de amparo constitucional y los que producen los fallos que declaran procedentes revisiones extraordinarias de sentencias, conforme a la potestad prevista en el numeral 10° del artículo 336 de la *Constitución*. Por ello, nos remitimos al capítulo anterior donde se expuso con más detalles los posibles contenidos de las sentencias.

VII. ALGUNOS REMEDIOS PARA MANTENER EL SANO EJERCICIO DE LA ACCIÓN DE AMPARO CONTRA DECISIONES JUDICIALES

1. *Las costas en el proceso de amparo contra decisiones judiciales.*

Hemos sostenido anteriormente, que existe la necesidad de que el tratamiento del proceso de amparo contra sentencias quiebre con los criterios tradicionales y excesivamente objetivos con que ha sido tratado por la jurisprudencia. Y como consecuencia de esta ruptura de principios arcaicos, habíamos sugerido la procedencia de la condenatoria en costas en los casos de amparo contra decisiones judiciales, con la intención de castigar la conducta irresponsable de los litigantes que han abusado de esta figura, perjudicando los intereses de un juez de la República y del resto de los sujetos procesales que han tenido que concurrir al conflicto a defender la decisión cuestionada. Pues, en definitiva, se trata de una incidencia más dentro de un conflicto judicial.

Creemos, además, que todo proceso constituye un perjuicio para los litigantes, por tanto, los que resulten totalmente vencidos deben indemnizar los daños causados al vencedor. El proceso no puede significar un daño para el que tiene la razón.

Por ello, en su momento saludamos complacidos la posición que asumió la Sala Constitucional en este tema de las costas en el amparo contra decisiones judiciales, al admitir al menos la condenatoria en costas al accionante que haya intentado una acción de esta naturaleza en forma temeraria. Nos referimos al fallo dictado por esta Sala, en fecha 4-5-00, caso: *S.A. Seguros La Occidental*, toda vez que la misma rompe con una vieja tradición jurisprudencia y, además, tratar de precisar la forma como ha de exigirse el cobro de las costas en los procesos de amparo. Así, en este fallo se precisa lo siguiente:

El artículo 33 de la Ley Orgánica de Amparo sobre Derechos y Garantías Constitucionales, mantiene como principio que, cuando se trate de quejas entre particulares, se impondrán las costas al vencido. Esto ha impedido que se condene en costas al accionante cuando incoa un amparo contra el Estado, sus entes, o contra las sentencias, ya que se ha interpretado que ellos no son particulares.

A juicio de esta Sala, tal norma existe para permitir a los particulares accionar con libertad contra los poderes públicos, sin el riesgo de tener que pagar unas costas, si resultaren perdidosos.

Pero ¿qué sucede cuando los particulares se hacen partes en el proceso con el fin de coadyuvar con los poderes públicos en la defensa de los actos de dichos poderes, lo que incluye las sentencias dictadas por los Tribunales?

Conforme al artículo 370 del Código de Procedimiento Civil, en su numeral 3, los terceros que tengan interés jurídico actual en sostener las razones de alguna de las partes y pretendan ayudarla a vencer en el proceso, pueden hacerse parte en el juicio donde actúa la parte con quien van a coadyuvar. Ese interés, sin necesidad de prueba alguna, ha sido reconocido por esta Sala en su fallo de 1° de febrero de 2000 (caso: José Amando Mejía) en los amparos contra sentencias, con respecto a las partes de la causa donde se dictó el fallo impugnado.

Pero, cuando la sentencia que se dicte en el amparo (que en estos casos es el juicio principal), haya de producir efectos en la relación jurídica del interviniente adhesivo con la parte contraria a quien se adhiere, por lo que se trata de una relación jurídica fundada en el derecho sustantivo, conforme al artículo 381 del Código de Procedimiento Civil, ese interviniente, cuyo interés es el máximo porque el amparo en alguna forma le va a perjudicar sus derechos sustantivos, se convierte en un litis consorte con la parte con quien coadyuva, a tenor de lo dispuesto en el artículo 147 del Código de Procedimiento Civil; es decir, un litis consorte facultativo que en las relaciones con la contraparte, obra como un litigante distinto a los otros consortes.

Surge así, una situación de litis consorcio facultativo entre un órgano del poder público (del judicial en el caso del amparo contra sentencia) y un particular, que viene al juicio a defender sus propios y egoístas intereses.

Cuando el proceso de amparo contra sentencia adquiere esta dimensión, no puede considerarse que se trata de una queja entre un particular contra el poder público, ya que la intervención del otro particular en defensa de sus intereses y derechos subjetivos personales, haciendo causa común con el tribunal que emitió el fallo, convierte la causa de amparo en un proceso entre particulares, en lo relativo a los intervinientes ajenos a los poderes públicos.

Siendo así, en cuanto a los particulares intervinientes, considera esta Sala que deben imperar las disposiciones sobre costas, adaptadas a las peculiaridades del proceso de amparo, donde la condena en costas se impone al litigante temerario, tal como lo establece el artículo 33 de la Ley Orgánica de Amparo sobre Derechos y Garantías Constitucionales.

Por tanto, no resulta decisivo para que exista la posibilidad de una condena en costas en materia de amparo constitucional, el que la solicitud de amparo esté dirigida solamente contra un órgano del poder público, ya que si los particulares se hacen terceros coadyuvantes en defensa de los intereses de las partes del amparo, con respecto a ellos el proceso deviene en una acción entre particulares y el perdidoso puede resultar condenado en costas, sobre todo, cuando es un litis consorte facultativo, a quien un sector de los efectos de la sentencia lo toca como litigante particular, independiente del otro, tal como lo prevé el artículo 280 del Código de Procedimiento Civil.

El inconveniente que aparentemente suscita la condena en costas, prevista en el artículo 33 de la Ley Orgánica de Amparo sobre Derechos y Garantías Constitucionales, es que éstas, en cuanto a los honorarios de abogado, no pueden calcularse aplicando el artículo 286 del Código de Procedimiento Civil, ya que en las acciones de amparo no hay estimación en dinero de la demanda, ni se litigan objetos o derechos apreciables en dinero; pero el que ello sea así, no es un obstáculo para que se puedan calcular, al menos las correspondientes a los honorarios de los abogados.

Dada la naturaleza de la acción de amparo, ella no es apreciable en dinero, motivo por el cual la estimación contemplada en el artículo 38 del Código de Procedimiento Civil no tiene lugar; y al ocurrir esto, a pesar que en el amparo hay condenatoria en costas en algunos supuestos, como se ha apuntado, las previsiones del artículo 286 del Código de Procedimiento Civil se hacen inaplicables.

Las costas procesales están conformadas por dos rubros: 1) los honorarios de los apoderados de las partes que se benefician con la condenatoria en costas; y 2) los costos del proceso, los cuales a partir de la vigencia de la Constitución de la República Bolivariana de Venezuela, que establece en su artículo 26 la gratuidad de la justicia, y por tanto no son aplicables al proceso las normas sobre arancel judicial señaladas en la Ley de Arancel Judicial, han quedado reducidos básicamente a los emolumentos y honorarios de los auxiliares de justicia que no sean integrantes de cuerpos de funcionarios del Estado, previstos en las leyes como auxiliares de justicia profesionales.

Por lo regular los costos del proceso en las causas de amparo son mínimos, pero de existir, el juez del amparo en la sentencia los tasará, por mandato del artículo 35 de la Ley de Arancel Judicial, que prevé la tasación en el fallo de los procedimientos orales.

Con respecto a los honorarios de los apoderados (abogados) de la parte gananciosa, los cuales no pueden exceder del treinta por ciento del valor de lo litigado, esta Sala observa que con respecto a la condena en costas en los juicios de amparo, el artículo 286 del Código de Procedimiento Civil no es aplicable, con la limitación mencionada del treinta por ciento (30%), por lo cual el que obtuvo la condenatoria favorable en costas, puede encontrarse en dos situaciones con respecto al rubro honorarios:

Que el accionante no utilice apoderado ni abogado asistente (artículo 23 de la Ley de Abogados), lo que es posible en los juicios de amparo dada la previsión del artículo 13 de la Ley Orgánica de Amparo sobre Derechos y Garantías Constitucionales, el cual permite que cualquier persona natural o jurídica interponga el amparo, sin exigir ni siquiera la asistencia de abogado.

Dada la urgencia del amparo, hasta el punto que se permite la instancia verbal (artículos 16 y 18 de la Ley Orgánica de Amparo sobre Derechos y Garantías Constitucionales), exposición que el juez recoge en acta, y que el proceso no debe detenerse una vez se forme la relación procesal total, la disposición del artículo 4 de la Ley de Abogados no es aplicable, ya que el proceso de amparo no se va a detener por cinco días de despacho, para que el supuesto agraviante nombre dentro de ese plazo un abogado que lo represente.

Por igualdad procesal, si el accionante del amparo que no es abogado, no necesita de la asistencia obligatoria del profesional del derecho, el demandado tampoco tiene tal deber, y el que se defiende solo (como actor o demandado), no puede pretender se le cancelen honorarios de abogados, que no ha utilizado.

Solo si la parte involucrada en el proceso es un abogado, él podrá cobrar honorarios, si resultare con una condena en costas a su favor, ya que a pesar de que desplegó una actividad propia, ella a su vez fue profesional y mientras atendió su asunto, no pudo ejercer la profesión de abogado en otros casos que tuvieron lugar en la misma fecha y hora.

b) Que las partes se hicieron representar o fueron asistidos por abogados. Los honorarios de estos podrán cobrárseles al condenado en costas.

Estos honorarios, que van a ser cobrados a persona ajena a las partes del contrato de prestación de servicios profesionales que existe entre abogado y cliente, no pueden fundarse en dicho contrato, que a tenor del artículo 1166 del Código Civil ni lo beneficia, ni lo perjudica; y la forma de cálculo del monto de esos honorarios es la señalada en los artículos 39 y 40 del Código de Ética Profesional del Abogado Venezolano de 3 de agosto de 1985. En especial se ponderarán las circunstancias del artículo 40 de dicho Código de Ética, aplicable a cualquier proceso en esta materia, por imperativo del artículo 17 del Código de Procedimiento Civil.

Dada esta estimación fundada en las circunstancias del artículo 40 del Código de Ética Profesional, y siendo las costas propiedad de la parte beneficiada por la condena de su contraparte, considera esta Sala, que el procedimiento para el cobro al perdidoso en el juicio de amparo, no es el establecido en el artículo 23 de la Ley de Abogados, el cual como presupuesto para la intimación de honorarios, sólo exige que se tome en cuenta las anotaciones del valor de la actuación, que haga el abogado al margen de todo escrito o diligencia en que actúe, o la relación de estas actuaciones en diligencia o documento aparte, sin que el artículo 24 de la Ley de Abogados requiera se dé cumplimiento en alguna forma al artículo 40 del Código de Ética Profesional del Abogado.

Este procedimiento del artículo 23 de la Ley de Abogados está relacionado con el artículo 286 del Código de Procedimiento Civil, con su limitante de que el monto de la condena en costas, por honorarios profesionales, no puede rebasar el treinta por ciento (30%) del valor de la demanda que debe ser estimada por el actor. De allí que por más anotaciones o estimaciones que se hagan por concepto de honorarios, exagerados o no, la suma de los mismos siempre chocará con la valla del treinta por ciento (30%).

Pero en el caso de costas dentro de un proceso no estimable en dinero, esa valla no existe, y por ello el que pretenda el cobro de los honorarios, debe explicar conforme al artículo 40 del Código de Ética citado, las razones que tuvo para estimar esos honorarios, las cuales pueden ser discutidas por el deudor de las costas; y por ello es criterio de esta Sala, que tal cobro no pueda realizarse por el procedimiento de estimación e intimación, previsto en el artículo 23 de la Ley de Abogados, sino mediante una demanda donde el abogado previa conformación auténtica de la parte victoriosa, adaptándose al citado artículo 40 del Código de Ética Profesional del Abogado, explica las razones en que funda sus honorarios a fin que ellos puedan serle discutidos, procedimiento este que no lo contemplan los artículos 23 y 24 de la Ley de Abogados.

Por ello, quien pretende el cobro de estas costas del amparo, en base a un escrito circunstanciado sobre la razón de los honorarios y previa aprobación de su cliente, ventilará dicho cobro por el procedimiento establecido en el primer aparte del artículo 22 de la Ley de Abogados, a pesar que no se trate del cobro de honorarios por servicios extrajudiciales, el cual reza:

"Cuando exista inconformidad entre el abogado y su cliente en cuanto al monto de honorarios por servicios profesionales extrajudiciales, la controversia se resolverá por la vía del juicio breve y ante el Tribunal Civil competente por la cuantía. La parte demandada podrá acogerse al derecho de retasa en el acto de la contestación de la demanda."

> El artículo 23 de la Ley de Abogados otorga una acción directa de cobro, en cabeza del abogado contra el condenado en costas, pero no siendo el artículo 23 citado, aplicable al caso, tal acción directa no existe, por lo que hay que acudir a otra vía, siendo la de mayor semejanza con la situación existente, la del primer aparte del artículo 22 de la Ley de Abogados.
>
> En el caso de autos, esta Sala considera que la parte actora intentó una acción de amparo temeraria contra la sentencia del 26 de febrero 1999, dictada por el Juzgado Superior del Tránsito y del Trabajo de la Circunscripción Judicial del Estado Zulia, la cual perjudicó al tercero coadyuvante, que por tal lesión se hizo parte en esta causa, y por las razones aquí expuestas se condena en costas al accionante, en beneficio del tercero coadyuvante: abogado ABIGAIL COLMENARES, y así se decide.

Ahora bien, la realidad actual matiza considerablemente esta posición jurisprudencial, pues al igual que sucede con las solicitudes de revisión constitucional, al no haber ahora un contradictorio en los procesos de amparo contra sentencia, no es necesario que la parte perdidosa indemnice a la otra por los costos y gastos que se hayan podido generar por el ejercicio del recurso de revisión.

2. *Sanciones disciplinarias y el caso de las acciones temerarias*

Resultan perfectamente aplicables a esta modalidad de amparo constitucional las disposiciones contenidas en los artículos 27 y 28 de la *Ley Orgánica de Amparo*, relativas a la posibilidad de que el juez, al momento de pronunciarse sobre el fondo del amparo, ordene a los organismos competentes (Dirección Ejecutiva de la Magistratura, Ministerio Público, etc.) la apertura de las averiguaciones correspondientes y se pronuncie, además, sobre la temeridad de la acción.

Aprovechamos también para recordar el enorme beneficio que podría significar para la institución del amparo constitucional -y en especial contra decisiones judiciales- la utilización de las sanciones establecidas por *Ley Orgánica de Amparo*, obligándose a mantener esta acción extraordinaria dentro de sus fines reales, es decir, para los casos que ciertamente involucren vulneraciones de derechos o garantías constitucionales.

VIII. ALGUNAS REFLEXIONES FINALES SOBRE EL AMPARO CONTRA SENTENCIAS

Indudablemente, el tema del amparo contra decisiones judiciales ha sido una de las modalidades de esta institución más controversiales, más aún cuando hemos tenido una evolución jurisprudencial divagante y agobiante, dada la gran cantidad de amparos contra sentencia en nuestro foro. Y la preocupación se justifica, pues no cabe duda de que con el ejercicio indiscriminado e irresponsable de esta acción se pone en peligro nada más y nada menos que el principio de la seguridad jurídica, la independencia de los jueces y la cosa juzgada misma.

Sin embargo, ello no obsta que el mecanismo para proteger derechos fundamentales contra decisiones judiciales deba desaparecer, pues como se afirma categóricamente en el voto salvado de la decisión de la Corte Constitucional colombiana que anuló el artículo que consagraba el amparo contra sentencia[422]: no se puede sacrificar "el interés general, la justicia y la primacía de los derechos fundamentales en aras de proteger una espuria seguridad jurídica, representada por las sentencias violatorias de los derechos fundamentales". Además, afirma el mismo voto salvado, el principio *pro iustitia* y la regulación de la cosa juzgada deben, en aras de la seguridad jurídica, sacrificar lo menos posible la justicia.

También debe precisarse que la utilización correcta de esta institución no permite volver a cuestionar lo ya decidido por los jueces en los procesos regulares, sino las actuaciones contrarias a los derechos fundamentales, por tanto, el amparo contra sentencia no es una nueva instancia para los procesos concluidos, a pesar de que en muchos casos la Sala Constitucional no lo entienda así.

Por tanto, si bien corremos el riesgo del abuso de esta institución, y con ello, la perturbación de la sana administración de justicia no es menos cierto que se justifique dicho riesgo cuando los derechos elementales del ciudadano están de por medio, pues la forma no debería prevalecer sobre la justicia. Y ejemplos de vulgares transgresiones de derechos constitucionales mediante decisiones judiciales siempre han sobrado en estos países tropicales, baste con

---

422 Sentencia del 1° de octubre de 1992, caso C-543.

revisar los diarios de jurisprudencia de nuestra Sala Constitucional para percatarnos de los no pocos casos donde se ha requerido una tutela inmediata y efectiva para contrarrestar fallos judiciales lesivos de derechos fundamentales.

En efecto, que hubiera sido de nuestro Estado de Derecho si no se hubieran podido controlar todas aquellas decisiones de amparos autónomos dictadas con la utilización del artículo 22 de la *Ley Orgánica de Amparo*, en flagrante violación del derecho a la defensa del presunto agraviante; o aquellas decisiones dictadas por los Tribunales Laborales declarando la perención de la instancia, a pesar de que los juicios se encontraban en estado de decisión; o aquella decisión dictada por un Tribunal Superior Penal del Estado Falcón condenando a un reo a 45 años de cárcel, obviando nuestra pena máxima de 30 años. Es que ¿acaso vale la pena cerrar las puertas a una institución que pretenda subsanar estas incongruencias del sistema?

Pensamos que los mecanismos de protección constitucional antes de ser eliminados deben ser corregidos, y ya hemos hecho referencia a instituciones como las costas procesales y las sanciones por temeridad, las cuales permitirían mantener esta modalidad del amparo constitucional para lo que fue previsto, esto es, para circunstancias excepcionales.

En todo caso, actualmente hay que reconocer que el recurso extraordinario de revisión constitucional ha coadyuvado a la reducción del número de amparos contra sentencias, al menos para los casos de cuestionamientos de decisiones definitivamente firmes.

BIBLIOGRAFÍA

ALEXY, Robert, *El concepto y la validez del derecho*, Editorial Gedisa, Barcelona, 1997.

ANDUEZA, José Guillermo, *La Jurisdicción Constitucional en el Derecho Venezolano*, UCV, Caracas, 1955.

ARENAS SALAZAR, Jorge, *La tutela, una acción humanitaria*, Librería Doctrina y Ley, Santa Fé de Bogotá, 1992.

ARISTÓTELES, *Política*, Editorial J. Marías y Mª Araujo, Madrid, 1951.

AYALA CORAO, Carlos M., *Del Amparo Constitucional al Amparo Interamericano como Instituto para la Protección de los Derechos Humanos*, IIDH y Editorial Jurídica Venezolana, Caracas/San José, 1998.

_______. "Algunas consideraciones sobre la jurisdicción constitucional en Venezuela", en *Una mirada a los Tribunales Constitucionales*, Comisión Andina de Juristas, Lima, 1995.

AYALA CORAO, Carlos y CHAVERO GAZDIK, Rafael, *El Libro Negro del TSJ de Venezuela: Del secuestro de la democracia y la usurpación de la soberanía popular a la ruptura del orden constitucional (2015-2017)*, Editorial Jurídica Venezolana, Caracas, 2017.

BADELL MADRID, Rafael, *Derecho Procesal Constitucional*, Academia de Ciencias Políticas y Sociales, Caracas, 2020.

BALDIVIESO GUZMÁN, René, "El Tribunal Constitucional a los cinco años de su instalación. Visión institucional", en *La Justicia Constitucional en Bolivia 1998-2003*, Ediciones del Tribunal Constitucional, Sucre, 2003

BAZAN, Víctor, "Control de las Omisiones Inconstitucionales e Inconvencionales. Recorrido por el derecho y la jurisprudencia americanos y europeos", www.corteidh.or.cr/tablas/31009.pdf

BERTOLINO, Pedro., "*La cosa juzgada en el amparo*", Abeledo.Perrot, Buenos Aires, 1968.

BIDART CAMPOS, Germán, "*Teoría General de los Derechos Humanos*", México, UNAM, 1989.

_______. "*La Justicia Constitucional y la Inconstitucionalidad por Omisión*", el cual puede consultarse en https://archivos.juridicas.unam.mx/www/bjv/libros/5/2107/2.pdf

BREWER-CARÍAS, Allan R., "El amparo a los derechos y garantías constitucionales (una aproximación comparativa)", Editorial Jurídica Venezolana, Caracas, 1993.

_______. "El control concentrado de la constitucionalidad de las leyes (Estudio de derecho comparado)", Editorial Jurídica Venezolana, Caracas, 1994.

_______. "*Las Constituciones de Venezuela*", Editorial Jurídica Venezolana, Caracas, 1997.

_______. *Debate Constituyente (Aporte a la Asamblea Nacional Constituyente)*, Tomo II, Caracas, 1999.

_______. *Mecanismos Nacionales de Protección de los Derechos Humanos (Garantías judiciales de los derechos humanos en el derecho constitucional comparado latinoamericano)*, Instituto Interamericano de Derechos Humanos, San José, 2005.

_______. *Crónica sobre la 'In' Justicia Constitucional. La Sala Constitucional y el Autoritarismo en Venezuela*, Editorial Jurídica Venezolana, Caracas, 2007.

_______. "Comentario sobre la Extraña "Acción Innominada de Control de Constitucionalidad" Ejercida contra las Sentencias de la Corte Interamericana de Derechos Humanos, según la Jurisprudencia de la Sala Constitucional del Tribunal Supremo de Justicia de Venezuela", en obra colectiva coordinada por Gerardo Eto, para el Año Centenario de Machu Pichu para el mundo, Lima 2012.

CALAMANDREI, Piero, *Providencias Cautelares*, Editorial Bibliográfica Argentina, Buenos Aires, 1984.

CALDERÓN VILLEGAS, Juan J., *La constitucionalización del derecho privado. La verdadera historia del impacto constitucional en Colombia.* Temis, Bogotá, 2017.

CALSAMIGLIA, Albert, *Racionalidad y Eficiencia del Derecho*, Biblioteca de Ética, Filosofía del Derecho y Política, México, 1997.

CANOVA GONZÁLEZ, Antonio, "La Supersala (Constitucional) del Tribunal Supremo de Justicia", en *Revista de Derecho Constitucional* Nro. 3, Editorial Sherwood, Caracas, 2000.

______. "Rasgos generales de los modelos de justicia constitucional en el Derecho Comparado: (3) Europa Actual", en *Revista de Derecho Constitucional* N° 7, 2003.

______. *El Modelo Iberoamericano de Justicia Constitucional*, Ediciones Paredes, 2012.

CAPPELLETTI, MAURO, "Formaciones Sociales e Intereses de Grupo Frente a La Justicia Civil", *Boletín Mexicano De Derecho Comparado*, Nueva Serie, Año XI N° 31/32, Enero-Agosto, 1978.

CASAL H., Jesús María, *Dictadura Constitucional y Libertades Públicas*, Editorial Jurídica Venezolana, Caracas, 1993.

______. *Constitución y Justicia Constitucional*, UCAB, Caracas, 2004.

______. "Algunos cometidos de la jurisdicción constitucional en la democracia", en la obra colectiva *La jurisdicción constitucional, democracia y Estado de Derecho*, UCAB, Caracas, 2005.

______. *Los Derechos Fundamentales y sus Restricciones*, Legis, Caracas, 2010.

CHAVERO GAZDIK, Rafael J., *La Guerra de las Salas del TSJ frente al Referéndum Revocatorio*, Aequitas, Caracas, 2004.

______. *La acción de amparo contra decisiones judiciales*, FUNEDA, Editorial Jurídica Venezolana, 1997.

______. *El Nuevo Régimen del Amparo Constitucional en Venezuela*, Editorial Sherwood, Caracas, 2001; y el *Suplemento 2002*, Ediciones Paredes, Caracas, 2002.

______. "Pautas Interpretativas para la Resolución de Conflictos de Derechos Fundamentales", en el *Libro Homenaje al Profesor Gustavo Planchart Manrique*, UCAB, 2003.

______. "El control judicial del Proyecto de Reforma Constitucional", *Revista de Derecho Público* # 112, Editorial Jurídica de Venezuela, octubre-diciembre 2007.

______. *La Justicia Revolucionaria. Una década de Reestructuración (o involución) Judicial en Venezuela*, Editorial Aequitas, Caracas, 2011.

CHEMERINSKY, Erwin, *Constitutional Law, Principles and Policies*, Aspen Law Business, 1997.

CUENCA ESPINOZA, Leoncio E., *Revisión de las Decisiones Judiciales como Mecanismo de control de constitucionalidad en Venezuela*, Editorial Paredes, Caracas, 2007.

DE OTTO, Ignacio, *Derecho Constitucional, Sistema de Fuentes*, Ariel, Córcega, 1991.

DEVIS ECHENDIA, Hernando, *Compendio de Derecho Procesal*, Bogotá, Editorial ABC, 1985.

DÍAZ REVORIO, F. Javier, *La Interpretación Constitucional de la Ley. Las sentencias interpretativas del Tribunal Constitucional*, Editorial Palestra, Lima, 2003.

DOMENECH, Gabriel, "Sobre los efectos en el tiempo de las sentencias del Tribunal Constitucional", en su página web, http://www.uv.es/gadopas

DUQUE CORREDOR, Román J. "El procedimiento de la acción de amparo constitucional" en *El Recurso de Amparo en la legislación venezolana*, Serie Foros, Caracas, 1989.

_______. *Los poderes del juez y el control de la actividad judicial*, Academia de Ciencias Políticas y Sociales, Caracas, 2008.

EGUIGUREN PRAELI, Francisco, "Efectos de las Sentencias sobre Inconstitucionalidad", en Tribunales y Justicia Constitucional". Memoria del VII Congreso Iberoamericano de Derecho Constitucional, Instituto de Investigaciones Jurídicas, México, 2002.

ESCOVAR LEÓN, Ramón, *El precedente y la interpretación constitucional*, Editorial Sherwood, Caracas, 2005.

ESCUDERO, Margarita, "El mecanismo de revisión de sentencias por parte de la Sala Constitucional del Tribunal Supremo de Justicia", en *Novedades Jurisprudenciales del Tribunal Supremo de Justicia*, Vadell Hermanos Editores, Caracas, 2002.

FAVOREAU, Louis, *Legalidad y constitucionalidad. La constitucionalización del derecho*, Universidad Externado de Colombia, Bogotá, 2000.

FERNÁNDEZ FARRERES, Germán, *El recurso de amparo según la jurisprudencia constitucional*, Marcial Pons, Madrid, 1994.

FERNÁNDEZ RODRÍGUEZ, José Luis, *Aproximación al concepto de* Inconstitucionalidad *por omisión. Teoría General. Derecho Comparado. El caso español*, Madrid, Civitas, 1998.

_______. *La Justicia Constitucional Europea ante el Siglo XXI*, Editorial Tecnos, Madrid, 2002.

FERNÁNDEZ SEGADO, Francisco, *El Control De Constitucionalidad de las Omisiones Legislativas. Algunas Cuestiones Dogmáticas*, trabajo que puede consultarse en https://www.scielo.cl/scielo.

FERRER MAC-GREGOR, Eduardo y SÁNCHEZ GIL, Rubén, *Efectos y Contenidos de las Sentencias en Acción de Inconstitucionalidad. Análisis Teórico referido al caso Ley de Medios*, UNAM, México, 2009.

FIGUEROA, Inocencio, *Estado de Excepción*, Caracas, 2021.

GARCÍA DE ENTERRÍA, Eduardo y FERNÁNDEZ, Tomás Ramón, *Curso de Derecho Administrativo*, Tomo II, Tercera Edición, Civitas, Madrid, 1991.

GARCÍA DE ENTERRÍA, Eduardo, *La Constitución como norma y el Tribunal Constitucional*, Civitas, Madrid, 1991.

_______. *La Batalla por las Medidas Cautelares*, 2da Edición, Civitas, Madrid, 1995.

_______. *Democracia, Jueces y Control de la Administración*, Civitas, Madrid, 1996.

GIDI, Antonio, "Las Acciones Colectivas en los Estados Unidos", en la obra *Procesos Colectivos. La tutela de los derechos difusos, colectivos e individuales en una perspectiva comparada*. Editorial Porrúa, México, 2003.

GINSBURG, Tom, "*Judicial Review in New Democracies. Constitutional Courts in Asian Cases*", Cambridge, 2003.

GONZÁLEZ CANO, María Isabel, *La protección de los intereses legítimos en el proceso administrativo*, Tirant Monografías, Valencia, 1997.

GONZÁLEZ PÉREZ, Jesús, *Derecho procesal administrativo hispanoamericano*", Bogotá, Temis, 1985.

GOZAINI, Osvaldo A., *El derecho de amparo*, Depalma, Buenos Aires, 1998.

_______. *Sentencias Constitucionales. Teoría y Prácticas*, consultado en su página web: gozaíni.com.

GUERRERO ROCCA, Gilberto, "Controversias Constitucionales y Conflictos de Autoridad: Una necesaria distinción", en *Revista de Derecho Constitucional* N° 7, Sherwood, Caracas, 2003.

HARO, José Vicente, "La justicia Constitucional en Venezuela y la necesidad de un Tribunal Federal constitucional", *en Revista de Derecho Administrativo* Nro. 6, Editorial Sherwood, Caracas, 1999.

INNECO DURÁN, María Fernanda, en "*Consideraciones sobre las Sentencias N° 446, 693, 1070 de la Sala Constitucional y la N° 136 de la Sala de Casación Civil en el Procedimiento de Divorcio en Materia de Protección*", consultado en la web en Downloads/guwale,+Maria+ Fernanda+Inecco+.

JACKSON, Vicki y TUSHNET, Mark, *Comparative Constitutional Law*, Foundation Press, 1999.

KELSEN, Hans, *¿Quién debe ser el defensor de la Constitución?*, Editorial Tecnos, Madrid, 1931.

LARES MARTÍNEZ, Eloy, *Manual de Derecho Administrativo*, UCV, Caracas, 1990

LIEBMAN, Enrico Tullio, "*Manual de Derecho Procesal Civil*", Ediciones Jurídicas Olejnik, Madrid, 2021.

LINARES QUINTANA, Segundo, *Derecho Constitucional e Instituciones Políticas*, Editorial Plus Ultra, Buenos Aires, 1981.

Loewenstein, Karl, *La Constitución*, traducido por Alfredo Gallego Anabitarte, Editorial Ariel, Barcelona, 1982.

LORETO GONZÁLEZ, Irene, *Génesis del constitucionalismo en Venezuela*, Centro de Investigaciones Jurídicas, Caracas, 2005.

MARIENHOFF, Miguel, "La legitimación en las acciones contra el Estado", *La Ley*, 1986-C-899.

MARTÍNEZ-PUJALTE, Antonio L., *La garantía del contenido esencial de los derechos fundamentales*, Centro de Estudios Constitucionales, Madrid, 1997,

MASON, Paul, "*Report on the Impact of Electronic Media Coverage of Court Proceedings at the International Criminal Tribunal for the former Yugoslavia*", www.un.org/icty/pressreal/final.

MULINO SAAVEDRA, María Concepción, "Relación de las Sentencias Dictadas en Materia del Recurso de Interpretación por la Sala Constitucional del Tribunal Supremo de Justicia Durante el Período 2000-2018 ", en *Revista N° 73 de la Facultad de Derecho de la UCAB*, Caracas, 2019.

NOGUEIRA ALCALÁ, Humberto, "*Consideraciones sobre las sentencias de los Tribunales Constitucionales y sus efectos en América del Sur*", Ponencia presentada en las II Jornadas Iberoamericanas de Derecho Procesal Constitucional, San José, Costa Rica, julio/2004.

ORIHUELA, Roxana, *El avocamiento de la Corte Suprema de Justicia*, Editorial Jurídica Venezolana, Caracas, 1988.

PADILLA, Miguel, *Constitución de la Nación Argentina*, Editorial Abeledo-Perot, Buenos Aires, 1994.

PEÑA SOLIS, José, "El 'avocamiento judicial' como instrumento de abuso de poder en Venezuela, a propósito de la sentencia dictada por la Sala Constitucional del Tribunal Supremo de Justicia el 31 de marzo de 2004", en la obra colectiva *La Guerra de las Salas del TSJ frente al Referéndum Revocatorio*, Aequitas, Caracas, 2004.

_______. *Los Tipos Normativos en la Constitución de 1999*, Tribunal Supremo de Justicia, Caracas, 2005.

POLANCO ALCÁNTARA, Tomás, "Ensayo de Interpretación Histórica de las Facultades Políticas de la Corte Suprema de Justicia en la Constitución de 1961", en *Estudios sobre la Constitución. Libro-Homenaje a Rafael Caldera*, Tomo IV, Universidad Central de Venezuela, 1979.

RENGEL ROMBERG, Arístides, *Tratado de Derecho Procesal Civil Venezolano, según el nuevo Código de 1987*, Editorial Arte, Caracas, 1995.

ROMERO MUCI, Humberto, "Contribución al Estudio de la acción de carencia en el contencioso administrativo venezolano" en *Revista de la Fundación de la Procuraduría General de la República*, N° 4, Caracas.

REYES ARAGÓN, Manuel, *Estudios de Derecho Constitucional*, Centro de Estudios Políticos y Constitucionales, Madrid, 1998.

REUSCH, Christian, "Las acciones colectivas en Noruega", en la obra *Procesos Colectivos. La tutela de los derechos difusos, colectivos e individuales en una perspectiva comparada*, Editorial Porrúa, México, 2003.

RONDÓN DE SANSO, Hildegard, *Amparo constitucional*, Editorial Arte, Caracas, 1988.

ROMERO PÉREZ, Xiomara, "El efecto diferido de algunas sentencias de la Corte Constitucional", *en V Jornadas de Derecho Constitucional y Administrativo*, Universidad Externado, Bogotá, 2005.

RUBIO LLORENTE, Francisco, *La forma de poder*, Centro de Estudios Constitucionales, Madrid, 1997,

SAGUES, Néstor Pedro, *Acción de Amparo*, Editorial Astrea, Buenos Aires, 1995.

SÁNCHEZ MORÓN, *La Participación del ciudadano en la Administración Pública*, Madrid, 1980.

SCALIA, Antonin, *A matter of interpretation, federal courts and the law*, Princeton, 1997.

SILVA ARANGUREN, Antonio, "La evolución de la competencia para conocer de la acción autónoma de interpretación de textos normativos", en *Revista de la Facultad de Ciencias Jurídicas y Políticas* N° 99, UCV, Caracas, 1996.

_______. "Los exhortos de la Sala Constitucional", en la obra colectiva que recoge el VI Congreso de Derecho Procesal Constitu-cional, en *Homenaje a Carlos Ayala Corao*, FUNEDA, Caracas, 2016.

STERN, Robert y GREESMAN, Eugene, *Supreme Court Practice* Seventh Edition, The Bureau of National Affairs, Washington, D.C., 1995.

STERN, K. *Jurisdicción Constitucional y Legislador*, Editorial Dykinson, Madrid, 2009.

TOBO RODRÍGUEZ, Javier, *La Corte Constitucional y el control de constitucionalidad en Colombia*, Ibañez, Bogotá, 2006.

TORICELLI, Maximiliano, "La legitimación activa en el artículo 43 de la Constitución Nacional", en la obra colectiva *El Amparo Constitucional Perspectiva y Modalidades*, Depalma, Buenos Aires, 1999.

TORREALBA SÁNCHEZ, Miguel Ángel, *Manual de Contencioso Administrativo*, Editorial Texto, Caracas, 2006.

TOVAR TAMAYO, Orlando *La Jurisdicción Constitucional*, Academia de Ciencias Políticas y Sociales, Caracas, 1983.

VESCOVI, Enrique, "*Los recursos judiciales y demás medios impugnativos en Iberoamérica*", Depalma, Buenos Aires, 1988.

VECINA CIFUENTES, Javier, "Las sentencias aditivas del Tribunal Constitucional y el respeto al legislador", *Justicia*, núm. III-IV, 1993.

WALDRON, Jeremy, *Yale Law Journal*, 115 Yale L.J. 1346.

YÉPEZ ARCILA, Hernando, "Interrogantes sobre la justicia constitucional en Colombia", en *II Jornadas Colombo-Venezolanas de Derecho Público*, Universidad del Externado de Colombia, Bogotá, 1996

YMAZ, Esteban y REY, Ricardo, *El Recurso Extraordinario*, Abeledo-Perrot, Buenos Aires, 2000.

ÍNDICE GENERAL

CAPÍTULO DOS

EL MODELO DE JUSTICIA CONSTITUCIONAL VENEZOLANO

SEGUNDA PARTE

CAPÍTULO TRES

EL CONTROL DIFUSO DE LA CONSTITUCIONALIDAD DE NORMAS JURÍDICAS

CAPÍTULO CUATRO

EL CONTROL CONCENTRADO DE LA CONSTITUCIONALIDAD DE NORMAS JURÍDICAS

CAPÍTULO CINCO

EL CONTROL CONSTITUCIONAL DE LOS DECRETOS SOBRE ESTADOS DE EXCEPCIÓN

CAPÍTULO SEIS

EL CONTROL PREVENTIVO DE LA CONSTITUCIONALIDAD DE LEYES

CAPÍTULO SIETE

EL CONTROL PREVENTIVO DE LA CONSTITUCIONALIDAD DE LOS TRATADOS INTERNACIONALES

CAPÍTULO OCHO

EL CONTROL PREVENTIVO SOBRE EL CARÁCTER ORGÁNICO DE LAS LEYES DICTADAS POR LA ASAMBLEA NACIONAL

CAPÍTULO NUEVE

EL CONTROL DE LAS OMISIONES LEGISLATIVAS

CAPÍTULO DIEZ

EL RECURSO POR COLISIÓN DE LEYES

CAPÍTULO TRECE

DEMANDAS DE PROTECCIÓN DE INTERESES COLECTIVOS Y DIFUSOS

CAPÍTULO CATORCE

ACCIONES DE AMPARO CONSTITUCIONAL CONTRA ALTAS AUTORIDADES DEL PODER PÚBLICO

CAPÍTULO QUINCE

OTRAS FACULTADES DE LA SALA CONSTITUCIONAL

TERCERA PARTE

CAPÍTULO QUINCE

LA FACULTAD EXTRAORDINARIA DE AVOCAMIENTO

CAPÍTULO DIECISÉIS

EL RECURSO EXTRAORDINARIO DE REVISIÓN CONSTITUCIONAL

CAPÍTULO DIECISIETE

EL AMPARO CONSTITUCIONAL CONTRA DECISIONES JUDICIALES

www.ingramcontent.com/pod-product-compliance
Lightning Source LLC
LaVergne TN
LVHW090208051026
849517LV00001B/3

* 9 7 9 8 8 9 3 4 2 8 5 3 7 *